미래를 위한 과거로의 산책

세상을
움직이는 책

에게 드립니다

Oriental classics–Shiji Benji·Biao·Shu

一峰 박일봉 역저

사기 본기
표·서

개정판

육문사
Yukmoonsa

Oriental classics-Shiji Benji·Biao·Shu

 세상을 움직이는 책

일봉 사기 본기 (개정판)

초판 1쇄 | 2012년 5월 15일 발행

역저자 | 박일봉
편집교정 | 이정민
디자인 | 인지숙
펴낸이 | 이경자
펴낸곳 | 육문사

주소 | 서울 마포구 월드컵로 11길 35, 101동 502호
전화 | 02-336-9948
팩시밀리 | 02-337-4315
출판등록 | 제313-2011-2호 (1974. 5. 29)

ISBN 978-89-8203-113-7 (04150)

史記 本紀

表(序)·書

서문(序文)

≪사기(史記)≫에 대하여

≪사기(史記)≫는 사마천(司馬遷)의 찬저(撰著)로서 청(淸)의 건륭(乾隆) 연간(年間)에 중국 정사(正史)로 정해진 '이십사사(二十四史)'의 머리에 위치하는 역사서(歷史書)다.

처음에는 사마천에 의하여 '태사공서(太史公書)'라고 이름 지어졌지만 삼국시대(三國時代) 이후 ≪사기≫라고 불리게 되었다.

그 구성(構成)으로는 '본기(本紀)' 십이 권(卷), '표(表)' 십 권, '서(書)' 팔 권, '세가(世家)' 삼십 권, '열전(列傳)' 칠십 권으로 도합(都合) 일백삼십 권이다.

'본기(本紀)'는 황제(黃帝)로부터 한(漢) 무제(武帝)까지 역대 왕조의 제왕(帝王), 즉 고대 중국 통솔자들의 편년사(編年史)이고 '세가(世家)'는 제왕을 떠받드는 제후국(諸侯國)의 열국사(列國史)이며, '열전(列傳)'이란 '본기(本紀)'에 이어지기도 하고 혹은 '세가(世家)'에 이어져 역사를 채색하는 개인의 기록으로서, 그러한 의미에서 전기집(傳記集)인 동시에 각양각색의 인간상(人間像)의 상징이기도 하다. '표(表)'는 연표(年表)이고, '서(書)'는 제도사(制度史)이다.

'본기(本紀)'에서 '열전(列傳)'까지는 다른 성격으로 기술되어 있으나 전체를 하나로 정리하면 종합사(綜合史)가 된다. 이와 같은 역사서의 기록 형식을 '기전체(紀傳體)'라 일컫는데 그 형식은 반고(班固)에게 이어져 ≪한서(漢書)≫가 작성되었고 그 이후 모든 정사(正史)로 이어지게 되었다.

중국 역사서에는 '편년체(編年體)'라 일컬어지는 또 하나의 기록 형식이 있다. 그것은 송(宋)의 사마광(司馬光)이 ≪자치통감(資治通鑑)≫에서 완성한 형식으로 기전체는 편년체와 함께 중국에서는 역사서 기록의 기본 형식이 되어 왔다.

≪사기(史記)≫는 사마천(司馬遷) 원저(原著) 그대로의 형식과 내용으로 현재까지 전해지는 것은 물론 아니다. 사마천이 기록한 것은 말할 것도 없이 가죽끈으로 철(綴)한 죽간(竹簡)이다. 열전(列傳) 맨 마지막 부분인 〈태사공자서(太史公自序)〉에 의하면 그것은 정(正)·부(副) 두 본(本)으로 되어 있는데 정본(正本)은 명산(名山)에 보관되어 망실(亡失)에 대비하였고, 부본(副本)은 경사(京師)에 보관되어 후세(後世)의 군자를 기다렸다고 한다.

그러나 굳이 후세를 초들 것까지도 없이 한대(漢代)에도 ≪사기(史記)≫를 면학(勉學)하고 초사(抄寫)하는 사람도 있었고 누차 이동함에 따라 가죽끈이 끊어지기도 하고 혹은 죽간(竹簡) 자체가 더럽혀지기도 하고 분실되기도 해서 차츰 탈간(脫簡)이나 착간(錯簡)이 있었을 것이다.

전(全) 일백삼십 권 가운데 일찍이 한대(漢代)에는 〈효경본기(孝景本紀)〉 제11, 〈효무본기(孝武本紀)〉 제12, 〈예서(禮書)〉 제1, 〈악서(樂書)〉 제2, 〈병서(兵書, 지금의 律書)〉 제3, 〈한흥이래장상명신연표(漢興以來將相名臣年表)〉 제10, 〈삼왕세가(三王世家)〉 제30, 〈부근괴성열전(傅靳蒯成列傳)〉 제38, 〈일자열전(日者列傳)〉 제67, 〈귀책열전(龜策列傳)〉 제68 등 십 권은 그 전권(全卷) 또는 일부분이 빠져서 저소손(褚少孫)이 그것을 보충했다고 전한다.

현존하는 ≪사기(史記)≫의 최고(最古) 주석서(註釋書)는 남조(南朝) 송(宋) 때 사람 배인(裴駰)의 찬저(撰著)인 ≪사기집해(史記集解)≫ 일백

삼십 권이다. 사마천(司馬遷)의 시대부터 약 육백 년이 경과한 이 시대에는 ≪사기≫가 상당히 읽혔던 것 같은데 탈간(脫簡)·착간(錯簡) 또는 서사(書寫) 때의 오기(誤記) 등으로 초본(抄本)이 각기 달라서 그것을 통일하는 주석서(註釋書)가 필요했을 것이다.

수(隋)·당(唐) 시대가 되니 종이에 서사(書寫)된 ≪사기≫가 몇 종류 나타나 당대(唐代)에는 사마정(司馬貞)이 ≪사기집해(史記集解)≫를 근거로 하여 ≪사기색은(史記索隱)≫ 삼십 권을 짓고 또 〈삼황본기(三皇本紀)〉를 보충하여 이에 주석을 붙였다. 그 후 장수절(張守節)이 다시 ≪사기정의(史記正義)≫ 일백삼십 권을 지었다. 이것은 고실(故實)을 널리 인용하여 음의(音義)도 타당하다고 일러진다.

이 ≪색은(索隱)≫과 ≪정의(正義)≫의 출현이 대체적으로 현행(現行) ≪사기≫를 결정했다고 볼 수 있다.

사마천(司馬遷)에 대하여

≪사기(史記)≫의 찬저자(撰著者)인 사마천(司馬遷)은 자(字)를 자장(子長) 또는 태사공(太史公)이라고 한다. 사마씨(司馬氏)는 원래 기록관(記錄官) 가문으로, 천(遷)은 한(漢) 때 태사령(太史令)이었던 사마담(司馬談) 아들이다. 그의 생년(生年)은 일설(一說)에 의하면 경제(景帝) 중원(中元) 5년(기원전 145년)이고 다른 일설에 의하면 무제(武帝) 건원(建元) 6년(기원전 135년)인데 여기서는 전자(前者)를 따르기로 한다.

천(遷)은 천부적인 자질(資質)을 타고났다. 그는 어릴 적부터 전적(典

籍)을 가까이했으며, 이십 세가 되던 무제(武帝) 원삭(元朔) 3년(기원전 126년)에는 남방(南方)의 강회(江淮) 땅에서 시작하여 한(漢)나라의 거의 전역(全域)을 주유(周遊)하면서 민정(民情)을 자세히 살피고 사적(史蹟)을 견학했다.

사마천이 자라면서 이렇듯 역사가로서 소양을 쌓아가던 중 무제(武帝) 원봉(元封) 원년(元年, 기원전 110년)에 그의 아버지 담(談)이 죽었다. 한실(漢室) 최초의 봉선(封禪) 예(禮)를 태산(泰山)에서 행했는데 담(談)이 기록을 맡은 태사령(太史令)이었는데도 그에게 봉선 행사에 참여하는 것을 무제(武帝)가 허락하지 않자 분사(憤死)한 것이다.

담(談)은 죽기 직전, 태사령으로서 당연히 해야 할 기록을 행하지 못하고 죽는 원통함을 아들 천(遷)에게 호소하며 상고(上古) 이래의 역사를 쓰라고 유언했다. 그때가 천(遷)의 나이 삼십육 세였다.

그는 아버지에게,

"소자(小子) 불민(不敏)하오나 아버님께서 하시던 일의 경위와 구문(舊聞)을 남김없이 논술(論述)하여 조금도 결여(缺如)된 부분이 없도록 하겠습니다.〈태사공자서(太史公自序)〉"

라고 맹세했다.

그 후 3년 뒤인 원봉(元封) 3년, 천(遷)은 아버지 뒤를 이어 태사령에 임명되어 그 직무인 역(曆)의 개정(改正)에 종사하게 되었는데 상대부(上大夫) 호수(壺遂) 등과 함께 태초(太初) 원년(元年, 기원전 104년)에 태초력(太初曆)을 정하고 드디어 ≪사기(史記)≫ 저술에 착수했다.

그런데 천한(天漢) 2년(기원전 99년)에 이사장군(貳師將軍) 이광리(李廣利)를 따라 흉노 정벌에 나섰던 이릉(李陵)이 흉노의 포로가 되어 한

(漢)의 위광(威光)을 손상시키는 사건이 일어났다.

　이릉(李陵)은 뛰어난 장군이었지만 불과 오천의 보병부대(步兵部隊)로 흉노 토벌에 나섰다가 기마부대(騎馬部隊)를 주력으로 하는 팔만의 흉노에게 포위되어 어쩔 수 없었다. 고립무원(孤立無援)의 상태에 빠진 이릉은 부하들을 독려(督勵)하여 용전분투(勇戰奮鬪)해서 적병 만여 명을 살상했지만 칼은 부러지고 화살은 바닥나 결국 부하들은 전멸하고 자신은 화살에 맞아 실신하여 흉노에게 붙잡혔던 것이다.

　한나라 조정에서 이릉(李陵)을 처벌하기 위한 회의가 열렸을 때 천(遷)은 무제(武帝)의 뜻을 살피지 않고 이릉을 변호했다. 그 때문에 무제(武帝)의 격노(激怒)를 사 이듬해인 천한(天漢) 3년에 하옥(下獄)되고 궁형(宮刑)에 처해졌다.

　그의 억울함은 헤아리고도 남음이 있다. 천(遷)은 억울함을 가슴 깊이 간직한 채 저술에 더욱 몰두했다. 그리하여 8년 뒤, 무제(武帝) 정화(征和) 2년(기원전 91년)에 완성한 것이 ≪사기(史記)≫이다. 그때 천(遷)의 나이 오십오 세였다. 천(遷)은 그 후 수년이 지나 육십 세 전후하여 죽은 것으로 추측되는데 그 연도가 언제인지는 정확하게 알 수 없다.

　이상과 같은 사마천(司馬遷)의 약전(略傳)에 의해 알 수 있는 것처럼 먼저 아버지의 죽음에 의해 ≪사기(史記)≫의 저작(著作) 동기가 성립되고 이릉(李陵) 때문에 빚어진 화(禍)로 인하여 천(遷) 자신의 내심(內心)에서 넘쳐나는 열정이 더해져서 완성된 역사서이기는 하지만 탁월한 소양을 타고난, 그리고 극한의 시련에 단련(鍛鍊)된 한 인간의 인생 그 자체에 심의(心意)를 감춘 저작임은 말할 것도 없으리라. 또한 그것은 무시무시한 결의(決意)를 가지고 쓰인 것이리라.

〈임소경(任少卿)에게 보고하는 글〉이 그러한 사실을 웅변으로 말해 주고 있다. 〈임소경에게 보고하는 글〉은 사마천이 태시(太始) 4년(기원전 93년)에 친구인 익주자사(益州刺史) 임안(任安, 字는 少卿)으로부터 받은 편지에 대해 정화(征和) 2년에 보낸 답서(答書)이다.

이보다 먼저 천한(天漢) 3년, 궁형(宮刑)에 처해진 사마천(司馬遷)은 태시(太始) 원년(元年)에 출옥한 후 무제(武帝)에게 재능을 인정받아 중서알자령(中書謁者令)에 임명되었지만 여전히 사그라지지 않는 통분을 되새기면서 ≪사기(史記)≫를 만드는 일에 전념했다. 그러느라 임안(任安)으로부터 온 편지는 묵살되었다.

그런데 정화(征和) 2년, 여태자(戾太子)의 반란—이른바 무고(巫蠱)의 난—이 일어나 익주자사(益州刺史)에서 요직인 호북군사자(護北軍使者)로 전임된 임안(任安)이 자신의 직무와는 관계없는 이 사건에 말려들어 하옥되고 사형에 처해지게 되었다.

〈임소경에게 보고하는 글〉은 임안이 처형되기 직전에 사마천이 그에게서 받은 편지에 대한 답서(答書)로 쓴 것이다. 그 내용을 요약하면 다음과 같다.

"……나는 겁이 많고 마음이 약해서 조금이라도 목숨을 더 연장했으면 하는 마음을 가지고 있지만 그래도 출처진퇴(出處進退)의 분수(分數)는 알고 있습니다. 어찌 뇌옥(牢獄)에 갇히는 치욕 속에 그저 빠져있을 수 있겠습니까? 미천한 노복(奴僕)이라도 자결(自決)하고자 할 것입니다. 더구나 궁지에 몰린 내가 자결하지 못할 이유가 어디에 있겠습니까? 그런데도 은인(隱忍)하며 살아남아 분토(糞土) 속에 갇힌 것 같은 지금의 처지를 참는 것은 마음속에 맹세한 일을 완성하지 못한 것이 유감스럽고, 이대로 죽어 후세에 내 문장(文章)이 전해지지 않을까 애석(哀惜)하기 때문입니다."

이 글에 나타난 사마천(司馬遷)의 심경은 부끄러움을 생각한다면 자살하는 것이 마땅하겠으나 궁형(宮刑)이라는 큰 치욕을 당하면서도 그 욕됨을 참고 살아남아 있는 것은 ≪사기(史記)≫를 후세에 남겨야 한다는 자신의 결의를 임소경(任少卿)에게 하소연하는 것이기도 하다. 죽음 못지않은 치욕을 자나 깨나 되씹으며 어떻게 해서라도 참고 살아남아 ≪사기≫를 완성하고 싶은 심정을 임안(任安)에게 알렸던 것이다.

사마천에게 임안은 벗이라고는 하나 그리 대단한 친구 사이는 아니고 말하자면 얼굴을 아는 정도의 우인(友人)인 듯하다. 사마천은 평소 그러한 문안 등에 신경을 쓰지 않은 것 같다. 그래서 편지를 받고도 답장을 하지 않았을 것이다.

그런데 2년 남짓 세월이 지난 어느 날 갑자기 답장을 썼다. 그 답장 속에서 누구에게도 보이지 않았던 자신의 마음속 깊은 곳을 열어 보인 것이다. 무슨 까닭이었을까? 그것은 자신의 답장을 받을 자격이 임안에게 갖추어졌다고 사마천은 판단했기 때문이었을 것이다.

사마천에게 편지를 보낸 태시(太始) 4년, 임안(任安)은 ≪사기≫를 쓰기 위해 치욕을 참고 살아가는 사마천을 이해하지 못하는 평범한 사람이었다. 그러나 정화(征和) 2년, 임안은 이미 평범한 사람이 아니었다.

사마천(司馬遷)이 정당하게 이릉(李陵)을 변호하다 생각지도 못한 궁형(宮刑)에 처해졌던 것처럼, 자신에게 아무런 과실이 없는데도 사형에 직면하게 된 인간의 비애를 심각하게 되새겨 보는 사람이었다. 인간이기 때문에 당장 눈앞의 괴로움을 맛보게 된 사람이었다. 요컨대 사마천한테 편지를 받을 자격을 갖춘 유일한 사람이었다. 그런 까닭에 〈임소경(任少卿)에게 보고하는 글〉이 씌어졌을 것이다.

즉 ≪사기(史記)≫는 역사서(歷史書)이기는 하지만 역사적 사실만을 기록한 것이 아니라 역사의 주인공인 인간 그 자체를 맹렬히 추적한 책이라 할 수 있다. 그것은 〈본기(本紀)〉에서도 〈세가(世家)〉에서도 〈열전(列傳)〉에서도 명백하게 일치되며 또한 읽고 깨달아야 할 점일 것이다.

차 례 / 사기 본기·표·서
(史記 本紀·表(序)·書)

본 기(本紀)

삼황본기(三皇本紀)[1]

태호(太皥) 포희씨(庖犧氏 : 伏羲氏)는 성이 풍씨(風氏)[2]다. 수인씨(燧人氏)를 대신해 천위(天位)를 계승하여 왕이 되었다. 어머니는 화서(華胥)라고 했다. 화서는 뇌택(雷沢 : 山東省. 山西省이라고도 함)에서 신인(神人)의 발자국을 밟고 포희(庖犧)를 잉태하여 성기(成紀 : 甘肅省)에서 낳았다.

포희(庖犧)는 뱀의 몸뚱이에 사람의 머리를 한 인물[蛇身人首]로서 성덕을 갖추고 있었다. 위를 우러러 천상(天象)을 관찰하고 아래를 굽어 지법(地法)을 관찰하였고 널리 조수(鳥獸)의 모양과 땅의 형세를 살폈으며, 가까이는 자신(自身)을 깊이 고찰하고 멀리는 사물(事物)을 통찰하여 처음으로 팔괘(八卦)[3]를 만들었다. 이렇게 해서 신명(神明)한 덕에 통하고 그 본질(本質)에 만물(萬物)을 적합시켜 다스렸다. 그리고 글자[書契][4]를 만들어 결승(結繩)의 정치[5]를 대신했다.

처음으로 혼인 제도를 정하여 한 쌍의 가죽을 서로 교환하는 것을 예물로 삼았다. 그물을 짜서 새와 짐승과 물고기 따위를 잡는 법을 백성에

---

1) ≪사기(史記)≫는 사마천(司馬遷) 저(著)이나 사마천이 쓴 것은 다음의 「오제본기(五帝本紀)」부터이고 이 「삼황본기(三皇本紀)」는 당(唐)의 사마정(司馬貞)이 그 앞 시대의 보충으로 쓴 것이다.

2) 씨족(氏族) 명칭.

3) 역(易)의 판단 기초가 되는 여덟 상(象). 즉 건(乾) · 태(兌) · 이(離) · 진(震) · 손(巽) · 감(坎) · 간(艮) · 곤(坤).

4) 「서계(書契)」의 書는 문자, 契는 계약(契約). 나무에 문자를 새겨 약속하는 것. 전(轉)하여 「문자」의 뜻.

5) 아직 문자가 없었던 태고(太古)의 정치. 대사(大事)에는 대승(大繩)을 맺고 소사(小事)에는 소승(小繩)을 맺어, 기억을 더듬어 정치를 행했다고 함. 「서계(書契)를 만들어 결승(結繩)의 정치(政治)를 대신했다」 함은 더욱 확실하게 밝은 정치를 펴서 백성에게 편리하게 했다는 것을 의미한다.

게 가르쳤다. 이렇게 하여 백성이 모두 그에게 귀복(歸服)했으므로 복희(伏犧)씨라고 전한다.

소・양・돼지 등을 가축으로 기르고, 그것을 포주(庖廚)에서 요리하여 희생으로 바쳐 천신과 지신 및 조상에게 제사지냈다. 그래서 복희씨를 포희씨(庖犧氏)라고도 불렀다.

용(龍)의 서상(瑞相)[6]이 있었으므로 관명(冠名)에 '龍' 자(字)를 붙이고, 그의 군대를 용사(龍師)라 했다. 그는 또 삼십오 현(弦)의 비파[瑟]를 만들었다. 그를 목덕(木德)의 왕(王)[7]이라고 했다. 봄의 계절에 맞는 행사를 들고 정령으로서 기록했다.

≪역경(易經)≫에 '제(帝)가 진(震)[8]에서 났다'고 했으며, ≪예기(禮記)≫ 월령편(月令篇)에 「맹춘(孟春), 그 제(帝)는 태호(太皥)」라고 한 것은 이것을 말함이다. 진(陣 : 河南省)에 도읍을 정했다. 태산(泰山)에 올라 봉(封)[9]을 행하였다. 왕위(王位)에 오른 지 일백십 년 만에 붕어(崩御)했다. 그 후예로는 춘추시대(春秋時代)의 임(任)・숙(宿)・수(須)・구(句)・전유(顓臾)가 있었는데 모두 풍성(風姓)의 말손(末孫)이었다.

여와씨(女媧氏) 또한 풍성(風姓)이었다. 여와씨는 사신인수(蛇身人首)로서 신성한 덕을 갖추고 있어서 복희씨(伏羲氏)를 대신하여 왕위에 올랐다. 여희씨(女希氏)라 호(號)했다. 여와씨는 복희 시대의 제도를 고치지 않고 다만 생황(笙簧)을 만들었을 뿐이다. 그런 까닭에 ≪역경(易

---

6) 용마(龍馬)가 도(圖)를 등에 업고 하수(河水)에서 나왔다는 상서로운 조짐.

7) 오행설(五行說)에 의하면 만물은 목(木)・화(火)・토(土)・금(金)・수(水) 오행(五行)이 운행하여 생육(生育)한다고 함. 그리고 태고(太古)의 왕자(王者)가 교대하여 대(代)를 계승한 것은 오행(五行)의 운행 같아서, 왕자(王者)의 덕(德)을 오행(五行)에 배정하여 목덕(木德)・화덕(火德)・토덕(土德)・금덕(金德)・수덕(水德) 순서로 계승하는 것으로 했던 것.

8) 방위로는 동(東), 계절로는 봄(春), 오행(五行)으로는 목(木)에 해당한다. 또 태양의 밝음을 상징하므로 「태호(太皥)」로 통(週)한다. 〈호(皥)〉는 〈명(明)〉의 뜻이다.

9) 흙을 쌓아 단(壇)을 만들고 하늘에 제사지내는 것.

經)≫에는 기재되지 않았고 오행(五行) 운행(運行)의 순서[10]도 계승하지 않았다.

일설에는 여와씨(女媧氏)도 목덕(木德)의 왕이라고 한다. 짐작컨대 복희씨(伏羲氏) 후 이미 수세(數世)를 지났으므로 오행(五行)이 일순(一巡)하여 다시 목덕(木德)으로 되돌아온 것이리라. 특히 여와씨(女媧氏)를 삼황(三皇) 속에 넣은 것은 그의 공(功)이 높고 삼황(三皇)에 필적하기 때문이며, 그래서 목덕(木德)의 왕이 중복된 것이다.

여와씨 말년(末年)에 공공씨(共工氏)라는 제후가 있었는데 지모(智謀)가 뛰어나고 형벌(刑罰)을 잘 써서 강대한 패자(覇者)는 되었지만 왕자(王者)는 되지 못했다. 공공은 스스로 수덕(水德)이라고 일컫고 목덕(木德)인 여와씨(女媧氏)의 천하를 빼앗고자 홍수를 일으켜 나무를 떠내려 보내려고 했다. 그리고 화덕(火德)인 축융(祝融)과 싸워 패하자 제 성질을 못 이겨 머리를 부주산(不周山, 하늘을 떠받치는 기둥)에 부닥뜨렸다. 그러자 부주산(不周山)이 붕괴되는 바람에 땅에 매어 놓았던 줄이 끊어져 천지가 기울어졌다.

여와씨(女媧氏)는 오색(五色)[11]의 돌을 단련하여 하늘을 깁고 큰 자라[鼈]의 발을 잘라 땅의 네 귀퉁이를 동여맬 기둥을 세웠으며, 갈대를 태운 재[蘆灰]를 모아 대홍수를 막고 기주(冀州)[중국 전토(全土)]를 구제했다. 이리하여 땅은 평평해지고 하늘은 자리 잡혀서 다시 이전의 상태가 되었다. 여와씨(女媧氏)가 죽고 신농씨(神農氏)가 일어났다.

---

10) 오행(五行)의 운행에는 상생(相生)과 상극(相克) 두 가지가 있다. 상생(相生)이란 木火土金水의 순서대로 위에서 아래로 계승(繼承)하는 것이고 상극(相克)이란 土木水火金의 순서로 윗것이 아랫것을 이기는 것이다. 이것을 제왕(帝王)의 교대(交代)에 맞추면 포희씨(庖羲氏)〈木〉에서 신농씨(神農氏)〈火〉로, 제요(帝堯)〈火〉에서 제순(帝舜)〈土〉으로의 계승은 상생(相生)이고 진(秦)〈水〉이 주(周)〈火〉로 변하고 한(漢)〈土〉이 진(秦)〈水〉을 교대한 것은 상극(相克)이다.
11) 青·赤·黃·白·黑, 즉 木火土金水의 오행(五行)의 빛[色].

염제(炎帝) 신농씨(神農氏)는 성이 강씨(姜氏)다. 어머니는 여등(女登)이라 하였는데 유와(有媧)씨의 딸이자 소전(小典)[12]의 비(妃)였다. 신룡(神龍)의 덕에 감응(感應)하여 염제(炎帝)를 낳았다. 염제(炎帝)는 인신우수(人身牛首)로서 강수(姜水) 부근에서 성장했기 때문에 성을 강(姜)이라 했다. 그는 화덕(火德)의 왕이었으므로 염제(炎帝)라고 한다. 그는 '火' 자(字)를 사용하여 관명(官名)을 썼다.

나무를 잘라 쟁기를 만들고 나무를 구부려 쟁기 자루를 만들어 쟁기 사용법과 농사짓는 법을 백성에게 처음으로 가르쳤다. 그래서 호(號)를 신농씨(神農氏)라고 한다. 그 후 사제(蜡祭)[13]를 지냈다. 붉은 채찍으로 풀과 나무를 쳐서 백 가지 풀을 맛보고 처음으로 의약(醫藥)을 만들었다. 또 오현(五絃)의 비파를 만들었다. 사람들에게 한낮을 기해 시장(市場)을 열어 물물교환하고 저녁에 돌아가도록 하는 것도 가르쳤다. 이렇게 함으로써 사람들은 안심하고 생활할 수 있게 되었다.

그는 팔괘(八卦)를 거듭하여 육십사괘(卦)를 지었다. 처음에는 진(陣)에 도읍을 정했다가 후에 곡부(曲阜 : 山東省)로 옮겼다. 왕위에 오른 지 일백이십 년 만에 붕어했다. 장사(長沙 : 湖南省)에 매장했다.

신농씨(神農氏)는 원래 열산(烈山 : 湖北省)에서 일어났다. 그래서 ≪춘추좌씨전(春秋左氏傳)≫에서는 「열산씨(烈山氏)의 아들을 주(柱)라고 한다」고 했다. 또 여산씨(厲山氏)[14]라고도 한다. ≪예기(禮記)≫에 '여산씨가 천하를 보유하게 된 것은……' 하는 것이 그것이다.

신농씨(神農氏)는 분수씨(奔水氏) 딸 청발(聽詙)이라는 여자를 들여 비

---

12) 유와(有媧) · 소전(小典) 모두 제후(諸侯)의 이름.

13) 12월에 여러 가지 농작물을 거두어 하늘에 바치면서 보은(報恩)의 뜻을 보이는 제사(祭祀).

14) 여산(厲山)은 열산(烈山)의 별명(別名). 그러므로 열산씨(烈山氏)를 여산씨(厲山氏)라고도 한다.

(妃)로 삼았다. 그녀와의 사이에서 제괴(帝魁)를 낳았다. 괴(魁)는 제승(帝承)을 낳았으며 승(承)은 제명(帝明)을 낳았고 명(明)은 제직(帝直)을 낳았다. 직(直)은 제리(帝氂)를 낳고 이(氂)는 제애(帝哀)를 낳고 애(哀)는 제극(帝克)을 낳았으며 극(克)은 제유망(帝楡罔)을 낳았다. 이렇게 무려 8대(代)에 걸쳐 오백삼십 년 동안 계속되다가 헌원씨(軒轅氏)[황제(黃帝)]가 일어났다.

그 뒤 주(州)·보(甫)·감(甘)·허(許)·희(戱)·로(露)·제(齊)·기(紀)·이(怡)·상(向)·신(申)·여(呂)가 생겼는데 모두 강성(姜姓)의 후예(後裔)로서 제후(諸侯)가 되고, 사악(四嶽)[15]을 분장(分掌)했다. 주(周) 시대에 있어서 포후(甫侯)·신백(申伯)은 왕실(王室)의 현상(賢相)이 되고, 제(齊)·허(許)는 제후(諸侯)의 열(列)에 들어 중국에서 패(覇)라 일컬었다. 생각하건대 성인의 덕택(德澤)이 광대하여 그 자손이 장구하게 번성했다고 할 수 있으리라.

일설에는 천황(天皇)·지황(地皇)·인황(人皇)을 삼황(三皇)이라고 한다. 천지개벽의 시작이 이미 군신의 비롯이며 도(圖)·위(緯)[16]의 기록이므로 그 기록을 믿을 수 없다고 하여 일률적으로 버릴 것은 아니다. 그래서 그것도 병기(倂記)하기로 한다.

천지가 처음 성립했을 때 천황씨(天皇氏)가 있어서 왕위에 오른 이는 열두 명이었다. 모두가 무욕염담(無慾恬淡)해서 아무런 작위(作爲)함이 없었는데 그 덕에 민속(民俗)은 저절로 화(化)하여 잘 되었다. 목덕(木

---

15) 사방(四方) 제후(諸侯)의 장관(長官). 동서남북(東西南北) 4인이 있으므로 사악(四嶽)이라 함.
16) 도(圖)는 하도(河圖).[註6 참조] 위(緯)는 위서(緯書), 경서(經書)의 대(對). 역(易)·서(書)·시(詩)·예(禮)·악(樂)·춘추(春秋)에 각각 일위(一緯)가 있다. 도(圖)·위(緯)는 모두 정통(正統)의 서(書)가 아니고 속설(俗說)의 서(書)라 한다.

德)의 왕(王)이며 목성(木星)이 인방(寅方)에 있는 해[歲]를 기원(紀元)으로 했다. 형제가 열두 명으로 재위 기간은 각각 일만 팔천 년이었다.

지황씨(地皇氏)로는 열한 명이 왕위에 올랐다. 화덕(火德)의 왕(王)이었다. 열한 명의 형제는 웅이(熊耳)·용문(龍門)[17] 등의 산에서 일어났다. 재위 기간은 천황씨와 똑같이 각각 일만 팔천 년이었다.

인황씨(人皇氏)로는 아홉 명이 왕위에 올랐다. 운거(雲車)를 타고 태양에 사는 여섯 마리의 새[鳥 : 일륜(日輪)]에 멍에를 씌워 곡구(谷口 : 陝西省)에서 나왔다. 형제 아홉 명이 중국을 구주(九州)로 나누어 각기 장(長)이 되었다. 그들 각자가 도읍의 성읍을 세워 무려 일백오십 세(世) 재위하였으니 합하여 사만 오천육백 년이었다.

인황(人皇) 이후에는 오룡씨(五龍氏)·수인씨(燧人氏)·대정씨(大庭氏)·백황씨(栢皇氏)·중앙씨(中央氏)·권수씨(卷須氏)·율육씨(票陸氏)·여연씨(驪連氏)·혁서씨(赫胥氏)·존로씨(尊盧氏)·혼돈씨(渾沌氏)·호영씨(昊英氏)·유소씨(有巢氏)·주양씨(朱襄氏)·갈천씨(葛天氏)·음강씨(陰康氏) 및 무회씨(無懷氏)가 있다. 생각하건대 이것은 삼황 이래 천하를 보유한 사람들의 명호(名號)이다. 다만 고서(古書)에 기록되지 않았으므로 그들의 성·연대·도읍지는 모른다.

〈한시외전(韓詩外傳)〉[18]에는 '옛날부터 태산(太山)에서 봉(封)을, 양

---

17) 이 이름의 산(山)은 각각 몇 있다. 웅이산(熊耳山)은 하남성(河南省) 노씨현(盧氏縣)의 남쪽과 하남성 의양현(宜陽縣)의 서쪽 및 섬서성(陝西省)의 상현(商県) 등에 있고 용문산(龍門山)은 하남성의 낙양현(洛陽縣)의 남쪽과 산서성(山西省) 하진현(河津縣)의 서북쪽, 강서성(江西省) 수수현(脩水縣)의 동북쪽, 사천성(四川省) 파현(巴縣)의 남쪽, 사천성 광원현(廣元縣)의 북쪽 및 사천성 아미현(峨眉縣)의 서쪽 등에 있다. 본문(本文)의 웅이(熊耳)·용문(竜門)이 이것 중 어느 것에 해당하는가, 또는 전혀 별개의 산(山)인가에 대해서는 아직 정설(定說)이 없는 것 같다.

18) 책 이름. 10권(卷). 한(漢)나라 한영(韓嬰)의 찬(撰). 고사(古事) 및 고어(古語)를 인용하여 그 증명(證明)에 ≪시경(詩經)≫의 시구(詩句)를 썼다.

보(梁甫)에서 선(禪)¹⁹⁾을 행한 자는 일만여 가(家)나 있는데 중니(仲尼 : 孔子)도 이것을 전부 알 수는 없었다.'고 했다. 또 ≪관자(管子)≫²⁰⁾에는 '옛날 태산에서 봉을 행한 사람은 일흔두 가(家)가 있고 이오(夷吾)가 아는 것은 열두 가(家)로 처음에 무회씨(無懷氏)가 있었다'.고 했다.

그러므로 천황(天皇) 이후 무회(無懷) 이전 사이는 연기(年紀)가 유원 (悠遠)하여 누가 왕위에 올라 정령을 포고했는가에 대해서는 고서가 망실되어 상세하게 논할 수 없지만 그렇다고 해서 제왕이 존재하지 않았다고는 말할 수 없다.

≪춘추위(春秋緯)≫²¹⁾에는 '개벽(開闢) 이래 획린(獲麟)²²⁾에 이르기까지 무려 삼백이십칠만 육천 세(歲)가 되는데 이를 나누어 십기(十紀)로 한다. 그리고 세수(世數)로는 칠만 육백 세(世)가 된다. 一은 구두기(九頭紀), 二는 오룡기(五竜紀), 三은 섭제기(攝提紀), 四는 합락기(合雒紀), 五는 연통기(連通紀), 六은 서명기(序命紀), 七은 수비기(脩飛紀), 八은 회제기(回提紀), 九는 선통기(禪通紀), 十은 유글기(流訖紀)다.'라고 했다.

짐작컨대 유글(流訖)은 황제(黃帝) 시대가 된다. 그래서 구두(九頭)에서 선통(禪通)까지 9기(九紀) 사이의 요점을 고서(古書)에서 절록(節錄)하여 ≪사기≫를 보충하는 바이다.

---

19) 땅을 깨끗이 하고 산천(山川)에 제사(祭祀)지내는 것. '태산(太山)에서 봉(封)을, 양보(梁甫)에서 선(禪)을 행한 자'란 왕위(王位)에 올랐다는 뜻.
20) 책 이름. 24권(卷). 관중(管仲)[이오(夷吾)]의 서(書)라고 함.
21) ≪춘추(春秋)≫의 위서(緯書). [註16 참조].
22) 춘추시대 노(魯)의 애공(哀公) 14년에 서쪽으로 수렵(狩獵)을 나갔다가 기린을 획득한 것인데, 여기서는 그 해를 말함.

제1 오제본기(五帝本紀)¹⁾

황제(黃帝)²⁾는 소전(少典)³⁾ 부족의 자손이었는데 성은 공손(公孫)이요 이름은 헌원(軒轅)이다. 그는 태어나면서부터 신령(神靈)하였으며⁴⁾ 태어난 지 수개월도 안 되어 말을 할 줄 알았다. 어려서부터 기민하고 영리하였으며 성인이 되어서는 총명하였다.

헌원씨가 세상에 출현했을 때 신농씨⁵⁾의 자손은 이미 쇠미해 있었다. 제후들은 다른 부족을 침략하여 포악스레 서로 학대하고 죽이는 것을 일삼았다. 하지만 신농씨는 무능력하여 이들을 토벌하지 못했다.

그리하여 마침내 황제는 훈련된 병사들을 이끌고 포악한 짓을 서슴지 않는 제후들을 정벌하였다. 그러자 제후들은 황제에게 머리를 조아리고 귀의하였다. 그러나 치우(蚩尤)⁶⁾만은 포악하기 이를 데 없어 끝내 그를 정벌하는 데 실패하고 말았다. 염제(炎帝)는 제후들을 쳐서 혼쭐을 내주

---

1) 오제(五帝) : 중국 고대 전설상의 유명한 다섯 제왕들. ≪史記≫의 「五帝本紀」에서는 黃帝·顓頊·帝嚳·堯·舜을 오제로 보고 있는데 이는 ≪世本≫의 「五帝諸」 및 ≪大戴禮記≫의 「五帝德」과 일치하나 ≪帝王世紀≫ 등에서는 少昊·高陽·高辛·堯·舜을 ≪周易≫의 「繫辭」에서는 伏羲(太昊)·神農(炎帝)·黃帝·堯·舜을 五帝로 보고 있다.
   본기(本紀) : ≪사기≫ 체제의 하나. 세계(世系)와 연대 순서에 따라 제왕(帝王)의 사적을 기록한 것.
2) 中原 각 민족의 공동 시조로 받들어지는 전설의 인물. 그는 유웅(有熊) 부족의 두령으로, 나중에 中原 각 부족 연맹체의 공동 두령(頭領)이 되었다고 함. 자세한 내용은 〈중국 고대 신화〉(育文社 刊)를 참조하기 바람.
3) 부족의 이름.
4) 신화와 전설로 내려오는 이야기는 소전국(少典國) 군주의 황후인 부보(附寶)가 야외에서 기도를 하던 중 뇌성이 울리고 북두칠성의 첫째 별[樞]에 휘감겨 임신하게 되었고 아이를 가진 지 이십사 개월 만에 수구(壽丘)에서 황제를 낳았으며 태어날 때부터 용모가 출중하여 이마는 태양처럼 생기고 눈썹 윗부분은 용골(龍骨)과 흡사했다고 함.
5) 고대 전설상의 제왕으로 백성들에게 농사짓는 법을 가르쳤기 때문에 神農氏[炎帝]라고 불리게 되었다고 전해짐. 자세한 내용은 〈중국 고대 신화〉를 참조하기 바람.
6) 신화 전설상 구려국(九黎國)의 군주. 자세한 내용은 〈중국 고대 신화〉를 참조하기 바람.

고 싶었지만 제후들은 모두 황제에게 속속 귀의하였다.

헌원씨는 선정을 베풀고 군대를 양성하였다. 또 계절과 기후[五氣][7]를 연구하여 사람들에게 오곡(五穀)을 심어 가꾸는 방법을 가르쳐 주고 그들을 위로하고 격려하는 한편, 사방의 토지를 측량하고 구획해 주었다. 또 곰[熊]·큰곰[羆]·비(貔)·휴(貅)[8]·추(貙)[9]·호랑이[虎]라고 명명한 여섯 부대의 병사들을 훈련시켰다. 황제는 판천(阪泉)[10] 벌판에서 염제와 불꽃 튀는 격전을 거듭한 끝에 마침내 승리를 거두었다.

포악한 치우(蚩尤)가 또 다시 황제의 명령에 따르지 않고 반란을 일으켰다. 이에 황제는 제후들에게 즉시 군사 동원령을 내렸다. 그리하여 치우가 거느린 군사를 맞이하여 탁록산(涿鹿山)[11] 앞 대평원에서 대접전을 벌인 끝에 치우를 사로잡아 마침내 그를 죽여 버렸다. 헌원은 제후들의 추대를 받아 신농씨를 대신하여 천자의 자리에 올랐으니 그가 바로 황제(黃帝)다. 황제는 천하에 따르지 않는 자가 있으면 즉시 나아가 정벌하고 순순히 승복하면 군사를 이끌고 떠났다.

황제는 높은 산을 개척하여 길을 내느라 한시도 편안히 지낼 날이 없었다. 동으로는 바다에 도달하고 환산(丸山)[12]과 태산(泰山)에 올랐다. 서로는 공동(空桐)[13]에 다다르고 계두산(鷄頭山)에 올랐다. 남으로는 장강(長江)에 이르러 웅이산(熊耳山)과 상산(湘山)에 올랐다. 북으로는 훈죽(葷粥)[14]을 몰아내고 부산(釜山)에 제후들을 소집하여 부절(符節)을 맞

---

7) 오행(五行)의 기(氣)로 보는 설과 다섯 가지 기상, 즉 晴·雨·冷·熱·風으로 보는 설이 있음.
8) 호랑이와 비슷한 맹수의 일종.
9) 생김새는 호랑이와 비슷하며 크기는 개만한 야수.
10) 지명. 오늘날 河北省 涿鹿縣 동쪽.
11) 산 이름. 오늘날 河北省 涿鹿縣 동남쪽에 있음.
12) 산 이름. '凡山'이라고도 불렀음.
13) 산 이름.
14) 부족 이름. 훗날 진(秦)·한(漢) 때의 흉노(匈奴).

추어 보았다. 그러다 탁록산 아래 드넓은 평원에 도읍을 세웠다.

황제는 한 곳에 정착하지 않고 늘 부하들을 데리고 이리저리 옮겨 다녔다. 그리고 주둔지 주위에 보루를 쌓고 병영을 자위(自衛)할 채비를 갖추도록 했다. 그는 모든 관직을 구름[雲]에 비유하여 명명하였는데[15] 군대 역시 '운사(雲師)'라고 불렀다. 좌대감(左大監)[16]과 우대감(右大監)을 설치하여 각 지방의 제후들을 감찰하게 하였다.

또 천하가 태평스러우면 명산에 올라가 제단을 쌓고 산천의 귀신들에게 제사를 지내는 봉선(封禪)[17]이 비교적 많았다. 황제는 하느님[上帝]이 내려 준 보정(寶鼎)과 시초(蓍草)를 이용하여 연(年)·월(月)·절기(節氣)를 미리 추산해 낼 수 있었다.

그는 풍후(風后)·역목(力牧)·상선(常先)·대홍(大鴻)[18]을 등용하여 백성들을 다스렸다. 또한 천지와 사계절의 운행 질서에 순응하고 음양의 변화를 예측하며, 생전에는 윗사람을 잘 섬기고 사후에는 정중하게 장사 지내는 예의를 깊이 고찰하였으며, 국가 존망의 원리에 대해 골똘히 연구하였다.

또 계절에 맞추어 온갖 곡물과 초목을 심고 새·짐승·누에를 길들였으며, 해·달·별들의 운행과 물의 흐름 및 흙·암석·금·옥의 성질을 광범위하게 연구하였다. 또 끊임없이 심혈을 기울여 깊이 생각하고 귀로 듣고 눈으로 관찰하여 물과 뭍에서 나는 산물을 시기에 적절하게 이용했

---

15) 춘관(春官)은 청운(靑雲), 하관(夏官)은 진운(縉雲), 추관(秋官)은 백운(白雲), 동관(冬官)은 흑운(黑雲), 중앙은 황운(黃雲)으로 삼았다고 함.

16) 관직명. 각지의 제후들을 감찰하는 관직.

17) 고대 제왕이 이름난 산에 올라가 봉토(封土)를 쌓아 제단을 만들고 상제(上帝)에게 올리는 제사를 '봉(封)'이라고 하며 땅을 쓸고 산천에 제사를 지내는 것을 '선(禪)'이라 한다. 성공을 경하하고 태평스러움을 구가하기 위하여 이러한 봉선(封禪) 의식을 거행하였다고 함. 자세한 유래나 내용은 「封禪書」를 참조하기 바람.

18) 황제(黃帝)의 대신들.

다. 그가 등극하자 토덕(土德)을 상징하는 상서로운 조짐[19]이 나타났다. 그래서 '황제(黃帝)'라고 불리게 되었다.

황제는 아들이 스물다섯 명이나 있었지만 독립적으로 성씨를 얻어[20] 씨족을 이룬 아들은 열네 명이었다. 황제는 헌원의 언덕[軒轅之丘]에 살며 서릉씨(西陵氏)[21] 딸 누조(嫘祖)[22]를 아내로 맞이하였다. 누조는 황제의 정비(正妃)로서 아들 둘을 낳았다. 두 아들의 후손은 모두 천하를 차지하였다.

그중 맏아들은 이름이 현효(玄囂)이고 호는 청양(靑陽)으로 강국(江國)의 제후로 봉해졌다. 둘째 아들은 창의(昌意)라고 하며 약수(若水)의 제후로 봉해졌다. 창의는 촉산씨(蜀山氏)[23]의 딸 창복(昌僕)을 아내로 맞이하여 고양(高陽)을 낳았다. 고양은 성덕을 지닌 인물이었다. 황제가 세상을 떠나자 교산(橋山)에 장사지냈다. 황제의 손자이자 창의의 아들인 고양이 그 뒤를 이어 즉위하니 그가 바로 전욱(顓頊) 임금[24]이다.

전욱 임금은 매우 침착하고 지략이 풍부하였으며 사리에 밝았다. 또 농작물을 심고 가축을 기르며 황무지를 일구었다. 그는 이렇게 계절과 기상의 변화를 고려하여 자연에 순응하며 일을 처리하였다. 아울러 귀신을 신봉하는 것을 예(禮)로 제정하였으며 백성들을 교화하여 그들의 기질을 도야하였다. 그리고 목욕재계하고 신실한 마음을 다하여 하늘과 땅의 신령들에게 제사를 드렸다.

---

19) 황제 때 누런 뱀(黃蛇)이 출현하였는데 이를 토덕(土德)의 서응(瑞應)으로 여긴 것. 이에 대한 기록이 「封禪書」에 나타나 있음.

20) 자손이 번창 발전하면 독립적으로 씨족을 형성하게 되어 성(姓)을 하사하였음.

21) 부족 이름.

22) 황제(黃帝)의 황후, 처음으로 양잠(養蠶)을 보급했다고 전해지는 신화 전설상의 인물.

23) 부족 이름.

24) 전설상 고대 부족의 두령으로 호(號)가 고양씨(高陽氏).

그리하여 북으로는 유릉(幽陵)[25], 남으로는 교지(交阯)[26], 서로는 유사(流沙), 동으로는 반목(蟠木)에 이르렀다. 각종 동물과 식물, 이름난 산천의 크고 작은 신들에 이르기까지 무릇 태양이 비치는 곳은 어디나 그에게 복속하지 않는 자가 없었다.

전욱 임금은 궁선(窮蟬)을 낳았다. 전욱이 세상을 떠나자[27] 현효(玄囂)의 손자 고신(高辛)이 즉위하였으니 그가 바로 제곡(帝嚳)[28]이다. 제곡은 황제의 증손이다. 고신의 아버지는 교극(蟜極)이고 교극의 아버지는 현효이다. 그리고 현효의 아버지가 바로 황제(黃帝)이다. 현효로부터 교극에 이르기까지는 제위에 오르지 못하다가 고신씨에 이르러서야 즉위하게 되었다.[29] 고신씨는 전욱의 당질(堂姪)이다.

고신씨는 태어나자마자 신령스러웠으며 스스로 자신의 이름을 말했다. 뿐만 아니라 자신의 이익을 도모하지 않고 사람들에게 널리 은덕을 베풀었다. 또 관찰력이 뛰어나 사물의 오묘하고 신기한 이치를 탐색하였다. 하늘의 깊은 뜻을 본받아 백성들의 절박한 요구 사항을 헤아려 주었다. 이렇게 자애롭고 위엄이 있으며 관대하고 신의가 두터울 뿐만 아니라 세속에 물들지 않고 청렴결백하므로 천하가 모두 그에게 귀의하였다.

그는 땅에서 나는 산물을 절약하여 사용함은 물론 백성들을 위무하고 교화하여 세(勢)의 흐름에 따라 유리하게 이끌었다. 또 해와 달의 운행에 근거한 역법(曆法)[30]을 제정하여 계절의 변화를 추산해 내고, 귀신에 대

---

25) 옛 지역 이름. 즉 幽州로 오늘날 河北省 북부 일대와 遼寧省 남부 일대.
26) 옛 지역 이름. 오늘날 五嶺 이남과 越南 북부 지방.
27) ≪帝王世紀≫에 의하면 재위 78년, 향년 구십팔 세라고 함.
28) 곡(嚳)은 이름이며 고신(高辛)은 그의 부족이 흥성하여 천하를 차지한 후 얻게 된 호(號)임.
29) ≪帝王世紀≫의 기록에 의하면 제곡이 즉위한 후 박(亳)에 도읍을 두었다고 함.
30) 일찍이「전욱력(顓頊曆)」을 제정하였다고 전해지며 365.25일을 1년으로 정하는 등 거의 정확하였다고 함.

하여 낱낱이 조사하여 정중히 섬기었다. 그는 태도가 정중하고 고상한 덕행을 지니고 있었다. 그의 행동은 시의에 적절하고 일반 백성들처럼 검소한 옷차림을 했다.

제곡은 하늘이 대지에 비를 내리듯 공평무사하게 일을 처리하고 은덕을 베풀었다. 그리하여 해와 달이 비치고 바람과 비가 윤택하게 적시는 곳 모두가 그에게 귀의하였다.

제곡은 진봉씨(陳鋒氏)[31]의 딸을 아내로 맞이하여 방훈(放勳)을 낳았다. 또 추자씨(娵訾氏)[32]를 아내로 맞이하여 지(摯)를 낳았다.[33] 제곡이 세상을 떠나고 지(摯)가 제위에 오르니 그가 바로 요 임금[帝堯][34]이다.

요 임금이 바로 방훈이다. 그는 하늘처럼 자애롭고 신처럼 총명하였다. 그리하여 백성들은 따사로운 태양처럼 그를 흠모하고, 단비를 내려온 대지 위의 만물을 촉촉이 적시는 구름처럼 그를 우러러보았다. 부유하다고 해서 교만하거나 방자하게 굴지 않고 존귀하다고 해서 오만하지 않았다. 그는 누런 모자를 눌러 쓰고 누런 옷을 걸치고서 흰 말이 끄는 붉은 수레를 타고 다녔다.

그는 공명정대할 뿐만 아니라 고상한 인품과 덕행을 지니고 있기에 구족(九族)[35]이 화기애애한 분위기 속에서 화목하게 지낼 수 있었다. 또 모든 관리들이 맡은 책무를 명확히 알고 이를 충실히 이행하도록 하게 하

---

31) 부족 이름.

32) 부족 이름.

33) ≪帝王世紀≫에 의하면 제곡은 네 왕비를 두었는데 원비(元妃) 유태씨(有邰氏)의 딸 강원(姜嫄)은 후직(后稷 : 周의 시조)을 낳았으며 차비(次妃) 유융씨(有娀氏)의 딸 간적(簡狄)은 설(契 : 商의 시조)을 낳았으며 차비(次妃) 진봉씨(陳鋒氏)의 딸 경도(慶都)는 방훈(放勳)을 낳았으며 차비(吹妃) 추자씨(娵訾氏)의 딸 상의(常儀)는 지(摯)를 낳았다고 함.

34) 고대 전설상의 유명한 제왕. 실제로는 부계 씨족사회 후기의 부락 연맹체 두령. 이름은 방훈(放勳)이고 호는 도당씨(陶唐氏) 또는 이기씨(伊祁氏)라고 전해짐.

35) 고조로부터 증조 · 조부 · 부 · 자기(我) · 자 · 손 · 증손 · 현손까지 동종 친족을 통틀어 이르는 말. 또 다른 설에 의하면 부족(父族) 넷, 모족 셋, 처족 둘을 이름.

니 전국 각지의 제후들이 서로 반목하지 않고 화목하게 지내게 되었다.

요(堯)는 희씨(羲氏)와 화씨(和氏)[36]에게 명하여 하늘의 뜻을 공손히 따르고 해·달·별(日月星辰)의 운행을 관찰하여 역법(曆法)을 만들어 백성들에게 땅을 갈고 파종할 시기를 자세히 가르쳐 주도록 했다.

요(堯)는 희씨와 화씨에게 각기 다른 임무를 부여했다. 희중(羲仲)으로 하여금 욱이(郁夷), 즉 양곡(暘谷)[37]에 머물면서 떠오르는 태양을 정중히 맞이하도록 하였다. 그리하여 농부들에게 밭을 갈고 파종할 수 있도록 봄철에 해가 떠오르는 시각을 한 치도 어김없이 알려 주도록 했다. 낮과 밤의 길이가 같은 춘분(春分)의 황혼 무렵 하늘 가운데에 나타나는 조성(鳥星)[38]을 관찰하여 중춘(仲春)의 절기[39]를 추산할 수 있도록 했다. 이때 백성들은 각기 바쁜 일손을 움직여 가축들의 새끼를 치기 위해 적시에 교미를 시킬 수 있었다.

또 희숙(羲叔)으로 하여금 최남단 남교(南交)에 머물도록 하여 여름철 농사일을 제때 할 수 있도록 배려해 주라고 명했다. 그는 낮의 길이가 가장 길고 밤의 길이가 가장 짧은 하지(夏至)의 황혼 무렵 하늘 한복판에 나타나는 성화(星火)[40]를 보고 중하(仲夏)의 절기를 추산했다. 이때 백성들은 일손을 바삐 움직여 가축들이 털갈이를 할 수 있도록 하였다.

또 화중(和仲)으로 하여금 서방의 매곡(昧谷)[41]이라는 곳에 머물게 하

---

36) 희씨와 화씨 두 부족은 대대로 천문과 역법을 관장해 왔음.

37) 전설상 해가 뜨는 곳으로 '湯谷'이라고도 씀.

38) 남방 주조칠수(朱鳥七宿)의 넷째 별자리를 가리킴.

39) ≪尙書≫의 「堯典」에 의하면 이미 그 당시 4절기, 즉 仲春(春分), 仲夏(夏至), 仲秋(秋分), 仲冬(冬至)을 정한 듯하며 점차 정밀해져 나중에는 이십사 절기로 발전한 것으로 여겨진다.

40) 동방의 창룡칠수(蒼龍七宿)를 가리키는데 황혼 무렵의 창룡칠수 중 심수(心宿)가 중천에 출현하는 그날이 바로 하지(夏至)라고 함.

41) 해가 지는 곳의 전설상 지명.

여 지는 해를 경건히 배웅하고, 백성들이 가을걷이의 농사일을 잘할 수 있도록 배려했다. 밤과 낮의 길이가 같은 추분(秋分)의 황혼 무렵 하늘 한복판에 나타나는 성허(星虛)[42]를 보고 중추(仲秋)의 절기를 추산한다. 이때는 바야흐로 풍성한 수확과 상쾌한 기후로 말미암아 백성들은 연중 가장 즐겁고 새와 짐승들도 다시 털갈이를 하게 된다.

또한 화숙(和叔)으로 하여금 북방 유도(幽都)[43]에 머물도록 명하여 겨울을 나기 위한 갈무리를 잘할 수 있도록 배려했다. 낮이 가장 짧고 밤이 가장 긴 동지의 황혼 무렵 하늘 한복판에 나타나는 묘성(昴星)[44]을 보고 중동(仲冬)의 절기를 추산한다. 이때 백성들은 두터운 겨울옷을 입고 추위를 피하기 위해 집 안으로 들어가며 새들과 짐승들도 추운 겨울을 나기 위해 촘촘하고 부드러운 솜털이 빽빽하게 자라난다.

1년은 삼백육십육 일[45]이므로 윤달을 두어 사계절의 절기를 바로잡았다. 요 임금이 이러한 일들을 맡은 관원들을 제때에 채근하고 계고(誡告)하니 모든 일들이 순조롭게 착착 진행되었다.

요(堯)가 말했다.

"누가 천하의 대업을 이어받을 수 있을꼬?"

방제(放齊)[46]가 대답했다.

"사자(嗣子) 단주(丹朱)[47]가 사리에 밝고 총명합니다."

---

42) 북방의 현무칠수(玄武七宿)를 가리키는데 황혼 무렵 현무칠수 중 넷째 별 허수(虛宿)가 정남에 출현하는 그날이 바로 추분이라고 함.
43) 그 당시 최북단의 지명. ≪山海經≫의 기록에 의하면 북해(北海) 안에 幽都라는 산이 있다고 함.
44) 서방의 백호칠수(白虎七宿) 중 넷째 별자리인 묘수(昴宿)를 가리키는데 황혼 무렵 묘수가 정남에 출현하는 그날이 바로 동지라고 함.
45) 당시 역법에 의하면 태양이 하늘을 한 바퀴 도는 데 걸리는 기간, 즉 지구가 태양의 둘레를 한 번 공전하는 데 걸리는 기간을 삼백육십육 일로 본 것.(오늘날의 실측에 의하면 365.242일)
46) 요임금의 대신(大臣).
47) 요의 맏아들(嫡長子).

요(堯)가 말했다.

"에이, 그 녀석은 생각이 건전치 못하고 부도덕하며 쓸데없이 변론하기만 좋아하니 천자 자리에 오를 재목감은 아니야."

요(堯)는 또다시 물었다.

"누가 적임자일까?"

환두(讙兜)[48]가 대답했다.

"공공(共工)[49]은 널리 백성들을 모아 치수 사업을 한 공이 크니 그가 적임자인 줄로 아룁니다."

요(堯)가 말했다.

"공공은 언변이 뛰어나지만 일을 처리하는 능력은 모자라. 또 겉으로는 공경하는 태도를 취하고 있으나 속마음으로는 거만하며 하늘을 섬기는 예가 너무나 태만하고 불손하다. 그래서 적임자가 될 수 없다."

요(堯)는 또 물었다.

"아, 사악(四嶽)[50]이여! 홍수로 산봉우리와 높은 지대까지 물속에 잠기고 하늘을 뒤덮을 지경이 되어 백성들이 깊은 시름에 잠겼으니 누가 이를 다스릴 수 있겠소?"

모두들 입을 모아 말했다.

"곤(鯀)[51]이 할 수 있을 것입니다."

요(堯)는 말했다.

"곤은 백성들을 교화하라는 명령을 어겼을 뿐만 아니라 가문을 욕되게 했으니 등용할 수 없도다."

---

48) 요의 대신.
49) 치수(治水)를 담당한 관리 이름.
50) 사방의 제후들 중 우두머리, 또는 한 사람의 이름, 또는 앞서 언급한 羲仲·羲叔·和仲·和叔이라고 하는 등 여러 가지 설이 분분함.
51) 우(禹)의 아버지.

사악(四岳)이 말했다.

"그의 재능이 탁월하니 시험 삼아 써 보시는 것이 어떻겠습니까? 실제로 그렇지 못하다고 확인되면 그때 가서 쓰시지 않아도 될 것입니다."

요(堯)는 사악의 의견을 듣고 곤을 등용하였다. 곤은 9년 동안 치수(治水)에 진력했지만 아무런 성과도 거두지 못하였다.

요(堯)는 말했다.

"아, 사악이여! 짐이 왕위에 오른 지 벌써 칠십 년이 되었도다. 그동안 짐의 명령을 잘 수행하여 주었으니 짐을 대신하여 그대들이 천자의 자리를 이어야겠다."

사악이 대답했다.

"소신(小臣)들은 덕행이 크지 못하기에 천자의 자리를 욕되게 할까 두렵습니다."

요(堯)가 말했다.

"그렇다면 명망 있는 귀족이나 능력은 있지만 은둔하고 있는 사람을 모두 천거해 보아라."

모두들 입을 모아 요(堯)를 향해 말했다.

"민간에서 독신으로 살고 있는 우순(虞舜)이라는 자가 있는데 그가 어떻겠습니까?"

요(堯)가 말했다.

"그래, 짐도 예전에 들은 적이 있다. 그 사람은 도대체 어떤 사람인가?"

사악이 아뢰었다.

"그는 앞을 못 보는 맹인의 아들입니다. 그 아비는 사람의 도리를 모르는 완고한 사람이고 그 어미는 험담도 서슴지 않으며, 그 동생은 방자하고 성격이 흉악하기 이를 데 없습니다. 그렇지만 우순이 부모에게 효성이 지극하고 우애를 돈독히 하므로 그들은 사악한 짓을 하지 못한다고 합니다."

요(堯)가 말했다.

"그렇다면 그를 시험해 보아야겠구나."

요 임금은 자신의 두 딸[52]을 순(舜)에게 시집보낸 뒤 딸들을 통하여 순(舜)의 사람됨을 낱낱이 살폈다. 순(舜)은 자신의 두 아내로 하여금 거만한 태도를 버리게 하고, 규수(嬀水)의 북쪽에서 며느리로서 갖추어야 할 예의범절을 지키게 했다.

순(舜)의 얘기를 전해 듣고 요 임금은 이를 가상히 여겨 오륜(五倫)의 예를 백성들에게 교화하고 보급하는 사도(司徒)의 직책을 그에게 맡겼다. 또 그에게 관리들의 직무를 총괄하게 하여 모든 일이 순조롭고 질서 정연하게 집행될 수 있도록 했다. 또 천자를 알현하기 위해 찾아오는 빈객들을 접대하는 일을 주관하게 하였다.

그는 사문(四門)[53]에서 찾아온 빈객들을 정중히 접대하였다. 천자를 알현하기 위해 찾아온 제후들과 멀리서 온 빈객들은 그의 고상한 인품과 덕행을 보고 존경심을 갖게 되었다.

요 임금은 또 그에게 울창하게 우거진 산림과 큰 하천과 호수를 관리하는 어려운 책무를 맡겼는데 모진 비바람과 뇌우에도 조금도 당황하거나 겁내지 않고 한 치도 착오 없이 침착하게 맡은 임무를 완수해 냈다.

요 임금은 순(舜)의 인품과 덕행이 뛰어난 것을 확인하고 순을 불러들였다. 요 임금은 그에게 말했다.

"그대는 어떤 일이든지 깊이 생각하고, 한 번 말한 것은 어떠한 일이

---

52) 전설에 의하면 요임금은 두 딸 아황(娥皇)과 여영(女英)을 순(舜)에게 시집보냈다고 함. 자세한 내용은 〈中國古代神話〉(育文社 刊)를 참조하기 바람.

53) 명당(明堂 : 천자가 제후의 알현을 받는 곳)의 사방에 있는 대문.

있어도 반드시 해내어 큰 공을 세운 지 이미 3년이 되었도다. 그대는 이제 천자의 자리에 오르도록 하라."

순(舜)은 천자의 자리에 오를 만큼 자신의 덕행이 쌓이지 않았다고 생각하여 사양하였으나 마침내 정월 초하루 문조(文祖 : 요 임금의 시조)의 사당에서 요 임금으로부터 천자의 자리를 선양(禪讓)받았다.

이때 요 임금은 이미 연로하여 순(舜)으로 하여금 천자의 정사를 대신 집행하게 하고 하늘의 뜻을 잘 살피도록 명했다. 순은 즉시 선기옥형(璇璣玉衡)[54]을 사용하여 천체 현상을 관측하여 일월성신(日月星辰)의 위치를 표준으로 삼아 역법을 바로잡았다.

그는 천제(天帝)에게 유(類)[55]의 제사를 드리고, 6종(六宗)[56]에게 인(禋)[57]의 제사를 올리고, 명산대천(名山大川)에 망(望)[58]의 제사를 드리고, 뭇 신들에게 두루 제사를 올렸다. 그리고 다섯 종류의 부신(符信)[59]을 모으고 길한 날을 택하여 사악(四岳)과 제후들을 소환하여 그들에게 신표(信標)를 나누어 주었다.

2월에 그는 동방을 순수(巡狩)[60]하고, 태산(泰山)에 이르러 시(柴)[61]의 제사를 드리고 아울러 명산대천에 망(望)의 제사를 올렸다. 이때 동방의

---

54) 천문 관측기구.
55) 하늘에 보고하는 형식으로 올리는 제사.
56) 이에 대한 설은 분분하다. 1) 星, 辰, 司中(文昌의 다섯째 별), 司命(文昌의 여섯째 별), 風師, 雨師. 2) 天, 地, 四時. 3) 四時寒署, 日, 月, 星, 水, 旱.
57) 불 위에 제물을 올려놓아 향기가 연기를 따라 하늘에 도달하도록 올리는 제사의 일종.
58) 멀리서 바라보며 산천에 올리는 제사의 일종.
59) 公・侯・伯・子・男 다섯 작위의 제후가 휴대하는 부절을 말하는데 위는 둥글고 아래는 네 모진 옥규(玉圭)로 제후의 등급을 나타내는 신분증과 같은 것이라고 할 수 있음. ≪周禮≫의 「典瑞」에 의하면 公은 길이가 9촌인 桓圭를 휴대했으며 侯는 길이가 7촌인 信圭를 휴대하고 伯은 길이가 5촌인 躬圭를 휴대하고 子는 길이가 5촌인 穀璧을 휴대하고 男은 길이가 5촌인 蒲璧을 휴대하였다고 함.
60) 제후가 다스리는 지역을 천자가 순시하며 그 공적을 감찰하는 것을 말함.
61) 섶을 태워 하늘의 신(天神)에게 올리는 제사.

제후를 소견하고 절기(節氣)와 월분(月份) 및 하루의 시간의 표준을 정하였으며 음률과 도량형(度量衡)을 통일하였다. 또 오례(五禮)[62]를 제정하여 제후들은 오옥삼백(五玉三帛)[63]을, 경대부는 이생(二牲)[64]을, 사(士)는 죽은 꿩을 천자에게 바치는 예물로 사용하도록 제도를 정했다. 오기(五器)[65]는 알현하고 물러갈 때 제후에게 되돌려 주었다.

5월에는 남방을 시찰하였다. 8월에는 서방을 시찰하였다. 11월에는 북방을 시찰하였다. 각 지방을 시찰할 때마다 동방을 시찰할 때와 똑같이 했다. 시찰을 마치고 되돌아와서는 조묘(祖廟)와 부묘(父廟)에 황소를 희생(犧牲)으로 올렸다.

순(舜)은 5년마다 한 차례씩 사방(四方)을 시찰하였다. 그리고 천자가 시찰하지 않는 4년 동안에는 각 제후들이 차례로 돌아가며 천자가 머무는 도읍지로 찾아와 천자를 알현하였다. 제후가 천자를 알현할 때마다 순(舜)은 그들에게 나라를 다스리는 방법을 일러 주었으며, 공개적으로 그들이 다스린 업적을 낱낱이 점검하여 탁월한 업적을 세운 자에게는 상으로 병거와 기마(騎馬) 및 의복을 하사했다.

순(舜)이 처음으로 전국에 열두 주(州)[66]를 설치하고 수로(水路)를 소

---

62) 吉禮(제사), 凶禮(喪葬), 賓禮, 軍禮(군사), 嘉禮(冠婚).

63) 오옥(五玉) : 즉 오서(五瑞) : 다섯 爵位, 즉 公·侯·伯·子·男이 信標로 소지하던 玉)를 말함. 삼백(三帛) : 색깔이 다른 세 가지 비단. 孔安國의 주장에 의하면 제후와 세자는 진홍색의 비단을, 孤卿(公의 副職)은 검은색의 비단을, 附庸之君 — 천자의 제후에 직속하지 못하고 제후에 부속한 작은 나라의 군주 — 은 황색의 비단을 예물로 바쳤다고 하며 鄭玄의 주장에 의하면 高陽氏의 후손은 적색의 비단을, 高辛氏의 후손은 흑색의 비단을, 기타 제후들은 백색 비단을 예물로 바쳤다고 한다.

64) 산 새끼 양[羔羊]과 기러기.

65) 五玉, 즉 다섯 가지 신표를 말함.

66) 천하를 열두 주로 나누었다는 전설상의 주(州) 이름. 즉 기주(冀州), 연주(沇州), 청주(靑州), 서주(徐州), 형주(荊州), 양주(揚州), 예주(豫州), 양주(梁州), 옹주(雍州), 병주(幷州), 유주(幽州), 영주(營州).

통시켰다. 그는 전형적인 형률(刑律)을 기물 위에 새겨 놓았으나 무지하여 오형(五刑)[67]을 어긴 자에게는 관용을 베풀어 유배(流配)의 방식을 통해 관대히 처벌하였다. 관부에서는 가죽 채찍[皮鞭]을 사용하여 형을 집행하도록 하고, 학교에서 법을 어긴 자에게는 계척(戒尺)으로 처벌하도록 하였으며, 고의적인 의도 없이 법을 어긴 자에게는 금전을 내고 속죄할 기회를 주었다.

또 자신도 모르게 무심코 저질렀거나 천재지변과 같은 재해가 발생했을 때 저지른 과실에 대해서는 처벌하지 않고 즉시 석방하도록 했다. 다만 법을 어기고서도 잘못을 뉘우치지 않고 마음을 고쳐먹지 않는 죄질이 나쁜 범법자에게는 거기에 걸맞은 처벌을 내리도록 했다.

순은 늘 관리들에게 일렀다.

"신중할 지어다, 신중할 지어다! 가능하면 형벌을 사용하지 않도록 노력하라."

환두(讙兜)가 요 임금에게 공공(共工)을 천거하자 요 임금이 말했다.

"안 된다."

그렇지만 환두는 시험 삼아 그를 등용해 보는 것이 좋겠다고 요 임금에게 극구 간청했다. 요 임금은 환두의 간청에 따라 공공을 토목공사와 건축을 감독하는 관원[工師]으로 등용해 보았지만 예상한 대로 공공은 사람됨이 교만하고 방자할 뿐만 아니라 사악하기 이를 데 없었다.

사악(四岳)이 홍수를 다스리는 적임자로 곤(鯀)을 천거하였다. 그렇지만 요 임금은 탐탁히 여기지 않았다. 사악은 시험 삼아 곤을 한 번 등용

---

67) 고대의 다섯 가지 형벌. 즉 묵(墨 : 이마에 刺字하는 형벌), 의(劓 : 코를 베는 형벌), 비(剕 : 발꿈치를 도려내는 형벌), 궁(宮 : 남자의 경우는 고환을 거세하고 여자의 경우는 陰部를 유폐하는 형벌), 대벽(大辟 : 목을 자르는 형벌).

해 보심이 좋겠다고 요 임금에게 극구 간청하였다. 사악의 간청을 받아들여 곤을 등용해 보았지만 아무런 성과도 거두지 못하였다. 이에 백성들은 곤(鯀)이 치수(治水)의 적임자가 아니라고 여기게 되었다.

삼묘족(三苗族)[68]은 수차례나 강회(江淮) 유역과 형주(荊州)[69] 일대에서 반란을 일으켰다. 이에 순(舜)은 즉시 현장을 순시하고 돌아와 지체없이 요 임금에게 보고하며 그에게 간청했다.

"공공을 유릉(幽陵)으로 귀양 보내어 그로 하여금 북적(北狄)[69]을 다스리도록 하시고, 환두를 숭산(崇山)[71]에 유배하여 그로 하여금 남만(南蠻)[72]을 다스리게 하시고, 삼묘족을 삼위(三危)[73]로 축출하여 그들로 하여금 서융[74]을 다스리게 하시고, 곤(鯀)을 멀리 우산(羽山)으로 좌천하여 그로 하여금 동이(東夷)[75]를 다스리도록 하십시오."

네 죄인들을 형률에 따라 처벌하자 백성들 모두 마음속 깊이 기뻐하며 성심껏 따랐다.

요 임금 재위 70년에 순(舜)을 얻었다. 순(舜)을 만난 지 이십 년 만에 요 임금은 연로하여 순으로 하여금 천자의 정무를 대신 맡아 보게 하였으며, 하늘에 순을 천거하였다. 천자의 자리에서 물러난 지 이십팔 년 후에 요 임금이 세상을 떠나자 온 백성들은 마치 부모를 여읜 것처럼 슬퍼했다. 사방의 제후들은 요 임금의 승하를 애도하는 뜻으로 3년 동안 일체 음악을 연주하지 않았다.

---

68) 長江 중류 이남에 거주하던 부족 이름.
69) 漢水 이남 지구.
70) 중국 북방에 살던 이민족을 일컫는 말.
71) 오늘날 湖南省 大庸縣 서남쪽에 있는 산 이름.
72) 고대 중국의 남방에 살던 이민족.
73) 산 이름.
74) 고대 중국의 서방에 살던 이민족.
75) 고대 중국의 동방에 살던 이민족.

애초에 요 임금은 맏아들 단주(丹朱)가 장래성이 없는 것을 알기에 그에게 천하를 넘겨 줄 수 없었다. 그래서 요(堯)는 임시로 순(舜)에게 천자의 자리를 선양(禪讓)하는 조치를 취하였다. 순에게 천하를 맡겨 보니 만백성이 이로워 그들 모두 좋아하였으나 유독 단주만은 이를 못마땅하게 여겼다. 그래서 단주에게 천하를 맡겨 보니 천하의 백성들이 모두 그를 원망하고 오직 단주 한 사람만이 이로울 뿐이었다. 요 임금은 말했다.

"천하의 만백성에게 해를 끼치면서 오직 한 사람만을 이롭게 해서는 결코 안 된다."

마침내 요 임금은 천하를 순(舜)에게 넘겨주었다. 요 임금이 승하하고 삼년상(三年喪)이 끝나자 순은 천하를 단주에게 넘겨주고 자신은 남하(南河)[76]의 남쪽으로 물러났다. 그런데 천자를 알현하러 온 제후들이 단주에게 가지 않고 순에게로 왔다. 옳고 그름을 가려 달라고 소송을 제기하는 사람들 역시 단주에게 가지 않고 모두 순(舜)에게로 찾아왔다. 천자의 공덕과 은덕을 찬양하는 사람들도 단주를 찬양하지 않고 순(舜)을 찬양했다. 순(舜)이 말했다.

"이는 하늘의 뜻이로다."

순(舜)은 비로소 도읍으로 돌아와 천자의 자리에 올랐다. 그가 바로 순 임금[舜帝]이다.

우순(虞舜)[77]의 이름은 중화(重華)[78]이다. 중화의 아버지는 고수(瞽叟)[79]이고, 고수의 아버지는 교우(橋牛)이고, 교우의 아버지는 구망(句望)이

---

76) 황하의 지류로, 동관(潼關)에서 동으로 흐르는 하천.
77) 우(虞)는 전설상의 부락, 즉 有虞氏가 모여 살던 부락의 이름. 순(舜)은 부계 씨족 사회의 부락 연맹체 두령.
78) 순(舜)은 한쪽 눈동자가 두 개씩이었기 때문에 중화(重華)라 불리게 되었다고 전해짐.
79) 瞽는 '장님'이라는 뜻이고 叟는 '노인'이라는 뜻인데 실제의 이름은 아닌 듯함.

고, 구망의 아버지는 경강(敬康)이고, 경강의 아버지는 궁선(窮蟬)이고, 궁선의 아버지는 전욱(顓頊)이고, 전욱의 아버지는 창의(昌意)이니 순(舜)에 이르러 이미 7대(代)였다. 궁선부터 순 임금에 이르는 조상들은 모두 지위가 낮은 보통 사람에 지나지 않았다.

순(舜)의 아버지 고수는 장님이었다. 고수는 순의 어머니[80]인 아내와 사별한 후 후처를 맞이하였다. 후처와의 사이에서 아들 상(象)을 낳았다. 상(象)은 교만하고 흉악하였다. 고수는 후처에게서 난 아들만을 편애하고 늘 순(舜)을 죽이려고 해 이에 견디다 못한 순이 하는 수 없이 집을 도망쳐 나오기도 하였다. 어린 순이 조금만 잘못을 저질러도 걸핏하면 꾸중을 듣고 매를 맞았다. 하지만 순은 언제나 신실한 태도로 아버지와 의붓어머니를 공경하고 배다른 동생을 우애하였으며 늘 근면하였다.

순(舜)은 기주(冀州)[81] 사람이다. 그는 예전에 역산(歷山)에서 땅을 일구어 농사를 짓고, 뇌택(雷澤)에서 고기를 잡고, 황하의 강가에서 도기(陶器)를 만들고, 수구(壽丘)에서 일용 가구를 만들고 부하(負夏)[82]에서 장사를 하기도 했다.

순(舜)의 아버지 고수는 어리석고 분별력이 모자라며, 간사한 계모는 험담을 일삼았으며 배다른 동생 상(象)은 교만하고 흉악하기 짝이 없었다. 그 일가족은 순을 죽이려고 하였다. 그런데 순은 언제나 부모에게 공손하여 자식 된 도리를 다하고 동생에게 너그러운 마음으로 형 된 도리

---

80) ≪帝王世紀≫에 의하면 순(舜)의 어머니는 악등(握登)이며 요허(姚墟)에서 순을 낳았기 때문에 순의 성(姓)이 요(姚)라고 함.
81) 고대 9주의 하나.
82) 읍(邑) 이름.

를 다하였다. 부모들은 기회만 있으면 순(舜)을 죽이려고 별렀지만 죽이지 못하였다. 그런데도 순에게 부탁할 일이 있어 그를 찾으면 순은 언제나 그들 곁으로 달려왔다.

순(舜)이 스무 살 무렵 부모에게 효성이 지극하다는 소문이 파다하게 퍼졌다. 순이 서른 살이 되었을 때 요 임금이 천하를 다스릴 만한 인재를 신하들에게 물었다. 사악(四嶽)이 입을 모아 순이 적임자라고 천거하자 요 임금은 이를 받아들였다. 그리고 순에게 두 딸을 시집보내 그녀들로 하여금 가정 안에서 순의 행동을 살펴보게 하였다. 또 아들 아홉 명을 보내 순과 함께 지내게 하여 가정 밖에서의 일거일동을 낱낱이 살펴보도록 했다. 순은 규수(嬀水) 북쪽에서 살 가정에서 한층 더 근엄한 생활을 해나갔다.

요 임금의 두 딸은 현귀(顯貴)한 집안 출신이라고 해서 결코 순(舜)의 집안 사람들을 거만하게 대하지 않았으며, 며느리로서 지켜야 할 모든 예의범절을 철저히 지켰다. 또 요 임금의 아홉 아들들은 순의 영향을 받아 예전보다 더욱더 관대하고 성실해졌다.

순(舜)이 역산(歷山)에서 경작을 하자 역산에 사는 사람들은 서로 다투어 경작지의 경계를 양보하였고, 뇌택(雷澤)에서 고기잡이를 하자 그곳에 살던 사람들이 살 곳을 마련해 주었다. 또 황하의 강가에서 도기를 만들자 조잡하고 깨진 도기가 나오는 일이 사라졌다.

1년이 지나자 순(舜)이 사는 곳은 촌락을 이루었고, 2년이 지나자 읍을 이루었고, 3년이 지나자 도시를 형성하게 되었다. 요 임금은 순에게 갈포(葛布)로 싼 베와 거문고를 하사했다. 또 창고를 지어 주고 소와 양을 하사했다.

고수는 또다시 순(舜)을 죽이려고 그에게 곳간을 수리해 달라고 부탁했다. 순이 곳간을 수리하고 칠을 하는 사이에 고수는 곳간에 불을 질렀다. 순은 얼른 삿갓 두 개로 자신의 몸을 가리고 화염이 너울거리는 곳간에서 아래로 뛰어내려 죽을 위험에서 무사히 벗어날 수 있었다.

그 후 고수는 또다시 아들 순(舜)에게 우물을 파 달라고 부탁했다. 순은 우물의 벽에 자신의 몸을 은신하여 밖으로 나올 수 있는 굴을 파 두었다. 순이 깊이 파 내려갔을 때 아버지 고수와 동생 상(象)이 느닷없이 흙으로 우물을 메워 버렸다. 순은 벽면에 파 놓은 굴을 통하여 무사히 밖으로 빠져나왔다. 고수와 상(象)은 순이 꼼짝없이 죽은 줄 알고 기뻐 어쩔 줄 몰랐다. 상(象)이 말했다.

"이 방도를 생각해 낸 사람은 저입니다."

상(象)은 부모와 함께 순(舜)의 재산을 나누었다.

"순(舜) 아내인 요(堯)의 두 딸과 거문고는 제가 차지하겠습니다. 아버지와 어머니는 소와 양과 곳간을 가지세요."

그리고 나서 상(象)은 아예 순의 방에 들어앉아 요 임금이 하사한 순(舜)의 거문고를 타기 시작했다. 순이 상(象) 앞으로 나아가 상(象)을 쳐다보았다. 그 순간 살아 돌아온 순을 본 상(象)은 소스라치게 놀라며 난처한 표정을 지었다.

"저는 형님을 몹시 걱정하고 있었습니다."

순(舜)은 아무렇지도 않다는 듯이 대꾸했다.

"그래, 나도 네가 그리리라고 생각했다."

그런 일이 있었는데도 순은 그 이후에도 한결같이 아버지 고수를 공경하고 동생을 우애하였다. 그리하여 요 임금은 순을 등용하여 그로 하여금 오교(五教)를 보급하게 하는 등 여러 가지 관직을 두루 맡겨 보고 나서 순이 아주 적임자라는 것을 알았다.

예전에도 고양씨(高陽氏)에게 유능한 자손 여덟 명이 있었다. 세상 사람들은 그들로부터 이로움을 얻었기 때문에 그들을 '팔개(八愷)'[83]라고 일컬었다. 고신씨(高辛氏)에게도 유능한 자손 여덟 명[84]이 있었다. 세상 사람들은 그들을 '팔원(八元)'이라 일컬었다. 이 열여섯 가족들은 대대로 그들의 미덕을 발휘하였고, 선조의 명성을 훼손시키지 않았다.

요 임금 시대에는 그들을 기용하지 않았으나 순 임금은 '팔개(八愷)'를 후토(后土)[85]로 등용하여 그들로 하여금 물과 토양을 관장케 하여 각종 일을 안배하게 되니 모든 일이 순조롭고 질서정연하게 착착 진행되었다. 또 순 임금은 '팔원(八元)'을 등용하여 그들로 하여금 오륜(五倫)의 가르침을 사방에 널리 펴서 교화토록 하였다. 그리하여 아버지는 위엄 있고 어머니는 자애로우며, 형은 우애하고 동생은 공경하고 아들은 효도하니, 나라 안이 태평스러워지고 나라 밖의 이민족들도 감화받아 화하(華夏)와 우호적인 관계를 유지하게 되었다.

예전에 제홍씨(帝鴻氏)[86]에게 몹시 고약한 한 자손이 있었다. 그는 어짊과 의로움을 완전히 상실하였을 뿐만 아니라 음험하고 잔인무도하여 포악하고 사악한 짓을 서슴지 않았다. 그리하여 천하의 사람들이 그를 '혼돈(渾沌)'[87]이라고 일컬었다.

소호씨(少昊氏)[88]에게도 고약한 자손이 있었으니 그는 신의를 저버리고 충성하기를 싫어하고 사악한 말 하기를 좋아하였다. 그리하여 천하의

---

83) ≪左傳≫의 「文公十八年」에 의하면 옛날 高陽氏에게는 훌륭한 아들 여덟 명이 있었다고 한다. 그들의 이름은 창서(蒼舒), 퇴애(隤敳), 도연(檮戭), 대림(大臨), 방강(尨降), 정견(庭堅), 仲容(중용), 숙달(叔達)이다.

84) ≪左傳≫의 「文公十八年」에 의하면 옛날 高辛氏에게는 훌륭한 아들 여덟 명이 있었다고 한다. 그들의 이름은 백분(伯奮), 중감(仲堪), 숙헌(叔獻), 계중(季仲), 백호(伯虎), 중웅(仲熊), 숙표(叔豹), 계리(季狸)이다.

85) 물과 땅을 관장하는 관직.

86) 곧 황제(廣帝).

87) 흉악한 짐승의 이름으로 '미개하고 야만적'이라는 뜻으로 비유.

88) 고대 부족의 두령. 황제(黃帝)의 아들로 금천씨(金天民)라고도 불리며 이름은 지(摯), 호는 청양(靑陽).

사람들은 그를 '궁기(窮奇)' [89]라 일컬었다.

전욱씨(顓頊氏)에게도 나쁜 아들이 있었으니 그는 가르침을 받아들일
줄 모르고, 무엇이 자신에게 이롭고 선한 말인지조차 분간할 줄 몰랐다.
그래서 사람들은 그를 '도올(檮杌)' [90]이라고 일컬었다.

세상 사람들 모두 이 세 가족들을 경계하였으나 요 임금은 이들을 제
거하지 못하였다.

진운씨(縉雲氏) [91]에게도 형편없는 자손이 있었으니 그는 술에 빠지고
재물을 탐내었다. 그래서 사람들이 그를 '도철(饕餮)' [92]이라 일컬었다.
사람들이 모두 그를 싫어하였고 앞에서 언급한 세 가족들과 그를 나란히
견주었다.

순(舜)이 사문(四門)에서 사방의 빈객 접대를 관장하고 있는 동안 그는
이 흉악한 네 가족들을 아주 먼 동서남북 네 변방으로 귀양 보내어 징계
하였다. 그리하여 사방의 문은 활짝 열려 모두들 입을 모아 다시는 이러
한 악인이 없게 되었다고 말하였다.

순(舜)이 산림을 관장하는 관리로 있을 때 휘몰아치는 모진 비바람에
도 불구하고 한 치도 어김없이 임무를 완수해 내었다. 요 임금은 순이 천
하를 넘겨받을 만한 인물이라는 것을 알게 되었다. 요 임금이 연로해지
자 순으로 하여금 자기를 대신하여 천자의 직무를 대행케 하고 사방을
시찰하도록 했다.

순(舜)이 천거되어 여러 관직을 두루 거친 지 이십 년 만에 그로 하여
금 천자의 직무를 대행케 하였다. 그렇게 한 지 8년 뒤 요 임금은 세상을

---

89) 흉악한 짐승의 이름으로 '매우 괴벽스럽다' 는 뜻으로 비유.
90) 흉악한 짐승의 이름으로 '고집스럽기 짝이 없고 흉악하다' 는 뜻으로 비유.
91) 염제(炎帝)의 후손으로 황제(黃帝) 때 진운지관(縉雲之官)에 임명되었다고 함.
92) 흉악한 짐승의 이름으로 '몹시 탐욕스럽다' 는 뜻으로 비유.

떠났다. 삼년상이 끝나 탈상한 후 순(舜)은 요 임금의 맏아들 단주(丹朱)에게 천자의 자리를 넘겨주었지만 사람들은 모두 순(舜)에게로 귀의하였다.

또 우(禹)·고요(皋陶)·설(契)·후직(后稷)·백이(伯夷)·기(夔)·용(龍)·수(倕)·익(益)·팽조(彭祖) 등 대신들은 요임금 때부터 등용되었지만 전문적인 직분이 부여되지 않았다. 순(舜)은 문조묘(文祖廟)에 가서 사악(四岳)과 의논하며 사문(四門)을 활짝 열고 사방의 의견을 경청하였다. 그는 또 열두 주(州)의 지방 장관[牧]들과 더불어 제왕(帝王)이 마땅히 갖추어야 할 덕행에 대하여 의논했다. 명령과 법령을 관대히 시행하고 아첨하는 소인배들을 멀리하면 설령 나라 밖 이민족일지라도 잇달아 귀의할 것이라고 순(舜)은 생각했다.

순(舜)은 사악(四岳)에게 말했다.

"누가 나를 도와 광명정대하신 요 임금님께서 하늘의 명을 받들어 하시던 일을 더욱 발전시켜 주면 좋겠소."

그러자 모두들 입을 모아 말했다.

"백우(伯禹)를 사공(司空)[93]에 임명하시면 광명정대하신 요 임금님의 사업을 할 수 있을 듯합니다."

순 임금이 말했다.

"옳은 말이오. 우여, 그대는 물과 토지를 힘써 잘 다스려 주기 바라오."

우(禹)는 허리를 굽혀 머리를 조아리면서 후직·설·고요가 자기보다 더 적임자라고 사양하였다. 그러자 순 임금이 말했다.

"좋은 말이오. 그런데 이 직책은 그대가 맡아 주오."

순 임금은 또 후직에게 말했다.

---

93) 물과 땅을 관장하는 관직 이름.

"기(棄)[94]여! 백성들은 굶주림에 시달리고 있소. 그러니 그대는 백성들에게 여러 가지 곡식을 파종하고 재배하는 법을 가르쳐 주도록 하오."

그러고 나서 설(契)을 향해 말했다.

"설(契)이여, 백성들이 서로 화목하지 못하고 오륜(五倫)이 지켜지지 않고 있소. 그러니 그대는 사도(司徒)[95]의 직책을 맡아 다섯 가지 기본 윤리 도덕을 백성들에게 가르쳐 그들이 서서히 감화 받을 수 있도록 하오."

순 임금은 고요에게 말했다.

"고요여, 나라 밖 이민족들의 침략이 끊이지 않고, 도적들과 간악한 무리들이 재물을 약탈하고 살인을 서슴지 않으며 소란을 피우고 있소. 그러니 그대는 형법을 관장하는 직책을 맡아 주도록 하오. 다섯 가지 형벌로 다스리되 죄의 경중에 따라 세 곳에서 집행하도록 하고, 또 다섯 가지 형벌을 귀양살이로 대죄(代罪)할 때에도 반드시 죄의 경중에 따라 유배지를 세 곳으로만 한정해야 하오. 형벌을 엄격하고 공정하게 시행해야 비로소 사람들이 따르는 법이오."

순 임금은 또 물었다.

"누가 나를 도와 각종 물건을 만드는 일을 관장해 주겠소?"

모두들 대답했다.

"수(倕)가 좋을 듯합니다."

그리하여 순 임금은 수를 공공(共工)의 직책에 임명했다. 순 임금이 물었다.

"누가 산과 늪, 풀과 나무, 새와 짐승들을 맡아 관리하겠소?"

모두들 익(益)이 적임자라고 입을 모아 말했다. 그리하여 순 임금은 익

---

94) 직(稷) 또는 후직(后稷)이라고도 불린다. 자세한 사적은 「周本紀」를 참조하기 바람.
95) 백성들을 교화하는 직책을 맡은 관직명.

(益)을 산림과 늪을 관장하는 '우(虞)'의 직책에 임명했다. 익(益)은 머리를 조아리며 주호(朱虎)·웅비(熊羆)⁹⁶⁾ 등이 자기보다 낫다고 사양하였다. 그러자 순 임금이 말했다.

"좋소. 그런데 그대가 적임자이니 맡아 주오."

그리고는 주호와 웅비로 하여금 익(益)을 보좌해 주도록 했다. 순 임금은 다시 물었다.

"자, 사악(四岳)이여! 천신·지신(地神)·귀신(鬼神)에게 제사를 드리는 의식(三禮)을 누가 관장하면 좋겠소?"

여러 사람들이 입을 모아 대답했다.

"백이(伯夷)가 좋을 듯합니다."

순 임금이 말했다.

"백이여, 그대를 제사 의식을 관장하는 질종(秩宗)의 직책에 임명하오. 언제나 청결하고 경건한 몸가짐으로 정숙하고 엄숙해야만 하오."

백이는 기(夔)와 용(龍)이 적임자라고 하면서 사양하였다. 순 임금은 말했다.

"좋소, 기여! 그대를 음악을 관장하는 전악(典樂)의 직책에 임명하니 귀족의 자제들을 가르치도록 하오. 그대는 정직하되 온화하며, 너그러우면서도 엄격하며, 강직하되 포악하지 말아야 하며, 간략하면서도 오만하지 말아야 하오. 시(詩)는 사람의 사상과 감정을 표현한 것이요 노래는 시의 리듬을 늘인 것이니, 음악 소리는 길게 늘인 노래의 가사에 따라야 하고 음률은 노래 소리의 조화를 따라야 하는 법이오. 여덟 가지 악기 소

---

96) ≪史記索隱≫에 의하면 주호(朱虎)는 高辛氏의 '八元' 중 맏아들인 백호(伯虎)이며 웅비(熊羆)는 고신씨의 次子인 중웅(仲熊)을 가리킨다고 함.

97) 앞에 상술한 禹, 倕, 益, 伯夷, 夔, 龍의 여섯 사람과 4악(四岳) 및 십이 목(牧 : 지방 장관)을 합한 것.

리[八音]가 잘 화합하여 질서를 잃지 않는다면 신과 인간이 그것을 들으면서 유쾌하고 화목해지게 될 것이오."

기(夔)가 말하였다.

"아아! 제가 각종 석제(石制) 악기들을 치면 온갖 짐승들이 박자에 맞추어 춤을 추도록 노력하겠습니다."

순 임금이 말했다.

"용(龍)이여, 정직하고 선량한 사람을 모함하고 하늘의 이치를 어기고 사람으로서 차마 할 수 없는 그야말로 인간성을 상실한 사람들의 행위를 가슴 아프게 생각하오. 또한 나의 백성들을 미혹시키고 놀라게 할까 두렵소. 그대를 납언(納言)의 직책에 임명하노니, 그대는 매일 나의 명령과 뜻을 전달하고 백성들의 여론을 수렴하여 반드시 진실하게 보고하도록 하오."

그러고 나서 순 임금은 여러 신하들을 향해 말했다.

"아! 그대들 스물 두 명의 대신들이여, 모든 일에 성심성의를 다하여 일해 주기 바라오. 아울러 짐이 천하의 대사를 잘 다스릴 수 있도록 성심껏 보좌해 주기 바라오."

순 임금은 3년에 한 차례씩 그들의 업적을 평정하였다. 이렇게 9년 동안 세 차례 평정한 성적에 근거하여 성적이 불량한 자는 강등시키고 성적이 우수한 자는 승진시켰다. 그리하여 모든 일이 순조롭게 잘 되어 갔다. 또 삼묘족(三苗族) 가운데 선량한 자는 그 자리에 살게 하고 악한 자는 북방으로 강제 이주시켰다. 그리하여 삼묘족은 세력이 약화되고 흩어지게 되었다.

이 스물두 명[97]의 대신들은 모두 훌륭한 업적을 이룩하였다. 고요(皋陶)는 형법을 관장하는 대리(大理)가 되어 사실에 토대를 두어 공평무사하게 판결을 하였기 때문에 백성들이 진심으로 신망하게 되었다. 백이(伯夷)는 예(禮)를 관장하였기 때문에 윗사람 아랫사람 할 것 없이 모두 겸손하게 사양하게 되었다. 수(倕)는 여러 가지 물품을 만드는 공장(工匠)들을 잘 관장하였기 때문에 모든 장인(匠人)들이 훌륭한 업적을 세웠다.

익(益)은 산림과 하천을 잘 다스려 이때부터 산림과 하천이 개발되기 시작했다. 기(棄)는 농사일을 잘 다스려 온갖 곡식들이 풍성하게 자랐다. 설(契)은 백성들을 교화하는 책임을 주관하여 백성들이 모두 일치단결하고 화목하게 지내게 되었다. 용(龍)이 빈객들의 접대를 잘 맡아 먼 데 있는 제후들과 다른 이민족들까지 조공을 바쳐 왔다. 열두 주(州)의 지방 장관들도 힘껏 일을 하였기 때문에 도망치거나 감히 거역하는 자가 없었다.

특히 우(禹)의 공로는 혁혁하였다. 그는 아홉 산맥을 뚫고 아홉 개의 호수를 다스리고 아홉 개의 큰 하천을 소통시켜 구주(九州)의 경계를 확정하였다. 또 전국 각지의 특산품을 공물로 바치게 함으로써 그 지방의 실정을 그대로 반영하여 주었다.

그리하여 국토의 넓이가 사방 오천 리나 달해 강역(疆域)이 황복(荒服)[98]에까지 이르게 되었다. 남쪽으로는 교지(交阯)와 북발(北發)[99]을 위무하고, 서쪽으로는 융족 · 석지(析枝) · 거유(渠庾) · 저족(氐族) · 강족(羌族)을 아우르고, 북으로는 산융(山戎) · 발족(發族) · 식신(息愼)[100]을 위무하고, 동으로는 장이(長夷) · 조이(鳥夷)를 아우르게 되었다.

온 천하의 사람들이 모두 순 임금의 공적을 추앙하게 되었다. 이에 우

---

98) 천자가 직접 다스리는 지역[王畿]으로부터 가장 먼 지방을 말함.
99) 지명. 《史記索隱》에 의하면 북발(北發)은 북호(北戶)이며 오늘날 월남(越南) 지역이라고 함.
100) 고대 중국 북방에 살던 이민족들의 이름. 식신(息愼)은 고대 중국 동북 지방에 살던 숙신(肅愼)인 듯하다.

(禹)는 구초(九招)[101]라는 악곡을 지어 바치고 진기한 물건들을 헌상하였으며 하늘에서는 봉황새가 날았다. 그리하여 우제(虞帝 : 순 임금) 시대에 이르러 비로소 온 천하에 어질고 밝은 정치가 출현하게 되었다.

순(舜)은 이십 세 때 효도로 널리 이름을 떨치게 되었고 삼십에 요 임금에 의해 발탁되었으며, 오십에 요 임금을 대신하여 천자의 직무를 대행하게 되었고 순이 오십팔 세 되던 해에 요 임금이 세상을 떠났다. 삼년상을 치른 뒤 천하의 뜻을 얻어 육십일 세에 요 임금을 대신하여 천자의 자리에 올랐다. 천자의 자리에 오른 지 삼십구 년 되던 해 순 임금은 남방을 순시하다 창오(蒼梧) 들녘에서 세상을 떠났다. 장강(長江) 남녘의 구의산(九疑山)에 장사지냈으니 이곳이 바로 영릉(零陵)이다.

순(舜)은 천자의 자리에 오르자 수레에 천자의 기치(旗幟)를 꽂고 아버지 고수를 뵈러 갔는데 온화하고 공경스러운 태도를 잃지 않고 아들 된 도리를 다하였다. 또 배다른 동생 상(象)을 제후로 봉하였다.

순은 아들 상균(商均)의 됨됨이가 쓸모 있는 재목감이 되지 못하자 우(禹)를 하늘에 천거하였다. 우를 천거한 지 십칠 년 후 순 임금은 세상을 떠났다. 삼년상을 치른 뒤 순(舜)이 천자의 자리를 요 임금의 아들에게 넘겨주었듯이 우도 순 임금의 아들에게 제위를 넘겨주었다. 그렇지만 제후들이 모두 우에게 귀의하니 비로소 천자의 자리에 올랐다.

요 임금의 아들 단주(丹朱)와 순 임금의 아들 상균(商均)은 모두 봉지를 가지고 있었기 때문에 자신의 조상에게 제사를 지낼 수 있었다. 뿐만 아니라 조상 대대로 전해 내려오는 복식을 갖추어 입고 조상들이 사용하던 예악(禮樂)을 그대로 사용하였다. 그들은 빈객의 신분으로 천자를 뵙고 천자 역시 그들을 신하로 여기지 않고 예우하였다. 이는 천자의 존엄

---

101) 순임금 때 지은 악곡으로 구소(九韶)라고도 함.

을 감히 독점하지 아니함을 나타내는 것이다.

황제(黃帝)로부터 순(舜) · 우(禹)에 이르기까지 모두가 한 성[102]에서 나왔지만 제후로 봉해질 때의 이름[國號][103]은 모두 달랐으며 제각기 밝은 덕행을 나타내었다. 황제의 호(號)는 유웅(有熊)이고, 전욱 임금[帝顓]은 고양(高陽)이고, 제곡(帝嚳)은 고신(高辛)이고, 요 임금[帝堯]은 도당(陶唐)이고, 순 임금[帝舜]은 유우(有虞)이다. 우 임금[帝禹]의 호는 하후(夏后)[104]이고 별도의 씨(氏)[104]를 갖게 되었으며 성은 사(姒)[106]씨이다. 설(契)은 상대(商代)의 조상으로 성은 자(子)씨이다. 기(棄)는 주대(周代)의 조상으로 성은 희(姬)씨이다.

태사공은 말한다.[107]

학자들이 오제(五帝)를 칭송해 온 지 이미 오래되었다. ≪상서(尙書)≫[108]에도 요(堯) 이래의 역사적 사실만 기록되어 있을 뿐이다. 그런데도 제

---

102) 모두 소호씨(少昊氏)의 후손임.

103) 제후로 봉해질 때, 즉 독립적으로 한 부족을 이룰 때 다른 명호(名號)를 갖게 됨.

104) 우(禹)의 국호(國號).

105) 고염무(顧炎武)의 주장에 의하면 씨(氏)는 다시 변할 수 있지만 성(姓)은 천만년이 지나도 변할 수 없다고 한다. 그러나 한 성(姓)에서 갈려 나간 씨(氏)가 세월이 흘러 자손이 번성하게 되면 역시 독립적으로 성(姓)을 이룰 수 있다. 후대로 내려오면서 성(姓)과 씨(氏)의 개념이 불분명해지게 되었다.

106) 전설에 의하면 우(禹)의 어머니 수기(修己)가 율무[薏苡]를 삼키고 우(禹)를 낳았으므로 사(姒)를 성으로 삼았다고 함.

107) 태사공(太史公)에 대하여는 세 가지 설이 있다. 1) 太史公은 司馬遷의 관직명이라는 설. 2) 한대(漢代)에는 다만 太史令이라는 관직이 있었을 뿐이므로 후대 사람들이 司馬遷을 존중하여 '公'을 덧붙였다는 설. 3) 司馬遷이 자기의 부친 司馬談에 대한 존칭으로 사용하였다는 설. 매 편(篇)마다 끝 부분에(때로는 서두에서) '太史公曰'이라는 논찬(論贊)의 형식으로 자신의 견해를 밝혀 비판하고 그 편을 서술하게 된 이유나 이용한 자료 등에 대하여 서술하고 있다. ≪左傳≫과 ≪國語≫에서는 '君子曰'이란 말로 시작되며 반고(班固)의 ≪漢書≫와 범엽(范曄)의 ≪尼漢書≫에서는 '贊曰'로 시작되며 진수(陳壽)의 ≪三國志≫에서는 '評曰'로 시작되며 순열(荀悅)의 ≪漢記≫에서는 '論曰'로 시작된다. 이밖에 다른 사서(史書)들에서는 '序曰' '議曰' '述曰' 등으로 시작된다. 유지기(劉知幾)는 ≪史通≫에서 이러한 문구를 통틀어 '논찬(論贊)'이라고 하였다.

자백가들은 황제(黃帝)에 대해서 언급하고 있다. 그렇지만 문자(文字)가 전아(典雅)하지 못하고 불합리하여 학식이 있는 학자라면 이를 언급하려 하지 않는다. 공자가 전하는 「재여문오제덕(宰予問五帝德)」과 「제계성(帝繫姓)」[109]조차도 유생들 가운데 어떤 사람은 이를 전수하지 않았다.[110]

나는 예전에 서쪽의 공동(空桐)을 거쳐 북쪽으로 탁록(涿鹿)을 지나 동쪽의 바닷가에 다다르고 남쪽으로 회수를 건너 전국 각지를 두루 돌아보았다.[111] 그때 그 지역 노인들이 황제·요(堯)·순(舜)의 사적(事跡)과 풍속 및 교화한 내용을 얘기하는 것을 자주 들었는데 각지에 남아 있는 풍속과 습속이 본래의 내용과 다른 것들도 있었다.

그렇지만 결론적으로 말하면 고문(古文)의 기록과 어긋남이 없이 그 당시의 진실에 접근하고 있었다. 나는 ≪춘추(春秋)≫[112]와 ≪국어(國語)≫[113]를 읽고서, 그것들이 「오제덕(五帝德)」과 「제계성(帝繫姓)」을 분명하게 천명해 주었으며 다만 사람들이 깊이 고찰하지 않은 것일 뿐, 사실 그 기록들이 모두 허황된 내용이 아니라는 것을 알게 되었다.

≪상서(尙書)≫의 기록들 가운데 이미 없어지거나 누락된 것들이 있는데 이러한 부분들이 다른 책에서 발견되는 일이 왕왕 있다. 이러한 일을 즐겨 배우고 마음속으로 깊이 생각하여 깨닫거나 이해하지 않고서는 학문이 얕고 견문이 좁은 사람과 토론하기란 참으로 곤란하다. 나는 여러 자료를 수집하고 연구하여 그중 전아하고 합리적인 견해만을 선택하여 「오제본기(五帝本紀)」를 기술해 책의 맨 첫머리에 둔다.

---

108) 중국에서 가장 오래된 史書이며 儒家 경전의 하나로 흔히 '書經'이라 부르는데 商왕조와 周 왕조에 대한 중요한 史料와 태고의 전설을 담고 있다.
109) ≪大戴禮記≫와 ≪孔子家語≫의 편(篇) 이름.
110) ≪大戴禮記≫는 儒家의 정식 경서가 아니기 때문에 이를 전수하지 않았다는 말.
111) 司馬遷은 이십 세를 넘어 천하를 두루 여행하였다고 함.
112) 春秋時代 左丘明이 지었다는 춘추시대의 편년사.
113) 춘추시대 八國의 역사를 나라별로 기술한 책.

제2 하본기(夏本紀)

하(夏)[1]나라 우(禹)의 이름은 문명(文命)[2]이다. 우(禹)의 아버지는 곤(鯀)이고, 곤의 아버지는 전욱(顓頊)이고, 전욱의 아버지는 창의(昌意)이고, 창의의 아버지는 황제(黃帝)이다. 우(禹)는 황제의 현손(玄孫)이자 전욱의 손자이다. 우의 증조부 창의와 부친 곤은 제왕의 자리에 오르지 못하고 신하로 머물렀다.

요 임금 때 하늘까지 닿을 듯한 홍수가 나게 되어 온 산봉우리와 높은 지대까지 물바다를 이루게 되자 백성들은 큰 시름에 잠기게 되었다. 요 임금은 물을 다스릴 사람을 구하게 되었다. 그러자 여러 신하들과 사악(四嶽)이 입을 모아 말했다.

"곤이 적임자인 듯합니다."

요 임금이 말했다.

"곤은 백성들을 교화하라는 명령을 거역하고 우리 가문을 어지럽혔으니 등용할 수 없다."

사악이 말했다.

"견주어 보건대 곤보다 더 어질고 재능이 있는 인물은 없습니다. 바라옵건대 시험 삼아 등용해 보심이 좋을 듯합니다."

요 임금은 사악의 의견을 받아들여 곤에게 물을 다스리는 일을 맡겼다. 곤이 물을 다스리기 시작한 지 9년이 지났건만 범람하는 홍수가 누

---

1) 우(禹)가 수봉(受封)받은 나라의 국호(國號). ≪帝王世紀≫에 의하면 우(禹)가 하(夏)의 백(伯)으로 수봉(受封)된 곳은 예주(豫州) 남방이라고 한다.
2) 司馬遷은 우(禹)는 諡號이고 이름은 文明이라고 보았지만 하대(夏代)에는 시호가 없었으므로 우(禹)도 이름으로 보아야 한다는 설이 있다.

그러지기는커녕 아무런 성과도 거두지 못하였다. 이때 요 임금은 자신의 뒤를 이어 천하를 다스릴 사람을 구하게 되었는데 그제야 순(舜)을 만나게 되었다. 순(舜)은 등용되어 요 임금을 대신하여 천하를 다스리고 전국 각지를 시찰하였다.

물을 다스리는 일이 아무런 성과를 거두지 못하자 순은 곤을 우산(羽山)으로 귀양 보냈다. 곤은 죽을 때까지 그곳에서 귀양살이를 하게 되었으며 사람들은 곤에게 내린 벌을 옳다고 생각했다. 이후 순은 곤의 아들 우(禹)를 등용하여 아버지가 못다 이룬 치수 사업을 완수하게 하였다.

요 임금이 세상을 떠나자 순 임금은 사악에게 물었다.

"누가 요 임금의 위업을 계승하여 더욱 발전시킬 만한 사람이겠소?"

모두들 입을 모아 아뢰었다.

"백우(伯禹)를 물과 토양을 다스리는 사공(司空)의 관직에 임명하시면 광명정대하신 요 임금의 위업을 더욱 빛낼 수 있을 것입니다."

순 임금이 말했다.

"옳은 말이오. 그대를 사공(司空)에 임명하니 힘써 물과 토양을 다스려 주기 바라오."

우(禹)는 머리를 조아리며 설(契)과 후직(后稷)과 고요(皋陶) 같은 사람이 자기보다 더 훌륭한 적임자라고 하면서 사양하였다. 그러자 순 임금이 말했다.

"그대는 어서 관직에 부임하여 힘써 주도록 하오."

우(禹)는 기지가 있고 총명할 뿐만 아니라 정력이 넘치고 민첩하였다. 또 고된 일을 참고 이겨내며 재능이 뛰어난 사람이었다. 그는 윤리 도덕을 준수하고 인자하며, 그가 말한 것은 믿음이 있고 그의 음성은 화기애애하고 행동거지가 단정하고 일을 처리하는 데에 신중을 기하며, 근면

성실할 뿐만 아니라 몸가짐이 단정하고 엄숙하여 모든 사람들의 귀감이
되었다.

그리하여 우는 익·후직과 더불어 순 임금의 명을 받들어 제후들과 백
관들로 하여금 사람들을 동원하여 치수 사업을 벌이게 하였다. 그들은
산과 고개에 올라 말뚝을 세우고 이를 측량 표지로 삼아 높은 산과 큰 강
을 측량하였다.

아버지가 물을 다스리는 데 실패하여 벌을 받았기 때문에 몹시 상심하
였던 우는 잠시도 쉬지 않고 오로지 물을 다스리는 데에만 골똘하였다.
이렇게 밖에서 지내기를 십삼 년 동안이나 계속하였다. 심지어 자신의
집 앞을 지나면서도 감히 집 안으로 들어가지 않았다. 자신이 먹고 입는
것을 아끼고 귀신을 섬기는 데 진력하였으며, 보잘것없는 작은 집에 기
거하며 재물을 절약하여 치수하는 데 사용하였다.

그는 육지에서는 수레를 타고, 물 위에서는 배를 타고, 늪에서는 키 모
양의 특수한 썰매[橇][3]를 타고 산에 오르며 고개를 넘을 때에는 징 박은
나막신[樏][4]을 신고 분주하게 이리저리 돌아다녔다. 왼손에는 수준기(水
準器)와 먹줄을, 오른손에는 컴퍼스와 곱자를 들고 또 사계절을 헤아리
는 측정 기구를 휴대하고 다니며 온갖 노력을 다 기울였다. 그리하여 마
침내 9주의 땅을 개척하고 9주의 수로를 내었으며 제방을 쌓아 아홉 개
의 큰 호수를 수리하고 아홉 개의 큰 산을 뚫었다.

그는 익(益)을 시켜 백성들에게 볍씨를 나누어 주고 저습한 곳에 뿌리
게 하였다. 또 후직을 시켜 백성들에게 모자라는 양식을 나누어 주도록
했는데, 양식이 비교적 넉넉한 지방으로부터 조달하여 부족한 지방에

---

3) 눈이나 진흙 위에서 썰매처럼 타고 다니기 위해 키 모양으로 만든 교통수단.
4) 밑에 징을 박아 미끄러지지 않게 한 등산용 신발.

이를 공급해 주게 하니 각 제후들의 관할 구역 내에서 대체로 형평을 유지하게 되었다. 우는 각지를 두루 시찰하고 자세히 관찰한 후 육상과 수상 교통을 고려하여 그 지역에서 나는 생산품을 중앙에 공물로 바치게 하였다.

우(禹)의 치수 사업은 도읍이 있는 기주(冀州)에서부터 시작되었다. 먼저 호구산(壺口山)을 다스린 다음 양산(梁山)과 기산(岐山)을 다스렸다. 그리고 태원(太原) 지구를 다스린 다음에 태악산(太岳山) 남쪽 기슭 일대까지 다스렸다. 담회(覃懷) 지방을 다스린 다음 장수(漳水)가 황하로 흘러 들어가는 곳까지 다스렸다. 이곳의 토질은 희고 부드러웠다. 이곳의 산물에 부과되는 부세는 9등급 가운데 1등급에 해당되었고 흉년에도 2등급에 머물렀다. 그리고 밭은 5등급에 속하였다.

상수(常水)와 위수(衛水)를 소통시키자 대륙호(大陸湖)가 완전히 다스려지게 되었다. 이에 조이족(鳥夷族)[5]은 가죽옷을 공물로 바쳐 왔다. 기주 동북쪽의 공물들은 배에 실려 발해(渤海)에서 서쪽 갈석산(碣石山)을 오른쪽으로 끼고 돌아 황하로 들어와 도읍으로 운송되었다.

제수(濟水)와 황하 사이의 땅은 연주(沇州)이다. 우는 연주 일대에 수로 아홉 개를 터 주었고, 뇌하(雷夏)[6]를 호수로 만들어 옹수(雍水)와 저수(沮水)를 이곳으로 흘러들게 하였다. 그리하여 사람들은 높은 지대에서 평지로 내려와 땅에 뽕나무를 심고 누에를 치며 살 수 있게 되었다. 연주의 토질은 색이 검고 비옥하여 풀과 나무들이 쑥쑥 자라 무성한 숲을 이루었다. 밭은 6등급의 세가 부과되었고 부세는 9등급으로 세율이

---

5) 기주(冀州)의 동북쪽에 살던 부족.
6) 뇌택(雷澤)을 말함.

가장 낮게 매겨지던 곳이었으나 우(禹)가 십삼 년 동안 경영한 결과 홍수가 다스려졌으며 비로소 다른 주(州) 세율과 비슷해지게 되었다.

이곳에서 바치는 공물은 칠기(漆器)와 명주실이 주류를 이루었고, 대나무 바구니에는 아름다운 꽃무늬 견직물이 담겨 있는 적도 있었다. 그곳의 공물들은 제수(濟水)와 탑수(灅水)를 거쳐 황하로 들어와 도읍으로 운송되었다.

동쪽 바다와 서쪽 태산(泰山)에 이르는 지역이 청주(靑州)이다. 우(禹)는 먼저 우이(堣夷)를 다스리고 다시 유수(濰水)와 치수(淄水)의 수로를 잘 소통시켰다. 이곳의 토질은 희고 기름지며, 바닷가에는 넓은 개펄이 펼쳐져 있고 밭은 염분이 많은 알칼리성 토양이었다. 밭은 3등급의 세(稅)에 속하고 부세는 4등급에 속했다. 이곳에서 바치는 공물로는 소금과 고운 갈포(葛布), 각종 해산물이 주종을 이루었다.

이밖에 태산(泰山) 계곡에서는 명주실·모시·납·소나무 및 희귀한 돌[怪石]을 바쳤다. 내이족(萊夷族)[7]으로 하여금 방목하게 하니 여러 가지 축산물을 바쳐 왔다. 또 대나무 광주리에 멧누에고치실을 담아 바쳤다. 청주 사람들이 공물을 바칠 때에는 문수(汶水)에서 배를 띄워 제수(濟水)를 거쳐 도읍으로 운송되었다.

동쪽 바다와 태산(泰山), 회수에 이르는 땅이 서주(徐州)이다. 회수와 기수(沂水)를 다스리고 몽산(蒙山)과 우산(羽山)을 개척하게 되자 농작물을 재배할 수 있게 되었다. 대야(大野)의 호수를 잘 막아 놓으니 동원(東原) 지구가 안정을 되찾고 번영하게 되었다. 이곳의 토질은 붉고 비옥한 점토로 되어 있어 풀과 나무가 점점 무성하게 자랐다. 밭은 2등급에 속하였고 부세는 5등급이었다.

---

7) 내(萊)에 사는 이족(夷族)을 말함.

서주에서 바치는 공물은 다섯 가지 빛깔의 오색토(五色土)와 우산(羽山) 계곡의 꿩, 역산(嶧山) 남쪽 기슭에서 나는 오동나무, 사수(泗水)가에서 나는 속돌[浮石]로 만든 경쇠[磬][8]를 바쳤다. 또 회수가에 모여 사는 회이족(淮夷族)은 진주와 물고기를 바쳐 왔다. 이밖에도 대나무 광주리에는 검은색 비단이 담겨 있었다. 서주 사람들이 공물을 바칠 때에는 회수와 사수에서 배에 실어 황하를 통하여 도읍으로 운송하였다.

회수의 남쪽과 바다의 서쪽에 이르는 지역이 양주(揚州)이다. 팽려호(彭蠡湖)를 막아 놓으니 기러기가 몰려와 살게 되었고, 세 강물이 소통되어 바다로 흘러들게 되자 진택(震澤) 지구가 안정을 되찾았다. 그곳에는 전죽(箭竹)[10]이 무성하고 풀이 싱싱하게 잘 자랐으며 나무들이 높다랗게 자랐다. 이곳의 토질은 습윤하였다. 밭은 9등급에 속하고 부세는 7등급에 속하였으며 풍년에는 6등급에 속하였다.

이곳에서 바치는 공물은 금·은·동 세 가지 금속과 옥석(玉石)·죽전(竹箭)·상아(象牙)·피혁(皮革)·새의 깃털과 짐승의 털[羽毛]·쇠꼬리털이 주류를 이루었다. 그리고 섬에 사는 오랑캐[島夷]들은 풀로 만든 옷을 바쳤다. 이밖에 조가비 무늬가 박힌 아름다운 비단이 대나무 광주리에 담겨져 있었다. 또 어떤 때는 명에 따라 귤과 유자를 공물 포대에 담아 바칠 때도 있었다. 이곳의 공물은 배에 실려 바다를 거쳐 회수와 사수(泗水)를 경유하여 도읍으로 운송되었다.

북쪽의 형산(荊山)에서부터 남쪽의 형산(衡山) 기슭에 이르는 지역이 형주(荊州)이다. 장강(長江)과 한수(漢水)의 물을 이곳에서 바다로 흘러들게 하였다. 이렇게 되자 지류(支流) 아홉 개가 장강(長江) 중류로 흘

---

8) 돌로 만든 타악기.
9) 회수(淮水)가에 사는 이족(夷族).
10) 질이 단단하여 화살을 만드는 데 쓰이는 대나무.

러들게 되었다. 또 타수(沱水)와 잠수(潛水)의 수로를 잘 터서 원활하게 소통시키자 운택(雲澤)과 몽택(夢澤)이 잘 다스려지게 되었다. 이곳의 토질은 매우 습윤하였다. 밭은 8등급에 속하였고 부세는 3등급에 속하였다.

이곳에서 바치는 공물로는 새의 깃털과 짐승의 털[羽毛], 깃발의 장식으로 쓰이는 쇠꼬리털, 상아·짐승 가죽 및 금·은·동 세 가지 귀금속, 참죽나무·산뽕나무·전나무·잣나무, 거친 숫돌과 고운 숫돌, 화살촉을 만드는 돌 및 단사(丹砂)가 주종을 이루었다. 특히 화살대를 만드는 데에 쓰이는 균죽(菌竹)과 노죽(簵竹) 및 호(楛)나무[11]는 세 제후국[三國][12]에서 바치는 특산품으로 널리 이름을 떨쳤다. 이밖에도 공물 포대에는 제사용 정모(菁茅)[13]가 담겨져 있었고, 대나무 광주리에는 붉은 비단과 꿴 진주가 담겨 있을 때도 있었다. 또 명에 따라 아홉 지류(支流)에 사는 큰 거북을 잡아 바치기도 했다.

이곳에서 공물을 바칠 때에는 장강(長江)·타수(沱水)·잠수(潛水) 및 한수(漢水)에서 배에 실은 다음 북쪽으로 운반되어 다시 육로를 거쳐 낙수(洛水)로 간 뒤 황하를 통하여 도읍으로 운송되었다.

예주(豫州)는 형산(荊山) 북쪽으로부터 황하 남쪽에 걸치는 지역이다. 이수(伊水)·낙수(洛水)·전수(瀍水)·간수(澗水)의 수로를 소통시켜 모두 황하로 흘러들게 하였으며 형파(滎播)에 큰 호수를 이루게 하고 또한 하택(河澤)과 맹저호(孟猪湖)의 물길을 내어 원활히 소통시켰다. 이곳의 토질은 부드럽고 속흙은 검고 기름졌다. 밭은 4등급에 속하였고 부세는 2등급에 1등급이 좀 섞여 부과되었다.

---

11) 질이 단단하여 화살 만들기에 적합하다는 나무 이름.
12) 형주(荊州)의 세 제후국.
13) 종묘 제사를 지낼 때 쓰이는 술을 거르는 가시 달린 띠풀.

이곳에서 주로 바치는 공물로는 칠기·견직물·고운 칡베[葛布]·모시 옷감이 주종을 이루었다. 또 대나무 광주리에는 고운 풀솜이 담길 때도 있었다. 또 명에 따라 경(磬)을 가는 돌[錯石]을 바치기도 하였다. 이곳에서 공물을 바칠 때에는 낙수(洛水)에서 배에 싣고 황하를 통하여 도읍으로 운송되었다.

양주(梁州)는 화산(華山) 남쪽 기슭에서 흑수(黑水)에 이르는 지역이다. 민산(岷山)과 파총산(嶓冢山) 일대는 이미 농사를 지을 수 있었다. 타수(沱水)와 잠수(潛水)가 이미 소통되어서 채산(蔡山)과 몽산(蒙山) 지방도 잘 다스려지게 되었다. 그 덕분에 토착 부족들이 모여 사는 화이(和夷)[14] 지방에도 수익이 생기게 되었다. 이곳의 토질은 검푸른 색이었다. 밭은 7등급에 속하였고 부세는 8등급에 속하였으며 풍년에는 7등급, 흉년에는 9등급에 속하였다.

이곳에서 바치는 공물은 아름다운 옥, 철·은·강철·화살촉을 만드는 돌과 경(磬), 곰·큰곰·여우·너구리 및 짐승의 털가죽으로 싼 융단이었다. 서경산(西傾山) 사람들은 공물을 바칠 때 환수(桓水)를 통해 운송하였다. 기타 다른 공물들은 잠수(潛水)에서 배에 실려 오다가 다시 육로를 이용하여 운반된 다음 다시 면수(沔水)를 거쳐 위수를 지나 황하로 들어와 도읍으로 운송되었다.

옹주(雍州)는 흑수(黑水)의 동쪽에서 서하(西河)의 서쪽에 이르는 지역이다. 약수(弱水)를 서쪽으로 소통시키고 경수(涇水)를 위수로 흘러들게 하자 칠수(漆水)와 저수(沮水)가 순조롭게 위수로 흘러들었다. 형산(荊山)과 기산(岐山)을 다스리고 여제(旅祭)[15]를 지냈다. 그리고 종남산

---

14) 지명. 大渡河 일대 토착 부족의 취락지.
15) 산신(山神)에게 올리는 제사.

(終南山)과 돈물산(敦物山)을 거쳐 조서산(鳥鼠山)에 이르는 지방을 다스렸다. 지대가 높은 곳 낮은 곳 할 것 없이 모두 혜택을 받게 되었을 뿐만 아니라 저야호(猪野湖)까지도 그 혜택이 미치게 되었다. 그리하여 삼위산(三危山) 지방이 안정을 되찾게 되자 그곳에 살던 삼묘족(三苗族)들이 질서를 준수하게 되었다. 이곳의 토질은 누렇고 부드러웠다. 밭은 1등급에 속하였고 부세는 6등급에 속하였다.

이곳에서 바치는 공물로는 각종 아름다운 옥과 구슬이 있었다. 이곳에서 공물을 바칠 때에는 적석산(積石山) 기슭에서 배에 실어 용문산(龍門山) 기슭의 서하(西河)로 내려와 위수의 물굽이에 다다라 황하로 들어와서 도읍으로 운송되었다. 그 가운데 곤륜(昆崙)·석지(析支)·거수(渠搜)에서는 짐승의 털가죽으로 만든 융단을 바쳐 왔다. 이처럼 곤륜·석지·거수 부락에 모여 살던 서융까지 우(禹)의 공에 힘입어 조공을 바치며 귀의해 왔던 것이다.

우(禹)는 아홉 산맥을 다스리고 개발하였다. 견산(汧山)과 기산(岐山)을 다스리고 형산(荊山)을 다스렸다. 그리고 황하를 건너 호구산(壺口山)과 뇌수산(雷首山)을 거쳐 태악산(太岳山)에 이르렀다. 그리고 지주산(砥柱山)과 석성산(析城山)을 거쳐 왕옥산(王屋山)에 이르렀다. 태행산(太行山)과 상산(常山)을 거쳐 갈석산(碣石山)에 이르렀고 마침내 바다에 이르렀다. 다시 서경산(西傾山)·주어산(朱圉山)·조서산(鳥鼠山)을 거쳐 화산(華山)에 이르렀다. 또 웅이산(熊耳山)·외방산(外方山)·동백산(桐栢山)을 거쳐 부미산(負尾山)에 이르렀다.

우는 다시 파총산(嶓冢山) 일대를 다스리고 난 다음 형산(衡山)에 다다르고, 내방산(內方山)을 거쳐 대별산(大別山)에 이르렀다. 문산(汶山)의 남쪽 일대를 다스리고 난 다음 형산(衡山)에 이르렀고 형산과 여산(廬山) 사이의 구강(九江) 일대를 다스렸으며, 마침내는 구강(九江)을 지나

부천원(敷淺原)을 다스리게 되었다.

  그리고 나서 우(禹)는 또 아홉 강의 흐름을 원활히 소통시켰다. 약수(弱水)를 원활히 흘러내리도록 하기 위하여 합려산(合黎山) 기슭에서 물길을 냈다. 그리하여 수량(水量)이 줄고 물살이 약해진 나머지 강물은 유사택(流沙澤)으로 흘러들게 하였다. 다음에는 흑수(黑水)의 물꼬를 터서 삼위(三危)를 거쳐 남쪽 바다로 유입하게 하였다. 그 후 황하의 물길을 내어 적석산(積石山)부터 다스리기 시작하여 용문산(龍門山)에 이르렀다.

  남쪽으로는 화산(華山) 북쪽으로 흐르게 하였고 동쪽으로는 지주산(砥柱山) 기슭으로 흐르게 하였다. 동쪽으로 맹진(孟津)에 이르고 다시 동쪽으로 낙수(洛水)에 합류하여 대비산(大邳山) 기슭으로 흐르게 하였다. 북쪽으로 강수(降水)를 지나 대륙호(大陸湖)로 흐르게 하였다. 다시 북쪽으로 아홉 가닥의 지류로 나뉘어 흐르게 한 뒤 역하(逆河) 부근의 하류에 이르러 다시 합류하게 하여 바다로 흘러들게 하였다.

  또 파총산(嶓冢山)에서부터 다스리기 시작하여 양수(瀁水)의 물꼬를 터서 원활히 소통시켜 동쪽으로 흐르게 하니, 이것이 한수(漢水)를 이루고 다시 동쪽으로 흘러가 창랑수(滄浪水)를 이루게 되었다. 다시 삼서수(三澨水)를 지나 대별산(大別山)에 이르게 하고 남쪽 장강(長江)으로 흘러들게 하였으며 동쪽으로 팽려호(彭蠡湖)에 합류하게 하였다. 또 동쪽으로 흐르는 북강(北江)은 곧장 바다로 흘러들게 하였다.

  장강(長江)은 민산(岷山)으로부터 발원하였다. 동쪽으로 나뉘어 흐르는 지류(支流)는 타수(沱水)를 이루었고 다시 동쪽으로 흘러 예수(澧水)를 이루었다. 구강(九江)을 지나 동릉(東陵)에 이르러 그곳에서 동북쪽으로 비껴 흐르다가 북쪽 팽려호에 합류되었다. 또 동쪽으로 흐르는 중강(中江)은 바다로 유입되었다. 다음에는 연수(沇水)의 물길을 터서 동쪽으로 흐르게 하니 제수(濟水)를 이루어 황하로 유입되었다.

강물이 다시 넘쳐흐르자 형호(滎湖)에 모이게 하였다. 그런 다음 동쪽으로 도구(陶丘)의 북쪽을 지나게 하여 다시 동쪽으로 흘러 하택(荷澤)에 다다르고, 다시 동북쪽으로 흐르게 하여 문수(汶水)와 합류하게 한 다음 다시 동쪽으로 흘러 바다로 유입되게 하였다.

회하(淮河)를 다스리기 위해 동백산(桐栢山)에서부터 막힌 물길을 터서 소통시키기 시작했다. 동쪽으로 사수(泗水)와 기수(沂水)를 합류하게 한 다음 다시 동쪽으로 흘러 바다로 유입하게 하였다.

위수를 다스리기 위해 조서산(鳥鼠山)에서부터 막힌 물길을 트기 시작하였다. 동쪽으로 흘러 예수(澧水)와 합류하게 하고 다시 동북쪽으로 흘러 경수(涇水)와 합류하게 한 다음 다시 동쪽으로 흘러 칠수(漆水)와 저수(沮水)를 합류시킨 후에 동쪽으로 흘러 황하로 유입되게 하였다.

낙수(洛水)의 물꼬를 트는 일은 웅이산(熊耳山)에서부터 시작하였다. 낙수를 동북쪽으로 흐르게 하여 간수(澗水) 및 전수(瀍水)와 합류하게 한 다음 다시 동쪽으로 흘러 이수(伊水)와 합류시켜 동쪽으로 흘러 황하로 유입되게 하였다.

이리하여 9주가 모두 동일하게 되었고 사방의 구석진 곳까지 어디서나 사람들이 편안히 살 수 있게 되었다. 나라의 모든 산들이 개발되어 다스려지게 되었으며, 모든 강물의 발원지부터 물꼬를 터서 흐름을 원활하게 하니 다시는 물길이 막힐 염려가 없게 되었다. 또 모든 호수에 제방을 쌓아 안전하게 물을 가두어 두었다. 그리하여 천하의 모든 사람들이 귀의하고 복종하게 되었다.

또한 사람들이 생활해 나가는 데 필요한 물자들이 풍부하게 되어 원만히 유통되었다. 전국 각처의 토지를 비옥하고 척박한 정도에 따라 상·중·하 세 등급으로 나누어 거기에 따라 신중하게 부세를 매겨 도읍에 납부하도록 하였다. 또한 제후들을 봉하고 그들에게 토지와 성씨를 내려 주며 말했다.

"정중하고 화기애애한 가운데 덕행을 숭상하도록 할 것이며, 나의 명령을 거역해서는 안 되오."

천자가 있는 도읍으로부터 사방 오백 리 안의 네모진 땅을 '전복(甸服)'이라고 하고 부세는 다음과 같이 구분하여 받아들였다.

우선 도읍으로부터 사방 일백 리 이내의 구역에서는 곡식을 베어 묶은 다발 채로 부세를 받았다. 도읍으로부터 사방 일백 리 이상 이백 리 이내의 구역에서는 곡식 이삭을 묶어 부세로 바치게 하였다. 도읍으로부터 사방 이백 리 이상 삼백 리 이내의 구역에서는 껍질을 벗기지 않은 곡식의 낟알로 바치게 하였다. 도읍으로부터 사방 삼백 리 이상 사백 리 이내의 구역에서는 정미(精米)하지 않은 조미(粗米)로 바치게 하였다. 도읍으로부터 사방 사백 리 이상 오백 리 이내의 구역에서는 곡식을 찧은 정미로 바치게 하였다.

'전복(甸服)'의 사방 끝으로부터 사방 오백 리 안의 땅을 '후복(侯服)'이라고 하였다. 전복의 사방 끝으로부터 일백 리 이내의 구역은 공로에 따라 경대부들에게 내려진 채읍(采邑)이고, 일백 리 이상 이백 리 이내의 구역은 나라에 부역을 한 소국에 내린 봉지요, 이백 리 이상 삼백 리 이내의 구역은 큰 제후국에게 내린 봉지였다.

후복(侯服)의 사방 끝으로부터 사방 오백 리 더 나아간 거리 안의 구역을 '수복(綏服)'이라 하였다. 후복에 인접한 삼백 리 이내의 구역은 중앙의 명령을 따르도록 교화시켰다. 삼백 리 이상 오백 리 이내의 구역은 무력으로 국토를 지키게 하였다.

수복의 사방 끝으로부터 사방 오백 리 더 나간 거리의 구역을 '요복(要服)'이라고 하였다. 수복에 인접한 삼백 리 이내의 지역은 이족(夷族)들이 거주하는 지역이고, 삼백 리 이상 오백 리 이내의 지역은 가벼운 죄를 지은 죄인들을 귀양 보내는 지역이었다.

또 요복(要服)의 사방 끝으로부터 사방 오백 리 더 나간 거리 안의 구역은 '황복(荒服)'이라 하였다. 요복에 인접한 사방 삼백 리 이내의 구역은 만족(蠻族)들이 거주하는 지역이고, 삼백 리 이상 오백 리 이내의 구역은 중죄를 지은 죄인들을 귀양 보내는 지역이었다.

이리하여 동쪽으로는 황하에 다다르고 서쪽으로는 유사택(流沙澤)에까지 이르렀다. 또 북쪽 끝에서 남쪽 끝에 이르기까지 모두 우(禹)의 명성과 위엄에 감화 받고 교화되어 그의 공로가 중국 전역에 널리 퍼지게 되었다. 그리하여 순 임금은 우에게 검은 홀[玄圭]을 하사하고 치수 사업이 성공적으로 완수되었음을 천하에 선포하였으니 마침내 천하가 잘 다스려지게 되었다.

고요(皐陶)는 형벌을 관장하는 직책[士]을 맡아 민중들을 잘 다스렸다. 순 임금은 조정에 나아가 우·백이(伯夷)·고요와 더불어 이야기를 나누었다. 고요는 자신의 의견을 말하였다.

"진실로 덕을 따라 일을 처리할 수 있다면 고명(高明)을 꾀할 수 있고 신하들은 서로 의좋게 협력할 수 있을 것입니다."

우가 말했다.

"그렇습니다. 어떻게 하면 그렇게 될 수 있을까요?"

고요가 말했다.

"아아! 자신에게 스스로 엄격하고 수양하는 것을 게을리 하지 않으면 구족(九族)이 화목하게 되고 평안해지며, 또한 도리에 밝고 현명한 신하들이 다투어 보좌해 줄 것입니다. 가까운 데서부터 먼 데까지 잘 다스릴 수 있는 길은 바로 자신의 수양에 달려 있습니다."

우(禹)는 고요의 훌륭한 말에 찬사를 표하며 말했다.

"옳으신 말씀입니다."

고요가 이어 말했다.

"또한 천하를 다스리는 길은 인재를 잘 알아보는 데에 달려 있고 백성들을 편안히 잘살 수 있도록 해 주는 것에 달려 있다고 하겠습니다."

우가 말했다.

"아! 그와 같은 것은 요 임금님께서도 하시기 어려웠습니다. 인재를 잘 알아볼 수 있다는 것은 곧 그 사람이 어질고 총명한 것이며, 그럼으로써 적재적소에 알맞은 인재를 등용할 수 있는 것입니다. 또 백성들을 편안히 살 수 있도록 해 줄 수 있다면 바로 그 사람이 어질고 자애로운 것이니 백성들이 그를 우러러 받들 것입니다. 이처럼 현명하고 자애로울 수 있다면 환두(驩兜) 같은 사람이 있다손 치더라도 무슨 걱정거리가 되겠으며, 묘족(苗族)을 구태여 멀리 쫓아낼 필요가 있겠습니까? 또한 남의 환심을 사기 위해 그럴 듯한 말로 아첨하고 알랑거리며 낯빛을 꾸며대는 소인배들이 어찌 두렵겠습니까?"

고요가 말했다.

"옳은 말씀입니다. 나라를 다스리는 사람의 행동에는 아홉 가지 덕이 있습니다. 제가 그 아홉 가지 덕에 대해서 말씀드릴까 합니다."

고요는 이어서 말했다.

"어떤 일을 처리하는 행동에서 그 사람의 덕행이 나타나게 마련입니다. 관대하면서도 준엄하고 부드러우면서도 주견이 있고, 성실하면서도 공손하고, 조리가 있으면서도 진실하고, 온순하면서도 확고부동하고, 정직하면서도 온화하고, 간략하면서도 청렴결백하고, 과단성이 있으면서도 실제적인 것을 추구하고, 대담하면서도 합리적인 것을 아홉 가지 덕이라 합니다.

이 아홉 가지 덕을 일으키고 아울러 항상 이 덕을 지니고 있다면 일을 처리하는 데 길할 것입니다. 경대부가 이 아홉 가지 덕 가운데 세 가지를 매일 아침부터 저녁까지 이행하는 것을 게을리 하지 않는다면 집안을 온전히 보전할 수 있을 것이며, 제후가 이 가운데 여섯 가지를 이행하면서 성실히 정사를 처리한다면 나라를 온전히 다스릴 수 있을 것이며, 천자가 이 아홉 가지 덕행을 온전히 실천한다면 재덕이 출중한 인재들을 기용할 수 있으며 관리들로 하여금 엄격하면서도 공손히 일을 처리하게 할 수 있을 뿐만 아니라 사람들로 하여금 잘못된 길[邪道]로 나아가지 않도록 할 수 있을 것입니다.

자리에 걸맞지 않은 사람이 관직에 오르면 천하의 일을 그르치게 됩니다. 하늘은 죄 있는 자를 벌주려 하시니 다섯 가지 형벌로써 다섯 종류의 죄를 적절히 다스려야 합니다. 제가 한 말이 실현될 수 있을까요?"

우가 말했다.

"당신의 말은 모두 실행할 수 있으며 공을 이룰 수 있을 것이오."

고요가 말했다.

"저는 재주가 없습니다. 다만 나라를 다스리는 데에 도움이 되었으면 하는 바람입니다."

순 임금이 우에게 말했다.

"그대도 좋은 생각이 있거든 한 번 말씀해 보구려."

우가 예를 표하며 말했다.

"아, 저야 무슨 말씀을 아뢰겠습니까. 저는 오직 날마다 부지런히 노력할 따름입니다."

고요가 우에게 물었다.

"부지런히 노력하여 할 일이란 대체 무엇을 말씀하시는 것이오?"

우가 말하였다.

"하늘까지 닿을 듯한 홍수가 산을 에워싸고 높은 언덕을 잠기게 하니 백성들이 홍수 속에서 갖은 고생을 다하였습니다. 제가 육지에서는 수레를 타고 물 위에서는 배를 타며, 늪을 지날 때에는 키 모양의 특수한 썰매를 타고 징 박은 나막신을 신고 높은 산과 언덕을 오르내리며, 산 위에 말뚝을 세워 표지로 삼았습니다. 그리고 익(益)과 함께 백성들에게 벼와 새와 짐승의 고기를 나누어 주었습니다.

아홉 강물의 수로를 터서 바다로 흘러들게 하였고, 크고 작은 도랑과 수로를 쳐서 강물로 유입되게 하였습니다. 또 후직과 함께 양식이 부족한 백성들에게 식량을 나누어 주었으며, 식량이 많이 부족한 지방에는 식량이 비교적 넉넉한 지방에서 조달하여 보충해 주거나 옮겨 살도록 했습니다. 백성들이 안정된 생활을 누리게 된 후에야 온 나라 각 지방이 다스려지게 되었습니다."

고요가 말했다.

"옳으신 말씀입니다. 그것이 바로 당신의 훌륭한 점이십니다."

우가 순 임금에게 아뢰었다.

"아, 임금님이시여! 천자의 자리를 지키심에 언행과 거동을 삼가고 보좌하는 신하들이 덕이 있으면 백성들이 임금님의 뜻을 잘 따를 것입니다. 임금님께서 훌륭하신 덕행으로 하느님의 뜻을 집행하신다면 하느님께서 복을 내리실 것입니다."

순 임금이 말했다.

"아! 충신이여, 충신이여! 충성스러운 신하는 나의 다리요, 팔이요, 귀요, 눈이오. 내가 백성들을 도우려 하니 그대들은 나를 잘 보좌해 주기 바라오. 내가 옛사람들을 본받아 해와 달과 별 등 천체 현상을 관찰하여 거기에 따라 무늬와 색깔이 다른 예복을 만들려고 하니 그대들은 신분에 어울리고 합당한 예복을 잘 만들어 주시오.

내가 여섯 가지 악률[六律]과 5음계(五音)와 여덟 가지 악기 소리[八音]를 들어 나랏일이 잘 다스려지는지 소홀히 다스려지는지를 살펴보고자 하오. 또 다섯 가지 덕[五德]을 백성들에게 전하고 백성들로부터 의견을 받아들이려고 하니 그대들은 자세히 살펴서 모든 것을 낱낱이 들려주어 내가 올바로 판단할 수 있도록 도와주기 바라오.

만일 내가 정당하지 못한 언행을 하면 그대들은 이를 바로잡아 주도록 하고 내 앞에서는 아첨하고 물러나서는 이러쿵저러쿵 나를 비난해서는 아니 되오. 또 주위의 여러 신하들을 공경하도록 하오. 군주의 덕행을 진정으로 펼친다면 남을 해치려고 모함하는 소인배들은 완전히 없앨 수 있소."

우(禹)가 말했다.

"옳으신 말씀입니다. 그런데 만일 임금님께서 좋은 사람과 나쁜 사람을 가리지 않고 등용하신다면 아무런 성과를 거두시지 못할 것입니다."

순 임금이 말했다.

"요 임금님의 아들 단주(丹朱)처럼 오만해서는 안 되오. 그는 오직 놀기만을 좋아하여 물이 없는 육지에서 배를 몰고, 집에 친구들을 불러 온갖 음란한 짓을 일삼았소. 그래서 요 임금님으로부터 천자의 자리를 물려받지 못한 것이오. 나는 결코 그러한 행위를 용납할 수 없소."

우가 말했다.

"저는 도산씨(塗山氏)의 딸에게 장가든 지 나흘 만에 물을 다스리기 위해 집을 나섰습니다. 아내가 아들 계(啓)를 낳았을 때도 저는 집에 돌아갈 엄두를 내지 못하였습니다. 이렇게 혼신의 노력을 기울인 끝에 마침내 치수 사업을 성공적으로 완수할 수 있었습니다. 도읍을 중심으로 오복(五服)을 설치함으로써 땅의 넓이가 오천 리에 달하게 되었습니다. 전국 열두 주(州)에 지방 장관[師]을 임명하여 도읍의 외곽 지역을 다스

리게 하였습니다. 또 다섯 제후국마다 가장 어진 사람을 우두머리[方伯]
로 두어 다스리게 하니 모두 자신의 직분에 충실하여 공을 이루었습니
다. 오직 삼묘족(三苗族)만이 흉악하게 굴며 이에 따르지 않았습니다. 바
라옵건대 임금님께서는 이를 헤아려 주십시오."

순 임금이 칭찬하며 말했다.

"나의 덕이 추진될 수 있는 것은 바로 그대의 공로 덕분이오."

이에 고요는 우(禹)의 공덕에 경의를 표하며 모두 우를 본보기로 삼도
록 명했으며 따르지 않는 자는 형벌로 다스렸다. 이 때문에 순 임금의 어
질고 바른 정치는 더욱 확대 발전되었다.

이때 기(夔)가 악곡을 연주하자 선조의 신령들이 강림하여 이를 감상
하고, 제후들이 서로 겸양의 미덕을 발휘하고, 새들은 하늘로 비상하고,
짐승들은 춤을 추었다. '소소(簫韶)'[16]의 악곡 9편을 연주하니 봉황이 날
고 뭇 짐승들이 춤을 추고 관리들이 서로 화합하여 단결하게 되었다. 그
러자 순 임금이 말했다.

"하늘의 명을 잘 받들어 시대의 추이에 따라 일을 처리하여 조그만 조
짐이라 할지라도 소홀함이 없도록 해야 하오."

순 임금은 이렇게 말하고 나서 다음과 같이 노래했다.

신하들 모두 즐거이 맡은 직책을 다하면
천자가 한껏 공적을 이룰 수 있고
모든 일들이 순조롭게 이루어지도다.

이에 고요가 예를 표하며 큰 소리로 아뢰었다.

"여러분은 모두 이 노래 가사에 담긴 훈계를 가슴속에 깊이 새겨 법도

---

16) 순임금 때의 악곡 이름.

를 준수하며 나태하지 말고 부지런히 일해야만 합니다.”

이렇게 말하며 고요는 가사를 바꾸어 다음과 같이 노래했다.

임금님께서 슬기롭고 총명하시면
어질고 재능 있는 신하들이 떠받들어
모든 일들이 순조롭게 이루어지도다.

또 이어 이렇게 노래했다.

임금님의 말씀이 자질구레하고 번거로우면
신하들은 나태해져
모든 일을 그르치게 되도다.

고요의 노래를 듣고 나서 순 임금은 감사의 예를 표하며 말하였다.

“옳은 말이오. 이제부터 그대들은 각자 맡은 직분을 다하도록 하오.”

그로부터 온 천하는 우(禹)가 규정한 법도에 따르고, 우가 만든 악곡을
채용하게 되었으며, 산과 하천 신령들의 주재자로 그를 추앙하였다.

순 임금은 우를 하늘에 천거하여 천자의 자리를 이어받도록 했다. 그
로부터 십칠 년 후 순 임금은 세상을 떠났다. 삼년상을 치른 뒤 우는 제
왕의 자리를 순 임금의 아들 상균(商均)에게 넘겨주고 자신은 양성(陽
城)으로 물러났다. 그러자 천하의 제후들이 모두 상균의 곁을 떠나 우에
게 귀의하였다. 우는 그제야 비로소 천자의 자리에 올라 군신(群臣)들의
알현을 받았다. 그리고 나라 이름을 하후(夏后)로 하고 성은 사(姒)로 하
였다.

우 임금이 천자의 자리에 오른 후 고요를 하늘에 추천하여 장차 정권

을 넘겨주려는데 그가 세상을 떠났다. 우 임금은 고요의 후손들을 영(英) · 육(六) · 허(許)[17]의 제후로 봉하였다. 그러고 나서 익(益)을 천거하여 그로 하여금 정사를 맡아보도록 하였다.

그로부터 십 년 후 우 임금은 동쪽 지방[東方]을 시찰하던 중 회계(會稽)[18]에서 세상을 떠났다. 우 임금은 익(益)에게 천하를 넘겨주었는데 삼년상(三年喪)을 치르고 난 익(益)은 천자의 자리를 우 임금의 아들 계(啓)에게 넘겨주고 자신은 기산(箕山)으로 물러났다.

우 임금의 아들 계(啓)는 어질고 훌륭하여 천하가 모두 그에게 귀의하였다. 우 임금이 세상을 떠났을 때 천하가 익(益)에게 넘겨졌지만 그는 우 임금을 보좌한 기간이 짧았을 뿐만 아니라 천하의 신임도 얻지 못하였다. 그래서 제후들은 익(益)의 곁을 떠나 계(啓)에게 귀의하며 이렇게 말하였다.

"계는 우리 우 임금님의 아들이로다!"

그리하여 마침내 계가 천자의 자리에 올랐으니 그가 바로 하(夏) 왕조의 계 임금[啓帝]이다. 하나라 계 임금은 우 임금의 아들로 그의 어머니는 제후 도산씨(塗山氏) 딸이다.

선양(禪讓)이 계(啓)에 의해 무너지자 유호씨(有扈氏)[19]가 이에 불복하여 반란을 일으켰다. 계 임금은 정벌에 나서 감(甘)에서 유호씨와 일대 격전을 벌였다. 계 임금은 유호씨를 치기에 앞서 「감서(甘誓)」[20]를 지어 전군의 장수들을 한자리에 모아 놓고 훈시하였다.

"아, 전군을 통솔하는 장수들이여! 그대들에게 서언(誓言)을 밝히노

---

17) 英, 六, 許는 지명.
18) 오늘날 浙江省 紹興縣 동남쪽.
19) 하후씨(夏后氏)와 동성(同姓)인 부족 이름.

라. 지금 유호씨는 오행(五行)을 업신여기고 하늘과 땅과 사람의 바른 도리를 저버렸다. 이에 하늘은 그를 없애려 한다. 이제 삼가 하늘의 명을 받들어 그에게 내린 징벌을 집행하려 하노라. 수레 왼쪽에 있는 사람이 적군의 왼쪽을 공격하지 않고, 수레 오른쪽에 있는 사람이 적군의 오른쪽을 공격하지 않고, 병거를 모는 사람이 병거를 잘 몰지 아니하면 이는 나의 명령을 어기는 것이다. 나의 명령을 따르는 자에게는 조상의 위패 앞에서 상을 내릴 것이나 이를 어긴 자는 토지신[社神] 위패 앞에서 죽임을 당하고 그 일가족까지도 목숨을 보전치 못하리라."

그리하여 마침내 유호씨를 멸망시키니 천하의 제후들이 모두 계 임금에게 귀의하였다.

하나라 계 임금이 세상을 떠나자 그 뒤를 이어 아들 태강(太康) 임금이 즉위하였다. 태강 임금은 사냥과 음악에만 빠져 정사를 돌보지 않았다. 태강이 낙수에 사냥을 나갔다가 돌아오지 않으니 그의 다섯 아우들은 낙수 북쪽에서 태강이 돌아오기만을 애타게 기다렸다. 그러나 아무리 기다려도 돌아오지 않자 다섯 형제들은 태강의 지나친 행동을 원망하며 「오자지가(五子之歌)」[21]를 지어 노래했다.

태강이 세상을 떠나자 뒤를 이어 그의 동생 중강(仲康)이 제위에 오르니 그가 바로 중강(仲康) 임금이다. 중강 임금 때 천문을 관장하는 희씨(羲氏)와 화씨(和氏)가 술에 빠져 직분을 제대로 수행하지 않자 계절과

---

20) 감(甘)은 유호국(有扈國) 남쪽에 있던 당시 지명이며 서(誓)란 왕이나 제후가 장병들을 모아 싸움의 취지를 천명하고 군령을 전달, 훈시하는 글을 말한다. 啓가 왕위에 오른 후 다른 제후들은 모두 그를 따랐으나 유독 유호씨만은 그의 뜻에 따르지 않았다. 그래서 감(甘)이라는 곳에서 장병들을 모아 놓고 일장 훈시한 것이다. 오늘날까지 ≪尙書≫에 그 글이 전해 오고 있다.

21) ≪古文尙書≫의 편(篇) 이름. 맏형[太康]이 정사를 돌보지 아니하고 사냥 등 놀이에만 정신이 팔려 있자 다섯 동생들이 형의 실정(失政)을 원망하고 한탄한 노래.

절기가 어지러워졌다. 이에 중강은 윤(胤)²²⁾에게 명하여 그들을 정벌토록 하였다. 윤(胤)은 희씨와 화씨를 치기에 앞서 「윤정(胤征)」²³⁾이라는 글을 지었다.

중강 임금이 세상을 떠나자 그 뒤를 이어 그의 아들 상(相)이 즉위하였다. 상 임금이 세상을 떠나자 뒤를 이어 그의 아들 소강(少康)이 제위에 올랐다. 소강 임금이 세상을 떠나자 뒤를 이어 그의 아들 여(予)가 제위에 올랐다. 여 임금이 세상을 떠나자 뒤를 이어 그의 아들 괴(槐)가 제위에 올랐다. 괴 임금이 세상을 떠나자 뒤를 이어 그의 아들 망(芒)이 제위에 올랐다. 망 임금이 세상을 떠나자 뒤를 이어 그의 아들 설(泄)이 제위에 올랐다. 설 임금이 세상을 떠나자 뒤를 이어 그의 아들 불강(不降)이 제위에 올랐다. 불강 임금이 세상을 떠나자 뒤를 이어 그의 동생 경(扃)이 제위에 올랐다. 경 임금이 세상을 떠나자 뒤를 이어 그의 아들 근(厪)이 제위에 올랐다.

근 임금이 세상을 떠나자 뒤를 이어 불강 임금의 아들 공갑(孔甲)이 제위에 오르니 그가 바로 공갑 임금이다. 공갑 임금은 미신과 귀신을 지나치게 섬기고 음란한 짓을 일삼았다. 이때부터 하후씨(夏后氏)의 덕이 문란해지기 시작하여 제후들이 잇달아 그에게 등을 돌렸다.

하늘에서 용 두 마리가 하강하였다. 그중 하나는 암컷이요 다른 하나는 수컷이었다. 공갑 임금은 용을 사육할 줄 몰랐다. 그리하여 한동안 용을 사육할 친족을 찾다가 예전에 용을 길렀던 환룡씨(豢龍氏)²⁴⁾로부터 용

---

22) 仲康의 대신(大臣).
23) 윤(胤)이 중강(仲康) 임금의 명을 받고 희(羲)와 화(和)를 치기에 앞서 전 장병들을 모아 놓고 훈시한 글. 〈古文尙書〉에 전해지고 있다.
24) 용을 사육하는 솜씨가 뛰어나다는 씨족.

을 기르고 길들이는 기술을 배운 유루(劉累)[25]라는 도당씨(陶唐氏)의 한 후손에게 용의 사육을 맡겼다.

그는 공갑을 잘 섬겼다. 공갑은 그에게 어룡씨(御龍氏)라는 성을 하사하고 아울러 시위(豕韋)[26]의 자손이 분봉받은 봉지를 인수받도록 하였다. 용 두 마리 중 수컷이 죽자 유루는 이를 공갑 임금에게 바쳤다. 공갑은 사람을 보내 유루에게 용을 구해 오도록 하였다. 유루는 두려운 나머지 도망쳐 버렸다.

공갑이 세상을 떠나자 뒤를 이어 그의 아들 고(皐)가 제위에 올랐다. 고 임금이 세상을 떠나자 뒤를 이어 그의 아들 발(發)이 제위에 올랐다. 발 임금이 세상을 떠나자 뒤를 이어 그의 아들 이규(履癸)가 제위에 오르니 그가 바로 하나라 걸(桀) 임금이다.

대다수의 제후들은 이미 공갑 임금 때부터 하 왕조에 등을 돌리기 시작했다. 걸은 제왕의 자리에 오르자 덕행을 추구하지 않고 무력을 써서 걸핏하면 다른 부족들을 침범하기가 일쑤였다. 그리하여 다른 부족들은 한시도 마음 놓고 살아갈 수 없었다.

걸이 은족(殷族) 수령인 탕(湯)을 소환하여 하대(夏臺)[27]에 가두었다가 석방한 적이 있었다. 탕(湯)이 어진 덕행을 베풀자 이에 감복한 제후들이 다투어 그에게 귀의하였다. 탕은 마침내 군사를 일으켜 하 왕조의 걸(桀)을 쳤다. 걸은 명조(鳴條)로 달아났다. 걸은 귀양살이를 하다 유배지에서 죽고 말았다. 걸은 임종에 이르러 한 맺힌 목소리로 사람들에게 말했다.

"예전에 하대(夏臺)에서 탕을 죽이지 않은 것이 후회스럽구나! 그를

---

25) 요임금의 후손인 제후 이름.
26) 축융씨(祝融氏) 후손.
27) 감옥 이름.

죽였더라면 이 지경에 이르지는 않았을 텐데."

　그 후 탕은 천자의 자리에 올라 하 왕조의 뒤를 이어 천하를 취하게 되었다. 탕은 하 왕조의 후손들을 제후로 봉하였다. 주 왕조에 이르러 하 왕조의 후손은 기국(杞國)에 봉해졌다.

　태사공은 말한다.

　우(禹)는 성이 사(姒)이다. 그의 후손은 각처에 분봉(分封)되어 성씨를 나라 이름으로 삼았다. 그래서 하후씨(夏后氏) · 유호씨(有扈氏) · 유남씨(有男氏) · 짐심씨(斟尋氏) · 동성씨(彤城氏) · 포씨(褒氏) · 비씨(費氏) · 기씨(杞氏) · 증씨(繒氏) · 신씨(辛氏) · 명씨(冥氏) · 짐과씨(斟戈氏)가 있게 되었다. 공자(孔子)가 하 왕조의 역서(曆書)를 바로잡았기 때문에 학자들은 ≪하소정(夏小正)≫[28]을 많이 전수해 왔던 것이다.

　나라에 공물로 세금을 바치는 납세 제도는 순 임금[虞舜]과 우 임금[夏禹] 때부터 완비되었다. 어떤 사람의 말에 의하면 우(禹)가 강남(江南)에 제후들을 소집하여 그들의 치적을 심사하던 중 세상을 떠나 그곳에서 장사지냈으므로 그곳을 '회계(會稽)'라고 부르게 되었다고 한다. 회계란 '회합(會合)하여 심사한다'는 뜻이다.

---

28) 사계절과 절기를 기록한 하(夏)왕조의 역서(曆書).

제3 은본기(殷本紀)

은(殷)¹⁾의 시조 설(契)²⁾의 어머니는 간적(簡狄)이다. 유융씨(有娀氏)³⁾
딸이었던 그녀는 제곡(帝嚳)의 차비(次妃)이다. 간적은 다른 두 여자와
목욕을 하던 중 제비[玄鳥]⁴⁾가 알을 떨어뜨리는 것을 보고 이를 삼켰다.
그 후 아이를 갖게 되어 설을 낳았다. 성인이 된 설은 우(禹)를 보좌하여
홍수를 다스리는 일에 공을 세웠다. 그래서 순 임금은 설에게 명하였다.

"지금 백성들은 서로 반목하고 다섯 가지 도리⁵⁾를 잘 지키지 않고 있
소. 그대를 사도(司徒)의 직책에 임명하니 그대는 사람이 마땅히 지켜야
할 다섯 가지 윤리를 널리 교화하고 보급하도록 하오. 이 다섯 가지 윤리
의 기본 정신은 관용에 있소."

순 임금은 설을 상(商)⁶⁾에 봉하고 성은 자(子)씨를 내렸다. 설은 당(唐)
의 요(堯), 우(虞)의 순(舜), 하(夏)의 우(禹) 시대에 일어나 그의 공이 사
람들의 입에서 입으로 자자하게 오르내리고 백성들이 안정을 찾아 마음

---

1) 지명. 상(商)왕조에서 일찍이 이곳에 천도하였기 때문에 '은상(殷商)'이라 불리게 되었음.
2) 상(商)의 시조. 순임금이 契를 상(商)에 봉하였으며 契의 14대손 탕(湯)에 이르러 상(商)왕조를
   세우고 도읍을 남박(南亳)에 두었으며 湯의 20대손인 반경(盤庚)에 이르러 남박에서 서박(西
   亳)으로 천도하고 은(殷)이라 칭하였다. 그래서 역사에서는 흔히 상(商)왕조를 은(殷) 또는 은
   조(殷朝)라 일컫는다.
3) 부족 이름.
4) 이에 대하여 학자마다 설이 구구하다. 어떤 학자는 제비로 보는가 하면 어떤 학자는 상서로운
   새, 즉 봉황으로 보는 학자도 있다. 契의 탄생 이야기가 한 편의 신화와도 같다고 볼 때 이는
   다분히 '어머니는 아나 아버지는 모르는(知母不知父)' 원시 모계 중심 사회를 반영하고 있다
   고 보아야 하며 원시 신앙인 토템(Totem) 사상과 밀접한 관련이 있는 듯하다. 따라서 제비를
   숭배하는 토템 신앙으로 보아야 한다는 학설을 따랐음을 밝혀 둔다.
5) 아버지는 의로워야 하고 어머니는 자애로워야 하고 형은 우애를 다해야 하고 아우는 공경을
   다하여야 하고 아들 된 자는 효도를 다하여야 하는 다섯 가지 기본 윤리를 말함.
6) 지명.

놓고 편안히 살아갈 수 있었다.

설이 세상을 떠나자 뒤이어 그의 아들 상토(相土)가 즉위하였다. 상토가 세상을 떠나자 뒤이어 그의 아들 창약(昌若)이 즉위하였다. 창약이 세상을 떠나자 뒤이어 그의 아들 조어(曹圉)가 즉위하였다. 조어가 세상을 떠나자 뒤이어 그의 아들 명(冥)이 즉위하였다. 명이 세상을 떠나자 뒤이어 그의 아들 진(振)이 즉위하였다. 진이 세상을 떠나자 뒤이어 그의 아들 미(微)가 즉위하였다. 미가 세상을 떠나자 뒤이어 그의 아들 보정(報丁)이 즉위하였다. 보정이 세상을 떠나자 뒤이어 그의 아들 보을(報乙)이 즉위하였다. 보을이 세상을 떠나자 뒤이어 그의 아들 보병(報丙)이 즉위하였다. 보병이 세상을 떠나자 뒤이어 그의 아들 주임(主壬)이 즉위하였다. 주임이 세상을 떠나자 뒤이어 그의 아들 주규(主癸)가 즉위하였다. 주규가 세상을 떠나자 뒤이어 천을(天乙)이 제위에 오르니 그가 바로 성탕(成湯)[7]이다.

설(契)에서부터 성탕(成湯)에 이르기까지 모두 여덟 차례 도읍지를 옮겼다. 성탕은 처음으로 박(亳)에 도읍을 두었는데 이는 선왕 제곡(帝嚳)을 추종하여 제곡의 고향인 박(亳)으로 천도한 것이며, 그 배경과 상황을 보고하기 위해 「제고(帝誥)」[8]라는 글을 지었다.

성탕은 인근 제후국들을 정벌하여 대권을 장악하였다. 갈국(葛國)의 제후가 천지와 조상에게 제사를 지내지 않자 탕은 그를 정벌한 후 말했다.

"그대는 천명을 존중하지 않았다. 나는 대죄를 물어 그대를 징벌하려 하노라. 이는 결코 용서받을 수 없다."

---

7) 湯은 天乙의 시호.
8) 실전(失傳)되어 그 내용을 알 길이 없지만, 孔安國의 설에 의하면 천도하게 된 상황을 제곡(帝嚳)에게 보고하는 내용으로 되어 있다고 한다.

그리하여 탕은 「탕정(湯征)」⁹⁾을 지었다.

탕이 말했다.

"내 일찍이 그대들에게 '사람이 물을 내려다보면 자신의 모습을 알 수 있듯이 백성들의 상황을 보면 그 나라가 제대로 다스려지는 정도를 알 수 있다'고 말한 적이 있다."

이윤(伊尹)¹⁰⁾이 말했다.

"영명하시도다! 훌륭하신 말씀을 들을 수 있으니 덕이 나날이 진보하겠구나! 나라를 다스리는 군주는 백성들을 자식처럼 사랑하고, 어질고 현명한 인재를 등용하셔야 합니다. 힘쓰십시오! 힘쓰십시오!"

이윤의 이름은 아형(阿衡)¹¹⁾이다. 아형은 성탕을 만나보고 싶었지만 방도가 없었다. 그러던 중 그는 성탕을 만나기 위해 유신씨(有莘氏)¹²⁾ 딸이 성탕에게 시집갈 때 함께 딸려 보내는 노비[媵臣]로 자원하고 나섰다. 그는 솥[鼎]과 도마[俎]를 등에 짊어지고 음식을 요리하는 재미에 빗대어 나라를 다스리는 방법을 재미나게 들려주어 성탕으로 하여금 어진 정치를 베풀도록 깨우쳐 주었다.

그에 관한 또 다른 이야기에 이런 것이 있다. 이윤은 벼슬을 하지 않고 초야에 은거하는 사람이었다. 탕은 그를 초빙하고자 다섯 차례나 사람을 보내었다. 이윤은 마침내 탕의 초빙을 수락하였다. 그는 탕과 함께 옛 제왕들의 사적과 아홉 부류의 군주에 대한 얘기를 주고받았다. 탕은 그를 발탁하여 국가 대사를 맡아보게 하였다.

이윤은 예전에 탕의 곁을 떠나 하 왕조로 갔다. 그러나 하 왕조의 추악

---

9) 이미 일실(逸失)되어 전해 오지 않으나 《尙書》의 「胤征篇」에 내용 일부분이 남아 있다.

10) 湯의 대신(大臣).

11) 이것을 재상의 지위에 해당하는 관직명으로 보는 학자도 있다.

12) 부족 이름.

한 정치 실상을 보고 다시 박(亳)으로 되돌아왔다. 그는 북문(北門)을 통해 성안으로 들어가다가 여구(女鳩)와 여방(女房)[13]을 만나 「여구(女鳩)」와 「여방(女房)」이라는 글을 지었다.

하루는 교외로 나간 탕이 때마침 사방에 그물을 쳐 놓고 새를 잡는 어떤 사람을 보게 되었다. 그는 자신의 바람을 이렇게 흥얼거렸다.

"하늘에서 내려오는 녀석이나 땅 위로 솟구쳐 오르는 녀석이나 사방에서 날아오는 녀석이나 할 것 없이 모조리 내 그물 속으로 걸려들어라."

이를 듣고 있던 탕이 그에게 말했다.

"에끼, 여보시오. 무슨 말씀을 그리 하오! 당신 그물에 모조리 걸려들면 새들이 씨가 마르지 않겠소?"

탕은 그에게 세 방향의 그물을 치고 한쪽만 남겨두게 한 다음 이렇게 고쳐 노래하도록 했다.

"왼쪽으로 날고 싶거든 왼쪽으로 날고 오른쪽으로 날고 싶거든 오른쪽으로 날아라. 이 권고에 따르지 않을 녀석만 내 그물에 걸려들어라."

제후들은 이를 전해 듣고 이렇게 찬탄했다.

"아, 탕의 은덕은 지극하고 지극하도다! 어진 덕이 금수에까지 미치고 있구나."

그 당시 하나라 걸 임금의 황음무도한 폭정에 제후 곤오씨(昆吾氏)[14]가 난을 일으켰다. 이에 탕은 제후들을 규합하여 군사를 일으켜 이윤과 함께 정벌에 나섰다. 탕은 자신이 직접 큰 도끼를 휘두르며 곤오를 토벌한 다음 마침내 하(夏)의 걸(桀)을 치게 되었다. 탕은 걸을 치기 전에 전군을 모아 놓고 훈시했다.

---

13) 湯의 두 현신(賢臣).
14) 하(夏)왕조의 동맹 부족 이름.

"아! 그대들은 나의 말을 귀담아 들어라. 내가 군사를 일으킨 것은 감히 반란을 일으키려는 것이 결코 아니다. 하나라의 죄가 너무나 크기 때문이다. 나는 그대들이 걸의 폭정에 불만을 가지고 원망하고 있다는 것을 들었다. 걸이 저지른 죄악이 하늘에 닿아 있지만 나는 하느님을 경외하여 감히 정벌에 나서지 않았다. 그러나 지금 하 왕조가 너무나 많은 죄를 저질렀기 때문에 하늘은 나에게 걸을 치도록 명하셨다.

지금 그대들 가운데에는 '탕 임금도 우리를 가엾게 여기시지 않아 농사일을 그만두고 하나라를 치기 위해 전쟁터로 나가라고 한다.' 고 말하는 이가 있을 것이다. 또 '하나라 걸의 죄행이 어떤 것인가?' 하고 의문을 가질 수도 있을 것이다.

하나라 걸은 쓸데없는 일에 온 백성들의 역량을 소모하고 백성들의 재물을 약탈하였다. 그리하여 백성들은 맡은 일을 게을리 하고 서로 반목하며 원망에 가득 차 있다. 백성들은 원망의 목소리로 '이 태양은 언제나 끝장날 것인가! 우리는 그대와 함께 몽땅 망해 버리면 좋겠다.' 고 저주하기에 이르렀다. 하나라 임금의 행실이 이 지경에 이르렀으니 우리는 지금 그를 정벌하지 않으면 안 된다.

그대들은 나를 따라 하늘이 걸에게 내린 정벌을 집행하러 나서라. 내가 장차 큰 상을 내리리라. 그대들은 나를 믿고 따르라. 나는 결코 헛된 말을 하지 않는다. 나의 명령을 따르지 않는 자가 있으면 나는 그의 가족까지 엄벌할 것이며 결코 용서치 않으리라."

탕은 전령관(傳令官)에게 이를 알리고, 「탕서(湯誓)」[15]를 지었다. 그 글에서 탕이 말했다.

"나는 매우 용감무쌍하여 이 재난을 능히 평정할 수 있다."

---

15) 《尙書》의 편명. 탕이 명조(鳴條)에 장병들을 모아 놓고 훈시한 글. 위의 내용은 《尙書》의 「湯誓」편의 내용을 인용한 것임.

그래서 그를 「무왕(武王)」이라 부르게 되었다.

하나라 걸은 유융씨(有娀氏)의 옛터에서 패하자 명조(鳴條)로 달아났다. 탕은 걸에게 충성을 한 삼종국(三髮國)[16]을 토벌하고 보옥을 노획하였다. 그리고 의백(義伯)과 중백(仲伯)[17]을 시켜 「전보(典寶)」를 짓게 하였다. 탕은 하나라를 토벌한 후 지신 제터[社][18]를 헐고 옮기려 하였지만 이루지 못하고 「하사(夏社)」라는 글을 지었다.

이윤(伊尹)은 하나라의 폭군을 쳐부순 승전보와 함께 어진 정치를 베풀겠다는 성명을 온 천하에 널리 공포하였다. 이에 제후들이 충성을 표하는 가운데 탕은 천자의 자리에 올랐다. 그리하여 온 천하가 안정을 되찾게 되었다.

탕이 하나라를 토벌하고 귀국하는 길에 태권도(泰卷陶)[19]를 지날 때 중훼(仲虺)[20]가 고(誥)를 지었다. 탕은 하나라의 정령을 폐기하고 박(亳)으로 돌아와 「탕고(湯誥)」[21]를 지어 제후들에게 이를 알렸다.

"3월에 왕은 친히 동교(東郊)에 나아가 제후들을 모아 놓고 선포하셨소. '그대들이 백성에게 공을 세우지 못하고 각자 맡은 직책을 해내지 못하면 그대들을 엄벌에 처하겠으니 나를 원망하지 말라.'

또 이어 말씀하셨소. '옛날 하나라 우(禹)와 고요는 오랫동안 백성들을 위해 밖에 나가 부지런히 일하여 공을 세우셨다. 동으로는 장강(長江)을 개발하고, 북으로는 제수(濟水)의 막힌 물을 텄고, 서로는 황하의 물길을 뚫고, 남으로는 회하(淮河)를 다스렸다. 이 4대 하천을 다스린 결과

---

16) 당시 걸에게 충성하던 제후국.
17) 湯의 신하들.
18) 고대에 지신(地神)을 모신 신사(神社)와 곡신(穀神)을 모신 신직(神稷)은 국가를 대표하였으며 이를 옮긴다는 것은 나라가 멸망함을 의미하는 것이다.
19) 옛 지명.
20) 湯의 좌상(左相).
21) ≪古文尙書≫에 그 내용이 수록되어 전해지고 있다.

만백성이 비로소 마음 놓고 편히 살 수 있게 되었다. 또 후직(后稷)이 씨앗 뿌리는 방법을 가르쳐 주었기 때문에 농민들이 비로소 각종 곡식을 생산할 수 있게 되었다. 이 세 분은 모두 백성들에게 큰 공을 세웠다. 그래서 그들의 자손들이 나라를 세울 수 있었던 것이다.

옛적에 치우(蚩尤)와 그의 대부들이 백성들을 선동하여 반란을 일으켰으나 하느님[上帝]은 이에 찬동하지 않으셨다. 그리하여 치우는 끝내 패망하고 말았으니 이것이 바로 좋은 선례이다. 우리는 선왕의 말씀을 부지런히 행하여야 한다.'

또 이어서 '만일 그대들이 올바른 길을 걷지 않으면 제후의 직을 박탈할 터이니 원망하지 말라.' 고 말씀하셨소."

탕은 제후들을 이렇게 훈계하였다. 이윤은 「함유일덕(咸有一德)」[22]을 쓰고 구단(咎單)[23]은 「명거(明居)」를 지었다.

탕은 역법(曆法)을 바꾸었다.[24] 뿐만 아니라 관리들의 복장, 제사드릴 때 쓰는 산 제물[犧牲], 수레와 말, 각종 기물의 색깔을 바꾸었으며 흰색을 숭상하고[25] 낮에 조회를 거행하였다.

탕이 세상을 떠난 후 황태자 태정(太丁)도 제위에 오르지 못하고 죽었기 때문에 태정의 동생 외병(外丙)이 제위에 오르니 그가 바로 외병 임금이다. 외병이 제위에 오른 지 3년 만에 세상을 떠나자 외병의 동생 중임(中壬)이 뒤이어 제위에 오르니 그가 바로 중임 임금이다. 중임 임금이 즉위 4년 만에 세상을 떠나자 이윤이 태정의 아들 태갑(太甲)을 옹립하

---

22) ≪古文尚書≫의 편명.
23) 사공(司空)이라는 관직을 맡고 있던 湯의 신하.
24) 새로이 등극한 천자는 하늘의 명을 받들어 왕조를 세웠다는 것을 정당화하고 이를 나타내기 위해 구왕조의 역법을 바꾸었음.
25) 하(夏) 왕조는 흑색을 숭상하고 상(商) 왕조는 백색을 숭상하고 주(周) 왕조는 적색을 숭상하였음.

였다. 태갑은 성탕의 적장손(嫡長孫)이었으니 그가 바로 태갑 임금이다. 태갑 임금 원년에 이윤은 「이훈(伊訓)」,[26] 「사명(肆命)」, 「조후(徂后)」[27]를 지었다.

즉위한 지 3년 후 태갑은 정신이 혼미해지고 포악해져 탕이 마련한 법과 제도를 지키지 않고 도덕을 어지럽혔다. 그리하여 이윤은 태갑을 동궁(桐宮)[27]에 유배시켰다. 3년 동안 이윤은 임금을 대신하여 나랏일을 맡아보고 제후들을 접견하였다.

태갑이 3년 동안 동궁에서 지내면서 자신의 잘못을 뉘우치고 개과천선하게 되자 이윤은 즉시 태갑 임금을 모시고 돌아와 정권을 되돌려 주었다. 태갑 임금이 수양하고 덕행을 쌓자 제후들이 모두 은 왕조에 귀의하고 백성들이 평안히 살아갈 수 있게 되었다.

이윤은 태갑 임금이 개과천선한 것을 가상히 여겨 즉시 「태갑훈(太甲訓)」[28] 세 편을 지어 태갑 임금을 찬양하였으며 그를 '태종(太宗)'이라고 부르게 되었다.

태종이 세상을 떠나자 뒤이어 그의 아들 옥정(沃丁)이 제위에 올랐다. 옥정 임금 때 이윤이 세상을 떠났다. 이윤을 박(亳)에 장사지낸 뒤 구단(咎單)은 이윤의 사적을 들어 후세의 자손들을 깨우쳐 주기 위해 「옥정(沃丁)」을 지었다.

옥정 임금이 세상을 떠나자 뒤이어 그의 동생 태경(太庚)이 제위에 오르니 그가 바로 태경 임금이다. 태경 임금이 세상을 떠나자 뒤이어 그의 아들 소갑(小甲)이 제위에 올랐다. 소갑 임금이 세상을 떠나자 뒤이어 그의 동생 옹기(雍己)가 즉위하니 그가 바로 옹기 임금이다. 이 무렵 은 왕

---

26) ≪古文尙書≫의 편명.
27) 이궁(離宮) 이름.
28) ≪古文尙書≫의 편명.

조의 정치는 이미 쇠미해지고 제후들 가운데에는 임금을 알현하러 오지 않는 자들도 있었다.

옹기 임금이 세상을 떠나자 뒤이어 그의 동생 태무(太戊)가 제위에 오르니 그가 바로 태무 임금이다. 태무 임금은 이척(伊陟)[29]을 상(相)으로 임명하였다.

은나라 도읍지 박(亳)에서 괴이한 일이 일어났다. 조정(朝廷)의 뜰에서 뽕나무와 닥나무가 한데 합해져 하룻밤 사이에 한 발씩 자라는 것이었다. 태무 임금이 놀라 이척에게 묻자 그가 대답했다.

"요괴는 덕행을 쌓은 사람을 이길 수 없다고 들었습니다. 임금님께서 나라를 다스리시는 데 무슨 과오가 있으신 것은 아니신지요? 임금님께서는 덕을 쌓고 수양하셔야 합니다."

태무 임금이 이척의 말대로 하자 그 괴이한 뽕나무는 이내 시들어 죽어 버렸다. 이척은 무함(巫咸)[30]에게 태무 임금을 칭찬했다. 무함은 왕실을 다스리는 데 공을 세우고 「함애(咸艾)」와 「태무(太戊)」라는 글을 지었다. 태무 임금은 태묘에서 이척을 칭찬하였으며 그를 신하로 대하지 않았다. 그러자 이척은 겸손해 하며 「원명(原命)」이라는 글을 지었다. 은 왕조가 다시 번창하기 시작하자 제후들이 모두 귀의하고, 태무 임금을 중종(中宗)이라 칭하게 되었다.

중종이 세상을 떠나자 뒤이어 그의 아들 중정(中丁)이 제위에 올랐다. 중정 임금은 도읍을 오(隞)로 옮겼다. 나중에 하단갑(河亶甲) 임금은 상(相)을 도읍으로 정하고 조을(祖乙) 임금은 다시 형(邢)으로 천도하였다.

---

29) 이윤(伊尹)의 아들.
30) 대신(大臣)의 이름. 전설에 의하면 북(鼓)을 처음으로 만들었으며 서(筮)를 이용한 (占卜)의 창시자라고 함.

중정 임금이 세상을 떠나자 뒤이어 그의 동생 외임(外壬)이 제위에 오르니 그가 바로 외임 임금이다. 「중정(仲丁)」[31]이라는 글은 이미 결여되어 불완전하였다. 외임 임금이 세상을 떠나자 뒤이어 그의 동생 하단갑(河亶甲)이 즉위하니 그가 바로 하단갑 임금이다. 은 왕조는 하단갑 임금 때 다시 쇠퇴해졌다.

하단갑 임금이 세상을 떠나자 뒤이어 그의 아들 조을(祖乙)이 제위에 올랐다. 조을이 즉위한 후 은 왕조는 다시 흥성해졌으며 무현(巫賢)[32]이 직책을 맡았다.

조을 임금이 세상을 떠나자 뒤이어 그의 아들 조신(祖辛)이 즉위하였다. 조신 임금이 세상을 떠나자 뒤이어 그의 동생 옥갑(沃甲)이 제위에 오르니 그가 옥갑 임금이다. 옥갑 임금이 세상을 떠나자 형의 아들 조정(祖丁)이 제위에 오르니 그가 조정 임금이다. 조정 임금이 세상을 떠나자 그의 사촌 동생이자 옥갑의 아들인 남경(南庚)이 제위에 오르니 그가 남경 임금이다. 남경 임금이 세상을 떠나자 조정의 아들 양갑(陽甲)이 즉위하니 그가 양갑 임금이다. 양갑 임금 때 은 왕조는 쇠미해졌다.

중정 임금 때부터 적장자에 의한 왕위 계승 제도가 폐지되고 잇달아 형제와 아들들 중에서 임금을 옹립하게 되었다. 그리하여 계속적인 왕위 쟁탈전으로 말미암아 9대에 걸친 혼란이 계속되었으며 제후들은 알현조차 하러 오지 않았다.

양갑 임금이 세상을 떠나자 그의 동생 반경(盤庚)이 제위에 오르니 그가 바로 반경 임금이다. 반경 임금은 즉위하자 은 왕조의 도읍을 황하 이북으로 옮기고 황하를 건너 남하하여 성탕 임금의 옛 땅을 되찾고자

---

31) 그 당시 이미 불완전하였고 후에 일실되어 전해 오지 않음.
32) 무함(巫咸)의 아들.

하였다. 은 왕조는 도읍을 다섯 차례나 옮기게 되어 고정된 곳이 없었다. 은나라 백성들의 탄식은 어느새 원망으로 바뀌어 도읍을 옮기는 것을 원치 않았다. 그러자 반경 임금은 제후들과 대신들을 모아 놓고 훈계하였다.

"옛날 성탕 임금님이 그대들의 조상들과 함께 천하를 평정하시니 그들은 정해진 법도와 원칙을 준수하였소. 이러한 법도와 원칙을 내버리고 실행하지 않았더라면 어떻게 어진 정치를 펴실 수 있었겠소?"

그리하여 마침내 황하를 건너 남하하여 박(亳) 땅을 다스리고 탕의 정령을 좇아 행하였다. 그 후 백성들은 안정을 되찾았고 은나라의 도(道)는 다시 흥성해지게 되었다. 반경 임금이 성탕의 어진 덕정(德政)을 펴자 제후들이 다시 반경 임금을 알현하러 오게 되었다.

반경 임금이 세상을 떠나자 그의 동생 소신(小辛)이 제위에 오르니 그가 소신 임금이다. 소신이 제위에 오르자 은나라는 또다시 쇠미해졌다. 백성들은 반경 임금을 그리워하며 「반경(盤庚)」[33] 세 편을 지었다. 소신 임금이 세상을 떠나자 그의 동생 소을(小乙)이 제위에 오르니 그가 소을 임금이다.

소을 임금이 세상을 떠나자 그의 아들 무정(武丁)이 즉위하였다. 무정 임금은 제위에 올라 은 왕조를 부흥시키고자 하였다. 그런데 그를 보좌해 줄 대신을 얻지 못하고 있었다. 무정 임금은 3년 내내 한마디 말도 하지 않은 채 총재(冢宰)[34]가 나랏일을 결정하도록 하고 임금 자신은 나라의 풍조를 냉철하게 관찰하였다.

무정 임금은 밤마다 꿈속에서 열(說)이라는 성인을 만났다. 그래서 꿈

---

33) 백성들이 반경 임금을 그리워하며 지었다는 《史記》 내용과 《尙書》 「盤庚」편 내용과는 합치되지 않는다.
34) 천자를 도와 나라를 다스리는 백관(百官)의 총수로, 후대의 수상(首相)에 해당하는 관직.

에서 본 그 어진 성인의 용모를 떠올리며 대신들과 관리들을 유심히 살펴보았다. 그런데 모두 꿈속에서 본 그 성인이 아니었다. 무정 임금은 관리들로 하여금 궁궐 밖 교외에 나가 찾아보도록 영을 내렸다. 마침내 부험(傅險)이란 곳에서 열(說)을 찾게 되었다.

이때 열(說)은 법을 어겨 징역을 치르느라 도로를 건설하고 있었다. 그를 데려다 보이자 무정 임금이 말했다.

"내가 꿈속에서 보았던 바로 그 사람이다."

그와 얘기를 나누어 보니 과연 그는 성인이었다. 무정 임금이 그를 재상으로 임명하니 은나라는 아주 잘 다스려지게 되었다. 그는 부험(傅險)을 성으로 하여 부열(傅說)이라 불리게 되었다.

무정 임금이 성탕에게 제사를 지낸 이튿날 어디선가 꿩 한 마리가 날아와 솥[鼎] 귀에 올라앉아 울었다. 무정 임금은 두려웠다. 그러자 곁에 있던 조기(祖己)[35]가 아뢰었다.

"대왕께서는 두려워 마시고 우선 나랏일을 잘 다스리십시오."

이어 조기는 무정 임금에게 간하였다.

"하늘은 백성들을 감시하고 그들의 도의를 표준으로 삼고 있습니다. 하늘이 인간에게 내려 주신 수명은 사람에 따라 길고 짧지만 하늘은 결코 인간의 수명을 중도에 자르지 않으십니다. 인간이 자신의 행위로 말미암아 스스로 수명을 단절하는 것입니다. 사람이 덕을 따르지 않고 자신이 지은 죄를 인정치 아니하면 하늘은 그에게 괴이하고 불길한 징조를 내려 행동을 바로잡도록 꾸짖으십니다. 그제야 사람은 두려워하며 '이 일을 어찌하면 좋단 말인가!' 하고 뉘우칩니다.

아아! 오직 백성들을 위해 대왕께서 진력하여 일하신다면 그것이 바

---

35) 대신의 이름.

로 하늘의 뜻을 이어받는 것입니다. 대왕께서는 관례대로 제사를 드리되 마땅히 버려야 할 방식은 신봉하지 마시기 바랍니다."

무정 임금이 정사를 바로잡고 어진 정치를 베풀자 만백성이 기뻐하고 은나라의 정치가 다시 중흥되었다.

무정 임금이 세상을 떠나자 뒤이어 그의 아들 조경(祖庚)이 제위에 올랐다. 꿩이 날아와 솥[鼎] 귀에 앉아 운 사건을 계기로 무정 임금이 덕정(德政)을 편 것을 기려, 조기(祖己)는 무정 임금의 묘당(廟堂)을 세우고 무정 임금을 '고종(高宗)'이라 칭하였다. 그리고 「고종융일(高宗肜日)」과 「고종지훈(高宗之訓)」[36]이라는 글을 지었다.

조경 임금이 세상을 떠나자 그의 동생 조갑(祖甲)이 즉위하니 그가 바로 제갑(帝甲)이다. 제갑이 황음무도하여 은나라는 또다시 쇠미해지고 말았다. 제갑이 세상을 떠나자 그의 아들 늠신(廩辛)이 제위에 올랐다. 늠신 임금이 세상을 떠나자 그의 동생 경정(庚丁)이 제위에 오르니 그가 경정 임금이다. 경정 임금이 세상을 떠나자 그의 아들 무을(武乙)이 즉위하였다. 은 왕조는 박(亳)을 떠나 도읍을 다시 황하의 북쪽 조가(朝歌)로 옮겼다.

무을 임금은 바른 길을 걷지 않고 황음무도한 짓을 서슴지 않았다. 뿐만 아니라 우상을 만들어 이를 '천신'이라 일컬었다. 무을은 자신이 천신이라 일컫는 우상과 도박을 벌이고 곁에 있는 사람으로 하여금 심판을 보게 하였다. 천신이 지면 무을은 즉시 천신에게 모욕을 주었다. 그는 또 가죽 주머니[革囊]를 만들어 그 속에 피를 가득 채우고 하늘을 우러러보며 이를 힘껏 내던졌다. 그리고 이를 '사천(射天)'이라 일컬었다. 무을은 황하와 위수로 사냥을 나갔다가 벼락을 맞아 죽고 말았다.

---

36) ≪尙書≫의 편명이나 모두 일실되어 전해 오지 않음.

무을의 아들 태정(太丁)이 제위를 계승했다. 태정 임금이 세상을 떠나자 뒤이어 그의 아들 제을(帝乙)이 제위에 올랐다. 제을이 즉위하고 나서 은 왕조는 더욱더 쇠퇴하였다. 제을의 맏아들은 미자계(微子啓)[37]이다. 계(啓)는 어머니의 지위가 미천할 때 그를 낳았기 때문에 왕위를 계승할 수 없었다. 그러나 제을의 작은아들 신(辛)은 어머니가 정비(正妃)였으므로 왕위 계승자가 되었다. 제을이 세상을 떠나자 뒤이어 신(辛)이 제위에 오르니 그가 바로 제신(帝辛)이다. 세상 사람들은 그를 주(紂)라 일컬었다.

주(紂)는 선천적으로 총명하고 말재간이 좋으며 매사를 날렵하게 처리해 냈다. 뿐만 아니라 초인적인 힘을 가지고 있어 맨손으로 사나운 맹수와 격투하여 때려잡을 정도였다. 그는 지혜를 써서 신하의 간언을 거절하였고 교묘한 언변으로 자신의 잘못을 은폐하였다. 그는 신하들에게 자신의 재능을 과시하고 천하에 자신의 위엄을 치켜세웠으며 자기가 천하에서 가장 뛰어난 인물이라고 여겼다.

그는 술을 좋아하고 음악에 탐닉하였으며 여자를 좋아하였다. 주(紂)는 달기(妲己)[38]를 총애하여 그녀의 말만 따랐다. 그때 그는 악사(樂師) 연(涓)[39]을 시켜 음탕한 음악과 저속한 춤과 퇴폐적인 선율을 짓게 하였다.

주(紂)는 세금을 무겁게 매겨 녹대(鹿臺)[40]를 세우고 그곳에 돈을 가득 쌓아 두었다. 또 거교(鉅橋)라는 창고에는 식량을 가득 채웠다. 뿐만 아

---

37) '微'는 계(啓)의 봉지명(封地名)이고 '子'는 작위며 '啓'는 이름이다.
38) 유소씨(有蘇氏)가 紂에게 바친 미녀로 성(姓)은 기(己), 자(字)는 달(妲). 주왕의 총애를 한 몸에 받은 총비(寵妃)인데 역사상 상(商) 왕조의 망국(亡國)을 부른 전대미문의 악녀로 알려져 있다.
39) 주왕(紂王) 때 악관(樂官)의 이름.
40) 당시의 도읍 조가성(朝歌城)에 세운 높은 누각으로 주(紂)와 달기가 최후를 마친 곳이기도 하다.

니라 개와 말과 각종 진기한 물건을 거두어들여 궁실을 가득 채웠다.

또한 사구(沙丘)의 풍치림 속에 별원(別苑)을 확대 조성하여 대량의 들짐승과 새들을 잡아다 그곳에 놓아 길렀다. 게다가 귀신을 섬기지 않았다.

또 사구에 모여 각종 무도회를 공연하는 가운데 술은 연못을 이루고 매단 고기는 숲을 이루었다. 실오라기 하나 걸치지 않은 남녀들로 하여금 그 사이를 누비고 서로 뒤쫓으며 한껏 즐기게 하여 밤새도록 광란의 유희가 계속되었다.

원망에 가득 찬 관리들은 그 모습을 책망하고 제후들도 그에게 등을 돌렸다. 이때 주(紂)는 형벌을 더욱 엄격히 하여 소위 '포격(炮格)' 41)이라는 가혹한 형벌을 제정하였다. 주왕은 서백(西伯) 창(昌)·구후(九侯)·악후(鄂侯)를 삼공(三公) 42)으로 임명하였다.

구후에게는 아름다운 딸이 하나 있었는데 구후는 그 딸을 주(紂)에게 바쳤다. 구후의 딸이 음탕함을 싫어하자 이에 격분한 주(紂)는 그녀를 죽여 버렸다. 아울러 구후에게는 해(醢) 43)라는 끔찍한 형벌을 가해 그를 죽였다. 보다 못한 악후가 어전에 나와 강한 어조로 간언하자 주는 노기충천하여 악후마저도 생선의 포를 뜨듯 육포를 떠서 죽여 버렸다.

서백(西伯) 창(昌)이 이 소식을 전해 듣고 남몰래 깊은 탄식을 하였다. 숭후호(崇侯虎)가 이를 엿듣고 주에게 달려가 그대로 고해바치고 말았다. 주는 즉시 서백을 잡아다 유리(羑里) 44)에 가두어 버렸다. 그러자 서백

---

41) 주(紂)가 고안한 가혹한 형벌. 《列女傳》의 기록에 의하면 기름을 바른 구리 기둥 아래 이글거리는 숯불을 피워 놓고 죄인으로 하여금 그 위를 걸어가게 하여 미끄러져 숯불 아래로 떨어져 죽으면 주왕(紂王)의 총비 달기가 이를 보고 즐거워 깔깔거렸는데, 참으로 눈뜨고 볼 수 없는 참혹한 형벌이었다.

42) 천자를 보좌하는 최고의 관직인 사마(司馬)·사도(司徒)·사공(司空).

43) 사람을 죽여 육장(肉醬)을 만드는 끔찍한 형벌.

의 신하 굉요(閎夭) 등이 아름다운 미녀들, 진기한 보물, 명마 등을 잔뜩 가지고 가서 주에게 바치자 이에 눈이 어두워져 서백을 석방해 주었다.

서백은 석방된 후 낙하(洛河) 서쪽의 땅을 떼어 주에게 바치며 끔찍한 포격(炮格)의 형벌을 폐지해 달라고 간청하였다. 주는 서백의 간청을 받아들이고 아울러 그에게 활과 화살·큰 도끼를 하사하면서 다른 제후들을 토벌하는 대권을 주어 서백[45]에 임명하였다.

이때 비중(費仲)[46]에게는 나랏일을 맡아 보도록 하였다. 비중은 남의 비위를 잘 맞추고 아첨을 잘할 뿐만 아니라 재물에 눈이 어두운 사람이라 은나라 사람들도 그를 가까이하지 않았다. 또 악래(惡來)[47]를 중용하였다. 악래는 남을 모함하고 헐뜯기를 잘하는지라 그 때문에 제후들이 더욱더 은 왕조를 멀리하게 되었다.

서백은 자기 나라로 되돌아가 은연 중 덕을 닦고 선정을 베풀었다. 그러자 대다수의 제후들이 은 왕조에 등을 돌리고 서백에게 귀의하게 되었다. 서백의 역량은 더욱 강성해지고 이에 반해 주(紂)의 권세와 위엄은 날이 갈수록 빛을 잃어 갔다. 왕자 비간(比干)[48]이 주에게 간하였지만 주는 진언을 아랑곳하지 않았다.

상용(商容)[49]은 재능과 덕행을 겸비한 사람으로서 백성들이 그를 따르고 존경하였다. 그런데 주는 도리어 그의 관직을 박탈해 버렸다. 서백이 주(紂)에게 충성하는 기국(饑國)을 쳐서 멸망시키자 주(紂)의 신하 조이

---

44) 옛 지명.
45) 서방(西方)의 각 제후국을 관리하는 방백(方伯).
46) 주(紂)의 간신(奸臣).
47) 비렴(蜚廉)의 아들이며 부자(父子) 모두 힘이 장사인데, 주(紂)에게 그 능력을 인정받아 등용되었지만 나중에 주살당함.
48) 주(紂)의 배다른 형(일설에는 주왕의 숙부라고도 함). 미자계(微子啓)·기자(箕子)와 함께 은(殷)왕조의 '三仁'이라고 일컬어지고 있음.
49) 주(紂)의 어진 대부(大夫).

(祖伊)가 이 사건을 전해 듣고 주국(周國)을 원망하며 두려워하였다. 그는 부리나케 주왕에게 달려가 보고하였다.

"폐하, 하늘은 이미 우리 은 왕조의 운명을 끊으셨습니다. 지덕(知德)이 뛰어난 사람은 은나라의 앞날이 심상치 않다고 하며, 또 거북점의 결과도 상서롭지 않습니다. 선왕께서 저희 후손들을 도와주시지 않음이 아니요, 폐하께서 황음무도하시어 하늘의 뜻을 스스로 저버리셨기 때문에 하늘이 저희들을 버리신 것입니다.

폐하께서는 백성들이 마음 편히 먹고 살 수 없게 하셨을 뿐만 아니라 하늘의 뜻을 헤아리지 못하셨고 법도를 지키지 아니하셨습니다. 백성들은 지금 너나 할 것 없이 폐하께서 멸망하기만을 기다리며 '하늘은 어째서 벌을 내리시지 않는 걸까? 제위에 올라야 할 새로운 천자는 왜 나타나시지 않는 것일까?' 라고 말하고 있습니다. 이제 폐하께서는 어떻게 하시렵니까?"

그러자 주(紂)가 물었다.

"내가 임금이 된 것이 하늘의 뜻이 아니더란 말이냐?"

조이는 발길을 돌리며 말했다.

"주(紂)에게는 간언을 할 수 없구나."

서백이 세상을 떠난 후 그의 아들 주(周)의 무왕(武王)[50]은 군사를 일으켜 원정에 나서 동쪽의 맹진(盟津)[51]에 다다랐다. 이때 은 왕조에 등을 돌린 팔백여 제후들이 군사를 동원하여 주(周)의 무왕이 이끄는 군사에 합류하였다. 제후들은 입을 모아 주(周)의 무왕에게 말했다.

"지금 주(紂)를 치는 것이 좋을 듯합니다."

---

50) 서백(西伯 : 즉 姬昌)의 아들 희발(姬發). 나중에 은(殷) 왕조를 무너뜨리고 등극하였는데 그가 바로 주(周)의 무왕(武王)이다.
51) 황하(黃河)의 중요한 나루터.

그러자 주(周)의 무왕이 말하였다.

"그대들은 하늘의 명령[天命]을 모르는구려."

이렇게 말하고 회군하여 되돌아갔다.

주(紂)는 날이 갈수록 더욱 음란해지고 만행은 그칠 줄 몰랐다. 미자(微子)가 누차에 걸쳐 간하였지만 전혀 아랑곳하지 않자 미자는 즉시 대사(大師)와 소사(小師)[52]를 찾아가 의논한 후 끝내 은 왕조를 뒤로 한 채 떠나갔다.

"신하된 자가 어찌 죽음을 무릅쓰고 간언하지 않을 수 있겠는가."

하고 비간은 강한 어조로 주에게 간언하였다. 그러자 주(紂)는 발끈 화를 내며 말하였다.

"내가 듣자니 성인의 심장에는 구멍이 일곱 개 있다고 하던데!"

하며 비간의 가슴을 칼로 절개하여 심장을 꺼내어 보았다. 기자(箕子)는 무서워 벌벌 떨며 일부러 미친 체하여 노예가 되었다. 주는 또 다시 그를 잡아다 가두었다. 은나라의 태사(太師)와 소사(少師)는 제기와 악기를 가지고 주국(周國)으로 도망쳤다.

이때 주(周)의 무왕은 제후들을 거느리고 주(紂)를 정벌하러 나섰다. 주(紂)도 출병하여 목야(牧野)에서 주(周)의 군사에 맞서 저항하였다. 갑자일(甲子日)[53], 주(紂)가 거느린 군사는 패하고 말았다. 주(紂)는 황망히 궁중 안으로 달아나 녹대(鹿臺)에 올랐다. 그는 각종 보석으로 치장한 옷을 입고 불 속으로 뛰어들어 타 죽고 말았다.

주(周)의 무왕은 마침내 주(紂)의 목을 치고 커다란 백기(白旗)를 내걸었다. 그리고 나서 달기를 죽인 후 감옥에 갇혀 있던 기자(箕子)를 석방하고 비간(比干)의 묘를 봉토하여 새롭게 단장하였으며, 상용(商容)이

---

52) 대사(大師 : 또는 太師라고도 함)와 소사(少師)는 천자를 보좌하는 대신(大臣).
53) 「周本紀」에 의하면 주(周)의 무왕 11년 2월 5일.

살았던 마을을 표창하였다.

주(紂)의 아들 녹보(祿父)⁵⁴⁾ 무경(武庚)을 봉하여 그로 하여금 은 왕조의 제사를 지내게 하고 반경(盤庚)의 정령을 집행하게 하였다. 그러자 은나라의 백성들이 모두 기뻐하였다. 이때 주(周)의 무왕은 천자의 자리에 올랐다. 하 왕조와 은 왕조에서는 본래 '제(帝)'라고 일컬었지만 후대로 내려오면서 그들의 칭호를 격하시켜 일률적으로 '왕(王)'이라 부르게 되었다. 주(周)의 무왕은 은 왕조의 후손들을 제후로 봉하여 주(周) 왕조에 복속시켰다.

주(周)의 무왕이 세상을 떠나자 무경과 관숙(管叔)과 채숙(蔡叔)이 반란을 일으켰다. 이에 성왕(成王)은 주공(周公)을 시켜 이를 토벌하게 하였다. 그리고 미자(微子)를 송국(宋國)에 봉하여 은 왕조의 후손을 잇게 하였다.

태사공은 말한다.

나는 ≪시경≫의 「상송(商頌)」편에 근거하여 설(契)의 사적을 집필하였고, 성탕(成湯) 이후는 ≪상서(尚書)≫와 ≪시경≫의 기록에서 채록하였다. 설(契)은 성이 자(子)씨이지만 그의 후손이 각국에 봉하여졌으므로 나라 이름을 성씨로 삼아 은씨(殷氏)·내씨(來氏)·송씨(宋氏)·공동씨(空桐氏)·치씨(稚氏)·북은씨(北殷氏)·목이씨(目夷氏)가 있게 되었다. 공자는 '은나라 수레가 가장 좋다.'⁵⁵⁾고 말하였다. 은나라 사람은 흰색을 숭상하였다.⁵⁶⁾

---

54) 주(紂)의 아들 무경(武庚)의 자(字).
55) ≪論語≫의 「衛靈公篇」 제15장에 그 내용이 보인다. 주대(周代)의 수레는 은대(殷代)의 수레보다 화려하였다. 그래서 공자는 은나라의 수레가 더 좋다고 말하였던 것이다. 이는 곧 질박함이 화려함보다 낫다는 의미이다.
56) ≪禮記≫의 「檀弓篇」에 '은나라 사람은 흰색을 숭상하였다(殷人尚白)'라는 내용이 보인다.

제4 주본기(周本紀)

주(周)[1]의 시조 후직(后稷)은 이름이 기(棄)이다. 그의 어머니는 유태 씨(有邰氏)[2]의 딸로서 이름은 강원(姜原)이다. 강원은 제곡(帝嚳)의 정비(正妃)였다. 들에 나간 강원이 거인의 발자국을 보더니 흔연히 기뻐하면서 그 발자국을 밟아 보고 싶었다. 거인의 발자국을 밟는 순간 온 몸에 짜릿한 느낌과 함께 아이를 갖게 되었다. 그로부터 1년 후 사내아이를 낳았다. 강원은 이를 상서롭지 못한 징조라 여겨 그 아이를 길에 내다버렸다.

그런데 어찌된 일인지 지나가는 소와 말들이 그 아이를 밟지 않고 피해 지나갔다. 아이를 다시 숲속에 버리려 하였지만 때마침 그곳에 사람들이 많아 하는 수 없이 장소를 옮겨 이번에는 꽁꽁 언 개울 얼음 위에 버렸다. 그러자 새들이 날아와 날개로 덮어 주고 감싸 주었다. 강원이 이를 기이하게 여겨 아이를 다시 집으로 데리고 와서 길렀다. 처음에 그 아이를 버리려 했기 때문에 이름을 '기(棄)'라고 지었다.

기는 어려서부터 남보다 재능이 뛰어나고 큰 인물이 될 기개와 뜻을 지니고 있었다. 그는 놀면서도 재미 삼아 삼과 콩을 심고 가꾸는 것을 좋아하였다. 그가 심은 삼과 콩은 무럭무럭 잘 자랐다. 성인이 되어서도 농사일을 남달리 좋아하였다. 그가 토지의 특징을 자세히 살펴 그 토지에 꼭 알맞은 농작물을 심고 거두자 백성들이 모두 이를 본받았다.

요 임금이 이 소식을 듣고 기를 발탁하여 농사(農師)로 임명하였다. 그

---

1) 고공단보가 주원(周原)에 터를 잡아 정착하였기 때문에 국호(國號)를 '주(周)'라 하였다.
2) 성(姓)이 강(姜)인 고대 부족의 이름. 전설에 의하면 신농씨(神農氏)의 후예로, 태(邰)에 봉해졌기 때문에 유태씨라고 하였다고 함.

리하여 천하 사람들이 모두 그 혜택을 받게 되었으며 그의 공을 기리게 되었다. 순 임금이 말하였다.

"기여, 지금 백성들이 굶주리고 있소. 그대는 온갖 곡식을 제때 파종해 주도록 하오."

기를 태(邰)에 봉하고 '후직(后稷)'이라고 불렀으며 그에게 희(姬)씨라는 별도의 성을 내렸다. 후직이 떨쳐 일어나게 된 때는 당(唐)의 요(堯), 우(虞)의 순(舜), 하(夏)의 우(禹) 시대였으며, 그는 언제나 어질고 아름다운 덕행을 쌓았다.

후직이 세상을 떠나자 아들 불굴(不窋)이 즉위하였다. 불굴의 만년에는 하 왕조의 정치가 쇠미해지자 농사일을 관장하는 관직을 폐지하고 농업을 중시하지 않게 되었다. 이로 말미암아 불굴은 관직을 잃고 융적들이 거주하는 지역으로 도망쳤다. 불굴이 세상을 떠나자 그의 아들 국(鞠)이 즉위하였다. 국이 세상을 떠나자 다시 그의 아들 공유(公劉)가 즉위하였다.

공유는 비록 융적들이 거주하는 지역에 살고 있었지만 다시 후직의 사업을 중흥시켜 경작과 파종에 힘쓰는 한편 토양의 성질을 자세히 살폈다. 뿐만 아니라 칠수(漆水)와 저수(沮水)의 남쪽에서 위수를 건너 남산(南山)의 목재를 가져다 이용하였다. 떠돌이들도 재물을 모을 수 있게 하고 집에 있는 사람들은 재산을 축적할 수 있게 해 주니 사람들 모두 그를 의지하여 편안히 살아갈 수 있었다.

여러 부족들이 그의 높은 은덕을 그리워하며 그곳으로 이주해 와 그에게 귀의하였다. 주(周)의 대업은 바로 여기에서 비롯되어 흥성해지기 시작했으니 시인들은 기쁨에 겨워 그의 은덕을 높이 칭송하고 노래하였다. 공유가 세상을 떠나자 아들 경절(慶節)이 즉위하여 도읍지를 빈(豳)으로 옮겼다.

경절이 세상을 떠나자 아들 황복(皇僕)이 즉위하였다. 황복이 세상을 떠나자 아들 차불(差弗)이 즉위하였다. 차불이 세상을 떠나자 아들 훼유(毀隃)가 즉위하였다. 훼유가 세상을 떠나자 아들 공비(公非)가 즉위하였다. 공비가 세상을 떠나자 고어(高圉)가 즉위하였다. 고어가 세상을 떠나자 아들 아어(亞圉)가 즉위하였다. 아어가 세상을 떠나자 아들 공숙조류(公叔祖類)가 즉위하였다. 공숙조류가 세상을 떠나자 아들 고공단보(古公亶父)가 즉위하였다.

고공단보가 후직과 공유(公劉)의 사업을 계승하여 다시 중흥시키고 덕행을 쌓고 인의(人義)를 널리 펴자 백성들 모두 그를 떠받들었다. 북방의 훈육족(薰育族)과 서북방의 융족과 적족(狄族)이 고공단보를 공격해 재물을 요구하니 그들에게 재물을 주었다. 얼마 후 그들이 다시 쳐들어와 땅과 백성들을 차지하려 하였다. 그러자 백성들이 모두 분노하여 맞서 싸우려 하였다. 고공단보가 말했다.

"백성들이 군왕을 세우는 것은 그를 의지하여 이익을 도모하고자 함이요, 지금 융족과 적족이 군사를 일으켜 쳐들어오는 것은 토지와 백성들을 차지하기 위해서이다. 백성들이 나에게 속해 있든 저들에게 속해 있든 무슨 상관이겠는가? 백성들이 나 때문에 싸우려 하고 있는데 백성들의 아비와 자식을 희생시키면서까지 군왕의 자리를 지키는 짓은 차마 못하겠다."

하고 가족과 종자(從者)들을 데리고 빈(豳) 땅을 떠나 칠수(漆水)와 저수(沮水)를 건너 다시 양산(梁山)을 넘어 기산(岐山) 기슭에 자리 잡고 정착하였다. 빈에 사는 사람들은 너나 할 것 없이 노인을 부축하고 어린 아이를 이끌고 고공단보를 따라 기산 아래로 모여들었다. 인근 여러 나라에서도 고공단보가 인자하다는 말을 듣고 역시 많은 사람들이 그에게 귀의하였다.

이때 고공단보는 즉시 융족과 적족의 유목 생활 풍속을 바꿔 성벽을 쌓고 집을 지어 백성들이 읍과 촌락별로 나누어 살게 하였다. 뿐만 아니라 다섯 관직[五官]을 설치하여 여러 가지 일을 맡아보게 하였다. 이에 백성들이 기뻐하며 그의 덕행을 찬양하고 노래하였다.

고공단보에게는 태백(太伯)이라는 맏아들과 우중(虞仲)이라는 둘째 아들이 있었다. 태강(太姜)³⁾은 계력(季歷)이라는 아들을 낳았는데 계력은 태임(太任)⁴⁾을 아내로 맞이하였다. 태임은 태강처럼 어질고 총명한 여인이었다. 태임은 창(昌)⁵⁾을 낳았는데 성인이 탄생할 때 나타나는 조짐⁶⁾이 있었다. 고공단보가 말하였다.

"우리 집안에 큰일을 할 인물이 나와야 할 터인데 아마도 창(昌)인 듯하구나."

고공단보의 맏아들 태백과 둘째 아들 우중은 고공단보가 계력으로 하여금 왕위를 잇게 하여 창에게 전해 주려는 뜻을 알게 되었다. 그리하여 둘은 형만(荊蠻)으로 달아나 그곳에 사는 사람들처럼 머리를 자르고 몸에 문신을 새김으로써 계력에게 왕위를 물려줄 수 있도록 하였다.

고공단보가 세상을 떠나 계력이 즉위하니 그가 바로 공계(公季)이다. 공계는 고공단보가 남긴 덕을 닦고 진실하게 인의를 시행하니 제후들이 모두 그에게로 귀의하였다.

공계가 세상을 떠나자 뒤이어 그의 아들 창(昌)이 즉위하니 그가 바로 서백이다. 서백은 곧 나중에 추존(追尊)⁷⁾된 문왕(文王)이다. 그는 후직과

---

3) 고공단보의 비(妃).
4) 지임씨(摯任氏)의 딸로 계력의 비(妃), 즉 주 문왕(周文王)의 어머니.
5) 서백(西伯) 희창(姬昌), 즉 주 문왕(周文王).
6) 전설에 따르면 창이 세상에 태어날 때 붉은 새[赤雀]가 붉은 쪽지[丹書]를 입에 물고 집으로 들어왔다고 함.
7) 왕위에 오르지 못하고 죽은 이에게 왕의 칭호를 추서함을 말한다.

공유(公劉)의 사업을 따르고 고공단보와 공계의 법도를 본받았으며, 경건히 인의를 실행하여 윗사람을 공경하고 아랫사람에게 자애를 베풀었다.

서백은 아랫사람에게 겸허하고 어진 인재를 존중하였으며 낮에는 선비들을 접대하느라 바쁜 나머지 밥 먹을 겨를조차 없을 정도였다. 그리하여 선비들이 그에게 귀의해 왔다. 서백이 이처럼 윗사람을 특별히 공경한다는 소문을 듣고 고죽국(孤竹國)의 백이(伯夷)와 숙제(叔齊)가 함께 귀의해 왔다. 태전(太顚)·굉요(閎夭)·산의생(散宜生)·육자(鬻子)·신갑(辛甲) 등의 대부들도 그에게 귀의해 왔다.

그런데 숭후호(崇侯虎)[8]가 서백을 모함하여 은나라 주왕(紂王)에게 고해 바쳤다.

"서백이 착한 일을 많이 하고 덕행을 쌓아 제후들이 다투어 그에게 귀의하고 있습니다. 이는 장차 폐하께 이롭지 못한 일입니다."

주왕은 즉시 서백을 잡아 유리(羑里)에 가두어 버렸다. 서백의 신하 굉요 등이 서백을 걱정하여 얼른 유신씨(有莘氏)의 미녀와 여융(驪戎)의 준마 및 사두마차를 끄는 유웅(有熊)의 명마 삼십육 필, 그리고 주(紂)가 좋아하는 여러 가지 진귀한 물건을 가지고 가서 주(紂)가 총애하는 신하 비중(費仲)을 통하여 바쳤다. 그러자 주왕은 크게 기뻐하며 말하였다.

"이 물건 하나로도 서백을 석방해 주기에 충분한데 하물며 이렇게 많이?"

입이 떡 벌어진 주왕은 즉시 서백을 석방하였다. 뿐만 아니라 서백에게 활과 화살, 도끼를 하사하고 그에게 인근 제후들을 정벌할 권한을 주었다. 주왕은 말했다.

"서백을 무고한 자는 숭후호라네."

---

8) 숭국(崇國)의 제후.

서백은 낙하(洛河) 서쪽 땅을 주왕에게 바치며 포격(炮格)이라는 잔인한 형벌을 폐지해 달라고 간청하자 주왕은 그의 청을 받아들였다.

서백이 음덕(陰德)을 쌓고 선행을 베풀자 제후들은 그에게 분쟁을 공평히 판결해 달라고 간청하였다. 그 당시 우(虞)와 예(芮) 두 제후국 사람들 사이에 분쟁이 발생하여 해결할 수 없게 되자 그들은 국경을 넘어 주의 땅으로 들어왔다. 그때 농부들이 밭의 경계를 서로 양보하고 있는 것을 목격하게 되었다. 또 주(周)의 백성들은 윗사람을 존중하는 것이 습관이 되어 있었다. 우와 예 두 나라 사람들은 이를 보고 서백을 만나 보기도 전에 부끄럽게 여기며 이렇게 말하였다.

"우리들이 양보하지 않고 고집부리며 다투는 것을 주나라 사람들은 수치스러운 일로 여기고 있으니 서백에게 간들 뭐 하겠소. 창피만 당하고 올 터인데."

그들은 서로 양보하기로 하면서 발길을 돌려 떠났다. 제후들이 이 이야기를 듣고 말했다.

"서백이야말로 천명을 이어받을 군주로다."

이듬해 서백은 견융(犬戎)을 토벌하였다. 그 이듬해는 밀수(密須)를 정벌하였다. 이듬해에 기국(耆國)을 쳐부수었다. 은나라 조윤(祖尹)이 이 소식을 전해 듣고 두려워하며 주(紂) 임금에게 아뢰자 그가 말했다.

"나는 천명을 받지 않았더란 말이냐? 그자가 그렇게 한들 어쩌겠느냐."

이듬해 서백은 한국(邘國)을 정벌하였다. 이듬해 서백은 숭후호를 토벌하여 풍읍(豊邑)을 세우고 도읍을 기산(岐山) 기슭에서 풍읍으로 천도하였다. 이듬해 서백이 세상을 떠나자 뒤이어 태자 발(發)이 즉위하니 그가 바로 무왕(武王)이다.

서백은 약 오십 년 동안 재위하였다. 그는 예전에 유리(羑里)에 유폐되었을 때 ≪역(易)≫의 팔괘(八卦)를 확대하여 육십사괘(六十四卦)를 만들었다고 전해진다.[9] 시인들은 서백을 칭송하였다. 서백은 우(虞)와 예(芮) 두 나라 사람들의 분쟁을 조정 심판한 그해에 천명을 받들고 제후들의 지지 하에 '왕'이라 불리게 되었다.

서백이 세상을 떠난 지 십 년 후 문왕(文王)이라는 시호가 추존(追尊)되었다. 그 후 은나라로부터 완전히 벗어나 은 왕조의 법령과 제도를 바꾸고 독자적으로 법령과 제도를 만들었을 뿐만 아니라 독자적인 역법(曆法)을 제정하였다. 그가 고공단보를 '태왕(太王)'이라 추존하고 공계(公季)를 '왕계(王季)'라고 추존한 까닭은 주 왕조의 왕업은 고공단보로부터 기초를 다지기 시작한 연유에서였다.

무왕은 즉위하자 태공망(太公望)[10]을 군사(軍師)로 삼고, 천자를 보좌하는 직책에 주공(周公) 단(旦)[11]을 임명하고, 소공(召公)[12]과 필공(畢公)[13]등을 왕의 곁에 두어 정사를 보좌하여 문왕의 대사업을 일으켜 더욱 빛나게 하였다.

문왕 9년[14], 무왕은 필(畢)[15]에서 문왕에게 제사를 드렸다. 그런 다음 동쪽으로 가서 군사를 검열하고 맹진(盟津)에 이르렀다. 무왕은 문왕의

---

9) ≪易≫의 「正義」를 보면 복희(伏羲)가 괘(卦)를 만들고 문왕(文王 : 즉 姬昌)이 괘사(卦辭)를 짓고 주공(周公 : 姬旦)이 효사(爻辭)를 기술하고 공자(孔子)가 십익(十翼)을 지었다고 되어 있다.

10) 성(姓)은 강(姜), 이름은 상(尙). 여(呂)씨를 하사받았으며 '姜太公'으로 널리 알려져 있다. 자세한 내용이 「齊太公世家」에 나타나 있다.

11) 성은 희(姬), 이름은 단(旦). 상세한 내용이 「魯周公世家」에 보인다.

12) 성은 희(姬), 이름은 석(奭). 주(周)의 왕과 동족인으로 문왕(文王 : 姬昌)의 아들이라는 설도 있음. 「燕召公世家」에 자세히 나타나 있다.

13) 문왕(文王)의 아들, 이름은 고(高).

14) 문왕이 세상을 떠난 후에도 무왕은 부친 문왕의 연호(年號)를 그대로 사용하였다.

15) 이에 대해 두 가지 설이 대두하고 있다. 첫째, 문왕의 묘가 필원(畢原)에 있으므로 무왕이 군사를 일으켜 출병하기 전에 문왕에게 제사를 올렸다는 설과 둘째, 전쟁을 주관하는 필성(畢星)을 제사하였다는 설이 그것이다.

위패를 새겨 수레에 싣고 주장(主將)이 머무는 막사에 모셨다. 무왕은 스스로 '태자 발(發)'이라고 칭하며, 자신은 문왕의 명을 받들어 토벌하려 나서는 것이지 감히 독단적으로 하지 않는다는 것을 천명하였다. 무왕은 사마(司馬)·사도(司徒)·사공(司空)[16]과 각 군관(軍官)들에게 선언하였다.

"정중하고 공손하게 경계와 두려운 마음으로 고하노니 진실로 노력하라! 나는 아는 것이 없다. 다만 선조께서 쌓으신 덕행으로 선조들의 공훈과 업적을 이어받았을 뿐이다. 나는 각종 상과 벌을 제정하여 공훈과 업적을 보증한다."

마침내 군사를 일으켰다. 군사(軍師)인 상보(尙父)는 큰 소리로 명령을 선포하였다.

"그대들은 동원한 군사를 배에 태우고 노를 저어 출발하라. 제 시간에 도착하지 못하는 자는 목을 베리라."

무왕이 배를 타고 강을 건너는 중에 느닷없이 커다랗고 흰 물고기가 배 안으로 뛰어들었다. 주왕은 머리 숙여 그 흰 물고기를 거둬 하늘에 제사를 지냈다. 강을 다 건넜을 때는 하늘에서 불덩이가 내려오더니 무왕이 머무는 지붕에 다다르자 이내 까마귀로 변하는 것이었다. 그 까마귀는 타오르는 불처럼 새빨갛고 울음소리는 낭랑하였다.

미리 약속하지도 않았는데 맹진에 모여든 제후들이 팔백여 명이나 되었다. 제후들이 입을 모아 말하였다.

"지금 주(紂)를 치셔야 합니다."

그러자 무왕이 말하였다.

---

16) 관직명. 사마(司馬) : 군정(軍政)을 맡은 관직. 사도(司徒) : 부세(賦稅)와 요역을 담당. 사구(司寇) : 사법(司法) 담당.

"그대들은 천명을 모르는구려. 아직 칠 때가 아니오."

이렇게 말하고 군사를 거두어 되돌아갔다.

2년 후 은나라 주왕이 더욱 포악무도해져 자기의 숙부 비간(比干)을 죽이고 기자(箕子)를 가두었다는 소식이 들려왔다. 이때 무왕이 제후들에게 널리 선포하였다.

"은나라 주왕은 중죄를 지었으니 그를 속히 치지 않으면 안 된다."

무왕은 문왕의 유지를 받들어 병거 삼백 대와 용사 삼천 명, 갑옷으로 무장한 병사 사만 오천 명을 거느리고 은나라 주왕을 치기 위해 동쪽으로 향했다. 문왕 11년 12월 무오날(戊午日), 맹진(盟津)을 건너 제후들이 모두 집결하였다. 무왕이 말하였다.

"모두 추호도 게으름이 없이 힘쓰도록 하라."

무왕은 즉시 「태서(太誓)」의 글을 지어 전군에 포고하였다.

"지금 은나라 주왕은 여자의 말만 믿고 스스로 천명을 어기고 정직한 세 현신(賢臣)[17]을 해쳤으며 조부모 이하 친족을 멀리하였다. 조상들이 이어온 악곡을 버리고 음탕한 악곡을 지어 순정한 음악을 어지럽히고 여자를 즐겁게 하고자 하였다. 그리하여 나는 경건한 마음으로 하늘이 내린 천명을 받들어 천벌을 단행하고자 한다. 모두 분발하라! 기회는 결코 두 번 다시 오지 않는다."

2월 갑자날(甲子日) 동틀 무렵 무왕은 상(商) 왕조 도읍지[朝歌] 교외에 있는 목야(牧野)에 다다라 주왕과의 결전을 눈앞에 두고 다시 한 번 결의를 다졌다. 무왕은 왼손에 누런빛의 커다란 도끼를 들고 오른손에는 쇠

---

17) 비간(比干)·미자(微子)·기자(箕子)를 가리킴. 흔히 이 세 사람을 은(殷)나라의 '三仁'이라 일컬음. 원문에는 '三正'으로 되어 있는데 이에 대한 설이 구구하다. 하늘(天)·땅(地)·사람(人)의 바른 도리[正道]를 가리킨다는 설과 하(夏)·은(殷)·주(周) 삼대(三代)의 정통성을 가리킨다는 설과 은(殷殷)의 '삼인(三人)'을 가리킨다는 설 등이 그것이다.

꼬리로 장식한 흰 깃발을 들고 군사들을 지휘하면서 말하였다.

"서쪽 땅에서 온 장병들이여! 먼 길을 오느라 수고 많았다."

무왕은 이어 말하였다.

"아! 친애하는 나의 우방 제후들이여! 사도(司徒)·사마(司馬)·사공(司空)·아려(亞旅)[18]·사씨(師氏)[19]·천부장(千夫長)[20]·백부장(百夫長)[21]들이여! 그리고 용(庸)·촉(蜀)·강(羌)·무(髳)·미(微)·노(纑)·팽(彭)·복(濮)[22]에서 와 준 장병들이여! 자, 그대들은 창을 들고 방패를 나란히 갖추어라. 이제 엄숙히 선언하겠노라."

무왕은 이어 말하였다.

"옛 사람 말에 '암탉은 울지 않는 법인데 암탉이 울면 집안이 망한다.'고 하였다. 지금 은나라 주왕은 여자의 말만을 믿고 선조들의 제사를 집어치우고 돌보지 아니하며, 혼미하여 국가 대사도 처리하지 못하고 있다. 또 조부모 이하 혈연을 멀리하여 그들을 임용하지 않고, 사방에서 많은 죄를 짓고 도망쳐 온 자들만을 신임하고 존중하여 등용하였다. 그리하여 그들로 하여금 백성들에게 포악한 짓을 하고 상(商) 왕조에서 온갖 나쁜 짓을 저질렀다.

이제 이 사람 희발은 경건히 하늘의 명을 받들어 천벌을 단행하려 한다. 오늘 우리가 주왕과 일전을 하는 데 있어서 6, 7보(步)를 전진할 때마다 일단 멈추어 다시 대오를 정렬하고 전열을 가다듬은 다음 신중히 전진해야 한다. 모두들 군령을 반드시 준수하도록 하라. 네 차례에서 일곱 차례 무찌른 다음에는 반드시 대오를 정돈한 다음 다시 공격하도록 하

---

18) 경(卿) 다음의 각종 대부(大夫).
19) 군사를 거느리는 대부(大夫).
20) 병사 천 명을 거느리는 군관(軍官).
21) 병사 백 명을 거느리는 군관.
22) 주(周)와 동맹한 8개 부족 이름.

라. 모두들 이 군령을 준수하도록 하라.

　바라건대 그대들은 모두 호랑이와 큰곰, 승냥이와 용처럼 용맹스럽게 싸워야 한다. 상나라 도읍지의 교외에서 우리들에게 투항해 오는 상나라 병사들을 거절하거나 죽이지 말고 그들을 받아들여 우리 서방 연합군을 위해 일하도록 만들라. 모두들 분투노력하라! 그렇지 않으면 죽음이 있을 따름이다.”

　선언이 끝나자 집결한 제후들의 연합군은 병거 사천 대를 중심으로 목야(牧野)에 진을 쳤다.

　주왕은 무왕이 쳐들어왔다는 소식을 듣고 칠십만 대군을 이끌고 무왕에 저항하였다. 무왕은 군사 태공망에게 영을 내려 용사 일백 명을 데리고 선제공격을 하도록 하였다. 그런 다음 대부대를 이끌고 주왕의 진영을 향해 총진격하였다.

　주왕이 거느린 군대는 비록 수는 많았지만 전의가 없었다. 오히려 무왕의 군대가 빨리 진격해 주기만을 기다리고 있었다. 드디어 무왕의 군대가 진격해 오자 그들은 기다리기나 했던 것처럼 창을 거꾸로 들고 무왕에게 길을 열어 주는 것이었다. 무왕이 전차를 앞세워 진격하자 은나라 병사들은 주왕을 버리고 모두 뿔뿔이 흩어져 버렸다. 당황한 주왕은 말머리를 돌려 황망히 궁 안으로 달아나 녹대(鹿臺) 위로 올라가 보옥으로 장식된 옷을 걸치더니 불을 지르고 스스로 그 불 속으로 뛰어들어 자살하고 말았다.

　무왕이 크고 흰 깃발을 제후들에게 흔들어 보이자 모두 예를 표하였다. 무왕도 이에 답례하였다. 제후들은 무왕을 따라 은나라의 도읍지 조가(朝歌)로 향하였다. 은나라 백성들은 모두 성 밖에 나와 무왕을 환영하였다. 이에 무왕은 대신들을 시켜 상나라 백성들에게 선언하였다.

　“하늘이 우리 모두에게 복을 내리셨다.”

상나라 백성들이 머리 숙여 정중히 예를 표하자 무왕도 그들에게 답례하였다. 무왕은 상나라 도읍지 조가(朝歌)에 입성하여 주왕(紂王)이 분신자살한 곳으로 갔다. 무왕은 친히 주왕의 시체에 화살 세 촉을 쏜 후 수레에서 내려 보검으로 주왕을 찌른 다음 크고 누런빛 도끼로 주왕의 목을 잘라 크고 흰 깃발 위에 매달았다. 그리고 나서 주왕이 총애하였던 두 첩의 곁으로 갔으나 그들은 이미 목을 매 자살한 뒤였다. 무왕은 화살 세 촉을 쏜 다음 다시 보검으로 찌르고 나서 검은 도끼로 목을 잘라 작고 흰 깃발 위에 매달았다. 그런 다음 조가성(朝歌城)을 빠져나와 군영으로 되돌아왔다.

이튿날 도로를 말끔히 치우고 토지신을 모신 사당[社]과 주왕의 궁전을 수리하였다. 정한 기일에 일백 명의 장사(壯士)들이 아홉 개의 멋진 띠가 장식된 깃발을 흔들며 앞장서 선도하는 가운데 무왕의 동생 숙진탁(叔振鐸)이 의장거(儀仗車)를 호위하고, 주공단(周公旦)은 손에 큰 도끼를 들고, 필공(畢公)은 작은 도끼를 들고 무왕의 좌우에 서 있었다. 산의생(散宜生)과 태전(太顚)과 굉요(閎夭)는 보검을 들고 무왕을 호위하였다.

조가성(朝歌城)에 입성한 후 무왕은 토지신을 모신 사당[社]에서 남쪽을 향하여[南面] 대부대 왼쪽에 섰다. 좌우에 서 있던 사람들은 모두 뒤에 섰다. 모숙정(毛叔鄭)[23]은 밝은 달밤에 떠 온 깨끗한 물[露水]을 바치고, 소공석(召公奭)은 비단을 진상하고, 군사 태공망은 산 제물[犧牲]로 삼을 소와 양을 끌고 왔다. 윤일(尹佚)[24]은 다음과 같은 축문(祝文)을 낭독하였다.

'은 왕조의 마지막 대(代) 자손 주(紂)는 선왕의 미덕을 뿌리째 없애 버

---

23) 문왕(文王)의 아들 모백명(毛伯明). 이름은 숙정(叔鄭). 모(毛) 땅에 수봉(受封)되었음.
24) 무왕의 상(相).

리고, 천지신명을 모욕하여 제사를 지내지 않았으며, 상나라 백성들을 포악무도하게 학대한 주(紂)의 죄상은 천하에 드러나 하느님[上帝]에게 까지 알려졌도다.'

이때 무왕이 머리를 조아려 재배하고 아뢰었다.

"저는 왕조를 바꾸는 중대한 천명을 받들어 은 왕조의 정권을 없애고 영명(英明)하신 하늘의 뜻을 따르고자 합니다."

무왕은 또 머리를 조아려 재배하고 나서 나왔다.

무왕은 주(紂)의 아들 무경(武庚)을 상(商)의 제후로 봉하여 은나라에 남아 있는 백성들을 다스리게 하였다. 은(殷)을 평정한 지 얼마 안 되어 아직 안정을 되찾지 못한 상태이기에 무왕은 셋째 동생 관숙선(管叔鮮) 과 다섯째 동생 채숙도(蔡叔度)를 파견하여 무경이 은(殷)을 다스리는 것을 보좌해 주도록 명하였다.

이어 소공(召公)에게 영을 내려 감옥에 갇혀 있는 기자(箕子)를 석방시 켜 주도록 하였다. 또 필공(畢公)에게 명하여 감옥에 갇혀 있는 백성들을 방면해 주고 상용(商容)이 살았던 마을을 표창하도록 하였다. 남궁괄(南 宮括)에게 영을 내려 녹대에 쌓여 있는 돈과 재물과 거교(鉅橋)의 식량 을 어렵고 가난한 사람들에게 나누어 주도록 하였다.

남궁괄과 사일(史佚)에게 명령하여 구정(九鼎)과 보옥을 전시하도록 했다. 또 굉요(閎夭)에게 명하여 비간(比干)의 묘를 중수(重修)해 주도록 했다. 종축(宗祝)[25]에게 명하여 전몰 장병들을 제사하고 추모하도록 하 였다. 그러고 나서 군대를 철수하여 서쪽 땅으로 되돌아갔다.

무왕은 길을 따라 순시하면서 정사를 기록하여 「무성(武成)」이라는 글 을 지었다. 제후를 분봉(分封)하고 종묘 제사용 제기를 나누어 준 다음

---

25) 제사를 관장하는 관직.

「분은지기물(分殷之器物)」이라는 글을 지었다.

무왕은 선대의 훌륭하신 제왕들을 추모하고 나서 신농씨(神農氏)의 후손을 포상하고 초(焦)에 분봉하였다. 또 황제(黃帝)의 후손은 축(祝)에 분봉하고, 요 임금[帝堯]의 후손은 계(薊)에 분봉하고, 순 임금[帝舜]의 후손은 진(陳)에 분봉하고, 우 임금[大禹]의 후손은 사(杞)에 분봉하였다. 그러고 나서 공신과 모사(謨士)들에게도 분봉하였는데 군사 태공망에게 가장 먼저 분봉하였다.

태공망은 영구(營丘)에 봉하고 봉국의 이름을 제(齊)라 하였다. 동생 주공단(周公旦)은 곡부(曲阜)에 분봉하고 봉국의 이름을 노(魯)라 하였다. 소공석(召公奭)은 연국(燕國)에 봉하였다. 셋째 동생 숙선(叔鮮)은 관국(管國)에 봉하였다. 다섯째 동생 숙도(叔度)는 채국(蔡國)에 봉하였다. 기타 사람들은 등급에 따라 분봉을 받았다.

무왕은 9주의 장관을 소집하여 빈성(豳城) 부근의 토산(土山)에 올라 상왕조의 도읍지를 바라보았다. 주(周)로 되돌아온 무왕은 밤늦도록 잠을 이루지 못하였다. 주공단은 무왕의 숙소로 가서 무왕에게 물었다.

"왜 잠을 이루지 못하고 계신지요?"

무왕이 말하였다.

"그대에게 말하건대 하늘은 은 왕조를 버리셨다. 내가 태어나기 전인 상 왕조 제을(帝乙) 때부터 지금까지 육십 년 동안 전원은 황폐해지고 백성들은 한시도 안심하고 살 수 없었다. 하늘이 은 왕조를 돌보지 않으셨기 때문에 우리가 오늘과 같은 성공을 거둘 수 있었던 것이다. 예전에 은 왕조가 천명을 받들어 처음 나라를 세웠을 때 저명인사 삼백육십 명을 등용하였는데 비록 정치적 업적은 걸출하게 드러나지도 않고 또한 사라져버리지도 않았지만 결국 오늘과 같은 지경에 이르고 말았다. 이렇듯 하늘이 우리를 보우하시는지 확실히 알 수 없으니 어찌 한가로이 잠을 잘 수 있겠는가?"

무왕은 이어 말했다.

"나는 하늘이 반드시 우리 주 왕조를 보우하시어 천하 사람들이 모두 주 왕조에 귀의하도록 하겠다. 나는 악인들을 모두 색출하여 은나라 주 임금처럼 징벌하겠다. 또 밤낮을 가리지 않고 백성들을 위로하고, 어진 이를 불러들여 우리 주나라 사람들의 근거지[西土]를 안정시키겠다. 나는 매사를 공정하고 완전하게 잘 처리하여 주 왕조의 덕행이 천하에 두루 미치도록 하겠다.

낙수(洛水)의 물굽이로부터 이수(伊水)의 물굽이에 이르기까지 지세가 평탄하고 험준한 곳이 없는 이곳은 예전에 하 왕조가 터를 잡았던 곳이었다. 내가 남쪽으로 삼도(三塗)인 태행산(太行山)·환원산(轘轅山)·효민산(崤澠山)을 바라보고 북쪽으로 항산(恒山)을 바라본 후 황하를 관찰해 보았는데 역시 낙수와 이수 유역이 주 왕조의 도읍지로 가장 적합한 곳이라는 것을 알게 되었다."

그리하여 낙읍(洛邑)을 제2의 도읍지로 조성하여 영조(營造)한 다음 떠났다. 말은 화산(華山) 남쪽에서 방목하게 하고 소는 도림(桃林) 평원에 방목하게 하였다. 그 후 무기를 회수하고 군대를 철수하여 대오를 해산한 후 하늘을 향해 다시는 이러한 무력을 사용하지 않겠다고 맹서하였다.

무왕은 은 왕조와의 전쟁에서 승리한 2년 후 기자(箕子)에게 은 왕조가 멸망한 원인을 물었다. 하지만 기자는 은 왕조의 죄악을 차마 말할 수 없어 국가 존망의 이치에 대하여 무왕에게 아뢰었다. 무왕도 겸연쩍으니 다시 천하를 다스리는 큰 도리에 대하여 그에게 물었다.

무왕이 병이 났다. 그리하여 천하의 안정이 흔들리자 대신들은 몹시 당황하여 경건한 마음으로 점을 쳤다. 주공(周公)은 목욕재계한 후 귀신에게 제사를 지내고 나서 무왕을 위해 액막이를 하고 자신이 무왕 대신 병들어 죽기를 기원했다. 무왕의 병세는 다소 호전되었으나 끝내 세상을 떠나고 말았다. 뒤이어 태자 송(誦)이 왕위에 오르니 그가 바로 성왕(成王)이다.

주 왕조는 이제 막 천하를 평정한지라 주공은 제후들이 주 왕조를 배반하지나 않을까 걱정이 되어 나이 어린 성왕을 대신해 정무를 맡아 보게 되었다. 관숙(管叔)과 채숙(蔡叔) 등 무왕의 동생들은 주공을 의심한 나머지 무경(武庚)과 결탁하여 주 왕조를 배반하고 반란을 일으켰다. 주공은 성왕의 명을 받들어 이를 토벌하고 무경과 관숙을 죽이고 채숙을 유배시켰다.[26]

미자(微子)는 은 왕조의 후예를 계승하여 송(宋)에 나라를 세웠다.[27] 또 은나라에 잔류하고 있는 민중들을 규합하여 무왕의 어린 동생[28]에게 분봉하여 위강숙(衛康叔)[29]에 봉하였다.

진당숙(晉唐叔)[30]이 상서로운 곡물을 얻어 이를 성왕에게 바치자 성왕은 즉시 사람을 시켜 병영의 주공에게 그 상서로운 곡물을 보냈다. 주공은 동방에서 이 상서로운 곡물을 받들고 성왕의 명령을 포고하였다.

애당초 관숙과 채숙이 주 왕조를 배반하고 반란을 일으켰을 때 주공은 이들의 정벌에 나서 3년 만에 완전히 평정하였다. 주공이 평정에 나서면서「대고(大誥)」의 글을 짓고 또 다시 차례로 「미자지명(微子之命)」,「귀

---

26) 「管蔡世家」에 상세히 나와 있음.
27) 「宋微子世家」에 그 내용이 상세히 나와 있음.
28) 문왕의 아홉째 아들(무왕의 동생) 희봉(姬封).
29) 숙(叔)을 처음에 강(康)에 봉하여 강숙(康叔)이라 칭하였으나 나중에 다시 위(衛)에 봉하여 위강숙(衛康叔)이라 칭하였음. 「衛康叔世家」에 그 내용이 상세히 나와 있음.
30) 무왕의 아들(成王의 아우) 희우(姬虞). 이름이 우(虞), 진(晉)의 시조. 「晉世家」에 상세히 나와 있음.

화(歸禾)」, 「가화(嘉禾)」, 「강고(康誥)」, 「주고(酒誥)」 및 「재재(梓材)」의 글을 지었다. 일련의 사건들의 경과는 주공이 지은 이러한 글에 모두 기록되어 있다. 어린 성왕을 대신하여 7년 동안 섭정한 후 성왕이 장성하자 주공은 성왕에게 정권을 넘겨주고 물러나 신하의 위치에 머물렀다.

성왕이 문왕의 옛 도읍지인 풍(豊)에 머무르며 소공(召公)을 보내 재차 낙읍(洛邑)을 영조(營造)하게 하니 이는 무왕의 뜻을 이어받고자 함이었다. 주공은 다시 점을 치고 나아가 설지 조사를 한 후 마침내 성공적으로 완공하여 그곳에 9정(九鼎)을 안치하였다. 주공이 말하였다.

"이곳은 만천하의 중심이니 사방에서 공물을 바치러 오는 거리[里程]가 똑같습니다."

그리고 나서 「소고(召誥)」와 「낙고(洛誥)」의 글을 지었다. 성왕은 은나라의 유민들을 낙읍으로 이주케 하였다. 주공은 성왕의 명령을 그들에게 선포하고 「다사(多士)」와 「무일(無逸)」이라는 글을 지었다. 소공을 태보(太保)[31]에 임명하고 주공을 태사(太師)에 임명하여, 동으로 회이족(淮夷族)을 정벌하고 엄국(奄國)을 제압하여 엄국의 국왕을 박고(薄姑)에 이주케 하였다.

성왕은 엄국으로부터 도읍지 호경(鎬京)으로 돌아와 「다방(多方)」이라는 글을 지었다. 성왕은 은 왕조의 잔류 세력을 멸망시키고 회이(淮夷)를 정복하였으며 풍(豊)으로 되돌아와 「주관(周官)」이라는 글을 지었다.

그 후 예와 음악을 창제하여 바로잡고 법령 제도를 개혁하였으며 백성들을 화목하게 하였다. 그러자 사방에서 송가(頌歌)[32]가 일어났다. 동이족(東夷族)을 정벌한 후 식신(息愼)[33]이 조하(朝賀)를 하자 성왕은 영백

---

31) 태사(太師)・태부(太傅)・태보(太保)를 고대의 삼공(三公)이라 칭하였음.
32) ≪詩經≫의 「大雅」와 「周頌」 등을 가리킨다.
33) 동이족(東夷族)의 하나. ≪尙書≫에는 '肅愼'으로 기록되어 있음.

(榮伯)에게 명하여 「회식신지명(賄息愼之命)」의 글을 짓게 하였다.

성왕이 임종에 이르니 태자 교(釗)가 대업을 감당할 수 없을까 걱정되어 소공(召公)과 필공(畢公)에게 명하기를 제후들을 통솔하여 태자가 제위에 오를 수 있게 잘 보좌해 주도록 하였다. 성왕이 세상을 떠나자 제후들을 거느린 소공과 필공은 태자 교를 선왕을 모신 묘당에 인도하여 예를 표하게 한 후 문왕과 무왕이 왕업을 세우실 때 어려웠던 점을 반복하여 깨우쳐 주었다. 그리고 절약하고 탐욕을 부려서는 아니 되며 성실하고 믿음직한 태도로 천하를 다스려야 한다고 일깨워 주면서 「고명(顧命)」이라는 글을 지었다. 그렇게 태자 교가 왕위에 오르니 그가 바로 강왕(康王)이다.

강왕이 즉위한 것을 제후들에게 널리 알리고 문왕과 무왕의 대업을 그들에게 권면하며 「강고(康誥)」의 글을 지었다. 그래서 성왕과 강왕 시대에는 천하가 안정되어 형구(形俱)를 사십여 년 동안 사용하지 않았다. 강왕은 필공에게 책명(策命)을 내려 일부 민중들을 교외로 이주시켜 성주성(成周城)의 울타리로 삼도록 하고 「필명(畢命)」이라는 글을 지었다.

강왕이 세상을 떠나자 뒤이어 아들 하(瑕)가 왕위에 오르니 그가 바로 소왕(昭王)이다. 소왕 때 왕도가 약간 쇠미해졌다. 소왕은 남방을 시찰하다가 돌아오지 못하고 끝내 강물에 빠져 세상을 떠났다.[34] 그런데 소왕이 승하한 소식을 제후들에게 알리지 않았다. 이 사건이 알려지는 것을 꺼렸기 때문이었다. 소왕의 아들 만(滿)을 옹립하니 그가 바로 목왕(穆王)

---

34) ≪帝王世紀≫에 다음과 같은 내용이 기록되어 있다. 소왕이 덕정(德政)을 베풀지 못하던 중 남방 시찰에 나서 한수(漢水)를 건너게 되었다. 남인(南人)들이 소왕을 미워한 나머지 아교로 접착한 배로 소왕 일행을 태우고 강을 건너게 하였다. 배가 강의 중간에 다다르자 아교가 풀어진 배는 산산이 갈라져 소왕은 물에 빠져 죽고 말았다.

이다. 목왕이 즉위할 때 나이가 이미 오십 세였다. 이때 왕도는 쇠미해져 있었다.

목왕은 문왕과 무왕의 왕도가 쇠미해진 것을 탄식하고, 백경(伯冏)을 태복(太僕)에 임명하여 국가 대사를 신중하게 처리할 수 있도록 훈계해 달라고 하면서 「경명(冏命)」의 글을 지었다. 그리하여 천하가 다시 안정을 되찾게 되었다.

목왕이 견융(犬戎)을 정벌하고자 하였다. 그러자 제(祭)의 공모보(公謨父)[35]가 간하였다.

"정벌해서는 안 됩니다. 선왕께서는 덕행을 드러내셨을 뿐 무력을 과시하지 않으셨습니다. 평소에 병력을 축적해 두었다가 시의 적절한 때를 기다려 사용해야만 비로소 위력이 있는 법입니다. 무력을 과시하기 위해 함부로 사용하면 아무런 위력이 없게 되는 것입니다. 그래서 주공(周公)은 송시(頌詩)에서,

방패와 창을 거두고
활과 화살을 감추어
내가 아름다운 덕을 닦아
온 중국 땅에 이를 펴서
반드시 왕도로 천하를 보전하리.

라고 노래하였습니다. 선왕께서는 덕을 바르게 하도록 하여 백성들의 성정을 순후하게 하고 그들의 재물과 부를 늘리도록 하였으며, 기물을

---

35) 목왕의 신하로 왕기(王畿) 내에 있는 제(祭)에 봉해졌음.

개량하도록 면려하셨습니다. 또 백성들로 하여금 이로움과 해로움의 소재를 알게 하시어 그들을 교화하여 오로지 이로움을 추구하고 해로움을 피하게 하는 데 전념하도록 하자 백성들이 감격하여 우러러 받들고 형벌을 두려워하게 되었습니다. 그래서 선왕께서는 대대로 천하를 보유할 수 있으셨고 나날이 강대해질 수 있었던 것입니다.

예로부터 우리 조상들은 대대로 농관(農官)에 임명되어 우(虞) 왕조와 하(夏) 왕조에 봉사하셨습니다. 하 왕조가 쇠미해져 농관을 폐지하고 농업을 소홀히 하게 되자 우리 선조 불줄(不窋)께서는 관직을 버리시고 스스로 융족과 적족(狄族)이 거주하는 땅으로 도피하셨습니다.

그러나 불줄께서는 농업을 소홀히 하지 않으셨습니다. 뿐만 아니라 덕행을 쌓으시고 대업을 계승하여 그의 교화 법도를 고치고 아침저녁으로 부지런히 노력하며, 너그럽고 경건한 태도로 이 모든 것을 지키고 충성스러운 태도로 이 모든 것을 받들어 시행하셨습니다. 나중에도 이러한 미덕을 대대로 계승하여 선조께 부끄러운 점이 없었습니다.

문왕과 무왕 시대에 이르러 선대의 빛나는 업적을 발양시키시고 게다가 자애롭고 온화하게 함은 물론 경건하게 신을 섬기고 백성들을 사랑하시니 신과 백성들이 기뻐하지 않을 수 없었습니다.

상(商)의 제신(帝辛)이 백성들에게 커다란 죄악을 저질러 견딜 수가 없었습니다. 그래서 백성들이 무왕(武王)을 추대하니 이로 말미암아 무왕께서 비로소 상나라 도읍지의 교외에서 상나라 왕을 정벌하시게 되었던 것입니다. 이것은 선왕께서 무력을 좋아해서가 아니라 다만 백성들의 괴로움을 몹시 가엾게 여기셔서 해로움을 제거하신 것입니다.

선왕의 제도를 보면 도읍 근교를 전복(甸服), 전복의 바깥쪽을 후복(侯服), 후복의 바깥쪽을 빈복(賓服)이라 했습니다. 그리고 이족(夷族)과 만족(蠻族)이 사는 지역을 요복(要服), 융족과 적족(狄族)이 사는 지역을 황복(荒服)이라 하였습니다.

전복(甸服)의 제후는 천자(天子)의 조부님과 부친의 제사에 참여했고, 후복(侯服)의 제후는 천자의 고조와 증조의 제사에 참여하였으며, 빈복(賓服)의 군주는 천자의 시조의 제사를 모시는 데 필요한 여러 가지 제수를 바쳤고, 요복(要服)의 군장(君長)은 공물을 바쳤으며, 황복(荒服)의 군장(君長)은 신하로서 주를 섬긴다는 표시로 주 왕조의 정통성을 승인하고 받들어야 했습니다.

매일 천자의 조부님와 부친께 드리는 제사에 참여하고, 매달 천자의 고조부께 드리는 제사에 참여하고, 계절마다 시조께 올리는 제수를 바치고, 매년 공물을 바쳐 평생 동안 주 왕조의 정통성을 승인하고 받들었습니다.

선왕께서 이상의 제사 제도를 추진하실 때 돌아가신 할아버지[祖考]께 드리는 제사에 참여하지 않는 자가 있으면 즉시 자신의 사상을 돌이켜보고 반성을 하셨습니다. 또 돌아가신 고조부의 제사에 참여하지 않는 자가 있으면 즉시 자신의 말을 돌이켜보셨습니다. 또 제수를 바치지 않는 자가 있을 때에는 자신의 정령과 교화를 반성하셨습니다.

또 주 왕조에 공물을 바치지 아니하는 자가 있을 때는 즉시 자신의 명분과 위엄을 돌아보셨으며, 주 왕조에 귀의하지 않는 자가 있을 때는 자신의 덕행을 쌓는 데 주의를 기울이셨습니다. 위에 열거한 일들을 차례대로 하고 나서도 규정을 어기는 자가 있을 때에야 비로소 형벌이나 무력을 사용하셨습니다.

그리하여 돌아가신 할아버지께 드리는 제사에 참여하지 않는 자는 법에 따라 처벌하고, 돌아가신 고조부께 드리는 제사에 참여하지 않는 자에 대해서는 군대를 파견하여 정벌하고, 제수를 바치지 아니하는 자는 제후에게 영을 내려 토벌케 하고, 공물을 바치지 아니하는 자는 질책을 하고, 주 왕조에 귀의하지 않는 자에게는 귀의하도록 권고하셨습니다. 그런 까닭에 형벌을 내리는 법률이 있었고, 정벌하기 위한 군대를 가지고 있었고, 정벌의 조치가 있게 되었고, 엄숙히 질책하는 명령이 있었고, 권고하는 글이 있게 되었습니다.

요복(要服)과 황복(荒服) 지역에 거주하는 민족들에 대해서 질책하고 권고한 이후에도 공물을 바치지 않거나 조현(朝見)하지 않을 때는 한 걸음 더 나아가 자신의 덕행을 쌓되 백성들을 원정(遠征)에 과다하게 동원하지 않으셨습니다. 이렇게 하시자 가까이는 복종하지 아니하는 자가 없었고 멀리는 귀의하여 복종하지 아니하는 자가 없게 되었습니다. 이제 대필(大畢)과 백사(伯士)³⁶⁾가 귀순해 온 이후 견융족(犬戎族)은 줄곧 의무를 다하여 주 왕조를 떠받들어 섬기고 주나라 왕을 조현하러 오게 된 것입니다.

폐하께서는 '철마다 제수를 바치지 않는 죄를 물어 나는 반드시 무력을 과시하여 그들을 정벌하겠노라.' 고 말씀하셨습니다. 이는 선왕의 가르침을 어기는 것일 뿐만 아니라 선왕의 제도를 무너뜨리는 것입니다. 저는 견융족(犬戎族)이 돈후한 풍습을 내세워 선조께서 전하신 도덕을 고수하면서 우리의 방법에 저항할 수도 있다고 들었습니다."³⁷⁾

공모보(公謀父)가 이렇게 간했음에도 불구하고 목왕은 마침내 견융족(犬戎族) 정벌에 나서 고작 흰 이리 네 마리와 흰 사슴 네 마리를 노획하여 돌아왔다. 그 후 황복(荒服) 지역 부족들이 다시는 주나라에 조현하러 오지 않았다.

제후 가운데 순종하지 않는 자가 있자 보후(甫侯)³⁸⁾가 이 사실을 목왕

---

36) 견융(犬戎)의 두 군주.
37) 목왕에게 간언한 이 글은 ≪國語≫의 「周語 上」에 나타나 있다.
38) 목왕의 상(相).

에게 보고하고 형법을 제정하였다. 목왕이 말하였다.

"자, 가까이 와서 들어 보오. 나라와 토지를 가지고 있는 제후들이여, 내가 건전한 형법을 선포하겠소. 지금 그대들이 백성들을 위무하려면 무엇을 선택해야만 하겠소? 법을 집행하는 인재 아니오? 무엇을 존중해야 하겠소? 형법 아니겠소? 마땅히 어떻게 처리해야 하오? 죄의 경중을 가려 법을 올바로 집행해야 하지 않겠소?

원고와 피고 쌍방을 불러 놓고 옥관(獄官)은 소송 사건을 심리하는 다섯 가지 방법[五辭]을[39] 써서 얻은 진술에 대한 사실 여부를 철저히 확인 조사하여 다섯 가지 형률[五刑]에 따라 정확히 판결해야 하오.

만일 다섯 가지 형률을 판결할 자료가 아직 확인되지 않았을 경우에는 다섯 가지 벌금형에 따라 처리하도록 하오. 만일 다섯 가지 벌금형에 불복하면 다섯 과실[五過] 규정에 따라 처리하도록 하오. 다섯 과실 규정은 옥관이 관권을 빌어 사리사욕을 채우는 행위와 뇌물을 받는 등의 병폐가 있으니 죄행을 조사하여 과실에 상당하는 처벌을 내려야 하오. 다섯 가지 형벌 중 어느 것도 쓰기에 의심스러운 점이 있으면 가벼운 벌을 내려 사면토록 하오. 또 다섯 가지 벌금형을 내리기에 의심스러운 점이 있으면 가벼운 벌을 내려 사면토록 하오.

이를 고려하여 주도면밀하고 적절히 처리해야 하오. 확실한 것을 조사하여 백성들의 신임을 얻어야만 죄인을 심문할 근거가 있게 되는 것이오. 확실한 사실을 조사하지 않은 소송 사건은 임의로 처리하지 마시오. 모두 엄숙하고 경건한 자세로 천자의 위엄을 지니고 행해야 하오.

---

39) ≪漢書≫의 「刑法志」를 보면 법관이 소송을 심리할 때 다섯 가지 방법을 제시하고 있는데 사(辭)·색(色)·기(氣)·이(耳)·목(目)을 살펴야 한다고 기술하고 있다. 이는 법관이 원고와 피고 쌍방의 어기(語氣)·표정·눈빛 등을 예리하게 관찰하여 사건을 심리하는 판단의 근거로 삼아야 함을 밝힌 것이다.

얼굴에 먹칠을 새기는 형벌[墨刑]에 저촉되었는지 의심되는 경우에는 방면하고 벌금형 일백 환(鍰)에 처하되 그의 죄행을 잘 조사 확인하여 벌하도록 하오. 코를 베는 형벌[劓刑]에 저촉되었는지 의심되는 경우에는 방면하고 벌금형 이백 환에 처하되 죄행을 다시 잘 조사 확인하여 벌하도록 하오. 종지뼈를 도려내는 형벌[臏刑]에 저촉되었는지 의심되는 경우에는 방면하고 벌금형 삼백 환에 처하되 죄행을 다시 잘 조사 확인하여 벌하도록 하오. 생식기를 거세(去勢)하는 형벌[宮刑]에 저촉되었는지 의심되는 경우에는 방면하고 벌금형 오백 환에 처하되 죄행을 다시 잘 조사 확인하여 벌하도록 하오. 목을 베는 형벌[大辟]에 저촉되었는지 의심되는 경우에는 방면하고 벌금형 일천 환에 처하되 죄행을 다시 조사 확인하여 벌하도록 하오.

얼굴에 먹칠을 새기는 형벌 조문에는 천 가지가 있고, 코를 베는 형벌의 조문에도 천 가지가 있고, 종지뼈를 도려내는 형벌의 조문에는 오백 가지가 있고, 생식기를 거세하는 형벌의 조문은 삼백 가지가 있고, 목을 베는 형벌의 조문에는 이백 가지가 있으니, 다섯 가지 형벌[五刑]의 조문에는 모두 삼천 가지가 있소."

이러한 형률을 '보형(甫刑)'이라 일컬었다.

목왕이 재위 55년에 세상을 떠나자 아들 예호(繄扈)가 왕위에 오르니 그가 바로 공왕(共王)이다. 공왕이 경수(涇水)가에 사냥하러 갔을 때 밀강공(密康公)[40]이 동행하였다. 세 여자가 밀강공에게 의탁해 오자 밀강의 어머니가 말했다.

"그 여자들을 반드시 왕에게 바쳐라. 짐승이 세 마리이면 '군(群)'이라 하고 사람이 세 사람이면 '중(衆)'이라 하고 미인이 세 사람이면 '찬

---

40) 밀국(密國)의 제후.

(粲)'이라 한다. 군왕은 사냥할 때 들짐승을 많이 잡지 않는 법이다. 제후들은 외출할 때 감히 뭇사람들로 하여금 수레에서 내려 예를 표하게 하지 않는다. 군왕은 비빈을 맞아들임에 있어 동시에 한 집안의 세 여자를 맞이하지 않는 법이다. 세 여자는 모두 미인들이다. 모두 네게 미인을 바치지만 네가 무슨 덕으로 견디어 낼 수 있겠느냐? 군왕도 감당하지 못하는데 하물며 너 같은 소인배에게 있어서랴! 소인배가 보물을 얻으면 최후에는 멸망하게 마련이다."

그러나 밀강공은 끝내 세 미인들을 군왕에게 바치지 않았다. 그로부터 1년 후, 공왕은 밀국(密國)을 쳐서 멸망시켰다.[41] 공왕이 세상을 떠나자 아들 간(囏)이 왕위에 오르니 그가 바로 의왕(懿王)이다. 의왕 때 왕실의 세력이 쇠미해지자 시인들은 풍자의 시가를 짓기 시작하였다.

의왕이 세상을 떠나자 공왕의 동생 벽방(辟方)이 왕위에 오르니 그가 효왕(孝王)이다. 효왕이 세상을 떠나자 제후들이 의왕의 태자 섭(燮)을 옹립하니 그가 이왕(夷王)이다. 이왕이 세상을 떠나자 아들 호(胡)가 왕위에 오르니 그가 여왕(厲王)이다.

재위 30년에 여왕은 재물과 이(利)를 탐내어 영이공(榮夷公)[42]을 가까이하였다. 그러자 대부 예량부(芮良夫)가 여왕에게 간언하였다.

"왕실이 장차 쇠미해질까 두렵습니다. 영이공은 재물과 이(利)를 독점하기만 바랄 뿐 커다란 재앙은 모르고 있습니다. 재물과 이(利)는 만물이 생장한 것으로 이는 자연의 소유입니다. 만일 어떤 사람이 이를 독점한다면 큰 환난이 일어날 것입니다. 자연계의 재물은 사람들과 함께 몫을

---

41) 이 내용이 ≪國語≫의 「周語 上」에 보인다.
42) 신하 이름. 여왕은 이(利)에 눈이 어두워 그를 경사(卿士)에 임명해 왕실에 재화를 거두어들이는 데 앞장서게 했다.

취하는 것이지 어떻게 한 사람이 독점할 수 있겠습니까? 만일 그렇게 하면 반드시 엄청난 노여움을 사게 되고 큰 재앙을 초래하여 막을 수 없을지도 모릅니다.

그의 이러한 행위가 폐하께 영향을 미칠 텐데 폐하께서는 오랫동안 무사하시리라고 보십니까? 한 나라의 군주가 된 자는 당연히 생산을 장려하고 재물을 개발하여 위아래 모든 사람에게 공평하게 분배해 주어야 합니다. 그리하여 천신과 백성과 만물이 각기 있어야 할 자리에 있어야 함은 물론, 날마다 경계하면서 원망을 초래하지나 않을까를 두려워해야 합니다.

그래서 ≪시경≫의 「주송(周頌)」과 「사문(思文)」에 이르기를,

문덕(文德) 높으신 후직(后稷)께서는
천신과 짝이 될 만한 분일세.
우리 백성들이 자립하여 생존케 하심은
모두 그분의 은덕일세.

라고 했습니다. 또 ≪시경≫의 「대아(大雅)」와 「문왕(文王)」편에,

백성들에게 두루 복을 내리시어
주 왕조의 천하를 이루었도다.

라고 하였습니다. 이것이 바로 재물을 골고루 분배하며 재난이 있을까 두려워하는 것이 아니고 무엇이겠습니까? 그렇게 하여 주 왕조의 대업을 이루어 오늘에 이르렀습니다. 지금 폐하께서는 재물과 이익을 독점하는 폐단에 대해 배우신 바, 그런데도 계속하시면 되겠습니까?

보통 사람[匹夫]이 재물과 이익을 독점하면 이를 '강도'라고 일컫는데 군왕께서 이러한 행동을 하신다면 폐하께 귀의하는 사람은 적어질 것입니다. 영이공을 중용하시면 주 왕조는 쇠미해지고 말 것입니다."

여왕(厲王)은 예량부의 간언을 귀담아 듣지 않고 끝내 영이공을 경사(卿士)에 임명하여 국사를 주관하게 하였다.

여왕은 포악한 정치를 일삼고 지나치게 사치하고 교만하게 굴어 백성들이 그의 과실을 지탄하게 되었다. 소공(召公)이 여왕에게 간언하였다.

"일반 백성들은 폐하의 정령을 감당할 수 없습니다."

여왕은 이에 진노하여 위국(衛國)에서 온 무사(巫師)로 하여금 국사에 대하여 이러쿵저러쿵 의론하는 사람을 감시하게 하였고, 무사가 보고하는 사람은 가차 없이 죽여 버렸다. 이렇게 되자 의론하는 사람도 줄어들고 제후들도 주나라에 조현하러 오지 않았다.

여왕 34년, 이전보다 더욱 가혹하게 여론을 탄압하자 백성들은 입도 벙긋할 수 없었다. 길거리에서 사람을 만나도 감히 말을 하지 못하고 눈짓으로 의사를 주고받았다. 이렇게 쥐 죽은 듯이 여론이 잠잠해지자 여왕은 기쁜 나머지 소공에게 말했다.

"내가 분분한 의론을 금지시키니 백성들이 감히 말을 못하는군."

이에 소공이 대답했다.

"이는 백성들의 입을 틀어막는 것에 지나지 않습니다. 백성들의 입을 틀어막는 것은 흐르는 강물을 막는 것보다 더욱 심각한 것입니다. 흐르는 강물을 막았다가 한 번 둑이 무너지면 많은 사람이 상하게 됩니다. 그래서 물을 다스리는 사람들은 수로를 내어 강물을 원활히 소통하게 하는 것입니다. 백성들도 이와 같습니다. 백성을 다스리는 사람은 백성들을 일깨우고 교화하여 그들로 하여금 말을 할 수 있게끔 해 주어야 합니다.

그래서 천자는 정무를 처리하는 데 있어서 중신들과 관리들로 하여

금 조정의 정사에 대하여 의론하는 시(詩)를 바치게 하고, 악관(樂官)들로 하여금 민의를 반영한 노래를 바치게 하고, 사관으로 하여금 거울로 삼을 만한 과거의 정치를 기록한 역사책을 바치게 하고, 악사(樂師)로 하여금 타이르고 깨우쳐 줄 만한 잠언(箴言)을 바치게 하고, 눈동자가 없는 맹인을 시켜 공경(公卿) 열사(烈士)가 바친 시편(詩篇)을 낭독하게 하였고, 눈동자는 있으나 실명한 맹인을 시켜 이를 낭송하게 하였습니다.

관리들은 모두 간언할 수 있었고, 백성들의 의론도 간접적으로 천자에게 전달될 수 있었으며, 좌우 측근 시종들은 간언할 책임을 다하였으며, 군왕 종족의 대신들은 천자의 잘못을 감찰하고 보완하였으며, 음악을 관장하는 태사(太師)는 악곡으로 천자를 깨우쳤으며, 예법을 관장하는 태사(太史)는 역사적 사실로 천자를 깨우쳤습니다. 또 군왕의 스승과 조정의 원로 신하들은 이 모든 것을 수집하고 정리하여 군왕이 취사선택할 수 있도록 하였습니다.

이렇게 해야만 비로소 정사가 올바로 다스려질 수 있고 도리에 어긋나지 않게 되는 것입니다. 백성들이 입을 가지고 있는 것은 마치 대지가 산과 하천을 가지고 있는 것과 같아서 인간의 재물과 부의 비용은 모두 여기에서 나오는 것입니다. 이는 마치 높고 낮고 건조하고 습하고 비옥하고 척박한 땅 등 여러 가지 유형의 대지에서 인류에게 필요한 모든 의식주가 생산되는 것과 같다고 할 수 있습니다.

백성들이 마음을 열고 말하는 가운데 정사의 선악·득실 등 모든 것이 반영되어 나오는 것입니다. 좋은 일은 추진하고 잘못한 일을 예방하는 것은 마치 대지에서 풍부한 재물과 옷과 음식을 얻는 것과 같다고 하겠습니다. 백성들은 마음속에 생각한 것을 말로 나타내게 됩니다. 백성들의 입을 틀어막는다면 폐하를 지지해 줄 사람이 몇이나 있겠습니까?"

그렇지만 여왕(厲王)은 소공의 간언을 듣지 않았다. 그리하여 나라 안에 는 말하는 자가 아무도 없게 되었다. 그로부터 3년 후, 모두 한마음 한 뜻으로 뭉쳐 반란을 일으켜 여왕을 습격하였다. 여왕은 체(彘) 땅으로 도망쳤다.

백성들은 여왕의 태자 정(靜)이 소공(김公)의 집에 숨어 있다는 소식을 전해 듣고 즉시 몰려가 소공의 집을 포위하였다. 소공이 말하였다.

"예전에 여러 차례에 걸쳐 군왕 폐하께 간언하였으나 군왕께서 듣지 아니하셨기 때문에 이러한 큰 재난을 당하시게 된 것입니다. 지금 태자를 죽이면 군왕께서는 '나 때문에 태자를 원수로 여겨 분노를 터뜨린 것이다' 라고 생각하실 것입니다. 군주를 섬기는 사람은 설령 위험한 지경에 처해 있다 하더라도 군주를 증오해서는 안 됩니다. 설령 책망을 받았다 하더라도 분노를 터뜨려서는 안 됩니다. 하물며 천자를 섬기는데 있어서야!"

그리하여 소공은 자신의 아들로 태자를 대신하게 하니 태자는 곤경에서 무사히 벗어날 수 있었다.

소공과 주공(周公) 두 재상이 정무를 공동으로 관리하게 되었으니 이를 일컬어 '공화(共和)' 행정[43]이라 한다. 공화 행정은 십사 년 간 유지되었으며, 여왕은 체(彘) 땅에서 세상을 떠났다. 태자 정(靜)이 소공의 집에서 장성하게 되자 두 재상은 태자 정(靜)을 왕으로 옹립하니 그가 바로 선왕(宣王)이다.

선왕이 왕위에 오르자 두 재상은 선왕을 보좌하여 흐트러진 정사를 정돈하고, 문왕·무왕·성왕·강왕이 남긴 법도를 본받아 다스리게 되니 제후들이 다시 주 왕조로 귀의하였다. 선왕 12년, 노 무공(魯武公)이 조

---

43) 공화 원년은 중국 최초의 정확한 기년(紀年)으로 기원전 841년이다.

현하러 왔다.

선왕이 천무(千畝)⁴⁴⁾에 나아가 적전(籍田)⁴⁵⁾을 경작하지 않자 괵문공(虢文公)⁴⁶⁾이 간언하였다. 그러나 선왕은 괵문공의 간언을 받아들이지 않았다.

선왕 39년, 천무에서 전쟁이 일어나 선왕의 군대는 강융(姜戎)에게 대패하고 말았다. 선왕은 남방의 부대를 잃게 되어 태원(太原) 땅의 인구를 조사하여 징병하였다. 중산보(仲山甫)⁴⁷⁾가 간언하였다.

"인구를 조사해서는 안 됩니다."

그러나 선왕은 이를 듣지 않고 끝내 인구를 조사하였다.

선왕 46년, 선왕이 세상을 떠나자 아들 궁생(宮湦)이 왕위에 오르니 그가 유왕(幽王)이다.

유왕 2년, 서주(西周)의 도읍지와 인근 3대 하천 유역에 지진이 발생하였다. 백양보(伯陽甫)⁴⁸⁾가 말하였다.

"주 왕조는 장차 망할 것입니다. 천지간의 음기와 양기는 결코 정상 상태를 잃는 법이 없습니다. 만일 정상 상태를 잃게 되었다면 그것은 바로 인간들이 이를 어지럽혔기 때문입니다. 양기가 아래로 숨어 나오지 못하고 음기가 양기를 압박하여 위로 오를 수 없기 때문에 지진이 발생하게 되는 것입니다. 지금 3대 하천 유역에 지진이 일어나게 된 것은 마땅히 있어야 할 양기의 위치를 잃어버리고 음기에 억눌렸기 때문입니다.

양기가 본래의 위치를 잃어버리고 음기 아래에 놓이면 물이 흘러나오

---

44) 옛 지명.
45) 제왕이 직접 봄에 적전(籍田 : 제왕이 친히 경작하는 농경지)에 나가 농기구를 들고 경작을 해 보임으로써 농업의 중요성을 표시한 것.
46) 문왕 어머니 동생의 후예.
47) 선왕을 보좌하여 주(周) 왕조를 중흥시킨 신하.
48) 주(周)의 대부(大夫).

는 근원[水源]이 막히게 되며 수원(水源)이 막히면 국가는 반드시 멸망하게 됩니다. 물이 흘러나오는 근원이 막힘없이 잘 통해야만 토지가 습윤하게 되고 재물이 생장하여 백성들이 쓸 수 있게 되는 것입니다. 토지에 수원이 없고 백성들에게 재물이 부족하면 나라가 어찌 멸망하지 않겠습니까?

옛날에 이수(伊水)와 낙수(洛水)가 고갈되자 하 왕조가 멸망하였으며, 황하의 강물이 고갈되자 상 왕조가 멸망하고 말았습니다. 지금 주 왕조의 덕행이 하(夏) · 은(殷) 두 왕조의 말대(末代)와 같이 강의 수원이 다시 막히고, 수원이 막히니 강물이 고갈되고 말았습니다.

도읍지는 반드시 산과 하천을 끼고 세우는 법인데 산이 무너지고 하천이 고갈하면 이는 망국의 징조인 것입니다. 하천이 고갈하게 되면 반드시 산이 무너집니다. 이러한 징조를 보아하니 십 년도 안 되어 나라가 망하게 될 것 같습니다. 수(數)는 1에서 시작되어 십으로 끝나기 때문에 십은 수의 실마리가 됩니다. 하늘에게 버림을 당했기 때문에 십 년의 기한도 넘기기 어려울 것입니다."

그해에 3대 하천이 고갈되고 기산(岐山)이 무너져 내렸다.

유왕 3년, 유왕은 포사(褒姒)[49]를 총애하였다. 포사가 아들 백복(伯服)을 낳자 유왕은 태자를 폐하려 하였다. 태자의 모친은 신국(申國) 제후 딸로서 유왕의 왕후(王后)이다. 그런데 유왕은 포사를 총애한 나머지 정비(正妃)인 신후(申后)를 폐함과 동시에 그녀의 소생인 태자 의구(宜臼)도 폐하고, 포사를 왕후로 책봉하면서 아울러 그녀의 소생인 백복을 태자로 책봉하려 하였다. 그때 주나라 태사(太史) 백양보(伯陽甫)가 역사

---

49) 포국(褒國)에서 바친 유왕의 총비(寵妃).
50) 당시 주(周) 왕조와 제후국에는 각기 자신의 역사를 기록한 역사 서적이 있었다.

의 기록[50)]을 읽다가 탄식하였다.

"이제 주나라는 망했구나!"

옛날에 하 왕조가 쇠미해졌을 때 왕궁에 두 마리의 용이 나타나 말하였다.

"우리들은 포나라(褒國)의 두 군주이다."

하나라 임금이 점을 쳤다. 그 결과 용을 죽이든 내쫓든 그대로 내버려 두든 모두 불길하다는 점괘가 나왔다. 다시 점을 쳤다. 용에게 타액(唾液)을 남겨 달라고 간청하여 그 타액을 저장해 두어야만 비로소 길하다는 점괘가 나왔다. 그리하여 제물을 차려 놓고 그 뜻을 간책(簡册)에 적어 용에게 보이며 기원하였다. 그러자 용이 타액을 남기고 사라졌다. 사람들은 용이 남긴 타액을 작은 상자에 담아 밀봉하고 땅에 남아 있는 흔적을 지워 버렸다. ·

하 왕조가 멸망한 후 그 상자는 은 왕조에 전해졌다. 은 왕조가 멸망한 후 그 상자는 다시 주 왕조에 전해졌다. 하 · 은 · 주 3대에 걸쳐 누구도 감히 상자를 열어 보지 못하였다. 그런데 여왕(厲王) 말년에 이르러 그 상자를 열어 보고 말았다. 상자 안의 타액이 한 번 흘러내리자 없앨 수 없었다.

여왕은 여자들에게 발가벗고 용의 타액을 향해 큰 소리로 고함을 지르도록 명하였다. 그러자 용의 타액은 검은 도마뱀으로 변하여 여왕의 후궁(後宮)으로 기어들었다. 그때 후궁에는 이제 막 젖니를 간 예닐곱 살 난 어린 계집종이 있었는데 우연히 그 도마뱀과 마주쳤다. 그 계집종은 성장하여 아이를 갖게 되었는데 남편도 없는 숫처녀의 몸으로 아이를 낳게 되었다. 그녀는 두려워 그 아이를 내다 버렸다. 그때는 선왕(宣王) 시대였는데 소녀들은 이상한 동요를 불러댔다.

산뽕나무로 만든 활과
기목(箕木)으로 만든 활통(箭筒),
주 왕조는 이것 때문에 망하리라.

그 당시 선왕이 이 동요를 들었는데 마침 산뽕나무 활과 기목(箕木)으로 만든 전통(箭筒)을 팔러 다니는 행상인 부부가 나타났다. 선왕은 그 행상인 부부를 찾아 죽이라고 명령을 내렸다. 이 행상인 부부는 도망치다가 후궁의 계집종이 내다 버린 여자아이를 발견하였다. 그들은 밤에 우는 어린아이의 울음소리가 애처로워 그 계집아이를 데려다가 키웠다. 두 부부는 포국(褒國)으로 피신하였다.

후에 포나라 사람들은 주나라 유왕(幽王)에게 죄를 지어 요염한 여자를 바치고 용서를 빌었다. 주나라 후궁의 계집종이 내다 버린 계집아이로서 포나라에서 성장하였기 때문에 포사(褒姒)라 불리게 된 여자였다.

유왕 3년, 유왕이 후궁에 있는 그녀를 보자마자 한눈에 반하여 그녀와의 사이에 백복(伯服)이라는 아들을 낳았다. 유왕은 결국 정비(正妃) 신후(申侯)와 태자를 폐한 후 포사를 왕후로 삼고 백복을 태자로 책봉하였다. 태사(太史) 백양보(伯陽甫)는 탄식하며 말했다.

"이미 재난이 잉태되었는데 이를 어찌하랴!"

유왕은 웃지 못하는 포사를 위해 온갖 수단과 방법을 다 동원하였지만 그녀는 도무지 웃지 않았다. 마침 유왕은 외적이 침입해 왔을 때 긴급함을 알리기 위해 봉화대를 축조하고 커다란 북을 두었다. 그리고 나서 유왕이 봉화를 올리자 제후들이 헐레벌떡 모두 모였다. 그런데 제후들이 와서 보니 외적은커녕 아무 일도 없었다.

이를 본 포사가 그 모습이 우스웠던지 흰 이를 드러내고 깔깔거리며 웃었다. 전혀 웃지 않던 포사가 웃으니 유왕은 기뻤다. 유왕은 아무런 일도 없는데 오로지 포사가 웃는 것을 보기 위해 자꾸만 봉화를 올렸다. 이리하여 유왕은 점점 신용을 잃게 되어 나중에는 봉화를 올려도 제후들이 오지 않게 되었다.

유왕이 괵석보(虢石父)를 경(卿)으로 임명하여 정사를 주관하게 하니 온 백성들이 불만을 품게 되었다. 석보(石父)가 남의 비위를 잘 맞추고 아첨을 잘하며 재물을 탐내는 사람인데도 유왕은 그를 중용하였다.

유왕은 정비(正妃) 신후(申后)와 태자 의구(宜臼)를 폐하자 이에 분노한 그녀의 아버지 신후(申侯)는 증국(繒國) 및 서쪽 견융(犬戎)과 손을 잡고 유왕을 공격하였다. 유왕은 봉화를 올려 긴급히 군사 동원령을 내렸지만 구원병은 단 한 사람도 오지 않았다. 신후가 이끄는 군사들은 여산(驪山) 아래에서 유왕을 살해하고 포사를 사로잡았으며 주 왕조의 재물을 모두 약탈하였다.

제후들은 신후와 의논하여 유왕이 폐했던 태자 의구(宜臼)를 옹립하니 그가 바로 평왕(平王)이다. 평왕은 주 왕조의 제사를 주관하고 주나라의 정통을 계승하게 되었다. 평왕은 즉위하여 견융의 침범을 피해 도읍지를 동쪽 낙읍(洛邑)으로 천도하였다. 평왕 때 주 왕조 왕실의 세력은 쇠미해질 대로 쇠미해져 강대한 제후들은 힘이 약한 제후국들을 합병하였다. 그리하여 제(齊) · 초(楚) · 진(秦) · 진(晉) 등 강대한 제후들이 권력과 정치를 장악하게 되었다.

평왕 49년, 노 은공(魯隱公)이 즉위하였다. 평왕 51년, 평왕이 세상을 떠났다. 그런데 태자 예보(洩父)가 그전에 세상을 떠났기 때문에 예보의 아들 임(林)이 왕위에 오르니 그가 환왕(桓王)이다. 환왕은 평왕의 손자이다.

환왕 3년, 정(鄭)의 장공(莊公)이 조현하러 왔으나 환왕은 그를 예우하지 않았다. 환왕 5년, 이에 불만을 품은 정나라는 환왕의 재가도 받지 않고 팽전(祊田)을 노(魯)나라의 허전(許田)과 맞바꾸었다. 본시 허전(許田)은 천자가 태산(泰山)에 제사를 올리던 땅이다. 환왕 8년, 노나라에서는 은공(隱公)을 살해하고 환공(桓公)을 세웠다. 환왕 13년, 환왕은 정나라를 정벌하러 나섰으나 도리어 화살에 맞아 부상을 입고 패하여 돌아왔다. 환왕 23년, 환왕이 세상을 떠나자 아들 타(佗)가 왕위에 오르니 그가 장왕(莊王)이다.

장왕 4년, 주공(周公) 흑견(黑肩)이 장왕을 시해하고 장왕의 동생 극(克)을 옹립하려 하였다. 대부 신백(辛伯)이 이 사실을 장왕에게 보고하자 장왕은 주공 흑견을 죽였다. 장왕의 동생 극(克)은 연(燕)나라로 도망쳤다. 장왕 15년, 장왕이 세상을 떠나자 아들 호제(胡齊)가 즉위하니 그가 이왕(釐王)이다.

이왕 3년, 제(齊)나라 환공(桓公)이 처음으로 패자(覇者)가 되었다. 이왕 5년, 이왕이 세상을 떠나자 아들 낭(閬)이 왕위에 오르니 그가 혜왕(惠王)이다.

혜왕 2년, 애초에 장왕이 총애하던 요희(姚姬)가 퇴(頹)라는 아들을 낳자 퇴(頹)는 장왕의 총애를 한 몸에 받았다.

혜왕은 왕위에 오른 후 대신(大臣)의 장원(莊園)을 빼앗아 그곳에 동물을 사육시켰다. 이렇게 되자 대부 변백(邊伯) 등 다섯 사람[51]이 반란을 일으키고 연(燕)나라와 위(衛)나라의 군대를 끌어들여 혜왕을 공격했다. 혜왕은 온읍(溫邑)으로 도망쳤다가 얼마 후 정(鄭)나라의 역읍(櫟邑)으로 거처를 옮겼다. 변백 등 다섯 사람은 이왕의 동생 퇴(頹)를 주 왕조의 왕으로 옹립하고 대대적으로 가무회를 열어 이를 경축하였다. 이에 정(鄭)나라와 괵(虢)나라의 군주는 발끈 노하였다.

---

51) ≪左傳≫의 기록에 의하면 蔿國・邊伯・詹父・子禽・祝跪.

혜왕 4년, 정나라와 괵나라는 군사를 일으켜 주 왕조를 공격하여 주 왕조의 왕 퇴(穨)를 살해하고 다시 혜왕을 옹립하였다. 혜왕 10년, 혜왕은 제나라 환공(桓公)을 제후의 우두머리(伯)로 임명하였다. 혜왕 25년, 혜왕이 세상을 떠나자 아들 정(鄭)이 왕위에 오르니 그가 양왕(襄王)이다.

양왕의 모친, 즉 혜왕의 정비(正妃)가 일찍 세상을 떠나자 혜왕은 계비를 맞이하여 혜후(惠后)라 하였다. 혜후(惠后)는 숙대(叔帶)라는 아들을 낳게 되었다. 혜왕이 숙대를 총애했기에 양왕은 그를 두려워하게 되었다.

양왕 3년, 숙대가 융족과 적족(狄族)을 끌어들여 양왕을 치려고 하자 양왕은 숙대를 죽이려고 하였다. 숙대는 제(齊)나라로 달아났다. 제나라 환공은 관중(管仲)을 파견하여 융족과 주 왕조가 강화하도록 주선하고, 또 습붕(隰朋)을 파견하여 융족과 진(晉)나라가 강화하도록 주선하였다. 양왕은 상경(上卿)의 예로 관중을 맞이하려 하였다. 그러자 관중이 사절하며 말했다.

"저는 지위가 미천한 관리에 지나지 않습니다. 제나라에는 천자께서 임명한 대신 국씨(國氏)와 고씨(高氏)가 있는데 지금 소신을 상경의 예로 맞으셨다가 후에 그들이 봄가을에 천자를 조현하러 오면 어떤 예를 갖추어 맞이하시렵니까? 배신(陪臣)[52]은 이렇게 성대한 예절을 감히 사절하고 싶습니다."

양왕이 말했다.

"그대는 외가[舅父家][53]의 사신인 데다가 내가 그대의 공훈을 칭찬해서

52) 제후(齊侯)는 천자의 신하이고 관중은 제후(齊侯)의 신하이므로 배신(陪臣)이라 칭한 것임.
53) 주 무왕(周武王)이 제 태공(齊太公)의 딸을 왕후로 맞이하였기 때문에 주 왕조와 제나라는 외숙과 생질(甥姪) 관계가 되었다. 여기에서는 주 왕조가 관중을 외숙[舅氏]의 사자(使姪)로 여겨 이렇게 부른 것임.

그렇게 하는 것이니 나의 호의를 거절하지 마오."

관중은 하는 수 없이 경(卿)의 예우를 받은 후에 제나라로 되돌아왔다.

양왕 9년, 제나라 환공이 세상을 떠났다. 양왕 12년, 숙대가 주나라 도읍지로 되돌아왔다.

양왕 13년, 정나라는 활(滑)나라[54]를 공격하였다. 양왕은 유손(遊孫)과 백복(伯服)[55]을 보내어 활나라에게 대신 사과하였다. 그러자 정나라는 이 두 사람을 잡아 가두었다. 혜왕(惠王)이 주 왕조로 되돌아가 복위했을 때 정나라와 괵나라 양국을 순시하던 중 괵공(虢公)에게는 옥으로 만든 참새부리 모양의 술잔[玉爵]을 주었으나 정나라 여공(厲公)에게는 이를 주지 않았었다. 그런데다가 양왕이 위(衛)나라와 활나라를 편드니 이에 화가 난 정나라 문공(文公)이 백복을 가두어 버린 것이다.

이에 양왕이 진노하여 적족(狄族)을 이용하여 정나라를 정벌할 채비를 하였다. 그러자 부신(富辰)이 양왕에게 간언하였다.

"우리 주 왕조가 도읍지를 동쪽 낙읍(洛邑)으로 천도할 때 진(晋)나라와 정나라에 의지하였습니다. 왕자 퇴(頹)가 반란을 일으켰을 때는 정나라가 나서서 이를 평정해 주었습니다. 그런데 지금 사소한 원한 때문에 정나라를 버리시렵니까?'

하지만 양왕은 부신의 간언을 듣지 않았다. 양왕 15년, 양왕은 적족 군대에게 정나라를 정벌하라고 영을 내렸다. 양왕이 적족에게 감사하여 적족 군주의 딸을 왕후로 맞이하려고 하자 부신이 간언하였다.

"평왕 · 환왕 · 장왕 · 혜왕께서는 모두 정나라의 도움을 받았는데 폐하께서는 우방인 정나라를 버리시고 적족을 가까이하려 하십니다. 그렇

---

54) 희성(姬姓)의 작은 제후국.
55) 모두 주(周) 왕조의 대부(大夫).

게 하시면 안 됩니다."

양왕은 간언을 듣지 않았다.

양왕 16년, 양왕이 적후(狄后)를 폐하자 적족이 군사를 일으켜 단죄하고 담백(譚伯)을 살해하였다. 부신이 말하였다.

"내가 여러 차례 간언하였으나 군왕께서는 이를 듣지 아니하시어 주왕조의 형세가 이처럼 불리하게 되었으니 만일 내가 용감히 앞장서서 나가 싸우지 않는다면 군왕께서는 내가 그에게 원한을 품고 있다고 생각하지 않겠는가?"

하고는 자기 부하들을 데리고 나가 적인(狄人)들과 맞서 싸우다 죽었다.

애초에 혜후(惠后)가 자신의 아들 숙대(叔帶)를 즉위시키려 했던 것은 자기의 심복을 이용하여 적족의 군대가 주나라의 도읍지로 들어올 수 있도록 길을 열어 주기 위함이었다. 양왕이 도망쳐 정나라에 의탁하니 정나라는 그를 범읍(氾邑)에 살게 해 주었다. 숙대는 왕위에 올라 양왕이 폐위한 적후(狄后)를 왕후로 맞이하여 그녀와 함께 온읍(溫邑)에 살았다.

양왕 17년, 양왕은 진(晉)나라에 이러한 위급한 사정을 알렸다. 그러자 진나라 문공(文公)이 숙대를 살해하고 양왕을 복위시켜 주었다. 양왕은 즉시 진나라 문공에게 옥규(玉珪)·향주(香酒) 및 활과 화살을 하사하고 제후의 우두머리[伯]로 임명하였다. 뿐만 아니라 황하 북쪽 땅을 진나라에게 하사하였다.

양왕 20년, 진나라 문공이 양왕을 조현하러 오자 양왕이 진나라 하양(河陽)과 정나라 천토(踐土) 땅까지 직접 나아가 그를 만나니 제후들이 그곳으로 조현하러 왔다. 사서(史書)에는 이 일을 차마 사실대로 기록할 수 없어 「천자가 하양(河陽) 땅을 순시하셨다.」라고만 하였다.

양왕 24년, 진(晉)나라 문공이 세상을 떠났다.

양왕 31년, 진(秦)나라 목공이 세상을 떠났다.

양왕 32년, 양왕이 세상을 떠나자 아들 임신(壬臣)이 왕위에 오르니 그가 경왕(頃王)이다. 경왕이 재위 6년에 세상을 떠나자 아들 반(班)이 왕위에 오르니 그가 광왕(匡王)이다. 광왕이 재위 6년에 세상을 떠나자 그의 동생 유(瑜)가 즉위하니 그가 정왕(定王)이다.

정왕 원년, 초(楚)나라 장왕(莊王)이 육혼(陸渾) 지방의 융족을 정벌하기 위해 군대를 잠시 낙읍(洛邑)에 주둔시키고 있을 때 사람을 보내 구정(九鼎)의 상황을 물었다. 정왕은 왕손(王孫) 만(滿)을 보내 그를 응대하니 초나라 군대가 즉시 철수하였다. 정왕 10년, 초나라 장왕이 정나라를 포위 공격하자 정백(鄭伯)이 투항하였다. 하지만 얼마 뒤 다시 수복하였다.

정왕 16년, 초나라 장왕이 세상을 떠났다. 정왕 21년, 정왕이 세상을 떠나자 아들 이(夷)가 왕위에 오르니 그가 간왕(簡王)이다.

간왕 13년, 진(晋)나라는 군주 여공(厲公)을 살해하고 주 왕조의 도읍지에 머물고 있던 공자 주(周)를 맞이하여 군주로 옹립하니 그가 도공(悼公)이다. 간왕 14년, 간왕이 세상을 떠나자 아들 설심(泄心)이 왕위에 오르니 그가 영왕(靈王)이다.

영왕 24년, 제나라의 최저(崔杼)가 군주 장공(莊公)을 시살(弑殺)하였다. 영왕 27년, 영왕이 승하하자 아들 귀(貴)가 왕위에 오르니 그가 경왕(景王)이다.

경왕 18년, 왕후의 소생 태자가 총명하였으나 일찍 죽고 말았다. 경왕 20년, 경왕은 자조(子朝)[56]를 총애하여 태자로 책봉하고자 하였다. 공교롭게도 그때 경왕이 승하하자 자개(子丐)의 무리와 자조(子朝)가 왕위를

---

56) 경왕의 서장자(庶長子).

놓고 쟁탈전을 벌였다. 주 왕조 도읍지의 백성들은 경왕의 맏아들 맹(猛)을 왕으로 옹립하였다. 그러자 자조(子朝)가 맹(猛)을 공격하여 살해하였다. 그래서 맹(猛)이 즉위한 지 얼마 안 되어 시해당했기 때문에 도왕(悼王)이라는 시호가 추증되었다. 진(晉)나라가 군대를 파견, 자조(子朝)를 공격하고 자개(子丏)를 옹립하니 그가 경왕(敬王)이다.

경왕 원년, 진(晉)나라 사람들이 경왕을 주 왕조의 도읍지로 보내려 했으나 자조(子朝)가 이미 왕위에 올라 있었기 때문에 경왕은 택읍(澤邑)에 머물렀다. 경왕 4년, 제후들을 거느린 진나라가 경왕을 모시고 주 왕조의 도읍지로 들어가니 자조(子朝)는 왕위에서 물러나 신하의 자리에 머물렀다. 제후들은 주 왕조의 도성을 축조해 주었다.

경왕 16년, 자조의 무리들이 다시 반란을 일으키자 경왕은 진(晉)나라로 도망쳤다. 경왕 17년, 진나라 정공(定公)이 다시 경왕을 주 왕조의 도읍지로 모셨다.

경왕 39년, 제나라의 전상(田常)이 군주 간공(簡公)을 시살하였다. 경왕 41년, 초나라가 진(陳)나라를 멸망시켰다. 그해에 공자(孔子)가 세상을 떠났다. 경왕 42년, 경왕이 승하하자 아들 인(仁)이 왕위에 오르니 그가 원왕(元王)이다.

원왕 8년, 원왕이 세상을 떠나자 아들 개(介)가 즉위하니 그가 정왕(定王)이다. 정왕 16년, 삼진(三晉)[57]이 연합하여 지백(智伯)을 멸망시키고 그 땅을 나누어 차지하였다. 정왕 28년, 정왕이 세상을 떠나자 맏아들 거질(去疾)이 즉위하니 그가 애왕(哀王)이다.

애왕이 즉위한 지 3개월 만에 그의 동생 숙(叔)이 애왕을 피습하여 시살하고 스스로 왕위에 오르니 그가 사왕(思王)이다. 사왕이 즉위한 지 5

---

57) 한(韓) · 조(趙) · 위(魏) 세 나라를 가리킴.

개월 만에 동생 외(嵬)가 사왕을 시살하고 스스로 왕위에 오르니 그가 고왕(考王)이다. 이 세 왕들은 모두 정왕의 아들들이다.

고왕 15년, 고왕이 세상을 떠나자 아들 오(午)가 왕위에 오르니 그가 위열왕(威烈王)이다.

고왕은 동생을 하남(洞南)에 봉하였는데 그가 바로 주 환공(周桓公)이며 주공(周公)[58]의 관직을 계승하였다. 환공이 세상을 떠나자 뒤이어 아들 위공(威公)이 즉위하였다. 위공이 세상을 떠나자 아들 혜공(惠公)이 뒤이어 즉위하였다. 혜공이 작은아들을 공(鞏)에 분봉(分封)하여 주 왕조를 수호하게 하니 '동주(東周)의 혜공(惠公)'[59]이라 불리게 되었다.

위열왕 23년, 구정(九鼎)이 진동하였다. 주 왕조는 한(韓)·위(衛)·조(趙)를 제후국으로 임명하였다. 위열왕 24년, 위열왕이 세상을 떠나자 아들 교(驕)가 왕위에 오르니 그가 안왕(安王)이다. 그해 도적(盜賊)이 초나라 성왕(聲王)을 시살하였다.

안왕이 재위 26년에 세상을 떠나자 아들 희(喜)가 즉위하니 그가 열왕(烈王)이다. 열왕 2년, 주 왕조의 태사(太師) 담(儋)이 진(秦)나라 헌공(獻公)을 뵙고 말했다.

"애초에 진(秦)은 주 왕조의 일부분이었으므로 이는 '합(合)'이라 할 수 있고, 나중에 진(秦)이 제후로 봉해졌으므로 이는 '별(別)'이라 할 수 있습니다. 오백 년 동안 따로 분리되었다가 다시 하나로 합쳐지게 될 것이며, 진(秦)이 주 왕조를 합병하고 십칠 년 후에 장차 패도(覇道)로써 천하를 통일할 인물이 나올 것입니다."

---

58) 주공(周公) 단(旦)의 둘째아들이 도읍에 남아 주 왕조의 천자를 보좌한 이래 대대로 주공(周公)의 직책을 세습하게 되었다. 그런데 주 장왕(周莊王)이 주공(周公) 흑견(黑肩)을 죽인 후 주공(周公)의 직책은 오랫동안 비어 있게 되었다.
59) 서주(西周) 혜공(惠公)의 작은아들.

열왕 10년, 열왕이 승하하자 그의 동생 편(扁)이 즉위하니 그가 현왕(顯王)이다.

현왕 5년, 진(秦)나라 헌공(獻公)을 치하하고 방백(方伯)의 칭호를 내렸다. 현왕 9년, 현왕은 문왕과 무왕에게 제사를 드리고 난 고기[胙肉]를 진(秦)나라 효공(孝公)에게 보냈다. 현왕 25년, 진(秦)나라는 주 왕조의 땅에서 제후들을 소집하였다. 현왕 26년, 주 왕조는 진(秦)나라 효공(孝公)에게 방백(方伯)의 칭호를 내렸다. 현왕 33년, 주 왕조는 진(秦)나라 혜공(惠公)을 치하하였다. 현왕 35년, 문왕과 무왕에게 제사를 드리고 난 고기를 진(秦)나라 혜왕(惠王)에게 보냈다.

현왕 44년, 진(秦)나라 혜왕(惠王)이 스스로 칭왕(稱王)하자 그 이후로는 제후들이 모두 스스로 칭왕했다. 현왕 48년, 현왕이 승하하자 아들 정(定)이 즉위하니 그가 신정왕(慎靚王)이다.

신정왕이 재위 6년 만에 승하하자 아들 연(延)이 왕위에 오르니 그가 난왕(赧王)이다. 난왕은 이미 아무 실권도 없는 꼭두각시로 전락해 버렸으며 동주공(東周公)은 공현(鞏縣)에 머무르고 서주공(西周公)은 낙양에 머무르며 제각기 주 왕조를 다스렸다. 난왕은 주 왕조의 도읍지를 서주(西周)로 옮겼다.

서주(西周) 무공(武公)의 태자 공(共)이 죽었다. 무공(武公)의 다섯 아들은 모두 첩의 소생인지라 뒤를 이을 적자가 없었다. 사마전(司馬翦)[60]이 초왕(楚王)에게 아뢰었다.

"토지로써 공자 구(咎)를 도와 그를 태자로 책봉하라고 청하시는 것이 나을 듯합니다."

그러자 좌성(左成)[61]이 아뢰었다.

---

60) 초(楚)나라의 대신.

"안 됩니다. 만일 주 왕조가 들어 주지 않는다면 폐하의 계획은 수포로 돌아가고 주 왕조와의 교분이 소원해질 것입니다. 누구를 태자로 책립하면 좋을지 서주(西周) 군주의 생각을 탐문해 본 다음 사마전에게 넌지시 알리고 사마전으로 하여금 초나라가 토지로 그를 지원하겠다고 간청하라고 하는 것이 나을 듯합니다."

그렇게 한 결과 과연 서주공(西周公)은 공자 구(咎)를 태자로 책립하였다.

난왕 8년, 진(秦)나라가 한(韓)나라의 의양(宜陽)을 공격하자 초나라가 의양 땅을 구원해 주었다. 초나라는 주 왕조가 진(秦)나라를 돕는다고 생각하고 주 왕조를 공격할 채비를 갖추었다. 그러자 소대(蘇代)[62]가 주 왕조를 위해 초왕(楚王)에게 말했다.

"어째서 주 왕조가 진(秦)을 위해 진력한다고 생각하시고 주 왕조를 공격하려 하십니까? 주 왕조가 진(秦)나라를 위해 진력하는 것보다 초나라를 위해 훨씬 더 진력한다고 말하는 사람은 주 왕조로 하여금 진(秦)나라의 품에 들어가도록 하려는 것입니다. 이것이 바로 사람들이 말하는 소위 '주진(周秦)'입니다.

주 왕조는 스스로 구출할 수 없다는 것을 알고 있으니 틀림없이 진(秦)나라로 찾아들 것입니다. 이것이 바로 진나라가 주 왕조를 취하려는 묘책입니다. 폐하께서 취하실 가장 좋은 계책은 주 왕조가 진(秦)나라로 기울든 기울지 않든 주 왕조를 잘 대해 주시어 그로 하여금 진나라와 소원해지게 하시는 것입니다. 진나라와 관계가 단절되면 주 왕조는 반드시 초나라의 도읍[郢]으로 찾아올 것입니다."

---

61) 초나라의 신하.
62) 유명한 책사(策士).

진(秦)나라는 동주(東周)의 공현(鞏縣)과 서주(西周)의 낙양을 경유하여 한(韓)나라를 정벌할 채비를 하였다. 주 왕조는 진나라에게 길을 빌려 주면 한나라에게 노여움을 사고 또 길을 빌려 주지 않으면 진나라의 노여움을 사지 않을까 전전긍긍하였다. 이때 사염(史厭)[63]이 서주(西周)의 군주에게 말했다.

"왜 한(韓)의 공숙(公叔)에게 사람을 보내 '진나라가 감히 주 왕조의 땅을 통과하여 한나라를 공격하는 것은 동주를 믿고 하는 소행이다. 그대는 왜 주 왕조에게 토지를 바치지 않고, 또 초나라에 인질을 보내지 않는가? 그렇게만 하면 진나라는 초나라를 의심하고 주 왕조를 믿지 않게 되어 한나라는 공격을 받지 않게 될 터인데.' 라고 말씀하시지 않으십니까?

또 진나라에 사람을 보내 '한나라는 억지로 주 왕조에게 토지를 바침으로써 진나라로 하여금 주 왕조를 의심하게 만들려 하고 있소. 그래서 주 왕조는 감히 이를 받아들일 수 없는 것이오.' 라고 말씀하시지 않으십니까? 진나라는 주 왕조가 한나라의 토지를 받지 못하게 할 이유가 없으니 그렇게 되면 한나라의 토지도 얻을 수 있고 진나라의 양해도 구할 수 있습니다."

진나라는 서주의 군주를 만나 보려 했으나 서주의 군주는 만나고 싶지 않았다. 그래서 사람을 보내 한나라 군주에게 말했다.

"진나라가 서주의 군주를 불러 그로 하여금 대왕의 남양(南陽)을 치게 하려고 합니다. 대왕께서는 왜 군사를 동원하여 남양에 오시지 않습니까? 그렇게 되면 주군(周君)은 이를 구실로 진나라에 가지 않아도 되는 것입니다. 주군이 진나라에 가지 않으면 진나라는 감히 강을 건너 남양

---

63) 책략가(謀士).

을 공격하지 못할 것입니다."

동주와 서주의 전쟁이 벌어지자 한나라는 서주를 원조하려고 하였다. 어떤 사람이 동주를 위해 한왕(韓王)에게 아뢰었다.

"서주는 본시 옛 천자들의 도읍지라서 유명한 기물과 귀중한 보옥이 아주 많습니다. 대왕께서는 군대를 진군시키지 말고 관망하십시오. 그러면 동주는 폐하께 감격할 것이며 또 서주의 진기한 기물과 보옥은 모두 한나라 차지가 될 것입니다."

주(周)의 난왕은 명목상 주왕(周王)에 지나지 않았다. 초나라가 한나라의 옹씨(雍氏)를 포위 공격하자 한나라는 동주(東周)에게 갑옷과 군량을 징발하여 원조해 달라고 하였다. 동주의 군주는 두려워 책사인 소대(蘇代)를 불러 그에게 이러한 상황을 말했다. 그러자 소대가 아뢰었다.

"폐하께서는 어찌 그런 일을 걱정하고 계십니까? 제가 한나라로 하여금 우리 동주에게 갑옷과 군량을 조달해 달라고 하지 않도록 함은 물론 폐하께서 한나라 땅 고도(高都)를 차지하실 수 있도록 해 드리겠습니다."

동주의 군주가 말했다.

"그대가 정말로 그렇게만 해 준다면 내가 그대의 뜻을 좇아 나라를 안배하겠소."

소대가 한나라 재상을 만나서 말했다.

"초나라가 옹씨를 포위 공격하여 3개월이면 함락시키기를 기대하였습니다. 지금 5개월이 되었는데도 함락시키지 못한 것을 보면 초나라가 완전히 지쳐 버렸다는 것을 알 수 있습니다. 그런데 이제 재상께서 동주에게 무기와 군량을 조달해 달라고 한다면 이는 한나라가 이미 피폐해 있다는 것을 알려 주게 되는 것입니다."

한나라 재상이 말했다.

"그렇겠군."

사자(使者)가 출발하려고 하자 이를 정지시킨 소대가 말했다.

"재상께서는 어찌 고도(高都) 땅을 동주(東周)에게 주지 않으십니까?"

그러자 한나라 상국이 대노하여 말하였다.

"동주에게 갑옷과 군량을 조달해 달라고 하지 않은 것으로도 이미 충분하오. 그런데 무엇 때문에 고도 땅을 동주에게 준단 말이오?"

소대가 말했다.

"고도를 동주에게 주시면 동주는 태도를 바꾸어 한나라에 의탁하게 될 것입니다. 진나라가 이를 들으면 반드시 주 왕조에 분개하고 즉시 단교하게 될 것입니다. 그렇게 되면 이미 퇴락한 고도를 주고 완전무결한 동주를 얻게 됩니다. 그런데도 주(周)에게 고도를 주지 않으려고 하십니까?"

상국이 말했다.

"그렇겠군."

그리하여 과연 고도(高都)를 주(周)에게 주게 되었다.

난왕 34년, 소려(蘇厲)[64]가 주군(周君)에게 아뢰었다.

"진(秦)나라는 한나라와 위나라를 쳐부수고 사무(師武)[65]를 물리쳤으며 북쪽으로는 조나라의 인읍(藺邑)과 이석(離石)을 탈취하였으니 이는 모두 백기(白起)[66]가 지휘한 것입니다. 그는 용병(用兵)에 뛰어날 뿐만 아니라 하늘의 뜻[天命]이 있었습니다. 그가 또 군대를 이끌고 이관새(伊關塞)를 나와 양(梁)나라를 공격하여 함락되면 주(周)도 위태로워지게

---

64) 유명한 책사(策士).
65) 위(魏)의 장수.
66) 진(秦)나라의 유명한 장수.

됩니다. 폐하께서는 왜 백기(白起)를 이렇게 설득하시지 않습니까?

'초나라에는 양유기(養由基)란 자가 있는데 활솜씨가 가장 뛰어난 명수요. 그가 백 발짝 떨어진 곳에서 버드나무 잎을 쏘아도 백발백중이오. 이를 지켜본 수천 명의 사람들은 모두 입을 모아 그의 뛰어난 활솜씨를 칭찬하였소. 곁에 서 있던 어떤 사람이 이렇게 말했소.

「훌륭하군. 그런데 내가 그대에게 활쏘기를 한 수 가르쳐드리리다.」

양유기가 이 말을 듣고 화를 버럭 내며 활을 내려놓고 칼을 집어 들며 말했소.

「선생은 나에게 어떻게 활쏘기를 가르쳐주시겠소?」

그러자 그 사람이 말했소.

「나는 당신에게 왼손으로 활을 지탱하고 오른손으로 활시위를 당기는 자세는 결코 가르칠 수 없습니다. 그런데 그대가 백 발짝 떨어진 곳에서 버드나무 잎을 쏘아 백발백중하지만 만일 가장 잘 쏠 때 활쏘기를 중단하지 않는다면 얼마 안 가 기력이 약해지고 지치게 됩니다. 그렇게 되어 활 쏘는 자세가 똑바르지 못하여 단 한 발이라도 빗나가게 된다면 백발백중이라는 명성은 한꺼번에 허사가 되고 마는 것입니다.」

지금 장군은 한나라와 위나라를 격파하고 사무(師武)를 물리쳤으며 북쪽으로는 조나라의 인읍(藺邑)과 이석(離石)을 탈취하였으니 그대의 공은 얼마나 높은가! 이제 그대가 군사를 이끌고 이관새(伊闕塞)를 나와 동주와 서주를 거쳐 한나라를 배신하고 양나라를 쳐서 승리하지 못한다면 그대가 예전에 쌓았던 공은 모두 무너져 버리고 말 것이오. 그러니 그대는 병이 났다고 핑계대고 출병하지 말도록 하오.' 라고 말입니다."

난왕 42년, 진(秦)나라는 위(魏)나라와 맺은 조약을 깨뜨리고 위나라의 화양(華陽) 땅을 공격하여 함락시켰다. 마범(馬犯)[67]이 주군(周君)에게 아뢰었다.

"청하옵건대 양나라에게 주 왕조 도읍지에 와서 성을 쌓으라고 부탁하시기 바랍니다."

그리고 나서 마범은 양나라에 가서 왕에게 아뢰었다.

"주군은 진(秦)나라 군대가 쳐들어올까 두려운 나머지 중병이 드셨습니다. 만일 주군께서 병들어 승하하시고 나라가 망한다면 소신 마범도 반드시 죽게 될 것입니다. 소신이 주왕(周王)의 구정(九鼎)을 폐하께 바치겠사오니 폐하께서는 소신이 살아 갈 방도를 도모해 주시기 바랍니다."

양왕이 말하였다.

"좋다."

그리하여 양왕은 마범에게 군사를 주고 서주(西周)의 도읍지를 잘 수호하라고 일렀다. 마범은 다시 진(秦)나라 왕에게 아뢰었다.

"양나라는 주(周)를 방위해 주기는커녕 장차 주(周)를 칠 채비를 하고 있습니다. 대왕께서는 시험 삼아 군사들을 국경에 보내 살펴보도록 하시기 바랍니다."

진나라는 과연 군사를 출동하였다. 마범은 또 양나라 왕에게 아뢰었다.

"주왕(周王)께서는 너무나도 두려운 나머지 병세가 더욱 악화되셨습니다. 제가 간청한 이후에 주왕의 동의를 얻으시고 다시 구정(九鼎)의 일에 대해 회답해 주시기 바랍니다. 지금 대왕께서 주(周)에 군대를 파견하시면 제후들이 의심하여 앞으로 큰 일을 하시는 데 있어 신임을 받지 못할 것입니다. 그러니 그 병력으로 주(周)의 도읍지 성을 축조해 주면 일의 실마리를 잘 풀 수 있을 것입니다."

양나라 왕이 말했다.

---

67) 주 왕조의 신하.

"좋소."

그리하여 양나라 왕은 병사들로 하여금 주(周)의 성을 축조해 주도록 하였다.

난왕 45년, 주군(周君)이 조약을 체결하기 위해 진(秦)나라에 들어가자 어떤 빈객이 주취(周冣)[68]에게 말하였다.

"공자께서 진나라 왕[秦王]의 효성을 칭송하고 응(應) 땅을 진나라에 바쳐 태후(太后)의 식읍으로 삼게 한다면 진나라 왕께서는 기뻐할 것입니다. 그렇게 되면 공자께서는 진나라와 친분을 가지게 됩니다. 진나라와 친분이 두터워지면 주군께서는 공자님의 공로로 여기게 될 것입니다. 그러나 진나라와 교분이 나빠지게 되면 주군(周君)께 진나라에 의탁하도록 권하는 자는 반드시 죄를 얻게 될 것입니다."

진나라가 주(周)를 공격하러 나서자 주취는 진나라 왕에게 말했다.

"대왕을 위해 신의 생각을 여쭈오니 주(周)를 공격하지 마시기 바랍니다. 주(周)를 공격하면 얻는 이익이 없을 뿐만 아니라 도리어 천하를 두렵게 하는 명성을 초래하고 말 것입니다. 천하가 진나라를 두려워하게 되면 반드시 동쪽의 제(齊)나라와 연합하게 됩니다.

폐하의 군사들이 주(周)에서 지쳐 있을 때 천하가 제나라와 연합한다면 진나라는 천하를 통일하기 어려울 것입니다. 이웃 나라들은 진나라를 지치게 만들기 위해 대왕께 주(周)를 공격하라고 권하는 것입니다. 진나라가 천하의 계략에 말려들어 스스로 함정에 빠져 완전히 지쳐 버린다면 폐하의 명령은 제대로 수행될 수 없을 것입니다."

난왕 58년, 한(韓)·위(魏)·조(趙) 세 나라가 진나라에 대항하였다. 주(周)에서는 재상[相國]을 진나라에 파견하였다. 진나라가 주(周)의 재상

---

68) 주(周)의 공자(公子).

을 얕보자 중도에서 되돌아오고 말았다. 빈객들이 주(周)의 재상에게 말했다.

"진나라에서 상국을 얕보는지 중대하게 여기는지 아직 단정할 수 없습니다. 진나라가 세 나라의 내부 사정을 알고 싶어 한다면 상국께서는 얼른 진나라 왕을 찾아뵙고 '바라옵건대 대왕께서는 동방 여러 나라들의 변화된 정세를 탐문해 보시는 것이 좋을 듯합니다.'라고 말씀드리는 것이 좋을 것입니다.

그러면 진나라 왕께서는 반드시 재상을 중시하실 것입니다. 재상을 중시함은 진나라가 주(周)를 중대시하는 것이니 이는 주 왕조가 상국 덕택에 진나라로부터 존중 받는 것입니다. 주 왕조가 제나라로부터 존중 받는 것은 주취(周冣)가 예전에 제나라의 신임을 얻어 놓았기 때문입니다. 이렇게 되면 주(周)는 늘 강대국의 두터운 우의를 잃지 않게 될 것입니다."

과연 진나라는 주(周)를 신임하고 군사를 동원하여 한(韓)·위(魏)·조(趙) 세 나라를 공격하였다.

난왕 59년, 진나라는 한나라의 양성(陽城)과 부서(負黍)를 공격하였다. 서주(西周)는 이를 두려워하여 진나라를 배반하고 제후들과 합종(合縱)을 체결하였으며 정예화된 부대를 거느리고 이관(伊闕)을 나서 진나라 군사를 공격하여 진나라로 하여금 양성(陽城)을 넘지 못하도록 차단하였다.

진나라 소왕(昭王)은 이에 발끈하여 규(摎) 장군을 파견해 서주(西周)를 정벌하였다. 서주(西周)의 군주는 진나라에 가서 머리를 조아리고 사죄하며 삼십육 개의 읍과 인구 삼만을 바쳤다. 진나라는 그가 바치는 것을 받아들이고 서주(西周)의 군주를 되돌려 보냈다.

주 왕조의 난왕이 세상을 떠나자 주(周)의 백성들은 동방으로 도망쳤다. 진나라는 구정(九鼎) 등 진귀한 보물들을 탈취하고 서주공(西周公)을 탄호(彈狐)에 유배시켰다. 그로부터 7년 후 진나라 장양왕(莊襄王)은 동주(東周)를 멸망시켰다. 이리하여 동주와 서주가 모두 진나라의 판도에 들어가게 되어 주 왕조는 멸망하고 말았다.

태사공은 말한다.

학자들이 모두 입을 모아 주(周)가 상(商) 왕조의 주(紂) 임금을 친 이후 낙읍(洛邑)에 도읍을 세웠다고 말하지만 실제 상황을 종합적으로 고찰해 본 결과 사실 그렇지 않다. 무왕(武王)이 낙읍을 영조(營造)하고 성왕(成王)이 소공(召公)을 보내 점을 친 이후에야 비로소 구정(九鼎)을 그곳에 안치하였지만 주 왕조는 여전히 풍읍(豊邑)과 호경(鎬京)에 도읍을 두고 있었다.

건융족이 유왕(幽王)을 패퇴시킨 때에 이르러서야 비로소 주 왕조는 도읍을 동쪽 낙읍으로 천도하였다. 이른바 '필(畢)에 주공(周公)을 장사 지냈다.(周公葬於畢)'라는 말에서 필(畢)은 바로 호경(鎬京) 동남쪽의 두중(杜中)이다.

진나라는 주 왕조를 멸망시켰다. 한(漢) 왕조가 창건된 지 구십여 년 뒤 천자께서 태산(泰山)에 제사를 지내려고 동방을 순시하던 중 하남(河南)에 이르러 주 왕조의 후대 자손 희가(姬嘉)를 찾아서 그에게 사방 삼십 리 땅을 분봉(分封)하였다. 그리고 제후의 지위에 상당하는 '주자남군(周子南君)'이란 봉호(封號)를 하사하고 그로 하여금 주 왕조 선조들의 제사를 모시도록 하였다.

제5 진본기(秦本紀)

　진(秦)의 선조는 전욱(顓頊) 임금[1]의 아득히 먼 대(代)의 손녀 여수(女
修)이다. 여수가 베를 짜다 제비[玄鳥][2]가 알을 떨어뜨리자 그 알을 삼켰
다. 그 후 아이를 갖게 되어 대업(大業)을 낳았다. 대업은 소전족(少典族)
의 딸 여화(女華)를 아내로 맞이하여 대비(大費)를 낳았다. 대비는 하 왕
조의 우(禹)와 함께 물과 땅을 다스렸다. 치수에 성공하자 순 임금은 우
(禹)에게 검은 옥규(玉圭)를 하사했다. 옥규를 받은 우는 순 임금에게 아
뢰었다.

　"저 혼자의 힘으로 성공한 것이 아니라 대비(大費)가 도왔습니다."

　순 임금이 대비에게 말했다.

　"아, 그대가 우를 도와 치수에 성공하였으니 깃발을 장식하는 검은 띠
를 하사하겠소. 그대의 후손은 장차 크게 흥성할 것이오."

　그후 요성(姚姓) 규수를 그의 아내로 맞이하게 되었다. 검은 띠를 하사
받은 대비는 정중하게 예를 표하고 순 임금을 도와 새와 짐승들을 사육
하고 길들이게 되었다. 그가 바로 백예(柏翳)[3]이다. 순 임금은 그에게 영
(嬴)이란 성씨를 하사하였다.

　대비는 아들 둘을 낳았는데 맏아들 대렴(大廉)은 조속씨(鳥俗氏)의 선
조이다. 또 둘째아들 약목(若木)은 비씨(費氏)의 선조이다. 약목의 현손

---

1) 고양씨(高陽氏). 이에 대하여 「五帝本紀」에 나타나 있다. ≪左傳≫에 의하면 진(秦)은 소호씨
　(少昊氏)의 후예라고 한다.
2) 제비의 알을 삼키고 아이를 낳았다는 전설은 상(商)의 전설과 대동소이하다. 이는 '아버지는
　아나 어머니는 모르는' 원시 모계 중심 사회를 그대로 반영한 탄생 신화이다.
3) 백익(伯益)이라고 주장하는 학자도 있다.

(玄孫)은 비창(費昌)으로서 그의 자손들은 중원에 사는 이들도 있었고 또 이적이 거주하는 지역에 사는 이들도 있었다. 비창은 하나라 걸왕(桀王) 때 하나라를 떠나 상(商)에 귀의하였다. 그는 성탕(成湯)의 수레를 몰며 명조(鳴條)에서 하걸(夏桀)을 쳐서 물리쳤다.

대렴에게는 맹전(孟戰)과 중연(中衍)이라는 현손(玄孫)이 있었는데 중연은 새의 몸뚱이를 하고 사람의 말을 하였다. 상나라 태무 임금(太戊帝)은 그 이야기를 전해 듣고 그들에게 수레를 몰게 하고 싶었다. 그리하여 점을 쳐 보게 한 결과 길한 점괘가 나오자 그들로 하여금 수레를 몰게 하고 아울러 그들에게 아내를 맞이하게 해 주었다. 태무 임금 이후 중연의 자손들은 대대로 공을 세우고 은 왕조를 보좌하였기 때문에 영성(嬴姓) 자손들 대부분이 현귀(顯貴)해지게 되어 마침내 제후가 되었다.

중연의 현손(玄孫)인 중휼(中潏)은 서융족(西戎族)의 거주 지역에 살며 서방 변경을 지켰다. 중휼은 비렴(蜚廉)을 낳고 비렴은 악래(惡來)를 낳았다. 악래는 힘이 장사이고 비렴은 달리기를 잘하여 부자 모두 재능과 힘을 발휘하여 은나라 주왕(紂王)을 섬겼다. 주(周) 무왕은 주(紂)를 쳐서 은 왕조를 멸망시키고 악래를 살해하였다.

당시 비렴은 주왕(紂王)의 사신으로 북방에 가 있었다. 그런데 돌아와서 천자에게 보고할 것이 아무것도 없었다. 그리하여 곽태산(霍太山)에 제단을 쌓고 보은하기 위해 제사를 지내던 중 석관 하나를 얻게 되었다. 그 석관 위에는 다음과 같은 명문(銘文)이 새겨져 있었다.

'천제께서 그대 비렴에게 명하노니 위험에 처한 은나라를 구하러 나서지 않으면 죽으리라. 그대에게 이 석관을 하사하노니 이 석관을 가지고 가서 그대의 씨족을 빛내도록 하라.'

비렴이 죽자 곽태산에 장사지냈다. 비렴에게는 계승(季勝)이라는 아들이 또 있었다. 계승은 맹증(孟增)을 낳았다. 맹증은 주(周) 성왕(成王)의 총애를 받았으니 그가 택고랑(宅皐狼)이다. 택고랑은 형보(衡父)를 낳았다. 형보는 조보(造父)를 낳았다. 조보는 수레를 잘 몰았기 때문에 주(周) 목왕(穆王)의 총애를 받았다.

목왕은 기(驥)·온려(溫驪)·화류(驊駵)·녹이(騄耳) 등 여덟 준마를 얻어 수레를 타고 서방(西方)을 시찰하는 즐거움 때문에 집에 돌아가는 것조차 잊었다. 서언왕(西偃王)이 난을 일으켰을 때 조보(造父)가 목왕의 어가를 몰았는데 말은 발굽을 멈추지 않고 주 왕조를 향해 끊임없이 달렸다. 하루에 천 리를 달려 얼른 돌아와 변란을 깨끗이 평정할 수 있었다.

그 일이 있은 후 목왕은 조보에게 조성(趙城)을 봉하고 일가족에게 조(趙)씨를 하사하였다. 비렴이 계승을 낳은 후 5대를 거쳐 조보에 이르러 독립적으로 성씨를 가지게 되고 조성(趙城)에 살게 되었다. 조(趙)가 쇠퇴하게 된 것은 바로 그 후대의 일이다.

비렴의 아들로서 악래(惡來) 혁(革)은 요절했지만 여방(女防)이라는 아들이 또 있었다. 여방은 방고(旁皐)를 낳고, 방고는 태기(太幾)를 낳고, 태기는 대락(大駱)을 낳고, 대락은 비자(非子)를 낳았다. 조보가 총애를 받았기 때문에 그들은 모두 은혜를 입어 조성(趙城)에 살면서 조씨(趙氏) 성을 가지는 영예를 누리게 되었다.

견구(犬丘)에 거주하던 비자(非子)는 말과 가축을 좋아하였으며 그것들을 사육하고 번식시키는 능력이 뛰어났다. 견구에 사는 사람들이 이 사실을 주(周) 효왕(孝王)에게 보고하자 효왕은 그를 불러 만나게 되었다. 효왕은 그를 견수(汧水)와 위수에 파견하여 말을 관장하되 빠른 속도로 번식시키도록 하였다.

효왕은 비자가 대락(大駱)의 적자는 아니었지만 비자로 하여금 대락의 혈통을 잇게 하고 싶었다. 대락의 본처(本妻)인 신후(申侯)의 딸은 성

(成)이라는 아들을 낳았는데 그가 바로 대락의 혈통을 이을 적자였다. 신후(申侯)는 효왕에게 말했다.

"옛날 저희 선조께서 여산(酈山)에 살 때 낳은 딸이 있었는데 융족 서헌(胥軒)의 아내로 삼아 중휼(中潏)을 낳게 되었습니다. 이러한 친척 관계 때문에 중휼은 주 왕조로 귀순하여 서쪽 변경을 지키셨습니다. 덕분에 서쪽 변경이 화목하고 안정되었습니다. 이제 제 딸을 대락에게 출가시켜 적자인 성(成)을 낳게 되었습니다. 신후(申侯)와 대락은 또 다시 혼인으로 인척 관계를 맺게 되어 서방 융족들이 모두 주 왕조에 귀의하여 복종하게 되었으니 이것이 바로 폐하께서 칭왕(稱王)하실 수 있게 된 연유입니다. 바라옵건대 폐하께서는 이 점을 잘 헤아려 주십시오."

이에 효왕이 말했다.

"옛적에 백예(伯翳)는 순 임금을 위해 가축을 관장하게 되었는데 가축이 잘 번식되었기 때문에 순 임금께서는 토지를 봉하고 영(嬴)이란 성씨를 하사하셨소. 이제 그의 후손이 나를 위해 말을 잘 번식시키고 있으니 나도 토지를 봉하고 속국으로 삼고자 하오."

효왕은 그에게 진(秦) 땅을 봉읍으로 하사하고, 그로 하여금 다시 영씨(嬴氏)의 제사를 모시게 하였으며 그를 진영(秦嬴)이라고 부르게 되었다. 이와 동시에 신후(申侯) 딸의 소생을 폐하지 않고 대락의 혈통을 잇게 하니 서융과도 선린 관계를 유지하게 되었다.

진영(秦嬴)은 진후(秦侯)를 낳았다. 진후는 십 년 재위하고 세상을 떠났다. 진후는 공백(公伯)을 낳았다. 공백은 3년 재위하고 세상을 떠났다. 공백은 진중(秦仲)을 낳았다.

진중이 즉위한 지 3년 되던 해에 주 여왕(厲王)이 무도하게 굴자 한 제후가 반란을 일으켰다. 서융은 주 왕조에 대항해 반란을 일으키고 견구

(犬丘)에 거주하는 대락 일족을 궤멸시켰다. 주 선왕(宣王)이 즉위하자 진중(秦仲)을 대부로 삼아 서융을 정벌케 하였다. 서융은 진중을 살해하였다. 진중은 재위 23년에 서융 땅에서 세상을 떠났다.

진중에게는 다섯 아들이 있었는데 맏아들이 장공(莊公)이다. 주선왕(周宣王)은 장공의 다섯 형제들을 불러들여 병사 칠천 명을 주고 서융을 정벌케 하였다. 장공의 다섯 형제들은 서융을 격파하였다. 이에 선왕은 다시 진중의 자손들에게 선조 대락(大駱)의 근거지인 견구(犬丘) 땅을 하사함과 동시에 서쪽 변방의 대부로 임명하였다.

장공은 그들의 옛 땅 서태구(西太丘)에 거주하면서 세 아들을 낳았는데 맏아들이 세보(世父)이다. 세보가 말하였다.

"서융이 나의 할아버지 진중(秦仲)을 살해하였으니 내가 융왕(戎王)을 죽이지 못한다면 감히 성안에 들어가 마음 편히 살 수 없다."

세보는 양공을 태자로 삼아 자신의 직위를 동생 양공(襄公)에게 넘겨주고 나서 군사를 거느리고 서융을 정벌하러 나섰다. 장공이 재위 십사년 후 세상을 떠나자 태자 양공이 직위를 계승하였다.

양공 원년, 양공은 여동생 무영(繆嬴)을 풍왕(豊王)에게 출가시켰다. 양공 2년, 서융이 견구를 포위하고 공격해 오자 세보(世父)는 서융으로 진격하다 포로가 되고 말았다. 1년이 지날 무렵, 서융은 세보를 되돌려 보냈다.

양공 7년 봄에 주 유왕(幽王)이 태자를 폐하고 총애하던 포사(褒姒)의 아들을 태자로 책립하는 등 여러 차례에 걸쳐 제후들을 희롱하자 그들은 등을 돌리고 모반을 일으켰다. 서융의 견융(犬戎)과 신후(申侯)는 주왕조를 공격하여 여산(酈山) 아래에서 유왕(幽王)을 시해하였다.

진 양공(襄公)은 군사를 거느리고 주 왕조를 구원하러 나서서 있는 힘을 다해 싸워 공을 세웠다. 주 왕조는 견융의 전란을 피해 동쪽 낙읍(洛

邑)으로 천도할 때 양공은 군대를 동원하여 주 평왕(平王)을 호위하였다. 평왕은 양공을 제후로 봉하고 그에게 기산(岐山) 서쪽 땅을 봉읍으로 하사하면서 말했다.

"서융은 잔인무도하게 우리의 기산(岐山)과 풍수(豊水) 땅을 침탈하였소. 진(秦)이 공격하여 서융을 축출할 수 있다면 그 땅을 차지해도 좋소."

평왕은 이렇게 양공에게 서약하고 봉지와 작위를 하사했다. 이때에 이르러 양공은 비로소 제후국을 이루고 여러 제후국들과 서로 사절을 교환 방문하고 예를 갖추어 맞아들이게 되었다. 그리고 유구(騮駒)[4] · 황소(黃牛) · 수양(牡羊)을 각각 세 마리씩 제물로 바치고 서치(西畤)[5]에서 상제께 제사를 올렸다.

양공 12년, 양공은 서융을 토벌하다가 기산(岐山)에 이르러 세상을 떠났다. 양공은 문공(文公)을 낳았다.

문공 원년, 문공은 서수궁(西垂宮)에 살았다. 문공 3년, 문공은 정예화된 병사 칠백 명을 거느리고 동쪽으로 사냥을 갔다. 문공 4년, 문공은 견수(汧水)와 위수가 합류되는 지점에 다다랐다. 문공이 말했다.

"옛날 주 왕조가 선조 진영(秦嬴)께 이곳을 봉읍으로 하사하여 우리는 마침내 제후가 되었다."

그리하여 그곳이 거주하기에 적합한 곳인지 아닌지를 알아보기 위해 점을 쳐 본 결과 길하다는 점괘가 나와 그곳에 도읍을 세웠다.

문공 10년, 문공은 부(鄜)에 제터 [畤]를 세운 후 삼생(三牲)[6]을 바치고 하늘과 땅에 제사를 지냈다. 문공 13년, 비로소 사관이 대사(大事)를 기록하고 백성들 대다수가 교화되었다.

---

4) 흑색 갈기에 몸이 붉은 어린 말.
5) 하늘과 땅에 제사를 지내는 제터.
6) 소 · 양 · 돼지.

문공 16년, 문공이 군사를 거느리고 서융을 정벌하자 패하여 달아났다. 그리하여 문공은 마침내 주 왕조의 유민을 모아 자신의 백성들로 삼고, 영토를 기산(岐山) 동쪽까지 확장하여 기산의 동쪽 땅을 주 왕조에 바쳤다. 문공 19년, 문왕은 진귀한 보석을 얻었다. 문공 20년, 법률에 처음으로 삼족⁷⁾을 죽이는 형벌을 두게 되었다.

문공 27년, 남산(南山)의 커다란 가래나무(梓)를 자르자 그 나무의 신(神)이 커다란 황소로 변하여 풍수(豊水)로 뛰어들었다. 문공 48년, 문공의 태자가 죽자 정공(靜公)이라는 시호를 하사하였다. 정공의 맏아들을 태자로 세우니 그는 문공의 손자이다. 문공 50년, 문공이 세상을 떠나자 서산(西山)에 장사지냈다. 뒤이어 정공의 아들이 즉위하니 그가 영공(寧公)이다.

영공 2년, 영공은 평양(平陽)으로 거처를 옮겼다. 그는 군대를 파견하여 탕사(蕩社)⁸⁾를 정벌하였다. 영공 3년, 박국(亳國)과 교전하던 중 박왕(亳王)이 서융으로 달아나니 마침내 탕사를 궤멸시켰다. 영공 4년, 노(魯) 공자 휘(翬)가 그의 군주 은공(隱公)을 시해하였다. 영공 12년, 영공은 탕씨(蕩氏)를 정벌하고 이를 탈취하였다. 영공은 나이 열 살에 즉위하여 재위 12년에 세상을 떠나 서산(西山)에 장사지냈다. 영공은 세 아들을 낳아 맏아들 무공(武公)을 태자로 삼았으며, 무공의 동생 덕공(德公)은 무공과 동모(同母) 소생이다.

노(魯) 희자(姬子)⁹⁾는 출자(出子)를 낳았다. 영공이 세상을 떠나자 대서장(大庶長) 불기(弗忌)와 위루(威壘)와 삼보(三父)가 태자를 폐하고 영

---

7) 부족(父族)·모족(母族)·처족(妻族).
8) 서융(西戎)의 군주가 기거하던 읍 이름.
9) 영공의 첩.

공의 서자(庶子)인 출자(出子)를 옹립하였다. 출자 6년, 삼보(三父) 등은 또다시 공모하여 출자를 암살하였다. 출자는 다섯 살에 즉위하여 재위 6년 만에 세상을 떠났다. 삼보 등은 폐위했던 본래의 태자 무공을 다시 옹립하였다.

무공 원년, 팽희씨(彭戱氏)[10]를 공격하여 화산(華山) 기슭에까지 진출하였고, 평양성(平陽城)의 봉궁(封宮)에서 기거하였다. 무공 3년, 삼보(三父) 등을 죽이고 아울러 그들의 삼족까지 멸하였는데 이는 그들이 출자를 시살하였기 때문이었다. 정(鄭)의 대부 고거미(高渠眯)는 그의 군주 소공(昭公)을 시살하였다. 무공 10년, 무공은 규(邽)와 기(冀) 땅에 거주하는 융족을 정벌하여 처음으로 진(秦)의 현(縣)으로 삼게 되었다. 무공 11년, 비로소 사(社)[11]와 정(鄭) 땅을 진(秦)의 현으로 삼고 소괵(小虢)[12]을 멸하였다.

무공 13년, 제(齊)의 관지보(管至父)와 연칭(連稱) 등은 그들의 군주 양공(襄公)을 시살하고 공손무지(公孫無知)를 옹립하였다. 진(晉)은 곽(霍)·위(魏)·경(耿)을 멸망시켰다. 제(齊)의 옹름(雍廩)은 무지(無知)와 관지보(管至父) 등을 죽이고 환공(桓公)을 옹립하였다. 제(齊)와 진(秦)은 강대한 나라가 되었다.

무공 19년, 진(晉)의 곡옥무공(曲沃武公)이 비로소 진후(晉侯)가 되었다. 제 환공(齊桓公)이 견(鄄)에서 패자(覇者)라 칭하였다.

무공 19년, 무공이 세상을 떠나자 옹읍(雍邑)의 평양(平陽)에 장사지냈다. 처음으로 산 사람을 순장하였으며 순장된 사람은 모두 육십육 명이

---

10) 융족(戎族)의 한 갈래.
11) 옛 두백국(杜伯國).
12) 강족(羌族)의 한 갈래.

었다. 무공에게는 백(白)이라는 아들이 있었는데 계위(繼位)하지 않고 평양(平陽)에 봉하였다. 무공의 동생 덕공(德公)이 즉위하였다.

덕공 원년, 처음으로 옹성(雍城)의 대정궁(大鄭宮)에서 거주하게 되었다. 부치(鄜畤)에서 산 제물로 소와 양과 돼지 삼백 마리씩 바치고 하늘에 제사를 지냈다. 옹성(雍城)에 거주하는 것에 대해 점을 친 결과 후대 자손들이 동쪽으로 진출하여 말에게 황하의 물을 먹일 수 있다는 아주 길한 점괘가 나왔다. 양백(梁伯)과 예백(芮伯)이 덕공을 조현하러 왔다.

덕공 2년, 처음으로 복날(伏日)을 규정하여 개를 잡고 무더위로 말미암아 생기는 발열성 병이나 사람을 해치는 사악한 기운을 액막이해 달라고 빌었다.

덕공은 나이 서른에 즉위하여 재위한 지 2년 만에 세상을 떠났는데 슬하에 아들이 셋 있었다. 맏아들은 선공(宣公)이고 둘째 아들은 성공(成公)이며 막내는 목공(穆公)이다. 맏아들 선공이 뒤이어 즉위하였다.

선공 원년, 위(衛)와 연(燕)이 주 왕조를 공격하여 혜왕(惠王)을 내쫓고 왕자 퇴(頹)를 왕으로 옹립하였다. 선공 3년, 정백(鄭伯)과 괵숙(虢叔)이 왕자 퇴(頹)를 시살하고 혜왕을 복위시켰다. 선공 4년, 밀치(密畤)[13]의 제 터를 세웠다. 하양(河陽)에서 진(晉)과 교전한 결과 승리하였다. 선공 12년, 선공이 세상을 떠났다. 그는 아들 아홉 명을 두었지만 자리를 이을 만한 아들이 없었다. 그래서 동생 성공(成公)이 즉위하게 되었다.

성공 원년, 양백(梁伯)과 예백(芮伯)이 조현하러 왔다. 제 환공(齊桓公)은 산융(山戎)을 정벌하고 고죽(孤竹)에 군대를 주둔시켰다. 성공은 재위 4년에 세상을 떠났다. 그에게 아들 일곱 명이 있었지만 자리를 이을 만한 재목이 없었다. 그래서 성공의 동생 목공(穆公)이 뒤이어 즉위

---

13) 위남(渭南)에 세우고 청제(靑帝)에게 제사를 올림.

하였다.

목공 임호(任好) 원년, 목공은 친히 군사를 이끌고 모진(茅津)을 정벌하여 승리하였다. 목공 4년, 진(晋)에서 아내를 맞이하였는데 그녀는 진(晋)의 태자 신생(申生)의 손윗누이이다. 그해에 제 환공(齊桓公)은 초(楚)를 토벌하고 군사들은 소릉(邵陵)에 이르렀다.

목공 5년, 진 헌공(晋獻公)은 우(虞)와 괵(虢)을 멸망시키고, 우의 군주와 그의 대부 백리해(百里奚)를 포로로 잡았다. 이는 사전에 진의 헌공(獻公)이 흰 보옥[白璧]과 준마로 우의 군주에게 뇌물 공세를 폈기 때문에 얻어진 결과였다. 진 헌공(晋獻公)은 백리해를 포로로 잡은 후 그를 진 목공(秦穆公) 부인(夫人)의 잉신(媵臣)[14]으로 삼아 진(秦)에 보냈다.

백리해는 진(秦)에서 완성(宛城)으로 도망쳤으나 초(楚) 변방에 사는 사람이 그를 붙잡았다. 목공은 백리해의 재능이 뛰어나다는 말을 듣고 비싼 값을 치르고라도 그를 되찾고 싶었다. 혹시라도 초나라 사람이 넘겨주지 않을까 싶어 사람을 보내 그에게 말하였다.

"신부에게 딸려 보낸 나의 하인 백리해가 그대에게 있다는데 검은 양가죽[羖皮] 다섯 장과 맞바꾸었으면 좋겠소."

초나라 사람이 이에 동의하고 백리해를 진(秦)에 넘겨주었다. 그 당시 백리해의 나이는 이미 일흔쯤 되었다. 목공은 그를 석방한 후 그와 더불어 나랏일에 대해 이야기를 나누려 하자 백리해가 사양하며 말하였다.

"저는 망국의 신하인데 어찌 하문받을 만한 가치가 있겠습니까?"

목공이 말했다.

"우(虞)의 군주가 그대를 신임하지 않았기 때문에 나라가 망한 것이지 이는 그대의 잘못이 아니오."

---

14) 고대 귀족의 부녀가 시집갈 때 딸려 보내는 노예.

목공은 집요하게 질문을 던졌다. 꼬박 사흘 동안 그와 함께 얘기를 나눈 목공은 크게 기뻐하며 그를 '오고대부(五羖大夫)'라 부르고 나랏일을 맡기게 되었다. 백리해가 겸손해 하며 말하였다.

"저는 제 친구 건숙(蹇叔)에게 미칠 바가 못 됩니다. 건숙은 재능이 뛰어난데도 세상 사람들이 이를 알지 못하고 있습니다. 저는 예전에 벼슬을 구하러 외국에 나갔다가 제(齊)에서 곤경에 빠져 질(銍) 땅 사람들에게서 밥을 빌어먹게 되었을 때 건숙이 저를 거두어 주었습니다. 저는 제(齊)의 군주 무지(無知)를 받들어 섬기려 하였으나 건숙이 이를 만류하였습니다. 그 덕분에 저는 무지(無知)가 피살당하는 재난으로부터 벗어날 수 있었습니다.

그 후 저는 주 왕조의 도읍지로 가서 주(周)의 왕 자퇴(子頹)가 소[牛]를 좋아하는 것을 알고 소를 사육하는 기술에 의지하여 그분을 만나 뵙기를 청하였습니다. 그분이 저를 등용해 주시기를 기다리고 있는데 건숙이 저를 만류하며 떠났습니다. 그리하여 저는 자퇴(子頹)와 함께 피살당하는 참사를 모면할 수 있었습니다.

또 제가 우(虞)의 군주를 섬기자 건숙이 이를 만류하였습니다. 저는 우군(虞君)께서 저를 중용하실 수 없다는 것을 알았지만 급여와 관직에 연연하여 잠시 머물렀습니다. 이렇듯 건숙의 말을 믿었기 때문에 두 번의 재앙을 모면할 수 있었습니다만 한 번 그의 말을 따르지 않았기 때문에 우군이 망하는 재난을 만나게 된 것입니다. 그래서 저는 그의 재능을 잘 알고 있습니다."

그리하여 목공은 건숙에게 사람을 보내 정중한 예를 갖추어 대부로 삼았다.

가을날, 목공은 친히 군사를 거느리고 진(晉)의 정벌에 나서 하곡(河曲)에서 일전을 벌였다. 진 여희(晉驪姬)가 난을 일으키자 태자 신생(申

生)은 곡옥(曲沃)의 신성(新城)에서 자살하고, 중이(重耳)는 적(翟)으로 달아나고, 이오(夷吾)[15]는 소량(少梁)으로 달아났다.

목공 9년, 제 환공(齊桓公)은 제후들을 규구(葵丘)[16]로 소집하였다.

진 헌공(晉獻公)이 세상을 떠났다. 여희(驪姬)의 아들 해제(奚齊)를 세우자 신하 이극(里克)이 해제를 시살하였다. 순식(荀息)이 탁자(卓子)를 옹립하자 이극이 또 탁자와 순식을 시살하였다. 이오(夷吾)는 진(秦)에 사람을 보내서 자기가 귀국하여 즉위할 수 있도록 군대를 파견하여 도와달라고 구원을 요청하였다. 이를 허락한 목공은 군사를 이끈 백리해를 파견하여 이오가 무사히 귀국할 수 있도록 호위하게 하였다. 이오가 진(秦)나라 사람에게 말하였다.

"내가 즉위하게 되면 진(晉) 하서(河西)의 성 여덟 개를 진(秦)나라에 떼어 주겠소."

마침내 무사히 귀국한 이오가 즉위하게 되자 진(秦)의 후의에 고마움을 표시하기 위해 비정(丕鄭)을 진(秦)에 파견하였다. 그러나 이오는 약속을 저버리고 하서(河西)의 성 여덟 개를 진(秦)에게 할양하지 않았을 뿐만 아니라 이극(里克)을 죽여 버렸다. 비정(丕鄭)이 이 소식을 듣고 두려운 나머지 목공과 의논하였다.

"진(晉)나라 백성들은 이오를 바라지 않으며 마음속으로는 중이를 원하고 있습니다. 지금 이오가 약속을 저버렸을 뿐만 아니라 이극을 죽였다 하니 이는 모두 여생(呂甥)과 극예(郤芮)의 계략일 것입니다. 바라옵건대 폐하께서는 즉시 재물을 미끼로 여생과 극예를 불러들이십시오. 그들이 오면 다시 중이를 호위하여 진(晉)에 귀국시키는 일은 쉬울 것입

---

15) 중이(重耳)와 이오(夷吾)는 진 헌공(晉獻公)의 두 아들.
16) 당시 송(宋)의 땅.

니다."

목공은 비정의 의견에 동의하고 비정과 함께 사람을 보내서 여생과 극예를 소환하려 하였다. 여생과 극예는 비정이 음모를 꾸미고 있을지도 모른다는 의심이 들어 이오에게 즉시 비정을 죽이도록 건의하였다. 비정의 아들 비표(조豹)가 진(秦)으로 도망쳐 목공에게 간청하였다.

"진(晉)의 군주는 잔인무도하여 백성들이 모두 가까이하려 하지 않으니 정벌하시는 것이 좋을 듯합니다."

목공이 말하였다.

"백성들이 진실로 진(晉)의 군주를 지지하지 않는다면 그들은 왜 대신(大臣)들을 죽이는 게지? 그것은 아직도 진(晉)에게 협조하고 있음을 반증하는 것이 아닌가?'

목공은 진(晉)의 경계심을 늦추기 위해 겉으로는 비표의 계책을 따르지 않았으나 비밀리에 비표를 중용하였다.

목공 12년, 제(齊)의 관중(管仲)과 습붕(隰朋)이 죽었다.

진(晉)에 가뭄이 들자 진(秦)나라에 와서 식량을 원조해 달라고 간청하였다. 비표(조豹)는 진(晉)에 흉년이 들어 백성들이 굶주리고 있으니 식량을 원조해 주지 말고 이 틈을 이용하여 공격할 것을 목공에게 건의하였다. 목공이 공손지(公孫支)[17]에게 물으니 그가 대답했다.

"흉작과 풍작은 번갈아 일어나는 일이니 원조해 주지 않으면 안 됩니다."

백리해에게 묻자 그도 이렇게 대답했다.

"이오가 죄를 지었지 그의 백성이 무슨 죄가 있겠습니까?'

---

17) 진(秦)의 대부(大夫).

목공은 백리해와 공손지의 의견을 받아들여 진(晉)에 식량을 원조해 주기로 결정하고 뱃길과 육로를 이용하여 진(秦)의 도읍지 옹도(雍都)에서 진(晉)의 도읍지 강성(絳城)까지 식량을 운반하게 하니 수레와 배의 왕래가 잇따라 끊이지 않았다.

목공 14년, 이번에는 진(秦)에 흉년이 들어 진(晉)에 식량을 원조해 달라고 요청하였다. 진(晉)의 군주와 신하들은 이 문제에 대하여 의논하였다. 괵사(虢射)가 말하였다.

"저들이 흉년이 든 틈을 이용하여 공격하신다면 큰 효과를 거둘 수 있을 것입니다."

진(晉)의 군주는 괵사의 의견을 따랐다. 목공 15년, 진(晉)의 군주는 군사를 동원하여 진(秦)을 공격하였다. 목공은 군사를 동원하여 비표(조豹)를 대장으로 삼아 친히 나아가 맞서 싸웠다. 9월 임술(壬戌)날, 목공은 한원(韓原)에서 진의 혜공(晉惠公) 이오(夷吾)와 격전을 치렀다. 진(秦)의 군주는 그의 대부대(大部隊)를 이탈하여 단신으로 적진에 뛰어들어 진(秦)의 군사와 재물을 놓고 쟁탈전을 벌이다가 병거와 군마(軍馬)가 그만 늪에 빠지는 바람에 그 자리를 빠져나올 수 없었다.

목공은 부하들과 함께 진(晉)의 군주를 추격하다가 군주는 잡지 못하고 도리어 진(晉)의 군사들에게 포위당하고 말았다. 진(晉) 군사들의 공격을 받아 목공은 부상을 당하였다. 이때 예전에 기산(岐山) 아래에서 목공의 준마(駿馬)를 훔쳐 잡아먹었던 삼백여 명의 시골 사람들[野人]이 위험을 무릅쓰고 말을 몰아 진(晉)의 진영으로 돌진하여 포위망을 뚫어 목공은 위험으로부터 벗어나고, 도리어 진(晉)의 군주가 사로잡히게 되었다.

목공이 예전에 뛰어난 말 한 필을 잃어버린 적이 있었는데 기산(岐山) 아래에서 좋은 말들을 훔쳐 먹고 살던 삼백여 명의 시골 사람들이 목공의 말을 잡아먹었던 것이다.[18] 그때 관리들이 그들을 붙잡아 법에 따라 처벌하려고 하자 목공이 말하였다.

"덕망 있는 사람은 가축 때문에 사람을 해치지 않는 법이다. 내가 듣건대 좋은 말을 훔쳐 먹은 사람이 술을 마시지 않으면 병이 난다고 한다."

목공은 그들에게 술을 하사하여 마시게 하고 사면한 적이 있었다.

이 삼백여 명의 시골 사람들이 진(秦)이 진(晉)의 군사를 반격한다는 소식을 듣고 모두들 뒤따라와 자기도 참전하게 해 달라고 간청하였다. 이들이 진(晉)의 군사들에게 목공이 포위당한 것을 발견하고는 모두들 죽음을 무릅쓰고 무기를 높이 쳐들어 적진으로 돌격해 들어가 예전에 말을 훔쳐 먹었을 때 용서해 준 목공의 은덕에 보답한 것이다.

목공은 진(晉)의 군주를 사로잡아 되돌아와서는 전국에 이렇게 명령을 내렸다.

"모두들 잠자리에 들지 말고 재계(齋戒)하라. 내가 진(晉)의 군주를 바쳐 상제께 제사를 드리려 한다."

주 천자(周天子)가 이 사건을 듣고 '진(晉)의 군주는 나와 동성(同姓)이다.' 하며 진군(晉君)을 용서해 줄 것을 청했다. 이오(夷吾)의 손윗누이가 바로 진 목공(秦穆公)의 부인이었는데 이 사건을 전해들은 그녀는 상복으로 갈아입은 뒤 맨발로 달려가 목공 앞에 나아가 아뢰었다.

"소첩은 자신의 친형제도 구하지 못하고 군왕 폐하의 명령을 욕되게 하여 송구스럽기 짝이 없습니다."

목공이 말하였다.

"내가 진(晉)의 군주를 잡은 것은 그야말로 커다란 공이나 지금 천자께서 그를 살려 주기를 바라고 있고 부인 또한 이 일 때문에 심려하고 있

---

18) ≪呂氏春秋≫의 「愛士」에 그 내용이 보인다.

으니……."

그리하여 목공은 진(晉)의 군주와 맹약을 체결하고 난 다음 그를 되돌려 보낼 것을 허락하였다. 아울러 귀빈들이 묵는 고급 빈관(賓館)에 유숙케 하고 소·양·돼지 일곱 마리씩을 주어 11월, 진(晉)의 군주 이오(夷吾)를 본국으로 되돌려 보냈다. 이오는 하서(河西) 땅을 진(晉)에게 바치고 태자 어(圉)를 진(秦)에 인질로 보냈다. 진(秦)의 군주는 동종(同宗)의 여자를 자어(子圉)에게 시집보냈다. 이때 진(秦)의 영토는 동쪽으로 이미 황하에 다다랐다.

목공 18년, 제 환공(齊桓公)이 세상을 떠났다. 목공 21년, 진(秦)이 양(梁)과 예(芮)를 멸망시켰다.

목공 22년, 진 공자(晉公子) 어(圉)는 진 혜공(晉惠公)이 병환이 났다는 소식을 듣고 이렇게 생각했다.

'양(梁)나라는 나의 외가(外家)인데 진(秦)나라가 멸망시켰구나. 내 형제는 여럿이니 만일 군왕 폐하께서 승하하신 후에도 나를 이곳에 인질로 붙잡아 둔다면 진(晉)나라에서는 나를 업신여기고 군왕 폐하의 다른 아들들 중 하나를 군주로 옹립할 것이 아닌가.'

그리하여 자어(子圉)는 진(晉)나라로 도망쳤다. 목왕 23년, 진 혜공(晉惠公)이 세상을 떠나자 자어(子圉)가 즉위하였다. 진(晉)나라는 자어가 도망친 것을 알고 분노하였다. 즉시 초(楚)나라에 사람을 보내 진 공자(晉公子) 중이(重耳)를 맞아들이고 아울러 자어가 진(秦)에 볼모로 잡혀 있을 때 맞이했던 아내를 다시 중이에게 시집보냈다. 중이는 사절하였으나 나중에 이를 받아들였다. 목공은 중이에게 후한 선물을 주며 더욱더 우대하였다.

목공 24년 봄, 진(秦)나라는 사람을 보내 진(晉)나라의 대신에게 중이를 귀국시키겠다고 알렸다. 진(晉)이 이에 동의하자 목공은 사람을 파견하여 중이를 호위해 주도록 하였다. 2월, 중이가 즉위하니 그가 바로 진 문공(晉文公)이다. 문공이 사람을 보내 자어를 살해하였는데 자어가 바로 진 회공(晉懷公)이다.

그해 가을, 주 양왕(周襄王)의 동생 숙대(叔帶)가 적족(狄族)의 세력을 등에 업고 양왕을 공격하자 그는 이를 피하여 정(鄭)나라로 달아나 그곳에 거주하였다. 목공 25년, 주(周)의 왕은 진(晉)나라와 진(秦)나라에 사람을 보내서 이런 변란을 알렸다. 목공 28년, 진 문공(晉文公)은 성복(城濮)에서 초(楚)의 군사를 궤멸시켰다. 목공 30년, 목공은 진 문공이 정(鄭)나라를 포위 공격하는 데 협력하였다. 그러자 정나라에서 사람을 보내 목공에게 말하였다.

"정나라를 멸망시키는 것은 진(晉)나라를 더욱 강성하게 하는 것이므로 진(晉)에게는 이익이 있지만 진(秦)에게는 아무런 이익이 없습니다. 진(晉)이 강대해지면 진(秦)에게 걱정거리가 아닐 수 없을 것입니다."

목공은 군대를 철수하여 본국으로 되돌아갔다. 진(晉)나라도 군대를 철수하였다. 목공 32년 겨울, 진 문공(晉文公)이 세상을 떠났다. 어떤 사람이 정(鄭)나라를 배반하여 진(秦)나라에 이렇게 말하였다.

"저는 정나라의 성문을 관장하고 있는데 정나라가 급습할지도 모릅니다."

목공이 건숙(蹇叔)과 백리해(百里奚)에게 묻자 그들이 대답했다.

"여러 나라를 거쳐 천 리의 먼 길을 와서 다른 나라를 습격하여 얻는 이익이라고는 거의 없습니다. 하물며 어떤 사람이 정나라를 배반한 이상 우리 나라에도 우리 내부 사정을 정나라에 보고하는 사람이 없다고 어떻게 장담할 수 있겠습니까? 그렇게 하시면 안 됩니다."

목공이 말했다.

"그대들은 이해하지 못하는 모양인데 난 이미 결정했소."

그리하여 군사를 동원하여 백리해의 아들 맹명시(孟明視)와 건숙의 아들 서걸술(西乞術) 및 백을병(白乙丙)으로 하여금 군사들을 인솔하게 하였다. 군사들이 출발하는 날 백리해와 건숙은 군사들을 향해 통곡했다. 목공이 이를 듣고 진노하였다.

"내가 출병하려는데 그대들이 통곡하여 사기를 떨어뜨리니 도대체 무엇 때문에 그러는가?"

두 노신(老臣)이 대답했다.

"저희들이 어찌 감히 폐하의 사기를 떨어뜨리겠습니까. 출발하는 군대에는 신(臣)들의 자식들도 참가하고 있습니다. 이미 늙은 저희들이라 자식들이 늦게 돌아오면 부자간에 서로 상면하지 못할까 두렵습니다. 그래서 이렇게 우는 것입니다."

두 노인은 뒤로 물러나 그들의 아들들에게 말했다.

"너희들이 인솔하는 군대가 패한다면 틀림없이 효산(崤山)의 험준한 요충지일 것이다."

목왕 33년 봄, 진(秦) 군사들은 동쪽으로 진군하여 진(晋)의 땅을 지났다. 주 왕조 도성의 북문(北門)을 지날 때 주 왕조의 왕손(王孫) 만(滿)[19]이 말하였다.

"진(秦)나라의 군사들은 무례하기 짝이 없습니다. 실패하는 길밖에 무슨 활로가 있겠습니까?"

군사들이 활읍(滑邑)에 다다랐을 때 때마침 정나라 상인 현고(弦高)가 소 열두 마리를 주 왕조의 도읍으로 팔러 가다가 진(秦)나라 군사들을 발견하였다. 그는 진나라의 군사들이 자기를 죽이거나 포로로 잡을까 두려운 나머지 얼른 소들을 바치며 이렇게 말하였다.

---

19) 주(周)의 대부(大夫).

"제가 듣건대 귀국에서는 정나라를 정벌하려고 한다는데 정나라 군주께서는 철저히 대비하시면서 저를 파견하여 소 열두 마리로 귀국의 병사들을 위로해 주도록 분부하셨습니다."

진(秦)나라의 세 장군들은 서로 마주보며 말하였다.

"기습하려고 했는데 정나라가 이미 이 사실을 알아차렸으니 더 나아가 보았자 기습할 기회를 얻지 못할 것 같소."

진(秦)의 군사들은 활읍(滑邑)을 멸했다. 활읍은 진(晉)나라 변경에 있는 고을이었다. 그 당시 진 문공(晉文公)이 세상을 떠났지만 아직 장례도 치루지 못하고 있었다. 태자 양공(襄公)이 진노하며 말했다.

"내가 부친상을 당한 이 마당에 진(秦)나라가 나를 능멸하여 우리 활읍(滑邑)을 공격하다니!"

양공은 흰 상복을 검게 물들인 뒤 출병하여 효산(崤山)에서 진군(秦軍)의 퇴로를 차단하고 공격하여 격멸시키니 진(秦)의 병사들은 단 한 사람도 살아 도망치지 못하고 궤멸되고 말았다. 진(晉)의 군사들은 진군(秦軍)의 세 장군들을 포로로 잡아 도읍지로 끌고 갔다. 진 문공(晉文公)의 부인(夫人)[20]은 진(秦) 종실의 딸이었으므로 그녀는 포로로 붙들린 진(秦)의 세 장수들을 위해 양공에게 간청하였다.

"목공은 이 세 장수들 때문에 원한이 골수에 사무칠 것입니다. 바라옵건대 폐하께서는 이 세 장수들을 되돌려 보내십시오. 그러면 제 친정[秦]의 군주께서 저들을 삶아 죽이실 것입니다."

진 양공(晉襄公)이 그녀의 간청을 받아들여 세 장수들을 진(秦)나라로 되돌려 보냈다. 세 장수들이 진(秦)에 돌아오자 목공은 소복(素服)을 하

---

20) 진 문공(晉文公)이 진(秦)에 있을 때 맞아들인 진(秦)나라 종실의 딸, 또는 진 목공(秦穆公)의 딸이라고도 함.

고 친히 교외까지 나아가 세 장수를 향해 눈물을 흘리며 말했다.

"내가 백리해와 건숙의 건의를 받아들이지 않아 그대들로 하여금 수치스러운 모욕을 겪게 했으니 그대들은 아무런 죄가 없다. 그대들은 이 치욕을 설욕할 만반의 준비를 하라. 결코 의기소침하거나 낙담하지 말라."

목공은 이 세 사람의 관직과 봉록을 예전대로 복위시켜 주고 그들을 더욱 중용하였다.

목왕 34년, 초(楚)의 태자 상신(商臣)이 자신의 부친 초 성왕(楚成王)을 시살하고 뒤이어 즉위하였다. 이에 목공은 다시 맹명시(孟明視) 등에게 군사들을 인솔하여 진(晋)나라를 정벌하도록 명하여 팽아(彭衙)에서 교전하였다. 진군(秦軍)이 불리해지자 맹명시 등은 회군하여 귀국하였다.

융왕(戎王)은 유여(由余)를 진(秦)에 사신으로 파견하였다. 진(晋)나라 사람이었던 유여의 선조는 융(戎) 땅으로 도망쳐 살았지만 여전히 진(晋)나라 말을 사용할 줄 알았다. 융왕(戎王)은 목공이 어질다는 소문을 듣고 유여를 사신으로 파견하여 진(秦)나라를 시찰해 보도록 했던 것이다. 진 목공(秦穆公)은 궁전과 모아둔 재물을 그에게 보여 주며 자랑하였다. 유여가 말했다.

"이런 물건들을 귀신들에게 만들라고 하면 귀신들도 피곤해 지쳐 나가떨어지겠습니다. 백성들을 시켜 이러한 물건들을 만들라고 하면 민중들은 이 때문에 몹시 고생하겠습니다."

목공은 그의 대답에 의아해 하며 물었다.

"중원의 각 나라에서는 예악(禮樂)·시서(詩書)·법률 제도로써 나라를 다스리는데도 여전히 재난과 변란이 일어나고 있소. 그런데 융족은 그러한 것들이 없는데 무엇에 의거하여 나라를 다스리고 있소? 다스리기가 매우 어렵지 않소?"

유여가 웃으며 대답했다.

"바로 그것 때문에 중원 각 나라에서 변란이 일어나는 것입니다. 최고의 성인 황제(黃帝)께서 예악과 법도를 창제하신 이후 친히 솔선수범하여 이를 집행하신 결과 천하를 겨우 소강(小康) 상태로 이끄셨습니다.

그런데 후대로 내려오면서 군주들은 날이면 날마다 교만하고 사치를 일삼으며 황음무도(荒淫無道)해져 갔습니다. 그들은 법도의 권위만을 의존하여 신하와 백성들을 처벌하고 감찰하였으며, 온갖 고생을 다한 아랫사람들은 어진 정치를 베풀지 못한 윗사람을 원망하였습니다. 윗사람과 아랫사람이 서로 원망하고 죽이고 하여 멸족할 지경에 이르렀으니 이모두가 예악 없는 정치에서 비롯된 것입니다.

그러나 융족은 그렇지 않습니다. 윗사람은 꾸밈없는 덕행으로써 아랫사람을 대하고 아랫사람은 충성을 다하여 윗사람을 섬깁니다. 한 나라의 정사는 마치 한 개인의 일을 잘 다스리는 것과 같아서, '나라를 잘 다스릴 수 있는 근거는 바로 이것이다'라고 딱 꼬집어 말할 수 없는 것입니다. 이것이야말로 성인께서 나라를 다스리는 진정한 방도입니다."

목공이 궁중으로 돌아와 내사(內史) 왕료(王寥)에게 물었다.

"내가 듣건대 이웃 나라에 성인이 있으면 적대 국가의 근심이라고 하오. 지금 유여가 어질고 재능이 있으니 나의 걱정거리가 아닐 수 없소. 그를 어떻게 대하면 좋겠소?"

내사(內史) 왕료가 대답하였다.

"융왕(戎王)은 후미진 구석에 살고 있기 때문에 중원 여러 나라들의 음악을 들어 보지 못했습니다. 폐하께서는 시험 삼아 가무(歌舞)에 뛰어난 기녀(伎女)들을 보내 그의 기개를 꺾어 놓으십시오. 그리고 유여(由余)의 논공행상(論功行賞)을 따져 그들의 군신 관계를 소원하게 만드시기 바랍니다. 유여를 붙잡아 두고 돌아갈 기일을 놓치게 하면 융왕이 괴이하게 여겨 틀림없이 그를 의심하게 될 것입니다. 뿐만 아니라 군신 간의 거리가 생기면 유여를 포로로 할 수 있습니다. 또한 융왕이 음악을 좋아하게 되면 틀림없이 정사에 소홀하게 될 것입니다."

목공이 말했다.

"좋소."

그리하여 목공은 유여와 자리를 함께 하여 바싹 다가앉게 하고 요리를 한 그릇에 차려 놓아 서로 건네 가며 먹으면서 융족의 지세(地勢)와 병력 배치에 대하여 자세히 물었다. 또한 내사(內史) 왕료에게 명하여 가무(歌舞)에 뛰어난 기녀(伎女) 열여섯 명을 융왕에게 보내도록 하였다. 융왕은 기녀들을 받고서 매우 기뻐하였다. 기녀들의 가무에 흠뻑 빠진 나머지 그해가 다 가도록 돌아가는 것조차 잊었다.

그제야 비로소 진(秦)나라는 유여를 돌려보냈다. 유여는 누차에 걸쳐 왕 앞에 나아가 간언하였으나 융왕은 번번이 유여의 말을 듣지 않았다. 목공은 또 여러 차례 사람을 보내 유여를 은밀히 초청하고자 하였다. 마침내 유여는 융왕의 곁을 떠나 진(秦)나라에 의탁하였다. 목공은 귀빈을 맞이하는 정중한 예절을 갖추어 그를 맞이하고 융족의 형세를 물었다.

목공 36년, 목공은 맹명시(孟明視) 등을 더욱 중용하여 그들에게 영을 내렸다. 그들은 군사들을 인솔하여 황하를 건넌 후 필사적으로 싸우기 위해 배를 모두 불태웠다. 그 결과 진군(晉軍)을 크게 격파하고 왕관(王官)과 호(鄗) 땅을 빼앗아 예전에 효산(崤山) 전투에서 진 빚을 톡톡히 갚았다. 진(晉)나라 사람들은 성을 굳게 지킬 뿐 감히 밖으로 나와 싸우지 못하였다.

목공은 모진(茅津)에서 황하를 건너 예전에 효산 전투에서 전사한 진(秦)의 병사들을 장사지내고 제단을 쌓아 추도하며 사흘 동안 통곡하였다. 그리고 전군에 맹서의 글을 포고하였다.

'친애하는 장병들이여! 조용히 귀 기울여 그대들에게 포고하는 나의 맹서를 듣도록 하라. 옛사람들은 연로한 사람들에게 가르침을 청하였기 때문에 일을 그르치는 일이 없었다.'

목공은 건숙과 백리해의 건의를 받아들이지 않아 일을 그르쳤던 사실을 되새기며 이 맹서의 글을 지어 후대들로 하여금 자신의 과실을 되새겨 보게 하였다. 덕망 있는 군자들이 이를 듣고 눈물을 흘리며 말했다.

"아! 진 목공(秦穆公)은 사람을 세심하게 대접하는지라 마침내 맹명시(孟明視) 등이 승리로 보답하였도다."

목공 37년, 진(秦)나라는 유여의 계책을 받아들여 융왕(戎王)을 정벌하였다. 그리하여 속국을 열두 개 늘렸으며 사방 천 리나 되는 영토를 확장하여 마침내 서융족(西戎族)의 패주(覇主)가 되었다. 주 천자(周天子)는 소공(召公)을 파견하여 징과 북 등을 하사하고 축하하였다.

목공 39년, 목공이 세상을 떠나자 옹읍(雍邑)에 장사지냈다. 순장된 사람은 모두 일백칠십칠 명이었다. 순장된 사람들 중에는 진(秦)나라의 훌륭한 세 명의 신하 자여엄식(子與奄息)·자여중행(子與仲行)·자여침호(子與鍼虎)도 포함되어 있었다. 진(秦)나라 사람들은 그들을 애도하여 「황조(黃鳥)」[21]라는 시가를 지었다. 덕망이 있는 군자들은 이렇게 말했다.

"진 목공(秦穆公)께서는 강토를 개척하시고 국력을 증강시키셨으며, 동쪽으로는 강대한 진(晉)나라를 정복하시고 서융족(西戎族)의 패주(覇主)가 되셨다. 하지만 끝내 제후국들의 맹주(盟主)가 되지 못한 것은 당연한 일이다. 이는 폐하께서 승하하신 후 백성들을 해치고 훌륭한 신하들을 붙잡아 순장하였기 때문이로다. 옛날 어진 선왕들께서는 승하하신

---

21) ≪詩經≫의 「秦風」에 보인다.

후에도 어진 덕과 법도를 남기셨다. 하물며 백성이 동정하는 선량한 사람들과 훌륭한 신하들을 앗아감에 있어서랴! 이 때문에 진(秦)나라는 동쪽으로 진출할 수 없을 것 같은 예감이 드는구나."

목공에게는 사십 명의 아들이 있었는데 태자 앵(罃)이 즉위하니 그가 강공(康公)이다.

강공 원년, 1년 전 목공이 세상을 떠났을 때 진 양공(晉襄公)도 세상을 떠났다. 진 양공(晉襄公)의 동생 옹(雍)은 진(秦)나라 여인의 소생이었는데 진(秦)나라에 살았다. 진(晉)나라의 조순(趙盾)[22]이 옹(雍)을 군주로 옹립하기 위해 수회(隨會)[23]를 진(秦)에 파견하여 모셔오도록 하자 진(秦)나라에서는 군대를 파견하여 옹(雍)을 영호(令狐)까지 호송해 주었다. 진(晉)나라는 양공(襄公)의 아들을 세우고 도리어 진군(秦軍)을 공격하였다. 진군(秦軍)이 패하자 수회는 진(秦)나라로 도망쳤다.

강공 2년, 진(秦)나라는 진(晉)을 공격하여 무성(武城)을 빼앗고 지난번 영호(令狐)의 전투에서 패한 것에 대한 앙갚음을 하였다. 강공 4년, 진(晉)나라는 진(秦)나라를 공격하여 소량(少梁)을 차지했다. 강공 6년, 진(秦)나라는 진(晉)을 공격하여 기마(羈馬)를 빼앗고 하곡(河曲)에서 격전을 벌여 진군(晉軍)을 궤멸시켰다.

진(晉)나라는 수회가 진(秦)나라에 머물며 진(晉)을 해치고자 모반할까 두려워 위수여(魏讐餘)[24]를 진(秦)에 파견하여 거짓으로 투항하는 체하며 수회를 만나 진(晉)으로 돌아갈 계책을 공모하였다. 진(晉)나라가 수회를 잡기 위한 술책을 마련해 놓으니 수회가 그 꾐에 빠져 마침내 진(晉)나라로 돌아갔다. 강공이 재위 12년에 세상을 떠나자 아들 공공(共

---

22) 당시 진(晉)의 정권을 장악하고 있던 경(卿).
23) 진(晉)의 대부(大夫)인 계무자(季武子).
24) 진(晉)의 대부(大夫).

公)이 즉위하였다.

공공 2년, 진(晉)의 조천(趙穿)은 그의 군주 영공(靈公)을 시살하였다. 공공 3년, 초 장왕(楚莊王)이 강대해져 북방으로 군사를 거느리고 진출하여 낙읍(洛邑)에 다다라 주 왕조의 구정(九鼎)을 물었다. 공공이 재위 5년에 세상을 떠나자 아들 환공(桓公)이 즉위하였다.

환공 3년, 진(晉)나라는 진(秦)나라의 장군 한 명을 사로잡았다. 환공 10년, 초 장왕(楚莊王)은 정(鄭)나라를 항복시키고 북쪽으로 진격하여 황하 기슭에서 진(晉)을 참패케 하였다. 그때 초나라는 패주(覇主)로 칭했으며 제후들을 소집하여 회합을 갖고 동맹을 맺었다. 환공 24년, 진 여공(晉厲公)은 황하를 사이에 두고 진 환공(秦桓公)과 만나 동맹을 맺었다. 환공은 돌아와 이 동맹을 깨고 적인(狄人)과 모의하여 진(晉)나라를 공격하였다.

환공 26년, 진(晉)나라는 제후들을 거느리고 진(秦)나라를 공격하였다. 진군(秦軍)이 패하여 달아나자 진군(晉軍)은 경수(涇水) 기슭까지 추격한 뒤에야 비로소 군사들을 거두었다. 환공이 재위 27년에 세상을 떠나자 아들 경공(景公)이 즉위하였다.

경공 4년, 진(晉)의 난서(欒書)가 그의 군주 여공(厲公)을 시살하였다. 경공 15년, 진군(秦軍)은 정(鄭)을 원조하여 역읍(櫟邑)에서 진(晉)의 군사를 격파하였다. 그때 진 도공(晉悼公)은 제후들의 맹주(盟主)였다. 경공 18년, 진의 도공은 강대해져 여러 차례 제후들을 회합하여 그들을 거느리고 진(秦)나라를 공격하여 진군(秦軍)을 패퇴시켰다. 진군(秦軍)이 달아나자 진군(晉軍)은 계속 추격하여 경수(涇水)를 건너 역림(棫林)에 이르러서야 군사를 거두었다.

경공 27년, 경공은 진(晉)나라에 나아가 평공(平公)과 동맹을 맺었으나 얼마 안 되어 또다시 동맹을 깨뜨렸다. 경공 36년, 초(楚)의 공자 위(圍)

가 그의 군주를 시살하고 스스로 군주의 자리에 오르니 그가 초 영왕(楚靈王)이다.

진 경공(秦景公)의 동복(同腹) 동생 후자침(后子鍼)은 군주의 총애를 받았으며 매우 부유하였다. 어떤 사람이 그를 험담하자 그는 피살당할까 두려운 나머지 천 대의 수레에 재물을 가득 싣고 즉시 진(晋)나라로 달아났다. 진 평공(晋平公)이 말하였다.

"그대는 이처럼 부유한데 왜 스스로 도망쳐 왔는고?"

후자침이 대답했다.

"진(秦)의 군주는 잔인무도하여 저를 죽일까 두려웠습니다. 그래서 저는 그가 죽은 후에나 돌아갈까 합니다."

경공 39년, 강대해진 초 영왕(楚靈王)은 신(申)땅에 제후들을 회합하여 맹주(盟主)가 되자 제(齊)의 경봉(慶封)을 죽였다. 경공이 세상을 떠나자 아들 애공(哀公)이 즉위하였다. 후자침은 다시 진(秦)나라로 되돌아왔다.

애공 8년, 초(楚)의 공자 기질(棄疾)이 영왕(靈王)을 시살하고 스스로 왕위에 오르니 그가 평왕(平王)이다. 애공 11년, 초 평왕(楚平王)은 진(秦)의 여자를 태자 건(建)의 아내로 맞게 하려 했으나 귀국하여 아름다운 그 여자를 보더니 자신의 아내로 삼아 버렸다.

애공 15년, 초 평왕(楚平王)이 태자 건(建)을 죽이려 하자 태자 건(建)은 정(鄭)으로 달아나고 오자서(伍子胥)[25]는 오(吳)나라를 찾아가 의탁하였다. 진(晋)나라 군주의 세력은 약화되고 육경(六卿)[26]의 세력이 강대해

---

25) 이름이 원(圓), 자(字)는 자서(子胥). 그의 부친 오사(伍奢)는 태자(太子) 건(建)의 태부(太傅)를 지냈으며 평왕(平王)이 그의 부친과 형 오상(伍尙)을 죽이자 그는 오(吳)나라로 달아났다.

26) 진(晋)나라의 강성한 여섯 집안, 즉 범씨(范氏)·중행씨(中行氏)·지씨(智氏)·조씨(趙氏)·한씨(韓氏)·위씨(魏氏).

져 내부에서 서로 공격해댔다. 이로 말미암아 진(秦)과 진(晋) 두 나라는 오랫동안 서로 공격하지 않았다.

애공 31년, 오왕(吳王) 합려(闔閭)와 오자서가 초(楚)를 공격하자 초왕(楚王)은 수읍(隨邑)으로 달아나고, 오군(吳軍)은 초나라의 도읍지 영(郢)까지 진격해 들어갔다. 초나라의 대부 신포서(申包胥)는 진(秦)나라에 가서 이레 동안 식음을 전폐하고 밤낮없이 울며 구원을 요청하였다. 그리하여 진(秦)나라는 초나라를 원조하기 위해 병거 오백 대를 보내 오군(吳軍)을 격파했다. 오나라 군사들이 되돌아가자 초 소왕(楚昭王)은 비로소 도읍 영(郢)으로 되돌아가게 되었다.

애공은 재위 36년에 세상을 떠났다. 태자 이공(夷公)은 요절하였기 때문에 계위(繼位)할 수 없었다. 그래서 이공의 아들을 왕으로 세우니 그가 혜공(惠公)이다.

혜공 원년, 공자(孔子)가 노(魯)나라 상(相)의 직무를 대행하였다. 혜공 5년, 진(晋)의 경(卿) 중행씨(中行氏)와 범씨(范氏)가 진(晋)을 배반하였다. 진(晋)의 군주가 지씨(智氏)와 조간자(趙簡子)를 파견하여 그들을 공격하자 범씨와 중행씨는 제(齊)나라로 달아났다. 혜공이 재위 10년에 세상을 떠나자 아들 도공(悼公)이 즉위하였다.

도공 2년, 제(齊)의 대신 전걸(田乞)이 그의 군주 유자(孺子)를 시살하고 유자의 형 양생(陽生)을 군주로 옹립하니 그가 바로 제 도공(齊悼公)이다. 도공 6년, 오군(吳軍)은 제군(齊軍)을 패퇴시켰다. 제나라 사람은 제 도공(齊悼公)을 시살하고 도공의 아들 간공(簡公)을 군주로 옹립하였다.

도공 9년, 진 정공(晋定公)은 오왕(吳王) 부차(夫差)와 회맹(會盟)하고 황지(黃池)에서 맹주(盟主)를 다투다 마침내 오왕 부차(夫差)가 먼저 삽혈(歃血)[27]하여 맹세하였다. 오나라는 강대해지자 중원 각 나라들을 압박하였다. 도공 12년, 제나라 전상(田常)은 간공(簡公)을 시살하고 간공의 동생 평공(平公)을 세웠으며 자신은 상국이 되었다.

도공 13년, 초나라는 진나라를 멸망시켰다. 진 도공(秦悼公)이 재위 14년에 세상을 떠나자 아들 여공공(厲共公)이 즉위하였다. 공자(孔子)는 도공 12년에 세상을 떠났다.

여공공 2년, 촉(蜀) 사람이 재물을 바쳐 왔다. 여공공 16년, 황하의 강가에 참호(塹壕)를 팠다. 군사 이만을 출병시켜 대려(大荔)를 정벌하여 왕성(王城)을 빼앗았다. 여공공 21년, 처음으로 빈양(頻陽)을 현(縣)으로 삼았다. 진(晋) 나라는 무성(武城)을 탈취하였다.

여공공 24년, 진(晋)에 내란이 일어나 지백(智伯)[28]을 살해하고 지백의 근거지를 조(趙)씨·한(韓)씨·위(魏)씨에게 나누어 주었다. 여공공 25년, 지개(智開)[29]와 그 읍에 살던 사람들은 진(秦)나라로 달아나 의탁하였다. 여공공 33년, 의거(義渠)[30]를 정벌하고 그 국왕을 포로로 잡았다. 여공공 34년, 일식이 일어났다. 여공공이 세상을 떠나자 아들 조공(躁公)이 즉위하였다.

조공 2년, 남정(南鄭)에서 반란이 일어났다. 의거(義渠)가 쳐들어와 위남(渭南)까지 공격해 왔다. 조공 14년, 조공이 세상을 떠나자 그의 동생 회공(懷公)이 즉위하였다.

회공 4년, 서장(庶長) 조(鼂)와 대신(大臣)이 회공을 포위 공격하자 회공은 자살하였다. 회공의 태자 소자(昭子)가 요절하였기 때문에 대신들이 소자의 아들을 군주로 옹립하니 그가 바로 영공(靈公)이다. 영공은 회

---

27) 굳은 맹세를 할 때 희생(犧牲)의 피를 입가에 바르는 일.
28) 진(晋)나라의 경대부(卿大夫).
29) 지백(智伯)의 아들.
30) 서융족(西戎族)의 한 갈래.

공의 손자이다.

　영공 6년, 진(晉)나라는 소량성(少梁城)을 축조하였으며 진(秦)나라는 진(晉)나라를 공격하였다. 영공 13년, 적고성(籍姑城)을 축조하였다. 영공이 세상을 떠나 계위(繼位)할 수 없자 영공의 숙부 도자(悼子)를 세우니 그가 바로 간공(簡公)이다. 간공은 소자(昭子)의 동생이요 회공(懷公)의 아들이다.

　간공 6년, 처음으로 관리들에게 칼을 차고 다니도록 영을 내렸다. 낙수(洛水) 강가에 참호(塹壕)를 파기 시작했다. 중천성(重泉城)을 축조하였다. 간공 16년, 간공이 세상을 떠나자 아들 혜공(惠公)이 즉위하였다.

　혜공 12년, 아들 출자(出子)가 출생하였다. 혜공 13년, 촉(蜀)을 공격하여 남정(南鄭)을 빼앗았다. 혜공이 세상을 떠나자 출자가 즉위하였다.

　출자 2년, 서장(庶長) 개(改)는 하서(河西)로부터 영공(靈公)의 아들 헌공(獻公)을 군주로 옹립하고 출자와 그의 모친을 시살하여 깊은 연못에 수장하였다. 진(秦)나라가 이처럼 여러 차례에 걸쳐 군주를 갈아 치워 군주와 신하 관계가 비정상적이고 혼란이 야기되자 진(晉)나라가 다시 강대해져 진(秦)나라의 하서(河西) 지구를 빼앗았다.

　헌공 원년, 순장 제도를 폐지하였다. 헌공 2년, 역양성(櫟陽城)을 축조하였다. 헌공 4년, 정월 경인(庚寅)날 효공(孝公)이 출생하였다. 헌공 11년, 주 왕조의 태사(太史) 담(儋)이 헌공을 뵙고 말하였다.

　"본디 주 왕조와 진(秦)은 한 뿌리로서 근원이 같았는데 나중에 진(秦)이 갈려 나가게 되었습니다. 오백 년 동안 나뉘어 있다가 다시 하나로 합해지고 그로부터 십칠 년 뒤에는 진(秦)나라에 패왕(覇王)이 출현할 것입니다."

　헌공 16년, 겨울인데도 복숭아나무에 복사꽃이 피었다. 헌공 18년, 역양(櫟陽)에 황금비가 쏟아져 내렸다. 헌공 21년, 석문(石門)에서 위(魏)나라와 교전하여 위군(魏軍)의 목을 벤 수급의 수효가 육만을 헤아렸다. 주 왕조의 천자가 예복을 하사하고 이를 축하하였다. 헌공 23년, 소량(少梁)에서 위군과 교전하여 위의 장군 공손좌(公孫痤)를 포로로 잡았다. 헌공 24년, 헌공이 세상을 떠나자 아들 효공(孝公)이 즉위하였는데 그때 나이 이십일 세였다.

효공 원년, 황하와 효산(崤山) 동쪽에 여섯 강대국이 있었으니 진 효공(秦孝公)은 제 위왕(齊威王) · 초 선왕(楚宣王) · 위 혜왕(魏惠王) · 연 도후(燕悼侯) · 한 애후(韓哀侯) · 조 성후(趙成侯)와 나란히 일컬어졌다. 회하(淮河)와 사수(泗水) 사이에는 십여 개의 작은 나라들이 있었고 초나라와 위나라는 진(秦)나라와 접경하고 있었다. 위나라는 장성을 축조하였는데 정현(鄭縣)에서 시작하여 서북쪽 위하(渭河)를 거쳐 낙하(洛河) 동쪽 강가를 따라 다시 북쪽으로 상군(上郡)에 이르렀다. 초나라는 한중(漢中)에서 진(秦)나라와 접경하고 남부에는 파군(巴郡)과 검중(黔中)이 있었다.

주 왕조가 쇠미해지자 제후들은 무력을 사용하고 서로 쟁탈전을 벌여 합병하였다. 진(秦)나라는 중원에서 멀리 떨어진 옹주(雍州)에 위치하였기 때문에 중원 제후들의 회맹(會盟)에 불참하였다. 그래서 모두 진(秦)나라를 이적 대하듯 하였다.

그런데 효공은 은덕을 베풀고 의지할 곳 없는 고아와 과부들을 구제하며, 전사들을 모집하고 공을 세운 자에게는 상을 내리는 규정을 분명히 하였다. 그는 또 전국에 이렇게 포고하였다.

"옛적에 우리 목공(穆公)께서는 기산(岐山)과 옹읍(雍邑) 사이에서 어질고 바른 정치를 베푸시고 무공을 중히 여기셨다. 동쪽으로는 진(晋)의 내란을 평정하시고 황하까지 국경을 확장하셨다. 서쪽으로는 융적의 패주(覇主)가 되시고 사방 천 리나 되는 영토를 개척하셨다. 천자께서 패주라는 칭호를 하사하시고 각국 제후들이 조하(朝賀)하러 오게 되니, 후세를 위해 대업을 세우시게 되어 그 공이 찬연히 빛나게 되었다.

뜻밖에도 과거에 여공(厲公)·조공(躁公)·간공(簡公)·출자(出子)를 만나 잇달아 여러 대에 걸쳐 불안하고 나라 안의 근심 걱정으로 말미암아 나라 밖으로 눈 돌릴 겨를이 없었다. 이 기회를 틈타 진(晉)나라가 우리 선왕들의 근거지였던 하서(河西) 땅을 앗아갔으며 제후들은 진(秦)나라를 업신여기게 되었다. 일찍이 이보다 더 수치스러운 적이 없었다.

그런데 헌공께서 즉위하시어 변방을 안정시키고 도읍을 역양(櫟陽)으로 천도하여 동쪽으로 원정할 채비를 갖추셨다. 이는 목공의 옛 근거지를 수복하고 목공의 정령을 시행하고자 함이었다. 나는 선왕들의 유지를 생각할 때마다 언제나 비통함을 떨쳐 버릴 수 없다. 빈객과 신하들 가운데 누구든지 우리 진(秦)나라를 강대하게 할 수 있는 기발한 계책을 올리는 자에게는 높은 관직과 봉지를 하사하겠노라."

그리고 나서 동쪽으로 출병하여 섬성(陝城)을 포위 공격하고 서쪽으로는 융족의 원왕(獂王)을 죽였다.

위앙(衛鞅)[31]은 명령을 반포했다는 소식을 듣고 진(秦)나라에 들어가 경감(景監)[32]을 통해 효공을 만나 뵙기를 청하였다.

효공 2년, 주 천자(周天子)가 제육(祭肉)[33]을 보내왔다.

효공 3년, 위앙은 효공에게 변법(變法)을 써서 형벌을 제정하였으며 대내적으로는 경작에 힘쓰고 대외적으로는 죽음을 무릅쓰고 싸울 수 있도록 상을 주는 방안을 건의하였다. 효공은 아주 좋은 생각이라고 여겼으나 감룡(甘龍)·두지(杜摯) 등은 이를 못마땅히 여기고 위앙과 격론을

---

31) 상앙(商鞅).
32) 이름이 경(景)인 환관.
33) 이는 축복을 표시하는 것임.

벌였다. 결국 효공이 위앙의 방법을 채용하니 백성들은 이를 고통스러워 했으나 그로부터 3년 뒤 백성들은 새로운 법[新法]을 매우 좋아하게 되었다. 효공은 위앙(衛鞅)을 좌서장(左庶長)[34]에 임명하였다. 이러한 일은 모두 「상군열전(商君列傳)」에 기록되어 있다.

효공 7년, 위 혜왕(魏惠王)과 두평(杜平)에서 만났다. 효공 8년, 원리(元里)에서 위(魏)나라와 교전하여 공적이 있었다. 효공 10년, 위앙을 대량조(大良造)[35]에 임명하였으며 군사를 이끌고 위나라 안읍(安邑)을 공격하여 투항하게 하였다.

효공 12년, 함양성(咸陽城)을 건설하고 기궐(冀闕)[36]을 축조하고 나서 진(秦)나라는 도읍을 함양으로 천도하였다. 작은 고을과 촌락을 통합해 커다란 현(縣)으로 합병하여 전국에 모두 이십사 개의 현을 두었으며 각 현마다 현령(縣令)을 두었다. 가로 세로로 난 논밭 길을 없애고 경작지를 개간하였다. 이때 진(秦)나라 동쪽의 토지는 이미 낙하(洛河)를 넘어섰다.

효공 14년, 처음으로 토지의 면적에 따라 부세를 징수하기 시작했다. 효공 19년, 천자는 효공에게 패주(霸主) 칭호를 내렸다. 효공 20년, 제후들이 조하(朝賀)하러 왔다. 진(秦)나라는 공자 소관(少官)으로 하여금 군대를 거느리고 가서 제후들과 봉택(逢澤)에서 회합하고 천자를 알현하게 하였다.

효공 21년, 제나라는 마릉(馬陵)에서 위나라를 패퇴시켰다.

효공 22년, 위앙(衛鞅)은 위나라를 공격하여 위나라 공자 앙(卬)을 사로잡았다. 진 효공(秦孝公)은 위앙을 열후에 봉하고 '상군(商君)'이라는

---

34) 진(秦)의 20작위 중 제10급.
35) 제16급작(級爵).
36) 궁성(宮城)의 궐문(闕門). 진(秦)나라에서는 이곳에서 법령을 공포하였음.

봉호(封號)를 내렸다.

효공 24년, 위나라와 안문(岸門)에서 교전하여 위나라 장군 위조(魏錯)를 포로로 잡았다.

효공이 세상을 떠나자 아들 혜문군(惠文君)이 즉위하였다. 그해에 위앙을 죽였는데 그 진상은 이렇다. 위앙이 진(秦)나라에서 처음으로 새로운 법[新法]을 시행할 때 법령이 잘 통용되지 못하였는데 마침 태자가 금지 조항에 저촉되었다. 위앙이 말했다.

"법령이 잘 시행되지 않는 것은 종실의 친족들이 법을 교란하기 때문입니다. 폐하께서 진실로 신법이 잘 시행되도록 하시겠다면 우선 태자부터 적용하십시오. 태자가 묵형(墨刑)을 받을 수 없다면 태자의 스승이라도 묵형에 처하십시오."

이렇게 하고 나자 법제와 율령이 순조롭게 시행되어 진(秦)나라는 아주 잘 다스려지게 되었다. 그런데 효공이 세상을 떠나고 태자가 즉위하게 되니 진(秦)의 종실 사람들 대부분은 위앙에게 맺혔던 원한을 풀려 했다. 위앙이 도망치자 그에게 모반 죄를 씌워 마침내 거열(車裂)³⁷)에 처하고 진나라 도읍지의 백성에게 이를 보였다.

혜문군 원년, 초(楚)·한(韓)·조(趙)·촉(蜀)에서 사신을 보내와 조하(朝賀)하였다. 혜문군 2년, 천자가 예물을 보내고 경하하였다. 혜문군 3년, 혜문군은 관례(冠禮)³⁸)를 거행하였다. 혜문군 4년, 천자는 문왕(文王)과 무왕(武王)에게 제사지낸 고기를 보내왔다. 제나라와 위나라가 칭왕(稱王)했다.

---

37) 죄인의 사지와 머리를 다섯 마리의 말에 묶은 후 말을 몰아 잔혹하게 찢어 죽이는 형벌로, 중국에서는 이를 소위 '오마분시(五馬分尸)'라고 함.
38) 이십 세에 거행하는 성년식.

혜문군 5년, 음진(陰晋) 사람 서수(犀首)[39]를 대량조(大良造)에 임명하였다. 혜문군 6년, 위나라가 음진(陰晋) 땅을 바치자 그곳을 영진(寧秦)이라 고쳐 불렀다. 혜문군 7년, 공자 앙(卬)은 위나라와 교전하여 위나라 장수 용가(龍賈)를 사로잡으니 수급이 팔만을 헤아렸다. 혜문군 8년, 위나라는 하서(河西) 지구의 땅을 바쳐왔다. 혜문군 9년, 진군(秦軍)은 황하를 건너 분음(汾陰)과 피씨(皮氏)[40]를 빼앗았다. 진왕(秦王)은 응성(應城)에서 위왕(魏王)을 만났다. 진군(秦軍)이 초성(焦城)을 포위 공격하자 초성은 투항했다.

혜문군 10년, 장의(張儀)가 진(秦)의 상(相)이 되었다. 위나라는 상군(上郡)의 열다섯 현(縣)을 바쳐왔다. 혜문군 11년, 의거(義渠)를 현(縣)으로 삼았다. 위나라의 초성(焦城)과 곡성(曲城)을 되돌려주었다. 혜문군 12년, 의거(義渠) 군주가 진(秦)의 신하가 되어 복종하였다. '소량(少梁)' 이라는 지명을 '하양(夏陽)' 으로 바꾸었다. 혜문군 12년, 첫 납제(臘祭)[41]를 지냈다.

혜문군 13년 4월 무오(戊午)날, 위(魏)와 한(韓)의 군주가 스스로 왕이라 칭하였다. 진(秦)의 군주는 장의(張儀)를 파견하여 위나라 섬현(陝縣)을 공격하여 이를 빼앗고, 그곳에 사는 백성들을 위(魏)에 넘겨주었다.

혜문군 14년, 연호(年號)를 후원(后元) 원년으로 바꾸었다. 후원 2년, 장의는 설상(齧桑)에서 제나라와 초나라의 대신(大臣)을 만났다. 후원 3년, 한(韓)과 위(魏)의 태자가 혜문왕을 조현하러 왔다. 장의는 위(魏)나

---

39) 전국시대의 책사. 성은 공손(公孫), 이름은 연(衍).

40) 읍 이름.

41) 연말에 금수(禽獸)를 사냥하여 선조에게 올리는 제사로 하 왕조에서는 가평(嘉平), 은 왕조에서는 청사(清祀), 주 왕조에서는 랍(臘)이라 하였다. 진(秦)에서 옛 법도를 계승하여 처음으로 납제(臘祭)를 거행하였기 때문에 '초랍(初臘)' 이라 표현한 것이다. 이러한 연유로 12월을 납월(臘月)이라고 부른다.

라의 상(相)이 되었다. 후원 5년, 혜문왕(惠文王)은 북하(北河) 지구를 순유(巡遊)하였다.

후원 7년, 악지(樂池)가 진(秦)의 상(相)이 되었다. 한(韓)·조(趙)·위(魏)·연(燕)·제(齊)가 연합하여 흉노를 거느리고 진(秦)을 공격하였다. 진(秦)나라는 서장(庶長) 질(疾)을 파견하여 수어(修魚)에서 연합군과 맞서 교전한 결과 한(韓) 장군 신차(申差)를 생포하고 조(趙) 공자 갈(渴)과 한(韓) 태자 환(奐)의 군대를 대파하니 수급이 팔만 이천을 헤아렸다.

후원 8년, 장의는 다시 진(秦)의 상(相)이 되었다. 후원 9년, 사마조(司馬錯)[42]가 촉(蜀)을 공격하여 궤멸시켰다. 또 조(趙)의 중도(中都)와 서양(西陽)을 빼앗았다. 후원 10년, 한(韓)의 태자 창(蒼)을 인질로 잡아 두고 한(韓)의 석장(石章)을 빼앗았다. 조(趙)의 장군 이(泥)를 패퇴시켰다. 의거(義渠)의 이십오 성을 빼앗았다.

후원 11년, 저리자(樗里子)[43]가 위(魏)의 초성(焦城)을 공격하자 투항하였다. 안문(岸門)에서 한군(韓軍)을 대파하니 수급이 일만을 헤아렸으며 한(韓) 장군 서수(犀首)는 달아나 버렸다. 공자 통(通)을 촉(蜀)에 봉하였다. 연(燕)의 군주는 대신(大臣) 자지(子之)에게 군주의 자리를 선양했다.[44]

후원 12년, 진왕(秦王)은 임진(臨晉)에서 양왕(梁王)을 만났다. 서장(庶長) 질(疾)은 조(趙)를 공격하여 조나라의 장군 장(莊)을 포로로 잡았다. 장의는 초(楚)의 상(相)이 되었다.

후원 13년, 서장(庶長) 장(章)이 단수(丹水) 북쪽 강가에서 초군(楚軍)

---

42) 진(秦) 장군.
43) 진(秦) 장군. 「樗里子甘茂列傳」에 상세히 나와 있음.
44) 「燕召公世家」에 상세히 나와 있음.

을 격파하고 초나라의 장군 굴개(屈丐)를 생포하니 수급이 팔만을 헤아렸다. 또 초(楚)의 한중(漢中)으로 진격하여 사방 육백 리 땅을 빼앗고 한중군(漢中郡)을 설치하였다. 초(楚)가 한(韓)의 옹씨(雍氏)[45]를 포위 공격하였다. 진(秦)나라는 서장(庶長) 질(疾)을 파견하여 한(韓)나라를 도와 동쪽으로 제(齊)나라를 공격하고, 또 도만(到滿)[46]을 파견하여 위나라를 도와 연(燕)나라를 공격하였다.

후원 14년, 초나라를 공격하여 소릉(召陵)을 빼앗았다. 단(丹)과 여(犂)[47]가 신하로서 복종하였다. 촉(蜀)의 상(相) 진장(陳壯)이 촉후(蜀侯)를 시살하고 투항해 왔다. 혜공(惠公)이 세상을 떠나자 아들 무왕(武王)이 즉위하였다. 한(韓)·위(魏)·제(齊)·초(楚)·월(越)이 귀의해 왔다.

무왕 원년, 무왕은 임진(臨晉)에서 위 혜왕(魏惠王)과 만났다. 촉(蜀)의 상(相) 진장(陳壯)을 주살하였다. 장의(張儀)와 위장(魏章)이 동쪽으로 나아가 위(魏)나라로 갔다. 진군(秦軍)은 의거(義渠)·단(丹)·여(犂)를 정벌하였다.

무왕 2년, 처음으로 승상(丞相) 제도를 신설하고 저리질(樗里疾)과 감무(甘茂)를 각각 좌승상(左丞相)과 우승상(右丞相)으로 임명하였다. 장의(張儀)가 위나라에서 죽었다. 무왕 3년, 진왕(秦王)은 한 양왕(韓襄王)과 임진성(臨晉城) 밖에서 만났다. 남공게(南公揭)[48]가 죽자 저리질(樗里疾)을 한(韓)의 상(相)에 임명하였다. 무왕이 감무(甘茂)에게 말했다.

"과인이 용거(容車)를 타고 낙양 지구를 지나 주왕(周王)의 도성을 한

---

45) 한(韓) 지명.
46) 진(秦) 장군.
47) 서남이(西南夷)에 속하는 융족(戎族)의 갈래.
48) 전국시대 한(韓) 신하.

번 보았으면 죽어도 여한이 없겠다."

그해 가을, 감무와 서장(庶長) 봉(封)을 파견하여 의양(宜陽)을 공격
하였다. 무왕 4년, 의양을 공격하여 대파하고 수급 육만을 획득하였다.
황하를 건너 무수(武遂)에 성을 축조하였다. 위나라의 태자가 조현하러
왔다.

힘이 장사이며 유희를 즐기는 진 무왕(秦武王)은 힘센 역사(力士) 임비
(任鄙) · 오획(烏獲) · 맹열(孟說)을 높은 관직에 임명했다. 무왕은 맹열
과 커다란 솥[鼎] 들어올리기를 겨루다 그만 넙적다리뼈가 부러졌다. 8
월, 무왕이 승하하자 맹열은 멸족을 당했다. 무왕은 위(魏) 여자를 왕후
로 맞이하였으나 아들이 없었다. 무왕이 승하한 후 그의 이복 동생을 왕
으로 세우니 그가 바로 소양왕(昭襄王)이다.

소양왕의 모친은 초나라 사람으로 성은 미(羋)이며 선태후(宣太后)라
불렸다. 무왕이 승하했을 때 소양왕은 연(燕)나라에 볼모로 잡혀 있었는
데 연나라 사람이 그를 귀국시켜 주었기 때문에 계위(繼位)할 수 있었다.

소양왕 원년, 엄군질(嚴君疾)이 승상(丞相)에 임명되었다. 감무(甘茂)
는 위나라로 갔다. 소양왕 2년, 혜성이 출현하였다. 서장(庶長) 장(壯)과
대신(大臣) · 제후 및 공자가 반란을 일으켰다가 모두 피살되고 혜문후
(惠文后)[49]도 이에 연루되어 비명에 죽었다. 도무왕후(悼武王后)[50]는 진
(秦)을 떠나 위나라로 돌아갔다.

소양왕 3년, 소양왕은 관례(冠禮)를 거행하고 초왕(楚王)과 황극(黃棘)
에서 만났으며, 초나라에게 상용(上庸)[51]을 되돌려 주었다. 소양왕 4년,

---

49) 혜문왕(惠文王)의 왕후.
50) 무왕(武王)의 왕후.
51) 읍 이름.

포판(蒲阪)을 공격하여 빼앗았다. 혜성이 출현하였다. 소양왕 5년, 위왕(魏王)은 응정(應亭)으로 조현하러 오고, 진(秦)나라는 포판(蒲阪)을 위나라에게 되돌려 주었다.

소양왕 6년, 촉후(蜀侯) 휘(輝)가 반란을 일으키자 사마조(司馬錯)가 촉(蜀)을 평정하였다. 서장(庶長) 환(奐)이 초(楚)를 공격하여 대파하고 수급 이만을 획득하였다. 경양군(涇陽君)[52]이 제(齊)나라에 인질로 갔다. 일식이 일어나 대낮인데도 어둑어둑하였다.

소양왕 7년, 신성(新城)을 공격하여 빼앗았다. 저리자(樗里子)가 죽었다. 소양왕 8년, 장군 미융(羋戎)을 파견하여 초(楚)를 공격하여 신시(新市)를 빼앗았다. 제(齊)에는 장자(章子)를, 위(魏)에는 공손희(公孫喜)를, 한(韓)에는 포연(暴鳶)을 파견하여 공동으로 초(楚)나라 방성(方城)을 공격하여 당매(唐昧)[53]를 포로로 잡았다. 조(趙)나라가 중산국(中山國)을 공격하여 대파하였다. 중산국의 군주는 달아났다가 결국 제나라에서 세상을 떠났다. 위(魏)의 공자 경(勁)과 한(韓)의 공자 장(長)이 제후로 책봉되었다.

소양왕 9년, 맹상군(孟嘗君)과 설문(薛文)이 진(秦)에 와서 승상이 되었다. 서장(庶長) 환(奐)이 초나라를 공격하여 8개의 성을 빼앗고 초(楚)의 장군 경쾌(景快)를 죽였다. 소양왕 10년, 초 회왕(楚懷王)이 진(秦)에 조현하러 오자 진나라는 그를 억류하였다. 설문(薛文)은 금전을 받았기 때문에 승상의 자리에서 면직되고 누완(樓緩)이 승상이 되었다.

소양왕 11년, 제(齊)·한(韓)·위(魏)·조(趙)·송(宋) 다섯 나라들이 공동으로 진(秦)나라를 공격하여 염씨(鹽氏)까지 진격했다가 물러갔다.

---

52) 소왕(昭王) 동복(同腹) 동생.
53) 초(楚) 장군.

진나라는 황하 북안(北岸) 일대와 봉릉(封陵)을 한(韓)과 위(魏)에게 넘겨주고 강화하였다. 혜성이 출현하였다. 초 회왕(楚懷王)은 조나라로 달아났으나 조나라에서 그를 받아들이지 않자 다시 진나라로 되돌아갔다가 얼마 안 되어 세상을 떠났다. 진나라는 그를 초나라에 장사지내 주었다.

소양왕 12년, 누완이 승상의 자리에서 면직되고 양후(穰侯) 위염(魏冉)[54]이 승상이 되었다. 진(秦)나라는 초나라에게 식량 오만 석(石)을 주었다.

소양왕 13년, 상수(向壽)가 한(韓)을 공격하여 무시(武始)를 빼앗았다. 좌경(左更)[55] 백기(白起)는 신성(新城)을 탈취하였다. 오대부(五大夫)[56] 여례(呂禮)는 위나라로 달아났다. 임비(任鄙)는 한중(漢中)의 군수(郡守)[57]가 되었다. 소양왕 14년, 좌경 백기는 이궐(伊闕)에서 한(韓)·위(魏) 연합군을 대파하니 무려 이십사만의 수급을 헤아렸으며, 공손희(公孫喜)를 포로로 잡고 다섯 개의 성을 점령하였다.

소양왕 15년, 대량조(大良造) 백기가 위(魏)를 공격하여 원성(垣城)을 탈취하였으나 되돌려 주었다. 초(楚)를 공격하여 완성(宛城)을 빼앗았다. 소양왕 16년, 좌경(左更) 착(錯)은 지성(軹城)과 등성(鄧城)을 빼앗았다. 위염(魏冉)은 승상 자리에서 면직되었다. 공자 시(市)를 완(宛)에 봉하고 공자 회(悝)는 등(鄧)에 봉하고 위염(魏冉)은 도(陶)에 봉하여 모두 제후가 되었다.

소양왕 17년, 성 양군(城陽君)이 조현하러 오고 동주(東周)의 군주도

---

54) 「穰侯列傳」에 자세히 나타나 있다.
55) 진(秦)의 작위, 제12급.
56) 진(秦)의 작위, 제9급.
57) 군(郡)의 장관.

조현하러 왔다. 진(秦)나라는 원성(垣城) 땅을 포판(蒲阪)과 파씨(巴氏)에 나누어 편입시켰다. 진왕(秦王)은 의양(宜陽)으로 갔다. 소양왕 18년, 좌경(左更) 사마조(司馬錯)가 원성(垣城)과 하옹(河雍)을 공격하여 교량(橋梁)을 끊고 두 땅을 빼앗았다.

소양왕 19년, 진 소공(秦昭公)은 서제(西帝)라 칭하고 제민왕(齊閔王)은 동제(東帝)라 칭하다 얼마 안 가서 이 존호를 모두 취소하였다. 여례(呂禮)가 돌아와 자수(自首)하였다. 제(齊)가 송(宋)을 공격하여 대파하자 송왕(宋王)은 위나라로 도망쳐 온(溫) 땅에서 세상을 떠났다. 임비(任鄙)가 죽었다. 소양왕 20년, 진왕(秦王)은 한중(漢中)으로 가고 또 상군(上郡)과 북하(北河)로 나아갔다.

소양왕 21년, 좌경(左更) 사마조가 위(魏)의 하내(河內)를 공격하자 위(魏)는 안읍(安邑)[58]을 진(秦)에 바쳤다. 진(秦)나라는 안읍에 거주하는 위(魏)의 주민들을 이주케 한 다음, 진나라 사람들 가운데 황하의 동쪽 안읍에 거주할 사람들을 모집하고 아울러 작위를 내렸다. 그리고 죄인들을 사면하여 이곳에 옮겨 살도록 하였다. 경양군(涇陽君)을 완(宛)에 봉하였다.

소양왕 22년, 몽무(蒙武)는 제(齊)를 공격하였다. 하동(河東)에 9개의 현(縣)을 설치하였다. 진왕(秦王)은 초왕(楚王)과 완성(宛城)에서 만나고 월왕(越王)과 중양(中陽)에서 만났다. 소양왕 23년, 도위(都尉)[59] 사리(斯離)는 한(韓)·조(趙)·위(魏)·연(燕)과 연합하여 제(齊)를 공격하고 제수(齊水) 서쪽 기슭에서 제(齊) 군사를 격파하였다. 진왕(秦王)은 위왕(魏王)과 의양(宜陽)에서 만나고, 한왕(韓王)과 신성(新城)에서 만났다.

---

58) 위(魏) 옛 도읍지.
59) 무관명(武官名).

소양왕 24년, 진왕(秦王)은 초왕(楚王)과 언성(鄢城)에서 만나고 또 양성(穰城)에서 만났다. 진은 위(魏)의 안성(安城)을 공격하여 빼앗고 위의 도읍지 대량(大梁)까지 진격해 들어갔는데 연(燕)과 조(趙)가 위를 원조하자 진군(秦軍)은 철수하였다. 위염은 승상의 자리에서 면직되었다.

소양왕 25년, 조(趙)를 공격하여 두 개의 성을 점령하였다. 진왕(秦王)은 한왕(韓王)과 신성(新城)에서 만나고 위왕(魏王)과 신명읍(新明邑)에서 만났다. 소양왕 26년, 죄인들을 방면하고 양성(穰城)에 옮겨 살게 하였다. 염후(冉侯)가 승상의 자리에 복직되었다.

소양왕 27년, 사마조가 초(楚)를 공격하였다. 죄인들을 사면하여 남양(南陽)에 옮겨 살게 하였다. 백기(白起)는 조(趙)를 공격하여 대(代)의 광랑성(光狼城)을 탈취하였다. 또 사마조(司馬錯)를 파견하여 농서(隴西)의 병사를 인솔해 촉(蜀) 땅을 거쳐 초(楚)의 검중(黔中)을 공격, 이를 탈취하였다. 소양왕 28년, 대량조(大良造) 백기는 초(楚)를 공격하여 언성(鄢城)과 등성(鄧城)을 빼앗고 죄인들을 사면하여 이곳에 이주케 하였다.

소양왕 29년, 대량조(大良造) 백기는 초(楚)를 공격하여 도읍지 영(郢)을 빼앗고 그곳에 남군(南郡)을 설치하였으며 초왕(楚王)은 달아났다. 주군(周君)이 조현하러 왔다. 진왕(秦王)은 초왕(楚王)과 양릉(襄陵)에서 만났다. 백기가 무안군(武安君)에 봉해졌다. 소양왕 30년, 촉수(蜀守) 장약(張若)이 초(楚)를 공격하여 무군(巫郡)과 강남(江南)을 빼앗고 그곳에 검중군(黔中郡)을 설치하였다.

소양왕 31년, 백기는 위(魏)를 공격하여 두 개의 성을 빼앗았다. 강남(江南)에서 초나라 사람들이 진(秦)의 통치에 반기를 들었다. 소양왕 32년, 승상 양후(穰侯)가 위(魏)를 공격하여 대량(大梁)까지 진격해 들어가 포연(暴鳶)을 격파하니 수급이 사만을 헤아렸다. 그러자 포연은 달아나고 위(魏)는 현(縣) 세 개를 바치며 강화를 요청하였다.

소양왕 33년, 객경(客卿) 호양(胡陽)이 위(魏)를 공격하여 권성(卷城) · 채양(蔡陽) · 장사(長社)를 빼앗았다. 화양(華陽)에서 망묘(芒卯)를 격파하니 수급이 십오만을 헤아렸다. 위(魏)는 남양(南陽)을 바치며 강화하였다. 소양왕 34년, 진(秦)은 한(韓) · 위(魏)와 화해하고 빼앗은 상용(上庸) 땅을 한 개의 군(郡)으로 편성하여 남양에서 항복한 관원과 백성들을 그곳에 옮겨 살도록 했다.

소양왕 35년, 한(韓) · 위(魏) · 초(楚)를 도와 연(燕)을 공격하였다. 처음으로 남양군(南陽郡)을 설치하였다. 소양왕 36년, 객경(客卿) 조(竈)는 제(齊)를 공격하여 강(剛)과 수(壽)를 빼앗아 양후(穰侯)에게 주었다. 소양왕 38년, 중경(中更) 호양(胡陽)이 조(趙)의 알여(閼與)를 공격하였으나 빼앗지 못하였다.

소양왕 40년, 도태자(悼太子)가 위(魏)에서 죽자 진(秦)으로 운구하여 지양(芷陽)에 안장하였다. 소양왕 41년 여름, 위(魏)를 공격하여 형구(邢丘)와 회읍(懷邑)을 빼앗았다. 소양왕 42년, 안국군(安國君)이 태자로 책봉되었다. 10월, 선태후(宣太后)가 세상을 떠나자 지양(芷陽)의 여산(酈山)에 안장하였다. 9월, 양후(穰侯)가 도읍을 떠나 도(陶)로 갔다.

소양왕 43년, 무안군(武安君) 백기가 한(韓)을 공격하여 9개의 성을 빼앗으니 수급이 오만을 헤아렸다. 소양왕 44년, 한(韓)을 공격하여 남양(南陽)을 빼앗았다. 소양왕 45년, 오대부(五大夫) 분(賁)이 한(韓)을 공격하여 열 개의 성을 빼앗았다. 섭양군(葉陽君) 회(悝)가 도읍지를 떠나 봉국으로 가던 중에 죽고 말았다.

소양왕 47년, 진(秦)이 한(韓)의 상당(上黨)을 공격하자 상당(上黨)은 조(趙)에 투항하였다. 이 때문에 진이 조를 공격하자 조(趙)도 이에 맞서 출병하여 진과 대치하였다. 진은 무안군(武安君) 백기를 파견하여 조(趙)를 공격하여 장평(長平)에서 대파하니 조군(趙軍) 사십만여 명이 전멸되었다.

소양왕 48년 10월, 한(韓)이 원옹(垣雍)을 바쳤다. 진군(秦軍)은 세 개
의 군(軍)으로 나뉘어 있었다. 무안군은 귀국하였다. 왕흘(王齕)은 조(趙)
의 피뢰(皮牢)를 공격하여 이를 점령하였다. 사마경(司馬梗)은 북으로
태원(太原)을 평정하고 한(韓)의 상당(上黨)을 모두 점령하였다. 정월,
교전을 중지하고 상당에 군대를 주둔시켰다. 그해 10월, 오대부(五大夫)
능(陵)은 조(趙)의 도읍지 한단(邯鄲)을 공격하였다.

소양왕 49년 정월, 한 부대를 더 파견하여 오대부 능(陵)을 지원하였으
나 능이 전투를 잘 수행하지 못하자 그를 면직시키고 왕흘(王齕)로 하여
금 대신 맡아 지휘하도록 했다. 그해 10월, 장군 장당(張唐)이 위(魏)를
공격하여 빼앗은 땅을 채위(蔡尉)가 잘 지키지 못하는 바람에 다시 빼앗
기고 말았다. 그리하여 귀국하는 즉시 채위의 목을 베었다.

소양왕 50년 10월, 무안군 백기가 죄를 짓자 관직을 박탈하고 사병으
로 강등시킨 후 음밀(陰密)에 유배하였다. 장당(張唐)이 찬성(酇城)을 공
격하여 이를 점령하였다. 12월, 군대를 또 파견하여 분성(汾城) 부근에
주둔시켰다. 2개월 후 다시 위군(魏軍)을 공격하여 수급 육천을 헤아렸
고, 황하에 표류하는 초군(楚軍)과 위군(魏軍)의 시체가 이만여 구나 되
었다. 또 분성(汾城)을 공격하여 장당(張唐)과 함께 영신중(寧新中)을 점
령하고 지명을 '안양(安陽)'으로 바꾸었다. 처음으로 황하에 다리를 세
웠다.

소양왕 51년, 장군 규(摎)가 한(韓)을 공격하여 양성(陽城)과 부서(負
黍)를 빼앗으니 수급이 사만을 헤아렸다. 조(趙)를 공격하여 이십여 개
의 현(縣)을 빼앗으니 수급과 포로가 모두 구만을 헤아렸다.

서주(西周)의 군주가 진(秦)을 배반하고 제후들과 합종(合縱)을 맹약
하였다. 천하의 정예군을 이끌고 이궐(伊闕)을 나서 진을 공격하여 양성

(陽城)으로 통하지 못하도록 하였다. 이 때문에 진은 장군 규(摎)를 파견하여 서주를 공격케 하였다. 그러자 서주의 군주가 달려와 머리를 조아려 죄행을 낱낱이 자백하며 사죄하고 아울러 삼십육 개의 성읍과 인구 삼만 명을 모두 바쳤다. 진왕(秦王)은 이를 받아들이고 그를 서주로 되돌려 보냈다.

소양왕 52년, 주 왕조 도읍의 백성들은 동방으로 달아나고 대대로 전해 내려오던 보물 구정(九鼎)은 진(秦)으로 운반되었다. 주 왕조는 근본적으로 완전히 멸망하고 말았다.

소양왕 53년, 천하가 모두 진에 귀의하였다. 위(魏)가 뒤늦게 오니 진은 장군 규를 파견하여 위를 정벌하고 오성(吳城)을 빼앗았다. 위왕(魏王)은 진에게 나라를 위탁하고 진의 명령에 따랐다. 한왕(韓王)이 조현하러 왔다. 소양왕 54년, 진왕(秦王)은 옹성(雍城) 남쪽 교외에서 상제께 제사를 올렸다.

소양왕 56년 가을, 소양왕이 세상을 떠나자 아들 효문왕(孝文王)이 즉위하였다. 효문왕은 자신의 생모 당팔자(唐八子)에게 '당태후(唐太后)'란 존호를 추존(追尊)하고 소양왕과 합장하였다. 한왕(韓王)은 상복을 입고 와서 직접 조문하였고 기타 제후들은 장상(將相)을 보내 애도의 뜻을 표하며 상사(喪事)를 돌보았다.

효문왕 원년, 죄인들을 사면하고 선왕의 공신들을 표창하였으며, 종실의 친족을 우대하고 왕가(王家)의 원유(苑囿)를 개방하였다. 효문왕은 부왕의 복상(服喪) 기한이 끝나자 10월 기해(己亥)날에 즉위하였고, 즉위한 지 사흘째 되는 신축(辛丑)날 세상을 떠났다. 아들 장양왕(莊襄王)이 즉위하였다.

장양왕 원년, 어질고 바른 정치를 베풀고 친족들을 우대하였으며 백성들에게 널리 은덕을 베풀었다. 동주(東周)의 군주가 제후들과 연합하여 진을 배반하려고 획책하자 진의 장양왕은 상국 여불위(呂不韋)를 파견하여 동주를 정벌하고 동주의 땅을 모두 합병하였다.

진은 주 왕조의 제사를 단절시키지 않기 위해 양인(陽人) 취락을 주(周)의 군주에게 하사하여 선조들의 제사를 받들게 하였다. 몽오(蒙驁)를 파견하여 한(韓)을 공격하자 한(韓)이 성고(成皋)와 공현(鞏縣)을 바쳐왔다. 진의 국경은 대량(大梁)까지 미치게 되었으며 처음으로 삼천군(三川郡)을 설치하였다.

장양왕 2년, 몽오를 파견해서 조를 공격하여 태원(太原)을 평정하였다. 장양왕 3년, 몽오는 위(魏)를 공격하여 고도(高都)와 급현(汲縣)을 점령하였다. 또 조(趙)의 유차(榆次)·신성(新城)·낭맹(狼孟)을 공격하여 삼십육 개의 성을 빼앗았다. 4월, 일식이 일어났다. 왕흘(王齕)이 상당(上黨)을 공격하여 처음으로 태원군(太原郡)을 설치하였다. 위(魏) 장군 무기(无忌)가 위(魏)·조(趙)·한(韓)·초(楚)·연(燕) 다섯 나라 연합군을 이끌고 진을 반격하자 진은 황하 이남으로 퇴각하였으며, 패한 몽오는 포위망을 뚫고 철수하였다.

5월 병오(丙午)날, 장양왕이 세상을 떠나자 아들 정(政)이 즉위하니 그가 바로 진시황제(秦始皇帝)이다.

진왕(秦王) 정(政)은 재위 26년에 비로소 천하를 병합하여 삼십육 개의 군(郡)을 설치하고 스스로 시황제(始皇帝)라 칭하였다. 시황제가 오십일 세에 승하하자 아들 호해가 제위에 오르니 그가 바로 2세 황제(二世皇帝)이다.

2세 황제 3년, 제후들이 잇달아 진 왕조에 반기를 들고 저항하였다. 조고(趙高)가 2세를 시살하고 자영(子嬰)을 세웠다. 자영의 재위 1개월 만에 제후들이 그를 시살하자 진 왕조는 멸망하고 말았다. 이러한 사실들은 모두 「진시황본기(秦始皇本紀)」에 기록되어 있다.

태사공은 말한다.

　진(秦) 선조의 성은 영(嬴)이다. 그의 후손들을 각지에 분봉할 때 봉국의 명호(名號)를 성씨로 삼았다. 그래서 유서씨(有徐氏)·담씨(郯氏)·거씨(莒氏)·종려씨(終黎氏)·운엄씨(運奄氏)·도구씨(菟裘氏)·장량씨(將粱氏)·황씨(黃氏)·강씨(江氏)·수어씨(修魚氏)·백명씨(白冥氏)·비렴씨(蜚廉氏)·진씨(秦氏)가 있게 되었다. 그런데 진은 그의 선조 조보(造父)가 조성(趙城)에 봉해졌기 때문에 조씨(趙氏)라고 불렀다.

제6 진시황본기(秦始皇本紀)

　진시황은 진 장양왕(莊襄王)[1]의 아들이다. 장양왕은 젊은 시절 조(趙)
에 볼모[質子][2]로 있을 때 여불위(呂不韋)[3]의 첩을 보자마자 반하여 그녀
를 아내로 맞이해 시황을 낳았다. 그는 진 소왕(秦昭王) 48년 정월에 조
(趙)의 도읍지 한단(邯鄲)에서 태어났으며, 이름을 정(政)이라 했고 성은
조씨(趙氏)였다. 그의 나이 십삼 세 때 장양왕이 세상을 떠나자 정(政)은
그 뒤를 이어 진왕(秦王)이 되었다.

　당시 진(秦)의 영토는 이미 파(巴)·촉(蜀)·한중(漢中)을 병합하였고
완현(宛縣)을 넘어 영(郢)을 점령하여 남군(南郡)을 설치하였다. 북으로
는 상군(上郡)의 동쪽을 점령하여 하동군(河東郡)·태원군(太原郡)·상
당군(上黨郡)을 두었으며, 동으로는 형양(滎陽)에 진출하여 서주(西周)
와 동주(東周)를 멸하고 삼천군(三川郡)을 설치하였다.

　여불위는 상국이 되어 십만 호(戶)를 분봉(分封)받았으며 봉호(封號)
를 문신후(文信侯)라 칭하였다. 그는 빈객과 유사(遊士)들을 불러 모아
그들을 이용하여 천하를 병탄·합병하려 하였다. 이사(李斯)[4]는 여불위
의 측근 시종[舍人]이며, 몽오(蒙驁)[5]·왕의(王齮)·표공(麃公)[6] 등은 장

---

1) 효문왕(孝文王)의 가운데 아들 이름은 자초(子楚). B.C. 249~247 재위.
2) 춘추전국 시대에 두 나라 사이에 신임을 표시하기 위해 군주의 아들, 손자 또는 중신(重臣)을
　상대국과 서로 교환하여 인질로 잡아 두었던 것을 말함. 당시 장양왕은 진소왕(秦昭王) 아들
　신분으로 조(趙)나라에 볼모로 있었음.
3) 위(衛)나라 출신의 거상(巨商). 나중에 진(秦)나라 상국(相國)에 올랐다가 면직되고 비밀이 탄
　로 날까 두려운 나머지 자살함. 「呂不韋列傳」에 상세히 나와 있음.
4) 본시 여불위의 사인(舍人)에 지나지 않았으나 나중에 승상의 지위에 오름. 「李斯列傳」에 상세
　한 내용이 나타나 있음.
5) 제(齊)나라 사람. 몽무(蒙武)의 부친, 몽염(蒙恬)의 조부.
6) 진(秦)의 대부(大夫).

군이다. 나이가 어렸던 진왕(秦王)의 즉위 초에는 대신들에게 나랏일을
위임하였다.

시황 원년에 진양(晉陽)에서 반란이 일어나자 장군 몽오가 출병하여
반란을 평정하였다. 시황 2년, 표공 장군이 권읍(卷邑)을 공격하여 삼만
명을 참수하였다. 시황 3년, 몽오가 한(韓)을 정벌하여 십삼 개의 성읍을
빼앗았다. 왕의가 죽었다. 10월, 몽오 장군이 위(魏)의 창읍(暢邑)과 유
궤(有詭)를 공격하였다. 그해에 큰 기근이 들었다.

시황 4년, 창읍과 유궤를 공격하여 빼앗았다. 3월, 공격을 중단하였다.
진의 볼모[質子]가 조(趙)에서 돌아오고, 조(趙)의 태자도 진에서 조(趙)
로 되돌아갔다. 10월 경인(庚寅)날, 황충이(蝗蟲)[7] 떼가 동방에서 날아와
온 하늘을 뒤덮었다. 전국에 전염병이 유행하였다. 곡식 일천 석을 바치
는 백성에게 작위 1급을 수여하였다.

시황 5년, 몽오 장군은 위(魏)를 공격하여 산조(酸棗)·연읍(燕邑)·허
읍(虛邑)·장평(長平)·옹구(雍丘) 및 산양성(山陽城)을 점령하고 이십
개의 성읍을 탈취하였다. 처음으로 동군(東郡)을 설치하였다. 겨울에 천
둥이 울렸다. 시황 6년, 한(韓)·위(魏)·조(趙)·위(衛)·초(楚)가 연합
하여 진의 수릉(壽陵)을 점령했다. 진이 출병하자 다섯 나라의 연합군이
공격을 멈추었다. 진이 위(魏)를 점령하고 동군(東郡)을 바싹 진격해 들
어가자 위(魏)의 군주 각(角)은 그의 일족을 거느리고 야왕(野王)으로 거
처를 옮긴 후 험준한 산세를 방패 삼아 하내(河內) 땅을 지켰다.

시황 7년, 혜성이 동쪽에 나타나더니 다시 북쪽에 출현하였고 5월에
서쪽에 나타난 후 몽오 장군이 사망하였다. 진은 용(龍)·고(孤)·경도
(慶都)를 공격하고 회군(回軍)하여 급현(汲縣)을 공격하였다. 혜성이 또

---

7) 메뚜기과의 곤충으로 떼를 지어 날아다니며 농작물에 큰 해를 끼침.

다시 서쪽 하늘에 십육 일 동안 출현하자 하태후(夏太后)가 세상을 떠났다.

시황 8년, 진왕(秦王)의 동생 장안군(長安君) 성교(成蟜)가 군사를 이끌고 조(趙)를 공격하면서 반란을 일으켰으나 둔류(屯留)에서 죽었다. 그의 군관(軍官)들은 모두 참수당했으며 그곳에 살던 백성들은 모두 강제로 임조(臨洮)에 이주시켰다. 군영 안에서 자살한 장군과 둔류(屯留)와 포혹(蒲鶮)에서 반란에 가담한 사병들은 모두 육시(戮尸)를 당하였다.

황하가 범람하여 물고기들이 뭍으로 밀려 나오는 큰 수해가 나자 사람들은 가벼운 수레와 튼튼한 말을 타고 먹을 것을 찾아 동쪽 지방으로 갔다.

노애(嫪毒)[8]를 장신후(長信侯)에 봉하고 그에게 산양(山陽) 지구의 땅을 하사하여 그곳에서 살도록 하였다. 그는 궁실 · 수레와 말(車馬) · 의복 · 화원 · 원유(苑囿) · 사냥 등을 자기 마음껏 누릴 수 있었다. 대소(大小)를 가리지 않고 모든 일을 노애가 결정하였다. 또 하서(河西)의 태원군(太原郡)을 노애의 봉국으로 바꾸어 버렸다.

시황 9년, 혜성이 나타나 하늘에 가로로 뻗칠 때도 있었다. 위(魏)의 원읍(垣邑)과 포양(蒲陽)을 공격하였다. 4월, 진왕(秦王)은 옹(雍) 땅에서 미리 재계(齋戒)하였다. 기유(己酉)날, 관례(冠禮)를 치르고 허리에 칼을 찼다.

장신후(長信侯) 노애(嫪毒)가 난을 일으키려다 발각되었다. 그는 진왕(秦王)의 옥새(玉璽)와 태후(太后)의 새인(璽印)을 멋대로 사용하여 왕기(王畿)에 주둔한 부대와 왕실 경호 부대, 기병대(騎兵隊), 융적의 수령 및 가신들을 동원하여 시황이 거주하는 기년궁(蘄年宮)을 공격하여 난을 일

---

8) 여불위가 후궁에 들여보낸 가짜 환관(宦官)으로 태후(太后)의 총애를 받았음.

으키려 하였다.

이를 안 진왕(秦王)이 상국 창평군(昌平君)과 창문군(昌文君)에게 영을 내려 군사를 동원하여 노애를 진압하도록 하였다. 함양에서 반란군과 진압군이 교전하였다. 반란군 수백 명을 참수하고 공을 세운 자들에게 작위를 수여하였다. 또 반란군 진압에 나선 환관(宦官)들에게도 작위가 1급씩 수여되었다. 노애 등이 패주하자 전국에 포고령을 내렸다.

'노애를 사로잡는 자에게는 상금 백만 전(錢), 그를 죽이는 자에게는 상금 오십만 전(錢)을 주겠노라.'

노애 일당은 모두 체포되었다. 위위(衛尉) 갈(竭), 내사(內史) 사(肆), 좌익(佐弋) 갈(竭), 중대부령(中大夫令) 제(齊) 등 이십 명은 효수(梟首)한 후 다시 거열(車裂)에 처하여 장안 사람들에게 보여 주었으며 그 일족도 모두 멸(滅)하였다. 반란에 가담한 노애의 가신들 가운데 비교적 죄가 가벼운 자는 귀신(鬼薪)[9]의 노역에 처하였다. 또 관직을 박탈당하고 촉군(蜀郡)에 강제 이주된 자들도 사천여 가(家)를 헤아렸으며 이들 모두 방릉(房陵)에 거주하게 하였다.

그해 4월에 한파가 몰아쳐 얼어 죽은 자들이 있었다. 양단화(楊端和)가 위(魏)의 연씨(衍氏)[10]를 공격하였다. 혜성이 서쪽에 출현하더니 다시 북쪽에 나타나 팔십 일 동안 북두칠성 남쪽을 오락가락하였다.

시황 10년, 상국 여불위(呂不韋)는 노애 사건에 연루되어 면직되었다. 환의(桓齮)가 장군이 되었다. 제(齊)와 조(趙)에서 술을 가지고 와 축하하였다. 제나라 사람 모초(茅焦)가 진왕(秦王)에게 진언하였다.

"진이 바야흐로 천하를 쟁취하여 대업을 이루려는 때에 대왕께서는

---

9) 진대(秦代) 도형(徒刑)의 일종. 종묘(宗廟)에 필요한 땔나무를 하는 징역형으로 형기는 3년.
10) 읍(邑) 이름.

모태후(母太后)[11]의 명성을 실추시키셨습니다.[12] 제후들이 알고 진을 배반할까 두렵습니다."

그래서 옹(雍)에 연금되어 있는 태후를 함양으로 모셔와 예전처럼 감천궁(甘泉宮)[13]에 기거하도록 하였다.

진왕(秦王)은 대대적인 수색령과 함께 진에 기거하고 있는 각국의 유사(遊士)들을 내쫓으라는 축객령(逐客令)을 내렸다. 이사(李斯)가 상소를 올려 왕을 설득하자 진왕은 축객령을 철회하였다. 이사는 진왕(秦王)에게 먼저 한(韓)을 점령하여 다른 나라들을 위협할 것을 촉구하였다. 그리하여 이사를 파견해 한(韓)을 굴복시켰다. 한왕(韓王)은 이를 걱정한 나머지 한비(韓非)와 함께 진(秦)을 약화시킬 계책을 의논하였다.

대량(大梁)[14] 사람 위료(尉繚)가 찾아와 진왕(秦王)을 설득하였다.

"진의 강대함에 비하면 제후들은 군현의 두목에 불과합니다. 그렇지만 각국 제후들이 합종(合縱)하여 불시에 진을 기습할까 두렵습니다. 지백(智伯)[15]·부차(夫差)[16]·민왕(湣王)[17]이 망한 것도 바로 그 때문입니다. 바라옵건대 대왕께서는 재물을 아끼지 마시고 각국의 대신들을 매수하여 그들의 계획을 차단하십시오. 불과 삼십만 금(金)만 들이시면 제후들을 모두 돌려놓을 수 있습니다."

진왕(秦王)은 그 계책을 따랐다. 그리고 위료(尉繚)를 예우하여 음식과 의복을 동등하게 나누어 입고 먹었다. 그렇지만 위료는 마음속으로 달리

---

11) 진시황의 생모 조희(趙姬).
12) 생모를 옹(雍)에 연금한 일을 두고 말한 것.
13) 진(秦)의 도읍 함양(咸陽) 남쪽에 있던 궁.
14) 위(魏)의 도성(都城).
15) 진(晉)나라의 경대부(卿大夫)로, 순요(荀瑤)라고도 칭함.
16) 오(吳)나라의 군주. 자세한 것은 「越王句踐世家」를 참조하기 바람.
17) 제(齊)나라의 군주. 자세한 것은 「齊太公世家」를 참조하기 바람.

생각하였다.

'진왕(秦王)이란 사람은 콧등이 높고 눈이 길며 매의 가슴에다 목소리
는 승냥이처럼 날카롭다. 호랑이나 이리와 같은 마음을 가지고 있는지라
어질지 못하고, 궁색할 때는 쉽사리 예의와 겸손을 갖추어 대하지만 뜻
을 이루면 눈 하나 까딱하지 않고 사람을 잡아먹을 사람이다. 나는 한낱
평범한 백성에 지나지 않는데도 그는 나를 만날 때마다 지나치게 자신을
낮추어 굽실거리고 있다. 만일 진왕(秦王)이 그의 소망대로 뜻을 이루어
천하를 장악하게 된다면 천하 사람들은 모두 그의 노예로 전락하고 말
것이다. 그는 오래 사귈 만한 위인이 아니다.'

하며 이내 도망치려고 하였다. 진왕(秦王)이 이를 알아차리고 한사코
만류하며 그를 국위(國尉)[18]에 임명하였다. 그리고 끝까지 그의 계책을
따랐으며 이사가 그것을 실행에 옮겼다.

시황 11년, 왕전(王翦)·환의(桓齮)·양단화(楊端和)가 업(鄴)을 공격
하여 잇달아 9개의 성읍을 빼앗았다. 왕전은 알여(閼與)와 노양(橑楊)을
공격한 후 이 부대를 하나의 부대로 편성하였다. 왕전은 십팔 일 동안 군
대를 지휘하면서 일백 석 이하의 봉록을 받는 하급 관리들을 모두 귀가
시키고 열 명 중 두 사람씩만 군대에 남아 있게 하였다. 업성(鄴城)과 안
양(安陽)을 점령하고 나서 환의가 지휘하였다.

시황 12년, 문신후(文信侯) 여불위(呂不韋)가 죽자 비밀리에 매장하였
다.[19] 여불위의 가신들 가운데 그의 장례식에 참가하여 곡(哭)을 한 경우
에 진(晉) 사람이면 국외로 추방시키고, 육백 석 이상의 봉록을 받는 진

---

18) 진(秦)나라 최고 군사 장관.
19) 여불위가 시황의 생모 조희와 사통한 일과 노애(嫪毐)를 감쪽같이 환관으로 위장하여 끌어들
인 점 등이 탄로 날까 두려워 짐주(鴆酒 : 중국 廣東省에 산다는 毒鳥 짐새의 깃으로 담근 술
을 말함. 이 술을 마시면 목숨을 잃는다고 하며 옛날 腸藥으로 썼다고 함.)를 마시고 자살하
자 그의 문객(門客)들이 비밀리에 낙양(洛陽) 북망산(北芒山)에 장사지낸 것을 말함.

나라 관리이면 작위를 박탈하고 방릉(房陵)에 강제로 이주시켰다. 장례식에 참가하지 않은 오백 석 이하의 봉록을 받는 자는 방릉에 강제로 이주시키되 작위는 박탈하지 않았다.

이것은 앞으로도 노애나 여불위처럼 군왕의 뜻을 저버리고 국사를 제멋대로 전횡하여 무도한 짓을 일삼는 자는 그 일가족의 재산을 몰수하고 부책(簿冊)에 편입시켜 도역을 시키겠다는 의지를 천명한 것이다. 그런데 그해 가을 촉군(蜀郡)으로 강제 이주시켰던 노애의 가신들을 사면하여 원적지로 귀환시켰다. 당시 천하에 큰 가뭄이 들어 6월부터 줄곧 비한 방울 내리지 않다가 8월에 이르러 비로소 비가 내렸다.

시황 13년, 환의가 조(趙)의 평양(平陽)을 공격하여 조(趙)의 장군 호첩(扈輒)을 죽이고 십만 명을 참수하였다. 진왕(秦王)은 하남(河南)을 방문하였다. 정월, 동쪽에 혜성이 출현하였다. 10월, 환의가 조(趙)를 공격하였다. 시황 14년, 평양(平陽)에서 의안(宜安)을 탈취하고 조군(趙軍)을 대파한 후 조(趙)의 장군을 죽였다. 환의는 평양과 무성(武城)을 평정하였다. 한비(韓非)가 사신으로 진에 왔을 때 진은 이사의 계책에 따라 한비를 억류하였다. 한비는 운양(雲陽)에서 죽었다. 한왕(韓王)은 진(秦)의 신하가 될 것을 청하였다.

시황 15년, 군사를 대거 동원하여 일군(一軍)은 업성(鄴城)으로, 일군은 태원(太原)으로 진격케 하여 낭맹(狼孟)을 점령하였다. 지진이 발생하였다. 시황 16년 9월, 군대를 동원하여 한(韓)의 남양(南陽) 일대의 땅을 접수하고 등(騰)을 남양 군수(郡守) 대리로 임명하였다. 처음으로 관할 구역 내의 남자들의 나이를 신고하도록 영을 내렸다. 위(魏)가 진에 땅을 바쳤다. 진은 여읍(麗邑)을 설치하였다.

시황 17년, 내사(內史) 등(騰)이 한(韓)을 공격하여 한왕(韓王) 안(安)[20]을 사로잡았다. 한왕 안이 한(韓) 영토를 모두 진에 바치자 진은 그곳에

군(郡)을 설치하고 영천(潁川)이라 이름 지었다. 지진이 발생하였다. 화양태후(華陽太后)[21]가 세상을 떠났다. 큰 기근이 들어 백성들이 굶주렸다.

시황 18년, 군사를 대거 동원하여 세 갈래로 나누어 조(趙)를 공격하였다. 왕전은 상지(上地)의 군대를 거느리고 정형(井陘)을 공격하였으며, 양단화는 하내(河內)의 군대를 거느리고 대(代)를 공격하고, 강외(羌瘣)[22]는 한단(邯鄲)을 포위 공격하였다.

시황 19년, 왕전과 강외는 조(趙)의 동양(東陽) 지역을 모두 점령하고 조왕(趙王)[23]을 사로잡았다. 또 이어서 연(燕)을 공격하기 위하여 중산(中山)에 군대를 주둔시켰다. 진왕(秦王)은 한단으로 가 조(趙)에서 자신이 태어날 때 외가와 원수진 사람들을 모조리 생매장해 버렸다. 진왕(秦王)은 돌아오는 길에 태원(太原)과 상군(上郡)을 거쳐 귀환하였다.

진시황의 모친 태후(太后)가 세상을 떠나자 조(趙)의 공자 가(嘉)[24]는 종족(宗族) 수백 명을 데리고 대(代) 땅으로 가서 스스로 대(代)의 왕이 된 후 동쪽의 연(燕)과 군대를 합류하여 상곡(上谷)에 주둔하였다. 그해에 큰 기근이 들었다.

시황 20년, 연(燕)의 태자 단(丹)[25]은 진병(秦兵)이 쳐들어올까 두려운 나머지 진왕(秦王)을 죽이기 위해 형가(荊軻)[26]를 파견하였으나 진왕(秦王)에게 발각되어 형가는 처형되었다. 시신은 체해(體解)[27]의 형(刑)에

---

20) 한(韓)나라의 마지막 군주.
21) 장양왕(莊襄王)의 수양 어머니.
22) 진(秦)의 장군.
23) 조(趙)의 군주, 이름은 遷(기원전 235~228 재위).
24) 조(趙)나라 최후의 군주(기원전 227~222 재위).
25) 연왕(燕王) 희(喜)의 태자.
26) 위(衛)나라 사람. 자세한 것은 「刺客列傳」을 참조하기 바람.
27) 사지를 절단하는 고대 형벌.

처해져 장안 사람들에게 보여 주고, 왕전과 신승(辛勝)을 파견하여 연(燕)을 공격하도록 하였다. 연왕(燕王)과 대왕(代王)은 군사를 동원하여 진군(秦軍)을 맞아 싸웠으나 진군(秦軍)은 역수(易水)의 서쪽에서 연군(燕軍)을 격파하였다.

시황 21년, 왕분(王賁)이 초(楚)를 공격하였다. 진왕(秦王)은 왕전의 군대에 추가 병력을 파견하여 연(燕)의 계성(薊城)을 점령했으며, 군대를 격파하고 연(燕) 태자 단(丹)의 수급을 획득하였다. 연왕(燕王)은 동쪽의 요동(遼東)을 취하여 스스로 왕이라 일컬었다(稱王). 왕전은 늙고 병들었다는 이유로 사임을 청하였다. 신정(新鄭)[28]에서 반란이 일어났다. 창평군(昌平君)을 영(郢)에 유배하였다. 큰 눈이 내려 적설량이 2척 5촌이나 되었다.

시황 22년, 왕분은 위(魏)를 공격하였다. 그가 변하(汴河)의 물줄기를 끌어들여 대량(大梁)으로 돌리자 대량성은 무너지고 위왕(魏王)은 항복을 간청하였다. 그리하여 진은 위의 영토를 모두 차지하게 되었다.

시황 23년, 진왕(秦王)은 다시 왕전을 소환하여 억지로 장군에 임명하고 초(楚)를 공격하도록 하였다. 그는 진현(陳縣) 남쪽에서 평여(平輿)에 이르는 땅을 점령하고 초왕(楚王)을 사로잡았다. 진왕(秦王)은 영(郢)과 진현(陳縣)을 돌아보았다. 초(楚)의 장군 항연(項燕)[29]이 창평군(昌平君)을 초왕(楚王)으로 옹립하고 회하(淮河) 이남에서 진에 대항하였다. 시황 24년, 왕전과 몽무(蒙武)가 초군(楚軍)을 격파하였다. 창평군(昌平君)이 죽자 항연은 자살하고 말았다.

시황 25년, 군사를 대거 동원하여 왕분을 장군으로 삼아 연(燕)의 요동

28) 현(縣) 이름.
29) 초(楚)의 유명한 장수로, 항우(項羽)의 조부(祖父).

(遼東)을 공격하여 연왕 희희(姬喜)[30]를 사로잡았다. 연(燕)을 정벌하고 돌아오는 길에 군사를 돌려 대(代)를 공격하여 대왕(代王)을 사로잡았다. 왕전은 마침내 초(楚)의 강남(江南)[31] 지역을 평정하고 월족(越族)의 군장(君長)을 항복시킨 뒤 그곳에 계군(稽郡)을 설치하였다. 5월, 마음껏 술을 마시고 즐기는 큰 잔치[大酺][32]를 벌이도록 허락하였다.

시황 26년, 제왕(齊王) 건(建)[33]과 제(齊)의 상국 후승(后勝)은 군사를 동원하여 서쪽 변경을 지키며 진(秦)과의 관계를 단절하였다. 진은 왕분 장군을 파견하여 연(燕)에서 남하(南下)해 제(齊)를 공격하도록 명하여 제왕 전건(田建)을 사로잡았다.

진왕(秦王)은 처음으로 천하를 통일하고 승상(丞相)과 어사(御史)에게 명하여 다음과 같은 영을 내렸다.

'이전에 한왕(韓王)이 땅과 옥새를 바치면서 변경을 지키는 신하가 되겠다고 간청하던 약속을 저버리고 조(趙)·위(魏)와 연합하여 진(秦)을 배반하였다. 그래서 군사를 일으켜 한(韓)을 정벌하고 한왕(韓王)을 사로잡은 것이다. 과인이 그렇게 하기를 잘했다고 생각하는 것은 그렇게 해서 전쟁이 종식될 수 있었기 때문이다.

조왕(趙王)이 그의 상국 이목(李牧)[34]을 보내와 맹약을 체결하였기 때문에 과인은 그의 질자(質子)를 돌려보냈었다. 그런데 그 후 얼마 안 되어 맹약을 저버리고 태원(太原)에서 반기를 들었기 때문에 군사를 동원하여 조(趙)를 정벌하고 조왕(趙王)을 사로잡았던 것이다. 조(趙)의 공자

---

30) 연(燕)나라 최후의 군주.
31) 장강(長江) 이남 지역을 말함.
32) 국가의 경사를 축하하기 위해 신하와 백성들이 마음껏 즐기고 마실 수 있도록 특별히 허가하는 잔치.
33) 제(齊)나라 최후의 군주(기원전 264~226 재위).
34) 조(趙)의 장군.

가(嘉)가 스스로 대(代)의 왕이 되었기 때문에 군사를 일으켜 그를 격멸하였다.

위왕(魏王)은 애초에 진에 귀복(歸服)하기로 약속한 후, 한(韓) · 위(魏)와 함께 진을 기습할 것을 모의했다. 그래서 진은 군사를 일으켜 위(魏)를 토벌하고 파멸시킨 것이다.

초왕(楚王)이 청양(靑陽) 서쪽의 땅을 바친 후에 맹약을 깨뜨리고 우리의 남군(南郡)을 공격해 왔다. 그래서 군사를 파견하여 초(楚)를 토벌하고 초왕(楚王)을 사로잡아 마침내 초를 평정하게 되었다.

연왕(燕王)은 어리석고 정신이 혼미하며, 그의 태자 희단(姬丹)은 은밀히 형가(荊軻)를 자객으로 들여보내 과인을 시살하고 난을 일으키려 하였다. 그래서 우리 군사들이 그를 토벌하고 연(燕)을 멸망시켰다.

제왕(齊王)이 상국 후승(后勝)의 계책을 채용하여 진의 사신을 거절하고 변란을 일으키려고 하였다. 그래서 우리 군사들이 토벌에 나서 제왕(齊王)을 사로잡고 제(齊)를 평정하게 되었다.

과인은 보잘 것 없는 몸으로 군사를 일으켜 포악한 난을 토벌하였지만 역대 선조님들의 신령께서 보우해 주신 덕택에 여섯 나라 국왕들이 모두 머리를 조아리고 죄를 인정하게 되어 천하가 크게 안정된 것이다. 이제 명호(名號)를 바꾸지 아니하면 이 성공을 기리고 후세에 전할 방도가 없다. 바라건대 그대들은 천자의 칭호에 대하여 의논하여 결정하도록 하라.'

승상 왕관(王綰) · 어사대부[35] 풍겁(馮劫) · 정위 이사(李斯) 등이 입을 모아 다음과 같이 말하였다.

"옛날 오제(五帝)가 직접 다스린 땅은 사방 천 리밖에 미치지 않았으

---

35) 승상 다음의 관직[副丞相], 백관(百官)을 감찰함.

며, 그 밖의 땅은 후복(侯服)·이복(夷服)³⁶⁾ 등 각 제후들이 다스렸는데
천자를 조현하러 오는 제후들이 있는가 하면 조현하러 오지 않는 제후들
도 있었습니다. 이는 천자가 그들을 통제할 수 없었기 때문입니다. 지금
폐하께서는 정의의 군사를 일으키시어 잔적(殘賊)을 소탕하여 천하를
평정하고 전국에 군현을 두었으며 법령이 하나로 통일되었습니다. 이는
상고 이래 없었던 일로 오제도 미치지 못하는 것입니다.

신(臣)들은 박사들과 의논한 결과 다음과 같은 결론을 얻게 되었습니
다. '옛적에 천황(天皇)·지황(地皇)·태황(泰皇)이 있었는데 태황이 가
장 존귀하였다.' 하였으니 신들은 감히 '왕'을 '태황'으로 바꾸어 존호
를 올리는 바입니다. 또 왕의 '명(命)'은 '제(制)'로, '영(令)'은 '조(詔)'
로 바꾸고 천자의 자칭으로 '짐(朕)'을 사용하시기 바랍니다."

진왕(秦王)이 말했다.

"태(泰)'자를 빼되 '황(皇)'자를 남겨두고 상고 시대의 '제(帝)' 위호
(位號)를 채용하여 '황제(皇帝)'라고 하겠다. 다른 것들은 그대들이 의
논하여 정한 바대로 하리라."

그리하여 칙령을 내려 이를 재가하였다. 장양왕(莊襄王)을 태황상(太
皇上)으로 추존(追尊)하였다. 또 다음과 같은 칙령을 내렸다.

'짐이 듣기로는 상고 시대에는 명호(名號)만 있었을 뿐 시호가 없었
고, 중고(中古) 시대에는 명호(名號)뿐만 아니라 죽은 후에 생애의 사적
에 근거하여 시호를 의론하여 정했다고 한다. 이는 자식이 부친을 의론
하고 신하가 군주를 의론하는 것이니 아무런 의미가 없으며 짐은 이러한

---

36) 주대(周代)의 제도에 의하면 천자가 직접 다스리는 땅은 직경 천 리에 지나지 않았으며 그 외
의 땅은 모두 제후의 속지(屬地)로 삼았다. 천자의 관할 구역을 중심으로 해서 오백 리 단위
로 잘라 모두 구복(九服)으로 구분하였는데 구복의 명칭은 후복(侯服)·전복(甸服)·남복(男
服)·채복(采服)·위복(衛服)·만복(蠻服)·이복(夷服)·진복(鎭服)·번복(審服)이다.

관례에 찬성할 수 없다. 지금부터 시법(諡法)을 폐지하라. 짐은 시황제(始皇帝)이니 앞으로 항렬(行列)을 따져 2세, 3세……, 만세까지 영원무궁토록 전하라.'

시황은 종시오덕(終始五德)[37]의 원리에 근거하여 주 왕조는 화덕(火德)을 얻었고 진 왕조는 주 왕조의 덕성을 대체하였으므로 반드시 주 왕조의 덕성에 눌리지 않는 덕성을 채용해야 한다고 생각하였다. 그리하여 바야흐로 수덕(水德)이 개시되는 시점이라고 판단, 1년의 시작[元旦] 및 신하가 입궐하여 하례하는 의식[朝賀]을 모두 10월 초하루로 바꾸었다.

또 의복과 부절(符節) 및 깃발의 색깔은 흑색[38]을 최상으로 여기게 되었다. 숫자는 6을 기본적인 수로 설정하여[39] 부절과 공식적인 관(冠)은 모두 6촌(寸)으로, 수레의 넓이는 6척(尺)으로, 6척을 1보(步)로, 수레 한 대는 여섯 마리의 말이 끌도록 정하였다. 또 황하를 '덕수(德水)'로 개칭하여 바야흐로 수덕(水德)의 시대가 개시되었음을 나타내었다.

엄격하고 가혹하게 통제하고 모든 일을 법에 따라 처결하며 일체의 자애로움과 은혜와 인정이 배제된 통치만이 오덕(五德)의 명수(命數)에 부

---

37) 전국시대의 음양가 추연(鄒衍) 등이 오행설(五行說)에 근거하여 역사의 발전과 왕조의 교체에 대하여 주장한 일종의 순환 이론. 이 이론은 소박한 자연관을 반영하던 종전의 오행설(五行說)을 인사(人事)에 확대 적용한 음양학설이라고 볼 수 있다. 오행(金木水火土)이 상생(相生) 상극(相剋)하여 만물을 번갈아 지배하는데 오행의 상생(相生)은 다음과 같다. 나무는 불을 낳고(木生火), 불은 흙을 낳고(火生土), 흙은 쇠를 낳고(土生金), 쇠는 물을 낳고(金生水), 물은 나무를 낳는다(水生木). 오행의 상극(相剋)에 따라 왕조가 교체한다고 보았는데 오행의 상극을 들면 다음과 같다. 물이 불을 이기고(水剋火), 불이 쇠를 이기고(火剋金), 쇠가 나무를 이기고(金剋木), 나무가 흙을 이기고(木剋土), 흙이 물을 이긴다(土剋水). 황제(黃帝)는 토덕(土德)이고 하(夏) 왕조는 목덕(木德)이고 상(商) 왕조는 금덕(金德)이고 주(周) 왕조는 화덕(火德)이므로 주 왕조를 대체할 덕은 반드시 수덕(水德)이라야만 된다고 보았던 것이다.
38) 오행설에 의하면 흑색은 물(水)을 상징함.
39) 오행이 상생 상극하는 원리에 의거하여 물이 불을 이기므로(水剋火), 즉 진(秦) 왕조의 덕(水)이 주(周) 왕조의 덕(火)을 이기는 서수(序數)가 6이다. 그러므로 진 왕조에서 6을 존숭하게 된 것이다.

합된다고 시황은 생각하였다. 그렇게 법령이 준엄해졌으므로 백성들이 법을 어기면 오랜 시간이 지나도록 사면되지 않았다.

승상 왕관(王綰) 등이 건의하였다.

"제후들이 모두 격파되었지만 연(燕)·제(齊)·초(楚) 땅은 거리가 멀어 그 지역에 제후 왕(諸侯王)을 세우지 않으면 제압하여 복종케 할 수 없습니다. 황자(皇子)들을 그 지역의 왕으로 세우시기를 청하오니 황상께서는 윤허해 주시기 바랍니다."

시황이 이 건의를 군신(群臣)들에게 의논케 하니 신하들 모두 입을 모아 유익하고 건설적인 제안이라고 말했다. 그러자 정위(廷尉) 이사(李斯)가 이의를 제기하였다.

"주(周)의 문왕과 무왕은 일족의 자제(子弟)들에게 매우 많은 분봉(分封)을 하였습니다. 그런데 후대로 내려와 관계가 소원해지면서부터 마치 원수처럼 서로 공격하였으며 제후들끼리 서로 토벌하는 지경에 이르렀으나 주(周)의 천자는 이를 막을 수 없었습니다. 이제 황상 폐하의 성덕으로 천하가 통일되고 전국에 군현을 설치하게 되었습니다. 황자(皇子)와 공신들에게 국가의 부세를 후하게 하사하시면 그들을 쉽게 통제할 수 있을 것입니다. 이의가 없으면 그것이 바로 천하를 안정시킬 수 있는 계책이며 제후들을 다시 세우는 것은 유익하지 못합니다."

시황이 말했다.

"천하가 끊임없는 전쟁의 고통에 시달리게 된 것은 바로 제후 왕들 때문이다. 선조들의 신령들께서 보우해 주신 덕택으로 이제 천하가 평정되었는데 다시 제후국을 세운다는 것은 전쟁의 불씨를 만드는 것이니 어찌 안녕과 평화를 구하기가 어렵지 않으랴! 정위(廷尉) 의견이 옳다."

진시황은 천하를 삼십육 군(郡)으로 나누고 각 군마다 수(守)·위(尉)·감(監)을 두었다. 또 백성을 '검수(黔首)'[40]로 개칭하게 되었다. 마음껏 마시고 즐기는 큰 잔치를 벌이게 되었다. 천하의 병기를 거두어 도읍 함양에 모은 후에 이를 녹여 종거(鍾鐻)⁴¹ 하나의 무게가 십이만 근(斤)이나 되는 금인(金人) 열두 개를 만들어 궁중에 두었다. 법제와 도량형을 통일하였다. 좌우 수레바퀴 사이의 거리[輪距]를 통일하고 문자를 통일하였다.

영토는 동으로 바다 및 조선(朝鮮)에 이르고, 서로는 임조(臨洮)와 강중(羌中)에 다다르고, 남으로는 북향호(北嚮戶)에 이르고, 북으로는 황하를 의지하여 요새를 쌓아 음산(陰山)에서 요동(遼東)까지 연결되었다. 전국의 부호 십이만 호(戶)를 함양으로 이주케 하였다. 역대의 조묘(祖廟)와 장대궁(章臺宮)과 상림원(上林苑)은 모두 위수 남쪽에 있었다.

진(秦)은 제후국을 멸망시킬 때마다 그 제후국의 궁실을 그대로 본떠 함양 북쪽 언덕에 축조하였는데 남으로 위수까지 이르렀으며, 안문(雁門)에서 동으로 경수(涇水)와 위수까지 연이어 있었다. 궁실 사이는 구름다리[天橋]와 누각으로 연결되어 있었고, 그 안에는 제후들에게서 빼앗은 미녀들과 각종 악기로 가득 차 있었다.

시황 27년, 시황은 농서군(隴西郡)과 북지군(北地郡)을 시찰하고 계두산(鷄頭山)을 넘어 회중궁(回中宮)에 들렀다. 위수 남쪽에 신궁(信宮)을 짓고 '극묘(極廟)'로 개칭하였는데 이는 북극성을 상징하기 위함이었다. 극묘에서 여산(酈山)까지 통하는 길을 뚫고 감천궁(甘川宮)의 전전(前殿)을 지었으며, 여기서 함양까지 직통하는 용도(甬道)⁴²를 건설하였다. 그해에 작위를 가진 모든 사람들을 1급씩 승진시켜 주었다. 광활한

---

40) 여수(黎首)라고도 하는데 이에 대하여 두 가지 설이 있다. 하나는 노동하는 백성들이 햇볕에 까맣게 그을렸기 때문에 이렇게 칭하게 되었다는 설이고 다른 하나는 그 당시 평민들은 흑색 두건(頭巾)을 두르고 있었기 때문이라는 설이다.
41) 거(鐻) : 종(鍾)과 비슷한 악기.
42) 양측에 담장을 쌓은 도로.

도로[馳道][43]를 뚫었다.

　시황 28년, 시황은 동방 군현들을 시찰하며 추역산(鄒嶧山)에 올라 비석을 세우고 노(魯) 지방 유생들과 상의하여 진 왕조의 공덕을 기리는 비문(碑文)을 새겼다. 그리고 봉선(封禪)[44]을 거행하고 산천에 망제(望祭)를 올리는 의식에 대해 의견을 나누었다. 그 후 태산(泰山)[45]에 올라 비석을 세우고 하늘에 제사하는 성대한 의식[封]을 거행하였다.

　태산을 내려오는데 갑자기 비바람이 불어와 시황은 소나무 아래에서 휴식을 취한 후 그 소나무에게 '오대부(五大夫)'[46]라는 작위를 하사하였다. 그러고 나서 양보산(梁父山)[47]에 올라 땅에 제사를 지내는 의식[禪]을 거행하였으며 비석을 세우고 비문(碑文)을 새겨 넣었다. 그 비문에 새겨진 내용은 다음과 같다.

　'황제께서 즉위하시어 제도를 만드시고 법을 밝히시니 모든 신하와 백성들이 삼가 정중히 받들어 엄격히 지키게 되었다. 즉위하신 지 26년, 처음으로 온 천하를 통일하시니 복종하지 않는 자가 없었다. 황제께서 먼 변방 백성들까지 친히 방문하시고 이 태산(泰山)에 오르시어 동쪽 끝까지 두루 바라보셨도다. 수행하는 신하들은 위대한 업적을 기리고 추구하게 되었으며 삼가 그 공덕을 칭송하였다.

　나라를 다스리는 도(道)를 실행에 옮기시니 모든 일이 법도에 들어맞게 되었다. 위대하고 빛나는 도의는 후세에 길이 전해져 변함없이 계승

---

43) 너비가 오십 보(步)에 지면보다 높게 닦은 도로인데 중앙에 폭 3장(丈)의 황제 전용 도로를 만들고 나무를 심어 경계를 표시했다. 중국 역사상 가장 오래된 최대 규모의 도로.
44) 태산(泰山)의 정상에 올라 제단을 쌓고 하늘에 올리는 제사를 봉(封)이라 하고, 태산 아래의 작은 양보산(梁父山)에서 땅에 지내는 제사를 선(禪)이라 한다. 자세한 것은 「封禪書」를 참고하기 바람.
45) 山東省 泰安市 북쪽에 있는 산. 예로부터 동악(東岳), 대산(岱山), 대종(岱宗) 등으로 불렸음.
46) 20작위 중 제9급.
47) 태산(泰山) 남쪽에 있는 작은 산.

될지어다. 영명(英明)하시고 성스러운 황제께서는 천하를 평정하신 후에도 정사를 게을리 하지 않으셨도다. 아침 일찍 일어나 밤늦도록 부지런히 천하를 이롭게 하기 위한 장기적인 계책을 세우시며, 백성들을 가르치고 깨우치시는 데 전념하시도다.

그리하여 옛 가르침과 경전은 널리 퍼지게 되었고 먼 곳이나 가까운 곳 모두 성스러운 뜻을 받들어 잘 다스려지게 되었다. 귀천의 구분이 분명하고, 남녀 모두 예(禮)에 따라 각기 그 직분을 충실히 이행하였다. 안팎의 구분이 명확하고 청정(淸淨)하지 않음이 없으니 후세에 길이 전할지어다. 그 교화의 영향은 영원무궁할 것이며 그 유훈(遺訓)은 영원히 받들어 지켜지리라.'

그러고 나서 시황은 발해(渤海)를 따라 동으로 황현(黃縣)과 수현(腄縣)을 거쳐 성산(成山)에 오르고, 지부산(之罘山)에 올라 비석을 세워 진 왕조의 공덕을 새긴 후에 떠났다.

남으로 낭야산(琅邪山)에 올라 너무 기쁜 나머지 3개월 동안이나 그곳에 머물렀다. 그리하여 삼만 호의 백성들을 낭야대(琅邪臺) 아래로 이주시키고 그들의 부세와 요역(徭役)을 십이 년 동안 면제해 주었다. 낭야대를 축조하고 나서 비석을 세우고 진 왕조의 공덕을 찬양하는 내용과 뜻을 이룬 자신의 심정을 나타내는 비문을 새겼다. 그 비문에는 다음과 같이 씌어 있다.

'시황 28년, 황제의 시대가 열렸다. 법도가 바르게 정비되고 만사의 기강이 바로 서게 되었다. 인사(人事)가 공명하고 부자(父子)가 화목하게 되었다. 성스러운 지혜와 인의로 도리를 선양하셨다. 동쪽 땅을 위로하시고 사병들을 사열하였다. 이러한 큰일들을 마치시고 바닷가에 나아가셨다. 황제의 공덕은 근본이 되는 대사(大事)에 부지런히 힘쓰는 것이라.

농업을 중시하고 상공업을 억제하시니 백성들이 부유하게 되었다. 온 천하가 모두 한 마음 한 뜻이 되어 전념하게 되었도다. 길이와 부피를 재는 도량(度量)을 통일하고 문자를 통일하였다. 해와 달이 비치는 곳, 배와 수레가 닿는 곳이면 그 어디서나 모두 천수를 누리고 뜻을 이루게 되었다. 때를 맞추어 일을 일으키니 이 모두가 황제께서 계심이라.

지방마다 다른 풍속을 바로잡으시고 산을 넘고 물을 건너서 밤낮을 가리지 않고 백성들을 긍휼히 여기시고 애쓰셨다. 의혹을 없애고 법률을 명확히 규정하시니 모두들 꼭 지켜야 할 표준을 알게 되었다. 지방 장관들이 맡은 직분을 분명히 구분하여 모든 정사가 용이하게 시행되고 모든 시책이 합당하니 불명확한 점이 없게 되었다. 황제께옵서 사리에 밝고 현명하시며 사방을 두루 살피시기 때문이다.

존비와 귀천이 계급을 뛰어넘지 않았으며, 간사함을 용납하지 않고 곧은 마음으로 선량한 일에만 힘썼다. 일의 크고 작음을 가리지 않고 진력하여 감히 게을리 하거나 소홀히 하지 않았다. 먼 지방과 가까운 곳은 물론이요 외따로 떨어진 곳에서도 모두 엄격하고 근엄한 태도로 정직과 충성을 다해 진력하니 매사에 상궤를 벗어나지 않았다. 황제의 은덕이 사방 구석구석까지 두루 마치기 때문이라.

반란과 폐해를 제거하시고 복리(福利)를 가져오게 하셨다. 계절에 따라 노역을 절제하시니 모든 사업이 번영하고 끊임없이 증식하게 되었다. 백성들이 평안하니 무기를 쓸 일이 없게 되었다. 백성들은 기꺼이 가르침을 받들어 육친이 서로 보살피고, 법령과 제도를 빠짐없이 알고 있으니 도적이 없었다.

천지 사방[六合]은 모두 황제의 강토라 서로는 유사(流沙)를 지나고 남으로는 북호(北戶)에 다다르고 동으로는 동해를 포함하고 북으로는 대하(大夏)를 지났다. 사람의 발길이 닿는 곳에 신하의 예절을 갖추어 복종하지 않는 자가 없으니 그 공덕은 오제(五帝)를 능가하고 그 은혜는 소와 말에게까지 미치도다. 모든 사람이 은덕을 입고 각기 거주하는 곳에서 평안을 누리도다.'

진왕(秦王)은 천하를 겸병하고 명호(名號)를 황제(皇帝)라 칭하고, 동부지역을 위무하며 낭야(琅邪)에 다다랐다. 열후[48] 무성후(武城侯) 왕리(王離), 열후 통무후(通武侯) 왕분(王賁), 윤후(倫侯) 건성후(建成侯) 조해(趙亥), 윤후(倫侯) 창무후(昌武侯) 성(成), 윤후(倫侯) 무신후(武信侯) 풍무택(馮毋擇), 승상(丞相) 외림(隗林), 승상(丞相) 왕관(王綰), 경(卿) 이사(李斯), 경(卿) 왕무(王戊), 오대부(五大夫) 조영(趙嬰), 오대부(五大夫) 양규(楊樛)가 수종(隨從)하였으며 이들은 해변에서 황제의 공덕을 의논한 결과 입을 모아 다음과 같이 말했다.

"고대 제왕께서 직접 관할하시는 토지는 사방 천 리가 넘지 않았으며, 제후들은 분봉 받은 봉토(封土)를 지키면서 조현하러 오기도 하고 조현하러 오지 않기도 하였다. 그들은 서로 난폭한 침략과 정벌을 그치지 않았다. 그럼에도 불구하고 자신들의 업적과 공로를 금석(金石)에 새겨 스스로 이를 기념하였던 것이다.

옛날 오제(五帝)와 삼왕(三王)[49]의 지식 교육이 제각기 다르고, 법령과 제도 역시 불분명하였으며, 귀신의 위력을 빌어 먼 곳[遠方]을 속였지만 명성과 실제가 부합(名實相符)하지 못하자 그 지배가 오래갈 수 없었고 죽기도 전에 그들은 군왕을 배반하여 법령을 이행하지 않았다.

이제 황제께서 천하를 통일하여 모두 군현으로 나누셨으니 천하가 화평하게 되었다. 또한 종묘의 덕을 밝히시고 도의를 구현하시어 어질고

---

48) 진(秦)나라의 20작위 중 최고 작위(1급).
49) 하(夏)의 우(禹), 상(商)의 탕(湯), 주(周)의 문왕(文王)과 무왕(武王)을 가리킴.

바른 정치를 펴시니 황제의 존호가 명실상부하게 완비되었다. 이에 군신들은 황제의 공덕을 칭송하며 금석(金石)에 새겨 전범(典範)으로 삼고자 한다."[50]

일이 끝난 후 제(齊)나라 사람인 서불(徐市)[51] 등이 바다 속에 삼신산(三神山)[52]이 있는데 그곳에 신선들이 살고 있으니 재계(齋戒)한 후 동남동녀(童男童女)를 데리고 신선을 찾으러 가게 해 달라고 간청하였다. 그리하여 서불은 동남동녀 수천 명을 데리고 신선을 찾으러 바다 속으로 들어갔다.

시황은 돌아오는 길에 팽성(彭城)에 들러 재계(齋戒)한 후 제사를 드리고 사수(泗水)에서 주정(周鼎)[53]을 건져 내고 싶었다. 천여 명을 잠수시켜 찾아보았지만 끝내 찾지 못하였다. 서남쪽으로 회하(淮河)를 건너 형산(衡山)과 남군(南郡)으로 갔다. 강을 따라 내려가서 상산(湘山)에 다다라 제사를 올렸다. 거센 바람을 만나 강을 건너기가 거의 불가능하였다. 시황은 박사들에게 물었다.

"상군(湘君)은 어떤 신(神)인가?"

박사들이 대답했다.

"요(堯) 임금의 딸이자 순(舜) 임금의 아내이온데 이곳에 묻혔다고 합

---

50) 「이제 황제께서는……삼고자 한다.」의 문장은 낭야에서 비문을 새기게 된 까닭을 나타내는 서사(序辭)로, 비석의 뒷면에 새겨진 내용으로 추측된다.

51) 낭야 출신의 방사(方士).

52) 신선이 산다는 전설상 세 개의 산, 즉 봉래(蓬萊)·방장(方丈)·영주(瀛州).

53) 정(鼎)은 본래 음식을 끓이거나 담는 그릇으로 쓰였으나 나중에는 왕위 전승의 보기(寶器)로 쓰이게 되었음. 전설에 의하면 하(夏)의 우(禹)가 천하의 쇠붙이를 모아 커다란 정(鼎)을 만들었는데 이는 9주(州)를 상징하였다고 한다. 그 후부터 정(鼎)은 국가를 대표하는 예기(禮器)로 보게 되었으며 국가의 왕위(王位)와 제업(帝業)을 상징하는 보기(寶器)로 여겨지게 되었다. 전설에 의하면 진(秦)의 소양왕(昭襄王)이 쇠미해진 주(周) 왕조를 협박하여 9정(鼎)을 빼앗아 진(秦)의 도읍 함양으로 옮기던 중 사수(泗水)에 정(鼎) 하나를 빠뜨리게 되었다고 한다. 그래서 진 시황이 사수 속에 빠진 정(鼎)을 건지려 한 것임.

니다."

그러자 시황이 진노하여 형역(形役)을 치루고 있는 죄인 삼천여 명을 시켜 상산(湘山) 나무를 모조리 잘라 민둥산으로 만들어 버렸다. 그 후 시황은 남군(南郡)에서 무관(武關)을 거쳐 도읍 함양으로 돌아왔다.

시황 29년, 시황은 동쪽 지역을 유람하였다. 양무현(陽武縣) 박랑사(博浪沙)에 이르렀을 때 시황은 강도[54]를 만나 깜짝 놀랐다. 강도를 잡기 위해 열흘 동안 전국에 대대적인 수색 명령을 내렸다. 그러나 끝내 잡지 못하였다. 지부(之罘)에 올라 비석을 세우고 다음과 같은 내용을 새겼다.

'시황 29년, 때는 바야흐로 봄 기운[陽氣]이 오르는 중춘(仲春)이다. 황제께서는 동쪽 지역을 유람하는 길에 지부에 올라 바다를 관람하셨다. 수행한 신하들이 모두 입을 모아 황제의 이러한 행위를 찬미하고 황제의 위업의 근본을 되새겨 보고 기리게 되었다. 위대한 성군(聖君)께서 처음으로 나라를 다스리는 도를 세우시고 법도를 제정하셨으며 기강이 두드러지게 되었다. 밖으로는 제후들을 깨우치시고 광명(光明)과 문덕(文德)을 베푸시어 마땅한 도리를 천명하셨다.

여섯 나라[六國]의 군주들은 간특하고 물릴 줄 모르는 탐욕스러운 마음으로 학살을 그치지 않았다. 황제께서는 백성들을 가엾게 여기시고 마침내 이를 토벌하기 위해 군사를 일으켜 무덕(武德)을 떨치게 되었다. 정의에 따른 응당한 토벌, 믿음직스러운 행동, 빛나는 위엄이 사방에 두루 미치게 되니 신하로 신복하지 않는 자가 없게 되었다. 포악한 자들을 궤멸하고 백성들을 구하시니 사방이 모두 평안하게 되었다. 분명하게 명문화된 법령을 반포하여 천하를 다스리시니 영구히 법칙이 되었도다.

위대하도다! 온 천하가 성스러운 뜻을 받드니, 군신(群臣)들은 시황의

---

54) 「留侯世家」에 의하면 장량(張良)이 몰래 힘센 장사를 보내 진시황을 저격하였다고 함.

공덕을 찬양하고 그것을 돌에 새겨 후세에 영원한 귀감으로 전할 것을 청하였다.'

또 동쪽을 둘러보고 나서 비석에 다음과 같은 내용을 새겼다.

'시황 29년 봄, 황제께서는 경작 상황 등을 살피기 위해 민정 시찰에 나서 도읍 함양으로부터 멀리 떨어진 지방을 돌아보시게 되었다. 바닷가에 이르러 지부산에 올라 아침에 떠오르는 태양을 바라보셨다. 눈부시게 아름다운 일출 광경을 바라보던 수행 신하들은 그 빛나는 치도(治道)의 과정을 되새겨 보게 되었다.

처음으로 성스러운 법도를 세워 안으로는 내정(內政)을 숙정하고 밖으로는 강포한 무리들을 토벌하셨다. 사방에 무위(武威)를 떨치시어 여섯 나라[六國] 군주를 사로잡으셨다. 천하를 통일하여 모든 재난을 근절하시고 전쟁을 영원히 종식시키게 되었다.

황제의 밝은 덕으로 천하를 다스리시는 데 조금도 게을리 하지 않으셨다. 처음으로 대의(大義)를 세우고 각종 기물을 설치하고 정비하셨으며, 신분에 따라 걸맞는 복장과 표지를 분명하게 구분하여 정하셨다. 이에 신하들은 자신의 직분을 준수하고 행하여야 할 의무를 알게 되니 모든 일에 한 점의 의혹도 없게 되었다.

백성들은 교화되어 먼 곳이나 가까운 곳이나 모두 법도가 통일되니 늙어서까지도 죄를 저지르는 일이 거의 없게 되었다. 일상적인 직분이 이미 정해졌으니 후세의 자손들이 그 업을 계승하여 나아간다면 이 성스러운 치세(治世)는 영구히 이어지게 될 것이다.

이에 뭇 신하들은 황제의 지극한 덕과 영명하심을 찬미하고 위대하신 공덕을 기리기 위해 지부산에 송덕비를 세울 것을 청하였다.'

그러고 나서 시황은 곧 낭야(琅邪)로 가서 상당(上黨)을 거쳐 도읍 함양으로 되돌아왔다. 시황 30년, 특기할 만한 일은 없었다.

시황 31년 12월, 섣달[臘月]을 '가평(嘉平)'으로 개칭하였다. 백성들에게 1리(里)[55]당 쌀 6석(石)과 양 두 마리씩을 하사하였다. 시황은 함양에서 신분을 숨기고 평복 차림으로 무사 네 명과 함께 나들이를 하였다. 밤에 외출했다가 난지(蘭池)에서 강도를 만나 매우 위급한 지경에 처했으나 무사들이 강도를 쳐 죽였다. 그 일로 관중(關中)[56] 일대에 이십 일 동안 대대적인 수색령을 내렸다. 그해에 쌀값이 1석(石)당 일천육백 전(錢)이나 되었다.

시황 32년, 시황은 갈석산(碣石山)에 가서 연(燕) 출신 노생(盧生)을 파견하여 선문(羨門)과 고서(高誓)[57]라는 신선을 찾아보도록 하였다. 갈석산 입구에 비석을 세웠다. 옛 성곽(城郭)과 제방을 허물었다.[58] 비문의 내용은 다음과 같다.

'군사를 동원하여 무도한 자들을 토벌하니 반란이 근절되었다. 무력으로 포악한 반역도를 섬멸하고 법령 조문으로 죄 없는 자를 보호하니 백성들이 모두 복종하였다. 공로를 따져 포상하고 부상(副賞)으로 소와 말, 비옥한 땅을 내렸다. 황제께서는 무위(武威)를 떨치시고 덕으로 제후들을 합병하여, 처음으로 천하를 통일하고 천하에 태평을 가져오게 하셨다.

옛 성곽을 파괴하고 제방을 허물었으며,[59] 험준한 길을 제거하셨다. 지형이 평탄해지니 백성들은 요역(徭役)에 시달리는 일이 없어지게 되었으

---

55) 이에 대한 설은 구구하다. 이십오 호(戶)를 1리(里)로 했다는 학자가 있는가 하면 오십 호 또는 팔십 호 또는 일백 호를 1리로 하였다고 주장하는 설도 있다.

56) 진(秦)의 도읍 함양(咸陽)과 한(漢)의 도읍 장안(長安)은 함곡관(函谷關)의 서쪽, 산관(散關)의 동쪽, 무관(武關)의 북쪽, 소관(蕭關)의 남쪽에 위치하고 있기 때문에 관중(關中)이라고 부르게 되었다.

57) 전설상의 신선 이름.

58) 이 문장은 문맥상 앞뒤가 맞지 않을 뿐만 아니라 비문의 내용에도 중복되는 부분이다.

59) 앞의 주(註)를 참고하기 바람.

며 천하가 안정되었다. 남자들은 논밭에서 즐거이 농사를 짓고 여자들은 가사를 돌보니 모든 일에 질서가 있게 되었다.

생업에 종사하는 모든 사람들에게 황제의 은혜가 두루 미치게 되니, 오랫동안 이리저리 정처 없이 유랑하던 사람들이 다시 귀향하여 농사를 짓게 되어 주거에 안정을 되찾고 생업에 만족하게 되었다.

뭇 신하들은 황제의 빛나는 공로와 업적을 칭송하며 그 뜻을 이 돌에 새겨 영원히 후세에 전할 법도로 삼기를 청하였다.'

한종(韓終)·후공(侯公)·석생(石生)을 파견하여 신선을 찾아 장생 불사 약을 구해오도록 하였다. 시황은 북부 변방을 시찰하고 상군(上郡)을 거쳐 도읍 함양으로 돌아왔다. 신선을 찾아 장생 불사약을 구하러 나섰던 연(燕) 출신 노생(盧生)이 바다에서 돌아와 귀신을 섬기는 일에 대하여 시황에게 보고하고, 아울러 예언서(豫言書) 도참(圖讖)을 바쳤다. 그 도참에는 이렇게 씌어 있었다.

'진 왕조를 멸망시키는 것은 '호(胡)'이리라.'

그래서 시황은 몽염(蒙恬) 장군으로 하여금 군사 삼십만을 거느리고 북방 호인(胡人)들을 공격케 하여 하남(河南) 지구를 점령하였다.

시황 33년, 병역과 요역을 피해 도망친 범법자들, 빚을 지고 팔려온 노예들 및 상인들을 징발하여 육량(陸梁) 지구를 점령한 후 계림(桂林)·상(象)·남해군(南海郡)을 설치하고, 유죄 판결을 받은 자들이나 유배된 자들로 하여금 그곳을 지키게 하였다. 서북쪽 흉노(凶奴)를 몰아내었다. 유중(楡中)[60]에서 황하를 따라 동으로 음산(陰山)에 이르는 지역에 사십 개의 현(縣)을 새로이 설치하였다. 황하 연변에 성을 쌓아 요새를 만들었다.

또 몽염 장군을 파견하여 황하를 건너 고궐(高闕)·음산(陰山)·북가(北假) 일대를 점령하여 보루(堡壘)를 축조하고 융인(戎人)을 내몰았다.

귀양살이를 하는 사람들을 새로 설치한 현(縣)에 이주시켜 그곳에 살게 하였다. 아울러 제사 금지령을 내려 사사로이 제사를 지내지 못하도록 하였다. 혜성이 서쪽 하늘에 출현하였다.

시황 34년, 불공정하게 판정한 옥리(獄吏)들을 귀양 보내어 장성을 쌓게 하거나 남월(南越) 지구를 지키게 하였다. 시황이 함양궁(咸陽宮)에서 주연을 베풀자 박사 칠십 명이 앞으로 나와 축수(祝壽)하였다. 복야(僕射)[61] 주청신(周青臣)이 찬양하는 말을 올렸다.

"예전에 진(秦)의 땅은 천 리에 불과하였으나 폐하의 탁월하신 능력과 밝은 성덕에 힘입어 천하를 평정하고 만이(蠻夷)들을 축출하시니, 해와 달이 비치는 곳에 신하로 복종하지 않는 자가 없게 되었습니다. 제후국들을 군현으로 바꾸시니 모든 사람들이 전쟁의 근심에서 벗어나 평안히 생업에 종사하게 되었으며, 천하를 자손만대에 길이 전할 수 있게 되었습니다. 상고(上古) 이래 그 어떤 군주도 폐하의 위엄과 덕망을 따를 사람은 없습니다."

시황은 기뻐하였다. 제(齊) 출신 박사 순우월(淳于越)이 앞으로 나와 아뢰었다.

"신(臣)이 듣건대 은(殷) 왕조와 주(周) 왕조가 일천여 년 동안 천하를 다스리게 된 것은 종실의 자제(子弟)들과 공신들을 제후로 봉하여 왕실을 보좌하게 하였기 때문이라고 합니다. 지금 폐하께서는 온 천하를 차지하고 계시지만 종실의 자제들은 한낱 필부에 지나지 않습니다. 만일

---

60) 요새 이름.
61) 관직명.
62) 춘추시대 제(齊)나라 대신. 제(齊)의 군주 간공(簡公)을 시살하고 평공(平公)을 옹립하였으며 자신은 상(相)의 지위에 오름. 자세한 내용은 「田敬仲完世家」를 참조하기 바람.
63) 춘추시대 후기 진(晉)나라의 강력한 여섯 호족 집안(范氏, 中行氏, 知氏, 韓氏, 趙氏, 魏氏)으로, 이들의 권력 다툼으로 말미암아 진나라가 멸망으로 치달았음.

전상(田常)[62]과 육경(六卿)[63] 같은 신하가 나타나면 왕실을 보좌할 세력이 없습니다. 그런 어려운 지경에 처하면 그 난국을 어떻게 헤쳐 나가시렵니까?

일을 처리하는 데 있어서 옛사람의 전례를 모범으로 삼지 않고 장구히 나라를 바르게 다스렸다는 말을 신(臣)은 여태껏 들은 적이 없습니다. 방금 주청신(周青臣)이 또다시 폐하의 면전에서 아첨을 늘어놓으며 폐하의 과오를 더욱 무겁게 하니 그는 충신이 아닙니다."

시황은 이러한 의견들을 신하들로 하여금 검토하고 의논케 하였다. 승상 이사(李斯)가 아뢰었다.

"오제(五帝)는 나라를 다스리는 방도가 서로 달랐으며 하(夏)·은(殷)·주(周) 삼대(三代)도 서로 답습하지 않고 각기 독자적인 방법으로 천하를 다스렸습니다. 이는 서로의 정책을 싫어해서라기보다 시대가 달라졌기 때문인 것입니다.

지금 폐하께서는 위대한 제국을 창업하시고 자손만대에 길이 빛날 공로를 세우셨습니다. 이는 실로 어리석기 짝이 없는 유생들이 이해할 수 없는 바입니다. 더욱이 순우월(淳于越)이 말한 전례란 삼대(三代)의 옛일인데 어찌 본받을 만한 것이겠습니까?

예전에는 제후들이 서로 경쟁하며 높은 관직과 후한 봉록을 주면서 유사(遊士)들을 초치하였습니다. 그런데 지금은 이미 천하가 통일되어 안정을 되찾았으며 법령이 통일되어 백성들은 생업에 열심히 종사하고 있으며 사인(士人)들은 법령과 금법(禁法)을 배우고 있습니다. 지금 유생들은 새로운 것을 익히지 않고 옛것만을 배우고 익히면서 이 시대의 새로운 제도를 부정하는 태도로 일관하여 민중들을 미혹하고 있습니다.

신(臣) 승상 이사(李斯)는 죽음을 무릅쓰고 감히 아룁니다. 옛날 천하가 어지러이 나뉘어 있을 때 이를 바로잡아 통일할 수 있는 인물이 없었습니다. 그래서 제후들이 앞을 다투어 일어나자 유생들은 말끝마다 옛것을 들먹이며 현실을 비난하고 허튼소리를 그럴듯하게 꾸며 대어 진실을 왜곡하였으며, 사사로이 배우고 익힌 지식을 가지고 조정에서 제정한 정책과 법령을 비난하였습니다.

이제 황제께서 천하를 통일하시고 옳고 그름을 가리는 큰 법도를 하나로 제정하게 되었습니다. 그런데도 이들은 사사로이 학문을 전수하며 새로운 법제와 교화를 반대하고, 새 법령이 나오면 자신이 익힌 학문을 들어 따집니다. 이런 이들이 조정에 들어오면 마음속으로 반감을 품고 조정 밖으로 나가서는 거리에서 왈가왈부 떠들어 대고 있습니다.

또 명성을 얻기 위해 군주 앞에서 터무니없는 말을 늘어놓으며 남달리 기발한 주장을 내세우려 하고, 비난을 늘어놓으며 뭇 사람들을 오도(誤導)하고 있습니다. 이러한 것을 금지시키지 아니하면 위로는 군주의 권위가 땅에 떨어지고 아래로는 붕당이 형성될 것입니다. 이를 금지시키는 것이 좋을 것으로 아룁니다.

신(臣)은 간청합니다. 사관을 시켜 진(秦)에 대한 기록이 아닌 것은 모조리 불태워 버리기 바랍니다. 또 박사관(博士官)이 아니면서 감히 ≪시(詩)≫, ≪서(書)≫ 및 제자백가의 저서를 소장하고 있으면 모두 지방관(地方官) 수(守)·위(尉)에게 바쳐 이를 일괄적으로 모아 불태우도록 하시기 바랍니다. 감히 ≪시≫와 ≪서≫를 들먹이며 왈가왈부 토론하는 자는 저자거리에서 처형하시고, 옛 일을 들먹이며 현실을 비난하는 자는 그 일가족 모두 몰살시키기[滅族] 바랍니다. 만일 관리가 이를 알고도 검거하지 아니하면 똑같은 죄로 처벌하시기 바랍니다.

이 영이 하달된 후 삼십 일이 지나도록 서적을 불태우지 않는 자는 묵형(墨刑)에 처하거나 변방을 수비하는 군인으로 충당하여, 밤에는 장성을 축조하는 노역에 종사케 하고 낮에는 적의 동정을 살피도록 하시기 바랍니다.

다만 불태우지 아니할 서적은 의약과 점복(占卜)⁶⁴)에 관한 책들 및 농업에 관한 책들입니다. 그리고 새 법령을 배우고자 하는 사람이 있으면 관리를 스승으로 삼게 하십시오."

시황이 이사의 건의를 승인하였다.

"좋다. 그리 하도록 하라."

시황 35년, 구원(九原)에서 운양(雲陽)에 이르는 도로를 건설하였는데 산을 뚫고 계곡을 메워 직선으로 통하게 하였다. 이때 시황은 함양의 인구가 많고 선왕의 궁궐이 너무나 협소하다고 여겼다.

"내가 듣기로는 주 문왕(周文王)은 풍(豊)에, 주 무왕(周武王)은 호(鎬)에 도읍을 정했다고 하는데 풍(豊)과 호(鎬) 사이가 제왕(帝王)의 도읍지로 적합할 것 같다."

그리하여 위수 남쪽 상림원(上林苑) 안에 궁을 건설하기 시작했다. 먼저 전전(前殿)으로 아방궁(阿房宮)을 건설하였는데 동서(東西)의 너비가 오백 보(步), 남북의 길이가 오십 장(丈)으로서 그 위에는 일만 명이 앉을 수 있고 그 아래에는 길이가 5장(丈)이나 되는 기치(旗幟)를 세울 수 있었다. 그 주위에는 고가도로(高架道路)를 세워 전전(前殿)에서 곧바로 남산(南山)으로 직통할 수 있었으며 남산의 맨 꼭대기에는 궁궐 문을 세웠다.

또 아방궁에서 위수를 가로질러 도읍 함양으로 직통하는 고가도로를 내었는데 이는 북극성으로부터 각도성(閣道星)을 거쳐 은하(銀河)를 가로질러 영실성(營室星)에 이르는 것을 본뜬 것이었다. 아방궁이 완성되

---

64) 옛날 거북껍데기(龜甲)를 이용한 점을 복(卜)이라 하였고 시초(蓍草)를 이용한 점을 서(筮)라 칭하였음.

기 전에 시황제는 부르기 좋은 궁명(宮名)을 택하고 싶었다. — 진 왕조가 멸망할 때까지 끝내 그 궁의 이름은 지어지지 않았다. — 다만 이 궁실이 아방(阿房)이라는 곳에 지어졌기 때문에 세상 사람들이 아방궁(阿房宮)이라 부르는 것이다.

그 당시 궁형(宮刑)[65]과 도형(徒刑)을 받은 죄인이 칠십만여 명 있었는데 아방궁을 건설하고 여산(麗山)에 시황의 능묘(陵墓)를 영조하는 데 이들이 동원되었다. 석재(石材)는 북산(北山)에서 채취하였고 촉(蜀)과 형(荊) 지방의 목재가 운반되었다. 관중(關中)에 궁궐이 삼백 채, 관외(關外)의 궁궐도 사백여 채에 이르렀다. 동해 바닷가 구산(朐山) 위에 큰 돌을 세우고 이를 진 왕조의 동문(東門)으로 삼았다. 동시에 삼만 가(家)를 여읍(麗邑)으로, 오만 가(家)를 운양(雲陽)으로 각각 이주시키고 그들 모두에게 십 년간 부세와 요역(徭役)을 면제해 주었다.

노생(盧生)이 진시황에게 진언하였다.

"신(臣) 등이 영지(靈芝) · 선약(仙藥) · 신선을 찾으러 나섰으나 늘 찾을 수 없었던 것은 아마도 무언가가 이를 방해하고 있기 때문인 듯합니다. 한 가지 좋은 방법은 황제께옵서 신분을 숨기고 비밀리에 다니시어 악귀(惡鬼)를 피하는 것입니다. 악귀를 멀리 해야만 비로소 진인(眞人)[66]이 나타날 것입니다. 소위 진인(眞人)이란 물속에 들어가도 젖지 않고 불속에 들어가도 타지 않으며, 구름과 안개를 타고 하늘을 날며, 천지와 더불어 장구한 삶을 누리는 존재입니다.

지금 황상께서 온 천하를 다스리고 계시지만 아무런 근심 걱정 없이

---

65) 생식기를 자르는 고대의 가혹한 형벌로, 이 형을 받은 자는 백 일 동안 어두운 방 안에서 휴식을 취하게 하였다. 그래서 이 형을 '은궁(隱宮)'이라고 부르기도 한다.
66) 도교(道教)의 깊은 진리를 깨달아 득도(得道)하거나 신선이 된 사람을 말함.

청정(淸淨)하고 담담한 생활을 누리고 계시지는 못합니다. 황제 폐하의 거처를 신하들이 알면 신령에게 방해가 될 것이니 바라옵건대 폐하께옵서 거처하시는 궁실을 사람들이 알지 못하게 하십시오. 그런 연후에야 비로소 불사약을 얻으실 수 있을 것 같습니다."

시황이 말했다.

"진인(眞人)이 한없이 부럽구나. 이후로 나는 짐(朕)이라는 호칭을 사용하지 않겠으며 스스로 진인(眞人)이라 칭하겠다."

이에 시황은 함양 부근 이백 리 안에 있는 이백칠십여 개소의 별궁(別宮)들을 고가도로[天橋]와 용도(甬道)로 서로 연결시킨 후 각종 깃발과 휘장과 악기와 미인들로 별궁을 가득 채웠으며 그들로 하여금 등록된 장소에서 옮기지 못하도록 하였다. 또한 황제가 순시하거나 거처하는 곳을 감히 누설하는 자는 사형에 처하도록 명하였다.

어느 날 시황이 양산궁(梁山宮)에 갔을 때 승상의 행차에 거마(車馬)가 지나치게 많은 것을 산 위에서 내려다보고 불쾌하게 여겼다. 궁중의 어떤 사람이 이를 승상에게 귀띔해 주자 승상은 그 이후부터 수행하는 거마(車馬) 수를 줄였다. 자기의 말을 누설한 것을 안 시황은 진노했다.

"이는 궁 안에 있는 자가 나의 말을 누설한 것이다."

하고 일일이 심문해 보았지만 아무도 자복(自服)하는 자가 없었다. 이에 시황은 그 당시 자신의 주변에 있었던 사람들을 체포하여 모조리 죽여 버렸다. 그 이후부터 시황의 행방과 소재를 아는 사람이 아무도 없게 되었다. 시황이 정무를 보고받고 결정한 정책을 군신(群臣)들이 접수하는 곳은 언제나 함양궁이었다.

노생(盧生)과 후생(侯生)이 서로 의논하였다.

"시황은 천성이 포악하고 고집스레 자기 주장만 내세우는 사람이다. 일개 제후 출신으로서 천하를 병탄한 이후부터 득의양양하여 마음 내키는 대로 하며, 예로부터 지금까지 자기를 따를 만한 자는 아무도 없다고 자부하고 있다. 그는 오로지 옥리(獄吏)만을 신임하여 그들을 가까이하고 총애한다. 비록 박사(博士)가 칠십 명이나 있으나 머릿수만 채우고 있을 뿐 그들을 중용하지 않는다.

승상과 대신들은 이미 위에서 결정한 명령을 받아들일 뿐이며 황상이 처리하는 것에 의존할 뿐이다. 황상은 무거운 형벌과 살육에 의존하여 권위를 세우려 하니, 천하의 사람들은 형벌이 두려워 봉록과 작위만을 유지하려고 할 뿐 누구 하나 감히 나서서 충성을 다하여 직간하는 자가 없다.

자신의 과오에 대해 직간하는 신하가 없게 되자 황상은 나날이 교만해지고, 두려운 신하들은 황제를 기만하면서까지 아첨을 떨며 총애를 받으려는 비굴한 자세를 취한다.

진 왕조의 법률 규정에는 한 사람이 두 가지 이상의 방술(方術)을 겸할 수 없도록 되어 있으며, 만일 방술이 영험(靈驗)하지 아니하면 즉시 처형한다는 규정이 있다. 그 때문에 성상(星象)과 운기(雲氣)를 관측하는 훌륭한 전문가들이 삼백여 명이나 있는데도 죽음이 두려워 아첨만 할 뿐 마치 금기(禁忌)라도 되는 듯이 황제의 과오를 감히 직언하지 못한다.

천하의 모든 일은 크고 작은 것을 막론하고 황제 자신이 직접 재가(裁可)하고, 심지어는 공문서의 무게를 저울로 달아 처리할 문서의 양을 정해 놓고 그것을 다 처리하지 못하면 매일 밤낮으로 쉬지도 않는다. 그가 이 정도로 권세에 연연하니 우리가 선약(仙藥)을 찾기란 불가능한 일이다."

그리하여 그들은 이내 도망쳐 버렸다. 시황은 그들이 도망쳤다는 사실을 듣고 진노했다.

"나는 예전에 천하의 쓸모없는 서적을 거두어들여 모두 불살라 버렸다. 그렇지만 문학에 뛰어난 학자들과 방술사(方術士)들을 불러들여 관직에 임용한 것은 천하를 태평케 하고 방사(方士)로 하여금 전국 각처를 두루 돌아다니며 선약(仙藥)을 찾아오도록 하기 위해서였다.

그런데 한중(韓衆)[67]은 떠난 후에 다시는 돌아오지 않고 있으며, 서불(徐市) 등은 막대한 비용만 쓰며 끝내 선약(仙藥)을 찾아오지 못하면서 부정한 이득만 취한다는 보고만 매일 귀가 따갑게 들린다. 나는 노생(盧生) 등을 후하게 대접하였는데 그들은 나를 비방하며 내가 부덕(不德)하다고 지껄이고 있다. 사람을 보내 함양에 있는 이들을 정탐해 보았더니 그들 중에는 유언비어를 날조하여 백성들을 미혹시키는 자도 있다고 한다."

시황은 이에 어사(御使)를 파견하여 그들을 심문하도록 하였다. 그러자 그들이 서로 고발하니 시황 자신이 직접 사백육십여 명의 이 범법자들을 판결하여 모조리 함양에다 파묻어 죽이고[坑儒], 이 사실을 온 천하에 알려 다시는 이러한 일이 없도록 경고하였다. 그리고 더 많은 사람들을 변방으로 귀양 보내어 그곳을 지키도록 하였다.

시황의 만아들 부소(扶蘇)가 아버지께 간언하였다.

"천하가 평정된 지 얼마 되지 않아 변방의 사람들은 아직도 따르지 않고 있는데 ≪시(詩)≫와 ≪서(書)≫를 외우며 공자의 가르침을 배우고 있는 유생들을 황상께옵서 무거운 형벌로 다스리시니 천하가 동요할까 두렵습니다. 바라옵건대 황상께서는 재고(再考)하십시오."

시황은 발끈 노하여 상군(上郡)에 머무르고 있는 몽염(蒙恬) 장군을 감시하라는 명분을 내세워 만아들 부소(扶蘇)를 내쫓다시피 북쪽으로 보

---

67) 한종(韓終). 진(秦)의 방사(方士).

냈다.

　시황 36년, 화성(火星)이 심수(心宿)의 자리를 침범하였다.[68] 유성(流星)이 동군(東郡)의 상공에서 떨어졌는데 지상에 떨어지자마자 돌이 되었다. 어떤 백성이 그 돌에 '시황제가 세상을 떠난 후 진 왕조는 분열될 것이다.' 라고 새겼다.

　이것을 듣고 시황이 어사(御使)를 파견하여 한 사람씩 차례로 심문해 보았지만 아무도 죄를 인정하는 자가 없었다. 그러자 그 돌 근처에 살고 있는 백성들을 모조리 잡아들여 죽이고 그 운석을 불에 녹여 버렸다. 이 일로 말미암아 심기가 불편해진 시황은 박사(博士)를 시켜 〈선진인시(仙眞人詩)〉를 짓게 하고 천하를 순수(巡狩)할 때마다 악사에게 명하여 그것을 노래하도록 하였다.

　그해 가을, 관동(關東)에서 온 사자(使者)가 밤에 화양현(華陽縣) 평서성(平舒城)을 지날 때 손에 옥벽(玉璧)을 든 어떤 사람이 사자의 앞을 가로막으며 말했다.

　"이 옥벽을 나 대신 호지군(滈池君)[69]에게 전해 주시오."

　그리고 이어 말했다.

　"금년에 조룡(祖龍)[70]이 죽을 것이오."

　사자가 그 연유(緣由)를 물으려 하자 그 사람은 옥벽만을 남긴 채 온데간데없이 사라져 버렸다. 사자는 시황에게 옥벽을 바치며 그 정황을 보고하였다. 시황은 오랫동안 침묵을 지키다 입을 열었다.

　"산의 귀신[山鬼]은 다만 1년 앞의 일을 알 뿐이다."

　그리고 나서 조정을 물러나며 덧붙여 말했다.

---

68) 화성이 심수(心宿)의 자리를 침범하면 제왕(帝王)에게 곧 재앙이 닥쳐온다고 믿었다. 자세한 것은 「天官書」를 참조하기 바람.

"조룡(祖龍)이란 인간의 선조[71]를 뜻한다."

어부(御府)에게 명하여 그 옥벽을 조사해 보니 시황 28년에 민정(民情)을 시찰할 때 장강(長江)을 건너며 강물 속에 던졌던 바로 그 옥벽이었다. 이에 시황이 점을 친 결과 이사해야만 길하다는 점괘가 나왔다. 그리하여 북하(北河)와 유중(楡中) 지구에 삼만 호(戶)를 이주시키고 각 호(戶)마다 작위 1급씩을 하사하였다.

시황 37년 10월 계축(癸丑)날, 시황은 순행(巡行)을 떠났다. 좌승상(左丞相) 이사(李斯)가 수행하고 우승상(右丞相) 풍거질(馮去疾)이 도읍 함양을 지켰다. 시황의 총애를 받고 있던 막내아들 호해가 부황(父皇)을 따라갈 것을 청하자 시황이 윤허하였다.

11월, 일행은 운몽(雲夢)[72]에 다다라 멀리 구의산(九疑山)[73]을 바라보며 우(虞)와 순(舜)에게 제사를 올렸다. 다시 배에 올라 장강(長江)을 따라 내려가며 적가(籍柯)를 바라보고 해저(海渚)를 건너 단양(丹陽)을 거쳐 전당(錢塘)에 이르렀다. 절강(浙江)가에 다다라 강물을 바라보니 물결이 거세므로 서쪽으로 일백이십 리를 더 가서 강폭이 좁아지는 지점에서 강을 건넜다.

회계산(會稽山)에 올라 대우(大禹)에게 제사를 지냈으며, 남해(南海)를 바라보는 곳에 비석을 세워 진 왕조의 공덕을 찬양하였다. 그 비문의 내용은 다음과 같다.

---

69) 본래 수신(水神)의 이름이지만 여기에서는 진 시황을 가리킨다. 왜냐하면 진 시황 자신이 수덕(水德)으로 천하를 통일하였다고 자칭하였기 때문이다.

70) 조(祖)는 '시조(始祖)'와 '개조(開祖)'를 뜻하며 용(龍)은 '왕(王)'과 '황제(皇帝)'를 상징한다. 따라서 조룡(祖龍)은 바로 시황제(始皇帝)를 암시하는 것이다.

71) 시황은 내심 불쾌한 심사를 숨기고 곁에 있는 사람들을 속이기 위해 조룡(祖龍)은 이미 세상을 떠난 선인(先人)을 뜻하며 시황 자신과는 아무런 관련이 없다고 둘러대는 것이다.

72) 춘추전국 시대 초(楚) 왕이 사냥을 즐기던 곳.

73) 일명 창오산(蒼梧山).

'빛나는 황제의 위업으로 천하를 통일하시니 그 은덕이 길이길이 이어져 내리리라. 시황 37년, 친히 천하를 순행하시며 먼 지방까지 두루 돌아보시었다. 회계산(會稽山)에 오르시어 습속을 시찰하시니 백성들이 우러러 받들게 되었도다. 군신(群臣)들은 황제의 공덕을 칭송하고, 혁혁한 치적의 근원을 돌이켜보며 높고 훌륭하신 황제의 덕을 기리었다. 위대하신 진 왕조의 성인께서 등극(登極)하시어 비로소 형명(刑名)을 제정하시고 옛 규칙[舊章]을 밝게 펴시었다. 처음으로 법령과 제도가 정비되었으며 관직의 임무가 구분되어 고정불변하게 되었다.

여섯 나라[六國]의 왕들은 천리(天理)를 어기고 탐욕스럽고 포악한 행동을 일삼으며 거만을 떨고 위세를 부렸다. 그들은 거리낌 없이 포악한 짓을 자행하였으며 강력한 힘을 믿고 자만에 빠져 걸핏하면 군사를 동원하였다. 또 은밀히 첩자를 보내 합종(合縱)을 획책하는 등 상도(常道)에 벗어나는 짓을 일삼았다. 또한 안으로는 간교한 계책을 꾸며대고 밖으로는 변방을 침략하여 온 천하가 재앙의 도가니에 빠지게 되었다.

마침내 황상께서는 정의로운 군사를 일으켜 무위(武威)를 떨치시어 포악한 반역도를 죽여 없애고 난적들을 멸망시켰다. 성덕이 넓고 깊으시니 온 천하에 고루 미치게 되어 천하의 만민이 끝없는 복을 누리게 되었다.

진 시황제(秦始皇帝)께서 천하를 통일하고 모든 정사를 돌보시니 가까운 곳이든 먼 곳이든 모두 평안하게 되었다. 만물을 이치에 따라 알맞게 운용하고 사실에 입각하여 합당한 위치를 정하시니 제각기 명분이 서게 되었으며, 법을 어겼을 때에는 귀천을 가리지 않고 법에 따라 반드시 처벌하니 선과 악이 극명하게 드러나게 되어 추호도 은폐할 수 없게 되었다.

과거에는 자식이 있으면서도 과오를 은폐하고 재가(再嫁)하여 죽은 남편을 저버리고 부도덕하게 정절을 지키지 않기 일쑤였다. 그리하여 시황제께서 남녀 구분을 엄격히 하고 음란한 행동을 금지시키자 남녀의 관계가 깨끗해지고 진실해졌다. 아내와 자식을 두고서도 수퇘지처럼 다른 아내와 간통한 남편은 죽여도 무죄가 되니 남자들은 마땅히 지켜야 할 도리를 지키게 되었다. 또 아내가 남편을 버리고 달아나 재가(再嫁)하면 자식이 어미로 여기지 않으니 여자들이 모두 정숙해지게 되었다.

대성인(大聖人)께서 위대한 정치를 베푼 덕분에 백성들은 옛 습속을 씻어 내고 새 풍속의 혜택을 누리게 되었으며, 법도를 준수하고 화목하고 안정된 가운데 서로 면려(勉勵)하며 황제의 명령에 따르지 않는 자가 없었다. 백성들은 티 없이 순결한 마음을 가지고 통일된 한 가지 법령을 기꺼이 준수하고 따르며 태평 성세를 구가하고 있다. 후세의 사람들도 이 법령을 잘 받들어 따른다면 영원무궁토록 가마와 배조차도 기울지 않을 것이다.

수행하는 신하들은 황제의 빛나는 공덕을 찬양하며 후세에 영원히 기리기 위해 이 비석을 세울 것을 청한 것이다.」

시황은 되돌아올 때 오(吳) 지방을 거쳐 강승(江乘)에서 강을 건너 해안을 따라 북쪽으로 올라가 낭야(琅邪)에 도착하였다. 방사(方士) 서불(徐市) 등이 선약(仙藥)을 구하러 바다로 나간 지 수년이 지나도록 구하지 못한 채 비용만을 많이 써 버린 것에 대한 책벌이 두려워 거짓말을 해 댔다.

"봉래산(蓬萊山)의 선약(仙藥)은 구할 수 있으나 커다란 상어가 방해하여 접근할 수 없습니다. 청컨대 활솜씨가 뛰어난 사람들을 보내 주시어 상어가 나타나면 쇠뇌[連弩]를 이용하여 집중적으로 화살을 쏠 수 있게 해 주시기 바랍니다."

시황은 바다를 다스리는 신[海神]과 싸우는 꿈을 꾸었는데 그 해신(海神)의 형상이 마치 사람과 같았다. 시황이 해몽에 대해 묻자 박사가 대답했다.

"수신(水神)은 눈으로 볼 수 없습니다. 큰 물고기나 교룡(蛟龍)이 나타나면 바로 수신이 나타나리라는 징후가 되는 것입니다. 지금 황상께서 삼가 경건히 제사를 지내셨는데도 이러한 악신(惡神)이 나타난다면 마땅히 이를 제거하셔야 합니다. 그러면 선신(善神)을 맞이하실 수 있을 것입니다."

이에 시황은 선약을 구하러 바다로 나가는 사람들에게 대어(大魚)를 잡는 대형 어구(漁具)를 휴대하도록 명하고 시황 자신도 직접 쇠뇌[連弩]를 들고 대어가 나타나면 쏘려고 기다렸다. 낭야(琅邪)에서 북쪽의 영성산(榮成山)에 이르도록 계속 올라가면서 초조하게 기다렸지만 대어(大魚)는 나타나지 않았다. 지부(之罘)에 이르러 대어 한 마리가 나타나자 사살하였다. 그러고 나서 해안을 따라 서쪽으로 나아갔다.

시황이 평원진(平原津)에 이르렀을 때 병이 났다. 시황이 죽음에 대해 말하는 것을 싫어하자 신하들은 죽음에 대해서 감히 입도 벙긋하지 않았다. 황상의 병세는 날이 갈수록 점점 더 위중(危重)해졌다. 그제야 시황은,

'돌아와 나의 상사(喪事)에 참석하고 함양에 모여 상례(喪禮)를 거행한 후 안장하라.'

라는 내용의 옥새가 찍힌 친서[璽書]를 공자 부소(扶蘇)에게 보내게 하였다. 황제의 친서는 봉함되어 새서(璽書)의 업무를 겸임하는 중거부령(中車府令) 조고(趙高)의 수중으로 들어가 사자에게 건네지기도 전인 7월 병인(丙寅)날, 시황은 사구(沙丘)의 평대(平臺)에서 세상을 떠났다.

승상 이사(李斯)는 황상이 외지에서 승하하였기 때문에 공자들 사이나 혹은 천하에 변란이 일어날까 두려운 나머지 이 사실을 숨기고 발상(發喪)하지 않았다.

시황의 관을 온량거(轀涼車)⁷⁴⁾에 안치하고, 시황이 생전에 총애하던 환관을 그 수레에 배승(陪乘)시켜 여느 때처럼 제 시간에 음식을 차려 올리도록 함은 물론, 백관들도 정상적으로 정무를 보고하여 환관을 시켜 온량거 안에서 결재하도록 하였다. 그로 인하여 오직 호해·조고(趙高) 및 시황이 총애하던 환관 5, 6명만이 황상의 승하를 알고 있었다.

조고는 예전에 호해에게 서법(書法)과 옥률(獄律) 및 법령(法令)을 가르쳤기 때문에 호해는 개인적으로 조고를 좋아하였다. 조고는 공자 호해 및 승상 이사(李斯)와 음모하여 공자 부소(扶蘇)에게 보내는 시황의 조서를 뜯어 내용을 바꾼 후, 사구(沙丘)에서 승상 이사가 시황의 조서를 받은 것처럼 꾸며 공자 호해를 태자로 세웠다.

또 공자 부소와 몽염(蒙恬) 장군에게 내리는 조서를 위조하여, 죄상을 낱낱이 열거하고 자살하라는 영을 내렸다. 이에 대한 구체적인 이야기들은「이사열전(李斯列傳)」에 모두 기록되어 있다.

일행은 계속 앞으로 나아가 정형(井陘)을 거쳐 구원(九原)에 다다랐다. 찌는 듯이 무더운 여름철이라 황상의 시신이 안치된 온량거(轀涼車)에서 시체가 부패하는 악취가 새어 나왔다. 시신(侍臣)들에게 명하여 소금에 절인 생선을 1석(石)씩 수레에 싣게 하여 시신이 썩는 악취를 은폐하였다. 수레의 행렬이 직도(直道)⁷⁵⁾를 통해 도읍 함양에 도착하니 그제야 발상(發喪)하였다.

태자 호해가 제위를 계승하여 즉위하니 그가 바로 2세 황제이다. 그해 9월, 시황은 여산(酈山)에 안장되었다.

---

74) 창이 있어 창문을 열면 시원하고 창문을 닫으면 따뜻하며 편히 누워 쉴 수 있는 수레(臥車). 그러나 후대에는 시체를 싣는 영구차의 뜻으로 쓰이게 되었음.

75) 도로 이름. 시황 35년(기원전 212년) 몽염(蒙恬)에게 명하여 북쪽 구원(九原)에서 남쪽 운양(雲陽)에 이르는 직통로를 건설하게 하였다.

시황은 처음 즉위할 당시부터 여산을 뚫기 시작하였다. 천하를 통일한 이후에는 전국 각지의 죄수[刑徒]들 칠십만여 명을 투입하여 지하수층을 세 차례나 지날 정도로 아주 깊이 땅을 파 구리를 녹여 부어 외관(外棺)을 만들고, 별궁(別宮)을 지어 백관의 자리를 만든 후 각종 진기한 기물과 보물 등을 운반해 와 그 안을 가득 채웠다.

그리고 장인(匠人)들에게 명하여 누구든지 함부로 접근하는 자가 있을 때에는 자동으로 발사되는 활을 제작하여 설치하도록 하였다. 또 하천과 장강(長江)·황하 및 바다를 본떠 만들고 수은을 계속 흐르게 장치함으로써 위로는 천상계(天上界)와 아래로는 지상계(地上界)를 모두 갖추게 하였다. 그리고 도롱뇽[人魚] 기름으로 초를 만들어 오랫동안 꺼지지 않도록 하였다.

2세 황제는 '선제(先帝)의 후궁으로서 자식이 없다고 하여 내보내는 것은 온당치 못하다.'고 하며 그들을 모두 순장시키라고 명하니 순사(殉死)하는 자가 매우 많았다.

매장이 끝나자 어떤 사람이 말했다.

"기계 장치를 만든 장인(匠人)들이 묘실(廟室) 구조를 잘 알고 있어 누설할 염려가 있습니다."

시황의 관을 매장하고 보물을 부장(副葬)하고 나서 현실(玄室)로 통하는 길[墓道]을 폐쇄한 후 무덤 입구의 묘문(墓門)을 내려 매장에 관여한 장인(匠人)들과 노예들을 밖으로 나오지 못하도록 하여 산 채로 가두었다. 그리고 묘 밖에는 풀과 나무를 심어 마치 산처럼 보이게 하였다.

2세 황제 원년(B.C. 209), 황제의 나이는 이십일 세였다. 조고(趙高)는 낭중령(郎中令)[76]에 임명되어 실권을 장악하였다. 2세는 조령(詔令)을 내

---

76) 궁전의 문을 관리하고 백관(百官)의 출입을 관장하는 관직.

려 시황의 침묘(寢廟)⁷⁷⁾에 바치는 희생(犧牲)을 늘리고 산천(山川)에 지
내는 모든 제사의 격식을 높였다. 아울러 대신들에게 명하여 시황의 묘
(廟)를 우러러 받들 방법을 의논하게 하였다. 대신들은 머리를 조아리며
아뢰었다.

"옛날 천자는 7묘(七廟),⁷⁸⁾ 제후는 5묘(五廟),⁷⁹⁾ 대부는 3묘(三廟)⁸⁰⁾를
두어 천추만세(千秋萬世)가 지나도록 폐기하지 않았습니다. 지금 시황
의 묘(廟)는 가장 존숭(尊崇)을 받는 조묘(祖廟)로서 전국 각지에서 공물
을 바치며 희생(犧牲)을 늘리고 모든 예와 의식을 갖추어 받들고 있으니
이 이상 더 높일 수 없을 것입니다. 선왕을 모신 사당이 서옹(西雍)⁸¹⁾에도
있고 함양에도 있습니다.

천자께옵서 예를 갖추어 직접 제사를 올리시는 것은 시황의 묘(廟)에
한정하십시오. 양공(襄公)⁸¹⁾ 이하의 묘(廟)는 순서에 따라 모두 훼묘(毁
廟)하시기 바랍니다. 7묘(廟)만 남겨 대신들로 하여금 예를 갖추어 제사
드리도록 하고, 시황의 묘를 높여 황제의 시조묘(始祖廟)로 삼기 바랍
니다. 또 황제께서는 예전처럼 '짐(朕)'이라는 자칭을 사용하시기 바랍
니다."

2세는 조고(趙高)와 의논하였다.

"짐은 나이가 어리고 즉위한 지 얼마 안 되어 백성들이 아직 따르지 않

---

77) 종묘(宗廟)의 침(寢)과 묘(廟)의 합칭. 침(寢)은 제왕(帝王) 능묘(陵廟)의 정전(正殿)으로 제사
를 올리는 곳을 말하며, 묘(廟)는 의관(衣冠)을 보관해 놓는 곳을 말한다. 그러므로 침(寢)은
앞에 있고 묘(廟)는 뒤에 있다.

78) 천자의 조묘(祖廟)는 7대 조종(祖宗), 즉 태조(太祖)와 삼소(三昭) 및 삼목(三穆)을 제사할 수
있다. 종묘에서 신주를 모시는 차례를 보면 천자는 태조를 중앙에 모시고 2 · 4 · 6세는 소
(昭)라 하여 왼편에, 3 · 5 · 7세는 목(穆)이라 하여 오른편에 모신다.

79) 제후는 태조를 중앙에 모시고 2 · 4세의 소(昭)를 왼편에, 3 · 5세의 목(穆)을 오른편에 모신
다.

80) 태조와 1소(昭) 1목(穆)을 모심.

81) 함양 서쪽의 옹현(雍縣).

고 있소. 선제(先帝)께서는 각 군현을 순시하시고 강대한 국력을 과시하시며 위엄과 명성으로 온 천하를 제압하셨소. 그런데 짐이 편안히 앉아서 순시하지 않는다면 이는 나약함을 보이게 되는 꼴이니 천하를 다스릴 방도가 없지 않겠소?"

그해 봄, 2세는 동쪽 지방 군현들을 순시하게 되었는데 이사(李斯)가 수행하였다. 갈석산(碣石山)에 도착한 후 해안을 따라 남으로 회계산(會稽山)에 다다랐다. 시황이 세운 모든 비석의 측면에 수행한 대신들의 이름을 새겨 선제(先帝)의 빛나는 공덕을 기렸다.

황제가 말했다.

"금석(金石)에 새긴 이 비문(碑文)들은 시황제께서 만드신 것이다. 그런데 황제란 명호(名號)를 예전처럼 내가 계속 사용한다면 비문에는 시황제란 칭호로 되어 있지 않으니 오랜 세월이 지난 뒤에는 마치 후세의 황제가 이 일들을 한 것처럼 되어 시황제의 빛나는 공덕에 누를 끼칠 우려가 있다."

승상 이사(李斯) · 풍거질(馮去疾) · 어사대부 덕은 입을 모아 죽음을 무릅쓰고 진언하였다.

"바라옵건대 이 비석에 폐하의 조서를 자세히 새겨 명백히 하시기를 바랍니다. 소신(小臣)들은 죽음을 무릅쓰고 감히 청합니다."

황제가 이를 재가하였다. 일행은 요동(遼東)까지 순시한 후에 되돌아왔다. 이때 2세는 조고(趙高)의 의견을 받아들여 법령을 공표하였다. 아울러 조고와 은밀히 의논하였다.

"조정의 대신들은 아직 나를 따르지 않고 관리들의 힘은 강대하며, 게다가 황자(皇子)들은 틀림없이 나와 제위를 다투게 될 터인데 어찌하면 좋겠소?"

조고가 말했다.

"신(臣)도 그것에 대해 말씀드리고 싶었으나 감히 말씀드리지 못하고 있던 참이었습니다. 선제(先帝)의 대신들은 여러 대에 걸쳐 명망이 높은 귀인들로서 오랫동안 대대로 공로를 쌓은 명문 출신들입니다. 이와 반면에 본래 빈천한 출신의 소신을 폐하께서 사랑하시어 높은 지위에 임명하신 덕분에 궁정의 일을 관장하게 되었습니다. 대신들은 이를 못마땅하게 여겨 겉으로는 신에게 복종하는 척하지만 마음속으로는 복종하지 않고 있습니다.

지금 황상께옵서 순시 나오신 기회에 각 군현의 수(守)와 위(尉)들을 감찰하시어 죄지은 자를 죽이신다면 위로는 온 천하에 위엄을 떨칠 수 있으며 아래로는 황상께옵서 눈엣가시처럼 보기 싫은 자들을 없애버릴 수 있습니다. 지금은 문치(文治)를 숭상하는 시대가 아니라 무력으로 다스려야 할 시대입니다. 바라옵건대 황상께서는 시세를 따르는 데에 주저하지 마십시오. 그래야만 대신들이 모의할 틈이 없을 것입니다.

영명(英明)한 군주란 등용되지 못하고 소외된 사람들을 거두어 미천한 자를 귀하게 만들고, 가난한 자를 부자로 만들며, 소원(疎遠)한 자를 가까이하여 상하가 한 마음 한 뜻이 되게 하여 나라가 안정되는 법입니다."

2세 황제는 조고의 말에 동의했다. 그리하여 2세는 즉시 대신들과 황자(皇子)들을 처형하고, 갖은 죄명을 씌워 측근의 미관말직 관리들인 삼랑(三郎)[83]까지 연루시켜 잇달아 체포하니 조정에는 사람이 없을 지경이었다. 사현(杜縣)에서 여섯 황자(皇子)들을 처형하고 황자(皇子)인 장려(將閭) 삼형제는 내궁(內宮)에 수감되어 맨 나중에 단독으로 형이 확정

---

82) 춘추시대 진(秦)나라를 세운 군주(기원전 777~766 재위). 서주(西周)가 멸망하여 동쪽 낙읍(洛邑)으로 천도할 때 주 평왕(周平王)을 도운 공로로 기(岐)를 봉읍(封邑)으로 하사받고 제후로 수봉(受封)되었음.
83) 중랑(中郎), 외랑(外郎), 산랑(散郎).

되었다. 2세는 사자를 보내 장려(將閭)에게 통고하였다.

"황자(皇子)는 신하의 도리를 다하지 못하였으니 죽어 마땅하다. 관리가 형벌을 집행할 것이다."

장려가 말했다.

"나는 궁정에 의식이 있을 때마다 여태껏 빈찬(賓贊)[84]의 말을 따르지 않은 적이 없었고 조정의 위계질서에 있어서도 이제까지 예의를 어긴 적이 없었으며 황제의 명을 받들고 응대하는 데 있어서도 이제껏 감히 언사를 실수한 적이 없었다. 그런데 왜 내가 신하의 도리를 다하지 못한 불충한 신하란 말인가? 청컨대 죄명이나 알고 죽기를 바란다."

사자가 말했다.

"신은 조정의 어전 회의에 참여할 수 없는 몸이니 알 수 없으며 다만 황제의 조서를 받들어 처리할 뿐입니다."

장려는 하늘을 우러러 세 차례나 울부짖으며 탄식하였다.

"오, 하느님! 저는 아무 죄가 없습니다."

세 형제는 눈물을 흘리고 통곡하며 칼을 뽑아 자살하였다. 황실(皇室)의 가족들이 두려워 벌벌 떨었다. 대신들이 황제에게 간언하면 황제를 비방하는 죄로 다스렸기 때문에 자리만 보존하며 몸을 의탁하는 데에 급급하였고 백성들은 공포 속에 떨었다.

그해 4월, 2세는 도읍 함양으로 되돌아와 말했다.

"선제께서는 함양의 조정이 작다고 여겨 아방궁(阿房宮)을 영조하여 거처로 삼으시려 하였으나 완성되기 전에 승하하셨기 때문에 공사를 중단하고 여산(酈山)에 능묘(陵廟)를 축조해야만 했다. 그런데 여산의 일이 모두 끝났는데도 아방궁을 버려두고 완성하지 않는다면 이는 선제께서

하신 일이 그르다는 것을 드러내는 꼴이다."

그리하여 다시 아방궁을 축조하였다. 또 밖으로는 시황이 계획한 대로 사방의 이민족을 위무하였다.

장병들을 징집하여 그중 힘센 장정들 오만 명으로 하여금 도읍 함양의 수비대로 삼아 그들에게 활쏘기 및 개나 말 등 짐승을 사육하는 기술을 가르쳤다. 그러자 식량이 부족하게 되어 각 군현에 식량과 가축의 사료를 공출하여 수송하라는 영을 내렸는데, 이를 운송하는 자는 자신의 식량을 휴대하도록 하였다. 도읍인 함양 삼백 리 이내에서는 그 곡물을 먹는 것이 허용되지 않았으며 점점 더 가혹하게 법을 운용하였다.

그해 7월, 변방을 수비하는 수졸(戌卒) 진승(陣勝)[85] 등이 초(楚) 땅에서 반란을 일으키고 '장초(張楚)'[86]라 일컬었다. 진승은 스스로 초왕(楚王)이 되어 진현(陳縣)을 거점으로 삼아 장수들을 파견하여 여러 지방을 점령하였다. 산동 지방 각 군현의 젊은 장정들은 진 왕조 관리들의 학정에 시달려 통한이 맺혀 있던 차에 이를 기화로 진승에게 호응하여 그 지방의 군수(郡守)·군위(郡尉)·현령(縣令)·현승(縣丞)을 죽이고 반란을 일으켰다. 그리고 왕후(王侯)를 세운 후 연합하여 서쪽으로 계속 진격하면서 진 왕조를 정벌한다고 호언하였는데 그 수는 이루 헤아릴 수 없을 정도로 많았다.

동부 지방에 파견되었던 진 왕조의 알자(謁者)[87]가 돌아와 2세에게 반란을 일으킨 주모자를 보고했다. 2세는 진노하여 그를 법관에게 넘겨 치죄토록 하였다. 그 후 다른 사자가 돌아오자 2세는 상황을 물었다. 사자가 대답했다.

---

85) 자(字)는 섭(涉), 양성(陽城) 사람(? ~기원전 208). 자세한 것은 「陳涉世家」를 참조하기 바람.
86) '초(楚)를 장대(張大)하게 한다.'는 슬로건을 내세운 것임.
87) 전달을 담당한 관직.

"한 떼의 도적들[群盜]에 지나지 않습니다. 각 군(郡)의 수(守)·위(尉)들이 그들을 추격하여 모두 체포하였으며 지금은 일망타진되었습니다. 그러니 황상께서는 심려하실 바가 못 됩니다."

황제는 기뻐하였다. 그렇지만 이때 무신(武臣)은 조왕(趙王)으로, 위구(魏咎)[88]는 위왕(魏王)으로, 전담(田儋)은 제왕(齊王)으로서 각각 자립하고 있었다. 패공(沛公)[89]은 패현(沛縣)에서 군사를 일으켰으며 항량(項梁)[90]은 회계군(會稽郡)에서 기병(起兵)하였다.

2세 황제 2년(B.C. 211) 겨울, 진섭(陳涉)이 파견한 주장(周章) 등이 군사를 이끌고 서쪽으로 진격하여 희수(戲水)에 이르렀는데 그 군사의 수는 무려 수십만 명에 달했다. 2세는 크게 놀라 군신(群臣)들과 계책을 의논하였다.

"이를 어찌 하면 좋겠소?"

소부(少府)[91] 장한(章邯)이 말했다.

"바로 코앞에 들이닥친 도적들의 수가 많고 힘이 강대하니 인근 각 현(縣)의 병력을 징발하기에는 이미 때가 늦었습니다. 여산(酈山)에는 수많은 형도(刑徒)들이 있는데 그들을 방면하여 무기를 지급하고 도적의 무리들을 반격케 하시기 바랍니다."

이에 2세는 천하에 대사면령(大赦免令)을 내리고 장함으로 하여금 군대를 인솔하도록 명령하였다. 장함은 조양(曹陽)에서 주장(周章)의 군대를 대파하고 마침내 그를 죽였다.

---

88) 무신(武臣)과 위구(魏咎)는 진승(陳勝)의 부장(部將).
89) 유방(劉邦).
90) 초(楚) 장군 항연(項燕)의 아들 하상(下相) 사람(? ~기원전 205).
91) 관직명, 9경(卿)의 하나. 각지 산해지택(山海池澤)의 세금을 관리하고 황실의 경비를 담당.
92) 관직명.

2세는 장사(長史)⁹²⁾ 사마흔(司馬欣)과 동예(童翳)를 증파하여 장함이 도적의 무리들을 반격하는 것을 돕도록 하였다. 그들은 성보(城父)에서 진승(陳勝)을 죽이고, 정도(定陶)에서 항량(項梁)의 군대를 격파하였으며, 임제(臨濟)에서 위구(魏咎)를 궤멸하였다. 초(楚) 땅에서 일어난 도적들의 이름난 장수들이 모두 죽자 장함은 즉시 북쪽으로 황하를 건너 거록(鉅鹿)에 이르러 조왕(趙王) 헐(歇) 등을 공격하였다.

조고(趙高)는 2세를 설득하였다.

"선제(先帝)께서는 제위에 오르시어 오랫동안 천하를 다스리셨기 때문에 군신(群臣)들이 감히 비행을 저지르거나 그릇된 말을 진언하지 못하였습니다. 지금 폐하께서는 아직 보령(寶齡)도 젊으시고 즉위하신 지도 얼마 되지 않았으니 어떻게 조정에서 공경(公卿)들과 함께 대사를 결정하실 수 있겠습니까? 만일 일을 그르치시기라도 하면 대신들에게 폐하의 단점을 노출시키게 될 것입니다. 천자가 '짐(朕)'이라 자칭하는 것은 본시 천자가 군신(群臣)들의 음성을 듣지 않고 독자적으로 정책을 결정하기 때문입니다."

그리하여 2세는 깊은 궁궐에 칩거하며 조정의 일을 조고와 함께 결정하게 되었다. 그 후부터는 공경(公卿)들조차도 황상을 거의 만나 뵐 수 없었다.

도적의 무리들이 날이 갈수록 점점 더 불어나자 관중(關中)의 병사들을 징발하여 그들을 정벌하는 일이 끊임없이 계속되었다. 우승상(右丞相) 풍거질(馮去疾)·좌승상(左丞相) 이사(李斯)·장군 풍겁(馮劫)이 나서서 간언하였다.

"관동(關東)의 수많은 도적의 무리들이 동시에 벌떼처럼 봉기하니 진 왕조는 군사를 동원하여 토벌에 나섰습니다. 그러나 아직도 도적의 무리들을 완전히 소탕하지는 못하여 도적의 만행이 끊임없이 계속되고 있습니다. 그들이 이렇게 많이 불어나게 된 데에는 병역·운송 및 건축의 노역이 고통스럽고 세금이 너무 무겁기 때문입니다. 바라옵건대 폐하께서는 아방궁의 축조 공사를 잠시 중지하시고 변방에 근무하는 병역과 운송의 요역(搖役)을 줄이십시오."

그러자 2세가 말하였다.

"짐은 한비(韓非)의 이런 말을 들은 적이 있소.

'요(堯)와 순(舜)은 다듬지 않은 통나무로 서까래를 하고 띠로 이은 지붕도 가지런히 다듬지 않았으며, 투박한 질그릇에 밥을 담아 먹고 거친 토기에 물을 마셨다. 문지기의 생활도 이보다 더 조악하지는 않았을 것이다. 우(禹)는 용문산(龍門山)을 뚫어 대하(大夏)를 소통시키고 황하의 물길을 열어 바다로 흘러들게 하였으며, 몸소 흙을 다지는 절굿공이와 삽을 들고 정강이의 털이 빠질 정도로 열심히 일하였다. 노예의 수고로움도 이보다 더 심하지는 않았을 것이다.' [93]

무릇 천하를 소유하여 귀하게 되려는 까닭은 자기가 하고 싶은 것을 마음껏 할 수 있기 때문이오. 군주가 법과 제도를 공명하게 밝히면 신하가 감히 비행을 저지르지 못하여 천하를 제어할 수 있는 법이오. 우(虞)·하(夏) 군주는 비록 지위가 높은 천자의 자리에 올랐지만 백성들을 위하여 스스로 수고롭고 곤궁한 생활을 하였으니 어찌 이들을 본받을 필요가 있겠소? 짐은 천자라는 높은 지위에 있지만 아무런 실속이 없소. 그래서 일천 대의 병거로 편성한 호위대(護衛隊)와 병거 일만 대로 조직한 군대를 갖추어 짐의 명호(名號)에 걸맞는 생활을 하고 싶소.

또 선제(先帝)께서는 제후 출신으로 천하를 겸병(兼併)하시고, 천하가 안정되자 밖으로 사방의 이민족을 물리쳐 변방을 안정시키셨으며 안으

---

93) ≪韓非子≫의 「五蠹」에서 인용.

로는 궁실을 영조하시어 자신의 뜻을 이룬 것을 나타내셨소.

그대들은 선제께서 남기신 공업을 잘 보았을 것이오. 그런데 짐이 즉위한 후 2년 사이에 도처에서 도적들이 어지러이 봉기하였으나 그대들은 이를 진압하지도 못하면서 선제께서 착수하신 사업을 중단하자고 요구하고 있소. 이는 위로 선제께 보답하는 도리가 아닐 뿐만 아니라 아래로는 짐에게 충성을 다하지 않는 것이니 무슨 이유로 관직을 차지할 수 있단 말이오?"

그리하여 2세는 풍거질·이사·풍겁을 옥리에게 넘겨 기타 다른 죄를 취조(取調)케 하였다. 풍거질과 풍겁은 '장상(將相)이 이러한 모욕을 받을 수는 없다.'고 말하며 스스로 목숨을 끊었다. 이사는 수감된 후 다섯 가지 형벌[五刑]을 모두 받았다.

2세 황제 3년, 장함 등이 군사를 거느리고 거록(鉅鹿)을 포위하자 초(楚)의 상장군(上將軍) 항우(項羽)가 군사를 이끌고 거록을 구원하러 왔다. 겨울, 조고(趙高)가 승상에 임명되자 이사(李斯)를 판결하여 처형하였다. 여름, 장함 등이 수차례 패퇴하자 2세는 사자를 파견하여 장함을 견책(譴責)하였다.

장함은 사정을 설명하고 천자의 지시를 청하기 위해 장사(長史) 사마흔(司馬欣)을 보냈다. 하지만 조고는 접견을 거절하였을 뿐만 아니라 서면으로 의견을 표시하는 것조차 허락하지 않았다. 사마흔이 두려워 도망쳐 버리자 조고는 사람을 보내 그를 체포하려고 했지만 붙잡지 못하였다. 사마흔은 장함을 만나 이렇게 말했다.

"조고가 조정에서 권력을 장악하여 마구 휘두르고 있습니다. 장군께서는 공을 세워도 처형되고 공을 세우지 못해도 처형될 것입니다."

그때 항우가 진군(秦軍)을 급습하여 왕리(王離)를 사로잡자 장함 등은 군대를 이끌고 제후에게 투항해 버렸다.

8월 기해(己亥)날, 조고는 반란을 일으키고자 하였다. 그런데 군신(群臣)들이 자기의 말을 따르지 않을까 염려되어 먼저 시험해 볼 생각으로 사슴 한 마리를 끌고 가 2세에게 바치며 말했다.

"이것은 말입니다."

2세가 웃으며 말했다.

"승상이 잘못 알고 있는 것 아니오? 사슴을 말이라고 하다니."

2세가 측근의 신하들에게 묻자 침묵을 지키는 사람도 있었고 조고에게 아부하느라 말이라고 대답하는 자도 있었으나 사슴이라고 대답하는 사람들도 있었다. 조고는 사슴이라고 대답한 자들을 은밀히 법망에 걸어 처벌하였다. 그 후부터 군신(群臣)들은 모두 조고를 두려워하게 되었다.

조고는 여러 차례에 걸쳐 '관동(關東) 도적은 두려워할 게 없다'고 말하고는 하였다. 그런데 항우가 거록성(鉅鹿城)에서 왕리(王離) 등을 사로잡으며 계속 진격해 오자 장함 등의 군대는 잇달아 패퇴하면서 지원군을 요청하는 상소를 올렸다. 연(燕)·조(趙)·제(齊)·초(楚)·한(韓)·위(魏)가 모두 독립하여 스스로 왕이라 일컬었으니 함곡관 동쪽은 대부분 진 왕조를 배반하고 제후에게 호응하였다.

제후들은 군사를 일으켜 서쪽의 진(秦)을 향해 진격해 왔다. 패공(沛公)은 무관(武關)을 격파하고 조고에게 사람을 보내 은밀한 관계를 맺었다. 조고는 2세가 진노하여 자기를 죽일까 두려워 병을 핑계 삼아 조정에 나아가지 않았다.

어느 날 2세는 백호(白虎)가 수레의 왼쪽 말[左驂馬]을 물기에 자신이 백호(白虎)를 죽이는 꿈을 꾸었다. 2세는 불쾌하고 기이한 생각이 들어 점몽(占夢)하는 자에게 꿈을 점쳐 보게 하였다. 그 결과 '경수(涇水)의 수신(水神)이 해코지를 하려 한다.'라는 점괘가 나왔다. 2세는 즉시 망이궁(望夷宮)에서 재계(齋戒)한 후 경수의 수신(水神)에게 제사를 올리기 위해 백마(白馬) 네 필을 희생(犧牲)으로 경수(涇水)에 던져 넣었다.

그 후 조고에게 사자를 파견하여 도적의 사태를 문책하였다. 두려워진 조고는 사위인 함양현(咸陽縣) 현령(縣令) 염락(閻樂) 및 동생 조성(趙成)과 은밀히 모의하였다.

"황상은 간언을 듣지 않더니 사태가 위급한 지경에 이르자 자신이 지은 죄를 우리 일가족에게 전가하려고 한다. 나는 천자를 폐하고 공자 자영(子嬰)을 세우고자 한다. 자영은 인자하고 겸손하니 백성들이 그의 말을 따르고 받들 것이다."

그는 낭중령(郎中令)으로 하여금 안에서 내응(內應)토록 하고, 거짓으로 대도(大盜)가 든 것처럼 꾸민 후 염락에게 명하여 포리(捕吏)와 병사들을 동원케 하였다. 그리고 나서 염락의 모친을 협박하여 조고의 관저[府中]에 연금해 두었다. 염락은 포리(捕吏)와 일천여 명의 병사들을 이끌고 망이궁(望夷宮)의 전문(殿門)으로 가서 위령(衛令)과 복야(僕射)를 결박하며 이렇게 꾸짖었다.

"도적이 이 안으로 들어갔는데 왜 막지 않았는가?"

위령(衛令)이 말했다.

"궁 주변에 위병(衛兵)들이 배치되어 철통같이 지키고 있는데 도적이 어떻게 감히 궁 안으로 들어갈 수 있단 말이오?"

염락은 그 자리에서 위령(衛令)을 참수한 후 곧바로 병사들을 이끌고 활을 마구 쏘아대며 궁 안으로 들어갔다. 그러자 낭관(郎官)과 환관(宦官)들이 크게 놀라 부리나케 도망치는가 하면 맞붙어 격투를 벌이는 자도 있었다. 그러나 맞붙는 자는 즉시 죽여 버리니 죽은 자들이 수십 명이나 되었다.

낭중령(郎中令)과 염락은 안으로 들어가 2세가 앉아 있는 휘장을 활로 쏘았다. 2세는 노하여 근위병을 불렀으나 놀란 근위병들은 두려워할 뿐 감히 대들지 못하였다. 곁에 있던 환관 한 명이 달아나지 않고 2세를 모셨다. 2세는 내실로 들어가 그에게 물었다.

"그대는 왜 진작 짐에게 고하지 않았는가? 사태가 이 지경에 이르도록 말이다."

환관이 대답했다.

"신이 아뢰지 않았기 때문에 여태 목숨을 부지하고 있는 것입니다. 만일 신이 진작 말씀드렸더라면 신은 벌써 처형되었을 터, 어찌 지금까지 살아남을 수 있었겠습니까?"

염락이 2세 앞으로 다가와 죄목을 열거하며 꾸짖었다.

"그대는 교만하고 방자하게 굴며 사람들을 포악무도하게 살육하였기 때문에 천하의 모든 사람들이 그대를 배반한 것이오. 그대는 스스로 그대의 앞날을 결정하시오!"

2세가 물었다.

"승상을 만나 볼 수 있겠는가?"

염락이 말했다.

"안 되오."

2세가 말하였다.

"바라건대 군(郡) 하나만 갖고 그곳의 군왕(郡王)으로 지내고 싶소."

그러나 거절당하고 말았다. 2세는 애원하다시피 말하였다.

"일만 호(戶)의 후(侯)라도 좋소."

그것마저도 거절당했다. 2세가 다시 애원했다.

"처자와 함께 일반 백성의 신분으로 여러 공자들과 같은 대우나 받으며 살아가게 해 주오."

염락이 말했다.

"신은 승상의 명을 받들어 천하를 위해 그대를 처단할 뿐이오. 그대가 여러 말을 한다 하더라도 신은 보고할 수 없소이다."

염락이 병졸들과 함께 접근하자 2세는 자살하였다. 염락이 돌아와 조고에게 보고하자 조고는 여러 대신들과 공자들을 소집하여 2세를 주살한 경위를 말하였다.

"진(秦)은 본시 왕국이었으나 시황이 천하를 통치하였기 때문에 '제(帝)'라 칭하였소. 이제 6국이 다시 각자 독립하고 진 왕조의 영토는 더욱 협소해졌으므로 헛되이 '제(帝)'를 칭하는 것은 옳지 않소. 전처럼 '왕(王)'을 칭하는 것이 타당할 것이오."

그는 2세를 일반 백성의 신분으로 두현(杜縣) 남쪽 의춘원(宜春苑)에 장사지냈다. 그리고 2세 형의 아들 공자 자영(子嬰)을 진왕(秦王)으로 세웠다. 자영(子嬰)으로 하여금 재계(齋戒)한 후 종묘(宗廟)에 나아가 선조께 참배하고 왕의 옥새(玉璽)를 인수하도록 하였다.

자영은 닷새 동안 재계한 후 두 아들과 의논하였다.

"승상 조고가 망이궁(望夷宮)에서 2세를 시살한 후 군신(群臣)들이 자기를 죽일까 두려운 나머지 짐짓 대의명분을 내세워 나를 왕으로 세운 것이다. 내가 듣건대 조고는 초군(楚軍)과 밀약을 맺고 진 왕조의 종실을 멸한 후에 자신이 관중(關中)의 왕이 되려 한다고 한다. 지금 나더러 재계하고 종묘에 알현하도록 하는 것은 나를 종묘 안에서 죽이려는 술책인 것 같다. 내가 병을 핑계 삼아 가지 않으면 틀림없이 승상이 찾아올 것이다. 그자가 오면 우리가 먼저 죽여 버리자."

조고는 여러 차례 사람을 보내 자영(子嬰)으로 하여금 종묘로 나올 것을 청하였으나 자영은 가지 않았다. 그러자 과연 조고가 직접 찾아와 말했다.

"종묘에 알현하는 의식은 대단히 중요한 일이온데 대왕께서는 왜 종묘로 행차하시지 않습니까?"

자영은 재궁(齋宮)에서 즉시 조고를 살해하고 아울러 조고의 삼족을 멸하고 함양의 군중들을 조리돌렸다. 자영이 진왕(秦王)의 자리에 오른 지 사십육 일 만에 초(楚)의 장군 패공(沛公)은 진군(秦軍)을 격파하고 무관(武關)으로 진입하였다. 그는 패상(覇上)까지 진군한 후 사람을 보내 자영에게 투항할 것을 요구하였다.

자영은 인장을 매는 끈[綬帶]을 목에 걸고 백마(白馬)가 끄는 흰 수레를 타고 천자의 옥새(玉璽)와 부절(符節)을 두 손으로 공손히 받쳐 든 채 나아가 지도(軹道)에서 투항하였다.

패공(沛公)은 함양에 입성하여 궁실과 창고를 봉인한 후 회군하여 다시 패상(覇上)으로 되돌아갔다. 한 달이 지나 제후의 군대들이 도착하자 항적(項翟)⁹⁴⁾은 합종국(合縱國)의 맹주가 되어 자영(子嬰)과 진 왕조의 황자(皇子) 및 황족(皇族)들을 살해하였다. 이어 함양성을 궤멸시키고 궁실을 불살라 버렸으며, 약탈한 그 자녀들과 진귀한 재물들을 거두어 제후들에게 분배하였다.

진 왕조가 멸망한 후 그 영토를 삼국(三國)으로 나누어 각기 그 왕을 옹왕(雍王)⁹⁵⁾ · 새왕(塞王)⁹⁶⁾ · 적왕(翟王)⁹⁷⁾으로 호칭하였으며, 이 세 나라를 '삼진(三秦)'이라 부르게 되었다. 항우가 서초(西楚)의 패왕(覇王)이 되어 천하의 정령을 장악하고 천하를 나누어 제후왕(諸侯王)으로 봉하니 마침내 진 왕조는 멸망하고 말았다. 그 후 5년이 지나 천하는 한(漢)에 의해 통일되었다.

---

94) 항우(項羽).
95) 진(秦)의 장군 장한(章邯).
96) 사마흔(司馬欣).
97) 동예(童翳).

태사공은 말한다.

진 왕조의 선조 백예(伯翳)는 당요(唐堯)·우순(虞舜) 시대 때 예전에 공훈을 세워 봉토(封土)를 받고 성씨를 하사받았다. 그 후 하(夏)·상(商) 시대에 그 자손은 흩어졌다. 주(周) 왕조가 쇠미해지자 진(秦)이 홍기하여 서쪽 변방에 읍을 세웠다. 목공(穆公) 이후 차츰 제후의 땅을 잠식하여 마침내 시황의 빛나는 위업을 성취하게 되었다. 시황은 자신의 공로가 오제(五帝)보다도 뛰어나고 그 영토도 삼왕(三王) 때보다도 더 넓다고 여겨 그들과 동등하게 견주는 것을 부끄럽게 여겼다.

가생(賈生)[98]이 진(秦)의 흥망에 대하여 얼마나 깊고 예리하게 평론 ― 「過秦論」 ― 하였는가! 아래에 그것을 인용해 보겠다.

진(秦)은 산동의 제후를 겸병하여 삼십여 개의 군(郡)을 설치한 후 험준한 지세(地勢)에 의지하여 나루터와 관문(關門)을 정비하고 무기를 손질하여 그곳을 지켰다. 그에 반해 진섭(陳涉)은 흩어져 도망치는 수졸(戌卒) 수백 명을 규합한 후 손에 괭이자루와 몽둥이를 들고, 팔을 걷어붙이고 목청을 돋우어 큰 소리를 내지르며, 민가에서 밥을 얻어먹으면서 종횡으로 천하를 누비었다.

그때 진 왕조의 험준한 요새는 적시에 대처하여 지키지 못하였고 관문과 교량에서도 이들을 차단하지 못하였으며, 긴 창과 강한 활도 그들을 찌르거나 쏘지 못하였다. 초(楚) 군대가 진(秦) 영토에 깊숙이 들어와 홍문(鴻門)에서 교전하였지만 그들을 가로막는 장애는 아무것도 없었다. 이렇게 산동 지구가 크게 동요하자 제후들이 이에 호응하여 일어나고,

---

98) 가의(賈宜 : 기원전 200년~기원전 168년) 낙양(洛陽) 사람, 서한(西漢)의 정론가(政論家)이자 산문가. 자세한 것은 「屈原賈生列傳」을 참고하기 바람.

호걸들이 스스로 독립하여 왕을 자처하였다.

진 왕조는 장함을 파견하여 군대를 이끌고 관동(關東)을 토벌하도록 하였으나 장함은 3군(三軍)의 대병을 이끈 기회를 틈타 마치 물건을 사고팔 듯이 적장[項羽]과 담판하여 조건부로 적에게 투항함으로써 진 왕조를 배반하였다. 군신(群臣)들 사이의 불신을 바로 여기에서 엿볼 수 있다.

자영(子嬰)은 즉위하였으나 여전히 사태의 심각성을 깨닫지 못하였다. 만일 자영이 보통 군주와 같은 재능을 갖추었고 또 그를 보좌하는 보통 수준의 장상(將相)들만 있었더라면 설사 산동 지구에 반란이 일어났다 하더라도 진 왕조의 영토는 보전할 수 있었고 종묘의 제사도 단절되지는 않았을 것이다.

진(秦)은 높은 산과 큰 강으로 둘러싸여 있기 때문에 그야말로 천연의 요새로 이루어진 국가였다. 목공(穆公) 이래 진시황에 이르기까지 이십 여 명의 군주들이 항상 제후의 우두머리[雄長]로 일컬어진 이유가 어찌 대대로 현군(賢君)만을 만났기 때문이었겠는가? 그것은 바로 천혜의 지리적 형세로 말미암아 그렇게 된 것이었다.

예전에도 각국은 한 마음으로 뭉쳐 진(秦)을 공격했었다. 이때 현명한 자들과 지혜로운 자들이 나란히 참여하여 훌륭한 장수들이 각국의 군대를 통솔하였고, 현명한 승상들이 각국의 계책을 서로 교류하여 지혜를 합쳤다. 그러나 험준한 지세(地勢)에 막혀 진군할 수 없었다. 진(秦)은 적들을 유인하기 위해 관문(關門)과 요로(要路)를 열어 두었으나 백만에 달하는 연합군은 싸움에 패하여 그만 뿔뿔이 흩어지고 말았다. 어찌 용기와 힘과 지혜가 부족했겠는가? 지리적 형세가 불리했기 때문이었다.

그 당시 진(秦)은 소읍(小邑)을 합쳐 대성(大城)으로 만들고, 군대를 파견하여 요새를 지키고, 보루를 높이 쌓아 관문을 굳게 닫고, 요새를 점거하여 무기를 들고 철통같이 지켰다.

제후들은 필부 출신으로서 단순히 이익을 위해 서로 결합한 것에 지나지 않았으며 옛적 훌륭한 현군의 덕행도 갖추고 있지 않았다. 또 그들의 교제 관계도 친밀하지 않았고 부하들도 굳게 단결하지 않았으며, 명분상 겉으로는 진의 멸망을 내걸었지만 실제로는 사사로운 이익 추구에만 골몰했던 것이다.

그들이 진(秦)의 험준한 지세와 요새를 공략하기가 어렵다고 판단했다면 반드시 군대를 후퇴시켰을 것이다. 그들이 물러간 후에 진(秦)이 영토를 안정시키고 백성들로 하여금 휴식을 취하게 하고, 각국이 쇠미해지고 피폐한 때를 기다려 약소한 자를 거두어 취하고 피곤한 자를 도와주고 대국의 제후를 호령하였더라면 천하를 얻지 못할 것이라는 염려를 할 필요도 없었을 것이다. 고귀한 천자의 지위에 올라 천하의 부를 소유하고서도 그가 사로잡히게 된 까닭은 위급 존망의 형세를 구하는 책략이 그릇되었기 때문이다.

진 시황은 자만하여 남의 의견을 묻지 않았으며 잘못을 저질러도 끝까지 고치지 않았다. 2세도 그러한 태도를 답습하고 고치지 않았으며 포악무도하게 굴어 재앙을 가중시켰다. 자영(子嬰)은 고립되어 도움을 받을 친척도 없었으며 취약하여도 보좌해 줄 신하가 없었다. 이 세 군주들[99]은 정신을 차리지 못하고 끝내 깨닫지 못하였으니 진 왕조가 멸망하는 것도 당연한 것이 아닌가?

그 당시 세상에는 사려 깊고 임기응변에 능란한 인사가 없었던 것은 아니었다. 그러나 충성을 다하여 과오를 막아 내지 못한 것은 진 왕조에서슬 시퍼런 금지령이 많아 충언(忠言)이 입을 떠나기도 전에 살육당하기 일쑤였기 때문이다. 그래서 각계 인사들은 귀를 기울여 듣기만 하고

---

99) 진 시황과 진 2세와 공자(公子) 영을 지칭함.

두려워 벌벌 떨며 입을 굳게 다물었다. 이 때문에 세 군주들이 정도(正道)를 잃어도 충신은 감히 간언하지 못하였고 지사(智士)는 감히 계책을 제안하지 못하였으며 전국에 큰 변란이 일어난 후에도 황제가 들을 수 없었으니 이 어찌 슬픈 일이 아니리오!

옛날의 어진 선왕들은 군주가 신하의 간언을 차단하여 언로(言路)를 가로막음으로 인해 나라에 끼칠 폐해를 알고 있었다. 그래서 공경(公卿)·대부·사(士)를 두었으며 법제(法制)를 정비하고 형률을 완비하게 되었으며 이 때문에 천하가 태평하게 되었던 것이다.

왕실이 강대할 때에는 포악한 자를 금하고 반란을 토벌하였기 때문에 천하가 모두 복종하였으며, 왕실이 쇠약해졌을 때에는 5패(五覇)가 출현하여 정벌을 단행하니 제후들이 순종하였다. 왕실이 위태로울 정도로 나약할 때에 이르러서는 대내적으로 방어에 힘쓰고 대외적으로는 강자에 의지하여 정권[社稷]을 보존하였다.

그래서 진 왕조가 강성할 때에는 법을 번잡하게 만들고 형(刑)을 엄격하게 집행하여 천하가 두려워하였으며, 쇠약해졌을 때에는 백성들이 원망하고 천하가 배반하였다. 주 왕조의 정강(政綱)이 정도(正道)에 부합되었기 때문에 주 왕조는 일천여 년 동안 사직을 보존하였으나 진 왕조의 정강(政綱)과 책략은 그릇되었기 때문에 오래 계속되지 못하였다. 이로 미루어 보면 안정과 위기의 기초는 서로 멀리 떨어져 있다고 하겠다.

격언에 '과거의 경험과 교훈을 잊지 않는 것은 다가올 앞날의 거울로 삼기 위함이다.'라는 말이 있다. 그래서 군자가 나라를 다스릴 때는 상고(上古)의 사적을 돌아보고 현실을 검토하며, 인정과 사리(事理)를 참조하고 홍망성쇠의 이치를 살피며, 시세(時勢)에 합당한 책략을 검토하면서 순서에 입각하여 취사 선택하고 시대의 변화에 적절히 대응한다. 그렇게 해야 장구히 사직을 보존하고 안정시키게 되는 것이다.

진 효공(秦孝公)은 효산(崤山)과 함곡관의 험준한 지세에 의존하여 옹주(雍州) 땅을 보유하고 군신이 이를 굳게 방비하면서 주 왕조 정권을 넘보았다. 그는 온 천하를 석권하고 천하를 포거하며 사해(四海)를 포괄하여 팔황(八荒)을 병탄하려는 야심을 가지고 있었다. 이때 상군(商君)[100]이 그를 보좌하여 안으로는 법령과 제도를 세우고 농사와 베짜기[織布]에 힘쓰며 방어 작전에 힘을 기울였다. 또 밖으로는 연횡책(連衡策)을 써서 제후들이 서로 싸우게 하였다.

 그래서 진(秦)은 아주 손쉽게 서하(西河) 밖의 땅을 수중에 넣을 수 있었다. 효공이 세상을 떠난 후 혜왕(惠王)과 무왕(武王)은 유업(遺業)을 계승하여 남(南)으로는 한중(漢中)을 겸병하고 서(西)로는 파(巴)와 촉(蜀)을 탈취하였으며 동으로는 비옥한 땅을 할양받아 중요한 군현을 수중에 넣었다. 두려운 제후들은 연합하여 진(秦)을 약화시킬 계책을 의논하였다. 진기한 기물과 귀중한 보배 및 기름진 땅을 아끼지 않고 천하의 인재를 끌어 모아 합종책(合縱策)을 체결하였다.

 그 당시 제(齊)에는 맹상군(孟嘗君), 조(趙)에는 평원군(平原君), 초(楚)에는 춘신군(春申君), 위(魏)에는 신릉군(信陵君)이 있었다. 이 네 명의 군(君)들은 모두 총명하고 현명하며, 충직한 인물로서 너그럽고 관대하여 어진 인재[賢才]를 존중하고 선비를 중용하였다. 그들은 합종책(合縱策)을 체결하여 진(秦)의 연횡책(連衡策)을 깨뜨리고 한(韓)·위(魏)·연(燕)·초(楚)·제(齊)·조(趙)·송(宋)·위(衛)·중산(中山) 등의 군대를 연합하였다.

 그리하여 여섯 나라[六國]에서는 영월(寧越)·서상(徐尙)·소진(蘇秦)·두혁(杜赫) 등이 서로 뜻을 모아 진에 대응할 계책을 세웠으며, 제

---

100) 상앙(商鞅).

명(齊明)·주최(周最)·진진(陳軫)·소활(昭滑)·누완(樓緩)·적경(翟
景)·소려(蘇厲)·낙의(樂毅) 등은 각 나라의 의견을 교환하였으며, 오
기(吳起)·손빈(孫臏)·대타(帶佗)·아량(兒良)·왕료(王廖)·전기(田
忌)·염파(廉頗)·조사(趙奢) 등은 각국의 군대를 지휘하였다.

　그들은 예전의 진(秦)보다 열 배가 넘는 땅과 일백만 군대를 가지고 관
문(關門)을 돌파하여 진(秦)을 공격하였다. 진(秦) 군사가 관문을 열고
적군을 유인하자 아홉 나라[九國]의 연합군은 섣불리 진격해 들어가지
못하고 배회하며 관망만 하다가 사방으로 뿔뿔이 흩어져 도망치고 말았
다. 진(秦)은 화살과 화살촉 하나도 소비하지 않았는데도 각국의 제후들
은 이미 곤궁한 상태에 빠져 버리고 말았다. 이로 말미암아 합종(合縱)의
맹약은 깨지고 제후들은 다투어 자신의 영토를 할양하여 바치며 진(秦)
을 받들었다.

　각 제후국들이 피폐한 틈을 타서 진(秦)이 축적된 여세를 몰아 도망치
는 적들을 추격하니 땅에 쓰러져 죽은 사상자의 시체가 일백만에 달하고
피바다를 이루어 방패가 둥둥 떠내려갈 정도였다. 진(秦)은 유리한 형세
를 놓치지 않고 각국을 유린하여 제후들의 영토를 분할하니, 강대국은
투항하여 복종하기를 청하고 약소국은 진(秦)의 신하가 되어 조현하러
오게 되었다.

　효문왕(孝文王)과 장양왕(莊襄王)은 재위 기간이 매우 짧았으며 나라
에 이렇다 할 만한 큰 일이 없었다.

　진 시황에 이르러 6대(代)[101]의 빛나는 유업을 계승하여 마치 긴 채찍을
휘둘러 말을 몰듯이 각국을 제압하고 동주(東周)와 서주(西周)를 병합하

---

101) 효공(孝公), 혜문왕(惠文王), 무왕(武王), 소양왕(昭襄王), 효문왕(孝文王), 장양왕(莊襄王).

였으며, 제후국을 멸망시키고 황제의 보좌에 올라 천하를 지배하였으며, 천하의 만백성을 노예 부리듯 형벌로써 다스리니 그 위세가 온 천하에 진동하였다.

또한 남으로는 백월(百越) 땅을 탈취하고 그곳에 계림군(桂林郡)과 상군(上郡)을 설치하였다. 백월의 군장(君長)은 머리를 숙이고 목에 밧줄을 매어 자신의 목숨을 진(秦)의 하급 관리 손에 내맡기게 되었다. 이어 몽염(蒙恬) 장군을 파견하여 북쪽 변방에 장성을 쌓아 방비케 하였으며 흉노를 칠백 리 밖으로 내쫓으니 감히 남쪽으로 내려와 말을 기르지 못하였고, 여섯 나라의 백성들은 감히 활시위를 당겨 원수를 갚을 엄두를 내지 못하였다.

또 선왕의 법도를 폐기하고 제자백가의 서적을 불살라 백성들을 우매하게 만들고 말았다. 그는 이름난 성들을 허물고 호걸들을 죽였으며 천하의 무기를 모두 함양으로 거두어들인 다음 창끝과 살촉을 불에 녹여 거(鐻)¹⁰²)와 금인(金人) 열두 개를 주조함으로써 백성들의 힘을 약화시켰다.

그 후 화산(華山)을 깎아 성루(城壘)를 만들고 황하의 물줄기를 끌어 해자(垓字)로 삼았다. 까마득히 높은 그 성 위에서 아래를 내려다보면 그 계곡의 깊이를 헤아릴 수 없으니 가히 난공불락의 견고한 방어 시설이 아닐 수 없었다. 뛰어난 장군과 강한 궁노수(弓弩手)를 파견하여 요충지를 지키게 하였으며, 충직한 신하와 정예화된 병사들이 날카로운 무기를 들고 관문을 출입하는 사람들을 일일이 검문하니 천하가 안정되었다.

진시황은 관중(關中)을 방비가 아주 견고한 천 리의 금성철벽(金城鐵

---

102) 종(鍾)과 비슷한 악기.

壁)처럼 여겨 자자손손 대대로 영구히 제왕의 업적을 누리게 될 것이라고 생각하였다. 시황이 세상을 떠난 후에도 그가 남긴 위세는 풍속이 다른 먼 지방까지 진동하였다.

진섭(陳涉)은 깨진 질그릇으로 창문을 삼고 새끼줄을 엮어 돌쩌귀를 만든 매우 남루한 집 태생의 아들로 남의 농사일을 거들어 날품팔이를 하며 연명하는 농사꾼 출신이었으며 변방을 지키는 수졸(戍卒)로 징발된 한낱 보잘것없는 사람이었다. 그의 재능은 보통 사람에게도 미치지 못하였으며 공자[仲尼]나 묵자[墨翟]처럼 재덕을 갖춘 사람도 아니었고 범려(范蠡)나 의돈(猗頓) 같은 대부호도 아니었다.

그는 징집되어 군대에 발을 들여놓은 지극히 평범한 수졸(戍卒)들 가운데에서 뛰쳐나와 거사를 일으켜, 피로하고 지칠 대로 지쳐 기강이 해이해진 사병 수백 명에 지나지 않는 무리들을 이끌고 진 왕조를 공격하였다.

그들은 나뭇가지를 잘라 무기로 삼고 대나무 장대에 깃발을 매단 오합지졸에 지나지 않았지만 천하 사람들이 구름처럼 모여들어 마치 메아리치듯 그들에게 동참하였으며, 자신이 먹을 식량을 등에 짊어지고 그림자처럼 따라다녔다. 이어서 산동 지구의 호걸들이 동시에 봉기하여 진 왕조의 황족(皇族)을 멸하였다.

진 왕조가 통일한 천하는 결코 약소하지 않았으며 옹주(雍州) 땅과 효산(崤山) 및 함곡관의 견고함은 예나 다름이 없었다. 반면에 진섭(陳涉)의 지위는 제(齊)·초(楚)·연(燕)·조(趙)·한(韓)·위(魏)·송(宋)·위(衛)·중산(中山) 등 각국의 군주보다 존귀한 것도 아니었고, 그들이 무기로 삼은 괭이자루나 몽둥이가 갈고리 창[鉤戟]이나 긴 창[長槍]보다 예리한 것도 아니었으며, 변방의 수졸(戍卒)로 유배당한 자들을 규합한 진섭의 무리들이 예전 아홉 나라들의 연합군보다 강대한 것도 아니었다. 그렇다고 계획이 주도면밀하고 생각이 원대하며 용병술이 뛰어나 예전 여섯 나라[六國]의 책사들을 능가할 만한 것도 아니었다.

그러나 양자의 승패는 뒤바뀌었으며 그 공업도 전혀 상반된 결과를 가져오고 말았다. 산동 제후들과 진섭의 장·단점과 권세(權勢) 및 위력을 비교해 본다면 도저히 함께 논할 상대조차 되지 못하였다. 그렇지만 진(秦)은 아주 협소한 영토를 발판으로 하여 제후의 권력을 차지하였고, 천하의 제후국들을 제압하여 백여 년간 지위가 동등한 다른 제후국들로 하여금 진(秦)에 조현하러 오도록 만들었다.

온 천하를 일가(一家)로 만들어 효산(崤山)과 함곡관을 내궁(內宮)으로 삼았으나 일개 필부에 지나지 않는 자가 반란을 일으키자 7묘(七廟)가 무너지고 나라가 망하고 군주가 시살당하여 천하의 웃음거리가 된 까닭은 무엇 때문인가? 이는 인의의 정치를 펴지 못하고 천하를 무력으로 공격하는 형세와 방어하는 형세가 서로 다르기 때문이었다.

진시황이 천하를 통일하고 제후를 겸병하여 정식으로 칭제(稱帝)하면서 온 천하를 부양하니 천하의 사인(士人)들이 모두 진(秦)에 귀의하였다. 그것은 무엇 때문인가? 근고(近古) 이래 제왕(帝王)이 없는 지 오래되었기 때문이다.

주 왕조가 쇠미해지고 5패(五覇)가 사라진 이후 천자의 명령이 천하에 제대로 이행되지 못하였다. 이 때문에 제후들은 서로 무력으로 정벌하니 강대국이 약소국을 침략하고 대국이 소국을 해치면서 전쟁은 끊일 날이 없었다. 이러한 상황에서 진황(秦皇)이 칭제(稱帝)하고 천하를 통일하게 되니 이는 위로 천자(天子)가 있다는 것을 나타낸 것이었다.

피폐해질 대로 피폐해진 선량한 백성들은 아무런 근심 없이 평안히 살 수 있기를 애타게 갈구하고 있던 터라 황상을 충심으로 신뢰하지 않는 자가 없었다. 이러한 때 진(秦)은 권위를 지키고 공업을 다졌어야 했으며, 안정과 멸망의 관건이 바로 여기에 있었던 것이다.

진시황은 탐욕스럽고 비루한 마음을 품어 자신의 독단적인 지모(智謀)만을 믿고 공신들을 신임하지 않아 사민(士民)을 멀리하였으며, 어진 정치를 펴는 왕도를 폐기하고 권위만을 내세워 시(詩)·서(書)와 고적(古籍)을 금지시키고 잔혹한 형법을 집행하였으며, 속임수와 권력만을 앞세우고 인의와 도덕을 뒷전에 방치한 채 포악함을 천하를 다스리는 선결요건으로 삼았다.

다른 나라를 겸병할 때에는 기만적인 속임수와 무력을 높이 평가할 수도 있지만 안정되었을 때에는 민심과 시대적 조류에 따르는 것을 귀하게 여겨야 한다. 이는 천하를 쟁취하는 것과 지키는 데에는 동일한 방법을 쓸 수 없다는 것을 말하는 것이다.

진시황은 전국 시대를 거쳐 천하를 통일하였으나 그의 노선과 정책은 바뀌지 않았다. 이는 천하를 쟁취하는 것과 지키는 방법을 달리하지 않은 것이다. 고립무원(孤立無援)의 궁지에 빠져 천하를 영유(領有)하였기 때문에 멸망하기를 서서 기다리듯 쉽게 멸망되었던 것이다.

만일 진시황이 상고(上古) 시대의 옛일을 헤아리고 상(商)·주(周) 왕조가 걸어온 발자취를 더듬어 그의 정책을 펴는 데 반영하였더라면 설령 후대에 교만하고 황음무도(荒淫無道)한 군주가 나왔다 하더라도 생사존망에 처하여 이내 쓰러지는 최악의 재난에 돌입하지는 않았을 것이다. 3대(代)의 왕들[103]은 나라를 세우고 어진 정치를 폈기 때문에 명호(名號)가 빛나고 위대한 공업이 장구히 이어진 것이다.

진(秦) 2세가 시황의 뒤를 이어 제위에 오르자 천하 사람들은 모두 목

---

103) 하(夏)의 우(禹), 상(商)의 탕(湯), 주(周)의 문왕(文王)과 무왕(武王).

을 길게 늘여 빼고 그의 정책에 기대를 걸었다. 정권이 바뀌면 추위에 떠는 자는 거친 베옷을 걸쳐도 따뜻하게 여기고 굶주린 자는 지게미[糟]와 쌀겨[糠]를 먹어도 달게 여기는 법이다. 배고픈 어린 아이처럼 천하의 백성들이 보채는 상황에서는 새로 등극한 군주가 집권하여 정책을 펴 나가기는 쉬운 것이다. 피로한 백성들에게는 어진 정치를 베풀기 쉽기 때문이다.

만일 2세가 평범한 군주가 베푸는 정도의 덕행을 펼쳐 충신과 어진 사람을 신임하고 군신이 한 마음 한 뜻이 되어 천하의 근심을 걱정하며, 복상(服喪) 중에 선제(先帝)의 과오를 바로잡아 토지와 백성들을 공신들의 후예들에게 나누어 분봉하여 제후국의 왕을 삼아 천하의 어진 이들을 예우하며, 감옥을 비우고 형벌을 면제하며, 죄를 지으면 아내와 자식까지 연좌하여 처벌하는 제도를 없애고 죄인을 모두 고향으로 되돌려 보내며, 창고를 열어 재물을 나누어 외롭고 곤궁한 사람들을 구휼(救恤)하고 부세와 요역을 줄여 백성들의 위급한 재난을 구제하며, 법률을 간소화하고 형벌을 줄여 그 후손을 보존케 하고 사람들로 하여금 스스로 잘못을 뉘우쳐 새로이 출발할 기회를 주며, 몸가짐을 단정히 하고 언행을 점검하여 스스로 근신하고 백성들의 바람을 충족시켜 주어 위엄과 덕망으로 대하였다면 천하의 만백성들이 모두 따랐을 것이다.

사람들이 각기 자신의 생활에 만족하고 평안히 생업에 종사하면서 혹시나 변란이 일어날까 두려워하였다면 설령 교활한 사람이 있었다 할지라도 조정을 배반하는 군중 심리에 휩쓸리지는 않았을 것이며, 법도를 어기고 반란을 일으킨 신하도 자신의 간교한 속임수를 숨길 방도가 없었을 뿐만 아니라 포악하고 어지러운 간계도 종식되었을 것이다.

그런데 2세는 이러한 방도를 채용하기는커녕 더욱 포악무도하게 굴며 종묘를 훼손하고 백성들을 학대하였다. 그는 다시 아방궁을 축조하고 형벌을 번잡하게 함은 물론 잔혹하리만치 처형을 일삼았다. 관리를 다스리는 일에 있어서도 가혹하게 대하였을 뿐만 아니라 상벌도 부당하게 하였고, 재물을 수탈하다시피 혹독하게 부세를 거두어들였다.

천하가 어지러웠으나 관리들은 이를 바로잡을 방도가 없었다. 백성들은 도탄에 빠져 허덕이는데도 군주라는 자는 이를 구제할 대책을 세워 구휼하지 않았다. 간악한 무리들이 도처에서 잇달아 봉기하자 상하가 서로 책임을 회피하기 일쑤여서 죄짓는 자가 속출하고 형벌과 처형을 당하는 자들이 도처에 널려 있게 되었으니 백성들의 고통은 이루 말할 수 없었다.

군주와 공경대부에서부터 일반 서민에 이르기까지 모두들 하나같이 위기의식을 느끼고 곤궁한 상황 속에서 자신의 지위를 불안해 하였다. 이 때문에 변란이 일어나자마자 쉽사리 민심이 동요되고 말았던 것이다.

진섭이 상 탕왕(商湯王)과 주 무왕(周武王)만큼 어진 덕망과 재능을 갖춘 것도 아니요 그렇다고 제후처럼 높은 지위에 있는 것도 아닌데 그가 대택향(大澤鄕)에서 팔을 걷어붙이고 소리 높여 외치자 천하의 사람들이 그에 호응한 것은 백성들이 위난에 처해 있었기 때문이었다.

그래서 옛 성왕(聖王)들은 시말(始末)의 변화를 통찰하여 존망의 기미를 알고 백성들을 통치하는 데 있어서 민심을 안정시키기 위해 힘썼던 것이다. '안정된 백성들과는 의(義)를 행할 수 있고 불안정한 백성들과는 비행을 저지를 수 있다'는 말은 바로 이를 두고 하는 것이다. 고귀한 천자의 지위에 올라 천하를 소유하고서도 몸이 살육당하는 비운을 면치 못한 것은 잘못을 바로잡는 방법이 그릇되었기 때문이다. 이것이 바로 2세의 과오였다.

양공(襄公)은 제위에 올라 십이 년간 재위하였으며 처음으로 서치(西

時)를 세웠다. 서수(西垂)에 묻혔다. 문공(文公)을 낳았다.

문공이 제위에 올라 서수궁(西垂宮)에서 기거하였다. 오십 년간 재위한 후 세상을 떠나자 서수에 장사지냈다. 정공(靜公)을 낳았다.

정공은 제위에 오르지 못하고 세상을 떠났다. 헌공(憲公)을 낳았다.

헌공은 제위에 올라 십이 년간 재위하였다. 서신읍(西新邑)에 기거하였다. 세상을 떠나 아(衙)에 장사지냈다. 무공(武公)·덕공(德公)·출자(出子)를 낳았다.

출자는 제위에 올라 6년간 재위하였으며 서릉(西陵)에 기거하였다. 서장(庶長) 불기(弗忌)·위루(威累)·참보(參父) 세 사람이 역적을 거느리고 와서 비연(鄙衍)에서 출자를 시해하였다. 아(衙)에 장사지냈다. 무공(武公)이 제위에 올랐다.

무공은 이십 년간 재위하였다. 평양(平陽)의 봉궁(封宮)에 기거하였다. 선양취(宣陽聚) 동남쪽에 장사지냈다. 출자를 시해한 세 서장(庶長)들은 응당 받아야 할 정벌을 받았다. 덕공이 그 뒤를 이어 제위에 올랐다.

덕공은 2년간 재위하였다. 옹(雍)의 대정궁(大鄭宮)에 기거하였다. 선공(宣公)·성공(成公)·목공(穆公)을 낳았다. 양(陽)에 장사지냈다. 처음으로 복날(伏日)을 규정하여 개를 잡아 더위와 사악한 기운을 다스렸다.

선공(宣公)은 십이 년간 재위하였다. 양궁(陽宮)에서 기거하였다. 양(陽)에 장사지냈다. 처음으로 윤달(閏月)을 기록하였다.

성공(成公)은 4년간 재위하였다. 옹(雍)의 궁에 기거하였다. 양(陽)에 장사지냈다. 제(齊)가 산융(山戎)과 고죽(孤竹)을 공격하였다.

목공(穆公)은 삼십구 년간 재위하였다. 주(周)의 천자(天子)가 목공을 패주(覇主)로 승인하였다. 옹에 장사지냈다. 목공은 예전에 궁전의 문지기에게서 배웠다. 강공(康公)을 낳았다.

강공은 십이 년간 재위하였다. 옹의 고침(高寢)에 기거하였다. 구사(峋

社)에 장사지냈다. 공공(共公)을 낳았다.

공공은 5년간 재위하였다. 옹(雍)의 고침(高寢)에 기거하였다. 강공이 묻힌 곳의 남쪽에 장사지냈다. 환공(桓公)을 낳았다.

환공은 이십칠 년간 재위하였다. 옹의 태침(太寢)에 기거하였다. 의리구(義里丘) 북쪽에 장사지냈다. 경공(景公)을 낳았다.

경공은 사십 년간 재위하였다. 옹의 고침(高寢)에 기거하였다. 구리(丘里) 남쪽에 장사지냈다. 필공(畢公)을 낳았다.

필공은 삼십육 년간 재위하였다. 거리(車里) 북쪽에 장사지냈다. 이공(夷公)을 낳았다.

이공은 제위에 오르지 않았다. 세상을 떠나자 좌궁(左宮)에 장사지냈다. 혜공(惠公)을 낳았다.

혜공은 십 년간 재위하였다. 거리(車里)에 장사지냈다. 도공(悼公)을 낳았다.

도공은 십오 년간 재위하였다. 희공(僖公)의 서쪽에 장사지냈다. 옹(雍)에 성벽을 쌓았다. 자공공(刺龔公)을 낳았다.

자공공은 삼십사 년간 재위하였다. 입리(入里)에 장사지냈다. 조공(躁公)과 회공(懷公)을 낳았다. 자공공 10년, 혜성이 출현하였다.

조공은 십사 년간 재위하였다. 수침(受寢)에 기거하였다. 도공의 남쪽에 장사지냈다. 조공 원년, 혜성이 출현하였다.

회공(懷公)이 진국(晉國)에서 귀국하였다. 4년간 재위하였다. 역어씨(櫟圉氏)에 장사지냈다. 영공(靈公)을 낳았다. 대신들이 회공(懷公)을 포위하자 회공은 자살하였다.

숙령공(肅靈公)은 소자(昭子)의 아들이다. 경양(涇陽)에 기거하였다. 십 년간 재위하였다. 도공(悼公)의 서쪽에 장사지냈다. 간공(簡公)을 낳았다.

간공이 진(晉)나라에서 귀국하여 십오 년간 재위하였다. 희공(僖公)이 묻힌 곳의 서쪽에 장사지냈다. 혜공(惠公)을 낳았다.

혜공 7년, 관리들이 몸에 칼을 지니기 시작하였다. 혜공은 십삼 년간 재위하였다. 능어(陵圉)에 장사지냈다. 출공(出公)을 낳았다.

출공은 2년간 재위하였다. 출공이 자살하니 옹(雍)에 장사지냈다.

헌공(獻公)은 이십삼 년간 재위하였다. 효어(囂圉)에 장사지냈다. 효공(孝公)을 낳았다.

효공은 이십삼 년간 재위하였다. 제어(弟圉)에 장사지냈다. 혜문왕(惠文王)을 낳았다. 효공 13년, 처음으로 함양에 도읍을 세웠다.

혜문왕은 이십칠 년간 재위하였다. 공릉(公陵)에 장사지냈다. 도무왕(悼武王)을 낳았다.

도무왕은 4년간 재위하였다. 영릉(永陵)에 장사지냈다.

소양왕(昭襄王)은 오십육 년간 재위하였다. 지양(芷陽)에 장사지냈다. 효문왕(孝文王)을 낳았다.

효문왕은 1년간 재위하였다. 수릉(壽陵)에 장사지냈다. 장양왕(莊襄王)을 낳았다.

장양왕은 3년간 재위하였다. 지양(芷陽)에 장사지냈다. 시황제(始皇帝)를 낳았다. 여불위(呂不韋)를 재상에 임명하였다.

헌공(獻公) 7년, 처음으로 정기 시장을 개설하였다. 헌공 10년, 호구(戶口)를 조사하여 등록하고 주민 5호(戶)를 1오(伍)로 편성하였다.

효공(孝公) 16년, 한겨울에 복숭아와 배꽃이 피었다.

혜문왕(惠文王)은 십구 세에 제위에 올랐다. 혜문왕 2년, 처음으로 화폐를 발행하였다. 갓 태어난 한 아기가 이렇게 말하였다. '진(秦)나라가 장차 칭왕(稱王)하리라.'

도무왕(悼武王)은 십구 세에 제위에 올랐다. 도무왕 3년, 위수가 사흘 동안 온통 붉게 물들었다.

소양왕(昭襄王)은 십구 세에 제위에 올랐다. 소양왕 4년, 처음으로 정전(井田)의 경계를 긋기 시작하였다.

효문왕(孝文王)은 십삼 세에 제위에 올랐다.

장양왕(莊襄王)은 삼십이 세에 제위에 올랐다. 그 이듬해에 태원(太原) 지구를 빼앗았다. 장양왕 원년, 대사면을 선포하고 선왕의 공신들에게 은총을 베풀었으며 골육지친(骨肉之親)을 후대하고 백성들에게 은전을 베풀었다. 동주(東周)와 여러 제후들이 연합하여 진(秦)에 대항하려 하자 진(秦)나라는 여불위를 파견하여 이들을 정벌케 하고 동주(東周)를 송두리째 몰수해 버렸다. 진(秦)나라는 동주 제사의 명맥을 끊지 않기 위해 양인(陽人) 지방을 주군(周君)에게 하사하여 제사를 지내도록 하였다.

시황(始皇)은 십삼 세에 제위에 올라 삼십칠 년간 재위하였다. 여읍(酈邑)에 장사지냈다. 2세 황제를 낳았다.

2세 황제는 십이 세에 제위에 올라 3년간 재위하였다. 춘원(春苑)에 장사지냈다. 조고(趙高)를 승상에 임명하고 안무후(安武侯)에 봉하였다.

이상 진 양공(秦襄公)으로부터 2세 황제에 이르기까지 도합 육백십 년이다.

효명황제(孝明皇帝)[104] 17년 10월 15일 을축(乙丑)날, 반고(班固)가 황제의 물음에 다음과 같이 대답했다.[105]

---

104) 동한(東漢)의 명제(明帝). 서기 58년~75년 재위. 효영황제 17년은 서기 75년에 해당.
105) 《史記正義》에 의하면 효명황제, 즉 東漢 明帝가 진(秦) 왕조의 세 황제에 대하여 사마천과 가의(賈誼)가 평론한 것에 대한 옳고 그름을 묻자 반고(班固)가 명제에게 그 답변을 상서하였다고 하며 이하의 내용은 후세 사람이 부록으로 첨부한 것이라고 함.

"주(周) 왕조의 국운은 이미 지나가 버렸고 한(漢) 왕조의 인덕(仁德)은 주 왕조를 대신할 수 없었습니다.[106] 그래서 이 과도기에 진(秦) 왕조가 흥기하게 되었는데 시황 여정(呂政)[107]은 잔인하였습니다. 하지만 십삼 세에 제후의 자리에 올라 천하를 통일하여 하고 싶은 대로 다하고 마음껏 누렸으며 종친을 양육하였습니다.

삼십칠 년간 재위하는 동안 군대의 위력이 미치지 않은 곳이 없었으며 제도를 확립하여 후대의 제왕에게 이를 물려주었습니다. 아마도 성인의 위령(威靈)을 얻어 하신(河神)으로부터 하도(河圖)[108]를 수여받고, 낭성(狼星)과 호성(弧星)에 의존하여 삼성(參星)과 벌성(伐星)[109]을 본받았으니, 이 네 별들[星宿]이 시황 여정의 적대 세력을 없애는 것을 돕게 되어 스스로 '시황제'라 칭하기에 이른 것입니다.

시황이 세상을 떠난 후, 어리석기 짝이 없는 호해는 여산(酈山)에 왕릉을 축조하는 거대한 공사를 채 완성하기도 전에 다시 아방궁을 축조하여 선인(先人)이 못 다 이룬 계획을 완수하였습니다. 2세 황제는 '무릇 천하를 차지하여 귀하게 되려는 것은 자기가 하고 싶은 바대로 마음껏 누릴 수 있기 때문인데 대신들은 선군(先君)의 사업을 폐기해 버릴 생각까지 하기에 이르렀다.'고 하면서 이사(李斯)와 풍거질(馮去疾)을 주살하고 조고(趙高)를 등용하였습니다.

아, 슬프도다! 이러한 말씀을 드려야 하다니! 호해는 사람의 머리를

---

106) 주(周) 왕조의 국운이 이미 쇠미해졌지만 한(漢) 왕조는 아직 흥기하지 않았으며 진(秦)이 이 공백기에 천하를 얻게 되었지만 정통이 아니고 과도 왕조였기 때문에 금세 망하게 되었다는 의미이다.

107) 즉 영정(嬴政 : 진시황). 후세 사람들이 진시황은 장양왕(莊襄王)의 친 혈육이 아니라 당시 거상(巨商) 여불위(呂不韋)의 소생이라고 여겨 이렇게 호칭한 것이다.

108) 제왕(帝王)이 천명(天命)을 받는 상서로운 조짐. 전설에 의하면 복희씨(伏羲氏)때 황하에서 용마(龍馬)가 출현하여 하도(河圖)를 등에 지고 나왔다고 함.

109) 네 별들 모두 전쟁을 상징하는 별들임.

하고서도 짐승처럼 울었더란 말인가. 만일 그가 멋대로 백성들을 학대하지 않았더라면 그의 죄상을 책망하지 않았을 것이며, 그의 죄상이 중하지 않았더라면 멸망에 이르지는 않았을 것입니다. 군주의 자리를 제대로 보전하지 못하고 잔학함이 멸망을 재촉해대니 지리적으로 유리한 형세에 있던 국토조차 보존할 수 없었던 것입니다.

순서를 어긴 자영(子嬰)은 군주의 자리를 이어받아 왕관을 쓰고 옥새를 찼으며 황옥(黃屋)[110]을 타고 관리들을 거느리고 가서 칠묘(七廟)에 알현하였습니다. 그릇이 작은 소인이 뜻밖에 높은 지위에 오르면 마음이 안정되지 못하고 줏대 없이 눈앞의 안일만 탐내며 되는 대로 살아가는 법입니다. 그렇지만 자영은 긴 안목을 가지고 장래의 불안을 없애기 위해 두 아들과 함께 책략을 써서 조고(趙高) 등의 간신을 방 안으로 끌어들여 주살하고 선군(先君)의 역적을 토벌하였습니다.

조고가 죽은 후 빈객과 친척들이 미처 위로할 겨를도 없이, 먹은 음식이 미처 목구멍을 넘기지 못하고 술이 입술을 축일 새도 없이 초나라 군사는 이미 관중(關中)을 함락하여 살육을 자행하고 진인(眞人) 유방(劉邦)은 나는 듯이 패상(覇上)에 다다랐습니다. 자영은 흰 말이 끄는 흰 수레에 올라 인끈을 목에 걸고 양손에 옥새를 공손히 받들고 나아가 새로운 천자[劉邦]에게 바쳤습니다.

이는 마치 옛적에 초 장왕(楚莊王)이 정(鄭)나라를 정벌하였을 때 정백(鄭伯)이 양손에 모정(茅旌)과 난도(鸞刀)[111]를 공손히 받들고 항복의 뜻을 나타내며 종묘를 보전케 해 달라고 애원하였을 때 장왕(莊王)[112]이 병

---

110) 황제의 전용 수레. 고대 제왕이 타는 수레는 황색 비단으로 덮개를 하였다.
111) 종묘 제사에 쓰이는 예기(禮器).
112) 동한(東漢) 명제(明帝 : 劉莊)의 이름(莊)을 부르는 것을 피하기 위해 원문에서는 장왕(莊王)이라 표기하지 않고 엄왕(嚴王)이라고 나타냈음을 밝혀 둔다.

사들을 구십 리 밖으로 철수시켰던 상황과 비슷합니다.[113]

황하를 막은 제방이 한 번 터지면 다시 틀어막을 수 없고 생선이 한 번 부패하면 다시는 본래의 상태를 회복할 수 없는 것입니다.

가의(賈誼)와 사마천은 이렇게 말하였습니다.

'만일 자영이 보통 군주만큼의 재능을 가지고 있고 중등(中等) 정도 되는 장군과 재상의 보필만 있었더라도 산동 지방에서 일어난 반란에 진나라 종묘의 제사가 단절되지는 않았을 것이다.'

오랜 세월에 걸쳐 누적되어 온 진 왕조의 쇠미함이 토붕와해(土崩瓦解)되듯 와르르 무너지고 말았으니 설령 주공(周公) 단(旦)[114]과 같은 현능한 인물이라 할지라도 이와 같은 상황 아래에서는 슬기로운 지략을 발휘할 수 없었을 것입니다. 그러므로 가의와 사마천이 진 왕조가 멸망한 원인을 지극히 짧은 동안 제위를 이어받은 자영에게 돌리며 책망하는 것은 그릇된 것입니다.

세간에서는 진시황이 죄악을 저질렀고 호해에 이르러 그 절정에 다다랐다고 전해지고 있는데 그것은 타당한 말인 듯싶습니다. 그런데 진 왕조의 영토를 보전하지 못했다 하여 자영을 책망하는 것은 시대의 추세 변화에 대하여 정통하지 못한 소치입니다. 기계(紀季)[115]가 휴(酅)[116]를 제(齊)나라에 바치고 사직을 보존했는데 ≪춘추(春秋)≫[117]에서는 시대의

---

113) 〈公羊傳〉에 다음과 같은 내용이 보인다. 「초 장왕(楚莊王) 57년(기원전 597년), 장왕이 정(鄭)나라를 정벌하였을 때 정백(鄭伯)은 웃통을 벗고 왼손에는 모정(茅旌)을, 오른손에는 난도(鸞刀)를 공손히 받들고 투항을 표시하며 제발 종묘만은 보전케 해 달라고 애걸하였다. 이에 장왕은 군사를 구십 리 밖으로 철수하였다.」

114) 서주(西周) 초기의 정치가. 성은 희(姬), 이름은 단(旦). 식읍(食邑)을 주(周 : 오늘날 侯西省 岐山縣 북쪽)에 하사받았기 때문에 주공(周公)이라 칭하였음.

115) 기국(紀國) 군주의 막내동생.

116) 읍 이름.

117) 유가(儒家) 경전의 하나. 노 은공(魯隱公) 원년(기원전 722년)부터 노 애공(魯哀公) 14년(기원전 481년)까지 이백사십이 년간을 편년체로 서술한 사서(史書).

추세 변화에 대하여 통달한 그의 능력을 칭찬하여 그의 이름을 밝히지 않은 것입니다.

신(臣)은 「진시황본기(秦始皇本紀)」를 읽다가 자영이 간신 조고를 거열(車裂)에 처하는 대목을 읽고서 그의 단호한 과단성을 높이 평가하고 그의 뜻을 연민하지 않을 수 없었습니다. 자영이 나타낸 사생결단의 대의(大義)는 이미 완전한 경지에 달해 있었습니다."

제7 항우본기(項羽本紀)

항적(項籍)은 하상현(下相縣) 사람으로 자(字)는 우(羽)이다. 진(秦) 왕조에 반기를 들고 처음 군사를 일으켰을 때 그의 나이 이십사 세였다. 그의 막내 숙부는 항량(項梁)이고, 항량의 아버지는 바로 초(楚)나라 장수 항연(項燕)인데 진(秦)나라의 장군 왕전(王翦)에게 살해되었다.[1] 대대로 초(楚)의 장수 집안으로서 항(項)이라는 땅에 봉해졌기 때문에 성을 항(項)씨로 삼았다.

항적은 어려서 글을 배웠는데 성취하지 못하였고, 다시 검술을 배웠지만 그것 또한 제대로 성취하지 못하였다. 보다 못한 항량이 노하여 그를 꾸짖었다. 그러자 항적이 대답했다.

"글이란 성명만 쓸 줄 알면 됩니다. 또 검술은 한 사람을 대적하는 데 지나지 않으니 배울 만한 가치가 없습니다. 저는 만인을 상대하는 것을 배우고 싶습니다."

그래서 항량은 항적에게 병법을 가르쳤다. 항적은 크게 기뻐하며 병법의 내용을 대강 익히고 나서는 이를 끝까지 익히려 하지 않았다.

항량은 예전에 어떤 사건에 연루되어 역양(櫟陽) 관리에게 체포된 적이 있었다. 그런데 기현(蘄縣)의 옥리(獄吏) 조구(曹咎)가 역양현의 옥리 사마흔(司馬欣)에게 청탁 편지를 보내 주어 비로소 원만히 해결되었다.

항량은 살인을 저지르고 복수를 피하기 위해 항적과 함께 오(吳)로 피

---

1) 진시황 23년(기원전 224년) 진(秦) 장군 왕예가 육십만 대군을 거느리고 초(楚)나라를 격파하고 왕을 사로잡았다. 이에 항연은 창평군(昌平君)을 형왕(荊王)으로 세우고 회남에 군사를 주둔시켰다. 그 이듬해 왕예는 재차 초나라를 격파하고 창평군이 죽자 항연은 자살하였다. 「秦始皇本紀」에 자세히 나와 있음.

신하였다. 오의 현사(賢士)와 사대부들은 모두 항량보다 재능이 모자라는 사람들이었다. 그래서 오에서 큰 요역이나 상사(喪事)가 있을 때마다 늘 항량이 도맡아 주관하게 되었다. 그는 이때 은밀히 병법 부서를 운용하며 빈객과 젊은이들의 능력을 시험하였다.

진시황이 회계(會稽)를 유람하기 위해 절강(浙江)을 건널 때 항량과 항적이 그 행차를 구경하게 되었다. 항적이 그 광경을 바라보며 말했다.

"우리가 저들의 자리를 빼앗아 차지할 만하겠습니다."

항량은 황급히 조카의 입을 손으로 막으며 말했다.

"함부로 허튼 소리를 지껄였다가는 멸족 당한다!"

이 일로 항량은 항적을 범상치 않은 인물로 여기게 되었다. 항적은 키가 8척이나 되고 무거운 솥[鼎]을 거뜬히 들어올릴 수 있는 강한 힘을 가졌을 뿐만 아니라 재주와 기개가 남달리 출중하여 오(吳)의 젊은이들 모두 항적을 두려워하였다.

진(秦) 2세(二世) 원년(B.C. 209) 7월, 진섭(陳涉)[2] 등이 대택향(大澤鄉)에서 진에 반기를 들고 봉기하였다. 그해 9월, 회계의 군수 은통(殷通)이 항량에게 제안하였다.

"양자강 북쪽 지방은 모두 진나라에 반기를 들었소. 하늘이 장차 진나라를 멸하려는 시기가 도래한 것 같소. 남보다 먼저 손을 쓰면 다른 사람들을 제압할 수 있지만 뒤늦게 행동하면 남의 지배를 받게 된다고 생각하오. 나는 군사를 일으킴에 그대와 환초(桓楚)를 장군으로 삼고자 하오."

그 당시 환초는 소택(沼澤)에서 숨어 지내고 있었다. 항량이 입을 열었다.

---

2) 진승(陳勝). 자세한 것은 「陳涉世家」를 참고하기 바람.

"환초는 은둔 생활을 하고 있는지라 그의 거처를 아는 자가 없으나 오직 항적만이 그곳을 알고 있습니다."

항량은 슬며시 자리에서 물러나와 항적에게 칼을 지니고 밖에서 기다리라고 일렀다. 항량은 다시 안으로 들어가 군수 은통과 마주 앉은 후 항량이 말했다.

"항적을 만나 보시고 환초를 불러오도록 하시기 바랍니다."

군수가 말했다.

"좋소, 그렇게 합시다."

항량은 항적을 불러들였다. 잠시 후 항량은 조카 항적에게 눈짓하며 말했다.

"행동 개시!"

말이 채 끝나기도 전에 항적은 칼을 뽑아 군수의 목을 베어 버렸다. 항량은 군수의 목을 손에 들고 그의 인수(印綬)를 빼앗아 허리에 찼다. 군수의 곁에 있던 부하들이 대경실색하여 어찌할 바를 모르는 틈을 이용하여 항적은 순식간에 수십 명의 목을 베어 버렸다. 그러자 부중(府中)에 있던 사람들 모두 소스라치게 놀라 땅에 부복하고 감히 고개를 들지 못하였다.

항량은 평소에 잘 알고 지내는 유능한 관리들을 불러들여 이렇게 거사한 연유를 설명한 뒤 오(吳)의 군사를 장악하였다. 군(郡)에 소속된 각 현에 사람을 보내 젊은 장정들을 소집하여 정예병 팔천 명을 모아 오게 하였다. 항량은 오(吳)의 호걸들을 교위(校尉)[3]와 군후(軍侯)[4] 및 사마(司馬)[5]에 임명하였다. 한 사람이 등용되지 못하여 불평을 하자 항량이 말

---

3) 장군 다음가는 군관.
4) 군중(軍中)의 정찰관.
5) 군중(軍中)의 사법관.

했다.

"예전에 어떤 집에 초상이 났을 때 그대에게 일을 주관하도록 맡겼으나 제대로 해내지 못하였다. 그래서 그대를 임용하지 않은 것이다."

이에 모든 사람들이 탄복하였다. 항량은 회계 군수의 자리에 오르고 항적은 비장(裨將)[6]이 되어 예하 각 현(縣)을 장악하였다.

이때 광릉(廣陵) 사람 소평(召平)[7]은 진왕(陳王)을 위해 광릉을 공격하였지만 성공하지 못하였다. 소평은 진왕(陳王)이 패주하였으므로 진(秦) 군사들이 밀려올 것이라는 소식을 전해 듣고, 강을 건너가 진왕의 명령이라고 사칭하여 항량을 초왕(楚王)의 상주국(上柱國)[8]에 임명하고 이렇게 말하였다.

"강동(江東)은 이미 평정하였으니 그대는 속히 병력을 이끌고 서쪽으로 진군하여 진(秦)을 공격하라."

항량은 병사 팔천 명을 거느리고 강을 건너 서쪽으로 진격하였다. 이때 진영(陳嬰)이 동양(東陽)을 점령하였다는 소식을 듣고 항량은 사자를 보내 진영과 연합하여 서쪽으로 진격할 것을 제안하였다.

진영이란 자는 본시 동양 현령의 비서[令史]를 지낸 인물로서 현 조정 소재지에 살았다. 평소 사람됨이 성실하고 신의가 두터워 사람들의 신망을 한몸에 받았었다. 동양의 젊은이들이 수천 명의 무리를 모아 현령(縣令)을 살해한 후 우두머리 적임자를 찾지 못하여 진영에게 이를 맡아 달라고 간청하였다. 진영은 능력이 부족하다는 구실로 한사코 거절하였지만 그들은 억지로 진영을 우두머리 자리에 앉혔다.

---

6) 부장군(副將軍).
7) 진섭(陳涉)의 부하.
8) 승상(丞相)에 해당하는 초(楚)나라의 관직.

그후 그를 따라 봉기에 가담한 현내(縣內)의 무리가 이만 명에 달했다. 젊은이들은 진영을 왕으로 추대하고, 머리에 청색 두건을 둘러 새로이 용감하게 떨쳐 일어선 부대임을 표시하였다.

　진영의 어머니가 아들에게 말했다.

　"내가 시집온 이래 여태껏 네 조상 가운데 현귀한 인물이 있었다는 말을 들어본 적이 없다. 네가 갑자기 큰 이름을 얻는 것이 어쩐지 상서롭지 못한 조짐인 것 같으니 다른 사람 밑에 들어가는 것이 좋을 듯하다. 일이 순조롭게 잘 된다면 제후의 자리에 오를 수 있고, 또 만일 실패하더라도 세상에 이름이 알려지지 않았으니 도망치기가 용이하기 때문이다."

　그래서 진영은 왕이 될 것을 포기하고 장수들에게 자신의 의견을 제시하였다.

　"항씨는 대대로 장수 출신의 집안으로 초나라에서 명망이 높소. 지금 대사를 도모하려면 그런 장수들이 아니고는 불가하오. 우리가 그런 명문 집안에 의지한다면 진 왕조를 반드시 멸망시킬 수 있을 것이오."

　그리하여 부대를 이끌고 항량의 부하가 되었다. 항량이 회수를 건너자 경포(鯨布)[9]와 포장군(蒲將軍)[10]도 부대를 이끌고 그의 수하에 복속하였다. 도합 육십칠만에 달하는 항량의 군대는 하비(下邳)에 주둔하였다.

　이때 진가(秦嘉)[11]는 이미 경구(景駒)[12]를 왕으로 옹립한 후 팽성(彭城)의 동쪽에 군사를 포진하고 항량의 군사에 대항하려 하고 있었다.

　항량은 장수들에게 말하였다.

---

9) 영포(英布). 일찍이 경형(黥刑 : 즉 墨刑)을 당한 뒤부터 경포(黥布)라 불리게 되었음. 자세한 것은 「黥布列傳」을 참조하기 바람.
10) 그에 대하여 잘 알려진 것이 없음.
11) 진(秦)나라 말기 봉기를 일으킨 사람 중의 하나.
12) 초나라의 왕과 동족.

"진왕(陳王)이 가장 먼저 봉기한 사람이오. 전세가 불리하여 도망쳤는데 그의 소재를 알 길이 없소. 그런데 진가가 진왕을 배반하고 경구를 옹립하였으니 이는 대역무도한 짓이오."

항량은 즉시 군사를 보내 진가를 공격하였다. 진가의 군사가 패주하자 항량은 호릉(胡陵)까지 추격하였다. 진가는 회군하여 반격하였지만 하루 만에 전사하고 군사들은 모두 투항하였다. 경구는 달아나 양(梁)에서 죽었다. 항량은 진가의 군대를 겸병하고 나서 호릉에 포진하고 장차 서쪽으로 진격할 심산이었다.

이때 진(秦) 장수인 장함의 군대가 율현(栗縣)에 도달하자 항량은 별군(別軍) 장수 주계석(朱鷄石)과 여번군(餘樊君)을 파견하여 일전을 벌였지만 여번군은 전사하고 주계석은 패하여 호릉으로 돌아왔다. 항량은 군사를 거느리고 설현(薛縣)에 진입하여 주계석을 처형하였다.

이에 앞서 항량은 따로 항우를 시켜 양성(襄城)을 공격토록 하였다. 양성은 관병이 굳게 지키고 있었기 때문에 일시에 성을 함락시킬 수 없었다. 마침내 성을 함락시킨 후 항우는 성안 사람들을 모두 산 채로 매장하여 죽여 버리고 돌아와 항량에게 이를 보고하였다.

항량은 진왕이 틀림없이 죽었다는 소식을 전해 듣고는 장수들을 불러 모아 대책을 숙의하였다. 이때 패공(沛公, 즉 劉邦)[13]도 패현(沛縣)[14]에서 봉기한 후라 달려와 이 회합에 참석하였다.

거소(居鄛) 사람 범증(范增)은 당시 나이가 칠십 세였는데 평소에 늘 집 안에 틀어박혀 기이한 계책을 골똘히 연구하였다. 하루는 그 노인이

---

13) 유방(劉邦)을 말함. 패현(沛縣)에서 봉기하여 스스로 현령이 되어 패공(沛公)이라 부르게 되었음. 공(公)은 현령(縣令)에 대한 존칭임.
14) 진(秦)의 현 이름. 오늘날 강소성(江蘇省) 패현(沛縣)의 동쪽.

항량을 찾아와 제안하였다.

"진승(陳勝)이 봉기하였으나 실패한 것은 너무나도 당연하오. 진(秦)이 여섯 나라를 멸망시켰지만 그중에서 초(楚)나라가 가장 억울하게 당했소. 초 회왕(楚懷王)이 진(秦)나라에 들어간 후 끝내 귀국하지 못한 것을 지금까지도 애통하게 여기고 있소. 그래서 초 남공(楚南公)[15]은 '초나라에 세 집(三戶)만 남아 있어도 진나라를 멸망시키는 것은 반드시 초나라일 것이다.' 라고 한 것이오.

진승이 가장 먼저 봉기하였으나 초왕(楚王)의 후손을 옹립하지 않고 자립하였기 때문에 그의 세력은 성장하지 못했던 것이오. 지금 그대가 강동(江東)에서 군사를 일으키니 초(楚)에서 벌떼처럼 일어난 장수들이 달려와 그대에게 귀의한 것은 그대가 대대로 초나라 장군을 지낸 집안 출신으로서 다시 초왕(楚王)의 후예를 세울 수 있기 때문이오."

항량은 그의 말이 옳다고 여겨 당시 민가에서 양을 치고 있던 초 회왕(楚懷王)의 손자 심(心)을 찾아 그를 초 회왕(楚懷王)[16]으로 옹립하여 백성들의 소망에 따랐다. 진영(陣嬰)은 초나라의 상주국(上柱國)에 임명되어 다섯 현을 봉읍으로 받아 회왕과 함께 우대(盱臺)에 도읍을 세웠다. 항량은 스스로 무신군(武信君)이라 칭하였다.

수개월 후, 항량은 군사를 거느리고 항보(亢父)를 공격하였고, 제(齊)의 전영(田榮)[17]과 사마(司馬) 용저(龍且)[18]의 군대와 함께 동아(東阿)를 구원하고 진(秦)의 군사를 대파하였다. 전영은 군사를 거느리고 돌아가

---

15) 전국시대 초(楚) 음양가. 성명은 알 수 없음.
16) 조부의 시호가 회왕(懷王)인데 다시 그 손자도 회왕(懷王)으로 추대한 것은 조부의 후광을 얻기 위함임.
17) 본래 제(齊)의 왕족, 전담(田儋)의 아우.
18) 제(齊) 출신.

제왕(齊王) 전가(田假)[19]를 내쫓았다. 전가는 초나라로 달아나고 전가의 재상 전각(田角)은 조(趙)나라로 도망쳤다. 전각의 동생 전간(田間)은 본래 제나라 장군이었는데 감히 귀국하지 못하고 조나라에 머물렀다.

전영은 전담(田儋)의 아들 불(市)을 제왕(齊王)으로 옹립하였다. 항량은 동아 일대의 진군(秦軍)을 격파하고 계속 추격하면서 누차 제나라에 사자를 보내 함께 서쪽으로 진격하자고 독려하였다. 그러자 전영은 조건을 내세워 이렇게 전해 왔다.

"초나라가 전가를 죽이고 조나라가 전각과 전간을 죽인다면 출병하겠소."

항량이 말했다.

"전가는 동맹국의 왕으로서 궁지에 몰려 우리에게 의탁하러 찾아왔으니 차마 죽일 수는 없소."

조나라도 제나라의 환심을 사기 위해 전각과 전간을 죽여 팔아넘기는 짓은 하지 않았다. 그래서 제나라는 끝내 초나라를 도우려 하지 않았다. 항량은 패공(沛公)과 항우를 다른 길로 따로 파견, 성양(城陽)을 공격케 하여 궤멸시켜 버렸다. 다시 서쪽으로 진격하여 복양(濮陽) 동쪽에서 진군(秦軍)을 격파하자 진군은 복양성 안으로 퇴각하고 말았다.

패공과 항우는 정도(定陶)를 공격하였으나 성공하지 못하자 군대를 철수하였다. 이후 서쪽으로 진격하여 전략적인 요충지를 계속 공략했는데 옹구(雍丘)에 이르러 진군(秦軍)을 대파하고 이유(李由)[20]를 죽였다. 회군하여 돌아오는 길에 외황(外黃)을 공격하였으나 성공하지 못하였다.

항량은 동아(東阿)를 출발하여 서쪽으로 진격하며 정도(定陶)에 다다

---

19) 전국시대 말년 제(齊)나라 왕 전건(田建)의 아우.
20) 이사(李斯)의 아들. 당시 삼천군(三川郡) 군수로 있었음.

라 재차 진의 군사를 격파하였다. 항우 등이 이유(李由)를 죽이자 항량은 진군(秦軍)을 더욱 얕잡아 보고 오만한 태도를 가지게 되었다. 그러자 송의(宋義)[21]가 항량에게 간언하였다.

"전쟁에서 이겼다고 장수들이 교만해지고 병졸들이 나태해진다면 결국은 패하게 될 것입니다. 지금 우리 병사들은 나태해지고 진나라 군사는 나날이 증강하고 있기에 이 점을 우려하는 것입니다."

그러나 항량은 송의의 간언을 귀담아 듣지 않고 도리어 제나라에 사자로 파견하고 말았다. 송의는 제나라로 가는 도중에 제나라의 사자 고릉군(高陵君) 현(顯)[22]을 만났다. 송의가 물었다.

"그대는 무신군[項梁]을 만나러 가는 길인가?"

현이 대답하였다.

"그렇소."

송의가 말했다.

"단언하건대 무신군의 군대는 반드시 패할 것이오. 그대가 천천히 가면 죽음을 면하겠지만 빨리 가면 화를 입을 것이오."

과연 진나라는 전군을 동원하고 장함의 군대를 증원해 초나라의 군사를 공격, 정도(定陶)에서 대파하였고 항량은 전사하고 말았다. 패공과 항우는 외황(外黃)에서 철수하여 진류(陳留)를 공격하였으나 군민(軍民)이 완강히 저항하며 굳게 지켜 성공하지 못하였다. 패공과 항우는 머리를 맞대고 숙의하였다.

"지금 항량의 군대가 대패한 후 병사들이 두려워하고 있소."

그래서 여신(呂臣)의 부대와 함께 철수하여 여신은 팽성(彭城)의 동쪽

---

21) 본래 초(楚)나라 영윤(令尹). 당시 항우의 군중(軍中)에 머무르고 있었음.
22) 고릉군은 그의 봉호(封號)이고 현(顯)은 그의 이름, 성은 미상.

에, 항우는 팽성의 서쪽에, 패공은 탕현(碭縣)에 가서 군대를 주둔하였다. 항량의 군대를 대파한 장함은 초나라의 병력은 우려할 만한 것이 못된다고 판단하고 황하를 건너 조나라 군사를 공격하여 대파하였다.

그 당시 조나라 왕은 헐(歇)이고 장군은 진여(陳餘)이며 재상은 장이(張耳)였는데 그들은 모두 거록성(鉅鹿城)으로 달아났다. 장함은 왕리(王離)와 섭간(涉間)에게 거록성을 포위하도록 명한 뒤 자신은 군사를 거느리고 그 남쪽에 포진하고 용도(甬道)를 건설하여 식량을 보급해 주었다. 진여는 대장에 임명되어 수만의 군사를 거느리고 거록성 북쪽에 진을 치게 되었는데 이것이 이른바 「하북군(河北軍)」이다.

초군(楚軍)이 정도(定陶)에서 진군(秦軍)에게 크게 패한 후 두려워진 회왕(懷王)은 우대(盱臺)에서 팽성(彭城)으로 달려가 항우와 여신(呂臣)의 군대를 합병하여 자신이 직접 지휘하였다. 회왕은 여신을 사도(司徒)로 임명하고 그의 부친 여청(呂靑)을 영윤(令尹)[23]으로 임명하였다. 또 패공을 탕군(碭郡)의 장(長)으로 임명하고 무안후(武安侯)에 봉한 후 탕군(碭郡)의 군대를 지휘하도록 명하였다.

예전에 송의가 제나라에 사자로 가다가 만났던 제나라 사자 고릉군(高陵君) 현(顯)이 초(楚)의 군중에 있을 때 초왕(楚王)을 알현하여 말하였다.

"송의는 무신군의 군대가 반드시 패할 것이라고 단언하였는데 과연 며칠 안 되어 무신군이 크게 패하고 말았습니다. 적과 교전하기도 전에 미리 알았으니 그는 병법을 잘 아는 사람이라고 할 만합니다."

초왕은 송의를 불러 함께 대사를 논한 후 크게 기뻐하며 그를 상장군(上將軍)에 임명하였다. 그리고 항우를 노공(魯公)에 봉한 후 차장(次將)

---

23) 초나라의 군정(軍政) 대신.

에 임명하고 범증(范增)을 말장(末將)으로 삼아 조나라를 구원해 주도록
했다. 각 별군(別軍)들의 장수들은 송의의 지휘를 받게 되었으며 송의는
경자관군(卿子冠軍)[24]이라는 칭호를 얻게 되었다. 그런데 그는 안양(安
陽)까지 행군한 후 그곳에서 사십육 일 동안 주둔한 채 더 이상 진군하지
않았다. 항우가 말하였다.

"제가 듣건대 진나라 군사들이 조나라의 거록성을 포위, 공격하고 있
다고 합니다. 우리 초나라 군사가 신속히 장하(漳河)를 건너 그들의 외곽
을 공격하면 안에서 조나라가 내응할 것이니 반드시 진군(秦軍)을 격파
할 수 있을 것입니다."

송의가 말했다.

"그렇지 않소. 무릇 소를 쏘는 등에[蝱]를 손바닥으로 친다고 해서 털
속에 들어 있는 이[蝨]까지 소탕할 수는 없는 법이오. 지금 진나라가 조나
라를 공격하고 있는데 싸움에 이긴다 할지라도 그 군대는 피폐할 것이
오. 우리는 그들이 피폐해질 때를 기다려야 하오. 또 그들이 이기지 못할
경우 우리 군사들이 기치를 높이 들고 북을 울리며 서쪽으로 진격하면
틀림없이 진(秦)을 공략할 수 있을 것이오. 그러니 우선 진나라와 조나라
의 군사들이 맞닥뜨려 싸우도록 내버려 두는 것이 상책이오. 갑옷을 걸
치고 무기를 들고 싸우는 전술은 내가 그대만 못할지라도 앉아서 작전을
짜는 전술은 그대가 나만 못할 것이오."

그리하여 송의는 군중에 영을 내렸다.

"호랑이처럼 사나운 자, 양처럼 제멋대로인 자, 이리처럼 탐욕스러운
자, 고집을 부리며 명령에 따르지 않는 자는 모두 참수하리라."

---

24) 경자(卿子)는 남자에 대한 미칭(美稱)으로, '공자(公子)'와 같은 말이며 '관군(冠軍)'은 송의
가 당시 최고의 상장군(上將軍)이었으므로 '모든 군대의 으뜸'이라는 뜻으로 이렇게 붙인 것
이다.

송의는 아들 송양(宋襄)으로 하여금 제왕(齊王)을 보필하도록 보내게 되었다. 송의는 자신이 직접 무염(無鹽)까지 전송하고 그곳에서 성대한 잔치를 벌였다. 그런데 날씨가 차갑고 큰 비가 내려 병사들이 추위와 굶주림에 떨고 있는 광경을 본 항우가 말하였다.

"있는 힘을 다하여 진군(秦軍)을 공격해야 할 이때 오래도록 한 곳에만 머물러 진격하지 않다니! 흉년이 들어 백성들은 배를 주리고 병사들도 먹을 것이 없어 토란과 콩으로 끼니를 때울 만큼 군량미가 없는 마당에 저렇게 성대한 주연을 베풀고 있다니!

병사들을 이끌고 강을 건너 조나라와 식량을 나눠 먹으며 힘을 합해 진(秦)을 공격해야 할 이때에 '저들이 피폐해지기를 기다린다.'고 하니 이게 될 법한 소리인가. 강대한 진이 새로 세운 조나라를 공격하면 패할 것은 불을 보듯 뻔한 일이 아닌가. 게다가 조나라를 점령하는 날엔 진이 더욱 강성해질 터인데 어찌 피폐해질 때를 기다린단 말인가!

더욱이 우리 군사들이 최근에 크게 패했기 때문에 국왕은 바늘방석에 앉은 듯 좌불안석이며 그의 수중에 모든 군사들을 맡겨 놓았으니 국가의 안위는 이번 전쟁에 달려 있다. 그런데도 병사들의 어려운 처지를 돌볼 생각은 않고 사사로이 자신의 이익만을 꾀하고 있으니 그는 국가의 동량(棟梁)이 아니다."

항우는 아침 문안 인사를 하는 척하며 상장군 송의의 막사로 찾아가 그를 참수한 후 군중에 영을 내려 공포하였다.

"송의는 제나라와 밀통하여 초나라를 모반할 음모를 꾸몄다. 그래서 초왕이 나에게 은밀히 명하여 그를 처형하도록 한 것이다."

그러자 장수들이 두려워 감히 저항하지 못하고 복종하였다. 그리고 모두들 입을 모아 말했다.

"초왕을 맨 먼저 옹립한 것도 장군의 집안인데 이제 또 장군께서 난신

(亂臣)을 처단하셨습니다."

하며 항우를 임시 상장군으로 추대하였다. 항우는 제나라로 사람을 보내 송의의 아들까지 죽여 버렸다. 그리고 환초(桓楚)를 보내 회왕(懷王)에게 상황을 보고하였다. 회왕은 항우를 상장군에 임명하고 당양군(當陽君 : 鯨布의 封號)과 포장군(蒲將軍)을 항우의 예하에 배속시켰다.

항우가 경자관군(卿子冠軍 : 宋義)을 죽인 후 그의 위세는 초나라 전역에 떨쳤으며 그의 명성은 각국 제후들에게까지 드날렸다. 항우는 당양군(當陽君)과 포장군에게 군사 이만을 주어 장하(漳河)를 건너가 거록(鉅鹿)을 구원하게 하였다. 전세가 다소 유리해지자 진여(陳餘)는 다시 지원병을 요청하였다.

항우는 전군을 거느리고 장하를 건넜다. 강을 건너자 타고 왔던 배를 침몰시켜 버리고 취사도구를 모두 부숴 버렸으며, 막사를 모두 불태우고 사흘 동안 먹을 수 있는 마른 식량만 휴대토록 하였다. 이는 병사들에게 추호도 물러섬 없이 목숨을 걸고 결사전을 벌이겠다는 굳은 결의를 나타내기 위함이었다.

그리하여 항우의 군사는 거록에 다다라 왕리(王離)를 포위한 후 진군(秦軍)과 여러 차례 교전한 끝에 진군(秦軍)의 보급로인 용도(甬道)를 파괴하고 진군을 크게 격파하였다. 또 소각(蘇角)을 죽이고 왕리를 사로잡았다. 그렇지만 섭간(涉間)은 끝내 투항하지 않고 분신자살하였다.

이때 초나라 병사들이 가장 용감하여, 거록성을 구하기 위해 달려온 여러 제후국들의 지원군을 완전히 압도하였다. 거록성 아래 여러 제후국의 지원군이 포진한 십여 개의 막사가 있었는데 모두들 감히 출병하지 못하고 있었다. 초나라 군사가 진군(秦軍)을 공격할 때 제후국 장수들은 하나같이 바라보고만 있을 뿐이었다.

초나라 전사들이 일당백(一當百)의 용맹성을 발휘하니 진군을 무찌르는 초나라 군사들의 함성이 천지를 진동했다. 각 제후국의 병사들은 숨을 죽이고 공포에 떨었다. 이렇게 파죽지세로 진군을 격파한 항우는 각 제후국의 장수들을 소집하여 만나게 되었다. 그들은 군영의 문을 통해 막사로 들어올 때 모두 무릎을 꿇고 기다시피 들어왔으며, 감히 고개를 쳐들어 올려다보지 못하였다. 이때부터 항우는 진(秦)에 반기를 든 제후들의 상장군(上將軍)이 되었으며 각 제후국의 군사들은 모두 그의 지휘하에 들어가게 되었다.

자원(刺原)에 포진한 장함의 군대와 장수(漳水)의 남쪽에 진을 친 항우의 군대는 서로 대치하고 있었다. 그런데 교전하기도 전에 진군이 여러 차례 철수하자 진 2세(秦二世)는 사람을 보내 장함을 꾸짖었다. 장함은 두려운 나머지 2세에게 사정을 설명하고 지시를 청하기 위해 장사(長史)[25] 사마흔(司馬欣)을 보냈다.

사마흔이 수도 함양[26]에 도착하여 사마문(司馬門)[27]에서 꼬박 사흘 동안 기다렸으나 조고(趙高)는 그를 만나 주지 않았다. 조고는 그를 신임하지 않았기 때문이었다. 사마흔은 두려운 나머지 자기 부대로 도망쳤는데 감히 왔던 길로 되돌아가지 못하였다. 그 때문에 사마흔은 조고가 보낸 추격병에게 사로잡히는 것을 간신히 모면할 수 있었다. 사마흔은 군중으로 되돌아와 장함에게 보고하였다.

"조고가 조정에서 모든 권력을 쥐고 있어 아랫사람은 아무 일도 할 수 없습니다. 지금 우리가 전쟁에 이긴다 할지라도 조고는 반드시 우리의

---

25) 오늘날 비서실장에 해당하는 관직.
26) 진 효공(秦孝公) 때 (기원전 350년) 역양(櫟陽)에서 이곳으로 천도.
27) 황궁(皇宮)의 바깥문(外門). 황궁의 바깥문에서 사마(司馬)가 경호원[衛士]들을 지휘하고 감독하기 때문에 '사마문(司馬門)'이라 칭한다.

공로를 시기할 것입니다. 또 진다면 죽음을 면치 못할 것입니다. 장군께서는 이러한 상황을 심사숙고해 주시기 바랍니다."

진여도 장함에게 다음과 같은 내용의 서신을 보냈다.

'예전에 백기(白起)[28]는 진나라의 장군이 되어 남으로는 언영(鄢郢)[29]을 정벌하고 북으로는 마복(馬服)의 대군을 크게 격파하여, 그가 함락시킨 성과 정복한 땅은 이루 헤아릴 수 없이 많았지만 끝내 자결하라는 명을 받았습니다. 또 몽염(蒙恬)[30]은 진나라의 장군이 되어 북쪽으로 흉노를 몰아내고 유중(楡中)[31]의 땅 수천 리를 개척하였지만 결국 주양(周陽)에서 참수당했습니다. 무엇 때문인가? 진 왕조는 공로가 너무나 큰 그들에게 줄 만한 봉토가 없었기 때문에 법망에 씌워 죽여 없앤 것입니다.

장군께서 진의 장군이 된 지 이제 3년이 되었는데 그동안 희생시킨 병사들의 수가 일백만을 헤아립니다. 그런데도 제후국들의 군사는 우후죽순처럼 봉기하여 그 수가 점점 많아지고 있습니다. 더욱이 조고라는 자는 지금껏 갖은 아첨을 다 늘어놓으며 황상을 속여 온 지 오래되었습니다. 지금 형세가 몹시 급박해진지라 조고는 2세가 언제 자기를 처형할지 모른다는 두려움 때문에 장군을 국법에 걸어 처형함으로써 자신의 책임을 교묘히 회피하고 장군을 교체하여 자신에게 미칠 화를 모면하려 할 것입니다.

장군은 오랫동안 조정 밖 외지에 나와 있었기 때문에 조정 안에서는 적대감이 많습니다. 그래서 공을 세워도 죽고 공을 세우지 못해도 죽음이 있을 뿐입니다. 게다가 하늘이 진 왕조를 멸망시키려 한다는 것은 지

---

28) 진(秦)나라의 유명한 장군. 자세한 것은 「白起列傳」을 참조하기 바람.
29) 초나라 도읍지. 본시 초나라는 영(郢)을 도읍으로 삼았으나 나중에 언영으로 천도하였음.
30) 진나라의 이름난 장군. 자세한 것은 「蒙恬列傳」을 참조하기 바람.
31) 요새(要塞) 이름.

혜로운 자이건 어리석은 자이건 모두 알고 있습니다. 지금 장군께서 안으로는 황상께 직간을 할 수 없고 밖으로는 망국의 장군이 될 지경에 처해있습니다. 외로이 서서 전전긍긍 버티고자 하니 어찌 가엾은 일이 아니겠습니까.

장군께서는 왜 창끝을 돌려 제후들과 연합한 후 함께 진나라를 공격하여 그 땅을 나누어 차지하고 왕이 되려고 하지 않습니까? 장군은 말할 것도 없거니와 처자까지도 모두 처형당하는 것 어느 쪽이 더 낫습니까?'

마음이 흔들린 장함은 망설인 끝에 은밀히 군후(軍候) 시성(始成)을 항우에게 보내 협상을 시도하였다.

항우는 포장군(蒲將軍)을 시켜 군사를 이끌고 밤낮을 가리지 않고 삼호(三戶)32)를 건너 장하(漳河) 남쪽에 포진해 진군(秦軍)과 접전하여 대파하였다. 항우는 전군을 거느리고 오수(汚水)가에서 진군을 공격하여 다시 대파하였다. 그때 장함이 협상을 위해 항우에게 사람을 보냈다. 항우는 군관(軍官)들을 불러 의논하였다.

"식량이 모자라니 장함의 협상을 받아들이고 싶다."

군관들이 찬성하자 항우는 원수(洹水)의 남쪽 은허(殷虛)에서 회합할 것을 약속하였다. 맹약을 맺은 후 장함은 항우를 보고 눈물을 주르륵 흘리며 조고가 자기를 신임하지 않음을 낱낱이 하소연하였다. 항우는 장함을 옹왕(雍王)에 봉하고 초나라 군중에 배치하였다. 그리고 장사(長史) 사마흔(司馬欣)을 상장군(上將軍)에 임명하여 진군(秦軍)을 지휘하여 선봉을 맡도록 하였다.

그들이 신안(新安)에 이르렀을 때였다. 예전에 각 제후국의 병사들이 요역(傜役)에 복무하거나 변방을 수비하는 수자리에 징발되어 진중(秦

---

32) 장하(漳河)의 한 나루터.

中)을 지날 때 진중의 관병들이 매우 무례하게 대했던 적이 있었다. 그런데 이제 진군(秦軍)이 투항하니 각 제후국의 병사들은 과거에 대한 보복으로 진군의 관병들을 마치 노예나 포로처럼 가혹하리만큼 함부로 대하고 걸핏하면 모욕을 주기 일쑤였다. 그러자 투항한 진중의 많은 관병들이 비밀리에 모여 모의하였다.

"장(章) 장군 등이 우리를 속이고 제후국 연합군에게 투항하였다. 이들이 관중에 들어가 진(秦)을 격파하면 다행이지만 만약 그렇지 못할 경우엔 우리들을 포로처럼 동쪽으로 데리고 갈 것이며, 진(秦) 왕조는 틀림없이 우리 부모와 처자들을 모두 살육할 것이다."

이러한 모의를 몰래 알아낸 장수는 나는 듯이 달려가 항우에게 보고하였다. 항우는 즉시 경포(黥布)와 포 장군 등을 불러 의논하였다.

"진군의 관병들이 매우 많은데 내심 복종하지 않고 있다. 만약 이들이 관중(關中)에 이르러 우리의 통제에 따르지 아니하면 사태가 매우 심각해질 터인즉 차라리 이들을 죽여 버리는 것만 못하다. 다만 장함과 장사(長史) 사마흔, 도위(都尉) 동예(董翳)만 데리고 진(秦)으로 들어가자."

그리하여 초군(楚軍)은 밤을 이용하여 신안성(新安城) 남쪽에서 이십여 만이나 되는 진병(秦兵)을 모두 생매장하여 죽였다.

항우는 진(秦)의 영토를 공략하며 계속 진군하여 마침내 함곡관에 다다랐다. 그러나 함곡관에는 파수병들이 지키고 있어서 들어갈 수 없었다. 패공(沛公)이 이미 함양을 점령하였다는 소식을 듣고 항우는 발끈 노하여 당양군(當陽君) 등을 시켜 함곡관을 공략토록 하였다. 항우는 마침내 함곡관을 격파하고 희서(戲西)³³⁾에 이르렀다.

당시 패공은 패상(覇上)에 주둔하고 있었기 때문에 항우와 만나지 못

---

33) 희수(戲水)의 서쪽.

했다. 패공의 좌사마(左司馬) 조무상(曹無傷)이 사람을 보내 항우에게 고해 바쳤다.

"패공은 관중(關中)의 왕이 되기 위해 진왕(秦王) 자영(子嬰)을 재상으로 삼고 진기한 보물을 모두 독차지하였습니다."

항우는 크게 진노했다.

"내일 아침 병사들에게 성대히 향응을 베푼 후 패공의 군사를 격파하도록 하라."

그 당시 항우의 병력 사십만이 신풍(新豊)의 홍문(鴻門) 산자락에 포진하고 있었고, 패공의 병력 일십만이 패상(霸上)에 진을 치고 있었다. 범증(范增)[34]이 항우에게 권유하였다.

"패공이 산동에 있을 때에는 재물을 탐내고 계집을 좋아하였습니다. 그런데 지금 함곡관에 들어온 이후로는 재물을 취하지도 않고 여자도 가까이하지 않고 있습니다. 이는 그의 뜻이 결코 작지 않다는 증거입니다. 제가 사람을 보내 그쪽의 운기(雲氣)[35]를 살펴보니 용호(龍虎)의 형상이 오색찬란하게 빛을 발하고 있습니다. 이는 천자(天子)의 기상(氣象)입니다. 속히 공격하여 때를 놓치시는 일이 없도록 하십시오."

초나라의 좌윤(左尹)[36] 항백(項伯)[37]은 항우의 숙부였는데 평소 유후(留侯) 장량(張良)[38]과 절친한 사이였다. 이때 장량은 패공을 따르고 있었기 때문에 항백은 패공의 군영으로 달려가 밤에 몰래 장량을 만나 사

---

34) 항우의 모사(謀士).
35) 그 당시 방사(方士)들이 운기(雲氣)를 살펴 길흉과 화복(禍福)을 점칠 수 있다고 주장한 미신.
36) 부영윤(副令尹)에 상당하는 초나라 관직명.
37) 이름은 전(纏), 자(字)가 백(伯). 초나라가 망한 후 유방(劉邦)을 도와 누차 공을 세워 사양후(射陽侯)에 봉해지고 유(劉)성을 하사받음.
38) 유방의 중요한 책사(策士). 자는 자방(子房). 유방이 유(留)에 봉하고 유후(留侯)라는 봉호(封號)를 내림. 자세한 것은 「留侯世家」를 참조하기 바람.

정을 낱낱이 설명하고 함께 떠날 것을 권고하였다.

"패공과 함께 있다가는 죽음을 면키 어렵습니다."

그러나 장량은 거절하였다.

"나는 한왕(韓王)이 패공에게 보낸 사람이오. 지금 패공이 위급한 지경에 처해 있는데 그를 버리고 떠나는 것은 의로운 일이 아니오. 이 사실을 패공께 보고하지 않으면 안 되겠소."

장량이 들어가 패공에게 항백의 말을 낱낱이 보고하자 패공은 크게 놀랐다.

"어찌하면 좋겠소?"

장량이 입을 열었다.

"누가 그러한 계책을 대왕께 제시하였습니까?"

패공이 말하였다.

"어떤 어리석은 녀석이 '함곡관을 점거하고 제후들이 들어오지 못하게 막으면 진(秦) 땅을 모두 차지하고 왕이 될 수 있다.' 하기에 그렇게 했던 것이오."

장량이 말했다.

"대왕의 군사가 항왕(項王)의 군대를 당할 수 있다고 생각하십니까?"

패공은 잠시 침묵을 지키다가 무겁게 입을 열었다.

"결코 그렇지 않소. 장차 어떻게 하면 좋겠소?"

장량이 말했다.

"제가 항백(項伯)에게 가서 패공께서는 감히 항왕을 배반하지 못한다고 말해 보겠습니다."

패공이 물었다.

"그대는 어떻게 항백과 교분을 가지게 되었소?"

장량이 대답했다.

"진 왕조 때 항백과 사귀게 되었는데 항백이 살인을 했을 때 제가 구해 준 적이 있습니다. 지금 사태가 급박하기 때문에 그가 알려 준 것입니다."

패공이 물었다.

"그대와 항백은 누가 더 나이가 많소?"

장량이 대답했다.

"그가 더 많습니다."

패공이 말했다.

"그를 불러들이시오. 내가 그를 형님으로 대접하겠소."

장량이 밖으로 나가 항백을 초청하자 패공을 만나러 들어왔다. 패공은 커다란 술잔을 공손히 받들어 축수(祝壽)한 후 서로 혼사를 맺을 것을 약조하고 자신의 견해를 밝혔다.

"저는 함곡관에 들어와 사사로이 재물을 탐하지도 않았으며 관리와 백성들의 호적을 기록하고 모든 관청의 곳간을 봉하였습니다. 장수를 보내 관(關)을 지킨 것은 도적의 출입을 막고 만일의 사태에 대비하기 위한 것이었습니다. 그렇게 하면서 밤낮으로 장군이 오기만을 기다리고 있었을 뿐인데 제가 어찌 감히 배반할 마음을 먹을 수 있겠습니까? 제가 배은망덕할 뜻이 없음을 장군께 잘 말씀드려 주시기 바랍니다."

항백은 승낙하며 덧붙여 말했다.

"내일 아침 일찍 직접 찾아와 항왕께 사과하셔야 합니다."

패공이 대답했다.

"그렇게 하겠습니다."

항백은 그날 밤 즉시 그곳을 떠나 군영에 돌아와 패공의 말을 항왕에게 보고하고 나서 말하였다.

"패공이 먼저 관중을 점령하지 않았다면 그대가 어떻게 감히 들어갈 수 있었겠소? 큰 공을 세운 사람을 공격하는 것은 의롭지 못한 짓이오. 그를 잘 대접하는 것이 좋을 듯하오."

항왕(項王)은 그 제안에 동의하기로 하였다. 이튿날 아침 패공은 기병 일백여 명을 데리고 항왕을 찾아와 홍문(鴻門)에 이르러 사죄하였다.

"저와 장군은 합심하여 진(秦)을 공격하였는데 장군께서는 하북(河北)에서 싸우셨고 저는 하남(河南)에서 싸웠습니다. 그러다 뜻밖에 제가 먼저 관중(關中)에 들어가 진 왕조를 쳐부수고 여기에서 장군을 뵙게 되었습니다. 그런데 어떤 소인배가 유언비어를 퍼뜨리는 바람에 장군과 저 사이에 틈이 생기고 말았습니다."

항왕이 말하였다.

"이는 패공의 좌사마(左司馬) 조무상(曹無傷)이란 자가 그런 소문을 퍼뜨렸기 때문에 빚어진 일이오. 그렇지 않았다면 내가 어떻게 그런 생각을 하였겠소?"

항왕은 그날 패공과 함께 술을 마셨다. 항왕과 항백은 동편을 향해 앉았고 아부(亞父)[39]는 남쪽을 향해 앉았다. 아부는 바로 범증(范增)이다. 패공은 북쪽을 향해 앉았으며 장량은 서쪽을 향해 앉았다. 범증은 여러 차례 눈짓을 보내며 허리에 차고 있는 옥결(玉玦)을 세 차례나 들어 보였지만 항왕은 아무런 반응을 내보이지 않았다. 범증은 자리에서 일어나 밖으로 나와 항장(項莊)[40]을 불러 일렀다.

"군왕(君王)께서는 사람됨이 모질지 못하시다. 네가 안으로 들어가 패공 앞으로 나아가 술을 권하여 축수(祝壽)를 올린 후 칼춤[劍舞]을 추겠

---

39) 아버지 다음으로 존경하고 친애하는 사람이라는 뜻으로, 항우가 범증(范增)을 존칭한 말인데 범증의 별칭이 되었다.
40) 항우의 사촌 동생.

다고 청하고, 기회를 보아 그 자리에서 패공을 단칼에 죽여 버려라. 그렇지 않으면 너의 족속들은 모두 그들의 포로가 되고 말 것이야."

항장은 안으로 들어가 술을 권하여 축수를 올리고 나서 말했다.

"군왕과 패공께서 술을 드시는데 이렇다 할 흥취거리가 없습니다. 청하옵건대 제가 칼춤이나 출까 하니 윤허해 주십시오."

항왕이 이를 허락하자 항장은 칼을 뽑아들고 칼춤을 추었다. 그랬더니 항백도 칼을 뽑아들고 칼춤을 추며 패공을 방어하는 바람에 항장은 패공을 찌를 방도가 없었다. 이때 장량이 군문(軍門) 밖으로 나와 번쾌(樊噲)[41]를 찾았다. 번쾌가 물었다.

"지금 사태가 어떻게 돌아가고 있습니까?"

장량이 대답했다.

"아주 급하다. 지금 항장이 칼춤을 추면서 계속 패공을 노리고 있다."

번쾌가 말하였다.

"정말 사태가 급박하기 이를 데 없군요. 제가 안으로 들어가 있는 힘껏 그를 맡겠습니다."

번쾌는 즉시 칼과 방패를 들고 군문 안으로 부리나케 뛰어 들어갔다. 그러나 창을 교차하고 서 있는 위사(衛士)들이 그를 제지하고 들여보내지 않았다. 번쾌는 비껴 든 방패로 위사를 내리쳐 쓰러뜨렸다. 번쾌는 안으로 들어가 휘장을 젖히고 서쪽을 향해 서서 항왕을 노려보았다. 그의 머리칼은 모두 곤두섰고 양 눈언저리는 더욱 찢어졌다. 항왕은 칼을 짚고 벌떡 일어나 물었다.

---

41) 여후(呂后)의 매부(妹夫). 본래 개를 잡는 것을 업으로 삼는 백정에 지나지 않았으나 유방과 함께 봉기하여 누차 공을 세워 나중에 좌승상에 임명되었고 무양후(舞陽侯)에 봉해짐. 자세한 것은 「번쾌열전」을 참조하기 바람.

"이자는 누구인가?"

장량이 대답했다.

"패공의 참승(參乘)⁴²⁾ 번쾌입니다."

항왕이 말했다.

"장사로구나! 술 한 잔을 주어라."

좌우에 있던 사람이 큰 잔에 술을 부어 주었다. 번쾌는 감사의 예를 표한 후 일어나서 술을 들이켰다. 항왕이 말했다.

"그에게 돼지 다리를 주라."

좌우에 있던 사람이 익히지 않은 돼지 다리를 주었다. 번쾌는 방패를 땅에 엎어놓고 그 위에 돼지 다리를 올려놓은 다음 칼을 뽑아 썩썩 썰어 먹었다. 항왕이 말했다.

"장사(壯士), 또 한 잔 할 수 있겠는가?"

번쾌가 대답했다.

"죽음도 불사한 신이 어찌 술 한 잔을 사양하겠습니까? 진왕(秦王)은 호랑이나 승냥이처럼 잔인하여 수많은 사람들을 죽이고 형벌을 가했기 때문에 세상 사람들이 그에게 등을 돌린 것입니다. 그 후 회왕(懷王)은 뭇 장수들에게 '진군(秦軍)을 쳐부수고 함양에 먼저 입성하는 자를 관중(關中)의 왕으로 삼겠다.'고 약속하셨습니다.

지금 패공이 먼저 진군을 격파하고 함양에 입성하셨으나 재물에 손끝 하나 대지 않고 궁실을 닫아 봉한 뒤 회군하여 패상으로 돌아가 대왕께서 오시기만을 기다리고 계셨습니다. 또 장수를 보내 관중을 지키게 하신 까닭은 도적의 출입과 만일의 사태에 대비하기 위해서였던 것입니다. 이처럼 수고하고 높은 공을 세웠는데 대왕께서는 제후국의 왕으로 봉

---

42) 귀인이 수레를 탈 때 수레의 오른쪽에 서서 호위하는 위사(衛士).

하는 상을 내리기는커녕 도리어 소인배의 참언을 믿고 유공자를 죽이려 하십니다. 이는 진 왕조가 걸었던 멸망의 길을 답습하는 것이니 대왕께서 취하실 행동이 아닌 것으로 사료됩니다."

항우는 아무런 대꾸도 하지 못한 채 내뱉듯이 한마디 던졌다.

"앉아라!"

번쾌는 장량 옆에 앉았다. 잠시 후 패공이 자리에서 일어나 변소를 가면서 번쾌를 불러내어 밖으로 나갔다.

패공이 밖으로 나간 후 항왕은 도위(都尉) 진평(陳平)[43]을 시켜 패공을 불러오도록 하였다. 패공이 번쾌에게 말하였다.

"방금 밖으로 나오면서 작별 인사도 못했는데 어떻게 하면 좋겠는가?"

번쾌가 대답했다.

"대사를 도모할 때에는 미미한 예절에 구애되어서는 안 되며, 대례(大禮)를 행하는 데 소소한 책망을 피하실 필요가 없습니다. 지금 칼과 도마를 준비해 놓은 남의 집에서 우리가 생선이나 고기 신세가 될지도 모르는 판국에 무슨 작별 인사 따위를 갖추려고 하십니까?"

그리하여 패공은 훌쩍 떠났고 장량에게 대신 사과의 뜻을 전하도록 일렀다. 장량이 패공에게 물었다.

"대왕께서는 오실 때 무슨 선물을 가져오셨는지요?"

패공이 말했다.

"백벽(白璧) 한 쌍은 항왕에게, 옥두(玉斗)[44] 한 쌍은 아부(亞父)에게 바치려고 가져왔는데 그들이 노한 것을 보고 감히 바치지 못하였다. 그

---

43) 본시 항우의 부하였으나 나중에 유방의 책사가 되었으며 후에 상국(相國)의 지위에 오르게 됨. 자세한 것은 「진승상세가」를 참조하기 바람.
44) 옥으로 만든 커다란 술잔.

대가 내 대신 바치도록 하라."

장량이 대답하였다.

"삼가 분부대로 거행하겠습니다."

그 당시 항왕의 군대는 홍문(鴻門)에, 패공의 군대는 패상(覇上)에 주둔하고 있었기 때문에 사십 리나 서로 떨어져 있었다. 패공은 데리고 온 거마(車馬)를 버려두고 홀로 말을 타고 빠져나갔다. 번쾌 · 하후영(夏侯嬰)[45] · 근강(靳彊)[46] · 기신(紀信)[47] 등 네 사람이 칼과 방패를 들고 패공의 뒤를 따랐다. 그들은 여산(酈山) 아래를 거쳐 지양(芷陽)으로 질러가는 샛길을 택하였다. 패공은 떠나기에 앞서 장량에게 일렀다.

"이 길로 가면 우리 군영까지 불과 이십 리 밖에 되지 않는다. 우리가 군영에 도착했다고 생각될 즈음에 안으로 들어가라."

장량은 안으로 들어가 사죄하였다.

"패공께서는 술잔을 들 수 없을 정도로 취하여 작별 인사를 드리지 못하고 신(臣) 장량을 시켜 삼가 백벽(白璧) 한 쌍을 대왕께 바치게 하였으며, 옥두(玉斗) 한 쌍을 대장군께 바치라고 하셨습니다."

항왕이 물었다.

"패공은 어디에 있는가?"

장량이 대답했다.

"대왕께서 책망하시려는 뜻이 있다는 것을 알고 홀로 빠져나가 이미 군영으로 돌아가셨습니다."

항왕은 백벽을 받아 자리 위에 놓았다. 그런데 아부(亞父)는 옥두를 받

---

45) 유방을 따라 봉기에 참여하여 나중에 여음후(汝陰侯)에 봉해짐.
46) 유방의 부하. 나중에 분양후(汾陽侯)에 봉해짐.
47) 유방의 부하 장군. 나중에 항우에게 죽임을 당함.

자 땅 위에 던지고 칼을 뽑아 깨부수며 탄식했다.

"아! 이 소인배[48]는 그와 더불어 대사를 도모할 수 없구나. 항왕의 천하를 빼앗을 사람은 반드시 패공일 것이다. 우리들은 장차 그의 포로가 될 것이다."

패공은 군영에 당도하자마자 즉각 조무상(曹無傷)을 처형하였다. 며칠 후 항우는 군사를 이끌고 서쪽으로 진군하여 함양을 약탈하고, 항복한 진 왕조의 왕자 자영(子嬰)을 죽이고 궁실에 불을 질렀다. 그 불은 무려 3개월 동안이나 꺼지지 않았다. 그는 진(秦)의 보물과 여자들을 빼앗아 동쪽으로 갔다.

이때 어떤 사람이 항왕에게 충고하였다.

"관중(關中)은 사방이 산과 강으로 둘러싸여 있어 천연의 요새이며 토지가 비옥하므로 수도로 정해 패권을 잡을 만한 곳입니다."

그러나 항왕은 진(秦)의 궁실이 이미 불타고 파괴된 것을 보았고, 또 문득 고향이 그리워 동쪽으로 돌아가고 싶었기 때문에 그 충고를 거절하였다.

"부귀를 얻고도 고향에 돌아가지 않으면 마치 비단옷을 입고 밤에 돌아다니는 것과 같다. 누가 그것을 알아주겠는가?"

그는 탄식하였다.

"초나라 사람은 사람의 탈을 쓴 원숭이에 지나지 않는다고 하더니 과연 그렇구나!"

이 말을 들은 항왕은 그를 삶아 죽여 버렸다. 항왕은 회왕(懷王)에게 사자를 보내 지시를 청하자 회왕이 말하였다.

---

48) 항장을 가리키지만 실제는 항우를 지칭하는 말.

"예전에 약조한 대로 하리라."

그리하여 항왕은 회왕을 의제(義帝)⁴⁹⁾로 존칭하였다. 자신이 왕이 되고 싶은 항우는 먼저 여러 장군과 재상들을 왕으로 세웠다. 항왕은 뭇 장수들에게 말했다.

"우리가 봉기했을 때 진(秦)을 토벌하기 위해 잠정적으로 제후의 후예들을 왕으로 추대하였다. 그런데 갑옷을 걸치고 창을 들고 봉기하여 3년 동안 풍찬노숙(風餐露宿)하며 진 왕조를 멸하고 천하를 평정한 것은 모두 여러 장상(將相)들과 나의 힘이었다. 의제(義帝)는 비록 공은 세우지 못하였지만 제후의 후예이니 그에게도 토지를 분배하여 왕으로 세워야 마땅하다."

뭇 장군들이 입을 모아 찬성하였다. 그리고 천하를 나누어 뭇 장군들을 후왕(侯王)에 봉하였다.

항왕과 범증은 패공이 천하를 차지할까 두려웠다. 그렇지만 이미 서로 만나 화해하였고 또 약조한 마당에 이를 어기면 제후들이 자기를 배반할까 두려운 나머지 은밀히 모의하였다.

"파(巴)와 촉(蜀)은 길이 험하기 때문에 진 왕조는 유배자들을 촉(蜀) 땅으로 보낸 것이다."

이어 말했다.

"파(巴)도 촉(蜀)도 관중(關中)의 땅이다."

그래서 패공을 한왕(漢王)에 봉하여 파군(巴郡)·촉군(蜀郡)·한중(漢中)을 다스리게 하고 남정(南鄭)을 도읍으로 삼게 하였다. 그리고 관중(關中) 땅을 셋으로 나눈 후 투항한 진(秦) 장군들을 왕으로 세워 한왕

---

49) 명목상 황제란 뜻.

(漢王)을 견제하도록 하였다.

항왕은 장한(章邯)을 옹왕(雍王)에 봉하여 함양의 서쪽 지구를 다스리게 하고 폐구(廢丘)를 도읍으로 삼았다.

장사(長史) 사마흔(司馬欣)은 예전에 역양(櫟陽)의 옥리(獄吏)로 있을 때 항량(項梁)에게 은덕을 베푼 적이 있었고, 도위(都尉) 동예(董翳)는 본시 장함에게 초군(楚軍)에 투항할 것을 권한 사람이었다. 그래서 사마흔을 새왕(塞王)으로 세워 함양 동쪽에서 황하에 이르는 지역을 다스리게 하고 역양을 도읍으로 삼았다. 또 동예를 적왕(翟王)으로 세워 상군(上郡)을 다스리게 하고 고노(高奴)를 도읍으로 정하였다.

위왕(魏王) 표(豹)를 서위왕(西魏王)으로 바꾸어 봉하여 하동(河東)을 다스리게 하고 평양(平陽)을 도읍으로 삼았다.

하구현(瑕丘縣)의 신양(申陽)은 장이(張耳)의 절친한 총신(寵臣)인데 그는 먼저 하남(河南)을 평정하고 황하의 강가에서 초군(楚軍)을 영접하였다. 그래서 신양을 하남왕(河南王)으로 세우고 낙양을 도읍으로 삼았다. 한왕(韓王)은 옛 도읍에 그대로 남아 양적(陽翟)을 도읍으로 삼았다.

조(趙)의 장군 사마앙(司馬卬)은 하내(河內)를 평정하고 누차에 걸쳐 공을 세웠다. 그래서 은왕(殷王)으로 세워 하내를 다스리게 하고 조가(朝歌)를 도읍으로 삼았다. 그리고 조왕(趙王) 헐(歇)은 대왕(代王)으로 바꾸어 봉하였다.

조(趙)의 재상 장이(張耳)는 본시 현명할 뿐만 아니라 항우를 따라 관중에 입성하였다. 그래서 장이를 상산왕(常山王)으로 세워 조(趙)땅을 다스리고 양국(襄國)을 도읍으로 삼았다.

당양군(當陽君) 경포(黥布)는 초(楚)의 장군인데 가장 용감무쌍하였다. 그래서 구강왕(九江王)에 봉하고 육현(六縣)을 도읍으로 삼았다.

파군(鄱郡)의 오예(吳芮)는 백월(百越)의 군사를 거느리고 제후를 도왔을 뿐만 아니라 항우를 따라 관중에 입성하였다. 그래서 오예를 형산왕(衡山王)에 봉하고 주현(邾縣)을 도읍으로 삼았다.

의제(義帝)의 주국(柱國)인 공오(共敖)는 군대를 거느리고 남군(南郡)을 공격하여 많은 공을 세웠다. 그래서 공오를 임강왕(臨江王)에 봉하고 강릉(江陵)을 도읍으로 삼았다.

연왕(燕王) 한광(韓廣)은 요동왕(遼東王)으로 바꾸어 봉하였다. 연(燕)의 장군 장도(臧荼)는 초군(楚軍)을 따라 조(趙)를 구원하였고, 항우를 따라 관중에 입성하였다. 그래서 장도를 연왕(燕王)에 봉하고 계현(薊縣)을 도읍으로 삼았다.

제왕(齊王) 전시(田市)는 교동왕(膠東王)으로 바꾸어 봉하였다.

제(齊)의 장군 전도(田都)는 항우를 따라 조(趙)를 구원하였고 그를 따라 관중에 입성하였다. 그래서 전도를 제왕(齊王)에 봉하고 임치(臨菑)를 도읍으로 삼았다.

일찍이 진(秦)이 멸망시킨 제왕(齊王) 전건(田建)의 손자 전안(田安)은 항우가 황하를 건너 조(趙)를 구할 때 제수(濟水) 북쪽의 여러 성을 공략한 후 군대를 이끌고 항우에게 투항하였다. 그래서 전안을 제북왕(濟北王)에 봉하고 박양(博陽)을 도읍으로 삼았다.

전영(田榮)은 여러 차례 항량을 배반하였을 뿐만 아니라 초군(楚軍)을 따라 진군(秦軍)을 공격하지 않았기 때문에 후왕(侯王)에 봉하지 않았다.

성안군(成安君) 진여(陳餘)는 장군직을 버리고 떠나 관중에 입성하는 데에도 참여하지 않았다. 그러나 평소에 그가 현명하다는 것을 알고 있었을 뿐만 아니라 조(趙)에 공을 세웠기 때문에 그가 남피(南皮)에 있다는 소식을 듣고 남피 일대의 3개 현(縣)을 봉읍으로 주었다.

번군(番君)의 장수 매현(梅鋗)은 많은 공을 세웠기 때문에 십만 호(戶)

의 후(侯)에 봉하였다.

항왕은 스스로 '서초패왕(西楚覇王)'[50]에 봉하여 9개 군(郡)을 차지하고 팽성(彭城)을 도읍으로 삼았다.

한 고제(漢高帝) 원년(B.C. 206)[51] 4월, 제후 왕들은 항우의 지휘 하에 군대를 이끌고 제각기 자신의 봉국으로 떠났다. 항왕은 관중에서 나와 자신의 봉국에 부임한 후, 의제(義帝)에게 사신을 보내 속히 봉국으로 옮길 것을 독촉하였다.

"고대의 제왕은 사방 천 리나 되는 영토를 다스렸지만 반드시 상류에 도읍을 정하고 그곳에 기거하였습니다."

의제(義帝)에게 장사군(長沙郡)의 침현(郴縣)으로 옮길 것을 종용하고 속히 출발할 것을 독촉하자 의제(義帝)의 신하들은 점점 항우를 배반하기 시작했다. 이에 항우는 형산왕(衡山王)과 임강왕(臨江王)에게 장강(長江) 위에서 의제를 주살하라고 은밀히 영을 내렸다.

한왕(韓王) 성(成)은 전공을 세우지 못하였기 때문에 항왕은 그를 봉국에 부임시키지 않고 팽성으로 데리고 가서 제후 왕의 지위를 박탈하고 후(侯)로 격하시켰으며 얼마 후에는 죽여 버렸다. 장도(藏荼)는 봉국에 부임하여 한광(韓廣)을 요동(遼東)으로 내쫓으려 하였으나 한광이 반항하자 무종(無終)에서 그를 죽여 버리고 그의 영토까지 차지해 버렸다.

전영(田榮)은 항우가 제왕(齊王) 전시(田市)를 교동(膠東)으로 바꾸어 봉하고, 제(齊)의 장군 전도(田都)를 제왕(齊王)으로 세웠다는 소식을 듣고는 발끈 노하였다. 그는 제왕을 교동에 부임하지 못하게 막은 뒤 제

---

50) 옛날 초나라는 남초(南楚)·동초(東楚)·서초(西楚)로 나뉘어 있었다. 항우가 도읍을 세운 팽성(彭城)이 서초(西楚)에 속해 있었기 때문에 '서초패왕'이라 자칭한 것이다.
51) 유방이 한왕(漢王)에 봉해진 해를 말함.

(齊)의 땅을 점거한 채 초(楚)에 반기를 들고 전도와 싸워 격파하였다. 전도는 초(楚)로 달아났다. 제왕 시(市)는 항왕을 두려워한 나머지 자신의 새로운 봉국에 부임하기 위해 교동으로 달아났다.

이에 전영은 발끈 노하여 즉묵(卽墨)까지 추격한 끝에 그를 죽여 버렸다. 전영은 스스로 제왕(齊王)이 된 후 서쪽으로 진격하여 제북왕(齊北王) 전안(田安)을 살해하고 삼제(三齊)의 영토를 모두 차지하였다. 팽월(彭越)[52]을 장군에 임명하여 양(梁)에서 초(楚)에 반기를 들도록 하였다.

진여(陳餘)는 장동(張同)과 하열(夏說)을 보내 제왕(齊王) 전영에게 권고하였다.

"항우는 불공평하게 천하를 주재하고 있습니다. 본래 제후들은 열악한 지방에 봉하고 자기의 신하들과 장군들은 모두 좋은 지역의 제후 왕으로 세웠습니다. 또 저의 옛 군왕 조왕(趙王)을 대(代) 땅으로 축출하였는데 이는 매우 부당한 처사라고 생각됩니다. 군사를 일으킨 대왕께서는 항우의 불합리한 명령을 좇지 않는다고 들었습니다. 바라옵건대 대왕께서 저의 부족한 병력을 도와주신다면 상산(常山)을 공격하여 옛 조왕(趙王)께서 영유하셨던 영토를 회복할 수 있습니다. 그러면 우리는 귀국을 보호하는 울타리가 되어 드리겠습니다."

제왕(齊王)은 이에 동의하고 조(趙)에 군사를 보냈다. 진여는 3개 현(縣)의 모든 병력을 동원하여 제(齊)의 원조군과 힘을 합쳐 상산(常山)을 공격해 적군을 크게 격파하였다. 장이(張耳)는 달아나 한왕(漢王)에게 귀의하였다. 진여는 대(代) 땅에 머물고 있는 옛 조왕(趙王) 헐(歇)을 다시 조(趙)로 맞아들였다. 이 때문에 조왕은 진여를 대왕(代王)으로 세웠다.

---

52) 자(字)가 중(仲), 창읍(昌邑) 사람. 전영과 팽월이 항우에게 반기를 든 사건에 대해서는 「전담열전」과 「팽월열전」을 참조하기 바람.

이때 한왕(漢王)이 회군(回軍)하여 삼진(三秦)⁵³⁾을 평정하였다. 항우는 한왕(漢王)이 이미 관중(關中)을 겸병하고 동쪽으로 진군하고 있으며, 제(齊)와 조(趙)가 반기를 들었다는 소식을 듣고 대노하였다. 그리하여 예전의 오현령(吳縣令) 정창(鄭昌)을 한왕(韓王)에 봉하여 한왕(漢王)을 막도록 하였다. 또한 소공(蕭公) 각(角) 등에게 팽월(彭越)을 공격하도록 명하였다. 그런데 도리어 팽월이 소공 각 등을 격파하였다.

한왕(漢王)은 장량(張良)을 파견하여 한왕(韓王)을 귀순하게 하는 한편 항왕에게 다음과 같은 서신을 보냈다.

'한왕은 마땅히 받아야 할 봉직(封職)을 잃었기 때문에 관중을 얻으려고 할 뿐이오. 약속대로 관중만 차지하면 즉시 군사 행동을 멈추고 더 이상 동쪽으로 진격하지 않겠소.'

또 한왕은 제(齊)와 양(梁)이 반기를 든 공문서를 항왕에게 보냈다.

'제(齊)가 조(趙)와 힘을 합쳐 초(楚)를 멸하려고 합니다.'

이 때문에 항왕은 서쪽으로 진격할 생각을 바꾸어 북쪽으로 제(齊)를 공격하였다. 항왕은 구강왕(九江王) 경포(黥布)에게 출병을 요청하였지만 경포는 병을 핑계 삼아 직접 나오지 않고 대신 부장(部將)으로 하여금 수천의 병사들을 인솔하고 출병케 하였다. 항왕은 이 때문에 경포를 원망하게 되었다.

한 고제(漢高帝) 2년(B.C. 205) 겨울, 항우는 북진하여 마침내 성양(城陽)에 이르러 군사를 이끌고 나온 전영(田榮)과 교전하였다. 전영은 전세가 불리해지자 평원(平原)으로 달아났으나 그곳 백성들이 그를 죽였다. 항우는 계속 북진하여 평양의 성곽과 가옥을 모두 불태우고, 투항한

---

53) 유방이 한신(韓信)의 계책을 받아들여 관중(關中)의 옹(雍)·새(塞)·적(翟), 삼국을 통일한 것을 말함.

전영의 병사들을 모조리 생매장하여 죽여 버렸다. 그리고 제(齊)의 노약자와 여자들을 포로로 잡았으며, 북해(北海) 일대까지 진격하여 파괴와 살육을 자행하였다.

그러자 제나라 사람들이 서로 운집하여 항우에게 반기를 들었다. 이때 전영의 아우 전횡(田橫)은 뿔뿔이 흩어진 패잔병 수만을 모아 성양(城陽)에서 초(楚)에 반기를 들었다. 항왕은 그곳에 진을 치고 여러 차례 싸웠지만 끝내 성양을 함락시키지 못하였다.

봄이 되자 한왕(漢王)은 다섯 제후국의 군대 오십육만을 통솔하여 동쪽으로 초(楚)를 공격하였다. 항왕이 소식을 듣고 장수들로 하여금 제(齊)를 계속 공격케 하는 한편, 자신은 정예병 삼만을 직접 인솔하여 남쪽으로 진격하여 노현(魯縣)을 지나 호릉(胡陵)으로 진출하였다. 그해 4월, 한군(漢軍)은 이미 팽성(彭城)에 입성하여 온갖 재화와 보물과 여자를 노략질하고 날마다 술잔치를 벌였다.

항왕은 새벽에 서쪽의 소현(蕭縣)에서 출발하여 동쪽의 팽성에 다다라 정오 무렵에는 한군(漢軍)을 대파하였다. 한군의 진영은 와르르 무너져 곡수(穀水)와 사수(泗水)로 달아나 뛰어드니, 여기서 죽은 자가 십여 만이나 되었다. 나머지 한(漢)의 병사들은 모두 남쪽 산으로 달아났다. 초군(楚軍)은 영벽(靈璧)의 동남쪽 수수(睢水) 강가까지 추격하였다. 초군의 맹추격에 퇴각하던 한군은 수많은 사상자가 났으며 십여 만 이상이 수수(睢水)에 빠져 죽으니 이로 말미암아 강물이 흘러가지 못할 지경이었다.

초군은 한왕을 겹겹이 포위하였다. 이때 느닷없이 서북쪽에서 거센 바람이 불어와 나무가 꺾이고 지붕이 날아갔으며, 돌과 모래가 흩날리고 온 천지가 칠흑처럼 어두워졌다. 거센 바람이 초군 쪽으로 불어닥치는 바람에 초군은 큰 혼란에 빠져 병사들은 어지러이 흩어져 버리고 말았다.

이 틈에 한왕은 기병 몇 십 명을 대동하고 간신히 도망쳤다. 한왕은 패현(沛縣)으로 달려가 가족들을 데리고 서쪽으로 달아나려고 생각하였다. 초군 역시 패현으로 추격대를 보내 한왕의 가족들을 사로잡으려고 하였다. 그러나 한왕의 가족들은 이미 달아나 버린 뒤인지라 한왕과 서로 만나지 못하였다.

한왕은 길에서 효혜제(孝惠帝)와 노원공주(魯元公主)[54]를 만나 그들을 수레에 태웠다. 그런데 초(楚)의 기병이 한왕을 바싹 추격해 오자 한왕은 너무나도 다급한 나머지 효혜제와 노원공주를 수레 아래로 밀어 떨어뜨렸다. 그럴 때마다 마부 등공(滕公)[55]은 그들을 다시 수레 위에 태웠다. 이렇게 하기를 세 차례나 거듭하였다. 마부 등공이 볼멘소리로 말하였다.

"아무리 다급해도 더 이상 빨리 달릴 수는 없습니다. 그런데 왜 이 아이들을 버리려 하십니까?"

한왕 일행은 마침내 초군의 추격권을 벗어났다. 한왕은 태공(太公)[56]과 여후(呂后)[57]를 찾았지만 만나지 못하였다. 그런데 심이기(審食其)[58]가 태공과 여후를 호위하여 샛길로 가며 한왕을 찾다가 도리어 초군(楚軍)과 마주치고 말았다. 초군이 그들을 데리고 돌아와 항왕에게 보고하자 항왕은 그들을 군영에 두었다.

이때 여후의 오빠 주여후(周呂侯)[59]는 한왕의 장군이었는데 군사를 거

---

54) 효혜제는 유방의 적자(嫡子) 유영(劉盈)이며 노원공주는 유방의 딸임.
55) 일찍이 등(滕)의 현령을 지냈기 때문에 등공이라 불렸다. 그 당시 유방의 수레를 모는 태복(太僕)의 관직에 있었음.
56) 유방의 부친.
57) 유방의 부인.
58) 패현(沛縣) 사람. 후에 승상의 지위에 오르고 벽양후(辟陽侯)에 봉해짐.
59) 여택(呂澤). 주여(周呂)는 그의 봉호(封號).

느리고 하읍(下邑)에 주둔하고 있었다. 한왕은 샛길을 통해 그에게 달려가 의탁하고, 흩어졌던 병사들을 다시 규합하였다. 그가 형양(滎陽)으로 나아가니 패주하던 병사들이 다시 모여들기 시작했다. 소하(蕭何)[60]도 관중(關中)에서 아직 병적(兵籍)에 오르지 않은 소년들과 병역 의무를 필하지 않은 노인들까지 모두 징발하여 형양으로 보냈다. 그리하여 한군(漢軍)은 다시 위세를 떨치기 시작하였다.

초군(楚軍)은 팽성(彭城)에서 출병하여 승세를 타고 패주하는 적을 계속 추격하였다. 양군은 형양 남쪽의 경읍(京邑)과 새정(塞亭) 사이에서 교전하였다. 한군이 초군을 깨뜨리자 초군은 형양 서쪽으로 더 이상 진격하지 못하였다. 항왕이 팽성을 구한 후 한왕을 형양까지 추격하는 사이에 전횡(田橫)도 제(齊) 땅을 수복하고 전영(田榮)의 아들 전광(田廣)을 제왕(齊王)으로 세웠다.

한왕이 팽성에서 패배하자 제후들은 다시 초(楚)에 달라붙고 한(漢)에 등을 돌렸다. 한군(漢軍)은 형양에 주둔하면서 황하에 이르는 용도(甬道)를 건설하여 오창(敖倉)의 식량을 취득하였다.

한 고제(漢高帝) 3년(B.C. 204), 항왕은 여러 차례에 걸쳐 한(漢)의 용도(甬道)를 침탈하였다. 한왕은 식량 부족을 두려워한 나머지 항왕에게 강화를 요청하면서 형양의 서쪽만 한(漢)이 차지할 것을 제안하였다. 항왕은 강화 요청을 수락하고 싶었다. 그런데 역양후(歷陽侯) 범증(范增)이 반대하였다.

"한군(漢軍)은 대적하기 쉬운 상대입니다. 지금 공격하지 않고 놓아주면 나중에 반드시 후회하실 것입니다."

---

60) 유방을 도와 한(漢) 왕조를 세우는 데 혁혁한 공을 세운 사람. 자세한 것은 「소상국세가」를 참조하기 바람.

항왕은 범증과 함께 형양의 포위망을 더욱 바싹 죄었다. 한왕은 우려하던 차에 진평(陳平)의 계책을 따라 항왕과 범증을 이간시키게 되었다. 항왕의 사자가 왔을 때 돼지·소·양 등 푸짐한 음식을 차려놓고 대접하려다 말고 항왕의 사자를 보면서 일부러 소스라치게 놀란 척하였다.

"아부(亞父)의 사자이신 줄 알았는데 항왕의 사자 아니십니까?"

이렇게 말하더니 성대하게 차린 음식을 치우고 조악하기 이를 데 없는 음식으로 바꾸어 항왕의 사자에게 이를 대접하였다. 사자가 돌아가 이를 그대로 항왕에게 보고하였다. 항왕은 범증이 한왕과 내통하고 있다고 의심한 나머지 점차 그의 권한을 박탈해 갔다. 범증은 노기충천하였다.

"천하의 일은 이미 정해졌으니 이제 군왕께서 스스로 처리하시기 바랍니다. 이 늙은이는 고향으로 돌아가도록 윤허해 주십시오."

항왕이 이를 허락하여 범증은 항왕의 곁을 떠났다. 그렇지만 팽성에 도착하기도 전에 등에 난 악성 종기가 터져 죽고 말았다.

한(漢)의 장군 기신(紀信)이 한왕에게 권고하였다.

"사태가 너무나 위급합니다. 제가 초군(楚軍)을 속이기 위해 왕 행세를 할 터인즉 폐하께서는 그 틈을 이용하여 탈출하십시오."

그날 밤 한왕은 갑옷을 입힌 여자 이천 명을 형양성 동문 밖으로 내보냈다. 초(楚)의 병사들이 에워싸고 사방에서 공격하자 기신(紀信)은 쇠꼬리 털과 꿩 깃털로 장식한 천자의 수레[黃屋車]를 타고 나와 큰 소리로 외쳤다.

"성안은 식량이 바닥났다. 한왕은 항복한다."

초군(楚軍)은 일제히 소리 높여 만세를 불렀다. 한왕은 이 틈을 이용하여 기병 수십 명을 대동하고 형양성 서문을 빠져나와 성고(成皐)로 치달렸다. 항왕이 기신을 보자 물었다.

"한왕은 어디에 있느냐?"

기신이 대답했다.

"한왕께서는 이미 성 밖으로 나가셨소."

항왕은 노기충천하여 기신을 불태워 죽였다.

한왕은 어사대부[61] 주가(周苛)·종공(樅公) 및 위표(魏豹)에게 형양성을 잘 지키라고 일렀다. 그러자 주가와 종공이 모의하였다.

"반역한 왕[62]과는 함께 성을 지킬 수 없다."

하며 둘은 위표를 죽여 버렸다.

초군(楚軍)은 형양성을 함락시키고 주가를 사로잡았다. 항왕이 주가에게 말하였다.

"나의 장군이 되어 준다면 그대를 상장군(上將軍)에 임명하고 삼만 호(戶)를 상으로 내리겠다."

그러자 주가는 도리어 항우를 질책하였다.

"그대가 빨리 한왕에게 항복하지 않으면 한군(漢軍)이 그대를 사로잡고 말 것이다. 그대는 한왕의 적수가 되지 못한다."

항왕은 진노하여 주가를 삶아 죽여 버렸고 아울러 종공도 죽였다.

한왕은 형양성을 빠져나와 남쪽으로 달려 완현(宛縣)과 섭현(葉縣)으로 갔다. 그는 그곳에서 구강왕(九江王) 경포(黥布)의 도움을 얻어 병사들을 모으며 계속 행군하여 성고(成皋)에 들어가 굳게 지켰다.

한 고제(漢高帝) 4년(B.C. 204), 항왕은 군사를 보내 성고를 포위하였다. 한왕은 등공(滕公)만 데리고 성고의 북문을 빠져나와 강을 건너 수

---

61) 모든 관리들을 감찰하는 관직으로, 부승상(副丞相)에 해당.

62) 위표는 본래 항우가 서위왕(西魏王)으로 봉하였다. 그 후 유방이 초나라를 칠 때 위표는 유방에게 귀의하였다. 팽성(彭城)에서 유방이 항우에게 격파당하자 위표는 다시 유방에게 등을 돌리고 항우에게 귀의하였다.

무(修武)에 도착하여 장이(張耳)와 한신(韓信)의 군대에 합류하였다. 뭇 장수들도 성을 탈출하여 속속 한왕에 합류하였다. 초군은 마침내 성고를 함락시키고 서쪽으로 진격하려고 하였다. 한왕은 군사를 파견하여 공현(鞏縣)에서 초군의 서진(西進)을 저지하였다.

이때 팽월(彭越)은 강을 건너 동아(東阿)에서 초군(楚軍)을 공격하여 초(楚)의 장군 설공(薛公)을 죽였다. 이에 항왕은 자신이 직접 동쪽으로 진군하여 팽월을 공격하였다. 한왕은 회음후(淮陰侯)[63]의 군대를 얻은 후 강을 건너 남쪽으로 진격하려고 하였다. 그때 정충(鄭忠)[64]이 설득하자 더 이상 진격을 멈추고 하내(河內)에 진지를 구축하여 주둔하는 한편 유가(劉賈)[65]에게 군사를 주어 초(楚)의 군수품 저장소를 불태우게 하였다.

항왕이 동쪽으로 진격하여 그들을 격파하자 팽월은 패주하였다. 한왕은 이 틈에 즉시 황하를 건너 성고(成皋)를 공격하여 탈환한 후 광무(廣武)에 포진하고 오창(敖倉)의 식량을 확보하였다. 항왕은 동해(東海)[66] 지방을 이미 평정하고 다시 서쪽으로 진군하여 한군(漢軍)에 맞서 광무에 진을 치고 대치하였는데 이런 상태로 수개월이 경과하였다.

이때 팽월이 여러 차례 양(梁)에서 초(楚)에 반기를 들어 초군(楚軍)의 식량 보급을 차단하자 항왕은 크게 불안해 하였다. 항왕은 높다란 도마를 만들어 그 위에 태공(太公)을 올려놓은 뒤 한왕에게 통고하였다.

"지금 당장 투항하지 않으면 태공을 삶아 죽이겠다."

한왕이 말했다.

---

63) 한신(韓信)의 최후 봉호(封號).
64) 한(漢)의 낭중(郎中).
65) 유방의 사촌형. 형왕(荊王)에 봉해짐. 자세한 것은 「형연세가」를 참조하기 바람.
66) 동방(東方)을 지칭하는 말.

"나와 그대 항왕은 회왕의 신하로서 '형제의 의를 맺으라'는 명을 받은 사이가 아니던가. 그러니 나의 아버지가 바로 그대의 아버지이다. 그대의 아버지를 삶아 죽인다면 반드시 그 고깃국 한 그릇을 나에게도 나누어 주기 바란다."

항왕이 진노하여 태공을 죽이려 하였다. 그러자 항백이 이를 말렸다.

"천하의 대사는 예측할 수 없으며 게다가 천하를 다투는 사람은 집안을 돌보지 않는 법입니다. 설령 그를 죽인다 할지라도 아무런 이익이 없으며 화근만 덧들일 뿐입니다."

항왕은 그의 말에 따랐다.

초(楚)와 한(漢)이 오랫동안 대치한 채 승부가 나지 않자 젊은 장정들은 장기전에 시달리고 노약자들은 전쟁 물자 수송에 지칠 대로 지쳐있었다. 항왕은 한왕에게 제의하였다.

"온 천하가 여러 해 동안 쉴 새 없이 혼란스러웠던 것은 오직 그대와 나로 해서 빚어진 결과다. 바라건대 서로 자웅을 겨루어 결판내서 천하 사람들이 공연히 고생하는 일이 없도록 하자!"

한왕은 비웃으며 거절하였다.

"나는 지혜를 겨룰지언정 힘을 겨룰 생각은 없다."

항왕은 장사들에게 명하여 나아가 싸움을 돋우도록 하였다. 한군(漢軍)에는 말타기와 활솜씨가 뛰어난 누번(樓煩)[67]이 있었는데 초(楚)의 병사들이 싸움을 걸어올 때마다 서너 차례 겨룬 후 활을 쏘아 죽여 버리곤 하였다. 항왕이 진노하여 갑옷을 걸치고 창을 들고 나아가 싸움을 돋우었다. 누번이 활을 쏘려 하자 항왕은 두 눈을 부릅뜨고 큰 소리로 꾸짖었

---

67) 서북방 변경에 사는 소수 민족으로 특히 말타기와 활솜씨가 뛰어났다. 그래서 활솜씨가 뛰어난 사람을 흔히 '누번(樓煩)'이라고 불렀다.

다. 그러자 누번은 두려워 감히 쳐다보지도 못하고 손에 든 활을 쏘지도 못한 채 쏜살같이 달아나 진영(陣營)으로 들어간 후 다시는 나오지 못하였다.

한왕이 사람을 보내 싸움을 걸어 온 상대가 누구인가를 알아본즉 바로 항왕이었다. 한왕은 소스라치게 놀랐다. 항왕은 한왕을 광무산(廣武山)으로 불러내어 광무간(廣武澗)을 사이에 두고 서로 얼굴을 마주하여 이야기를 나누었다. 한왕이 죄상을 나열하며[68] 항왕을 꾸짖자 항왕은 발끈 노하여 일전을 벌일 것을 제의하였다. 한왕이 이에 응하지 않자 매복해 둔 궁수들에게 한왕을 쏘도록 명했다. 한왕은 부상을 당하여 성고(成皐)로 달아났다.

항왕은 회음후(淮陰侯)가 이미 하북(河北)을 점령한 뒤 제(齊)와 조(趙)를 격파하고 장차 초(楚)를 공격할 것이라는 소식을 듣고 용저(龍且)를 내보내 회음후 한신(韓信)을 공격하도록 명하였다.[69] 회음후는 기장(騎將) 관영(灌嬰)과 함께 용저를 맞아 일전을 벌인 끝에 초군(楚軍)을 크게 격파하고 용저를 죽였다. 이를 계기로 한신은 스스로 제왕(齊王)이 되었다.

항왕은 용저의 군대가 패하였다는 소식을 듣고 놀란 나머지 우대(盱臺) 출신 무섭(武涉)을 보내 회음후를 설득하였지만[70] 회음후는 따르지 않았다. 이때 팽월은 또 다시 초(楚)에 반기를 들고 양(梁) 땅을 점령하여 초(楚)의 식량 보급을 차단하였다. 이에 항왕은 해춘후(海春侯)에 봉했던 대사마(大司馬) 조구(曹咎) 등에게 당부하였다.

---

68) 한왕이 항우의 십대 죄상을 나열하며 꾸짖은 일을 말함. 자세한 것은 「고조본기」를 참조하기 바람.
69) 용저를 파견하여 한신을 공격하게 한 내용은 「회음후열전」을 참조하기 바람.
70) 무섭을 보내 한신을 설득하는 내용은 「회음후열전」을 참조하기 바람.

"부디 성고(成皋)를 잘 지키도록 하라. 한군(漢軍)이 싸움을 걸어도 절대로 교전하지 말고 그들이 동쪽으로 진격하지 못하도록 막아라. 그러면 내가 보름 안에 반드시 팽월을 죽이고 양(梁)을 평정한 후에 장군들과 합류하겠다."

항왕은 동쪽으로 진격하여 진류(陳留)와 외황(外黃)을 공격하였다. 외황은 투항하지 않았다. 며칠 만에 항복하자 항왕은 발끈 노하여 십오 세 이상의 남자들을 성의 동쪽에 모이도록 명한 후 모조리 생매장하여 죽이려고 하였다. 그때 외황(外黃) 현령의 가신에게 열세 살 난 아들이 있었는데 그 소년이 항왕을 찾아와 설득하였다.

"팽월이 외황을 협박하였기 때문에 그에게 잠시 항복했지만 대왕께서 구원하러 오시기를 기다렸습니다. 그런데 대왕께서 오셔서 모조리 생매장하여 죽이신다면 백성들이 어찌 귀순할 마음이 생기겠습니까? 양(梁)지역의 십여 개 성에 사는 백성들도 대왕이 두려운 나머지 귀순하지 않을 것입니다."

항왕은 어린 소년의 말이 옳다고 여기고 생매장하여 죽이려던 외황 사람들을 용서해 주었다. 다시 동쪽의 수양(睢陽)으로 가니 그 소문을 듣고 다투어 귀순하였다.

한군(漢軍)이 여러 차례에 걸쳐 초군(楚軍)에게 싸움을 걸었지만 초군은 응전하지 않았다. 그런데 한군(漢軍)이 사람을 내보내 초군(楚軍)에게 5, 6일 동안 계속 욕을 퍼부으며 싸움을 걸자 대사마(大司馬) 조구(曹咎)가 노하여 병사들을 이끌고 사수(汜水)를 건너고 말았다. 초(楚)의 병사들이 절반쯤 건넜을 때 한군(漢軍)이 공격을 가해 초군을 크게 격파하고 초군의 재물을 모조리 약탈하였다.

대사마(大司馬) 조구와 장사(長史) 동예(董翳) 및 새왕(塞王) 사마흔(司馬欣)은 사수에서 모두 자결하고 말았다. 대사마 조구는 기현(蘄縣)의 옥리(獄吏)였고 장사 사마흔도 역양(櫟陽)의 옥리였는데 둘은 예전에 항왕에게 은덕을 베푼 일이 있었기 때문에 항왕의 신임을 한 몸에 받고 있던 인물들이었다.

이때 항왕은 수양(睢陽)에서 해춘후(海春侯)의 군대가 패하였다는 소식을 듣고 회군하여 되돌아왔다. 한군(漢軍)이 형양(滎陽) 동쪽에서 종리매(鍾離昧)[71]를 포위하고 있었는데 항왕이 오자 한군(漢軍)은 초군이 두려워 모두 험준한 지대로 달아나 버렸다.

그 당시 한왕은 병력도 많고 식량도 풍족하였으나 항왕의 군대는 지칠대로 지쳐 있었고 식량도 바닥이 나 있었다. 한왕은 육가(陸賈)[72]를 보내태공(太公)을 보내 달라고 설득하였다. 그러나 항왕은 이에 응하지 않았다. 한왕은 다시 후공(侯公)[73]을 보내 항왕을 설득하기를, 천하를 똑같이 둘로 나누어 홍구(鴻溝)[74] 서쪽 지방은 한(漢)이 차지하고 동쪽 지방은 초(楚)가 차지하기로 조약을 체결하자는 제안을 하였다. 항왕은 이 제안을 수락하고 한왕의 부모와 처자를 돌려보냈다. 군중의 병사들이 모두만세를 외쳤다.

한왕은 후공을 평국군(平國君)에 봉하면서 숨어 살되 다시는 자기를 찾아 오지 말라고 하였다. 한왕이 말했다.

"이 사람은 천하에 뛰어난 달변가이나 그가 사는 나라는 그의 변설로 인해 망하고 말 것이다. 그래서 그를 평국군(平國君)이라 칭한 것이다."

항왕은 화약(和約)을 체결한 후 군사들을 거느리고 동쪽으로 돌아가 귀국하였다. 한왕도 서쪽으로 돌아가려 하였으나 장량(張良)과 진평(陳

---

71) 성은 종리(鍾離), 이름은 매(昧). 항우의 맹장(猛將).
72) 한왕의 변사(辯士). 나중에 태중대부(太中大夫)의 지위에 오름.
73) 이름은 성(成), 자(字)는 백성(伯盛).
74) 옛 운하 이름.

平)이 설득하였다.

"한(漢)나라가 천하의 절반을 차지하자 제후들이 다투어 귀의하고 있습니다. 초군(楚軍)의 병사들은 지칠 대로 지쳐 있고 식량도 다 떨어졌습니다. 지금이야말로 하늘이 초(楚)를 멸망시키려는 시기이니 이 기회에 초(楚)를 치는 것이 좋을 듯합니다. 지금 항우를 공격하지 않고 놓아 주면 '호랑이를 길러 스스로 화를 자초하는 것(養虎自遺患)'과 같습니다."

한왕은 그들의 계책을 받아들였다. 한 고제(漢高帝) 5년(B.C. 202), 한왕은 양하(陽夏) 남쪽까지 항우를 추격한 후 일단 진격을 멈추고, 회음후(淮陰侯) 한신(韓信) 및 건성후(建成侯) 팽월(彭越)과 함께 초군(楚軍)을 공격하기로 약조하였다. 그런데 한왕이 고릉(固陵)까지 진군하였으나 한신과 팽월의 군대는 나타나지 않았다. 그 바람에 초군이 공격에 나서 한군을 크게 격파하였다. 한왕은 진영으로 돌아와 참호를 깊이 파고 방어에 나섰다.

한왕은 장자방(張子房 : 張良)에게 계책을 물었다.

"제후들이 약속을 지키지 않으니 어떻게 하면 좋겠는가?"

장자방이 대답했다.

"바야흐로 초군이 격파당할 마당에 한신과 팽월은 아직껏 봉토(封土)를 받지 못한지라 그들이 오지 않은 것도 당연합니다. 군왕께서 그들과 함께 천하를 나누신다면 즉시 달려올 것입니다. 만약 그렇게 하지 않는다면 사태가 어떻게 전개될지 예측할 수 없습니다. 군왕께서 진현(陳縣)의 동쪽에서 해안까지의 땅을 한신에게 주시고, 수양(壽陽)의 북쪽에서 곡성(穀城)에 이르는 지역을 팽월에게 주시면 자신들의 이익을 위해 반드시 참전할 것입니다. 그러면 쉽게 초(楚)를 격파할 수 있습니다."

한왕은 흔쾌히 수락하였다. 그리하여 한신과 팽월에게 사자를 보내 통고하였다.

"힘을 합쳐 초(楚)를 공격하자. 초가 패하면 진현 동쪽에서 해안에 이르는 지역을 제왕(齊王 : 한신)에게, 또 수양 북쪽에서 곡성에 이르는 땅을 팽상국(彭相國 : 팽월)에게 각각 주겠다."

사자들이 한신과 팽월에게 가서 전하자 모두 자청하고 나섰다.

"즉시 출병하겠다!"

한신은 제(齊)에서, 유가(劉賈)의 군대는 수춘(壽春)에서 각각 출발하여 합류한 후 성보읍(城父邑)을 궤멸시키고 해하(垓下)에 다다랐다. 한편 대사마(大司馬) 주은(周殷)은 초(楚)에 반기를 들고 서현(舒縣)의 병력을 동원하여 육현(六縣)을 궤멸시키고, 구강(九江)의 군대를 동원하여 유가(劉賈)와 팽월을 따라 해하에서 합류하여 항왕을 압박하였다.

항왕의 군대는 해하에 진지를 구축하고 있었지만 병사의 수도 적고 식량도 떨어졌다. 한군(漢軍)과 제후들의 군대가 겹겹이 포위하였다. 밤이 되어 한군이 부르는 초나라 노랫소리가 사방에서 들려오자[四面楚歌] 항왕은 크게 놀랐다.

"한군이 이미 초(楚)의 영토를 점령하였단 말인가? 초나라 사람들이 어찌 저다지도 많을까?"

그날 밤 항왕은 막사 안에서 술을 마셨다. 항우는 항상 우(虞)라는 미인을 데리고 다니면서 그의 시중을 들게 하였고, 늘 추(騅)라는 준마를 타고 다녔다. 이날 항왕은 처연한 심정에 젖어 슬피 노래를 부르고 시를 지어 읊었다.

힘으로는 산을 뽑고 기세로는 세상을 뒤덮겠으나	力拔山兮氣蓋世,
때가 불리하니 추(騅)도 달리지 않는구나.	時不利兮騅不逝.
추가 달리지 않으니 어찌하랴,	騅不逝兮可奈何,
우(虞)야, 우야, 너를 어찌할거나!	虞兮虞兮奈若何!

항왕은 이 노래를 여러 번 되풀이하여 불렀고, 우(虞)도 따라 불렀다. 항왕의 뺨에는 눈물이 주르륵 흘러내렸고 곁에 있던 사람들도 슬픔을 이기지 못하여 흐느껴 울며 얼굴을 들지 못하였다.

항왕은 말 위에 올랐다. 그의 부하 장수 팔백여 명이 말에 올라 그 뒤를 따랐다. 그들은 그날 밤 어둠을 이용해 남동쪽 포위망을 뚫고 나는 듯이 치달렸다. 새벽녘에 이르러서야 비로소 알아차린 한군(漢軍)은 기장(騎將) 관영(灌嬰)에게 날랜 기병 오천 명을 주고 항왕을 추격케 하였다.

항왕은 회하(淮河)를 건넜다. 이제 여기까지 그를 따라온 기병은 일백여 명에 지나지 않았다. 항왕은 음릉(陰陵)에 이르러 길을 잃자 한 농부에게 길을 물었다. 그런데 농부는 그를 속였다.

"왼쪽으로 가시오."

농부가 가르쳐 준 대로 왼쪽으로 가다가 그들은 커다란 늪에 빠지고 말았다. 그 바람에 한(漢)의 추격대는 그들을 바싹 추격해 왔다. 항왕은 병사들을 이끌고 다시 동쪽으로 치달려 동성(東城)에 다다랐다. 이제 남은 기병이라고는 겨우 이십팔 명뿐이었다. 그에 반해 그를 추격하는 한군의 기병들은 수천 명이나 되었다. 항왕은 더 이상 도망칠 수 없다는 것을 깨닫고 부하들에게 말하였다.

"내가 군사를 일으킨 이래 지금까지 8년이란 세월이 흘렀다. 내가 직접 싸운 것만도 칠십여 차례, 맞서면 격파하고 공격하면 모두 투항하였다. 일찍이 한 번도 패한 적이 없었기에 천하를 얻게 된 것이다. 그런데 지금 여기에서 곤경에 처하였다. 이는 하늘이 나를 망하게 하는 것이지 결코 내가 싸움을 잘못한 탓이 아니다. 오늘 나는 결사전을 벌이겠다. 통쾌한 일전을 벌여 반드시 세 차례 승리하여 그대들을 위해 포위망을 뚫어 장군을 죽이고 깃발을 찢겠다. 그러면 그대들은 하늘이 나를 망하게 한 것이지 결코 내가 싸움을 잘못한 때문이 아니라는 것을 알게 될 것이다."

항우는 부하들을 4개의 대(隊)로 나눈 뒤 사방으로 돌격하게 하였다. 한군은 겹겹이 포위하였다. 항왕은 부하들에게 말하였다.

"내가 그대들을 위해 적장 한 명을 죽일 테니 잘 보아라!"

그는 부하들에게 사방으로 동시에 달려 내려가 산의 동쪽 세 곳에 다시 집결하라고 명령하였다. 항왕은 대갈일성(大喝一聲)하며 치달려 내려갔다. 한군이 어지러이 흩어지자 항왕은 한(漢)의 장수 한 명을 참수하였다. 이때 적천후(赤泉侯) 양희(楊喜)가 항왕을 추격하였다. 항우가 눈을 부릅뜨고 큰 소리로 꾸짖자 적천후는 물론 말까지도 놀라 몇 리를 정신없이 달아났다. 항왕은 약속대로 부하들과 세 곳에서 다시 만났다.

한군은 항왕이 어디에 있는지 몰라 군대를 세 갈래로 나누어 다시 포위하였다. 항왕은 계속 치달리며 다시 한군의 도위(都尉) 한 명을 참수하고 수십 명을 죽였다. 다시 부하들을 모으니 두 명밖에 잃지 않았다. 항왕은 부하 기병들에게 물었다.

"자, 어떠냐?"

부하 기병들이 모두 감탄하였다.

"대왕께서 말씀하신 그대로입니다!"

이때 항왕은 오강포(烏江浦)를 건너 동쪽으로 가려고 하였다. 오강(烏江)의 정장(亭長)이 강가에 배를 대놓고 기다리며 항왕에게 말했다.

"강동(江東)은 비록 작은 땅이나 그 넓이가 사방 천 리에 달하고 인구가 수십만이나 되니 족히 왕노릇을 할 수 있습니다. 바라옵건대 대왕께서는 속히 강을 건너십시오. 지금 저 혼자만 배를 가지고 있으니 한군이 당도해도 배가 없어 강을 건널 수 없을 것입니다."

항왕이 웃으며 말했다.

"하늘이 나를 망하게 하는데 내가 강을 건너 무엇하랴! 더욱이 나는 강동의 젊은이들 팔천 명과 함께 서쪽으로 정벌에 나섰다가 한 사람도 함께 돌아오지 못하였다. 설령 강동(江東)의 부형(父兄)들이 나를 불쌍히 여기고 왕으로 받든다 해도 내가 무슨 면목으로 그들을 보겠는가? 또한 그들이 아무 말을 하지 않는다 할지라도 내가 어찌 부끄러운 마음이 들지 않겠는가?"

항우는 정장(亭長)[75]에게 이어 말하였다.

"나는 그대가 아주 관대한 사람이라는 것을 알겠다. 5년 동안 이 말을 타면서 내 앞의 모든 적을 무찔렀으며, 하루에 천 리를 달린 적도 있다. 이런 말을 차마 죽일 수 없으니 그대에게 주겠다."

항우는 부하들에게 말에서 내리라고 명한 뒤 짧은 무기[短兵]만 들고 적에게 근접하여 백병전을 벌였다. 항적(項籍 : 項羽) 혼자서 죽인 한군의 병사들만 해도 수백 명이나 되었다. 그렇지만 그 또한 이미 십여 군데나 상처를 입었다. 그는 한군의 기사마(騎司馬)[76] 여마동(呂馬童)을 돌아보며 물었다.

"너는 나의 옛 부하가 아니었더냐?"

여마동은 항우를 바라보며 왕예(王翳)에게 손가락으로 가리켰다.

"이 자가 항우이다!"

항우가 말했다.

"내가 듣자하니 한왕이 내 머리에 현상금 천 금(金)에다 봉읍 만 호(戶)를 걸었다고 하던데 내가 그대들에게 은덕을 베풀겠노라!"

하고 항우는 스스로 목을 쳐서 죽었다. 왕예가 항우의 머리를 집어 들자 나머지 기병(騎兵)들이 항왕의 몸뚱이를 서로 차지하려고 마구 짓밟

---

75) 정(亭)은 한대(漢代) 향(鄕) 이하의 행정 기구.

76) 기병 대장에 상당하는 관직.

고 아귀다툼을 벌였다. 이렇게 서로 다투다 죽은 자가 수십 명이나 되었다.

최후에는 낭중기장(郎中騎將) 양희(楊喜), 기사마(騎司馬) 여마동(呂馬童), 낭중(郎中) 여승(呂勝) 및 양무(楊武)가 항우의 사지(四肢)를 각기 하나씩 차지하였다. 다섯 사람이 차지한 시체의 조각들을 맞추어 보니 과연 항왕이었다. 그래서 한왕은 현상으로 내건 봉지를 다섯으로 나누어 하사하였는데 여마동을 중수후(中水侯)에, 왕예를 두연후(杜衍侯)에, 양희를 적천후(赤泉侯)에, 양무를 오방후(吳防侯)에, 여승을 열양후(涅陽侯)에 각각 봉하였다.

항왕이 죽은 후 초(楚) 지역은 모두 항복하였으나 오로지 노현(魯縣)만 항복하지 않았다. 한왕은 군대를 이끌고 그들을 궤멸시키려 하였으나 예(禮)와 의(義)를 지키는 노현 사람들이 군주를 위해 죽음을 무릅쓰고 절개를 굳게 지키려는 것을 알고 항왕의 머리를 노현 사람들에게 보여 주었다. 그제야 노현 사람들은 투항하였다.

애초에 초회왕(楚懷王)이 항적(項籍)을 노공(魯公)에 봉한 연유도 있지만 그가 죽은 후에도 노현이 맨 마지막으로 투항하였기 때문에 노공(魯公)의 봉호(封號)에 걸맞는 예와 격식에 따라 항우를 곡성(穀城)에 장사지내 주었다. 한왕은 장례식에 직접 참가하여 애도의 눈물을 흘리며 떠났다.

한왕은 항왕의 여러 종족(宗族)을 단 한 명도 죽이지 않았다. 그는 항백(項伯)을 사양후(射陽侯)에 봉하였다. 도후(桃侯)·평고후(平皐侯)·현무후(玄武侯)도 모두 항씨(項氏)였지만 한왕은 이들에게 유씨(劉氏)라는 성을 하사하였다.

태사공은 말한다.

내가 주생(周生)[77]에게 들은 바에 의하면 순(舜)은 눈동자가 두 개였다

고 한다. 항우 역시 눈동자가 두 개였다고 하는데 혹시 항우는 순의 후예
가 아니었을까? 얼마나 갑작스럽게 흥기하였는가! 진 왕조의 실정(失
政)으로 진섭(陳涉)이 가장 먼저 난을 일으킨 후 천하의 영웅호걸들이
벌떼처럼 일어나 서로 패권을 다툰 자가 이루 헤아릴 수 없이 많았다.

　시골에서 일어난 항우는 의지할 만한 권세가 조금도 없었는데도 3년
만에 다섯 제후국의 군대를 거느리고 진 왕조를 멸망시킨 후 천하를 나
누어 왕후(王侯)들을 봉하였으며, 정령을 반포하고 '패왕(覇王)'이라 칭
하였다. 비록 왕위는 끝내 지키지 못하였지만 근고(近古) 이래 예전에 없
었던 일이다.

　초(楚)를 그리워하던 항우는 관중(關中)을 버리고 고향에 돌아가 의제
(義帝)를 몰아내고 스스로 왕이 되었는데 항우는 제후들이 자기를 배반
하였다고 원망하였지만 그렇게 보기는 어렵다. 그는 공을 자랑하며 자신
의 지모(智謀)만을 믿고 옛 사람의 훌륭한 점을 본받지 않았다. 패왕(覇
王)의 공업을 이루었다 하여 천하를 무력으로 정벌하여 경영하려 하였
지만 결국 5년 만에 자신의 나라를 잃고 동성(東城)에서 죽고 말았다.

　그런데도 그는 자신의 잘못을 깨닫지 못하고 자책하는 마음이 없었으
니 이것이야말로 그의 큰 과오였다. 그는 '하늘이 나를 망하게 한 것이
지 결코 내가 용병을 잘못한 탓이 아니다.'라고 하였으니 이것이야말로
사리에 맞지 않는 커다란 과오가 아니겠는가!

---

77) 당시의 유생(儒生).

제8 고조본기(高祖本紀)

고조(高祖)[1]는 패현(覇縣) 풍읍(豊邑)의 중양리(中陽里) 사람으로 성은 유씨(劉氏)이고 자(字)는 계(季)이다. 아버지는 유태공(劉太公)[2]이고 어머니는 유온(劉媼)[3]이다.

일찍이 유온이 커다란 호숫가에서 쉬다가 잠깐 잠든 사이 문득 천신을 만나 교합(交合)하는 꿈을 꾸었다. 이때 느닷없이 번개가 치더니 온 천지가 칠흑처럼 깜깜해졌다. 태공은 아내가 걱정이 되어 찾아 나섰다 문득 교룡(蛟龍) 한 마리가 부인의 몸을 휘감고 있는 것을 발견하였다. 그 후 유부인은 임신하여 아이를 낳게 되었는데 그가 바로 고조(高祖)이다.[4]

고조는 콧마루가 오뚝하고 이마는 용(龍)의 이마처럼 튀어나왔으며, 잘 생긴 수염에다 왼쪽 넓적다리 위에는 일흔두 개의 까만 점이 있었다. 그는 천성적으로 자애롭고 관대하여 남에게 은덕 베풀기를 좋아하였으며, 성격이 활달하고 명랑하였다. 그는 일반 백성들처럼 농업에 종사하는 것을 꺼렸으며 늘 원대한 포부를 가지고 있었다.

청년 시절에 관리 임용 시험에 응시하여 사수정(泗水亭)[5]의 정장(亭長)이 되었는데 현청(縣廳) 관리들과 아주 막역하게 지내는 사이여서 그에게 짓궂은 놀림을 당하지 않은 자가 없을 정도였다.

---

1) 유방(劉邦)의 묘호(廟號)는 한 태조(漢太祖). 그의 자손과 신하들은 한(漢) 왕조를 세운 공적을 존숭하여 고황제(高皇商)라고 칭하였다. 관례상 고조(高祖)라 부른다.
2) 태공(太公)은 노인에 대한 존칭.
3) 온(媼)은 여자 노인에 대한 통칭. 유방의 부모 이름이 전해지지 않기 때문에 이렇게 칭한 것이다.
4) 중국에서 쉽게 접할 수 있는 귀인이나 성인의 탄생 전설(신화)이다.
5) 정(亭)은 그 당시 향(鄕) 이하의 지방 행정 조직. 고을 십 리(里)를 1정(亭), 십 개의 정을 향(鄕)으로 하였음.

또 그는 술과 여색을 좋아하여 하루가 멀다 하고 늘상 왕온(王媼)과 무부(武負)의 주막에 가서 외상으로 술을 마셔댔는데 곯아떨어질 때까지 자리에서 일어설 줄 몰랐다. 만취되어 잠든 그의 몸 위에는 늘 용 한 마리가 있었는데 왕온과 무부댁은 이를 보고 참으로 기이하게 여겼다. 고조가 주막에 와서 술을 마시는 날이면 신기하게도 평상시보다 몇 배나 더 술이 잘 팔렸다. 이렇게 진기한 광경을 목격한 뒤로부터 두 주막에서는 연말이면 으레 장부에서 그의 외상 거래 기록을 지워 버리고 술값을 탕감해 주었다.

예전에 고조는 함양에 나가 요역(徭役)을 치르게 되었다. 어느 날, 진시황의 순행(巡行)을 일반 백성들에게 특별히 허락하여 다른 사람들과 함께 도로 양편에 늘어서서 그 광경을 구경하게 되었는데 고조는 크게 감격하여 찬탄하였다.

"사내대장부라면 마땅히 저 정도는 되야지!"

단보현(單父縣)에 여공(呂公)이라는 자가 있었는데 그는 패현(覇縣)의 현령(縣令)과 아주 절친한 사이였다. 그는 원수를 피하기 위해 현령을 찾아왔는데 식객(食客)으로서 타향살이를 하다 나중에는 아예 가족들 모두 패현으로 이사 오게 되었다. 이 고을의 호족(豪族)들과 관리들은 현령의 관가에 귀한 손님이 찾아왔다는 소식을 듣고 축하 예물을 바치며 이를 축하하였다. 소하(蕭何)[6]는 예물을 관장하는 하급 관리 주리(主吏)[7]로서 축하 예물을 접수하고 있었다. 소하는 찾아온 손님들을 향해 말했다.

"영감님들, 축하 예물이 천 전(錢)이 되지 않는 분들은 당하(堂下)로

---

6) 유방을 도와 천하를 통일한 후 승상의 지위에 오름. 자세한 것은 「소상국세가」를 참조하기 바람.
7) 현령(縣令)을 도와 인사(人事)를 관장하는 미관말직.

앉으시죠."

고조는 정장(亭長)의 관직에 있을 때 이런 관리들을 언제나 경멸하였다. 그래서 사실은 단돈 한 푼도 가져오지 않았으면서 일부러 단자(單子) 위에 '축하금 일만 전'이라고 썼다. 고조의 단자를 건네받은 여공(呂公)이 이를 보고 깜짝 놀라 벌떡 일어나서 대문까지 나아가 영접하였다. 여공은 관상 보기를 좋아하는 사람이었는데 고조의 용모를 보더니 매우 정중하게 당상(堂上)에 앉도록 안내하였다. 소하가 말했다.

"유계(劉季)는 여태껏 입으로만 떠벌일 뿐 실제로 행한 적은 별로 없습니다."

고조는 이 기회에 자리에 모인 손님들 앞에서 그에게 모욕을 주려고 상석(上席)에 앉았으며 조금도 겸손함이 없었다. 마침내 주연이 파할 무렵 여공은 고조에게 제발 가지 말고 남아 달라고 눈빛으로 말하였다. 고조 등은 주연이 끝날 때까지 자리를 지켰다. 여공이 고조에게 말했다.

"저는 젊었을 때부터 다른 사람 관상 보기를 좋아하여 수많은 사람들의 관상을 보아 왔지만 당신처럼 귀인이 될 상[貴相]을 여태껏 본 적이 없습니다. 자중자애(自重自愛)하시어 몸가짐을 조심하시기 바랍니다. 원컨대 제게 여식(女息)이 하나 있는데 그 아이를 거두어 주셨으면 합니다."

주연이 끝나고 손님들이 모두 돌아간 뒤 여공의 아내는 남편에게 화를 냈다.

"당신은 딸을 남달리 금지옥엽(金枝玉葉)처럼 애지중지하시면서 귀인이 아니면 딸을 주지 않겠다고 하셨습니다. 그래서 절친한 패현 현령이 딸을 달라고 간청할 때조차도 거절하시더니 어찌 깊이 헤아려 보시지도 않고 유계(劉季)에게 시집보내겠다고 허락하셨습니까?"

여공이 말했다.

"당신 같은 아녀자들은 이해할 수 없을 것이오."

여공은 마침내 딸을 유계에게 출가시켰다. 여공의 딸이 바로 여후(呂后)[8]인데 그녀는 효혜제(孝惠帝)[9]와 노원공주(魯元公主)[10]를 낳았다.

고조가 정장(亭長)으로 재직하고 있을 때 틈틈이 휴가를 얻어 시골 고향에 다녀왔다. 하루는 여후가 두 아이를 데리고 밭에서 김을 매고 있는데 지나가던 어떤 노인이 다가와 물 좀 달라고 청하였다. 그녀는 물을 떠다가 그 노인에게 주었다. 노인은 여후를 자세히 바라보더니 이렇게 말하는 것이었다.

"부인께서는 천하의 귀인이 될 상(相)이십니다."

여후는 두 아이의 관상도 봐 달라고 청하였다. 노인은 효혜제를 바라보며 말했다.

"부인께서 현귀(顯貴)해지는 까닭은 바로 이 사내아이 덕입니다."

노인은 또 노원공주를 바라보더니 역시 귀인이 될 상이라고 말하였다. 노인이 간 뒤 마침 고조가 돌아오자 여후는 남편에게 조금 전에 있었던 일을 낱낱이 얘기하였다.

"여보, 길을 지나가던 나그네가 우리 모자(母子)의 관상을 보더니 장차 귀인이 될 상이라고 했어요."

고조는 아내에게 그 노인이 떠난 지 얼마나 됐느냐고 물었다. 그러자 여후가 대답했다.

"조금 전에 떠났으니 그리 멀리 가지는 않았을 거예요."

고조는 아내가 가리켜 준 쪽으로 부리나케 뒤쫓아가 노인에게 물었더니 그가 대답했다.

---

8) 고조의 왕후. 자세한 것은 「여태후본기」를 참조하기 바람.
9) 유방의 맏아들 유영(劉盈).
10) 효혜제(劉盈)의 누이. 노(魯)에 식읍(食邑)을 하사받았기 때문에 노원공주라 불리게 되었음.

"방금 당신의 부인과 아이들의 관상을 보았는데 당신과 흡사하였습니다. 당신은 귀인이 될 정말 좋은 길상(吉相)이오!"

고조는 노인에게 고맙다는 인사를 했다.

"만일 노인장께서 말씀하신 대로 되기만 한다면 결코 그 은혜를 잊지 않겠습니다."

훗날 고조가 현귀해진 뒤에 그 노인을 찾으려 했지만 끝내 종적조차 찾지 못하였다.

고조가 정장(亭長)으로 있을 때 그는 늘상 대오리[竹皮]로 엮어 짠 갓 [冠]을 즐겨 썼는데 포졸[求盜][11]을 설현(薛縣)에 파견하여 갓을 맞추었다. 현귀해진 후에도 그는 늘상 그 갓을 쓰고 다녔다. 훗날 사람들이 말하는 '유씨의 갓(劉氏冠)'이란 바로 이러한 종류의 갓을 이르는 것이다.

어느 날 고조가 정장(亭長) 신분으로 도형(徒刑)[12]을 치루는 죄수들을 여산(酈山)으로 압송하게 되었는데 도중에 많은 죄수들이 도주하였다. 여산에 도착하면 죄수들이 모두 달아나 버릴 것이라고 고조는 예측했다. 풍읍(豐邑)의 서쪽에 있는 늪지대에 이르러 가던 길을 멈추고 모두 휴식을 취하며 술을 마셨다. 밤이 이슥해지자 고조는 나머지 죄수들을 풀어 주며 말했다.

"모두들 도망쳐라! 나도 지금부터 도망치겠노라."

그러자 죄수들 가운데 힘센 장정들 십여 명이 도망가지 않고 그를 따르기를 원하였다. 술에 만취한 고조는 사람을 내보내 그날 밤 샛길을 통해 늪지대를 통과할 만한 길을 찾아보도록 하였다. 길을 찾으러 갔던 사람이 돌아와 고조에게 보고하였다.

"커다란 뱀 한 마리가 길을 가로막고 있어서 우회해야 하겠습니다."

---

11) 구도(求盜)는 도둑을 잡는 일을 맡은 정장(亭長) 수하의 미관말직.
12) 강제 노역을 치루는 형벌.

고조는 술에 취하여 혀 꼬부라진 소리로 말하였다.

"사내대장부가 길을 가는데 뭘 두려워한단 말이냐!"

이렇게 말하며 달려가 칼을 뽑더니 뱀을 죽여 버렸다. 길을 가로막고 있던 뱀이 두 동강 나자 길이 뚫렸다. 다시 몇 리쯤 가다 고조는 취기가 발동하여 이내 땅바닥에 드러누워 잠이 들고 말았다. 고조가 잠든 사이에 뒤따르던 사람들이 그가 뱀을 죽인 곳으로 가 보니 어떤 노파가 슬피 울고 있었다. 노파에게 왜 여기서 울고 있느냐고 묻자 그 노파가 대답했다.

"누가 우리 아들을 죽여서 이렇게 울고 있습니다."

그들 가운데 한 사람이 다시 물었다.

"당신의 아들은 왜 죽임을 당하였습니까?"

그러자 노파가 대답했다.

"내 아들은 백제(白帝)의 아들[13]인데 뱀으로 변신하여 길을 가로막고 있었소. 그런데 방금 적제(赤帝)의 아들[14]이 제 아들을 죽였다오."

그들은 노파가 터무니없는 말을 늘어놓는다고 여겼다. 그래서 허튼 소리로 미혹시킨 죄로 그 노파를 관가에 고발하여 따끔한 맛을 보여 주려던 순간 노파는 홀연히 사라졌다.

그들이 고조가 잠든 곳으로 가 보니 고조는 깨어 있었다. 조금 전에 일

---

13) 중국 고대 신화상 오제(五帝)의 하나. 서쪽을 다스리고 오행(五行) 중 금덕(金德)에 속한다고 함. 일찍이 진 양공(秦襄公)은 진(秦)이 서방에 위치하여 스스로 백제(白帝)의 자손이라고 칭하였다.

14) 적제는 전설상 오제(五帝)의 하나. 오방(五方) 중 남방에 속하며 오행(五行) 중 화덕(火德)에 속함. 적제의 아들은 유방 자신을 가리키며 백제의 아들은 진(秦) 왕조를 가리킨다. 오덕종시설(五德終始說)에 의하면 火가 金을 이긴다(火剋金). 백제의 아들[金德]이 적제의 아들[火德]에게 피살됨은 진 왕조(金)가 한 왕조(火)에 의해 멸망됨을 암시하고 있다. 이는 진시황이 수덕(水德)을 숭상한 것과는 다르다. 한(漢) 왕조에서는 적제를 숭상하고 적제의 자손으로 여겼다.

어났던 일을 낱낱이 보고하자 이를 듣고 있던 고조는 은근히 기뻐하며 자신이 결코 범상한 사람이 아니라는 것을 느끼게 되었다. 그를 따르는 사람들도 날이 갈수록 점점 더 그를 경외(敬畏)하기 시작했다.

진시황은 늘상 입버릇처럼 말했다.

"동남쪽에 천자(天子)의 기운[15]이 감돌고 있다."

그래서 진시황은 동방을 순수(巡符)한다는 구실을 붙여 아예 천자의 기운을 제압하려고 하였다. 고조는 이 일과 자신이 무관하지 않다고 여기고 피신할 필요성을 느껴 망산(芒山)과 탕산(湯山) 일대의 깊은 산과 호수 속에 꼭꼭 숨어 지냈다. 여후(呂后)는 사람들과 함께 남편을 찾아가고는 했는데 그럴 때마다 어김없이 남편이 있는 곳을 금방 찾아냈다. 이를 이상히 여긴 고조가 어떻게 찾았느냐고 묻자 여후가 대답했다.

"당신이 숨은 곳 위에는 언제나 운기(雲氣)가 감돌고 있어요. 그래서 그 구름만 따라가면 당신이 있는 곳을 찾아낼 수 있지요."

고조는 기뻤다. 패현(霸縣)의 청년들은 이 기이한 일을 전해 듣고 그를 더욱 따르게 되었다.

진(秦) 2세(二世)[16] 원년(B.C. 209) 가을, 진승(陳勝)[17] 등이 기현(蘄縣)에서 진(秦)에 반기를 들고 봉기하여 진현(陳縣)에 이르자 스스로 왕이 되어 '장초(張楚)'[18]라 칭하였다. 각 군현의 여러 지방에서는 관리를 죽이고 진승에게 호응하였다. 패현(沛縣) 현령은 두려운 나머지 패현 사람들을 이끌고 진승에게 호응하려고 하였다. 그러자 주리(主吏) 소하(蕭

---

15) 천자가 머무는 곳의 하늘에는 항상 특별한 운기(雲氣)가 감돌게 된다고 방사(方士)들이 주장한 미신.
16) 영호해(嬴胡亥). 기원전 210~207 재위.
17) 진나라 말기 봉기를 일으킨 우두머리. 자(字)는 섭(涉), 양성(陽城) 사람. 자세한 것은 「진섭세가」를 참조하기 바람.
18) '초나라를 장대(張大)하게 한다.'는 슬로건으로 내세운 것임.

何)와 옥리(獄吏) 조참(曹參)[19]이 그에게 말했다.

"나리께서는 진 왕조의 녹을 먹는 관리인데 진 왕조를 배반하고 패현의 젊은이들을 이끈다면 아무도 나리의 명을 따르지 않을 것입니다. 생각컨대 밖으로 도망친 자들을 모두 소환하시면 수백 명은 얻을 수 있을 것이며, 그 사람들만 가지고도 민중을 제압할 수 있을 것입니다. 그러면 민중이 감히 나리의 명을 거역하지 못할 것입니다."

패현의 현령은 번쾌(樊噲)[20]를 파견하여 유계(劉季)를 불러들였다. 그리하여 유계는 번쾌를 따라 다시 패현으로 되돌아오게 되었다. 이때 유계의 수하에는 이미 수천 명이 있었다. 현령은 다시 후회하였다. 유계가 오면 무슨 변고나 생기지 않을까 우려한 나머지 성문을 굳게 닫고 철통같이 방비하여 유계의 무리가 성안으로 들어오지 못하게 한 다음 소하와 조참을 죽이려 하였다. 소하와 조참은 두려운 나머지 성을 넘어가 유계에게 의탁하였다.

유계는 패현의 웃어른들께 고하는 편지를 비단에 써서 화살에 묶어 성안으로 쏘았다.

"천하 사람들이 진 왕조의 폭정에 시달린 지 이미 오래 되었습니다. 어른들께서는 비록 패현의 현령을 위해 성을 지키고 있지만 지금 각지의 제후들이 봉기하였으니 바야흐로 패현은 도륙당할 위험에 직면해 있습니다. 모두 함께 현령을 죽이고 유능한 자를 우두머리로 뽑아 제후들에게 호응한다면 당신들의 집안은 온전할 것입니다. 그렇지 않으면 늙은이

---

19) 한(漢)의 공신. 나중에 소하(蕭何)의 뒤를 이어 상(相)의 지위에 오름. 자세한 것은「조상국세가」를 참조하기 바람.

20) 유방과 동향인. 본시 개를 잡는 것을 업으로 삼는 백정에 지나지 않았으나 유방을 도와 공을 세워 나중에 좌승상의 지위에 오르고 무양후(舞陽侯)에 봉해졌다. 자세한 것은 「번쾌열전」을 참조하기 바람.

젊은이 가릴 것 없이 모조리 도륙당하게 될 것인즉 이는 참으로 개죽음 만큼이나 무가치한 일이 아니고 무엇이겠습니까."

이에 성안의 어른들이 젊은 자제(子弟)들과 힘을 합쳐 현령을 죽이고 나서 성문을 활짝 열어 유계를 맞이하였다. 그리고 그를 패현의 현령으로 추대하고자 하니 유계가 말하였다.

"지금 천하가 어지러워지고 제후들이 군사를 일으킨 마당에 우두머리를 잘못 뽑는 날에는 여지없이 패배하고 말 것입니다. 죽음이 두려워서가 아니라 내가 무능하여 여러분을 온전히 보호할 수 있을지 그것이 우려되는 것입니다. 이는 참으로 중요한 일이니 원컨대 유능한 적임자를 선출해 주시기 바랍니다."

소하와 조참 등은 모두 문관(文官)들인지라 일가족의 생명을 보전하는 것을 중요하게 여겼다. 만에 하나라도 대사를 그르치는 날에는 진 왕조에게 멸족을 당할까 두려웠기 때문에 극구 유계를 우두머리로 추대하였다. 부로(父老)들이 입을 모아 말했다.

"우리들은 그대에 관한 갖가지 놀랍고 진기한 얘기를 익히 들었소. 그대는 틀림없이 현귀(顯貴)해질 것이며 우리가 점쳐 보니 그대보다 더 길한 인물이 없었소."

유계는 재삼 이를 사양하였다. 그렇지만 아무도 감히 나서지 못하고 최후에는 다시 유계를 패공(沛公)²¹⁾으로 세웠다. 마침내 유계는 패현의 관아(官衙)에서 황제(黃帝)²²⁾와 치우(蚩尤)²³⁾에게 제사를 올리고, 산 제물

---

21) 초나라 사람들은 현령(縣令)을 흔히 공(公)이라 불렀다. 패공은 '패현의 현령' 이라는 뜻이다.
22) 중국 전설상 오제(五帝)의 한 사람. 중원(中原) 각 부족의 두령, 성은 희(姬), 헌원씨(軒轅氏). 자세한 것은 「오제본기」를 참조하기 바람.
23) 중국 신화 전설상 부족 두령. 그는 처음으로 무기를 만들었으며 황제(黃帝)에게 반기를 들어 일전을 벌이다가 죽었다고 전해짐. 황제(黃帝)는 전술에 뛰어나고 치우는 무기를 처음으로 만들었다고 하여 흔히 출병하기에 앞서 이 둘에게 제사를 올려 보우해 주기를 기원하였다.

[犧牲]을 잡아 그 피를 북[戰鼓]과 깃발[戰旗]에 발라²⁴⁾ 신에게 제사를 올렸다. 군기(軍旗)의 색깔은 붉은색으로 하였다. 예전에 죽임을 당한 뱀이 백제(白帝)의 아들이며 그 뱀을 죽인 자는 적제(赤帝)의 아들이었기 때문에 붉은색을 숭상하게 되었던 것이다.

그리하여 소하·조참·번쾌 등 용감하고 의협심이 강한 젊은 현리(縣吏)들은 패현의 청년자제들을 징집하여 대오를 편성하니 도합 이삼천 명에 달했다. 그들은 호릉(胡陵)과 방여(方與)를 공략한 후 회군하여 풍읍(豊邑)에 주둔하였다.

진 2세(秦二世) 2년(B.C. 208), 진승(陳勝)의 부장(部將)인 주장(周章)²⁵⁾이 군사를 거느리고 서쪽의 희수(戲水)를 공격하였지만 패하여 돌아왔다. 연(燕)·조(趙)·제(齊)·위(魏)가 잇달아 독립하여 스스로 왕을 세웠고, 항량과 항우도 오현(吳縣)에서 군사를 일으켰다.

진 왕조의 사천군(泗川郡) 군감(郡監)²⁶⁾인 평(平)은 이때 군사를 거느리고 풍읍(豊邑)을 포위 공격하였다. 이틀 후 패공은 출병하여 적을 맞아 싸워 진군(秦軍)을 격파하였다. 패공은 옹치(雍齒)에게 명하여 풍읍을 지키도록 한 후 자신은 군사를 이끌고 설현(薛縣)을 공격하였다. 사천(泗川) 군수 장(莊)은 설현에서 패전하여 척현(戚縣)으로 달아났다. 패공의 좌사마(左司馬) 조무상(曹無傷)은 그를 사로잡아 죽였다. 항보(亢父)에서 회군하여 방여(方與)에 이르는 동안 패공은 교전할 적(敵)이 없었다.

---

24) 북과 깃발에 희생의 피를 바르는 것은 고대 의식의 일종.

25) 진승이 봉기하였을 때 장수로 군사를 이끌고 관중(關中)에 들어갔다가 진(秦) 장군 장한(章邯)에게 패하여 자살하였음.

26) 군(郡)의 감찰관. 진나라 때 군(郡)에는 수(守)·위(尉)·감(監) 삼관(三官)을 두었는데 수(守)는 행정의 수장(首長)이며 위(尉)는 군사(軍事)를 감독하며 감(監)은 관리들을 감찰하였다. 이들을 조정에서 파견한 어사(御史)로 임명하였다.

이때 진승은 위(魏) 출신 주불(周市)²⁷⁾에게 군대를 주어 공격케 하여 땅을 점령하였다. 주불은 사신을 보내 옹치(雍齒)에게 말했다.

"풍읍은 일찍이 우리 위왕(魏王)께서 도읍을 천도하신 곳이다. 이제 우리 위(魏)나라가 수십 개의 성을 수복하였다. 지금 그대가 위(魏)에 투항한다면 후(侯)에 봉하고 그대로 하여금 풍읍을 지키도록 하겠다. 만일 투항하지 않으면 우리는 풍읍을 격파하고 살육을 자행할 것이다."

옹치는 본디 패공에게 귀의하기를 원치 않았다. 그런데 지금 다시 위(魏)에서 투항할 것을 권유하자 그는 패공에게 등을 돌리고 위(魏)를 위해 풍읍을 지키게 되었다.

패공은 군사를 거느리고 풍읍을 공격하였지만 점령하지 못하였다. 패공은 병이 나서 하는 수 없이 패현으로 되돌아갈 수밖에 없었다. 패공은 옹치와 풍읍의 자제들이 자신을 저버린 것에 원한을 품게 되었다. 그는 동양현(東陽縣)의 영군(寧君)과 진가(秦嘉)²⁸⁾가 유현(留縣)에서 경구(景駒)²⁹⁾를 임시 왕으로 옹립하였다는 소식을 듣자 즉시 경구에게 귀의하여 풍읍을 공격하는 데 필요한 군대를 빌릴 생각이었다.

이때 진군(秦軍)의 주장(主將) 장한(章邯)³⁰⁾은 군사를 동원하여 진승을 추격했으며, 별장(別將) 사마(司馬) 인(尸)은 북으로 초(楚) 땅을 평정하고 상현(相縣)에서 닥치는 대로 살육을 자행한 후 탕현(碭縣)에 도착하였다.

동양(東陽) 사람 영군(寧君)과 패공은 군사를 이끌고 서쪽으로 진격하여 소현(蕭縣)의 서쪽에서 교전하였으나 승리하지 못하였다. 그들은 즉

---

27) 진승(陳勝) 수하의 장수. 나중에 秦의 장군 장함에게 피살당함.
28) 진승에 호응하여 기병(起兵)한 능현(凌縣) 사람.
29) 전국시대 초나라 왕족의 후예. 성은 경(景), 이름은 구(駒).
30) 진나라 장군이었으나 나중에 항우에게 투항하였으며 최후에는 유방의 군대에게 패하여 자살하였다.

시 유현(留縣)으로 퇴각하여 흩어진 병사들을 다시 거두어 전열을 가다듬은 후 다시 탕현을 공격한 끝에 사흘 만에 탕현을 점령하였다. 그리하여 투항한 탕현의 병사들을 거두어 다시 재편성하니 군사는 오륙천 명으로 불어났다. 다시 하읍(下邑)을 공격하여 점령한 다음 회군하여 풍현(豊縣)으로 돌아왔다.

패공은 항량(項梁)이 설현(薛縣)에서 백여 명의 수행 기병(騎兵)을 대동하고 만나자는 제의를 들었다. 항량은 패공에게 병사 오천 명과 오대부(五大夫)급에 해당하는 장수 십오 명을 증파하였다. 패공은 돌아와 다시 군사를 이끌고 풍읍을 공격하였다. 패공이 항량을 따른 지 1개월 남짓 되었을 때 항량은 양성(襄城)을 공략하고 돌아왔다.

항량은 각지의 별장(別將)들을 설현에 소집하였다. 진승이 분명히 죽었다는 소식을 듣고 초나라의 후손 — 회왕(懷王)의 손자 — 웅심(熊心)을 초왕(楚王)으로 옹립하고[31] 우대(盰臺)를 도읍으로 삼았다. 항량은 무신군(武信君)이라 칭하였다.

수개월 후, 초군(楚軍)은 북으로 항보(亢父)를 공격하여 동아(東阿)를 구원하고 진군(秦軍)을 격파하였다.

제군(齊軍)이 군사를 거두어 돌아가자 초군(楚軍)은 패하여 달아나는 적병을 계속 추격하는 한편, 별도로 패공과 항우를 파견하여 성양(城陽)을 공격하여 함락시키고 도륙하였다. 그리고 나서 복양(濮陽)의 동쪽에 포진하고 진군(秦軍)과 교전하여 대파하였다.

진군(秦軍)은 다시 전열을 가다듬고 사기를 진작시킨 후 적군을 방어하기 위해 성 둘레에 도랑[垓字]을 파고 물을 끌어들였다. 초군은 철수하

---

31) 초 회왕[熊槐]은 초나라가 진 소왕(秦昭王)에 의해 진나라로 편입된 이후 죽을 때까지 줄곧 그곳에서 살았다. 초나라 사람들이 늘 그를 그리워하던 차에 항량이 기병(起兵)한 후 민가에 살던 초 회왕의 손자 웅심을 초(楚)의 왕으로 추대하고 초 회왕이라 칭하였다.

여 정도(定陶)를 공격하였으나 점령하지 못하였다. 패공과 항우는 계속 서쪽으로 진격하여 옹구성(雍丘城) 아래에서 진군(秦軍)과 교전하여 크게 격파하고 이유(李由)[32]를 참수하였다. 다시 회군하여 외황(外黃)을 공격하였으나 점령하지 못하였다.

항량은 진군(秦軍)을 잇달아 격파하고 나자 그의 얼굴에 교만한 기색이 넘쳐흐르기 시작했다. 송의(宋義)[33]가 충고하였으나 항량은 그의 말에 귀를 기울이지 않았다.

진 왕조는 장함에게 구원 병력을 증파하여 병사들에게 하무를 물리고 [銜枚][34] 야간에 항량을 기습 공격하여 정도(定陶)에서 초군을 대파하였으며 항량은 전사하였다.

이때 패공과 항우는 진류(陳留)를 공격하던 중에 항량이 전사하였다는 소식을 듣자 병력을 이끌고 여신(呂臣)[35] 장군과 함께 동으로 진격하였다. 여신의 군대는 팽성 동쪽에 포진하였고, 항우의 군대는 팽성의 서쪽에 진을 쳤으며, 패공의 군대는 탕현 일대에 주둔하였다.

장함은 항량의 군대를 격파한 후 초(楚)의 군사는 대수롭지 않게 여겨 황하를 건너 북의 조군(趙軍)을 대파하였다. 당시 조헐(趙歇)[36]이 조나라의 왕이었으며 진(秦) 장군 왕리(王離)[37]가 그를 거록성(鉅鹿城)에서 포

---

32) 진(秦) 승상 이사(李斯)의 아들. 그 당시 삼천군(三川郡)의 군수(郡守)로 재임하고 있었음.
33) 전국시대 말년 초나라의 영윤(令尹). 나중에 항우가 진나라에 반기를 들고 기병하자 그를 따랐다. 그 후 상장군(上將軍)에 임명되어 '경자관군(卿子冠軍)'이란 칭호를 얻었으나 항우에게 살해당하였음. 자세한 것은 「항우본기」를 참조하기 바람.
34) 옛날에 군대가 비밀 행동을 할 때 군졸들이 떠들지 못하도록 입에 젓가락 모양의 나무 막대기(하무 : 枚)를 가로로 물리고 그 양 끝에 끈을 매달아 목에 묶었는데 이를 함매(銜枚)라 함.
35) 본래 진승의 부장(部將)이었으나 진승이 패한 후 패잔병을 거두어 '창두군(蒼頭軍)'으로 편성한 후 진군(陳郡)을 수복하고 수차에 걸쳐 진나라의 군사를 격파하고 항량에게 귀속하였음.
36) 전국시대 조(趙)나라의 후예. 진승이 기병한 후 조(趙)의 왕으로 추대되었음.
37) 진나라 명장 왕전(王翦)의 손자.

위 공격하고 있었는데 이것이 이른바 '하북의 군대(河北之軍)' 이다.

진 2세(秦二世) 3년(B.C. 207), 초 회왕(楚懷王)은 항량의 군대가 참패하자 두려운 나머지 도읍을 우대(旰臺)에서 팽성(彭城)으로 천도하여 여신(呂臣)·항우의 군대와 합병한 다음 자신이 직접 통솔하였다. 그리고 패공을 탕군(碭郡)의 군장(郡長)에 임명하고 무안후(武安侯)에 봉하여 탕군의 병마를 통솔하게 하였다. 또 항우를 장안후(長安侯)에 봉하고 노공(魯公)이라 칭하였다. 또한 여신을 사도(司徒)에 임명하였으며 그의 부친 여청(呂靑)을 영윤(令尹)[38]에 임명하였다.

조(趙)에서 구원을 요청하자 초 회왕은 송의를 상장군(上將軍)에, 항우를 차장(次將)에, 범증(范增)을 말장(末將)에 각각 임명하여 북으로 진격하여 조를 구원해 주었다. 이와 동시에 패공에게 명하여 서쪽의 관중(關中)[39]을 향해 진군하도록 하였다. 초 회왕은 장군들 누구든지 가장 먼저 관중에 입성하는 자를 관중의 왕으로 삼겠다고 약속하였다.

그 당시 진군(秦軍)은 여전히 강성하여 언제나 상대를 패주시켰기 때문에 초(楚)의 장군들 가운데 관중(關中)에 먼저 입성하는 것이 유리하다고 보는 자는 단 한 사람도 없었다. 오로지 항우만이 자기의 숙부 항량을 격파했던 진군(秦軍)에게 원한에 사무쳐, 패공과 함께 서쪽으로 진격하여 관중에 입성하기를 원하였다. 회왕 수하의 노장군들이 입을 모아 말했다.

"항우는 사람됨이 포악하고 성미가 거칠며 간교하고 잔인하기 이를 데 없습니다. 예전에 그가 양성(襄城)을 공격하여 점령하였을 때 성안의

---

38) 승상(丞相)에 상당하는 초(楚)의 관직명.
39) 일반적으로 함곡관 서쪽, 산관(散關) 동쪽, 소관(蕭關) 남쪽, 무관(武關) 북쪽을 관중(關中)이라 일컫는다. 주 평왕(周平王)이 주(周)나라 도읍을 동쪽 낙읍(洛邑)으로 천도한 이후 줄곧 진(秦)이 이 지구를 차지하고 있었기 때문에 통상 진(秦)의 영토를 관중이라 부르게 되었다.

병사들과 민간인들을 씨도 남기지 않고 모조리 생매장하여 죽여 버린 적
이 있습니다. 그가 지나는 지역마다 잔인무도하게 학살당하기 일쑤였습
니다. 더욱이 초군(楚軍)은 수차에 걸쳐 경솔하게 진군하였기 때문에 진
왕(陳王)과 항량이 이로 말미암아 실패를 자초하였습니다.

그러니 차라리 관대하고 경험이 풍부하며 노련한 사람으로 대체하여
정의(正義)를 좇아 군사를 이끌고 서쪽으로 진격하여 진(秦)의 부형(父
兄)들에게 도리를 천명하는 것이 더 나을 것입니다. 진(秦)의 부형(父兄)
들은 그들의 군주 밑에서 시달린 지 이미 오래 되었기 때문에 정말로 능
력 있고 관대한 장자(長者)가 나아가 포악한 짓을 일삼지 않는다면 관중
(關中)은 반드시 공략할 수 있을 것입니다. 오로지 패공만이 관대하고 충
직한 장자(長者)이니 그를 파견하는 것이 옳습니다."

결국 회왕은 항우의 청을 윤허하지 않고 패공으로 하여금 군사를 거느
리고 서쪽으로 진격하여 땅을 점령하도록 하는 한편, 동시에 진승과 항
량의 흩어진 군대를 거두어들이도록 하였다.

패공은 탕현을 거쳐 성양(城陽)에 이르러 강리(杠里)에 주둔한 진군(秦
軍)과 맞붙어 두 부대를 격파하였다. 초군(楚軍)은 다시 출병하여 진(秦)
의 장군 왕리(王離)를 기습하여 크게 격파하였다.

패공은 군사를 거느리고 용감하게 서쪽으로 진격하다가 창읍(昌邑)에
서 팽월(彭越)[40]을 만나 힘을 합쳐 진군(秦軍)을 공격하였지만 함락하지
못하였다. 율현(栗縣)으로 회군하여 강무후(剛武侯)를 만나 그의 군대를
빼앗으니 대략 사천여 명에 이르렀다. 다시 위(魏)의 장군 황흔(皇欣)과

---

40) 진승이 기병하자 이에 호응하여 진에 반기를 들고 기병을 하였으며 유방에게 귀의하였다. 한
   나라 초에 양왕(梁王)에 수봉(受封)되었으나 나중에 유방에게 죽임을 당함. 자세한 것은 「팽
   월열전」을 참조하기 바람.

위(魏)의 신도(申徒) 무포(武蒲)의 군대와 연합하여 창읍을 공격하였으나 점령하지 못하였다. 패공은 창읍을 그대로 두고 서쪽으로 계속 진격하였다.

그들이 고양(高陽)을 넘을 때 성문을 지키는 병졸 역이기(酈食其)[41]가 말했다.

"이곳을 넘은 장군들 가운데 패공께서 가장 도량이 크시고 충직한 장자(長者)이십니다."

하며 패공에게 유세(遊說)하기를 청하였다. 패공은 이때 탁자에 앉아 두 다리를 쩍 벌리고서 두 여자를 시켜 발을 씻기도록 하고 있었다. 역생(酈生)은 몸을 굽혀 절을 하지 않고 다만 정중하게 읍(揖)의 예를 표하고 나서 말했다.

"장군께서 포악무도한 진 왕조를 타도하려 하신다면 이렇게 다리를 쭉 뻗은 채 거만한 태도로 장자(長者)를 접견하셔서는 안 됩니다."

그러자 패공이 벌떡 일어나 옷매무새를 단정히 하고 그에게 정중히 사과한 후 상석(上席)에 앉도록 권하였다. 역이기는 패공에게 진류(陳留)를 기습 공격하여 진군(秦軍)의 군량미를 탈취할 것을 권하였다. 패공은 역이기를 광야군(廣野君)에 봉하고 역상(酈商)[42]을 장군에 임명하여 진류의 군대를 통솔하게 한 후 힘을 합쳐 개봉(開封)을 공격하였으나 점령하지 못하였다.

서쪽으로 진격하는 도중에 패공은 진(秦)의 장군 양웅(楊熊)과 백마(白馬)에서 교전하였고 다시 곡우(曲遇)의 동쪽에서 맞붙어 싸워 진군(秦軍)을 대파하였다. 양웅은 형양(滎陽)으로 달아났으나 진 2세(秦二

---

41) 유방의 모사(謀士)이자 세객(說客). 자세한 것은 「역생육가열전」을 참조하기 바람.
42) 역이기의 아우. 자세한 것은 「번역등관열전」을 참조하기 바람.

世)는 사자를 보내 그를 참수하여 군중에게 보였다.

패공은 남쪽으로 공격하여 영양(穎陽)을 공략한 후 모조리 도륙하였다. 장량(張良)의 협조를 받아 마침내 한(韓)의 환원(轘轅)을 점령하였다. 이때 조(趙)의 별장(別將) 사마앙(司馬卬)[43]이 황하를 건너 관중(關中)을 공격하려 하자 패공은 북으로 진격해 평음(平陰)을 공격하여 황하의 나루터를 봉쇄하였다. 다시 남으로 진격하여 낙양 동쪽에서 진군(秦軍)과 교전하였으나 승리를 거두지 못하였다. 양성(陽城)으로 퇴각한 후 군중의 기병(騎兵)을 모아 주현(犨縣) 동쪽에서 남양(南陽) 군수 여의(呂齮)와 교전하여 진군(秦軍)을 격파하였다.

패공이 승세를 몰아 남양군(南陽郡)을 점령하자 여의는 완성(宛城)으로 달아나 그곳을 지켰다. 패공은 완성을 우회하여 군사를 이끌고 서쪽으로 진격하였다. 그러자 장량이 패공에게 충고하였다.

"패공께서는 비록 관중에 입성하는 것이 화급한 일이지만 눈앞의 진군(秦軍)은 아직도 세력이 강하여 요새를 점거하고 완강히 저항하고 있습니다. 지금 완성(宛城)을 점령하지 못하면 완성의 수비병들이 배후에서 공격하고 강성한 진군이 앞에서 우리의 진로를 가로막을 것인즉 이는 실로 위험천만한 일이 아닐 수 없습니다."

그리하여 패공은 그날 밤 군사를 이끌고 샛길로 질러가 깃발을 바꾸고 날이 샐 무렵에는 완성을 겹겹이 포위하였다. 이에 남양 군수가 자살하려고 하자 그의 심복 진회(陳恢)가 말렸다.

"자살을 기도하시는 것은 아직 시기상조입니다!"

진회는 성벽(城壁)을 넘어 패공을 만나 이렇게 말했다.

---

43) 본래 조(趙)의 장군이었으나 나중에 항우에게 귀의하여 은왕(殷王)에 봉해지고 그 후 유방에게 투항하였음.

"제가 듣자니 회왕께서는 함양에 먼저 입성하는 장군을 관중(關中)의 왕으로 삼겠다고 약속하셨다지요. 이제 패공께서 이곳에 머무르시면 완성(宛城)이 정말로 큰 도성이라는 것을 아시게 될 것입니다. 수십 개의 성이 잇닿아 있고 백성들의 수가 많음은 물론 양식이 풍부하며 성안의 병사들과 민간인들은 하나같이 투항하는 것을 죽음으로 생각하고 있습니다. 그래서 모두들 성에 올라 죽음을 무릅쓰고 필사적으로 지킬 각오가 대단합니다.

만일 패공께서 여기에 머물러 공격을 감행하신다면 반드시 많은 사병들이 죽고 다치게 될 것입니다. 또한 포위망을 풀고 군사들을 이끌고 가신다면 완성을 지키는 군사들이 뒤이어 추격할 것입니다. 그렇게 되면 패공께서는 함양에 먼저 입성할 기회를 놓치게 됩니다. 뿐만 아니라 강성한 완성의 군대에게 기습당할 위험에 처하게 될 것입니다.

패공을 위해 저의 계책을 말씀드리거니와 남양 군수에게 투항을 권유하여 그를 후(侯)에 봉하고 계속 남양에 머물러 지키도록 하겠다고 분명히 약조하시기 바랍니다. 그러면 패공께서는 완성의 병사들을 거느리고 서쪽으로 진격하실 수 있습니다.

또한 투항하지 않은 다른 성들도 이 소식을 들으면 반드시 앞을 다투어 성문을 활짝 열고 패공을 맞아들일 것입니다. 그러면 패공께서는 아무런 장애도 받지 않고 순조롭게 진격하실 수 있습니다."

패공은 이에 흔쾌히 동의하고 완성(宛城)의 군수를 은후(殷侯)에 봉하고 진회(陳恢)에게는 봉읍으로 일천 호(戶)를 하사했다. 패공이 이렇게 대군을 거느리고 서쪽으로 진격해 나가자 이르는 성마다 투항하지 않는 자가 없었다. 단수(丹水)에 다다르니 고무후(高武侯) 새(鰓)와 양후(襄侯) 왕릉(王陵)도 서릉(西陵)에서 투항하였다.

패공은 다시 회군하여 호양(胡陽)을 공격하고 파군(番郡)[44]의 별장(別

將) 매현(梅鋗)을 만나 그와 함께 석현(析縣)과 여현(酈縣)을 공략하였다.
패공은 위(魏)나라 사람 영창(寧昌)을 관중(關中)에 사신으로 파견하였
으나 영창은 돌아오지 않았다. 이때 진(秦) 장군 장함이 군사를 이끌고
조(趙)에서 항우에게 투항하였다.

애초에 항우와 송의(宋義)는 북으로 진격하여 조(趙)를 구원하였다. 항
우가 송의를 죽이고 그를 대신하여 상장군(上將軍)이 되자 경포(黥布)[45]
등 뭇 장군들이 모두 항우에게 귀순했다. 뒤이어 항우가 진(秦) 장군 왕
리(王離)를 격파하고 진(秦) 장군 장함이 항우에게 투항하니 제후들이
다투어 항우에게 귀순하였다.

조고(趙高)[46]가 진 2세(秦二世)를 시해한 후 패공에게 사람을 보내 관
중(關中)을 분할하여 각자 왕이 될 것을 제안하였다. 패공은 이것을 음모
라고 보는 장량의 계책을 받아들여 역생(酈生)[47]과 육가(陸賈)[48]를 보내
유인책을 펴서 진(秦)의 장군을 설득하는 한편, 기회를 틈타 무관(武關)
을 기습하여 진군(秦軍)을 대파하였다. 뒤이어 남전(藍田) 북쪽에서 교
전하여 대승을 거두고, 승세를 몰아 추격한 끝에 마침내 진군(秦軍)을 완
전히 격파하였다.

한(漢) 원년(元年 : B.C. 206)[49] 10월, 패공의 군대가 드디어 여러 제후

---

44) 오예(吳芮). 파양(番陽) 사람. 진(秦)나라 때 파양의 현령을 지내 민심을 얻어 파군(番君)이란
 칭호를 얻음. 진승이 기병한 후 영포(英布)와 함께 진나라에 반기를 들었다.
45) 본래의 이름은 영포(英布). 경형(黥刑 : 墨刑)을 당한 후 사람들이 경포라 부르게 되었다. 자세
 한 것은 「경포열전」을 참조하기 바람.
46) 진(秦)의 환관으로 진시황 때 중거부령(中車府令)의 지위에 오름. 자세한 것은 「진본기」 및
 「진시황본기」를 참조하기 바람.
47) 역이기(酈食其).
48) 유방의 모사(謀士).
49) 그 해에 유방을 한왕(漢王)으로 봉(封)하였기 때문에 한 원년(漢元年)으로 칭하게 되었는데 이
 것이 한(漢) 기원(紀元)의 개시이다. 진(秦) 왕조는 하력(夏曆) 10월을 한 해의 시작[歲首]으로
 삼았다. 한(漢) 왕조는 진(秦)을 계승하여 원년 10월을 한 원년(漢元年)의 정월로 삼게 되었다.

들보다 앞서 패상(霸上)에 이르렀다. 진왕(秦王) 자영(子嬰)⁵⁰⁾은 흰 말이 끄는 흰 수레를 타고 목에 인끈을 매단 채 두 손으로 공손히 황제의 옥새와 부절(符節)을 받들고 지도(軹道)에서 패공에게 항복하였다. 뭇 장수들이 입을 모아 진왕(秦王)을 죽여야 한다고 주장하였으나 패공은 이에 반대했다.

"애초에 회왕이 나를 파견한 것은 내가 관대하기 때문이었다. 그런데 모두 항복한 마당에 또 다시 살육을 자행하는 것은 상서롭지 못한 일이다."

그리하여 진왕(秦王)을 죽이지 않고 담당 관원에게 넘겨 처리하게 한 뒤 패공 자신은 군대를 거느리고 서쪽으로 진군하여 함양에 입성하였다. 패공은 진(秦)의 군중에서 주둔하려고 하다가 번쾌와 장량의 건의를 받아들여 궁전의 각종 진기한 보물과 재물 및 창고를 모두 봉인한 후 군대를 이끌고 패상(霸上)으로 물러나 그곳에 주둔하였다.

패공은 인근 각 현(縣)의 부로(父老)들과 명망 높은 인사들을 불러 모은 뒤 그들에게 말했다.

"부로(父老)들이 진 왕조의 가혹한 형벌과 엄한 법에 시달려 온 지 오래 되었습니다. 조정을 비판하는 자는 멸족을 당하고 여럿이 모여 의논만 해도 참수를 당하였습니다. 회왕의 약속대로 나와 제후들이 먼저 관중에 입성하였기 때문에 마땅히 내가 관중의 왕이 되어야 합니다.

오늘 이 자리에서 부로(父老)들에게 특별히 다음과 같은 세 가지 법령을 천명하는 바이오. 살인한 자는 사형에 처하고, 남을 다치게 한 자와

---

50) 진 2세 형의 아들로, 진 왕조의 마지막 군주(? ~기원전 206). 기원전 207년 조고(趙高)가 진 2세를 시살한 후 자영을 옹립하였다. 자영이 즉위하여 조고를 죽이고 그의 삼족을 멸하였다. 유방이 패상에 이르자 자영은 유방에게 투항하였다. 자세한 것은 「진시황본기」를 참조하기 바람.

도둑질을 한 자는 법에 의해 죄를 다스리겠소. 이외에 진 왕조의 모든 법률은 폐지하니 관리들과 백성들은 안심하고 여느 때와 마찬가지로 생업에 종사하시오. 내가 여기에 온 것은 그대들의 폐해를 없애주려는 것이지 결코 그대들을 침탈하려 함이 아니오. 바라건대 모두들 두려워하지 마시오!

내가 군대를 패상(覇上)으로 철수하는 것은 오직 여러 제후들이 오기를 기다려 공동으로 지켜야 할 규약을 제정하기 위해서요."

이렇게 말하고 나서 각 현(縣)의 읍과 도시 및 지방에 진 왕조의 관리를 보내 이를 널리 알렸다. 그러자 관중의 백성들이 기뻐하며 다투어 소와 양을 잡아 병사들을 위로해 주려고 하였다. 하지만 패공은 겸양의 덕을 발휘하여 이를 사절하고 백성들에게 말했다.

"창고에 식량도 넉넉할 뿐만 아니라 모자라는 것이 없으니 모두들 비용을 들이지 마시오."

그러자 백성들이 뛸 듯이 기뻐하면서 패공이 진왕(秦王)이 되기를 기대하였다. 어떤 사람이 패공에게 말했다.

"관중(關中)은 천하의 그 어떤 곳보다도 물자가 넉넉할 뿐만 아니라 지세가 매우 험준합니다. 지금 장함이 항우에게 투항하자 항우는 그에게 옹왕(雍王)이란 봉호(封號)를 주고 관중의 왕으로 삼으려 합니다. 바야흐로 그가 오면 패공께서 이렇게 좋은 기반을 점유하지 못할까 두렵습니다. 재빨리 군대를 파견하여 함곡관을 지키시어 제후의 군대가 들어오지 못하도록 막기 바랍니다. 그 후 관중에서 점차 징병하여 실력을 기르면 그들을 감당해 내실 수 있을 것입니다."

패공은 그의 계책에 찬동하여 그대로 따랐다. 그해 11월 중순, 항우는 과연 제후의 군대를 거느리고 드높은 기세로 서쪽으로 진군하여 함곡관에 입성하려고 하였다. 그러나 관문이 굳게 닫혀 있었다. 항우는 패공이 이미 관중을 점령하였다는 소식을 듣고 진노하여 경포(黥布) 등을 파견해 함곡관을 공략하도록 하였다. 그해 12월 중순, 그들은 희수(戲水)에 다다랐다.

패공의 좌사마(左司馬) 조무상(曹無傷)은 항왕(項王)[51]이 진노했다는 소식을 듣고 그에게 사람을 보내 이렇게 말하였다.

"패공은 관중에서 칭왕(稱王)하기 위해 진(秦) 왕자 자영(子嬰)을 승상에 임명하고 진기한 보물들을 모두 독차지하였습니다."

이는 나중에 항우로부터 분봉(分封)받기 위함이었다. 아부(亞父)[52]는 항우에게 패공을 칠 것을 권고하였다. 항우는 병사들에게 맛난 음식을 베풀고 이튿날 아침 패공과 일전을 벌일 채비를 갖추었다. 그 당시 항우는 백만 대군이라고 하지만 실제로는 사십만 대군을 거느리고 있었고, 패공은 이십만 대군이라고는 하지만 실제로는 십만 대군을 거느리고 있었기 때문에 패공이 항우를 대적하기에는 역부족이었다.

그런데 공교롭게도 항백(項白)[53]이 장량(張良)에게 도움을 요청하며 밤에 만나기를 청하였다. 패공은 이 기회에 항백을 통해 항우에게 정황을 해명할 수 있었다. 그제야 항우는 패공을 치려는 계획을 그만두었다. 패공은 이튿날 수행(隨行) 기병(騎兵) 백여 명을 대동하고 홍문(鴻門)에 가서 항우를 직접 만나 사과하였다.[54] 항우가 말했다.

"이는 패공의 좌사마(左司馬) 조무상이 나에게 말했기 때문이오. 그렇

---

51) 원문에는 '項王'으로 되어 있다. 그러나 항우는 이때 아직 칭왕(稱王)하지 않았으며 다른 데와 달리 유독 이곳만 '項王'으로 표기한 것은 무언가 석연치 않다. 뿐만 아니라 ≪漢書≫의 「高帝紀」에도 이 부분은 '項羽'로 표기되어 있다.

52) 범증(范增). 항우는 범증을 존숭하여 '아부(亞父)'라고 불렀다. 亞父란 아버지 다음으로 존경하고 친애하는 사람이라는 뜻.

53) 항우의 숙부 항전(項纏), 자(字)가 백(伯). 그 당시 항우의 군중(軍中)에서 좌윤(左尹)을 담당하고 있었으며 한(漢) 초에 고조는 그를 사양후(射陽侯)에 봉하고 유(劉)씨 성을 하사하였음.

54) 유방이 홍문에서 항우에게 사과한 내용은 「항우본기」를 참조하기 바람.

지 않으면 어찌 내가 이런 오해를 했겠소!"

패공은 번쾌와 장량의 계책으로 무사히 자기의 군영으로 돌아올 수 있었다. 패공은 군영에 돌아오자마자 즉시 조무상을 처형하였다.

항우는 군사들을 지휘하여 서쪽으로 진격하여 대량 학살을 자행하고 함양성 안의 진 왕조 궁실에 불을 질렀다. 그가 이르는 곳마다 엄청난 수난과 파괴가 잇달았다. 관중의 백성들은 항우에 대하여 크게 실망했지만 그가 두려워 감히 복종하지 않을 수 없었다.

항우는 회왕(懷王)에게 사람을 보내 정황을 보고하고 지시를 요청하였다. 회왕의 답신은 이러하였다.

'당초에 약속한 대로 한다.'

항우는 패공과 함께 서쪽으로 진격하여 관중에 입성하도록 하지 않고 북으로 진격하여 조(趙)를 구하게 함으로써 먼저 입성하는 자를 관중의 왕으로 삼는다는 약속에 따라 자신을 관중왕이 되지 못하게 한 회왕의 처사에 대하여 큰 불만을 품고 이렇게 말했다.

"회왕이란 자는 우리 집안의 무신군(武信君)[55]이 옹립하였다. 그런데 아무런 공로도 세우지 않았으면서 자기 멋대로 약속을 정하여 일을 처리할 수 있단 말인가! 본시 천하를 평정한 것은 장수들과 나 항적이 아니던가!"

그리하여 항우는 거짓으로 회왕을 존숭하여 의제(義帝)[56]로 받드는 척만 했을 뿐 실제로는 그의 명령에 복종하지 않았다.

---

55) 원문에는 '吾家項梁'으로 되어 있다. 그러나 조카 항우가 숙부의 이름을 호칭하였다는 것은 불합리하다. 《史記志疑》에도 '吾家項梁'을 '吾家武信君'으로 바꾸어야 타당하다고 이를 지적하고 있다. 따라서 '項梁' 대신 그가 스스로 칭한 '武信君'으로 번역하였음을 밝혀 둔다.

56) 앞서 「항우본기」에서도 밝혔지만 이에 대하여는 두 가지 설이 있다. 하나는 명의상 황제, 즉 명예 황제라는 뜻으로 본 것이고 다른 하나는 꼭두각시(傀儡)로 보았다는 설이다.

정월, 항우는 스스로 서초패왕(西楚霸王)[57]에 봉하여 옛 위(魏)와 초(楚) 땅의 9개 군(郡)을 직접 관할하고 팽성(彭城)을 도읍으로 삼았다. 또 본래의 약속을 저버리고[58] 패공을 한왕(漢王)으로 바꾸어 봉하여 파(巴)·촉(蜀)·한중(漢中)을 관할하도록 하고 남정(南鄭)을 도읍으로 삼았다.

그리고 관중(關中)을 셋으로 나누어 진 왕조의 세 장군들에게 봉하였다. 즉 장한(章邯)을 옹왕(雍王)에 봉하고 폐구(廢丘)를 도읍으로 삼았으며, 사마흔(司馬欣)을 새왕(塞王)에 봉하고 역양(櫟陽)을 도읍으로 삼았으며, 동예(董翳)[59]를 적왕(翟王)에 봉하고 고노(高奴)를 도읍으로 삼았다.

그리고 초(楚) 장군인 하구(瑕丘)의 신양(申陽)[60]을 다시 회남왕(淮南王)에 봉하고 낙양을 도읍으로 삼았다. 조(趙) 장군 사마앙(司馬卬)을 은왕(殷王)에 봉하고 조가(朝歌)를 도읍으로 삼았다. 조왕(趙王) 조헐(趙歇)을 대(代)의 왕으로 바꾸어 봉하였다. 조(趙)의 재상 장이(張耳)[61]는 상산왕(常山王)에 봉하고 양국(襄國)을 도읍으로 삼았다. 당양군(當陽君) 경포(黥布)는 구강왕(九江王)에 봉하고 육현(六縣)을 도읍으로 삼았다.

---

57) 옛날 초나라는 남초(南楚)·동초(東楚)·서초(西楚)의 셋으로 구분되어 있었다. 항우가 도읍으로 정한 팽성(彭城)은 서초(西楚)에 속해 있었기 때문에 스스로 서초의 패왕(霸王)이라고 자처한 것이다. 패왕은 춘추시대 제후의 우두머리인 패주(霸主)에 상당하는 것이었다.
58) 회왕은 먼저 관중에 입성하여 진 왕조를 멸망시키는 자를 관중(關中)의 왕으로 삼기로 약속했는데 항우가 이를 저버리고 유방을 한왕(漢王)으로 봉하였다는 뜻.
59) 본시 진(秦)의 명장 장함의 부하로서 도위(都尉)에 있었는데 일찍이 장함 장군한테 항우에게 투항할 것을 권유하였다.
60) 본시 하구령(瑕丘令) 신양(申陽)임. 하구는 진(秦)의 현(縣) 이름.
61) 위(魏)의 명사(名士). 진승이 봉기한 후 무신(武臣)과 조헐(趙歇)을 조왕(趙王)으로 옹립하였고 처음에 항우에게 귀의하여 상산왕(常山王)에 봉해졌으나 나중에 유방에게 귀의하여 조왕(趙王)에 봉해졌다.

회왕의 주국(柱國)[62] 공오(共敖)를 임강왕(臨江王)에 봉하고 강릉(江陵)을 도읍으로 삼았다. 파군(番郡) 오예(吳芮)를 형산왕(衡山王)에 봉하고 주현(邾縣)을 도읍으로 삼았다. 연(燕) 장군 장도(臧荼)[63]는 연왕(燕王)에 봉하고 계현(薊縣)을 도읍으로 삼았다. 본래 연왕(燕王)인 한광(韓廣)[64]을 바꾸어 요동(遼東)의 왕에 봉하였다. 한광(韓廣)이 이에 불복하자 장도(臧荼)는 군사를 이끌고 공격하여 무종(無終)에서 그를 죽여 버렸다.

항우는 또 성안군(成安君) 진여(陳餘)를 하간(河間) 부근의 세 개 현(縣)에 봉하고 그로 하여금 남피현(南皮縣)에 기거하게 하였다. 매현(梅鋗)에게는 봉읍 일십만 호(戶)를 주었다.

4월, 제후 왕으로 봉해진 뭇 제후들이 군사를 거느리고 주장(主將) 항우의 곁을 떠나 각기 자신의 봉국으로 향했다. 한왕(漢王)이 봉국으로 떠날 때 항우는 수행원으로 사병 삼만 명을 주었으며, 초(楚)와 기타 제후국들 중 한왕을 따르기를 원하는 수만 명이 두현(杜縣) 남쪽에서 역(蝕)[65]의 통로를 통하여 들어갔다. 군대가 통과하고 나면 잔교(棧橋)[66]를

---

62) 초나라 관직명으로 '상주국(上柱國)'이라고도 불림. 본시 국도(國都)를 보위하는 관직이었으나 나중에는 초나라의 최고 무관직으로 바뀌었으며 승상에 상당하는 영윤(令尹)의 다음가는 지위에 달하였다.

63) 본래 연왕(燕王) 한광(韓廣)의 부장(部將)이었으나 일찍이 기병하여 조(趙)를 구원하였고 항우를 따라 관중에 입성하였으며 나중에 유방에게 귀의하였다.

64) 본시 진승의 부장(部將)이었으나 나중에 군사를 거느리고 연(燕)을 공략하여 스스로 연왕(燕王)이 되었다.

65) 골짜기(谷) 이름. 배인(裵駰)의 《史記集解》에 이기(李奇)가 말하기를 '蝕의 음은 〈력(力)〉이며 두(社)의 남쪽에 있다.'고 하였다. 또 여순(如淳)이 말하기를 '蝕은 한중(漢中)으로 들어가는 산골짜기 길(道川谷) 이름이다.'라고 하였다. 사마정(司馬貞)의 《史記索隱》에 「이기(李奇)는 '蝕'의 음을 력(力)으로 보았고 맹강(孟康)은 '蝕'의 음을 식(食)으로 보았다」고 했다. 또 《集韻》에 의하면 '蝕'의 음은 '六直'의 반절(半切)이라고 하였다. 현대 중국어의 어음으로 보면 '蝕'에 대하여 골짜기 길의 이름을 나타내는 음은 '리(lì)'이다. 아마도 력(力)의 음을 현대어음 '리(lì)'로 보는 위의 학설을 따른 것 같다.

66) 절벽과 절벽 사이의 계곡을 건너질러 암석을 뚫고 나무로 가설한 다리.

불태웠다. 이는 나중에 제후군(諸侯軍)의 기습을 방비하기 위함이며 또한 동쪽으로 진군할 뜻이 없음을 항우에게 표시하기 위함이었다.

남정(南鄭)에 다다랐을 때 적잖은 부장(部將)들과 사병들이 중도에 대오를 이탈하여 도망쳤고, 남은 사병들은 고향을 그리워하는 노래를 부르며 동방으로 돌아가고 싶어했다. 한신(韓信)[67]이 한왕에게 권고하였다.

"항우는 유공자들 모두 좋은 지방에 제후 왕으로 봉하였는데 유독 대왕(大王)만은 환경이 열악한 남정(南鄭)에 봉하였습니다. 이는 귀양 보내는 것이나 다를 바 없습니다. 우리의 군 관리(軍官吏)와 사병들은 모두 동방의 산동 사람들이기 때문에 밤이나 낮이나 애타게 동쪽으로 돌아가고 싶어합니다.

이렇게 예민해진 그들의 정서를 십분 이용하면 위대한 공업을 성취하실 수 있을 것입니다. 천하가 평정되고 사람들이 모두 안정되면 다시 이용하기가 쉽지 않습니다. 그러니 지금이야말로 동으로 진격하여 천하의 제후들과 자웅을 겨루실 좋은 기회인 듯합니다."

항우는 의제(義帝)에게 사람을 보내 함곡관에서 옮기라고 전했다.

"관할지(管轄地)가 천 리에 이르던 옛 제왕(帝王)도 반드시 강의 상류에서 기거하였습니다."

이렇게 둘러대며 장사군(長沙郡)의 침현(郴縣)으로 빨리 옮기라고 의제(義帝)를 독촉했다. 군신(群臣)들도 잇달아 의제에게 등을 돌리자 항우는 형산왕(衡山王 : 吳芮)과 임강왕(臨江王 : 共敖)에게 의제를 추격하여 죽이라는 비밀 지령을 내렸으며, 의제를 강남(江南)에서 죽여 버렸다.

---

67) 한나라 초 저명한 군사 전문가. 회음(淮陰) 사람(?~기원전 196년). 자세한 것은 「회음후열전」을 참조하기 바람.

항우는 전영(田榮)에게 맺힌 한[68]이 있었기 때문에 그를 폐하고 제(齊) 장군 전도(田都)를 제왕(齊王)에 봉하였다. 전영은 이에 분노하여 전도를 죽여 버리고 스스로 제왕(齊王)이 되어 항우에게 반기를 들었다. 뿐만 아니라 팽월(彭越)에게 장군의 직책을 주어 양(梁) 땅에서 초(楚)에 반기를 들도록 하였다. 초(楚)는 소공(蕭公) 각(角)에게 명하여 팽월을 치게 했지만 도리어 팽월에게 크게 패하였다.

진여(陳餘)는 항우가 자기를 제후 왕으로 봉하지 않은 것에 대하여 원한을 가지고 있었는데 하열(夏說)을 전영에게 보내 설득하여 장이(張耳)를 공격하도록 하였다. 제왕(齊王) 전영이 진여에게 군사를 빌려 주어 상산왕(常山王) 장이를 격파하자 장이는 한왕(漢王)에게로 달아나 의탁하였다.

진여는 대(代)에서 조왕(趙王) 헐(歇)을 영접하여 다시 조왕(趙王)으로 옹립하였다. 그러자 조왕(趙王)은 진여를 대왕(代王)으로 세웠다. 이에 항우는 노기충천하여 북으로 제(齊)를 공격하였다.

8월, 한왕(漢王)은 한신의 계책을 받아들여 고도(故道)에서 회군하여 옹왕(雍王) 장한(章邯)을 기습하였다. 장함은 진창(陳倉)에서 한군(漢軍)을 맞아 싸웠으나 패하여 도주하였다. 다시 호치(好畤)에서 한군을 맞아 싸웠지만 역시 패하여 폐구(廢丘)로 달아났다.

---

68) 전영(田榮)은 제(齊)나라 왕족의 후예이다. 진승이 봉기하자 사촌형 전담(田儋)과 함께 기병하여 제나라를 다시 세우게 된다. 예전에 그는 동아(東阿)에서 진(秦) 장군 장함에게 포위당했는데 항량의 도움으로 무사히 탈출하게 된다. 전영은 제나라로 귀국하여 전담의 아들 전불(田市)을 왕으로 옹립하고 제의 왕 전가(田假)를 축출한다. 전가는 도망쳐 항량에게로 귀의한다. 항량이 정도(定陶)에서 장함의 군사를 격파하였다. 이에 항량은 진나라 군사를 얕보고 자만에 빠지게 된다. 진(秦)은 대군을 증원하여 다시 항량을 공격한다. 이에 놀란 항량은 제나라에 구원을 요청한다. 그러나 전영은 구원병을 보내지 않는다. 장함의 군사는 항량이 이끄는 초군을 대파하고 항량은 전사하게 된다. 이 때문에 항우가 전영에게 원한을 갖게 된 것을 말한다.

한왕은 즉시 옹(雍) 땅을 평정하였다. 그 후 계속 군사를 거느리고 동으로 함양까지 진격하여 폐구에서 장함을 포위하는 한편, 이와 동시에 부장(部將)을 파견하여 농서(隴西)·북지(北地)·상군(上郡)을 점령하였다. 장군 설구(薛歐)[69]와 왕흡(王吸)[70]에게 명하여 무관(武關)을 빠져나와 남양(南陽)에 주둔한 왕릉(王陵)의 군대에 의지하여 패현(沛縣)에서 태공(太公)과 여후(呂后)를 맞게 하였다.

항우가 이 소식을 듣고 군사를 파견하여 양하(陽夏)에서 한군(漢軍)의 진격을 저지시키는 한편, 원오현(原吳縣)의 현령 정창(鄭昌)에게 한군(漢軍)을 맞아 싸우도록 명하였다.

한(漢) 2년(B.C. 205), 한왕(漢王) 유방이 동으로 진격하여 공략하자 새왕(塞王) 사마흔, 적왕(翟王) 동예, 하남왕(河南王) 신양(申陽)이 한왕에게 투항하였다. 정창(鄭昌)이 끝내 투항하지 않자 한왕은 한신(韓信)을 파견하여 격파하였다. 그리고는 관중(關中)에 농서(隴西)·북지(北地)·상군(上郡)·위남(渭南)·하상(河上)·중지군(中地郡) 등을 설치하였다. 그리고 관외(關外)에 하남군(河南郡)을 설치하고 한(韓)의 태위(太尉) 신(信)[71]을 한왕(韓王)으로 바꾸어 봉하였다.

각 제후 왕의 부장(部將)들에게 군중 일만 명을 데리고 오거나 군(郡)을 바치고 투항하는 자에게는 봉읍 일만 호(戶)의 후(侯)에 봉하겠노라고 포고하였다. 또한 하상군(河上郡)의 요새를 고쳐 쌓도록 명하고 진 왕

---

69) 유방의 부장(部將). 본시 일개 사인(舍人)에 지나지 않는 신분이었으나 유방을 따라 풍읍(豐邑)에서 기병하여 나중에 광평후(廣平侯)에 봉해짐.
70) 유방의 부장(部將). 후에 청양후(淸陽侯)에 봉해짐.
71) 태위(太尉) : 군정(軍政)을 관장하는 최고의 무관(武官). 신(信) : 전국시대 한 양왕(韓襄王)의 후손. 예전에 그는 유방을 따라 관중(關中)·한중(漢中)에 입성하였으며 나중에 그 공으로 한(韓)의 태위(太尉)에 임명되었으며 그 후 다시 한왕(韓王)에 봉해졌다. 서한(西漢) 초(고조 7년 : 기원전 200년) 흉노에게 투항하였다. 회음후(淮陰侯) 한신(韓信)과는 전혀 다른 인물이다. 역사에서는 회음후 한신(韓信)과 구별하기 위해 '한왕 신(韓王信)' 이라 표기하고 있다.

조 때 금수를 기르던 동산과 연못은 모두 백성들에게 나누어 주어 이를 경작하도록 하였다.

정월, 한왕(漢王)은 옹왕(雍王) 장한(章邯)의 동생 장평(章平)을 사로잡았다. 대사면령을 내렸다. 한왕은 관중(關中)을 나선 후 섬현(陝縣)에 도착하여 관중 밖의 부로(父老)들을 위로하고 돌아왔다. 장이(張耳)가 만나러 오자 한왕은 그를 후대하였다.[72)

2월, 진 왕조의 사직(社稷)[73)을 폐기한다는 영을 내리고 한 왕조(漢王朝)의 사직단을 세우도록 하였다.

3월, 한왕이 임진 관문(臨晉關) 동쪽에서 황하를 건너자 위왕(魏王) 표(豹)[74)가 군대를 거느리고 뒤따랐다. 한왕은 하내(河內) 지구를 공략하여 은왕(殷王) 사마앙(司馬卬)을 사로잡은 뒤 그곳에 하내군(河內郡)을 설치하였다. 다시 군사를 이끌고 남으로 진군하여 평음진(平陰津)을 건너 낙양에 이르렀다.

신성현(新城縣)의 삼노(三老)[75) 동공(董公)이 한왕을 가로막고 의제(義帝)가 피살된 경위를 하소연하였다. 한왕은 그 소식을 듣자 왼쪽 소매를 걷고 통곡하면서 즉시 전군에 의제가 승하했다는 슬픈 소식을 알리고 사

---

72) 장이가 진여(陳餘)에게 격파당한 후 유방을 찾아온 것을 말한다. 그런데 다른 곳에는 모두 10월로 표기되어 있는데 유독 여기만 정월로 나타나 있다. 이는 오류인 듯하다.

73) 사(社)는 토지신, 직(稷)은 곡신(穀神)을 말하는데 사직(社稷)은 고대 제왕이 토지신과 곡신에게 제사를 올리는 제터를 의미한다. 흔히 사직은 '국가'의 별칭으로 쓰인다. 따라서 진(秦)의 사직을 없애고 한(漢)의 사직(社稷)을 세우라는 의미이다.

74) 전국시대 위(魏)나라 왕족의 후예. 진승은 봉기한 후 그의 형 위구(魏咎)를 위왕(魏王)으로 세웠으나 나중에 진(秦) 장군 장함에게 패하여 자살하였다. 그 후 위표는 다시 스스로 위(魏)의 왕이 되었다. 항우가 각 제후왕을 봉할 때 그는 위(魏)의 옛 땅을 차지하고 싶었다. 그러나 항우가 그를 서위왕(西魏王)으로 봉하자 이에 불만을 품고 항우를 배신하고 유방에게 귀의하였다. 그 후 다시 유방에게 등을 돌렸으나 회음후 한신에게 포로가 되었다. 유방은 그로 하여금 형양(荊陽)을 지키도록 하였는데 한(漢)의 장수 주가(周苛)와 종공(樅公)이 그를 죽였다.

75) 향(鄕)의 교육과 민속을 관장하는 관직.

흘 동안 애도 기간을 선포하였다. 그리고 각 제후들에게 사자를 파견하여 이 비보를 통고하였다.

"천하가 의제(義帝)를 옹립하고 모두 그의 신하가 되어 섬겼다. 그런데 항우가 의제를 내쫓아 강남(江南)에서 시해하였으니 이는 대역무도(大逆無道)한 짓이 아닐 수 없다. 과인이 친히 발상(發喪)하노니 제후들도 상복으로 갈아입도록 하라. 내가 관중(關中)의 모든 병마(兵馬)를 동원하고 하남(河南)·하동(河東)·하내(河內) 세 개 군(郡)의 모든 사병들을 징집하여 장강(長江)과 한수(漢水)를 따라 남으로 진격할 터이니 제후 왕들도 의제를 시해한 그 초나라 놈을 토벌하는 데에 따르라!"

이때 항우는 북으로 제(齊)를 공격하고 있었는데 전영(田榮)이 이에 맞서 성양(城陽)에서 응전하고 있었다. 전영이 패하여 평원현(平原縣)으로 도주하자 평원현 사람들이 그를 죽였다. 제의 각지에서 항우에게 투항하였다. 항우는 제의 도성을 불살라 파괴하고 여자들을 포로로 잡아갔다. 그러자 제나라 사람들이 항우에게 반기를 들었다. 전영의 동생 전횡(田橫)은 형의 아들 전광(田廣)을 제왕(齊王)으로 옹립하였고, 제왕은 성양(城陽)에서 군사를 일으켜 항우에게 반기를 들었다.

항우는 한왕이 동으로 진격해 온다는 소식을 들었지만 이미 제군(齊軍)과 교전한지라 아예 제군을 격파하고 난 후 한군을 맞아 싸울 생각이었다. 이 때문에 한왕은 다섯 제후들[76]의 병력을 제압하고 팽성(彭城)을 공격하여 점령할 수 있었다.

이 소식을 들은 항우는 즉각 군사를 이끌고 제(齊)를 떠나 노현(魯縣)에서 호릉(胡陵)을 우회하여 소현(蕭縣)에 다다라 팽성(彭城)과 영벽(靈

---

76) 상산왕 장이(張耳), 하남왕 신양(申陽), 한왕(韓王) 정창(鄭昌), 위왕 위표(魏豹), 은왕 사마앙(司馬卬)을 말함.

壁)의 동쪽 수수(睢水)에서 한군과 격전을 벌인 끝에 크게 격파하였다. 죽은 한군 병사들의 시체가 이루 헤아릴 수 없었으며 시체에 가로막혀 수수(睢水) 강물이 흘러가지 못할 정도였다.

항우는 또 병사들을 패현(沛縣)으로 보내 한왕의 부모와 처자(妻子)들을 잡아 진중(陣中)에 인질로 억류하였다.

그 당시 제후들은 초군(楚軍)이 강성하고 한군이 패퇴하는 것을 보고 모두 한(漢)을 버리고 초(楚)에 투항하였다. 새왕(塞王) 사마흔도 초(楚)로 달아났다.

여후(呂后)의 오빠 주여후(周呂侯 : 즉 呂澤)는 한군(漢軍)의 한 부대를 거느리고 하읍(下邑)에 주둔하고 있었다. 한왕은 주여후에게 달려가 흩어진 병사들을 거두어 탕현(碭縣)에 포진하였다. 그 후 서쪽으로 진군하여 양(梁)을 거쳐 우현(虞縣)에 도착하였다. 한왕은 수하(隨何)[77]를 구강왕(九江王) 경포(黥布)에게 알자(謁者)로 파견하며 그에게 일렀다.

"그대가 경포를 설득하여 초(楚)에 반기를 들고 군사를 일으키게 한다면 항우는 틀림없이 경포를 칠 것이다. 항우의 군사가 구강(九江)에 몇 개월 동안만 머물러 있도록 견제해 준다면 반드시 내가 천하를 차지할 수 있겠다."

수하(隨何)는 달려가 경포를 설득하는 데 성공했다. 경포가 항우에게 반기를 들자 아니나 다를까 항우는 즉시 용저(龍且)[78]를 보내 그를 공격하게 하였다.

한왕은 팽성(彭城)에서 크게 패한 후 서쪽으로 퇴각하는 도중에 고향 집에 사람을 보내 가족들을 구하려 했지만 이미 식구들이 도망쳐 버려서

---

77) 유방의 모사(謀士).
78) 항우의 부장(部將). 나중에 회음후 한신에게 피살됨.

도무지 찾을 수 없었다. 나중에 효혜(孝惠)[79]만 겨우 찾을 수 있었다. 6월, 효혜를 태자에 책봉(册封)하고 대사면(大赦免)을 단행하였다. 태자에게 역양(櫟陽)에 머물러 지키도록 명하고 아울러 관중(關中) 각 제후왕의 아들들을 역양에 집결시켜 잘 지키도록 일렀다.

한왕은 '폐구(廢丘)'를 '괴리(槐里)'로 개명(改名)하고, 제사를 관장하는 관원에게 명하여 천지·사방(四方)·상제·산천(山川)에 올리는 제사를 규정대로 때맞추어 올리도록 하였다. 또한 관중의 병사들을 징집하여 변방을 지키도록 하였다.

이때 구강왕(九江王) 경포는 용저(龍且)와 교전하였으나 승리를 거두지 못하자 소하(蕭何)와 함께 샛길을 통해 한왕에게 달려가 의탁하였다. 한왕이 잇달아 조금씩 징집한 병력과 각 장군들의 군대 및 관중의 군대를 대거 출동시키니 그 위세는 형양(滎陽)에서 크게 떨치게 되었고, 경현(京縣)과 색정(索亭) 사이에서 초군(楚軍)을 대파하였다.

한(漢) 3년(B.C. 204), 위왕(魏王) 표(豹)는 병이 난 부모를 찾아뵙겠다는 구실로 휴가를 얻어 고향에 가다가 위(魏)에 도착하자 황하 나루터를 봉쇄하여 한(漢)에 등을 돌리고 초(楚)에 투항해 버렸다. 한왕은 역이기(酈食其)를 파견하여 위표(魏豹)를 설득하였으나 위표는 끝내 듣지 않았다. 한왕은 장군 한신(韓信)을 보내 토벌하도록 하니, 위군(魏軍)을 크게 격파하고 위표를 사로잡았다. 그렇게 위(魏)를 완전히 평정하고 그곳에 세 개의 군(郡) ─ 하동군(河東郡)·태원군(太原郡)·상당군(上黨郡) ─ 을 설치하였다.

한왕은 즉시 장이(張耳)와 한신에게 동으로 진격하도록 명하여 정형(井陘)을 점령하고, 조(趙)를 공격하여 조왕(趙王) 헐(歇)을 죽이고, 그 이

---

79) 유방의 맏아들 유영(劉盈).

듬해에 장이(張耳)를 조왕에 봉하였다.

형양(榮陽) 남쪽에 포진한 한왕의 군대는 오창(敖倉)[80]의 식량을 운송하는 데 편리를 도모하기 위해 황하 나루터로 직통하는 용도(甬道)를 건설하였다. 이렇게 항우와 1년여 동안 서로 대치하게 되었는데 항우가 수차에 걸쳐 용도를 침탈하는 바람에 한군(漢軍)은 식량 부족에 시달리고 결국 항우에게 포위당하게 되었다. 한왕은 항우에게 화친을 제의하고 형양(榮陽)의 서쪽 지방만 달라고 하였으나 항우가 거절하였다.

우려가 된 한왕은 진평(陳平)[81]의 계책에 따라 황금 사만 근을 주어 그것으로 범증과 항우의 군신 관계를 이간시키도록 하였다. 마침내 항우는 아부(亞父) 범증(范增)에 대하여 의심을 품게 되었다. 이때 범증은 여세를 몰아 형양(榮陽)을 칠 것을 항우에게 건의하고 있었는데 자신이 의심을 받고 있다는 것을 직감하고 노기충천하였다. 그는 연로하다는 구실로 자리에서 물러나 평민의 신분으로 돌아가게 해 달라고 청하였다. 항우가 이를 허락하니 범증은 고향 팽성(彭城)을 향해 떠났으나 다다르기도 전에 중도에서 죽고 말았다.

식량이 떨어진 한군은 어두운 밤을 이용해 이천여 부녀자들에게 갑옷을 걸치게 하고 동문(東門)을 통해 성 밖으로 내보내자 초군(楚軍)은 즉시 그들을 에워싸고 공격했다. 장군 기신(紀信)은 즉시 한왕의 수레에 올라 한왕으로 위장하여 초군을 미혹하였다. 초군 병사들은 기신(紀信)이 진짜 한왕인 줄 알고 소리 높여 만세를 외치며 동문 쪽으로 우르르 몰려

---

80) 진(秦)왕조 때 축조한 거대한 곡식 창고.

81) 유방의 중요한 모신(謀臣). 일찍이 진승이 봉기한 후 그는 위왕(魏王) 구(咎)에게 의지하여 태복(太僕)에 임명되었다. 그 후 항우를 따라 관중(關中)에 입성하였으며 도위(都尉)의 지위에 올랐다. 얼마 후 다시 유방에게 귀의하여 유방이 천하를 통일하는 데 공을 세웠다. 한나라 초에 곡역후(曲逆侯)에 봉해졌고 혜제(惠帝) · 여후(呂后) · 문제(文帝) 때 승상을 역임하였다. 자세한 것은 「진승상세가」를 참조하기 바람.

들었다. 이 어수선한 틈을 이용해 한왕은 기병 수십 명을 호위병으로 대동하고 서쪽 문을 통해 쏜살같이 달아났다.

한왕은 떠나기에 앞서 어사대부[82] 주가(周苛)·위표(魏豹)·종공(樅公)에게 형양(滎陽)을 잘 지키라고 명하였다. 이때 한왕과 동행하지 않은 병사들은 그대로 성안에 남아 있었다. 주가와 종공은 서로 의논하였다.

"위표는 나라를 배반한 왕[反國之王][83]인데 그런 사람과 어떻게 함께 성을 지킬 수 있단 말입니까?"

하며 둘은 위표를 죽여 버렸다.

한왕은 형양을 탈출하여 관중(關中)으로 들어가 병마(兵馬)를 모아 다시 동쪽으로 진격할 계획을 세우고 있었다. 원생(袁生)[84]이 한왕을 만류하며 말했다.

"한(漢)이 초(楚)와 형양에서 수년 동안 공방하였지만 한군(漢軍)이 늘상 곤혹을 치러야만 했습니다. 바라건대 대왕께서는 무관(武關)에서 출병하십시오. 그러면 항우는 분명 군사를 거느리고 남으로 진격할 것입니다. 이때 대왕께서 깊은 도랑과 높은 보루 속에서 응전하지 않은 채 굳게 지키고 있으면 형양(滎陽)과 성고(成皋) 일대의 한군(漢軍)이 휴식을 취하며 전열을 가다듬을 수 있을 것입니다.

그러다 폐하께서 한신(韓信) 등을 파견하여 하북(河北)과 조(趙) 땅의 군민(軍民)들을 위로하고 연(燕)·제(齊)와 연합한 후 다시 형양으로 진군하셔도 늦지 않을 것입니다. 이렇게 되면 초군(楚軍)은 여러 방면에

82) 감찰 임무를 맡은 승상 다음가는 관직으로 삼공(三公)의 하나. 삼공(三公)은 승상·태위(太尉)·어사대부를 말한다.
83) 위표가 항우에게 귀의하였다가 다시 유방에게 귀의 후 다시 유방에게 귀의하니 이렇게 말한 것이다.
84) ≪漢書≫의 「高帝紀」에는 '轅生(원생)'으로 표기되어 있다.

서 대적해야 할 것인즉 힘이 분산됩니다. 한군이 휴식을 취하고 전열을 가다듬어 다시 초군과 격돌한다면 반드시 초군을 격파할 수 있을 것입니다."

한왕은 그의 계책을 받아들여 완현(宛縣)과 섭현(葉縣) 사이로 출병하여 경포(黥布)와 함께 병사들을 모았다. 항우는 한왕이 완현에 있다는 소식을 듣고 과연 남으로 진격하였다. 한왕은 진지를 굳게 지킬 뿐 그와 응전하지 않았다. 이때 팽월(彭越)은 수수(睢水)를 건너 하비(下邳)에서 항성(項聲)[85] 및 설공(薛公)[86]과 일전을 벌인 끝에 초군(楚軍)을 크게 격파하였다. 그러자 항우는 군사를 이끌고 동으로 진군하여 팽월을 공격하였다. 한왕도 군사를 이끌고 북으로 진군하여 성고(成臯)로 들어가 주둔하였다.

항우는 팽월을 격퇴시킨 후 한왕이 성고에 포진하고 있다는 소식을 듣고 다시 서쪽으로 진군하여 형양을 공략하고 주가(周苛)와 종공(樅公)을 죽이고 한왕(韓王) 신(信)을 사로잡은 후에 성고를 포위 공격하였다. 한왕은 호위병도 없이 홀로 등공(滕公)[87]이 모는 수레에 올라 옥문(玉門)[88]을 통해 도망쳐 나와 북으로 황하를 건너 수무(修武)에 머물렀다.

이튿날 새벽, 스스로 사자(使者)라고 칭하는 자가 나타나 장이(張耳)와 한신(韓信)의 군영으로 달려가 그의 수하에 있는 군대를 빼앗았다. 그러더니 장이로 하여금 북으로 진군하여 조(趙) 땅에서 대량의 병사들을 모

---

85) 항우의 부장(部將).
86) 본시 초나라의 영윤(令尹)이었으며 후에 유방에게 귀의하여 경포가 반란을 일으켰을 때 유방에게 책략을 제시하여 그 공로로 천호후(千戶侯)에 봉해짐.
87) 하후영(夏侯嬰). 유방과 동향 사람. 일찍이 등현(滕縣)의 현령(縣令)을 지냈기 때문에 등공(滕公)이라 불리게 되었음. 유방을 따라 기병한 후 태복(太僕)에 임명되어 유방이 타는 수레를 몰았으며 나중에 여음후(汝陰侯)에 봉해졌다.
88) 성고성(成臯城)의 북문(北門).

으게 하고 한신에게 동으로 진격하여 제(齊)를 공격하도록 하였다. 한왕은 한신(韓信)의 군대를 얻은 후 다시 사기가 진작되어 남으로 진군하여 황하의 강가에 다다라 소수무(小修武) 남쪽에 포진한 후 다시 항우와 일전을 벌일 채비를 갖추었다.

낭중(郞中)[89] 정충(鄭忠)이 한왕에게 견고한 방어 시설을 구축하고 초군(楚軍)과 교전하지 말 것을 권고하였다. 한왕은 그의 계책에 따라 노관(盧綰)[90]과 유가(劉賈)[91]에게 병사 이만과 기병(騎兵) 수백 명을 주어 백마진(白馬津)[92]을 건너 초(楚) 땅으로 들어가 팽월과 함께 연성(燕城)의 서쪽에서 초군(楚軍)을 격파한 후 이어 양(梁) 땅의 십여 개의 성을 공략하였다.

회음후(淮陰侯) 한신이 명을 받아 평원진(平原津)을 채 건너기도 전에 한왕은 이미 역이기(酈食其)를 파견하여 제왕(齊王) 전광(田廣)을 설득한 결과, 전광이 초에 반기를 들 것에 동의하고 한왕과 화친하여 함께 항우를 공격하였다. 그리고 한신은 괴통(蒯通)의 계책대로 기습을 감행하여 초군(楚軍)을 격파하였다. 제왕(齊王)은 역이기(酈食其)를 삶아 죽이고 동쪽 고밀(高密)로 달아났다.

항우는 한신이 하북(河北)의 군사를 거느리고 제군(齊軍)과 조군(趙軍)을 잇달아 격파하고 다시 초군을 공격하려고 한다는 소식을 듣고 용저(龍且)와 주란(周蘭)을 보내 이를 저지하도록 하였다. 한신은 기장(騎

---

89) 궁중의 문호를 관장하고 황제가 외출할 때 수레와 말을 조달하는 제왕의 시위관(侍衛官).
90) 유방의 동향 친구. 일찍이 유방과 함께 기병하였으며 한나라 초에 장안후(長安侯)에 봉해졌다가 후에 연왕(燕王)에 봉해졌다. 이에 불만을 품고 반란을 일으켰다가 흉노에게로 도망쳤다.
91) 유방의 사촌형. 한나라 초 형왕(荊王)으로 봉해졌으며 그 후 경포에게 살해당함.
92) 그 당시 황하 중류에 있던 중요한 나루터.
93) 유방을 따라 기병한 후 누차 혁혁한 공을 세워 한나라 초 영음후(潁陰侯)에 봉해졌다. 그 후 진평(陳平)·주발(周勃)과 여씨(呂氏) 일가를 제거하고 문제(文帝)를 옹립하였음. 자세한 것은 「관영열전」을 참조하기 바람.

將) 관영(灌嬰)[93]과 합세하여 이들과 교전하여 초군을 대파하고 용저를 죽였다. 제왕(齊王) 전광(田廣)[94]은 팽월에게 투항하였다. 이때 팽월은 군사를 거느리고 양(梁) 땅에 포진하여 계속 초군을 교란하며 식량 보급 통로를 차단하였다.

한(漢) 4년(B.C. 203), 항우는 해춘후(海春侯) 대사마(大司馬) 조구(曹 咎)[95]에게 신신 당부하였다.

"그대는 성고성(成皐城)을 지킴에 있어서 신중을 기하시오. 한군이 싸움을 걸어 와도 절대로 응하지 말고 한군이 동으로 진격하지 못하도록 저지만 하시오. 내가 오십 일 이내에 반드시 양(梁) 땅을 평정한 후 다시 장군과 합류하겠소."

항우는 이렇게 당부한 뒤 군사를 거느리고 진격하여 진류(陳留)와 외황 (外黃) 및 수양(睢陽)을 점령하였다. 과연 한군은 성고로 진격해 초군에게 싸움을 걸었지만 초군은 응전하지 않고 굳게 지키고 있었다. 그러자 한군은 진지 앞으로 나와 5, 6일 동안 온갖 욕설을 마구 퍼부어댔다.

조구(曹咎)는 더 이상 참을 수가 없어 군사를 거느리고 응전하기 위해 사수(汜水)를 건넜다. 병사들이 강을 절반도 건너기 전에 한군은 이 틈에 출격하여 초군(楚軍)을 대파하고 초(楚)의 금·은·옥기(玉器) 등 각종 재물을 모조리 약탈했다. 대사마(大司馬) 조구(曹咎)와 장사(長史) 사마 흔(司馬欣)[96]은 사수(汜水)를 건너는 도중에 자살하였다.

---

94) 전영(田榮)의 아들. 그 당시 계위(繼位)하여 제(齊)의 왕으로 있었음.

95) 해춘후(海春侯)는 그의 봉호(封號). 대사마(大司馬)는 군정(軍政)을 관장하는 고급 관원. 조구 는 본래 기현(蘄縣)의 옥리(獄吏)였다. 그때 항우의 숙부 항량(項梁)이 죄를 지어 역양(櫟陽)에 체포되어 있었는데 그가 역양의 옥리 사마흔(司馬欣)에게 서신을 보내 관대히 처리해 달라고 부탁하였다. 그 일로 인연을 맺게 되었다. 그 후 항량을 따르게 되었다가 나중에 해춘후(海春 侯)에 봉해졌다.

항우가 수양(睢陽)에 도착했을 때 해춘후(海春侯 : 즉 曹咎)가 패하였다는 소식을 듣고 즉시 군사를 돌려 회군하였다. 이때 한군은 종리매(鍾離眜)[97]를 포위 공격하고 있었는데 항우가 회군하여 돌아온다는 소식을 듣고 이미 험준한 요새로 달아나 버렸다.

한신은 제(齊)를 격파한 후 사자를 보내 한왕에게 보고했다.

"제(齊)는 초(楚)와 인접해 있는데 폐하께서 제게 주신 권한이 너무나도 미약합니다. 신(臣)을 제왕(齊王)으로 봉하지 않으신다면 제(齊)를 안정시키지 못할까 두렵습니다."

이에 한왕은 진노하여 한신을 치려고 하였다. 그러자 장량이 이를 만류하였다.

"오히려 이 기회에 그를 왕으로 봉하고 그로 하여금 제(齊) 땅을 혼자서 지키게 하시는 것이 좋을 듯합니다."

그리하여 장량(張良) 편에 인수(印綬)를 보내 한신을 제왕(齊王)에 봉하였다.

항우는 용저(龍且)의 군대가 참패하였다는 소식을 듣고 두려운 나머지 우대(盱臺) 출신인 무섭(武涉)을 한신에게 보내서 한(漢)에 반기를 들도록 설득하였으나 한신은 이를 거절하였다.[98]

초(楚) · 한(漢) 양군이 장기간 대치하게 되자 장정(壯丁)들은 출병과 전쟁의 고통에 시달리게 되었고 노약자들은 식량 운송에 지칠 대로 지쳐 있었다. 한왕은 광무간(廣武澗)을 사이에 두고 항우와 대화를 하게 되었

---

96) 장사(長史)는 승상 · 대장군 등 고급 관원의 속리(屬吏). 사마흔은 본시 역양(櫟陽)의 옥리(獄吏)였으며 그 후 진(秦)의 장군 장함의 장사(長史)로 있게 되었다. 그 후 항우에게 귀의하여 새왕(塞王)에 봉해졌다.

97) 항우의 부장(部將). 항우가 해하(垓下)에서 패한 후 한신(韓信)에게 귀의하였음.

98) 무섭이 회음후 한신에게 한(漢)에 반기를 들고 초(楚)와 연합하여 천하를 셋으로 나누자고 제의한 내용이 「회음후열전」에 자세히 나와 있다.

다. 이때 항우가 단 둘이서 결전을 벌이자고 제의하니 한왕은 항우의 죄상을 낱낱이 열거하였다.

"애초에 나와 그대는 똑같이 회왕(懷王)의 명에 따라 관중(關中)에 먼저 입성하는 자를 관중의 왕으로 삼는다는 약속을 받았다. 그런데 항우 그대는 본래의 약속을 저버리고 나를 촉한(蜀漢)의 왕으로 봉하였다. 이것이 그대의 첫 번째 죄이다. 항우 그대는 마치 회왕의 명령인 것처럼 위장하여 경자관군(卿子冠軍) 송의(宋義)를 살해하고[99] 스스로 상장군(上將軍)이 되었는데 이것이 그대의 둘째 죄이다.

항우 그대는 명을 받들어 조(趙)를 구한 후 마땅히 회왕께 보고해야 했음에도 멋대로 제후군을 이끌고 관중에 입성하였으니 이것이 그대의 셋째 죄이다. 회왕은 관중에 입성한 후 방화하거나 재물을 약탈하지 말라고 사전에 명하였는데 항우 그대는 이를 어기고 진 왕조의 궁실에 불을 지르고 시황(始皇)의 능(陵)을 파헤치고 재물을 도굴하였으니[100] 이것이 그대의 넷째 죄이다.

또 그대는 이미 투항한 진왕(秦王) 자영(子嬰)을 잔인무도하게 살해하였으니 이것이 그대의 다섯째 죄이다. 그대는 기만적인 수단을 써서 진(秦)의 병사 이십만 명을 신안(新安)에 생매장하여 죽이고[101] 투항한 진(秦)의 장군을 왕으로 봉하였으니 이것이 그대의 여섯째 죄이다.

---

99) 항우가 송의를 살해한 사건은 「항우본기」를 참고하기 바람.
100) 1985년 3월 29일자 중국 「光明日報」의 보도에 의하면 고고학 발굴단이 진시황 능을 조사해 본 결과 능의 서편에 직경 구십 센티미터 내지 1미터, 깊이 9미터 남짓한 2개의 도굴 구멍이 있었지만 지궁(地宮)에는 미치지 못했으며 봉토(封土)는 원형 그대로 보존되어 있는 것으로 밝혀졌다. 또 지궁(地宮) 안 내용물 역시 원형 그대로 보존되어 있는 점으로 미루어 도굴되지 않은 것으로 보인다고 보도하였다. 도굴하려고 판 것으로 보이는 두 개의 구멍은 크기나 깊이에서 항우와 그의 부하들이 판 것으로 보이지는 않는다. 이로 미루어 항우가 진시황의 능을 도굴하였다는 내용은 재고의 여지가 있다 하겠다.
101) 항우가 투항한 진(秦)나라 병사 이십만을 생매장한 사건은 「항우본기」에 보인다.

항우 그대는 본래의 제후 왕들을 축출하고 제후들의 수하에 있던 장수들을 환경이 좋은 지방의 제후 왕으로 봉하여 군신 간에 서로 다투고 배반케 하였으니 이것이 그대의 일곱째 죄이다. 그대는 의제(義帝)를 팽성(彭城)에서 몰아내고 자신이 그곳에 도읍을 세웠으며, 또한 양(梁)과 초(楚)의 땅을 병탄하여 자신의 세력 기반을 확충하였으니 이것이 그대의 여덟째 죄이다.

항우 그대는 사람을 보내 강남(江南)에서 의제를 암살하였으니 이것이 그대의 아홉째 죄이다. 그대는 신하된 자로서 군주를 시해하였고, 투항한 사람을 무자비하게 죽였으며, 정권을 잡았다고 하여 불공정하게 다스렸을 뿐만 아니라 신의와 약속을 헌신짝처럼 내버려 천하의 사람들이 이를 용납치 않으니 실로 대역 무도한 짓이 아닐 수 없다. 이것이 그대의 열 번째 죄이다.

이제 내가 정의의 군사를 이끌고 제후들과 함께 잔인무도한 난신적자(亂臣賊子) 항우 그대를 치려 한다. 오로지 죄수들이나 그대를 죽이면 되었지 어찌 내가 괴로움을 감수하며 그대에게 도전하겠는가!"

항우는 노기충천하여 매복해 놓은 궁수(弓手)들에게 한왕을 향해 쏘라고 영을 내렸다. 한왕은 가슴에 상처를 입었으나 오히려 발을 어루만지며 말했다.

"이 난신적자 놈아, 기껏 발가락을 쏘느냐!"

한왕은 중상을 입고 몸져 드러눕게 되었다. 그러자 장량(張良)은 한왕에게 억지로 일어나 군영을 순시하고 병사들을 위로해 군사의 사기를 앙양하여 초군이 승세를 잡는 일이 없도록 해 달라고 간청하였다. 한왕은 중상에도 불구하고 상황을 순시하러 나섰다. 그렇지만 상처가 위중하여 얼른 성고(成皐)로 돌아갔다.

한왕은 상처가 완쾌된 후 서쪽 관중으로 들어가 역양(櫟陽)에 도착하여 주연을 베풀어 그곳 부로들을 위로하고 옛 새왕(塞王) 사마흔(司馬 欣)을 참수한 후 역양 길거리에서 효수하였다. 역양에서 나흘 동안 머문 후 한왕은 다시 군중으로 돌아가 군대를 광무(廣武)에 주둔시켰다. 이때 한군은 관중에서 나와 전선을 증원하였다.

팽월(彭越)은 군대를 거느리고 양(梁) 땅에서 게릴라전을 펼쳐 초군 (楚軍)을 교란시키며 초군의 식량 공급을 차단하였다. 전횡(田橫)[102]이 팽월에게 귀순해 왔다. 팽월 등의 기습적인 공격에다 제왕(齊王) 한신이 다시 초군을 공격해 오자 당황한 항우는 즉시 화친을 제의하기를, 홍구 (鴻溝)[103]를 경계로 천하를 나누어 홍구 서쪽은 한(漢)이 차지하고 홍구 동쪽은 초(楚)가 차지하자고 제안하였다. 더불어 항우가 한왕의 부모와 처자를 돌려보내자 한군(漢軍)은 소리 높여 만세를 외쳤다.

항우는 군대를 철수하여 동쪽으로 돌아갔다. 한왕도 군대를 거느리고 서쪽으로 돌아가려고 하였으나 장량(張良)과 진평(陳平)의 계책을 받아 들여 동으로 진군하여 항우를 추격하였다. 하남(河南) 남쪽에 이르러 진 군을 중지하고 그곳에 포진한 뒤 제왕(齊王) 한신 및 건성후(建成侯) 팽 월과 회합하여 함께 초군을 치기로 약속하였다. 한왕이 고릉(固陵)에 도 착하였으나 한신과 팽월은 회합에 나오지 않았다. 초군은 한군을 크게 격파하였다.

한왕은 다시 보루(堡壘)로 들어가 해자(垓子)를 구축하고 이를 굳게 지 켰다. 한왕이 다시 장량(張良)의 계책[104]을 받아들여 시행하니 과연 한신 과 팽월이 회합에 나왔다. 유가(劉賈)가 초(楚) 땅으로 진격하여 수춘(壽

---

102) 전영(田榮)의 아우.
103) 황하와 회수(淮水)를 연결하는 운하.
104) 한신과 팽월이 유방을 따르지 않자 장량은 유방에게 유인책을 제시한다. 자세한 내용은 「항 우본기」를 참조하기 바람.

春)을 포위하였으나 한왕은 도리어 고릉(固陵)에서 패전하였다.

한왕은 사자를 보내 대사마(大司馬) 주은(周殷)[105]을 끌어들이기 위해 초(楚)에 반기를 들도록 설득하는 한편, 자신은 구강(九江)의 병마(兵馬)를 동원하여 무왕(武王) 경포(黥布)와 합류하여 진군하던 도중에 성보(城父)를 공략하여 도륙(屠戮)한 후 유가(劉賈)와 제왕(齊王), 그리고 양왕(梁王)에 이어 해하(垓下)에 군대를 집결시켰다. 한왕은 무왕(武王) 경포를 회남왕(淮南王)에 봉하였다.

한(漢) 5년(B.C. 202), 한왕과 제후의 연합군은 해하(垓下)에서 초군(楚軍)을 공격하여 항우와 결전을 벌였다. 회음후(淮陰侯) 한신은 삼십만 대군을 거느리고 정면으로 공격하고, 공(孔)장군[106]은 그 왼쪽[左翼]을 맡았으며, 비(費)장군[107]은 오른쪽[右翼]을 맡았고, 한왕(漢王)[108]은 그 뒤를 따랐으며 강후(絳侯) 주발(周勃)[109]과 시(柴)장군이 한왕의 뒤를 따랐다. 그 당시 항우의 군대는 십만 여에 이르렀다.

회음후(淮陰侯 : 한신)가 선봉에 서서 초군과 교전하였으나 전세(戰勢)가 불리하자 퇴각하였다. 공(孔)장군과 비(費)장군이 매복했다가 기습전을 벌이니 초군이 당해 낼 재간이 없었다. 게다가 회음후가 승세를 타고 다시 반격을 가하자 초군은 해하에서 크게 패하였다.

밤에 한군(漢軍)의 진영에서 초나라 노래 소리가 들려오자 항우는 한군이 이미 초(楚)의 땅을 점령한 것으로 보고 당황한 나머지 패주하게 되

---

105) 항우의 부장(部將). 그 당시 서(舒)에 군사를 주둔시키고 있었음.
106) 한신의 부장(部將) 공희(孔熙). 나중에 요(蓼 : 오늘날 河南省 固始縣 동북쪽)의 후(侯)로 봉해짐.
107) 한신의 부장(部將) 진하(陳賀). 나중에 비(費 : 오늘날 山東省 費縣 서북쪽)의 후(侯)로 봉해짐.
108) 원문에는 '皇帝'로 나타나 있으나 유방이 해하(垓下)에서 항우와 결전을 벌일 그 당시에는 칭제(稱帝)하지 않았다. 그래서 '漢王'으로 번역하였음을 밝혀 둔다.
109) 유방과 동향 사람, 유방의 중요한 부장(部將). 자세한 것은 「강후주발세가」를 참고하기 바람.

니 초군은 뿔뿔이 흩어져 달아나 크게 패하고 말았다. 한왕은 기장(騎將) 관영(灌嬰)을 내보내 패주하는 항우의 군사를 동성(東城)까지 추격하여 무려 팔만을 참수하고 마침내 초(楚) 땅을 완전히 점령하였다.

오직 노현(魯縣) 사람들만이 항우를 위해 끝까지 성을 사수하며 투항하지 않았다. 이에 한왕이 제후군(諸侯軍)을 거느리고 북으로 진격하여 참수한 항우의 머리를 노현(魯縣)의 부로(父老)들에게 보여 주자 그제야 비로소 투항하였다. 이에 한왕은 노공(魯公)의 예의에 준하여 항우를 곡성(谷城)에 장사지내 주었다.

그 후 정도(定陶)로 회군하여 제왕(齊王) 한신의 군영으로 달려가 그의 군대를 접수하였다.

정월, 제후와 장상(將相)들은 함께 의논한 끝에 한왕을 황제로 추대하게 되었다. 한왕이 말했다.

"'황제'라는 명호는 어진 덕을 갖춘 자만이 누릴 수 있다고 하는데 공언허어(空言虛語)조차도 아직 기준에 이르지 못하였거늘 어찌 그러한 칭호를 구하리오. 나는 감히 황제의 명호를 감당할 수 없다."

신하들이 입을 모아 말했다.

"대왕께서는 평민 출신에 지나지 않지만 포악한 반역도를 주멸하여 온 천하를 평정하셨고, 공을 세운 자들에게 토지를 하사하고 그들을 왕후(王侯)로 봉하였습니다. 대왕께서 황제의 명호를 접수하지 않으신다면 사람들이 대왕의 봉후(封侯)를 신뢰하지 않을 것이며 민심이 동요할 것입니다. 바라옵건대 이 건의를 통촉하십시오!"

한왕은 재삼 사양하다가 하는 수 없이 이를 수락하며 말했다.

"한사코 내가 칭제(稱帝)해야만 나라에 유익하다고 주장하니 그대들의 의견을 고려해 보겠다."

2월 갑오날(甲午日),[110] 한왕은 마침내 범수(范水)의 북쪽에서 황제의 자리에 즉위하였다. 황제가 말하였다.

"의제(義帝)는 대를 이을 후손이 없다. 제왕(齊王) 한신이 초(楚)의 풍속을 소상히 알고 있기에 그를 초왕(楚王)으로 바꾸어 봉하고 하비(下邳)를 도읍으로 삼는다."

건성후(建成侯) 팽월(彭越)은 양왕(梁王)에 봉하고 정도(定陶)를 도읍으로 삼았다. 한왕(韓王) 신(信)은 그대로 두고 양적(陽翟)을 도읍으로 삼았다. 형산왕(衡山王) 오예(吳芮)는 장사왕(長沙王)으로 바꾸어 봉하고 임상(臨湘)을 도읍으로 삼았다. 파군(番君) 오예의 부장(部將) 매현(梅鋗)은 예전에 한군(漢軍)을 따라 무관(武關)에 들어간 공을 세웠기 때문에 고조(高祖)는 이렇게 오예에게 감사하게 생각했다. 회남왕(淮南王) 경포, 연왕(燕王) 장도(臧荼), 조왕(趙王) 장오(張敖)는 본디 가지고 있던 봉호(封號) 그대로였다.

천하를 모두 평정하고 난 후 고조(高祖)가 낙양으로 도읍을 정하자 제후들이 모두 신하가 되어 그에게 복속하였다. 본디 임강왕(臨江王) 공환(共驩)[111]이 항우에게 충성하여 한(漢)을 배반하자 고조는 노관(盧綰)과 유가(劉賈)를 파견하여 그를 포위 공격하였으나 성공하지 못하였다. 그로부터 수개월이 지난 후에야 공환(共驩)이 항복하자 고조는 낙양에서 그를 죽였다.

5월, 병사들이 제대하여 집으로 돌아갔다. 각 제후국의 자제들로 관중(關中)에 정착한 자들에게는 십이 년 동안 요역(徭役)과 부세를 면제해 주었고, 봉국으로 귀국하는 자에게는 6년 동안 요역과 부세를 면제해 주었으며 1년 동안 나라에서 부양해 주었다.

---

110) 하력(夏曆)으로 2월 초사흗날. 원문에는 '2월' 이 빠져 있지만 ≪漢書≫의 「高希紀」에는 기록되어 있다. 그래서 '2월' 을 역문에 나타냈음을 밝혀 둔다.
111) 임강왕(臨江王) 공오(共敖)의 아들.

고조는 낙양의 남궁(南宮)에서 주연을 베풀었다. 고조가 말했다.

"열후와 장군 여러분은 짐(朕)을 속이지 말고 허심탄회하게 말해주기 바라오. 내가 천하를 얻을 수 있었던 까닭은 무엇이며 또 항우가 천하를 잃게 되었던 까닭은 무엇이라고 생각하오?"

고기(高起)와 왕릉(王陵)이 대답했다.

"폐하께서는 오만하시어 다른 사람에게 모욕 주기를 좋아하셨고, 항우는 인자하여 다른 사람을 사랑하였습니다. 그렇지만 폐하께서는 사람을 파견하여 성을 공략하면 반드시 그자에게 공략한 성을 분봉(分封)함은 물론 모두와 더불어 그 이익을 누리셨습니다. 이와 반면에 항우는 어질고 유능한 인재를 질시하고 공을 세운 사람을 해치기까지 하였습니다. 뿐만 아니라 인재를 의심하기 일쑤이고, 전쟁에서 승리한 사람에게 논공행상을 하지 않았으며, 토지를 얻어도 좋은 땅은 분봉해 주지 않았습니다. 이것이 바로 항우가 천하를 잃게 된 까닭입니다."

고조가 말했다.

"그대는 하나만 알고 둘은 모르는구려! 막사 안에서 전술 전략을 세워 천 리 밖에서 승부를 결정짓기로 말하면 내가 장량(張良)보다 못하오. 그리고 나라를 안정시켜 백성들을 위로하고, 군량미를 조달하여 수송로를 통해 아무런 장애 없이 운송하기로 말하면 나는 소하(蕭何)만 못하오. 또 백만 대군을 이끌어 싸우면 반드시 승리하고 공격하면 반드시 점령하기로 말한다면 나는 한신(韓信)만 못하오. 이 세 사람은 모두 재능이 출중한 인물이어서 나는 이들을 등용하였소. 이것이 바로 내가 온 천하를 얻을 수 있었던 까닭이오. 항우에게도 훌륭한 범증(范增)이 있었지만 항우는 그를 신용하지 않았소. 이것이 바로 그가 나에게 패배한 까닭이오."

고조는 낙양을 계속 도읍으로 삼고 싶었다. 하지만 제(齊)나라 사람 유경(劉敬)[112]이 진언하고 게다가 유후(留侯) 장량(張良)도 관중(關中)을 도읍으로 할 것을 건의하자 그날로 즉시 수레에 올라 관중에 들어가 도읍으로 삼았다. 6월, 천하에 대사면을 단행하였다.

10월,[113] 연왕(燕王) 장도(臧荼)가 반란을 일으키자 대(代)를 공격하여 함락시켰다. 고조가 친히 군사를 이끌고 정벌에 나서 장도를 사로잡았다. 그리고는 즉시 태위(太尉)[114] 노관(盧綰)을 연왕(燕王)에 봉하고 승상(丞相) 번쾌(樊噲)[115]를 파견하여 대(代) 땅을 평정하였다.

그해 가을, 이기(利幾)가 반란을 일으켰다. 고조가 친히 군사를 이끌고 정벌에 나서자 이기는 패하여 달아났다. 이기는 본디 항우의 수하에 있던 장수였다. 항우가 실패하자 그는 항우를 따라가지 않고 진공(陳公)[116]으로 있다가 고조에게 투항하였다. 고조는 그를 영천후(潁川侯)에 봉했었다. 고조가 낙양에 도착하여 명부에 올라 있는 열후들을 낙양으로 소환하자 이기는 두려운 나머지 반란을 일으켰던 것이다.

한(漢) 6년(B.C. 201), 고조는 집에서 부자 간에 상견(相見)하는 예법(禮法)을 따라 닷새에 한 번씩 태공(太公)에게 아침 문안 인사를 드렸는데 태공(太公)의 가신이 태공에게 말했다.

"하늘에는 두 개의 태양이 있을 수 없고, 한 나라에는 두 군주가 있을

---

112) 본래의 성은 누(婁), 제(齊)나라 출신. 애초에 그는 수자리(戍卒)에 지나지 않았다. 그는 고조에게 알현을 청하여 관중(關中)에 도읍을 정할 것을 건의하였다. 그러나 대신들 대부분이 산동(山東) 출신이기 때문에 서쪽으로 도읍을 천도하는 것에 반대하였다. 장량(張良)이 건의하였기 때문에 유방은 누경(婁敬)의 건의를 받아들였고 그에게 유(劉)씨 성을 하사하였다. 자세한 것은 「유경열전」을 참조하기 바람.

113) ≪漢書≫의 「高帝紀」에는 '七月'로 나타나 있고 「秦楚之際月表」에는 '八月, 帝自將誅燕'으로 기록되어 있다. 아마도 '十月'은 '七月'의 착오인 듯하다.

114) 전국의 군정(軍政)을 관장하는 우두머리로 승상(丞相), 어사대부(御史大夫)와 함께 '삼공(三公)'이라 일컬어진다.

115) 그 당시 번쾌는 아직 승상에 임명되지 않았을 때이다. 또 「번쾌열전」을 보아도 번쾌가 군사를 이끌고 대(代)를 정벌하였다는 기록이 보이지 않는다. 양쪽의 기록이 일치하지 않는다.

116) 진현(陳縣) 현령(縣令).

수 없는 법입니다.(天無二日, 土無二王)[117] 지금 황상[118]께서 아드님이라 할지라도 천하의 군주이십니다. 태공께서는 비록 황상의 부친이시지만 그 신하이거늘 어찌 황상께서 신하에게 문안 인사를 올릴 수 있겠습니까! 그렇게 하면 황상께서는 위엄을 잃게 되실 것입니다."

그 후 고조가 다시 태공(太公)에게 문안 인사를 올리러 왔을 때 태공은 손에 빗자루를 든 채 대문까지 나아가 맞이하고, 뒷걸음질로 물러나며 안내하였다. 고조는 깜짝 놀라 얼른 수레에서 내려 태공을 부축하였다. 태공이 말했다.

"황제께서는 만민의 주인이십니다. 어떻게 제가 천하의 법도를 어지럽힐 수 있겠습니까!"

그리하여 고조는 태공(太公)을 존숭하여 태상황(太上皇)[119]이라 부르는 한편, 태공에게 진언한 가신의 뜻을 갸륵히 여겨 그에게 황금 오백 근을 상으로 하사하였다.

12월, 어떤 사람이 변란 사건을 보고하는 상소를 올렸다. 상소의 내용인즉 초왕(楚王) 한신이 역모를 꾸미고 있다는 밀고였다. 고조가 신임하는 좌우의 대신들에게 의견을 묻자 대신들은 출병하여 정벌해야 한다고 입을 모아 말했다. 고조는 진평(陳平)의 계책을 받아들여 운몽택(雲夢澤)을 순유(巡遊)하는 것처럼 가장하여 진현(陳縣)에서 제후들과 회합하였다. 초왕 한신이 나와 맞이하자 고조는 이 기회에 즉시 그를 체포하였다. 그날 천하에 대사면을 단행하였다.

---

117) ≪禮記≫의 「坊記」에 이러한 구절이 보인다.
118) 원문에는 '高祖'로 기록되어 있는데 일개 가신(家臣)에 지나지 않는 신분으로서 '고조(高祖)'라고 호칭하는 어투는 도리에 어긋난다. 뿐만 아니라 사리에도 맞지 않는다. 왜냐하면 '高祖'는 유방이 죽은 후에 추존된 시호기 때문이다. 따라서 ≪漢書≫의 「高帝紀」처럼 마땅히 '皇帝'로 고쳐야 옳다.
119) 제왕(帝王)이 부친에 대한 존칭. 진시황 때부터 비롯되었다.

전긍(田肯)이 나아가 이를 축하하며 고조에게 진언하였다.

"폐하께서는 관중(關中)에 도읍을 두셨기 때문에 한신을 체포하실 수 있었습니다. 관중은 형세가 험준하고 적을 능히 제압할 수 있는 땅이며, 산과 강으로 가로막힌 천연의 요충지인 데다가 각 제후국과는 천 리나 떨어져 있습니다. 만일 제후가 일백만 대군을 보유하고 있다면 진(秦) 땅의 병력은 이만이면 충분히 대적하여 승리할 수 있습니다. 이처럼 유리한 형세를 이용하여 앞으로 제후에게 용병(用兵)하신다면 이는 마치 높은 집의 기왓고랑을 통해 물을 쏟아 붓는 형세와 같아서 그 기세를 막을 길이 없을 것입니다.

제(齊) 땅으로 말한다면 동으로는 산물이 풍부한 낭야(琅邪)와 즉묵(卽墨)이 있고, 남으로는 견고하고 험준한 태산(泰山)이 있으며, 서로는 황하로 가로막혀 있고, 북으로는 물고기와 소금이 나는 발해(渤海)에 인접해 있으며, 그 넓이가 사방 이천 리에 달하고 각 제후국과도 거리가 천 리나 떨어져 있습니다. 만일 제후가 일백만 대군을 보유하고 있다면 제(齊) 땅에서는 그 십 분의 2 병력이면 능히 제압할 수 있습니다.

이로 미루어 보건대 제(齊)와 관중(關中) 두 지방은 가히 동진(東秦)과 서진(西秦)이라 할 만한 곳입니다. 폐하께서는 적실의 자제(子弟)분이 아니면 제왕(齊王)에 봉하셔서는 안 됩니다."

고조는 흔쾌히 그에게 황금 오백 근을 하사하였다. 십여 일 후, 고조는 한신을 회음후(淮陰侯)로 바꾸어 봉하고 본래 분봉받은 봉지를 두 개의 제후국으로 나누었다. 고조가 말했다.

"장군 유가(劉賈)는 누차에 걸쳐 전공을 세웠으니 형왕(荊王)에 봉하고 회하(淮河)의 동쪽 지방을 다스리도록 하라. 또 그의 동생 유교(劉交)는 초왕(楚王)에 봉하고 회하의 서쪽 지방을 다스리도록 하라. 황자(皇子) 유비(劉肥)는 제왕(齊王)에 봉하고 칠십여 개의 성을 다스리되, 백성들 가운데 제(齊)나라 말을 쓰는 자는 모두 제에 복속시키도록 하라."

고조는 이렇게 공을 따져 왕후(王侯)를 분봉(分封)하면서 부절(符節)을 둘로 쪼개어 조정(朝廷)과 수봉자(受封者)에게 각각 그 절반씩 나누어 주고 이를 신표(信標)로 삼았다. 그리고 한왕(韓王) 신(信)을 태원군(太原郡)으로 옮기게 하였다.

한(漢) 7년, 흉노가 마읍(馬邑)[120]을 공격해 오자 한왕(韓王) 신(信)은 흉노와 결탁하여 태원(太原)에서 반란을 일으켰다. 백토성(白土城)의 만구신(曼丘臣)[121]과 왕황(王黃)[122]은 옛 조(趙) 장군 이(利)를 왕으로 옹립하고 조정에 반란을 일으켰다. 고조는 자신이 직접 군사를 거느리고 나아가 이를 진압하였다. 공교롭게도 혹독한 추위를 만나 손가락이 얼어 떨어져 나간 병사들의 수가 십 분의 2, 3을 차지하자 평성(平城)으로 퇴각했다. 흉노의 군대는 평성을 포위하였고, 일주일이 지나서야 포위를 풀고 불러갔다.

고조는 번쾌에게 명하여 대(代) 땅을 평정하게 한 뒤 자신의 형 유중(劉仲)[123]을 대왕(代王)으로 세웠다.

그해 2월, 고조는 평성(平城)에서 출발하여 조(趙)와 낙양을 거쳐 장안[124]으로 돌아왔다. 장락궁(長樂宮)[125]이 완공되자 승상 소하(蕭何)도 수하에 딸린 조정의 관리들을 데리고 장안으로 옮겨 조정 일을 보게 되었다.

---

120) 그 당시 한왕(韓王) 신(信)의 도읍지(오늘날 山西省 朔縣).
121) 한왕(韓王) 신(信)의 장군. 성은 만구(曼丘), 이름은 신(臣).
122) 한왕 신의 부장(部將).
123) 유방의 둘째 형.
124) 서한(西漢)의 도읍지(오늘날 陝西省 西安市 서북쪽).
125) 유방 이후 황제는 미앙궁(未央宮)에서 기거하고 장락궁은 태후(太后)가 기거하였기 때문에 동궁(東宮)이라 칭하였다.

한(漢) 8년(B.C. 199), 고조는 다시 군사를 거느리고 동으로 진격하여 동원(東垣) 일대에서 조정에 반기를 든 한왕(韓王) 신(信)의 잔여 세력을 포위하여 소탕하였다.

승상 소하(蕭何)는 미앙궁(未央宮)[126]을 축조하는 것을 주관하여 동궐(東闕)·북궐(北闕)·전전(前殿)·무고(武庫)·태창(太倉)을 건설하였다. 고조가 돌아와 궁전이 지나치게 웅장하고 화려한 것을 보고 소하(蕭何)에게 진노했다.

"천하가 크게 어지러워지고 여러 해 동안 계속 악전고투하여 아직 그 성패가 불확실한 이 마당에 어찌 이처럼 호화찬란하게 궁실을 짓는단 말인가."

소하가 대답했다.

"천하가 아직 안정을 찾지 않은 이때를 이용해야 화려한 궁실을 축조할 수 있습니다. 무릇 천자(天子)는 온 천하를 집으로 삼는 법인즉 궁전이 화려하지 않고는 천자의 위엄을 나타낼 수 없습니다. 게다가 후세의 건축 규모도 이를 능가할 수 없을 것입니다."

고조는 그제야 기뻐했다.

그해에 고조가 동원(東垣)으로 가는 길에 백인(柏人)[127]을 지나게 되었는데 조(趙)의 승상 관고(貫高) 등이 고조를 시해할 음모를 하자[128] 고조는 불안하여 그곳에 유숙하지 않았다. 대왕(代王) 유중(劉仲)이 나라를 버리고 도망쳤으나 낙양에 이르러 자수하자 왕위를 폐위하고 합양후(合陽侯)에 봉하였다.

---

126) 서한(西漢)의 중요한 궁전 중의 하나. 통상 이 궁전에서 조현(朝見)을 받았음.
127) 읍 이름.
128) 관고가 고조[유방]를 모살(謀殺)하려 한 사건은 「장이진여열전」에 상세히 나타나있다.

한(漢) 9년(B.C. 198), 조(趙)의 승상 관고(貫高) 등이 꾸민 음모가 발각되자 고조는 그들의 삼족을 멸하였다. 뿐만 아니라 조왕(趙王) 장오(張敖)의 왕위를 폐위시켜 버리고 강등시켜 선평후(宣平侯)에 봉하였다. 그해 고조는 옛 초(楚)나라 왕족의 후예인 소(昭)·굴(屈)·경(景)·회(懷)씨와 옛 제(齊)나라 왕족의 후예인 전(田)씨 등의 귀족을 관중(關中)으로 이주시켰다.

미앙궁(未央宮)이 완공되었다. 고조는 전전(前殿)에서 성대한 연회를 베풀고 제후와 군신(群臣)들을 접견하였다. 고조는 옥배(玉杯)를 들고 자리에서 일어나 태상황(太上皇)을 위해 축수(祝壽)하였다.

"예전에 아버님(大人)께서는 소자(臣)가 장래성이 없고 농사일도 잘못하여 둘째 형 유중(劉仲)만 못하다고 여기셨습니다. 이제 소자가 이룬 결과를 놓고 둘째 형과 견주어 보건대 누가 더 많이 성취하였다고 생각하십니까?"

그러자 좌우에 있던 대신들이 일제히 소리 높여 만세를 외치며 크게 소리 내어 웃었다.

한(漢) 10년(B.C. 197) 10월, 회남왕(淮南王) 경포(黥布), 양왕(梁王) 팽월(彭越), 연왕(燕王) 노관(盧綰), 형왕(荊王) 유가(劉賈), 초왕(楚王) 유교(劉交), 제왕(齊王) 유비(劉肥), 장사왕(長沙王) 오예(吳芮)가 고조를 조현하였다. 봄과 여름 두 계절 동안은 나라 안에 이렇다 할 사건이 없었다.

7월, 태상황(太上皇 : 고조의 아버지)이 역양궁(櫟陽宮)에서 세상을 떠났다. 초왕(楚王) 유교와 양왕(梁王) 팽월이 와서 장례를 치루었다. 조서를 내려 역양의 죄수들을 사면하고, 여읍(酈邑)을 '신풍(新豊)'으로 개명(改名)하였다.

8월, 조(趙)의 상국 진희(陳狶)가 대(代)에서 반란을 일으켰다. 황제가 말했다.

"진희는 예전에 내 밑에서 일하던 부하였으며 내가 무척 신임하였다. 애당초 대군(代郡)을 요충지로 여겼기 때문에 진희를 열후로 봉하고 상국의 신분을 주어 그로 하여금 그곳을 지키도록 하였다. 그런데도 이제 와서 왕황(王黃) 등과 함께 대(代) 땅을 강탈하다니! 그렇지만 대 땅의 관리들과 백성들은 아무런 죄가 없으니 그들은 사면해야 마땅하다."

9월, 고조는 반란군을 진압하기 위해 친히 군사를 이끌고 동으로 진군하였다. 군대가 한단(邯鄲)에 다다랐을 때 황제는 기뻐하며 말했다.

"진희는 남쪽 지역에 자리 잡아 한단(邯鄲)을 지키지 않고 장수(漳水)를 의지하여 진격을 저지시키려 하다니, 그는 아무런 수완이 없는 무능한 자임을 알겠도다!"

진희의 부장(部將)들이 원래 상인(商人)이었다는 말을 듣고 황제가 입을 열었다.

"저들을 대적하려면 어떤 방도를 써야 할 것인가를 알겠노라."

큰돈으로 진희의 부장(部將)들을 유혹하자 적잖은 사람이 투항해 왔다.

한(漢) 11년(B.C. 196), 고조가 한단(邯鄲) 일대의 진희 일당을 완전히 소탕하지 못하고 있자 진희의 부장(部將)과 후(侯)들이 일만여 병사를 데리고 게릴라전을 펼쳤으며, 왕황의 군대는 곡역(曲逆)에 주둔하고 장춘(張春)은 황하를 건너 요성(聊城)을 공격해 왔다.

한군(漢軍)은 장군 곽몽(郭蒙)과 제(齊)의 장수로 하여금 나누어 공격하게 해 크게 격파하였다. 태위(太尉) 주발(周勃)은 태원(太原)에서 진격하여 대(代)를 평정하였다. 병사들이 마읍(馬邑)에 이르렀을 때까지도 반란군들이 굳게 지키며 끝내 투항하지 않자 주발은 마읍을 공격하여 무참하게 파괴하고 죽였다.

진희의 부장(部將) 조리(趙利)가 동원(東垣)을 굳게 지키고 있어 고조는 이를 1개월 동안이나 공격하였으나 점령하지 못하였다. 반란군의 사병들이 성 위에 올라 고조에게 마구 욕을 퍼붓자 고조는 노기충천하였다. 나중에 반란군이 투항했을 때 고조는 욕을 퍼부은 자들은 모두 참수하고 욕을 하지 않은 자에게는 관용을 베풀어 용서해 주라고 영을 내렸다. 그리고 나서 조(趙)의 상산(常山 : 즉 垣山) 북쪽 지방을 대(代)에 편입시키고 황자(皇子) 유항(劉恒)¹²⁹⁾을 대왕(代王)으로 세우고 진양(晉陽)에 도읍을 두었다.

그해 봄, 관중(關中)에서 회음후(淮陰侯) 한신(韓信)이 모반하자 삼족을 멸하였다.

여름, 양왕(梁王) 팽월이 모반하자 폐위시키고 촉(蜀) 땅에 유배시켰다. 얼마 후 또 다시 모반할 음모를 꾸미자 삼족을 멸하였다. 고조는 즉시 황자(皇子) 유회(劉恢)¹³⁰⁾를 양왕(梁王)에 봉하고, 황자(皇子) 유우(劉友)¹³¹⁾를 회양왕(淮陽王)으로 세웠다.

가을 7월, 회남왕(淮南王) 경포(黥布)가 반란을 일으켜 동으로 형왕(荊王) 유가(劉賈)의 봉지를 병탄하고, 다시 북쪽으로 진격하여 회하(淮河)를 건너 초(楚)를 공격하자 초왕(楚王) 유교(劉交)는 설현(薛縣)으로 달아났다. 고조는 친히 군사를 거느리고 진군하여 이를 정벌하였다. 황자(皇子) 유장(劉長)¹³²⁾을 회남왕으로 세웠다.

한(漢) 12년(B.C. 195) 10월, 고조는 회추(會甀)에서 경포의 군대를 격파하고, 경포가 달아나자 장수를 파견하여 그를 추격케 하였다.

---

129) 박태후(薄太后) 소생으로, 후의 한 문제(漢文帝).
130) 고조의 다섯째 아들.
131) 고조의 여섯째 아들.
132) 고조의 일곱째 아들.

고조는 전선(戰線)에서 귀경길에 올라 패현(沛縣)에 들렀다. 이곳 패궁(沛宮)에서 연회를 베풀고 고향의 부로(父老)와 자제(子弟)들을 모두 초청하여 맘껏 술을 마셨다. 그리고 패현의 어린 아이들 일백이십 명을 골라 그들에게 노래를 가르쳐 주었다. 취흥이 한창 무르익었을 때 고조는 축(筑)[133]을 켜며 자신이 지은 노래[134]를 읊었다.

큰 바람이 일어 구름이 흩날리듯   大風起兮雲飛揚,
천하에 위세를 떨치고 금의환향하였네.   威加海內兮歸故鄉,
어떻게 용사를 얻어 천하를 지킬꼬!   安得猛士兮守四方!

고조는 아이들로 하여금 따라 부르도록 하였다. 고조는 일어나 덩실덩실 춤을 추고 감개무량하여 뜨거운 눈물을 흘렸다. 그리고 패현의 부로 형제(父老兄弟)들에게 말했다.

"먼 길을 떠난 나그네는 자나 깨나 늘 고향을 그리워하게 마련이오. 내가 비록 관중(關中)에 도읍을 두어 멀리 떨어져 있긴 하지만 천추 만세(千秋萬歲)의 먼 훗날까지도 나의 혼백은 늘 이곳 패(沛) 땅을 그리워할 것이오. 내가 패공(沛公)이 된 이래 포악한 군주와 역적을 토벌하고 마침내 천하를 얻었소. 이제 패현을 짐(朕)의 탕목읍(湯沐邑)[135]으로 삼아 패현 사람들에게 부세와 노역을 면제하여 자자손손 내지 않도록 하겠소."

---

133) 거문고와 비슷한 현악기.
134) 초사(楚辭)의 영향을 받은 한(漢)나라 초기의 시가로, 중국 문학사상 중요한 지위를 점하고 있는 소위 '대풍가(大風歌)'임.
135) 본시 그 읍에서 거둔 부세를 가지고 천자가 유숙·재계(齋戒)·목욕 등의 비용을 충당할 수 있도록 제후에게 하사한 봉읍(封邑)을 말하는데 나중에는 천자·제후·공주 등의 사유 영지(領地), 즉 '채읍(采邑)'의 뜻으로 쓰이게 됨.

패현의 부로 형제와 친구와 친척들은 고조를 모시고 흉금을 털어놓고 마음껏 마시며 지난 일을 화제로 삼아 담소했다. 고조는 한량없이 기뻤다. 십여 일이 지난 후 고조가 떠나려 하자 패현의 부로(父老)들과 친구들이 한사코 만류하였다. 고조가 말했다.

"나를 수행하는 종자(從者)들이 많아 어른들께 폐가 됩니다."

하며 고조는 떠났다. 그날 패현 사람들은 너나 할 것 없이 모두 서쪽 근교까지 나와 고조에게 술과 음식을 바쳤다. 고조는 가던 길을 멈춰 장막을 치고 사흘 동안 실컷 술을 마셨다. 패현의 부로 형제들은 머리를 조아리며 고조에게 간청하였다.

"우리 패현은 노역을 면제받아 다행이지만 풍읍(豊邑) 사람들은 면제받지 못하였습니다. 청하옵건대 폐하께서는 그들도 긍휼히 여기시기 바랍니다."

고조가 말했다.

"풍읍은 내가 태어나 자란 곳이기에 결코 잊을 수 없습니다. 그렇지만 그곳 사람들은 예전에 옹치(雍齒)를 따라 나를 저버리고 도리어 위왕(魏王)을 추종하였소."

패현의 부로 형제들이 재삼 간청하자 고조는 그제야 비로소 패현과 똑같이 풍읍의 부세와 요역의 면제를 승낙하였다. 그리고 패후(沛侯) 유비(劉濞)[136]를 오왕(吳王)에 봉하였다.

한(漢)의 장수들은 조수(洮水)에서 남북으로 나누어 진격하여 경포의

---

136) 유중(劉仲)의 둘째 아들(215~154 B.C.). 이십 세에 기장(騎將)에 임명되어 경포(黥布)를 격파하는 데 공을 세웠고 고조는 동남쪽 일대의 통치를 강화하기 위해 그를 특별히 오왕(吳王)에 봉하였음. 경제(景帝) 때 제후의 봉지(封地)를 박탈하라는 영을 내리자 이에 반기를 들고 초(楚)·오(吳) 등 6국(六國)과 연합하여 반란을 일으켰으나 패하여 동월(東越)로 달아났다가 월(越)나라 사람에게 살해당하였다. 자세한 내용은 「오왕비열전」을 참고하기 바람.

반란군을 크게 격파하였고 달아나는 경포를 계속 추격한 끝에 마침내 파양(鄱陽)에서 참수하였다. 번쾌(樊噲)는 별도로 군대를 이끌고 정벌에 나서 대(代)를 평정하고[137] 당성(當城)[138]에서 진희(陳豨)를 참수하였다.

11월, 고조는 경포의 반란군을 평정하는 전선에서 도읍 장안으로 돌아왔다.

12월, 고조가 말했다.

"진시황, 초 은왕(楚隱王) 진섭(陳涉), 위 안희왕(魏安釐王),[139] 제 민왕(齊緡王),[140] 조 도양왕(趙悼襄王)[141] 등은 모두 후손이 없으니 분묘(墳墓)를 보살필 수 있도록 각각 십 호(戶)씩을 떼어 주되, 진시황을 위해서는 이십 호, 위 공자(魏公子) 무기(無忌)를 위해서는 5호를 떼어 주도록 하라."

대(代) 땅의 관리와 백성들은 진희와 조리(趙利)의 협박에 못 이겨 반란에 가담하였기 때문에 모두 사면하였다. 연왕(燕王) 노관(盧綰)이 진희에게 사람을 보내서 함께 역모를 모의했다는 사실을 투항한 진희의 부장(部將)이 실토했다. 그러자 고조는 벽양후(辟陽侯) 심이기(審食其)를 파견하여 노관을 도읍으로 소환하였으나 노관은 병을 핑계 삼아 오지 않았다. 벽양후(辟陽侯)는 돌아와 노관이 음모에 가담한 단서를 낱낱이 보고했다.

2월, 고조는 번쾌와 주발에게 군대를 주어 연왕(燕王) 노관을 정벌하

---

137) ≪漢書≫의 「高帝紀」를 보면 '주발이 대를 평정하였다(周勃定代)'고 기록되어 있으며 또 「번쾌열전」을 보면 번쾌가 대(代)를 평정하였다는 기록이 없다. 이로 미루어 보건대 번쾌가 대를 평정하였다는 기록은 착오인 듯하다.

138) 읍 이름. 오늘날 河北省 蔚縣 동쪽.

139) 전국시대 위소왕(魏昭王)의 아들. 276~243 B.C. 재위.

140) 제선왕(齊宣王)의 아들 전지(田地). 301~284 B.C. 재위.

141) 조효성왕(趙孝成王)의 아들 조언(趙偃). 244~236 B.C 재위.

고, 연(燕) 땅에서 반란에 가담한 관리와 백성들은 사면해 주었다. 그러고 나서 황자 유건(劉建)[142]을 연왕(燕王)으로 세웠다.

고조는 경포(黥布)를 정벌하러 나섰다가 돌아오는 길에 난데없이 날아온 화살[流矢]에 맞아 부상을 당하여 몸져눕게 되었다. 병세가 지극히 위중하자 여후(呂后)는 뛰어난 의원을 불러 고조의 병세를 진찰해 보도록 했다. 고조가 자신의 병세를 묻자 의원이 말했다.

"폐하의 병환은 나으실 수 있습니다."

그러자 고조가 책망하며 말했다.

"나는 일개 평민의 신분으로 세 척의 보검을 들고 천하를 얻었으니 이어찌 천명이 아니겠느냐? 사람이 오래 살고 일찍 죽는 것은 모두 하늘에 달려 있는 법이거늘(人命在天), 설사 편작(扁鵲)[143]이 온다 한들 무슨 소용이 있으랴!"

하며 치료를 받지 않고 의원에게 황금 오십 근을 하사하여 그냥 되돌려 보냈다. 여후가 고조에게 물었다.

"폐하의 보령(寶齡) 일백 세 후에 만일 소상국(蕭相國 : 蕭何)이 죽으면 누구로 하여금 그를 대신하도록 하시겠습니까?"

고조가 말했다.

"조참(曹參)이 적합하다."

또 다시 조참 이후에 누가 적임자인가를 묻자 황상이 대답했다.

"왕릉(王陵)이 적임자다. 그렇지만 왕릉은 행동이 다소 거칠고 우직하여 진평(陳平)이 그를 보좌해야 한다. 진평은 재능이 많기는 하지만 혼자서 감당해 내기는 어려운 자이다. 주발(周勃)은 사람됨이 중후(重厚)하

---

142) 고조의 여덟째 아들.
143) 전국시대 뛰어난 명의(名醫). 성은 진(秦), 이름은 월인(越人). 그의 의술이 뛰어나 신화 전설
　　속에 전해 내려오는 황제(黃帝) 시대의 신의(神醫) 편작(扁鵲)에 견주었다.

나 문재(文才)가 부족하다. 그렇지만 유씨(劉氏)의 천하를 안정시킬 수 있는 자는 그 사람이니 태위(太尉)로 적임자다."

여후가 다시 그 뒤의 인선(人選)을 묻자 황상이 대답했다.

"그 이후의 일은 그대가 알 바 아니다."

노관(盧綰)은 기병 수천을 데리고 변방에서 기다리며 고조의 병환이 쾌유하기를 기원하며 스스로 장안에 나아가 죄를 청하였다.

4월 갑진날(甲辰日),[144] 고조는 장락궁(長樂宮)에서 세상을 떠났다. 고조가 승하한 지 나흘이 지나도록 발상(發喪)하지 않았다. 여후는 심이기(審食其)와 의논하였다.

"장수들이 황제와 마찬가지로 평민에 지나지 않았었는데 여태껏 신하로 복종하면서 늘 불만을 품고 있었소. 이제 다시 어린 나이에 즉위하는 새로운 황제[145]를 섬기게 되었으니 그들을 모조리 죽이지 않는다면 천하의 안정을 꾀하기 어려울 것 같소."

어떤 사람이 이 소식을 듣고 역(酈)장군[146]에게 달려가 이 사실을 알렸다. 역장군은 심이기를 찾아가 이렇게 말했다.

"제가 듣자니 황제께서 승하하신 지 나흘이 지나도록 발상(發喪)하지도 않고 모든 장수들을 주멸하고자 한다고 합니다. 그렇게 하면 천하가 위태로운 지경에 빠질 것입니다. 진평(陳平)과 관영(灌嬰)은 십만 대군을 거느리고 형양(滎陽)을 지키고 있고, 번쾌와 주발은 이십만 대군을 거느리고 연(燕)과 대(代) 땅을 평정하였습니다.

만일 그들이 황제가 승하한 후 모든 장수들을 모조리 살육하려 한다는 소식을 듣게 된다면 그들은 반드시 연합하고 회군하여 관중(關中)을 공

---

144) 195 B.C. 夏曆 4월 25일.
145) 한혜제(漢惠帝) 유영(劉盈).
146) 역상(酈商). 역이기(酈食其)의 동생.

제8 고조본기(高祖本紀) 371

격해 올 것입니다. 그리되면 조정 안에서는 대신들이 반란을 일으킬 것이며 조정 밖에서는 제후들이 모반할 테니 발돋움하고 기다리는 것처럼 순식간에 망하고 말 것입니다."

심이기가 궁 안으로 들어가 역상의 말을 여후에게 진언하자 그제야 정미날(丁未日),[147] 황제가 승하한 사실을 알리고 천하에 대사면령을 내렸다.

노관은 고조가 붕어했다는 소식을 듣고 흉노로 달아났다.

병인날(丙寅日),[148] 황제를 안장(安葬)하였다. 기사날(己巳日),[149] 대신들은 태자를 황제로 옹립하고 태상황(太上皇)의 분묘를 참배하였다. 대신들이 말했다.

"승하하신 황제[150]께서는 평민 출신으로서 어지러운 세상을 바로잡아 온 천하를 평정하셨기 때문에 한(漢) 왕조의 개국 황제[太祖]로서 공이 가장 높으십니다."

그리하여 시호[151]를 '고황제(高皇帝)'로 추존하였다. 태자가 제위를 계승하여 황제의 보좌에 오르니 그가 바로 효혜제(孝惠帝)이다. 그리고 각 군(郡)과 제후국에 명하여 고조(高祖)의 신주를 모신 사당[祖廟]을 세우게 하고 매년 정한 기일에 맞추어 제사를 올리도록 하였다.

효혜제 5년(B.C. 190), 황상은 고조가 패현(沛縣)을 그리워하고 좋아했던 것을 생각하여 패궁(沛宮)을 고조의 원묘(原廟)로 삼고, 예전에 고

---

147) 夏曆 4월 28일.
148) 夏曆 5월 17일.
149) 夏曆 5월 20일.
150) 원문에는 '高祖'로 되어 있으나 이는 논리상 석연치 않다. 왜냐하면 그 당시 군신들이 시호를 정하기 위해 논의하던 중이었으므로 시호를 쓰는 것은 맞지 않는다. 그래서 이를 '황제'로 바로잡는 것이 타당할 듯하다. ≪漢書≫의 「高帝紀」에는 '帝'로 기록되어 있다.
151) 제왕(帝王)의 시호는 예관(禮官)에서 논의하여 결정하고 신하의 시호는 조정에서 하사한다.

조가 노래를 가르쳐 주었던 패현의 아이들 일백이십 명을 불러 원묘에서 음악을 연주하는 가운데 노래를 부르도록 했으며 결원(缺員)이 생길 때마다 즉시 충원하였다.

고조에게는 여덟 명의 아들들이 있었다. 맏아들은 서출(庶出)인 제(齊)의 도혜왕(悼惠王) 유비(劉肥)[152]이고, 둘째 아들은 효혜제(孝惠帝)로, 여후의 소생이다. 셋째 아들은 조(趙)의 은왕(隱王) 유여의(劉如意)로, 척부인(戚夫人)[153] 소생이다. 넷째 아들은 대왕(代王) 유항(劉恒)으로, 나중에 효문제(孝文帝)로 제위에 오르는데 박태후(薄太后)[154]의 소생이다. 다섯째 아들은 양왕(梁王) 유회(劉恢)로, 여태후(呂太后)가 집권할 당시 조공왕(趙共王)으로 바꾸어 봉해진다. 여섯째 아들은 회양왕(淮陽王) 유우(劉友)로, 여태후가 집권할 당시 조 유왕(趙幽王)으로 바꾸어 봉해진다. 일곱째 아들은 회남(淮南)의 여왕(厲王) 유장(劉長)이고, 여덟째 아들은 연왕(燕王) 유건(劉建)이다.

태사공은 말한다.

하(夏) 왕조의 정치는 질박하고 관대하였는데 이로 말미암아 백성들은 거칠고 예의가 부족한 병폐를 낳게 되었다. 그래서 은(殷)나라 사람들은 공경과 위엄으로 바꾸어 이를 계승하였다. 그런데 이번에는 백성들이 귀신을 지나치게 숭배하는 병폐를 가져왔다. 그래서 주(周)나라 사람들은 예의(禮儀)를 소중히 여기는 것으로 이를 계승하였다. 그랬더니

---

152) 고조가 미천할 당시 조(曹)씨와의 사이에서 낳은 아들.

153) 고조의 총비(寵妃). 고조가 만년에 척부인을 총애한 나머지 황후 소생인 태자 유영(劉盈)을 폐위하고 척부인 소생인 여의(如意)를 태자로 책봉하고 싶었으나 대신들의 반대로 좌절되었다. 고조가 죽은 후 여후(呂后)는 척부인 모자를 모두 살해하였음. 자세한 것은 「여태후본기」를 참조하기 바람.

154) 고조의 비(妃). 문제(文帝)가 즉위한 후 황태후(皇太后)로 책봉하였음.

이번에는 백성들이 위선적인 허례를 숭상하는 병폐를 가져왔다. 위선적인 허례를 치유하는 방법으로는 질박하고 관대함을 제창하는 것보다 더 나은 것이 없다.

이렇게 볼 때 하(夏)·은(殷)·주(周) 삼대(三代)를 개국한 왕들의 큰 원칙[道]이 순환과 반복을 거듭하듯 끝나면 다시 시작되었다. 주(周) 왕조와 진(秦) 왕조 때의 병폐는 예의를 지나치게 소중히 여기는 데서 비롯되었다고 할 수 있다. 진(秦) 왕조의 정치는 이러한 병폐를 바꾸지 않고 도리어 혹독한 형벌을 사용하였으니 어찌 터무니없는 오류가 아니겠는가!

그래서 한(漢) 왕조가 흥기한 후 비록 이전 왕조의 악정(惡政)을 이어받기는 했으나 그 폐단을 바로잡고 백성들과 더불어 휴식을 취하되 백성들이 나태한 지경에 이르지 않게 하였으니 이것이 바로 자연의 법칙과 규율에 부합되는 것이다.

조정에서는 매년 10월 제후 왕들로 하여금 도읍으로 황제를 조현하러 오도록 규정하였다. 뿐만 아니라 황제가 타는 수레의 지붕 덮개는 황색 비단으로 했으며, 깃발은 소의 꼬리털로 만들어 수레의 왼쪽 전방에 꽂도록 규정하였다. 고조는 장릉(長陵)에 안장(安葬)되었다.

제9 여태후본기(呂太后本紀)

　　여태후(呂太后)[1]는 고조(高祖)[2]가 미천(微賤)하던 시절의 아내이다. 그녀는 혜제(惠帝)[3]와 딸 노원태후(魯元太后)[4]를 낳았다. 고조가 한왕(漢王)이 된 이후 다시 정도(定陶)의 척부인(戚夫人)을 맞이하게 되었는데 고조는 그녀를 몹시 총애하였다. 척부인은 후에 조(趙)의 은왕(隱王)이 된 유여의(劉如意)를 낳았다.

　　혜제(惠帝)는 사람됨이 어질고 나약하기만 하여 자신을 닮지 않았다고 본 고조는 태자를 폐위하고, 자신을 닮았으며 총애하는 척부인의 소생인 여의(如意)를 태자로 책봉할 생각을 늘상 하였다. 척부인은 고조의 총애를 한몸에 받아 그림자처럼 늘 고조를 따라다니게 되었는데 그녀는 고조 앞에서 밤낮없이 울며 자기의 아들을 태자로 책봉해 줄 것을 간청하였다.

　　여후(呂后)는 나이가 들어 늘 집 안에 머물러 있게 되니 고조를 볼 수 있는 기회가 적어져 점점 소원해지게 되었다. 척부인의 소생 여의(如意)는 조왕(趙王)에 봉해진 이후 수차례에 걸쳐 태자의 지위를 대신 차지할 뻔하였다. 그러나 다행히도 대신들의 간언과 유후(留侯)[5]의 계책 덕택에

---

1) 여치(呂雉), 자(字)는 아후(娥姁). 생졸 연대는 241~180 B.C. 탕군(碭郡)의 단보(單父) 사람. 아들 유영(劉盈)이 즉위한 후 황태후(皇太后)가 됨.
2) 유방(劉邦), 생졸 연대는 256~195 B.C. 재위 기간은 202~195 B.C. 고조(高祖)는 그의 시호.
3) 유영(劉盈), 재위 기간은 195~188 B.C. 효혜(孝惠)는 그의 시호.
4) 유영(劉盈)의 손윗누이. 나중에 그녀는 장오(張敖)에게 출가하였다. 그녀의 아들 장언(張偃)이 노왕(魯王)에 봉해졌기 때문에 그녀의 남편 장오는 노원왕(魯元王)이라는 시호를 하사받았다. 그래서 그녀를 노원태후(魯元太后)라 칭하는 것이다.
5) 장량(張良), 생졸 연대는 ? ~189 B.C. 장량이 여태후에게 제시한 계책에 대해서는 「유후세가」를 참조하기 바람.

태자[劉盈]는 가까스로 폐위되는 것을 모면할 수 있었다.

여후는 사람됨이 강직하였으며 예전에 고조가 천하를 평정하는 것을 보좌했을 뿐만 아니라 대신들을 죽이는 데에 있어서 그녀의 입김이 작용할 때가 많았다. 여후의 두 오빠들은 모두 고조의 부장(部將)이었다. 큰 오빠 주여후(周呂侯)[6]가 적과 싸우다가 전사하자 그의 아들 여대(呂臺)와 여산(呂產)은 각각 여후(酈侯)와 교후(交侯)에 봉해졌다. 또 그녀의 작은오빠 여석(呂釋)은 건성후(建成侯)에 봉해졌다.

고조 12년(B.C. 195) 4월 갑진날(甲辰日), 고조가 장락궁(長樂宮)[7]에서 승하하자 태자가 제위를 계승하여 황제의 자리에 올랐다. 그 당시 고조에게는 여덟 명의 아들이 있었다. 맏아들 유비(劉肥)는 혜제(惠帝)의 배다른 맏형[8]으로서 제왕(齊王)에 봉해졌다. 유비를 제외한 그 나머지는 모두 혜제의 동생인데 척부인의 아들 유여의(劉如意)는 조왕(趙王)에 봉해졌고, 박부인(薄夫人)[9]의 아들 유항(劉恒)은 대왕(代王)에 봉해졌다.

그리고 그 나머지는 모두 비빈(妃嬪)들의 소생인데 유회(劉恢)와 유우(劉友)는 각각 양왕(梁王)과 회양왕(淮陽王)에 봉해졌으며, 유장(劉長)과 유건(劉建)은 각각 회남왕(淮南王)과 연왕(燕王)에 봉해졌다. 고조의 동생 유교(劉交)는 초왕(楚王)에 봉해졌고 고조 맏형의 아들 유비(劉濞)는 오왕(吳王)에 봉해졌다. 유씨(劉氏)와 동성(同姓)이 아닌데도 제후 왕으로 봉해진 공신은 파군(番君) 오예(吳芮)의 아들 오신(吳臣)으로서 그는 장사왕(長沙王)에 봉해졌다.

여후는 척부인과 그녀의 아들 조왕(趙王 : 如意)을 가장 증오하였는데

---

6) 여택(呂澤). 유방을 따라 기병하였으며 나중에 주여후(周呂侯)에 봉해짐.

7) 그 당시 장안성(長安城) 동남쪽에 있던 궁전 이름.

8) 유방이 미천할 당시 조씨(曹氏) 여인과 사통(私通)하여 낳은 아들이 바로 유비(劉肥)이다.

9) 유방의 비(妃). 오(吳) 출신. 그녀는 유항(劉恒, 즉 孝文帝)을 낳았다.

척부인을 영항(永巷)에 가두도록 명하는 동시에 사람을 보내 조왕을 도읍으로 소환하도록 하였다. 그래서 수차례 사자를 보냈지만 조왕을 불러올 수 없었다. 조왕의 승상인 건평후(建平侯) 주창(周昌)[10]이 사자에게 말했다.

"고황제(高皇帝)께서는 저에게 나이 어린 조왕을 당부하셨습니다. 듣건대 척부인을 증오하는 태후(太后)께서 조왕을 도읍으로 소환하여 모자(母子)를 주살하시려고 한다는데 저는 조왕을 도읍으로 보내 주살을 당하시게 할 수는 없습니다. 게다가 조왕께서는 병환이 나서서 태후의 명을 받들 수 없습니다."

여후는 노기충천하여 주창을 소환해 오도록 영을 내렸다. 주창이 소환령에 응하여 도읍 장안에 도착한 후 여후는 다시 사람을 보내 조왕을 소환하는 영을 내렸다. 조왕이 소환령에 응하여 도읍을 향해 길을 떠나 아직 장안에 당도하기 전, 어진 혜제(惠帝)는 태후(太后)가 조왕에 대하여 진노한 것을 알고 자신이 직접 패상(覇上)까지 나아가 영접하여 조왕과 함께 궁으로 돌아와 침식을 같이 하며 조왕을 보호하였다.

태후는 조왕을 죽이려 하였지만 좀처럼 기회가 나지 않았다. 혜제 원년(B.C. 194) 12월, 어느 날 새벽에 혜제는 사냥을 나가게 되었는데 조왕은 나이가 어려서 일찍 일어날 수 없어 혜제를 따라가지 못했다. 여후는 조왕이 혼자 남아 있다는 사실을 전해 듣고는 사람을 보내 짐주(鴆酒)[11]

---

10) 유방과 동향 사람. 생졸 연대는? ~191 B.C. 유방을 따라 진(秦)에 반기를 들고 기병하였으며 나중에 중위(中尉)·어사대부(御史大夫) 등을 역임하였으며 분음후(汾陰侯)에 봉해졌다. 유방은 자기가 죽은 후 총애하는 척부인의 소생 여의(如意)를 여태후가 해칠까 두려워 특별히 조(趙)의 상(相)으로 임명하여 여의를 잘 돌봐 주도록 부탁하였다. 자세한 것은 「장승상열전」을 참고하기 바람.

11) 짐(鴆)은 검은 몸뚱이에 붉은 눈을 가지고 있다는 전설상의 독조(毒鳥). 이 새의 깃털을 담근 술을 마시면 목숨을 잃는다고 함.

를 마시게 하였다. 날이 밝아 혜제가 돌아왔을 때 조왕은 이미 죽어 있었다.

회양왕(淮陽王) 유우(劉友)를 조왕(趙王)으로 바꾸어 봉하였다. 그해 여름, 여후(酈侯 : 呂臺)의 부친 여택(呂澤)에게 영무후(令武侯)라는 시호를 추증(追贈)하였다.

태후는 결국 사람을 시켜 척부인의 수족을 절단하고 눈을 빼내고 그녀의 귀를 불에 그슬렸으며, 벙어리가 되게 하는 음약(瘖藥)[12]을 먹인 뒤 그녀를 변소에 내다 버려 그곳에서 기거하게 하면서 그녀를 '사람돼지[人彘]'라고 불렀다. 며칠 후 여후는 혜제를 불러 '사람돼지'를 구경하라고 했다. 혜제는 이를 보고 누구냐고 물었다. 혜제는 한참 후에야 그것이 척부인이라는 것을 알고 목 놓아 울었다. 이때부터 혜제는 병으로 몸져 드러누워 1년 내내 일어나지 못하였다. 혜제는 여태후에게 사람을 보내 말했다.

"이는 사람이 할 짓이 못 된다. 나는 태후의 아들 된 자로서 천하를 다스릴 면목이 없다."

그 후로 혜제는 온종일 술과 여자에만 빠져 정사를 돌보지 않은 결과 병을 얻게 되었다.

혜제(惠帝) 2년(B.C. 193), 초원왕(楚元王) 유교(劉交)와 제(齊)의 도혜왕(悼惠王) 유비(劉肥)가 조현하러 왔다. 10월 어느 날, 혜제는 여태후의 면전에서 주연을 베풀고 제왕(齊王 : 劉肥)과 술을 마시게 되었다. 혜제는 제왕이 형이기 때문에 가정의 예법에 따라 상석에 제왕을 앉게 하였다.

여후가 이를 보고 진노하여 사람을 시켜 짐주(鴆酒) 두 잔을 따라 제왕

---

12) 먹으면 벙어리가 되는 약.

의 면전에 놓도록 한 뒤 제왕에게 일어나서 그녀를 위해 축수(祝壽)해 줄 것을 요구했다. 제왕이 앞에 놓인 술잔을 들고 축수하기 위해 일어서자 혜제도 따라 일어나 여태후의 축복을 기원하려고 술잔을 받쳐 들었다. 태후는 당황한 나머지 자리를 박차고 황급히 일어나 혜제의 손에 들린 술잔을 뒤엎어 버렸다.

제왕은 이를 괴이하게 여겨 그 술잔에 든 술을 마시지 않고 짐짓 만취된 것처럼 가장하여 자리를 떠났다. 나중에 사람들에게 물어 본 뒤에야 비로소 그것이 짐주(鴆酒)였다는 것을 알게 되었다. 제왕은 너무나도 두려워 장안을 빠져나가야 한다고 생각하며 수심에 가득 차 있었다. 제(齊)의 내사(內史) 사(士)가 제왕에게 권고하였다.

"태후(太后)의 마음속에는 오로지 혜제와 노원공주뿐입니다. 지금 대왕께서 칠십여 개의 성을 보유하고 계신 데 비해 노원공주는 식읍 서너 개를 가지고 있을 뿐입니다. 대왕께서 보유하고 계신 봉지 중 군(郡) 하나를 바쳐 공주의 탕목읍(湯沐邑)[13]으로 삼게 하신다면 태후께서 틀림없이 기뻐하실 것입니다. 그러면 대왕께서는 아무런 근심 걱정을 할 필요가 없게 됩니다."

제왕은 즉시 태후에게 성양군(城陽郡)을 바치고 아울러 공주를 왕태후(王太后)[14]로 존칭하였다. 태후는 크게 기뻐하고 이를 허락하였다. 그리고 제왕(齊王)이 머무는 관저[齊邸][15]에 주연을 베풀어 주고 한바탕 실컷

---

13) 옛날 천자가 재계(齋戒)할 때 목욕비로 충당하도록 제후에게 하사한 영지(領地)인데, 나중에는 황실에서 부세(賦稅)를 거두어들이는 사유지로 전락하였다.

14) 제왕(齊王 : 즉 劉肥)과 노원공주와는 배다른 오누이 사이인데, 노원공주를 왕태후(王太后)라고 존칭하여 어머니의 예로 대한 것은 상리(常理)에 맞지 않지만 여태후의 비위를 맞추기 위해서 그렇게 한 것이다.

15) 제왕(齊王 : 劉肥)이 도읍 장안에 건립한 관저(官邸). 당시 한나라 법제에 의하면 각 제후왕들은 장안에 관저(邸舍)를 건립해 놓고 천자를 조현(朝見)하러 올 때 이곳을 이용하도록 되어 있었다.

술을 마시게 하고 나서 제왕을 귀국하게 해 주었다.

혜제(惠帝) 3년(B.C. 192) 장안성(長安城)을 축조하기 시작하여 혜제 4년에 이르러 절반가량 진척되었고 혜제 5년, 혜제 6년을 거쳐 마침내 완공되었다. 제후들이 황제를 접견하기 위해 도읍 장안으로 모여들었고, 10월에 입조하여 황제에게 축하를 표시하였다.

혜제 7년(B.C. 188) 가을 8월 무인날(戊寅日), 혜제가 승하하였다. 발상(發喪) 기간 동안 여태후는 곡(哭)만 할 뿐 눈물을 흘리지 않았다. 유후(留侯)의 아들 장벽(張辟)은 그 당시 시중(侍中)을 맡고 있었는데 나이가 겨우 열다섯 살이었다. 시중(侍中)[16]이 승상(丞相)[17]에게 말했다.

"태후에게 하나뿐인 아들이 승하하셨는데 곡만 하고 비통해 하지 않습니다. 승상께서는 그 연유를 알고 계십니까?"

진평(陳平)[18]이 되물었다.

"그래, 그 연유가 뭐란 말인가?"

장벽이 강한 어조로 대답했다.

"그것은 승하하신 황제에게 장성한 아들이 없으므로 태후께서 승상 나리 등 조정의 대신들을 두려워하기 때문입니다. 승상께서 태후께 청하여 여태(呂台) · 여산(呂産) · 여록(呂祿)을 장군으로 임명하여 남군(南軍)과 북군(北軍)을 거느리게 하고 아울러 여씨 집안사람들을 입궁시켜 대권을 장악하게 한 후에야 비로소 태후는 안심할 것이며, 당신들께서도

---

16) 황제의 좌우에서 시중을 들며 고문 역할을 하는 시종관.

17) 당시 우승상은 왕릉(王陵)이고 좌승상은 진평(陳平)이었는데 여기서는 좌승상 진평을 가리킨다.

18) 양무(陽武) 출신, 생졸 연대는 ? ~78 B.C. 진승이 기병한 후 그는 위왕(魏王) 구(咎)에게 귀의하여 태복(太僕)을 지냈으며 그 후 항우를 따라 관중(關中)에 입성하여 도위(都尉)를 지냈다. 얼마 후 항우의 곁을 떠나 유방에게 귀의하여 누차에 걸쳐 기책(奇策)을 헌책하여 유방의 중요한 모신(謀臣)이 되었다. 한나라 초 혁혁한 개국 공신으로 혜제(惠帝) · 여후(呂后) · 문제(文帝) 때 승상을 역임하였다. 자세한 것은 「진승상세가」를 참조하기 바람.

화를 모면할 수 있을 것입니다."

승상은 장벽이 강변한 권고대로 하니 과연 태후는 아주 흡족해 하였고, 그제야 비로소 비통하게 곡을 하기 시작했다. 여씨 일가는 이때부터 조정의 대권을 장악하여 섭정하기 시작하였다. 천하에 사면령을 단행하고 9월 신축날(辛丑日), 혜제를 안장(安葬)하였다. 태자가 제위를 계승하여 즉위하고 고조의 분묘에 참배하였다.

고황후(高皇后 : 呂雉) 원년(B.C. 187), 조정의 모든 영을 일률적으로 여태후 명으로 내리게 되었다.

여태후가 황제의 대권을 행사하기 시작한 후 조정의 대신들을 소집하여 모든 제후 왕을 여씨로 봉할 심산으로 의논케 한 후에 우승상(右丞相) 왕릉(王陵)[19]에게 묻자 왕릉이 대답했다.

"고제(高帝)께서는 예전에 흰 말을 잡아 그 피로 대신들과 이렇게 맹약하셨습니다.[20] '앞으로 유씨(劉氏)의 자제가 아닌 왕은 천하가 공동으로 주멸하리라.' 그런즉 지금 여씨(呂氏)를 왕으로 봉하신다면 이는 고조의 맹약에 위배되는 것입니다."

이 말을 들은 여태후는 불쾌했다. 다시 좌승상(左丞相) 진평과 강후(絳侯) 주발(周勃)[21]의 의견을 물었다. 주발 등이 대답했다.

"예전에 고제께서 천하를 평정하시고 그 자제분들을 왕으로 봉하셨습

19) 유방과 동향 사람. 생졸 연대는 ? ~181 B.C. 진승이 가장 먼저 기병한 후에 그는 남양(南陽)에서 수천 명의 민병(民兵)을 동원하여 진(秦)에 반기를 들었다. 유방과 항우가 천하를 놓고 자웅을 겨룰 때 그는 유방에게 귀의하였다. 그 후 그는 양후(襄侯)·안국후(安國侯)에 봉해졌으며 조참(曹參)의 뒤를 이어 우승상의 지위에 올랐다.

20) 옛날 군은 맹세를 할 때 희생(犧牲)을 잡아 그 피를 입가에 발라 혈맹(血盟)을 표시하였는데 이를 삽혈(歃血)이라 한다.

21) 유방과 동향 사람. 생졸 연대는 ? ~169 B.C. 유방을 따라 기병한 후 유방의 중요한 장수로서 천하를 누볐다. 한나라 초 그 공로로 강후(絳侯)에 봉해졌고 문제(文帝)때 우승상을 역임하였다. 자세한 것은 「강후주발세가」를 참조하기 바람.

니다. 이제 태후께서 황제의 직권을 행사하시니 그 형제분들과 여씨를 왕으로 봉하셔도 불가할 이유가 없는 듯합니다."

여태후는 기뻐하며 조정을 나섰다. 왕릉은 진평과 주발을 책망하였다.

"당초에 고제께서 삽혈(歃血)하여 맹약하실 때 설마 그대들이 그 자리에 없었던 것은 아니겠지? 이제 고제께서 승하하시고 나니 태후께서 여씨(呂氏)의 자제들을 왕으로 봉하려 하는데 그대들은 도리어 태후의 사욕(私慾)을 눈감아 주고 아첨하여 당초의 맹약을 어겼다. 이제 무슨 면목으로 지하에 계신 고제를 뵙겠는가?"

진평과 주발이 말했다.

"지금 조정에서 대변하는 체 책망하고 간쟁(諫爭)하는 것은 우리들이 당신만 못하겠지만 사직(社稷)을 보전하고 유씨(劉氏) 천하를 안정시키는 것은 당신께서 우리만 못할 것입니다."

왕릉은 더 이상 대꾸하지 않았다. 11월, 여태후는 왕릉을 파면하기 위해 왕릉을 황제의 태부(太傅)[22]로 임명하고 우승상의 직위를 박탈해 버렸다. 그 후 왕릉은 병을 핑계 삼아 면직(免職)하고 고향으로 돌아갔다. 여태후는 좌승상 진평을 우승상에 임명하고 벽양후(辟陽侯) 심이기(審食其)를 좌승상에 임명하였다.

그런데 심이기는 좌승상 본연의 직무를 처리하지 않고 낭중령(郎中令)처럼 궁중의 일을 관장하려 하였다. 그리하여 심이기는 여태후에게 접근할 기회를 얻게 되었고, 태후의 총애와 신임을 한 몸에 받아 국사를 전횡하게 되었다. 그래서 공경대신(公卿大臣)들이 정무를 처리할 때는 반드

---

22) 군주가 정교(政敎)를 베푸는 것을 보좌하는 관직. 삼공(三公 : 太師, 太傅, 太保)의 하나. 지위는 존귀하나 실질적인 권한은 없음. 여태후가 왕릉을 태부로 바꾸어 임명한 것은 명목상으로 승진이라고 할 수 있지만 실질적으로는 그의 권한을 삭탈한 것이라고 볼 수 있다.

시 그에게 보고하고 그가 결재하였다.

여태후는 또 여후(酈侯 : 呂台)의 부친[呂澤]을 도무왕(悼武王)으로 추존(追尊)하고, 이를 계기로 여씨 일가를 왕으로 분봉(分封)하는 발판으로 삼으려 하였다.

4월, 여태후는 여씨 일가를 후(侯)로 봉할 발판을 위해 우선 고조의 공신인 낭중령(郎中令) 풍무택(馮無擇)을 박성후(博成侯)에 봉하였다. 노원공주(魯元公主)가 세상을 떠나자 '노원태후(魯元太后)'라는 시호를 내리고 그녀의 딸 장언(張偃)을 노왕(魯王)에 봉하였다. 장언의 부친은 바로 선평후(宣平侯) 장오(張敖)²³⁾이다.

또 제(齊) 도혜왕(悼惠王)의 아들인 유장(劉章)을 주허후(朱虛侯)에 봉하고 여록(呂祿)의 딸을 그에게 출가시켰다. 제왕(齊王)의 승상 수(壽)는 평정후(平定侯)에 봉하고 소부(少府)²⁴⁾ 양성연(陽成延)²⁵⁾은 오후(梧侯)에 봉하였다. 뒤이어 여종(呂種)²⁶⁾을 패후(沛侯)에 봉하고 여평(呂平)²⁷⁾을 부류후(扶柳侯)에 봉하였으며, 장매(張買)²⁸⁾를 남궁후(南宮侯)에 봉하였다.

여태후는 다시 여씨 일가를 왕으로 봉하기 위해 우선 혜제(惠帝)의 후궁(後宮) 소생인 유강(劉强)을 회양왕(淮陽王)에 봉한 것을 필두로 유불의(劉不疑)를 상산왕(常山王)에, 유산(劉山)을 양성후(襄成侯)에, 유조

---

23) 한나라 초의 조왕(趙王) 장이(張耳)의 아들이자 노원공주의 남편. 본시 부친의 작위를 계승하여 조왕(趙王)에 봉해졌으나 그의 신하 관고(貫高) 등이 고조(高祖)를 모살(謀殺)하려던 사건으로 말미암아 선평후(宣平侯)로 강등되었다.

24) 9경(九卿)의 하나. 산해지택(山悔池澤)의 부세와 궁중의 수공업 제조를 관장하는 관직인데 황실의 재정을 총괄한다.

25) 성은 양성(陽成), 이름은 연(延). 군장(軍匠) 출신으로 장락궁·미앙궁 및 장안성(長安城) 영조에 기여한 공로로 수봉(受封)되었다.

26) 여태후의 둘째 오빠 건성후(建成侯 : 呂釋)의 아들.

27) 여태후의 여동생 장수(長姁)의 아들.

28) 유방의 기장(騎將) 장월인(張越人)의 아들.

(劉朝)를 지후(軹侯)에, 유무(劉武)를 호관후(壺關侯)에 각각 봉하였다.

여태후는 대신들이 여씨 일가를 왕으로 봉할 것을 제창하도록 넌지시 암시하였고, 이에 대신들이 여후(酈侯 : 呂台)를 여왕(呂王)으로 봉할 것을 제의하자 여태후는 이에 동의하였다.

건성후(建成侯) 여석(呂釋)이 죽었는데 후(侯)의 지위를 계승할 아들이 죄를 지어 폐출(廢黜)당하였다. 그래서 그의 동생 여록(呂祿)[29]을 호릉후(胡陵侯)에 바꾸어 봉하고 건성후(建成侯)의 후손을 이어받게 하였다. 고황후(高皇后) 2년(B.C. 186), 상산왕(常山王)이 세상을 떠나자 그의 동생 양성후(襄成侯 : 劉山)를 상산왕에 봉하고 그의 이름을 유의(劉義)로 개명하였다.

11월, 여왕(呂王) 여태(呂台)가 세상을 떠나자 숙왕(肅王)이라는 시호를 내리고, 그의 아들 여가(呂嘉)로 하여금 왕위를 계승하게 하여 왕으로 세웠다.

고황후(高皇侯) 3년(B.C. 185), 특기할 만한 사건이 없었다. 고황후(高皇侯) 4년, 여수(呂嬃)를 임광후(臨光侯)에 봉하고, 여타(呂他)[31]를 유후(俞侯)에, 여경시(呂更始)를 췌기후(贅其侯)에, 여분(呂忿)을 여성후(呂城侯)에 각각 봉하였다. 또 과거에 제후 왕의 승상을 지낸 다섯 사람을 후(侯)에 봉하였다.

선평후(宣平侯)의 딸이 효혜(孝惠) 황후로 있을 때 후사(後嗣)가 없었다. 나중에 거짓으로 임신한 것처럼 위장하여 후궁 비빈(妃嬪)의 소생인 갓난아기를 데려와 자신이 낳은 아이인 것으로 사칭하였으며 영아의 생모를 죽여 버리고 그 아이를 태자로 세웠다.

---

29) 건성후(建成侯) 여석(呂釋)의 막내아들.
30) 여태후의 여동생이자 번쾌의 아내.
31) 여수(呂嬃)의 아들.

혜제가 세상을 떠난 후 그 태자가 뒤이어 황제의 자리에 올랐다. 나중에 그는 이런 사연을 어렴풋이 알고 있다가 우연한 기회에 자기의 생모가 피살당했고 자신이 장(張) 황후의 친아들이 아니라는 사실을 알고 원한에 찬 말을 내뱉었다.

"황후는 어째서 나의 생모를 살해하고 나를 자기의 아들로 삼았단 말인가? 지금은 내가 어리지만 장성하면 반드시 그 원한을 갚으리라!"

여태후는 이를 전해 듣고 몹시 걱정하여 혹시나 변란이 일어날까 두려워한 나머지 비밀리에 그를 영항(永巷)에 가두어 버렸다. 그리고는 황제가 중병에 걸렸으므로 좌우 대신들은 누구를 막론하고 황제를 만나 볼 수 없다고 했다. 태후가 말했다.

"무릇 천하를 얻어 만백성을 다스리는 자는 마치 하늘이 만물을 덮고 대지가 만물을 포용하듯이 자애로운 마음으로써 백성들을 위무해야만 비로소 백성들이 즐거운 마음으로 황제를 섬기는 법이오. 그리고 윗사람과 아랫사람이 서로 마음이 편안하여 감정이 융합될 수 있어야만 비로소 천하를 잘 다스릴 수 있는 것이오. 지금 황제께서 병환을 얻은 지 오래되도록 쾌유치 않고 정신이 온전하지 못한 지경에 이르러 제위를 계승하여 종묘에 제사를 지낼 수 없으니 천하를 그에게 맡길 수는 없소. 그러니 마땅히 다른 사람을 찾아 그를 대신하도록 해야 할 것이오."

대신들이 머리를 조아리며 입을 모아 말했다.

"황태후께서 천하의 만백성을 위해 종묘와 사직을 안정시키는 데에 이토록 사려 깊게 숙고하셨으니 바라옵건대 저희들은 머리 숙여 명을 받들고자 합니다."

그리하여 태후는 황제를 폐위하고 몰래 죽여 버렸다. 5월 병진날(丙辰日), 상산왕(常山王) 유의(劉義)를 황제로 세우고 이름을 유홍(劉弘)으로 개명하였다. 연호를 원년으로 개칭하지 않은 것은 줄곧 태후가 황제의 권한을 행사하였기 때문이다. 지후(軹侯) 유조(劉朝)를 상산왕(常山王)으로 바꾸어 봉하였다. 태위(太尉)³²⁾라는 직책을 설치하고 강후(絳侯) 주발(周勃)을 태위에 임명하였다.

고황후(高皇后) 5년(B.C. 183) 8월, 회양왕(淮陽王)이 세상을 떠나자 그의 동생 호관후(壺關侯 : 劉武)를 회양왕으로 바꾸어 봉하였다. 고황후(高皇侯) 6년 10월, 여태후는 여왕(呂王 : 呂嘉)이 거만하게 날뛴다는 말을 전해 듣고는 그를 폐위시키고 숙왕(肅王 : 呂台)의 동생 여산(呂產)을 여왕(呂王)에 봉하였다. 그해 여름, 천하에 대사면령을 내리고 제(齊)의 도혜왕(悼惠王) 아들 유흥(劉興)을 동모후(東牟侯)에 봉하였다.

고황후(高皇后) 7년 정월, 여태후는 조왕(趙王) 유우(劉友)를 도읍으로 소환하였다. 유우의 왕후는 여가(呂家)의 딸인데 유우는 그녀를 총애하지 않고 다른 애첩을 더 좋아하였다. 이를 질투한 여가(呂家)의 딸은 화가 치밀자 여태후에게 달려가, 남편인 유우가 모반의 음모를 꾸미고 있다고 참소하고 다음과 같이 말했다고 모함하였다.

"여씨(呂氏)가 어떻게 왕에 봉해질 수 있는가! 태후가 백 살이 되면 반드시 내가 그들을 주멸하겠다."

이 말을 전해 들은 태후는 노기충천하여 즉시 조왕을 소환했다. 조왕이 도읍에 오자 여태후는 그를 관저에 둔 채 접견하지도 않고 위사(衛士)들을 시켜 연금한 채 음식도 주지 못하게 하였다. 그러다 조왕의 신하가 몰래 먹을 것을 가져다주다 발각되는 바람에 체포되어 죄를 받았다. 조왕은 굶어 죽어가며 다음과 같이 노래했다.

---

32) 서한(西漢) 때 군사(軍事)의 전권을 담당한 최고 군사 장관. 승상·어사대부와 더불어 삼공 (三公)의 하나. 삼공(三公)의 녹봉(祿俸)은 최고인 일만 석(石)이었다.
33) 유우(劉友)의 왕후로 여씨(呂氏)의 딸을 가리킴.

여씨가 권력을 전횡하니	諸呂用事兮
유씨가 위태롭구나.	劉氏危,
왕후(王侯)를 협박하여	迫脅王侯兮
나에게 억지로 아내를 주었네.	彊授我妃.
내 아내는 질투심에 사로잡혀	我妃既妒兮
나를 무고하게 모함하였고,	誣我以惡,
참소하는 여자[33]가 나라를 어지럽히는데도	讒女亂國兮
군주는 이를 깨닫지 못하네.	上曾不寤.
내게는 충신이 없어서인가,	我無忠臣兮
무슨 연유로 나라를 잃었는가?	何故棄國.
황야에서 스스로 목숨을 끊었더라면	自決中野兮
푸른 하늘이 공평한 심판을 했을 터인데.	蒼天舉直.
아! 못내 한스럽구나,	于嗟不可悔兮
진작 자살하지 못한 것이.	寧蚤自財.
왕이 굶어 죽은들	爲王而餓死兮
동정할 자 누구리오!	誰者憐之.
여씨는 천리(天理)를 끊어 버리니	呂氏絶理兮
하늘에 의탁하여 복수할 밖에.	託天報仇.

정축날(丁丑日), 조왕이 갇힌 채 굶어 죽자 평민의 장례 절차에 따라 장안성(長安城) 밖 일반 백성들의 묘 옆에 매장하였다.

기축날(己丑日), 일식 현상이 일어나 대낮인데도 어두웠다. 이를 싫어한 여태후는 마음이 불쾌하고 답답하니 곁에 있는 사람들에게 내뱉듯이 말했다.

"이것은 나 때문이로다."

2월, 양왕(梁王) 유회(劉恢)를 조왕(趙王)으로 바꾸어 봉하였다. 여왕(呂王)[34] 여산(呂產)을 양왕(梁王)으로 바꾸어 봉하였으나 양왕이 봉국으로 부임하지 않자 조정에 남겨 황제의 태부(太傅)로 임명하였다. 또한 황자(皇子) 평창후(平昌侯 : 劉太)를 여왕(呂王)에 봉하고 '양국(梁國)'을 '여국(呂國)'으로 개명하였으며 본래의 여국은 '제천국(濟川國)'으로 개명하였다. 태후의 여동생 여수(呂嬃)의 딸을 영릉후(營陵侯) 유택(劉澤)에게 출가시키고 유택을 대장군(大將軍)[35]에 임명하였다.

여태후는 여씨 일가를 왕으로 봉했지만 자기가 죽고 난 훗날 유택이 반란을 일으킬까 두려운 나머지 그를 낭야왕(琅邪王)으로 임명하여 그의 마음을 안심시켰다. 양왕(梁王) 유회(劉恢)가 조왕(趙王)으로 바꾸어 봉해진 후 몹시 언짢아하자 여태후는 여산(呂產)의 딸을 그에게 출가시켜 왕후로 삼았다.

왕후의 시종 관원들이 방자하게 굴며 조왕을 몰래 감시하니 조왕은 자유로이 행동할 수 없었다. 조왕에게 총애하는 첩이 하나 있었는데 왕후는 사람을 시켜 그녀를 짐주(鴆酒)로 독살해 버렸다. 이에 조왕은 네 수의 시를 지어 악공(樂工)들로 하여금 부르도록 하였다. 조왕은 슬픔을 이기지 못하여 6월에 스스로 목숨을 끊고 말았다. 태후는 이 소식을 듣자 조왕이 여자 때문에 조종(祖宗)의 예법을 저버렸다며 그의 후손이 왕위를 계승하는 권한을 즉시 박탈해 버렸다.

선평후(宣平侯) 장오(張敖)가 세상을 떠나자 여태후는 그의 아들 장언(張偃)을 노왕(魯王)에 봉하고 장오에게 노원왕(魯元王)이라는 시호를 내렸다.

가을, 여태후는 대왕(代王)에게 사자를 보내 그를 조왕(趙王)으로 바꾸

---

34) 여(呂)는 한나라 초에 봉해진 봉국(封國)의 이름.
35) 장군의 최고 칭호.

어 봉하려는 뜻을 타진하였다. 대왕은 이를 사양하고 대국(代國)의 변방을 방위하기를 원하였다.

태부(太傅)인 여산(呂産)과 승상 진평(陳平) 등은 무신후(武信侯) 여록(呂祿)이 열후 가운데 제1등급이므로 그를 조왕(趙王)으로 세워야 한다고 진언하였다. 태후는 이에 동의하고 아울러 여록의 부친 강후(康侯)를 조소왕(趙昭王)으로 추존(追尊)하였다.

9월, 연 영왕(燕靈王) 유건(劉建)이 세상을 떠났는데 그에게는 첩의 소생이 있었다. 태후는 사람을 보내 첩의 소생을 죽여 그의 후손을 없애 버리고 봉국을 폐하였다.

고황후(高皇后) 8년(B.C. 180) 10월, 여숙왕(呂肅王)의 아들 동평후(東平侯 : 呂通)를 연왕(燕王)에 봉하고, 그의 동생 여장(呂莊)을 동평후(東平侯)에 봉하였다.

3월 중순, 여태후가 불제(祓祭)[36]를 올리고 돌아오는 길에 지도(軹道)를 지나는데 검은 개처럼 생긴 것이 그녀의 겨드랑이에 부딪치더니 홀연히 사라져 버렸다. 사람을 시켜 이를 점쳐 보게 하였더니 조왕(趙王)의 망령이 해코지를 하는 것이라고 하였다. 그 후부터 여태후는 겨드랑이에 통증을 느끼고 병이 나게 되었다.

여태후는 외손자 노왕(魯王 : 張偃)[37]이 부모를 일찍 여읜 나이 어린 고아라서 장오(張敖)의 전첩 소생인 장치(張侈)를 신도후(新都侯)에, 장수(張壽)를 낙창후(樂昌侯)에 각각 봉하여 노왕(魯王) 장언을 보좌해 주도

---

36) 옛날 재액(災厄)을 없애기 위해 거행하는 일종의 제사. 통상 하력(夏曆)으로 정월과 3월에 종묘와 사단(社壇 : 토지신을 모신 사당) 및 강가에서 거행한다.

37) 원문에는 '魯元王偃'으로 되어 있다. 그러나 앞에서 본 바와 같이 '元'은 장언(張偃)의 부친 장오(張敖 : 노원공주의 남편)의 시호였다. 또한 ≪漢書≫의 「張耳傳」에도 '元' 자가 없다. 그렇다면 '元'은 덧들어간 연문(衍文)인 것으로 판단된다. 따라서 '元' 자를 빼는 것이 이치에 합당하다고 여겨져 이를 택하였음을 밝혀 둔다.

록 하였다. 또 중대알자(中大謁者)³⁸⁾ 장석(張釋)을 건릉후(建陵侯)에 봉
하고 여영(呂榮)을 축자후(祝玆侯)에 봉하였다. 궁중의 환관(宦官)들 중
영(令)과 승(丞)은 관내후(關內侯)³⁹⁾에 봉하고 식읍⁴⁰⁾ 오백 호(戶)를 하사
하였다.

7월 중순, 여태후의 병세가 위중하자 조왕(趙王) 여록(呂祿)을 상장군
(上將軍)⁴¹⁾에 임명하여 북군(北軍)을 통수하게 하고 여왕(呂王) 여산(呂
產)에게 남군(南軍)을 거느리게 하였다. 여태후는 여산과 여록에게 훈계
하였다.

"고제(高帝)께서 천하를 평정하신 후 대신들과 다음과 같은 맹약을 맺
었다. '유씨(劉氏)의 자제가 아닌 왕은 천하의 사람들이 공동으로 공격한
다.'⁴²⁾ 지금 여가(呂家) 사람들이 왕으로 봉해졌으니 대신들은 마음속으
로 불평하고 있을 것이다. 내가 죽으면 황제의 보령(寶齡)이 어리기 때문
에 대신들이 반란을 일으킬지도 모른다. 그러니 그대들은 반드시 병권
(兵權)을 장악하여 황궁을 보위하도록 하라. 그리고 절대로 나의 장례를
치루지 말 것이며 다른 사람에게 제압당하는 일이 없도록 하라."

신사날(辛巳日), 여태후가 세상을 떠나며 다음과 같은 내용의 칙서(勅
書)를 남겼다.

---

38) 대알자(大謁者) : 문서의 접수와 황제의 조칙 하달 및 빈객 접대를 맡은 관직. 앞에 덧붙은
'中'은 환관(宦官) 출신이 임명되었을 때이다.
39) 후(侯)의 작위 이름. 작위만 하사하고 봉지(封地)는 없으며 도읍에 식읍(食邑)을 하사받는다.
40) 채읍(采邑)이라고도 불린다. 봉지(封地)와 다른 점은 수봉자(受封者)가 부세(賦稅)를 징수할
권한은 있지만 행정 통치 권한은 없다.
41) 군정(軍政)을 관장하는 최고의 무관.
42) 이성(異姓) 제후들의 반란 및 재기(再起)를 막기 위해 고조(유방)가 심복 대신들과 밀약을 맺
은 것을 말한다. 역사가들은 이를 '백마의 서약(白馬之誓)'이라고 일컫는다. 여기에 참가한
사람들은 왕릉(王陵)·주발(周勃)·진평(陳平) 및 여태후인 것으로 여겨진다. 참고로 그 내용
의 원문은 다음과 같다. 「非劉氏王者, 天下共擊.」(유씨가 아닌 왕은 공동으로 배격한다)

'제후 왕 한 사람당 황금 일천 근을 하사하고, 장(將)·상(相)·열후·
낭리(郎吏) 등 서열에 따라 각급 관원들에게 황금을 하사하고 천하에 대
사면령을 내리라. 그리고 여왕(呂王) 여산(呂產)을 상국에 임명하고 여
록(呂祿)의 딸을 황후로 삼으라.'

여태후가 안장(安葬)된 후 좌승상 심이기(審食其)는 황제의 태부(太
傅)에 임명되었다.

기백과 용기가 넘친 주허후(朱虛侯) 유장(劉章)과 아우 동모후(東牟
侯) 유흥거(劉興居)는 제 애왕(齊哀王)[43]의 동생들이었는데 모두 장안에
살고 있었다. 그 당시 여씨가 정권을 독차지하기 위해 음모를 꾸미고 있
었지만 고제(高帝)의 노신(老臣)인 주발(周勃)이나 관영(灌嬰) 등이 두려
워 감히 성사시키지 못하였다.

유장(劉章)의 아내는 여록(呂祿)의 딸이었기 때문에 여씨(呂氏) 일가
의 음모를 간파하고 있었다. 유장은 주살(誅殺)당할까 두려워 극비리에
자기의 형인 제(齊)의 애왕에게 사자를 보내 이 사실을 알리고, 군사를
동원하여 서쪽으로 진군해 여씨 일가를 주살하고 스스로 제위에 오를 것
을 간청하였다. 그리고 자기는 조정 안에서 대신들과 함께 내응(內應)할
심산이었다.

제왕(齊王)은 군사를 일으킬 준비를 하였으나 승상은 따르지 않았다.
8월 병오날(丙午日), 제왕이 사람을 보내 승상을 죽이려 하자 승상 소평
(召平)은 이에 반기를 들고 군사를 동원하여 제왕을 포위 공격하였다. 제
왕은 소평을 죽이고 마침내 군사를 일으켜 동으로 진군하였다. 그는 교
묘한 계책을 써서 낭야왕(琅邪王)의 군대를 빼앗은 후 합병한 군대를 거
느리고 서쪽으로 진격하였다. 이 사건에 대한 자세한 상황은 「제도혜왕

---

43) 유비(劉肥)의 맏아들 유양(劉襄). 애왕(哀王)은 그의 시호.

세가(齊悼惠王世家)」에 모두 기록되어 있다.

제 애왕(齊哀王)은 각 제후 왕들에게 다음과 같은 내용의 서찰을 보냈다.

'고제께서는 천하를 평정하신 후 그 자제들을 왕으로 분봉(分封)하셨는데 도혜왕(悼惠王)은 제(齊)에 봉해졌소. 도혜왕이 세상을 떠난 후 효혜(孝惠) 황제께서는 유후(留侯) 장량(張良)을 파견하여 나를 제왕(齊王)으로 세우셨소.

그런데 효혜 황제가 승하하시자 여태후께서 정권을 장악하여 섭정하시게 되었소. 하지만 태후께서는 연로하시어 모든 일을 여씨 일족의 뜻대로 따라 하게 되었소. 그들은 멋대로 황제를 폐위하고 세우는가 하면 조왕(趙王)을 잇달아 세 분이나 주살하였고, 양(梁)·조(趙)·연(燕) 3개의 유씨(劉氏) 제후국을 폐하고 나서 여씨(呂氏)를 왕으로 봉하여 제(齊) 땅을 넷으로 나누었소.

충신이 나아가 간언해도 태후께서는 여씨 일족에게 미혹되어 그 간언을 아랑곳하지 않았소. 지금 태후께서 승하하시고 황제의 보령은 어려 천하를 다스릴 수가 없소. 그러니 마땅히 제후와 대신들이 보좌해야 할 것이오.

그런데 여씨 일가는 제멋대로 관직에 오르고 병권을 장악하여 위세를 과시하며 열후와 충신을 협박하는가 하면 황제의 명령인 것처럼 사칭하여 천하를 호령하고 있으니 이로 말미암아 유(劉)씨 종묘(宗廟)의 존립 자체에 위협이 되고 있소.

나는 이 기회에 군사를 이끌고 조정에 들어가 결코 칭왕(稱王)해서는 안 되는 자들을 모조리 주멸하고자 하오.'

조정에서 이 소식을 전해 듣고 상국·여산(呂産) 등이 영음후(穎陰侯) 관영(灌嬰)에게 군대를 주어 제왕(齊王)을 맞아 싸우도록 하였다. 관영은 형양(滎陽)에 도착하여 장수들과 의논하였다.

"여씨가 병권을 장악하고 관중(關中)을 제압한 뒤 유씨(劉氏) 천하를 전복시키고 제위에 오르려 기도하고 있소. 이제 내가 제군(齊軍)을 격파하고 돌아가 보고한다면 이는 여가(呂家)의 세력을 조장해 줄 뿐이오."

그리하여 군대를 형양에 주둔시키고 제왕(齊王)과 각 제후 왕들에게 사자를 보내, 만일 여씨 일가가 변란을 일으키면 힘을 합쳐 공동으로 그들을 주멸하자고 제의하였다. 제왕(齊王)은 이 통보를 받은 후 즉각 군사를 이끌고 제(齊)의 서쪽 변방으로 가서 약속을 이행할 때를 기다렸다.

여록(呂祿)과 여산(呂產)은 관중(關中)에서 반란을 일으킬 준비를 하고 있었다. 그렇지만 안으로는 주발(周勃)과 유장(劉章) 등이 두렵고, 밖으로는 제(齊)와 초(楚) 등의 군대가 두려웠다. 또한 관영(灌嬰)이 여씨(呂氏)를 배반하지 않을까 두려웠다. 그래서 관영의 군대가 제군(齊軍)과 교전한 후에 정변(政變)을 일으키려고 잠시 유예하고 있었다.

그 당시 명목상 소제(少帝)의 동생들[44]과 여태후의 외손자인 노왕(魯王) 장언(張偃)은 모두 나이가 어렸기 때문에 봉국에 가지 않고 도읍 장안에 머무르고 있었다. 조왕(趙王) 여록(呂祿)과 양왕(梁王) 여산(呂產)은 수도의 위수(衛戍) 부대인 남군(南軍)과 북군(北軍)을 각각 통솔하고 있었는데 이들은 모두 여씨(呂氏) 일가의 사람들이었다. 따라서 조정의 열후와 대신들은 자신의 생명을 보전할 수 없는 처지에 놓여 있었다.

태위(太尉) 강후(絳侯 : 周勃)는 군영에 들어가 병권을 장악할 수 없었다. 곡주후(曲周侯) 역상(酈商)[45]은 연로하고 병든 몸이었고 그의 아들 역기(酈寄)는 여록(呂祿)과 친밀하게 지내는 사이였다. 주발은 승상 진평

---

44) 제천왕(齊川王) 유태(劉太), 회양왕(淮陽王) 유무(劉武), 상산왕(常山王) 유조(劉朝)를 말한다. 이들은 효제(孝帝 : 劉盈)가 후궁들과의 사이에서 낳은 아들인데 효혜의 장황후(張皇后)는 교묘한 수단을 동원하여 자신의 소생인 것으로 꾸몄다.

(陳平)과 상의한 후 사람을 보내 역상을 협박하기를, 그의 아들 역기를 여록에게 보내 기만책을 쓰도록 하였다. 역기가 여록에게 말했다.

"고제(高帝)와 여후께서 함께 천하를 평정하시고 나서 유씨(劉氏)를 아홉 제후 왕[46]으로 세우시고 여씨(呂氏)를 세 제후 왕[47]으로 세우셨는데 이는 대신들이 제의하여 결정된 것이오. 이 일은 이미 제후들에게 통보하였기 때문에 모두 적절한 것으로 받아들이고 있소.

지금 태후께서 승하하시고 황제의 보령은 어리신데 그대는 조왕(趙王)의 인신(印信)을 가졌으면서도 조(趙)나라로 달려가 봉지를 지키지 않고 있소. 게다가 상장군(上將軍)의 신분으로 군대를 거느리고 도읍 장안에 주둔하고 있으니 이래 가지고는 조정의 대신과 제후들의 의심을 모면할 길이 없소.

그대는 어찌하여 장군의 인신을 반납하지 않으며 군대를 태위(太尉)에게 인계하지 않는 거요? 또 양왕(梁王)에게 청하여 상국의 인신(印信)을 반납하고 대신들과 맹약을 맺은 뒤 자기의 봉국으로 가라고 말하지 않는 거요?

그렇게 하면 제왕(齊王)도 분명히 전쟁을 중지할 것이며 대신들도 안심하게 될 것이오. 뿐만 아니라 그대들은 베개를 높이 하고 아무런 걱정 없이 마음 편히 사방 천 리 봉국의 왕 노릇을 할 수 있으니 이는 천추만대의 공리(功利)가 될 것이오."

여록은 역기의 제안을 신임하여 장군의 인신(印信)을 반납하고 군대를

---

45) 역이기(酈食其)의 아우. 유방을 따라 진(秦)에 반기를 들고 기병하였으며 나중에 곡주후(曲周侯)에 봉해졌고 우승상에 임명되었다.
46) 오왕(吳王 : 劉濞) · 초왕(楚王 : 劉交) · 제왕(齊王 : 劉肥) · 회남왕(淮南王 : 劉長) · 낭야왕(琅邪王 : 劉澤) · 대왕(代王 : 劉恒) · 상산왕(常山王 : 劉朝) · 회양왕(淮陽千王 : 劉武) · 제천왕(濟川王 : 劉太).
47) 양왕(梁王 : 呂産) · 조왕(趙主 : 呂祿) · 연왕(燕王 : 呂通).

태위(太尉)에게 넘겨주려고 하였다. 그리고 사람을 보내 이 일을 여산(呂産)과 여가(呂家)의 웃어른들께 보고하자 그렇게 하는 것이 유리하겠다고 생각하는 이가 있는가 하면 또 어떤 사람은 불리하다고 주장하는 등 의견이 분분하여 결정을 미루고 잠시 유예하였다.

여록은 역기를 신임하여 함께 교외로 사냥을 나가곤 하였는데 지나는 길에 여록은 문안 인사를 하러 고모인 여수(呂嬃)를 방문하게 되었다. 여수는 진노하며 말했다.

"너는 장군인 몸으로 군대를 버리려 하다니, 이제 우리 여씨 집안은 몸을 의탁할 곳이 없게 되었다."

그리고 나서 그녀는 집안의 진귀한 보물들을 모조리 마당에 내던지며 이렇게 말했다.

"다시는 엉뚱한 사람을 위해 이러한 것들을 수장(守藏)하지 않겠다!"

좌승상 심이기(審食其)가 면직되었다.

9월 경신날(庚申日) 아침, 어사대부의 직무를 대리하는 평양후(平陽侯) 조굴(曹窟)이 상국 여산(呂産)을 만나 정사를 의논하였다. 낭중령(郎中令) 가수(賈壽)가 제(齊)에 사자로 갔다가 돌아와서 여산(呂産)을 책망하였다.

"대왕께서는 좀더 일찍 봉국으로 돌아가셔야 했습니다. 이제 가시고 싶어도 가실 수 있으실지……."

이어서 관영이 제(齊)·초(楚)와 연합하여 여씨 일가를 모조리 주멸하려 한다는 계획을 여산에게 낱낱이 고하고 서둘러 궁으로 들어갈 것을 재촉하였다. 이 말을 들은 조굴은 부리나케 달려가 승상 진평과 태위(太尉) 주발에게 이 사실을 알렸다.

주발은 북군(北軍)의 군영으로 들어가려고 하였으나 들어갈 수 없었다. 양평후(襄平侯) 기통(紀通)은 부절(符節)을 관장하고 있었는데 주발은 기통에게 명하여 황제의 칙령인 것처럼 부절을 전하여 북군(北軍)을 태위(太尉)가 인수하도록 하였다. 주발은 또 역기(酈寄)와 전객(典客)[48] 유게(劉揭)를 파견하여 여록을 설득하도록 했다.

"황상께서는 태위(太尉)가 북군(北軍)을 통할하고 그대는 봉국으로 가라고 명하셨소. 그대는 속히 장군의 인신(印信)을 반납하고 이곳을 떠나도록 하시오. 그렇지 않으면 큰 화가 닥칠 것이오."

여록은 역기가 자기를 속일 리 없다고 생각하고 장군의 인(印)을 풀어 전객(典客) 유게에게 건네주고 군대를 태위(太尉)에게 인계하였다. 주발은 장군의 인장을 가지고 북군(北軍)의 군문(軍門)에 들어가 즉시 전군에 영을 내리고 선언하였다.

"여씨(呂氏)를 옹호하는 자는 오른쪽 팔을 드러내고 유씨(劉氏)를 옹호하는 자는 왼쪽 팔을 드러내라!"

그러자 전군의 장병들은 너나 할 것 없이 모두 왼쪽 팔을 드러내어 유씨(劉氏)를 지지한다는 표시를 나타내었다. 본래 주발이 북군(北軍)의 군문에 다다랐을 때는 여록이 이미 장군의 인신(印信)을 풀어 넘겨주고 군영을 떠나 버린 뒤였다. 그래서 주발은 북군을 완전히 장악할 수 있었다.

그러나 남군(南軍)은 여전히 여씨(呂氏)의 수중에 있었다. 평양후(平陽侯) 조굴(曹窟)은 여산(呂產)의 음모를 전해 듣고 승상 진평(陳平)에게 알렸다. 승상 진평은 즉시 주허후(朱虛侯) 유장(劉章)을 불러 태위(太尉) 주발을 돕도록 하였다. 주발은 유장에게 명하여 군문(軍門)을 감시

---

48) 제후 및 귀화한 소수 민족을 관장하는 관직으로, 9경(九卿)의 하나. 진(秦)의 전객(典客)을 답습하였으며 경제(景帝) 때 '대행령(大行令)'으로 개칭하였다가 다시 무제(武帝) 원년(104 B.C.)에 '대홍려(大鴻臚)'로 바꾸어 칭하였다.

하게 하는 한편, 조굴에게 명령하여 위위(衛尉)[49]에게 이를 통보하도록 하였다.

"상국 여산(呂產)을 전문(殿門) 안으로 들여보내지 말라!"

여산은 여록이 이미 북군(北軍)을 떠났다는 사실을 까맣게 모르고 여느 때처럼 미앙궁(未央宮)으로 들어가 반란을 일으킬 준비를 하기 위해 전문(殿門)을 들어가려고 했지만 들어갈 수 없자 그곳에서 배회하였다.

조굴은 실패할까 두려워 부리나케 달려가 태위(太尉) 주발에게 보고하였다. 주발은 여전히 여씨(呂氏) 일가를 대적할 수 없을까 두려운 나머지 감히 공개적으로 여산을 주살(誅殺)하려 한다는 것을 입 밖에 내지 못하고 유장(劉章)을 파견하며 그에게 일렀다.

"그대는 어서 궁 안으로 들어가 황제를 보위하라!"

유장이 병사들을 달라고 요구하자 주발은 그에게 병사 일천 명을 주었다. 유장이 병사들을 이끌고 미앙궁(未央宮) 궁문을 들어서자 여산이 눈에 띄었다. 해질 무렵 유장이 공격을 개시하자 여산은 달아났다. 이때 느닷없이 거센 광풍이 불어닥치니 여산의 수행원들은 큰 혼란에 빠져 누구 하나 감히 교전하러 나서는 자가 없었다. 유장은 병사들을 이끌고 여산을 바싹 추격한 끝에 마침내 낭중령(郎中令) 관아(官衙)의 변소에서 그를 주살하였다.

유장이 여산을 죽이자 황제는 알자(謁者)에게 부절(符節)을 보내 위로하였다. 유장이 부절을 빼앗으려 하였지만 알자(謁者)가 주려고 하지 않자 알자를 따라 수레에 올라탔다. 유장은 알자가 지니고 있는 부절을 구

---

49) 궁중을 호위하는 책무를 맡은 관직. 위위(衛尉)에는 두 가지가 있었는데 하나는 장락궁(長樂宮)을 호위하는 위위이고 다른 하나는 미앙궁을 호위하는 위위이다. 여기서는 미앙궁을 호위하는 위위를 가리킨다.

실 삼아 달려가 장락궁(長樂宮)의 위위(衛尉)인 여경시(呂更始)를 참수하였다. 그러고 나서 북군(北軍)의 군영으로 달려가 주발에게 이를 보고하였다. 주발은 자리에서 황망히 일어나 유장의 노고를 치하하였다.

"우리 걱정거리는 여산뿐이었는데 이제 그 자가 주살되어 없어졌으니 대세는 이미 판가름 났소."

그 즉시 사람을 나누어 보내 여씨 일가를 모조리 잡아들여 남녀노소를 가리지 않고 참수해 버렸다. 신유날(辛酉), 여록(呂祿)을 체포하여 참수하고 여수(呂嬃)를 곤장으로 때려 죽였다. 별도로 사람을 보내 연왕(燕王) 여통(呂通)을 죽이고 노왕(魯王) 장언(張偃)을 폐위시켰다.

임술날(壬戌日), 황제의 태부(太傅) 심이기(審食其)는 좌승상으로 복위하였다. 무진날(戊辰日), 제 천왕(齊川王)을 양왕(梁王)으로 바꾸어 봉하고 조 유왕(趙幽王)의 아들 유수(劉遂)를 조왕(趙王)에 봉하였다. 또 유장(劉章)을 파견하여 여씨 일가를 주멸한 사실을 제왕(齊王)에게 통지하고 철군하도록 하였다. 관영(灌嬰)도 형양(滎陽)에서 군대를 철수하여 도읍으로 돌아왔다.

조정의 대신들은 비밀리에 함께 모의하였다.

"소제(少帝)와 양왕(梁王)·회양왕(淮陽王)·상산왕(常山王)은 모두 효혜(孝惠) 황제의 친 아들이 아니오. 여태후가 기만적인 수단을 써서 다른 사람의 자식을 데려와 남의 이름을 도용하고 그들의 생모를 죽여 없애 버린 뒤 그들을 후궁에서 기른 것이오. 그리고 효혜 황제로 하여금 친자식처럼 여기게 한 뒤 자신의 계승자로 세우기도 하고 혹은 제후 왕에 봉하기도 하여 여씨 일가의 세력을 강화해 나갔소. 이제 우리가 여씨 일가를 죽였으니 만일 그들이 남아 있으면 그들이 장성하여 권력을 잡게 될 때 우리들을 멸족시킬 것이오. 이 기회에 가장 현명한 제후 왕을 황제로 옹립하는 것이 좋을 것이오."

어떤 사람이 말했다.

"제(齊)의 도혜왕(悼惠王)은 고제(高帝)의 장자이고, 지금 그의 적자는 제왕(齊王)인데 혈통을 근원적으로 따져 보면 제왕은 고제의 적장손(嫡長孫)이니 그를 황제로 세워야 옳소."

그러자 대신들이 입을 모아 말했다.

"여씨는 외가(外家)의 신분을 믿고 나쁜 짓을 일삼아 하마터면 유씨(劉氏)의 종묘(宗廟)까지 위태롭게 할 뻔하였고, 이름난 장군과 공신들을 해쳤소. 현재 제왕 외가(外家)의 성이 사(駟)씨인데 사균(駟鈞)[50]이라는 자는 질이 나쁜 사람이오. 제왕을 황제로 세운다면 여씨 일가와 같은 꼴이 되고 말 것이오."

모두들 회남왕(淮南王) 유장(劉長)을 황제로 추대하고 싶었으나 그의 나이가 어렸고 외가 쪽은 흉악하다고 생각했다. 최후로 대신들이 의논하여 결정하기로 했다.

"대(代)의 왕은 현재 생존해 있는 고제(高帝)의 아들들 중 최연장자이며 사람됨이 자애롭고 효성이 지극하며 너그럽고 후하오. 태후 박부인(薄夫人)의 친정어머니도 신중하고 선량하신 분이었소. 또 장자를 황제로 세우는 것이니 명분이 정당하고 사리에도 합당하오. 게다가 대왕(代王) 자신의 사람됨이 자애롭고 효성이 지극하기로 천하에 이름을 떨치고 있으니 그를 황제로 추대하는 것이 가장 적절할 듯하오."

그래서 비밀리에 사람을 보내 대왕(代王)을 맞아들이려 하였다. 하지만 대왕은 사양하였다. 사자가 재차 영접하러 가서야 비로소 대왕은 여섯 필의 말이 끄는 수레에 올라 도읍 장안으로 향했다.

---

50) 서한(西漢) 초의 제 양왕(齊襄王)의 국구(國舅 : 장인).

윤달 9월 그믐 기유날(己酉日), 대왕(代王)은 도읍 장안에 도착하여 대(代)의 왕이 묵는 관저에 머물렀다. 조정의 대신들이 나아가 알현하고 천자의 옥새를 바치며 대왕을 천자로 추대하였다. 대왕은 수차에 걸쳐 고사(固辭)하였지만 군신들의 간절하고 굳은 간청에 하는 수 없이 수락하였다.

동모후(東牟侯) 유흥거(劉興居)가 말했다.

"저는 여씨(呂氏) 세력을 주멸하는 데 공을 세우지 못하였습니다. 바라옵건대 신(臣)이 나아가 황궁을 깨끗이 정리할까 합니다."

이렇게 말하고 나서 그는 태복(太僕) 여음후(汝陰侯 : 夏侯嬰)와 함께 궁으로 들어가 소제(少帝)에게 말했다.

"그대는 유가(劉家)의 후손이 아니니 황제의 자리에 있을 수 없소."

이렇게 말하고 소제(少帝) 좌우의 위사(衛士)들에게 무기를 내려놓으라고 손짓하였다. 그중 몇 사람은 이를 따르지 않으려 하였지만 환자령(宦者令) 장택(張澤)이 상황을 설명하자 그들도 순순히 복종하였다. 하후영은 수레를 가져오게 한 뒤 소제를 태우고 황궁을 나왔다. 소제가 물었다.

"너희들은 나를 어디로 데리고 가는가?"

하후영이 대답했다.

"그야 궁궐 밖으로 모시지요."

그리하여 소제로 하여금 소부(少府)에 살도록 하였다. 그후 하후영은 천자가 타는 수레[法駕]를 몰고 대왕(代王)이 머물고 있는 관저로 가서 대왕을 영접하였다.

"궁실은 이미 말끔히 청소해 놓았습니다."

대왕은 저녁때가 되어서야 미앙궁(未央宮)으로 향했다. 미앙궁으로 들어가려고 하자 창을 들고 궁문을 지키고 있던 알자(謁者) 십여 명이 외쳤다.

"황제 폐하께서 궁 안에 계신데 당신은 뉘시기에 안으로 들어가려 하십니까?"

대왕은 태위(太尉)를 불렀다. 태위가 상황을 설명하자 십여 명의 알자(謁者)들은 무기를 버리고 떠났다. 마침내 대왕이 입궁하여 정무를 보기 시작했다.

그날 밤 관원은 사람을 나누어 보내 양왕(梁王 : 劉太)·회양왕(淮陽王 : 劉武)·상산왕(常山王 : 劉朝) 및 소제(少帝)를 그들이 머물고 있던 관저에서 죽이게 하였다.

대왕은 천자의 자리에 올라 이십삼 년 동안 재위하다 승하하였는데 시호는 효문황제(孝文皇帝)이다.

---

51) 한(漢)나라 초에 형성된 정치사상은 한마디로 '황노무위(黃老無爲)' 사상이었다. '黃老無爲'에서 '黃'은 황제(黃帝)를 가리키고 '老'는 노자(老子)를 지칭한다고 한다. 전국시대에 도가(道家)에 흠뻑 빠진 사람들은 신화 전설 시대의 위대한 군주 황제(黃帝)의 명호(名號)를 빌어 노자(老子)의 사상을 한껏 포장하고 싶었던 것 같다. 어쨌든 '황노사상'은 노자의 정치론을 말한다. 그렇다면 노자의 정치사상은 무엇인가? 노자는 '작은 정부' 즉 통치자가 백성의 편의에 따르고 간섭하지 않아야 한다고 주장하였다. 다시 말하면 정부가 존재하는지 존재하지 않는지조차 모르게 다스리는 정부야말로 최상의 정부라고 생각하였다. 그는 이렇게 말했다. "최상의 정부는 그것이 존재하는지조차 모르는 정부이고 그 다음으로 훌륭한 정부는 백성들이 그 정부를 좋아하고 칭송하는 정부이며 그 다음의 정부는 백성들이 정부를 두려워하는 정부이며 그보다 못한 정부는 백성들로부터 멸시받는 정부이다.(太上不知有之, 其次親之譽之, 其次畏之, 其次侮之.)"
이와 같이 간섭하지 말고 그대로 두어 자연의 법칙에 순응하도록 하는 것이 소위 '無爲'이다. 그러므로 '無爲'를 통해 다스리면 '무불위(無不爲 : 아니 되는 것이 없음)'의 목적에 도달할 수 있다는 것이다. 그렇다면 왜 한나라 초에 '無爲'의 정치사상을 채택하게 되었을까? 그 원인을 역사가들은 크게 두 가지로 집약하고 있다. 첫째, 한나라 조정의 군신(群臣)들은 대부분 말 타고 싸움을 잘하는 신분이 낮은 사람들로 구성되어 있었기 때문에 자신들이 한나라에 맞는 제도나 사상을 만들어 낼 능력이 없었다. 그래서 대부분 진(秦)의 제도를 답습할 수밖에 없었다는 것이다. 둘째, 진(秦)이 천하를 통일한 이래 한나라 초까지 이십여 년 동안 백성들은 폭정과 전란에 시달리고 지쳐 상하 모두 쉴 수 있는 기회를 학수고대하였다. 그러므로 무위 정치를 시행하게 된 것은 어쩌면 시대적인 요청이었는지도 모른다. 그래서 소위 '여민휴식(與民休息)'을 실시하게 된다.

태사공은 말한다.

효혜(孝惠)황제와 여태후가 재위하는 동안 백성들은 전국(戰國) 시기의 고난에서 벗어날 수 있었고, 군신 상하 모두 '무위(無爲)'[51]의 지도 방침 하에 백성들의 부담을 줄이고 생활을 안정시키는 정치를 희구하였다. 그래서 혜제(惠帝)가 옷소매를 늘어뜨리고 팔짱을 끼듯[垂衣拱手] 아무것도 하지 않고 되어가는 대로 내버려 두는 정치[無爲之治]를 행하고, 여태후가 섭정하여 문 밖에 한 발짝도 나가지 않았는데도 오히려 천하는 태평무사하였다. 또한 형법을 적게 사용하니 오히려 죄인들도 훨씬 적었다. 백성들은 오로지 농업 생산에 전념하게 되어 자연히 먹고 입는 것이 날이 갈수록 풍족해지게 되었다.

제10 효문본기(孝文本紀)

효문황제(孝文皇帝)[1]는 고조(高祖)의 여덟 아들 중 가운데 아들(中子)[2]이다. 고조 11년(B.C. 196) 봄, 고조는 진희(陳豨)의 반란군을 격파하고 대(代) 땅을 평정한 후 유항(劉恒)을 대왕(代王)에 봉하고 중도(中都)를 도읍으로 삼았다. 그는 태후 박씨(薄氏)[3] 소생이다.

그가 대(代)의 왕으로 즉위한 지 십칠 년 되던 해인 고황후(高皇后 : 呂太后) 8년 7월, 고황후가 승하하였다. 그해 9월, 여산(呂產)[4]을 정점으로 한 여씨(呂氏) 일가가 반란을 일으켜 유씨(劉氏) 천하를 빼앗으려는 음모를 꾸몄다. 이에 대신들이 힘을 합쳐 여씨 일가를 주멸한 후 의견을 모아 대왕(代王)을 맞아들여 황제로 옹립하였다. 그것에 관한 자세한 내용은 「여태후본기」에 기록되어 있다.

승상 진평(陳平)과 태위(太尉) 주발(周勃) 등은 대왕(代王)을 맞이하기 위해 사자를 파견하였다. 대왕은 좌우의 대신들과 낭중령(郎中令)[5] 장무(張武) 등에게 자문을 구하였다. 장무(張武) 등이 입을 모아 말했다.

"조정의 대신들은 모두 고제(高帝) 때의 대장(大將)들이므로 용병(用兵)에 뛰어나고 기만적인 책략에 능한 자들이라 그들의 의도는 대신의 지위에 머무르는 데에 만족하지 않으나 다만 고제와 여태후의 위세가 두려워 그대로 있었을 뿐입니다. 이제 그들이 여씨 일가를 주멸하여 도읍

---

1) 유방의 아들 유항(劉恒). 생졸 연대는 B.C. 203~157, 재위 기간은 B.C. 180~157 효문(孝文)은 그의 시호.
2) 유방에게는 여덟 아들이 있었는데 유항(劉恒)은 그중 넷째 아들이었다.
3) 고조의 비(妃)이자 유항의 생모. 유항은 즉위한 후 그녀를 황태후로 책봉하였다.
4) 여태후의 큰오빠 여택(呂澤)의 아들.
5) 황궁(皇宮)의 경호 업무를 관장하는 고급 무관.

장안을 피로 물들이고서 입으로는 대왕(代王)을 영접한다고 하지만 사실 가벼이 믿으셔서는 아니 될 줄로 아룁니다. 바라옵건대 대왕께서는 병환을 핑계 삼아 가지 마시고 사태를 관망하시는 것이 좋을 듯합니다."

그러자 중위(中尉) 송창(宋昌)은 이렇게 진언하였다.

"군신(群臣)들의 의견은 그릇된 줄로 아룁니다. 진(秦)나라 말기 조정이 부패하였을 때 각 나라의 제후들과 전국 각지의 영웅호걸들이 동시에 구름처럼 봉기하여 천하를 얻을 수 있다고 여긴 자가 만(萬)을 헤아렸습니다. 그러나 최후에 천자의 보좌에 오른 사람은 오직 유씨(劉氏)뿐이었습니다. 천하의 호걸들이 황제가 되려는 생각을 단념하게 된 것입니다. 이것이 첫째 이유입니다.

고제께서 유씨의 자제들을 왕으로 봉하시어 경계선이 개의 이빨처럼 들쭉날쭉 서로 맞물리게 하여 서로 제약하도록 하시니, 이것이 이른바 반석(磐石)처럼 굳건한 종족(宗族)입니다. 그래서 천하가 유씨의 강대한 세력에 신복하게 되었던 것입니다. 이것이 둘째 이유입니다.

한(漢) 왕조가 건립된 이래 호랑이보다도 더 무서운 진(秦) 왕조의 가혹한 법령을 폐지하고 새로운 법령을 제정하시어 백성들에게 은덕을 베푸시니 사람마다 자신의 분수에 만족하여 본분을 지켜[安分守己] 인심이 동요하는 일이 없게 되었습니다. 이것이 그 셋째입니다.

무릇 여태후의 위세로 여씨 가운데 셋을 왕으로 세우고 정권을 장악하여 제멋대로 휘둘렀습니다. 그러나 태위(太尉 : 周勃)가 부절(符節)에 의지하여 간신히 북군(北軍)에 들어가 한 번 크게 외치자 장병들이 너나 할 것 없이 모두 왼쪽 팔을 드러내어 유씨(劉氏)에게 충성하고 여씨(呂氏)를 저버리겠다는 뜻을 나타내 마침내 여씨 일가를 주멸했던 것입니다. 이는 완전히 하늘이 내려 주신 것이지 결코 인력으로 얻을 수 있는 것이 아닙니다.

이제 설사 대신들이 반란을 일으킨다 할지라도 백성들이 그들에게 이용당할 리 없을 텐데 저들의 무리가 또 다시 그들을 어찌 추종할 수 있겠습니까? 지금 여씨는 안으로 유씨의 친족인 주허후(朱虛侯 : 劉章)와 동모후(東牟侯 : 劉興居)를 두려워하고 밖으로는 오(吳)와 초(楚)·회남(淮南)·낭야(琅邪)·제(齊)·대(代)의 강성함을 두려워하고 있습니다.

이제 고제(高帝)의 아드님은 회남왕(淮南王 : 劉長)과 대왕 폐하뿐이신데 대왕께서는 연장자이시며 어질고 덕망이 높으시고 자애롭고 효성이 지극하기로 널리 이름을 떨치셨기 때문에 조정의 대신들이 천하의 인심에 따라 대왕 폐하를 황제로 맞아들이려고 하는 것이니 청하옵건대 대왕께서는 아무런 심려를 하시지 않아도 좋을 듯합니다."

대왕(代王)은 박태후에게 이를 보고하여 상의하기로 하고 잠시 결정을 유예하였다. 귀갑(龜甲)을 이용하여 거북점을 쳐 보게 한 결과, 귀갑 위에 가로로 커다란 균열 무늬가 생겼다. 복사(卜辭)는 다음과 같이 나왔다.

"커다란 가로 무늬[大橫]가 이처럼 굳세니 장차 천왕(天王)이 되어 하나라의 계(啓)처럼 부업(父業)을 계승하여 성대하게 빛내리라."

대왕(代王)이 물었다.

"과인은 이미 왕이거늘 또 무슨 왕이 된다고 하는고?"

점을 치는 사람이 말했다.

"복사(卜辭)에서 말하는 천왕(天王)이라 함은 바로 천자(天子)를 뜻하는 것입니다."

그리하여 대왕은 태후의 동생 박소(薄昭)를 장안에 보내 강후(絳侯) 주발(周勃)을 만나 보게 하였는데 주발 등이 대왕을 천자로 추대하게 된 까닭을 박소에게 상세히 설명해 주었다. 박소가 돌아와 보고했다.

"완전히 믿으셔도 좋을 듯합니다. 조금도 의심할 여지가 없습니다."

대왕은 밝게 웃으며 송창(宋昌)에게 말했다.

"과연 그대의 말이 맞구려."

대왕은 즉시 수레에 올라 송창에게 배승(陪乘)[6]하도록 하고, 장무(張武) 등 여섯 사람은 역전거(驛傳車)를 타고 함께 도읍 장안을 향해 떠났다. 일행은 고릉(高陵)에 이르러 잠시 멈춰 송창에게 빠른 수레로 갈아타게 한 다음 먼저 장안에 가서 동정을 살피게 하였다.

송창이 위교(渭橋)에 도착했을 때 승상 이하 모든 관원들이 미리 나와 영접하였다. 송창이 돌아와 보고하니 대왕(代王)은 빠른 수레로 갈아타고 위교에 도착했다. 군신(群臣)들은 대왕을 알현하고 신하로 복종하였다(稱臣). 대왕이 수레에서 내려 이에 답례하였다. 태위(太尉) 주발이 대왕 앞으로 나아가 말했다.

"대왕께 은밀히 아뢸 말씀이 있습니다."

송창이 말했다.

"그대가 하고 싶은 말이 공적인 것이라면 공개적으로 말하도록 하시오. 만일 사적인 일이라면 대왕 폐하께서는 이를 받아들일 수 없소이다."

주발은 무릎을 꿇고 황제의 옥새와 부절(符節)을 대왕에게 바쳤다. 대왕은 이를 사양하였다.

"대저(代邸)[7]에 가서 이 일을 의논해 보겠소."

대왕은 수레를 달려 대저(代邸)에 도착하였다. 신하들도 따라왔다. 승상 진평, 태위 주발, 대장군(大將軍) 진무(陳武), 어사대부 장창(張蒼), 종정(宗正)[8] 유영객(劉穎客), 주허후(朱虛侯) 유장(劉章), 동모후(東牟侯)

---

6) 옛날 수레를 탈 때 주빈은 왼쪽에 타고 수행원은 우측에 서서 호위하여 수레의 균형을 잡았으며 말몰이꾼은 가운데에서 말을 몰았다.
7) 대(代)의 왕이 도읍에 묵는 공관(公館).

유흥거(劉興居), 전객(典客)⁹⁾ 유게(劉揭)가 대왕 앞으로 나아가 재배(再拜)를 올리며 입을 모아 말했다.

"황자(皇子) 유홍(劉弘) 등은 모두 효혜황제(孝惠皇帝)의 아들이 아닙니다. 따라서 제위를 계승할 수 없습니다. 저희들이 음안후(陰安侯)·경왕후(頃王后)·낭야왕(琅邪王)·종실·대신(大臣)·열후를 비롯하여 이천 석(石) 이상의 봉록을 받는 고위 관원들과 상의한 결과 모두 입을 모아 '대왕께서 고제(高帝)의 장자(長子)이시니 계승자로 가장 적합하다.'고 말하고 있습니다. 대왕께서는 천자의 보좌에 오르시기 바랍니다."

대왕이 말했다.

"고제의 종묘를 받드는 것은 중차대한 일이오. 과인은 능력이 부족하여 종묘를 모시는 중대한 일을 감당하기에 부적합하오. 바라건대 초왕(楚王 : 劉交)¹⁰⁾에게 청하여 적합한 인물을 물색해 보도록 하오. 과인은 감당할 수 없소."

군신들이 땅이 엎드려 재삼 간청하였다. 대왕이 서쪽을 향해 앉아 세 차례나 극구 사양하자 군신들이 대왕을 부축하여 남쪽을 향해 앉혔지만 대왕은 또 다시 두 차례나 사양하였다. 승상 진평 등이 입을 모아 말했다.

"소신들이 헤아려 보건대 대왕께서 고제의 종묘를 받드심이 가장 적합하실 것으로 생각되오며 천하의 제후들과 백성들조차도 가장 적임자라고 여길 것입니다. 소신들은 종묘와 사직을 위해 감히 조금도 소홀히 할 수 없습니다. 이 점을 헤아리시어 대왕께서는 소신들의 청을 받아 주

---

8) 9경(卿)의 하나. 황실(皇室)의 사무를 관장.

9) 9경(九卿)의 하나. 귀화한 소수 민족[蠻夷]을 관장하였음.

10) 유방의 아우.

시기 바랍니다. 소신들은 삼가 천자의 옥새와 부절을 바치옵니다."

대왕이 말했다.

"종실·장상(將相)·제후·열후가 모두 하나같이 과인보다 더 나은 적임자가 없다고 하니 과인은 감히 사양할 수 없구려."

마침내 대왕(代王)은 천자의 자리에 즉위하였다. 군신들은 예의와 서열에 따라 황제를 받들어 모시게 되었다. 그리하여 태복(太僕)[11] 하후영(夏侯嬰)과 동모후(東牟侯) 유흥거(劉興居)를 파견하여 황궁(皇宮)을 말끔히 청소한 후 황제의 전용 수레[法駕][12]를 몰고 대저(代邸)에 와서 황제를 영접하였다.

황제는 그날 밤 미앙궁(未央宮)에 입궁하여 집무를 시작했다. 송창(宋昌)을 위장군(衛將軍)[13]에 임명하여 궁정과 수도의 위수(衛戍) 부대를 통할하도록 하고 장무(張武)를 낭중령(郎中令)에 임명하여 궁전을 순시하고 경위(警衛)하는 책임을 지게 하였다. 황제는 전전(前殿)에 돌아와 칙서를 내렸다.

'근래에 여씨가 정권을 장악하고 권력을 제멋대로 휘둘러 대역무도한 음모를 꾸미고 유씨 종묘를 위해(危害)하려는 기도를 하였다. 그러나 다행히 조정의 장상(將相)과 열후 및 종실과 대신들이 그들을 주멸함으로써 응분의 징벌을 받게 되었다. 이제 짐(朕)이 즉위하여 천하에 대사면령을 단행하고 민가(民家)의 가장(家長)마다 작위를 일급(一級)씩 하사하며 [14] 그 아내에게는 일백 호(戶)당 일정량의 쇠고기와 술을 하사하고, 아

---

11) 9경(九卿)의 하나. 황실의 수레와 말을 관장하는 관직.
12) 고대 황제의 수레 의장(儀仗)은 인원 및 규모에 따라 대가(大駕)·법가(法駕)·소가(小駕) 셋으로 구분하였다. 참고로 법가(法駕)를 말하면 말 6필이 끄는 수레로, 경조윤(京兆尹 : 京城의 최고 행정관)이 인도하고 시중관(侍中官)이 배승(陪乘)하고 봉거랑(奉車郎)이 수레를 몰았으며 뒤에 따르는 수레(從車)가 삼십육 량이었다.
13) 수도(京城)의 방위를 관장하는 관직.

울러 닷새 동안 온 천하의 사람들이 모여 실컷 술을 마실 수 있도록 특별히 허가하노니[15] 마음껏 즐기도록 하라!'

효문황제 원년(B.C. 179) 10월 경술날(庚戌日), 본래의 낭야왕(琅邪王) 유택(劉澤)을 연왕(燕王)으로 바꾸어 봉하였다.

신해날(辛亥日), 황제는 천자가 등극하는 섬돌에 올라 제사를 주관하여 고조(高祖)의 묘(廟)에 배알(拜謁)하였다. 그리고 나서 우승상 진평(陳平)을 좌승상에 바꾸어 임명하고, 태위(太尉) 주발을 우승상에 임명하고, 대장군(大將軍) 관영(灌嬰)을 태위에 임명하였다. 그리고 여록(呂祿)에게 빼앗겼던 옛 제(齊)와 초(楚)의 봉지를 모두 다시 본래 영주에게 되돌려 주었다.

임자날(壬子日), 문제(文帝)는 거기장군(車騎將軍)[16] 박소(薄昭)를 대(代)에 파견하여 황태후를 도읍 장안으로 영접해 오도록 하였다.

문제(文帝)가 말했다.

"여산(呂產)은 스스로 상국이 되어 상장군(上將軍)에 여록(呂祿)을 임명한 뒤 황제의 칙령을 빌어 제멋대로 장군 관영(灌嬰)에게 군대를 주어 제(齊)를 공격하게 해 유씨 천하를 빼앗으려 기도하였다.

그러나 관영 장군은 제(齊)를 공격하기는커녕 형양(滎陽)에 군대를 주둔시킨 채 제후들과 함께 여씨 일가를 주멸할 계획을 세우고 있었다. 여산(呂產)이 반란을 일으키려고 하자 승상 진평과 태위(太尉) 주발이 여

---

14) 통상 새로운 황제가 즉위하거나 나라에 큰 경사가 있을 때 군리(軍吏)나 문리(文吏)의 가장(家長)에게 작위 1급씩을 수여하였다. 때로는 일반 민호(民戶)까지 확대할 때도 있었다. 최고 한도는 오대부(五大夫) 또는 공승(公乘)까지이다.

15) 당시 규정에 의하면 허가 없이 무단으로 3인 이상이 모여 술을 마시면 벌금 4량(兩)에 처하였다.

16) 한나라 때 장군의 명호(名號)는 아주 많았다. 그중 대장군(大將軍)과 표기장군(驃騎將軍)은 승상 다음가는 지위에 해당하였고 거기장군(車騎將軍)과 위장군(衛將軍)등은 상경(上卿) 다음가는 지위였다.

산 등의 병권(兵權)을 빼앗으려고 도모하였다. 주허후(朱虛侯) 유장(劉章)은 맨 먼저 여산 등을 잡아 죽였다. 태위 주발은 부절(符節)을 가지고 자신이 직접 양평후(襄平侯) 기통(紀通)을 데리고 북군(北軍)에 들어갔다. 전객(典客) 유게(劉揭)는 조왕(趙王) 여록(呂祿)의 인신(印信)을 빼앗았다.

이제 그 공을 따져 태위 주발에게는 식읍 삼천 호(戶)를 가봉(加封)하고 황금 오천 근을 상으로 하사한다. 그리고 주허후(朱虛侯) 유장, 양평후(襄平侯) 기통, 동모후(東牟侯) 유흥거(劉興居)에게는 각각 식읍 이천 호와 황금 일천 근씩 상으로 하사한다. 전객(典客) 유게는 양신후(陽信侯)에 봉하고 황금 일천 근을 상으로 하사한다."

12월, 문제(文帝)가 말했다.

"법령이란 나라를 다스리는 준칙이므로 법을 사용하는 목적은 포악함을 금지하고 사람들을 선량함으로 인도하는 데에 있다. 그런데 이미 죄인들을 법에 따라 처리하였는데 아무 죄도 짓지 않은 그들의 부모처자 형제들까지 연좌하여 모조리 잡아들여 치죄하자고 한다. 짐은 그러한 방법에 결코 찬성하지 않는다. 바라건대 그대들은 이 문제에 대하여 깊이 있게 논의해 보기 바란다."

이를 관장하는 관원이 말했다.

"백성들은 스스로 자신을 단속하지 못하기 때문에 법령을 제정하여 그들을 구속하는 것입니다. 연좌제를 실시하여 죄인은 물론 죄가 없는 그의 친족까지 함께 잡아들여 치죄하는 목적은 그들을 심리적으로 견제하여 감히 법을 가벼이 여기지 않게 하려는 데 있습니다. 이러한 방법이 유래된 지는 이미 오래 되었으며 예전부터 있어 온 관습이니 합당한 것으로 사료됩니다."

문제가 말했다.

"짐이 듣건대 법률이 공정해야만 백성들이 충성을 다하고 처벌이 정당할 때에만 비로소 백성들이 따르고 복종한다고 하오. 뿐만 아니라 백성들을 선하게 인도하는 것이 관리들의 책무요. 그런데 그들이 선(善)을 지향하도록 바르게 인도하지도 못하면서 불공정한 법령으로써 치죄한다면 이는 오히려 그들로 하여금 흉포한 짓을 하도록 부추기는 역효과만 날 뿐이니, 연좌제를 어찌 죄를 짓지 않게 하는 법령이라고 말할 수 있겠소? 짐은 이런 법령은 아무런 이점이 없다고 생각하오. 그대들은 재삼 심사숙고해 주기 바라오."

관원들이 입을 모아 말했다.

"폐하께서 천하의 만백성들에게 베푸시는 그 크신 성은과 성대하신 공덕은 소신들이 상상도 할 수 없는 것이며 미칠 바가 못 됩니다. 소신들은 폐하의 명령을 받들어 죄지은 자의 친족까지 연좌하는 법령을 폐지하겠습니다."

정월, 관원이 말했다.

"태자를 세우시는 것은 종묘를 존숭하는 중요한 시책입니다. 청컨대 태자를 책봉하시기 바랍니다."

문제가 말했다.

"짐은 부덕할 뿐만 아니라 상제신명(上帝神明)께서 짐의 제사를 흔연히 받아 주시지도 않고 천하의 백성들도 만족스러워 하지 않고 있소. 설령 어질고 덕망 있는 사람을 널리 구하여 제위를 선양(禪讓)할 수는 없을망정 미리 태자를 책봉하라고 말하는 것은 나의 부덕함을 가중시키는 것이오. 왜 나더러 천하를 다른 사람에게 넘겨주라고 말하지 않소? 자, 그 일은 나중에 차차 얘기하기로 합시다."

대신들이 또 진언하였다.

"태자를 미리 책봉하는 것은 종묘와 사직을 존숭하는 것이요, 천하를 잊지 않는 길입니다."

문제가 말했다.

"초왕(楚王)은 짐의 숙부[季父][17]로 연세가 많아 천하의 사리(事理)에 대해 들은 바가 많을 뿐만 아니라 치국의 근본에 밝으시오. 또 짐의 형님 이신 오왕(吳王)은 어질고 총명할 뿐만 아니라 인자하시며 인품이 훌륭 하신 분이시오. 짐의 아우인 회남왕(淮南王)은 재덕으로 짐을 보좌하고 있소. 이러한 것들이 바로 짐의 계승자를 해결하는 시책이 아니고 무엇 이겠소!

제후 왕, 종실, 형제, 그리고 공을 세운 대신들이 모두 어질고 훌륭한 인품을 갖춘 인물일진대, 덕성과 명망이 높은 사람을 천거하여 짐이 못 다 이룬 사업을 완수할 수 있다면 그야말로 국가의 행운이요 천하의 복 이 아니겠소!

지금 그러한 사람은 천거하지 않고 반드시 태자를 책봉해야만 한다고 말하는데 그렇게 되면 사람들은 짐이 재덕을 겸비한 인물들을 잊어버리 고 오로지 아들만을 생각하면서 천하를 위해 걱정하지 않는다고 할 것 이오. 짐이 그렇게 하는 것은 옳지 않다고 생각하오."

대신들이 재차 진언하였다.

"옛적에 은(殷)·주(周)가 나라를 세우고 일천여 년 동안 나라를 안정 속에 다스릴 수 있었는데 천하를 다스린 왕조 가운데 이보다 더 오래 지 속된 왕조는 없었습니다. 그 까닭은 은(殷)·주(周) 왕조가 태자를 일찍 세우는 방법을 채택했기 때문입니다. 왕위의 후계자를 태자로 세우는 것은 이미 그 유래가 오래되었습니다.

---

17) 가장 나이 어린 숙부. 옛날 형제를 말할 때 백(伯)·중(仲)·숙(叔)·계(季) 순으로 말하였다. 따라서 계(季)는 가장 나이가 어린 막내를 말한다.

고제(高帝)께서 친히 사대부(士大夫)를 통솔하여 온 천하를 평정하고 제후를 봉하시어 우리 왕조의 태조(太祖)가 되셨습니다. 제후 왕과 열후도 맨 처음 봉해진 사람이 역시 그 봉국의 시조가 되었습니다. 자손이 계승하여 대대로 이어가니 이는 천하의 대의(大義)입니다. 이러한 계승 제도를 비로소 고제께서 확립하시어 온 천하를 안정시켰던 것입니다.

지금 마땅히 세워야 할 자를 버리고 제후와 종실 중에서 선택하신다면 이는 고조(高祖 : 劉邦)의 본뜻에 어긋나는 일입니다. 태자를 후계로 세우지 않고 다른 사람을 세우는 것은 합당치 못한 것으로 아옵니다. 폐하의 왕자 모(某)[18]가 가장 나이가 많을 뿐만 아니라 온화하고 인자하오니 청컨대 그를 태자로 세우소서."

문제가 그제야 이를 윤허하였다. 그리하여 온 천하의 만민들 중 마땅히 부친을 계승할 자들에게 작위를 하나씩 하사하고, 장군 박소(薄昭)를 지후(軹侯)에 봉하였다.

3월, 관계 관원이 이번에는 황후를 책립할 것을 문제에게 청하였다.

박태후(薄太后)가 말했다.

"황자(皇子)들은 모두 동모(同母) 소생[19]이니 태자의 모친을 황후로 책립(冊立)하세요."

황후의 성은 두(竇)씨이다. 문제가 황후를 책립한 것은 늙고 아내가 없는 사람[鰥], 늙고 남편이 없는 사람[寡], 어려서 부모를 여읜 사람[孤], 늙고 자식이 없는 사람[獨], 가정이 빈곤한 사람 및 팔십 세 이상 된 노인과 9세 미만의 고아에게 일정량의 베(布)·비단(帛)·쌀·고기를 상으로

---

18) 문제(文帝)의 맏아들 유계(劉啓)를 가리킴. 유계의 이름자인 계(啓)를 기휘(忌諱)하기 위해 '某'라고 한 것이다.
19) 문제의 아들 유계(劉啓)와 유무(劉武)는 모두 두(竇)씨의 소생이다.

하사하기 위함이었다.

문제는 대(代)에서 도읍 장안으로 와서 제위에 오른 지 얼마 안 되어 천하에 널리 은덕을 베풀고 각국의 제후 왕과 사방의 이민족(四夷)[20]을 위무하여 친밀한 관계를 유지하는 융화 정책을 폈다. 그리고 자기를 따라 장안으로 온 공신들을 논공행상(論功行賞) 원칙에 의거하여 포상하였다. 문제가 말했다.

"조정의 대신들이 여씨를 주멸하고 나서 짐을 영접하러 왔을 때 짐은 미심쩍어 망설였고 대(代)의 대신들도 모두 만류하였소. 오직 중위(中尉) 송창(宋昌)만이 도읍으로 가도록 권고하여 짐은 비로소 선조의 유업을 계승할 수 있었소. 그래서 송창을 이미 위장군(衛將軍)에 임명했지만 그를 다시 장무후(壯武侯)에 봉하오. 그리고 짐을 따라 도읍에 온 나머지 여섯 사람을 모두 9경(九卿)[21]에 임명하는 바이오."

문제가 다시 말했다.

"고제(高帝)를 따라 촉(蜀)과 한중(漢中)에 들어간 예순여덟 분의 열후에게는 식읍[22] 삼백 호를 가봉(加封)하고, 회양(淮陽) 군수 신도가(申徒嘉) 등 열 명에게는 식읍 오백 호씩 하사하며, 위위(衛尉) 정(定) 등 열 명

20) 옛날 통치자가 화하족(華夏族) 이외의 이민족을 경멸하여 일컫는 말. 동이(東夷)·서융(西戎)·남만(南蠻)·북적(北狄)을 말함.

21) 중요한 행정 기관의 아홉 수장(首長)을 말한다. 참고로 한(漢)의 9경(九卿)을 제시하면 다음과 같다. 태상(太常 : 종묘 의례를 관장), 광록훈(光祿勳 : 궁문 관리), 위위(衛尉 : 궁문의 屯衛兵을 지휘), 태복(太僕 : 황실의 수레와 말을 관리), 정위(廷尉 : 형법을 집행), 대홍려(大鴻臚 : 제후와 이민족의 朝見을 관장), 종정(宗正 : 황실의 사무를 관장), 대사농(大司農 : 국가의 재정 경제를 관장), 소부(少府 : 각지의 山海池澤의 세금을 거두어 황실의 경비를 충당). 9경의 지위는 3공(三公 : 승상·어사대부·태위) 다음이었다.

22) '채읍(采邑)'이라고도 한다. 황제가 제후에게 부세(賦稅)의 징수권을 하사한 땅을 말하며 부세를 징수하는 민호(民戶)의 수에 의해 등급의 고하(高下)를 표시함. 식읍(食邑) 내의 민호(民戶)에서 부세를 징수할 권한만 있고 행정을 관리할 권한은 없다. 이것이 봉지(封地)와 다른 점이다.

에게는 각기 식읍 사백 호를 하사하오. 회남왕(淮南王)의 외삼촌 조겸(趙兼)은 주양후(周陽侯)에 봉하고, 제왕(齊王)의 외삼촌 사균(駟鈞)은 청곽후(淸郭侯)에 봉하오."

그해 가을, 예전의 상산국(常山國)의 승상 채겸(蔡兼)을 번후(樊侯)에 봉하였다.

어떤 사람이 우승상 주발(周勃)에게 충고하였다.

"당신께서는 본시 여씨(呂氏)를 주멸하고 대왕(代王)을 맞이하여 옹립하고 이제 그 공로 덕택으로 최고의 상을 받아 존귀한 지위에 오르게 되었으나 장차 큰 화가 닥칠 것입니다."

그래서 우승상 주발(周勃)은 병을 핑계 삼아 스스로 자리에서 물러날 것을 청하니 좌승상 진평(陳平)만 승상의 자리에 머물게 되었다. 문제 2년(B.C. 178년) 10월, 승상 진평이 세상을 떠나자 다시 강후(絳侯) 주발(周勃)을 승상에 임명하였다.[23]

문제(文帝)가 명하였다.

"짐이 듣건대 옛적에 제후들이 세운 나라들은 일천여 개인데 모두 각기 자신의 봉지를 지키고 정해진 때에만 조정에 들어와 공물을 바쳤다하오. 그래서 백성들은 고생하지 않게 되었고 상하가 서로 마음이 편안하게 되었으며, 부도덕한 짓을 저지르지 않게 되었다 하오.

그런데 지금 열후들이 대부분 장안에 머물러 있어 식읍으로부터 너무 멀리 떨어져 있기 때문에 봉읍으로부터 장안까지 물자를 운송하느라 많은 비용을 들일 뿐만 아니라 장안의 관리들과 사병들은 많은 고생을 하고 있소.

게다가 열후들은 봉지의 백성들을 교화하고 다스릴 기회가 없소. 이제

---

23) 「한흥이래장상명신연표」에는 11월에 주발이 승상의 자리에 복위하였다고 기록되어 있다.

열후들에게 명하노니 각기 자신의 봉국으로 돌아가도록 하오. 다만 장안의 직책에 임명된 관리들이나 칙령으로 특별히 허가받은 사람들은 자신의 아들을 봉국에 파견하도록 하오."

11월 그믐날(晦),[24] 일식 현상이 일어났다. 12월 보름날, 또 다시 일식 현상[25]이 일어났다. 문제가 말했다.

"짐이 듣건대 하늘은 만백성을 낳고 만백성은 그들을 위해 군주를 두어 그들을 부양하고 다스리게 한다고 하오. 만일 군주가 부덕하고 공평한 정치를 베풀지 못하면 하늘은 이러한 재변(災變)을 나타내어 그가 잘 다스리지 못한 것을 경계한다고 들었소. 11월 그믐날 일어난 일식 현상은 하늘이 내린 재변으로서 이보다 더 큰 재변이 또 어디 있겠는가!

짐이 종묘(宗廟)를 보전하며 이 보잘것없는 짐에게 의지하여 만민과 제후들이 의탁하였으니 천하의 안정된 통치와 어지러움은 모두 짐 한 사람의 책임이며, 좌우에서 보좌하고 있는 집권 대신들은 짐의 팔다리와 같은 사람들이오. 짐이 만민을 잘 다스리지 못하고 잘 부양하지 못하여 해와 달과 별이 빛[三光]을 잃게 된 것은 모두 짐의 부덕(不德)이 컸기 때문이오.

각지에서 조칙(詔勅)을 받은 후 모두 짐의 과실을 생각하고 짐의 식견이 미치지 못하는 바를 일깨워 주기 바라오. 아울러 현명하고 선량하며 품행이 바를 뿐만 아니라 천자의 잘못에 대하여 직간할 수 있는 사람을 천거하여[26] 짐의 부족한 점을 바로잡을 수 있도록 해 주오. 또한 각급 관리들이 맡은 바 임무에 충실히 임하여 요역을 줄이고 비용을 경감하는 데 힘써 백성들의 부담을 덜어 주어 살기 편하게 해 주기 바라오.

---

24) 회(晦)는 하력(夏曆)으로 매월의 마지막 날(그믐)이다.
25) 보름달에는 일식 현상이 일어날 수 없다. 따라서 '일식'은 '월식'의 오류인 듯하다.
26) 정부에서 인재를 뽑아 관리로 임명하는 제도, 즉 선거제(選擧制)라고 볼 수 있다.

짐은 은덕으로써 먼 곳까지 감화하지 못하기 때문에 늘상 외적의 침략 야욕이 있을까 두려워했소. 그래서 변방의 침략에 대비하는 방비책을 그만둘 수 없소. 지금 변방에 주둔한 군대를 철수할 수도 없거니와 군대에 칙령을 내려 도읍의 경비를 더욱 강화하여 나를 보위하라고 할 수도 없소. 그래서 위장군(衛將軍)이 통할하는 군대를 폐지하도록 결정하였소. 그리고 태복(太僕)이 관리하는 현재의 말[馬匹]은 당장 필요한 것만 남기고 나머지는 모두 역참(驛站)으로 보내도록 하오."

정월, 문제가 말했다.

"농업은 천하의 근본[農天下之本]이니 마땅히 적전(籍田)[27]을 개척해야 하고, 짐이 경작에 솔선수범하여 종묘 제사에 소요되는 곡물을 제공하겠소."

3월, 관계 대신이 황자(皇子)들을 제후 왕으로 봉할 것을 건의하였다. 그러자 문제가 말했다.

"조 유왕(趙幽王 : 劉友)이 감금된 채 굶어 죽었으므로 짐은 이를 몹시 가엾게 여겨 그의 맏아들 수(遂)를 조왕(趙王)으로 세웠소. 수(遂)의 동생 벽강(辟彊) 및 제(齊)의 도혜왕(悼惠王)의 아들 주허후(朱虛侯 : 劉章)와 동모후(東牟侯 : 劉興居)는 조정에 공을 세웠으니 왕으로 봉할 만하오."

그리하여 조 유왕(趙幽王)의 작은아들 유벽강(劉辟彊)을 하간왕(河間王)에 봉하고, 제(齊)나라에서 큰 군(郡) 몇 개를 분할하여 주허후(朱虛侯 : 劉章)에게 주어 성양왕(城陽王)에 봉하고, 동모후(東牟侯 : 劉興居)를 제북왕(齊北王)에 봉하였다. 그리고 황자(皇子) 유무(劉武)를 대왕(代王)에, 유삼(劉參)[28]을 태원왕(太原王)에, 유읍(劉揖)[29]을 양왕(梁王)에 각

---

27) 제왕이 농업을 장려하기 위해 친히 경작하는 경작지.

각 봉하였다. 문제가 말했다.

"옛날 현명한 군주는 천하를 다스릴 때 조정에 대책을 진언하는 깃발과 조정의 정책에 대하여 비판하는 목패(木牌)를 설치해 놓아[30] 나라를 다스리는 정치의 통로를 열어 놓음으로써 신하와 백성들의 진언을 받아들였소.

그런데 지금의 법령에는 조정을 비판하거나 요언(妖言)을 퍼뜨리는 죄를 규정해 두었기 때문에 신하들은 진언하고 싶은 말이 있어도 감히 할 수 없소. 이 때문에 황제는 자신의 과실을 알 길이 없으니 이런 상황 아래에서 어떻게 어질고 능력 있는 사람을 초치할 수 있겠소. 이러한 법령은 폐지해야 마땅하오.

백성들 가운데 어떤 사람이 남몰래 뒤에서 황제를 저주한 뒤 이를 비밀로 하기로 약속하고 나서 나중에 서로 고발하면 관리들은 이를 대역무도(大逆無道)한 죄로 몰고 만일 불복하면 조정을 비방했다고 하오. 이렇게 일반 평민들이 무지하고 우매하기 때문에 '죽어 마땅한 죄(死罪)'에 저촉되는 지경에 이르게 되니 짐은 이를 받아들일 수 없소. 앞으로 이러한 법령에 저촉되는 자는 치죄하지 않겠소."

9월, 문제는 처음으로 구리로 주조한 호랑이 모양의 병부(兵符)와 대나무로 만든 사부(使符)를 각 봉국의 승상과 각 군(郡)의 군수(郡守)에게 발급하였다.

문제(文帝) 3년(B.C. 177) 10월 그믐 정유날(丁酉日), 일식 현상이 나타났다. 11월, 문제가 말했다.

---

28) 문제의 셋째 아들.
29) 문제의 어린 아들. 나중에 말을 타다가 떨어져 죽었음.
30) 옛날 교통의 요로에 깃발과 목패를 설치해 놓고 사람들로 하여금 그곳에 의견과 간언을 적게 함으로써 언로를 열어 두었음을 말한다.

"예전에 열후들에게 각기 자신의 봉국으로 돌아가도록 칙령을 내렸으나 봉국으로 가지 않은 자가 있소. 승상은 짐이 존숭하는 대신이니 청컨대 열후들을 이끌고 봉국으로 돌아가도록 하오."

그래서 강후(絳侯) 주발(周勃)은 승상의 자리에서 물러나 자신의 봉국으로 돌아갔다. 문제는 태위(太尉) 영음후(穎陰侯 : 灌嬰)를 승상에 임명하였다. 그리고 태위(太尉)의 관직을 폐지하고 대신에 태위가 취급하던 일은 승상이 맡아보게 되었다.

4월, 성양왕(城陽王) 유장(劉章)이 세상을 떠났다. 회남왕(淮南王) 유장(劉長)과 그의 수행원 위경(魏敬)이 벽양후(辟陽侯) 심이기(審食其)를 죽였다.[31]

5월, 흉노[32]가 북지군(北地郡)을 침략하여 하남(河南) 지구를 점령하고 노략질을 하였다. 문제(文帝)는 처음으로 감천궁(甘泉宮)으로 행차하였다. 6월, 문제가 말했다.

"한(漢) 왕조는 흉노와 형제 관계를 맺어 변방을 해치지 않도록 하고 많은 물자를 그들에게 공급해 주었소. 그런데 지금 우현왕(右賢王)[33]이 본토를 떠나 무리를 이끌고 우리 한 왕조에 귀속되어 있는 하남(河南) 지

---

31) 유방과 동향 사람. 일찍이 여후(呂后)가 권력을 장악하였을 때 심이기는 그녀를 잘 받들었기 때문에 총애를 받아 항상 태후 곁에서 궁중 일을 보게 되었다. 유장(劉長)의 모친은 여후의 핍박을 견디다 못해 자살해 버렸다. 이 일이 있은 후 유장은 심이기가 자기의 모친을 잘 돌보지 않아서 생겨난 일이라 여겨 원한을 갖게 되었다. 그래서 유장은 위경을 자객으로 보내 그를 살해하였다.

32) 중국 북방의 유목 민족으로, 늘 중국을 침략하여 괴롭혀 왔다. 그래서 중국은 화친 정책을 써서 회유하기도 하고 강공 정책을 써서 무력으로 토벌에 나서기도 하였다. 한나라 초에 영웅 모둔선우(冒屯單于 : 최근 고증에 의하면 '冒屯'은 '始'의 뜻이며 '冒屯單于'는 '始皇帝'란 뜻이라고 한다. 이는 '진시황제'를 본떠 칭한 것으로 추측된다)가 나타나 각 부족을 통일하고 강력한 정권을 수립한 뒤 누차에 걸쳐 남침을 해 왔다.

33) 흉노의 관직명. 선우(單于) 아래 최고의 작위. 좌현왕과 우현왕을 두었는데 좌현왕은 서방에 기거하고 우현왕은 동방에 기거하였다.

구를 강점하고는 아무 이유도 없이 변경에 출입하며 관리들과 병사들을 잡아 죽이고, 변방을 지키는 부족을 제멋대로 몰아내 본래 살던 곳에서 살지 못하게 할 뿐만 아니라 우리의 변방 수비 대원들을 모욕하고, 내부까지 침략하여 오만하고 난폭하게 굴며 야만적인 행위를 서슴지 않으니 이는 협약을 깨뜨린 짓이오. 특별히 변방 수비를 위한 기병(騎兵) 팔만 오천 명을 징발하여 승상 영음후(潁陰侯 : 灌嬰)에게 군대를 주어 고노(高奴)까지 나아가 흉노를 반격하게 하시오."

흉노군이 물러가자 다시 말타기와 활쏘기에 뛰어난 중위(中尉)[34]의 정예병들을 위장군(衛將軍) 예하에 배속시켜 장안에 주둔하게 하였다.

신묘날(辛卯日), 문제는 감천궁(甘泉宮)에서 고노(高奴)까지 행차하였으며, 행차 길에 태원(太原)에 들러 옛 대(代)나라의 군신(群臣)들을 접견하고 모두에게 은전을 베풀었다. 논공행상(論功行賞)을 하고 그곳 백성들에게 쇠고기와 술을 하사하였으며, 진양(晉陽)과 중도(中都) 사람들에게 3년 동안 부세를 면제해 주었다. 문제는 태원(太原)에서 열흘 동안 머물며 유람하였다.

제북왕(濟北王) 유흥거(劉興居)는 문제가 대(代)로 행차하였다는 소식을 듣고는 흉노를 치려던 계획을 바꾸어 이 기회에 반란을 일으키기 위해 군사를 동원해 형양(滎陽)을 습격하려고 하였다. 그러자 문제는 승상 관영의 부대를 철수하라고 칙령을 내리고 극포후(棘蒲侯) 진무(陳武 : 柴武)를 대장군(大將軍)으로 삼아 병력 십만을 주어 반란을 평정하도록 하였다. 그리고 기후(祁侯) 증하(繪賀)를 장군에 임명하여 형양에 주둔하여 지키도록 하였다.

---

34) 도읍(京城)의 치안 및 북군(北軍)을 관장하는 관직.
35) 유안(劉安) · 유발(劉勃) · 유석(劉錫).

7월 신해날(辛亥日), 황제[文帝]는 태원(太原)에서 장안으로 돌아왔다. 황제는 관계 대신에게 칙령을 내렸다.

"제북왕(濟北王)은 덕을 저버리고 황제에게 모반을 일으켰다. 그에게 연루된 속관(屬官)들과 백성들 중에 반란을 진압하기 위해 조정에서 파견한 대군이 도착하기 전에 투항한 자 및 군사와 성읍을 바치고 항복한 자는 모두 사면하고 관직과 작위를 본래대로 회복시켜 주도록 하라. 또 제북왕 유흥거와 어울린 자들도 사면해 주도록 하라."

8월, 반란군을 진압하고 제북왕을 사로잡았다. 문제는 즉시 제북왕의 반란에 가담한 관리들과 백성들에게 사면을 단행하였다.

문제 6년(B.C. 174), 관계 대신은 회남왕(淮南王) 유장(劉長)이 선제(先帝)의 법도를 버리고 황제의 칙령을 따르지 않을 뿐만 아니라 제멋대로 법령을 제정하며, 그가 기거하는 궁실과 복식이 규정을 초과하고 출입하는 거마(車馬)와 의장(儀仗)이 천자의 체제를 모방하고 있으며, 아울러 극포후(棘蒲侯)의 태자 진기(陳奇)와 반란을 공모하여 민월(閩越)과 흉노에게 사자를 보내 함께 군사를 동원하자고 약속하여 종묘사직을 위태롭게 하려고 기도했다고 보고했다.

군신들은 모두 입을 모아 유장(劉長)을 마땅히 참수하여 군중에게 이를 보여야 한다고 주장했다. 하지만 문제는 회남왕을 차마 법에 따라 처벌하지 못하여 죄를 사면해 주고 왕위를 폐하였다. 군신들은 그를 촉군(蜀郡)의 엄도(嚴道)나 공도(邛都) 일대로 귀양 보낼 것을 청하였다. 이에 동의하자 유배지에 채 다다르기도 전에 유장이 병으로 죽게 되니 문제는 이를 가엾게 여겼다. 그래서 문제 16년(B.C. 164)에 이르러 회남왕 유장을 여왕(厲王)으로 추존(追尊)하고 아울러 그의 세 아들[35]을 각각 회남왕·형산왕(衡山王), 여강왕(廬江王)에 봉하였다.

문제 13년(B.C. 167) 여름, 문제가 말했다.

"짐이 하늘의 도[天道]에 대하여 들건대 화(禍)는 원한으로부터 일어나고 복(福)은 선덕(善德)으로부터 흥기한다고 하오. 조정 백관들의 과실에 대해서는 마땅히 짐이 책임을 져야 하는데 지금 비축(秘祝)[36] 관원은 모든 과오를 신하에게 떠넘겨 짐의 부덕을 더욱 분명하게 나타내고 있거니와 짐은 이에 전혀 찬동하지 않소. 이러한 처사는 마땅히 없애야만 하오."

5월, 제(齊)의 태창령(太倉令)[37] 순우공(淳于公)이 형벌을 받을 죄를 지어 조정의 뇌옥(牢獄)에서 그를 체포하고 장안으로 압송하여 수감하였다. 순우공에게는 아들이 없고 딸만 다섯 있었다. 그가 체포되어 압송되니 딸들을 원망하였다.

"아들을 낳지 못했더니 어려운 일이 생길 때 딸자식은 아무 소용이 없구나!"

그러자 그의 막내 딸 제영(緹縈)이 이 말을 듣고 상심하여 울면서 부친을 따라 장안에 들어와 조정에 상소하였다.

"소녀의 아비는 관리가 되어 제(齊)나라 백성들이 모두 입을 모아 청렴하고 공평하다고 칭송하였습니다만 지금은 법을 어겨 형벌을 받아 마땅합니다. 소첩이 가슴 아파하는 것은 사람이 죽으면 다시 살아날 수 없듯이 형벌을 받은 후에는 복원될 수 없고 개과천선할 방도가 없습니다. 바라옵건대 소녀를 관아의 노비로 삼으시고 소녀의 아비가 받아야 할 형벌을 속죄하고 개과천선할 수 있도록 해 주십시오."

제영이 올린 상소는 문제(文帝)에게 전해졌다. 문제는 그녀의 효심을

---

36) 천자를 위해 재앙을 없애고 복을 내려 달라고 신령에게 기도하는 관직. 신령에게 기도하는 축문(祝文)의 내용은 황제에게만 알리고 신하들에게는 절대 비밀로 하였기 때문에 '비축(秘祝)'이라 칭하게 되었다.
37) 나라의 곡창(穀倉)을 관장하는 관직으로 대사농(大司農)의 속관(屬官).

갸륵히 여겨 칙령을 내렸다.

"짐이 듣건대 유우씨(有虞氏)[38] 때는 죄인에게 특별한 무늬나 색깔을 표시한 옷과 모자를 걸치게 함으로써 이를 수치스럽게 여기도록 하였다. 그런데도 백성들은 법을 어기지 않았다고 한다. 왜 그랬을까? 그것은 그 당시 정치의 청명함이 극에 다다라 있었기 때문이다.

지금 시행되고 있는 형벌 중에 육체에 가하는 형벌[肉刑]이 세 가지[39]나 있는데도 범법자는 끊이지 않으니 이러한 폐단의 근본 원인은 어디에 있는가? 이는 바로 짐이 부덕하고 바르게 교화하지 못한 데에 있지 않은 가? 짐은 심히 부끄러움을 느낀다. 백성들을 교화하는 방법이 올바르지 못하면 우매한 백성들은 죄를 짓는 길을 걷게 되고 만다.

≪시경≫[40]에 '자애롭고 화락한 군자야말로 백성의 부모이다.' 라고 씌어 있다. 지금은 사람들이 죄를 짓거나 과오를 범하면 교화하지 않고 형벌만 가하니 설사 개과천선하고자 하는 사람이 있다 할지라도 그럴 방도가 없다. 짐은 이를 심히 가엾이 여기는 바이다.

무릇 형벌을 동원하여 죄인의 사지(四肢)를 자르거나 찢고 가죽과 살을 훼손시키면 평생토록 다시는 복원할 수 없으니 이 얼마나 사람들에게 심한 고통을 주는 부도덕한 방법인가! 이것이 어찌 백성들을 위한 부모의 뜻과 부합하겠는가? 체형(體刑)은 폐지해야 마땅하다."

문제가 말했다.

"농업은 천하의 근본이니 그 어떤 일도 이보다 더 중요한 것은 없다.

---

38) 오제(五帝) 중 순(舜)임금이 다스렸다는 원시 부락 이름. 자세한 것은 「오제본기」를 참조하기 바람.
39) 옛날 육체에 가하는 잔혹한 형벌 세 가지를 말한다. 즉 경(黥 : 이마에 먹물로 刺字하는 형벌로, 墨刑이라고도 함), 의(劓 : 코를 베는 형벌), 월(刖: 발꿈치를 베는형벌). 의(劓), 월(刖), 궁(宮 : 생식기를 자르는 형벌)이라고 주장하는 설도 있다.
40) ≪詩經≫의 「大雅 旱麓」에 보인다.

지금 농민들이 농업에 종사하느라 고생하고 있는데 도리어 조세를 부담하는가 하면 농사에 종사하는 일[本]과 상업이나 수공업 등에 종사하는 일[末]을 동등하게 취급하고 있으니 이는 농업을 장려하는 방법이 아니다. 농경지에 대한 조세를 폐지해야 마땅하다."

문제 14년(B.C. 166) 겨울, 흉노가 변경을 침략하여 노략질하기 위한 음모로 조나(朝那)의 요새를 공격해 북지군(北地郡) 도위(都尉) 손앙(孫卬)을 죽였다. 문제는 세 장군[41]에게 각각 군대를 주어 농서(隴西)·북지(北地)·상군(上郡)을 지키게 하였다. 아울러 도위(都尉) 주사(周舍)를 장군에 임명하고 낭중령(郎中令)을 거기장군(車騎將軍)에 임명하여 위하(渭河) 북쪽 지방에 군대를 주둔하여 지키게 하였는데 전거(戰車) 일천 량(輛)에 기병(騎兵)이 십만이었다. 문제는 친히 군대를 위문하고 검열한 후 훈령을 선포하고 전군 장병들을 포상하였다.

문제가 손수 병력을 인솔하여 흉노를 반격하기 위해 나서려 하였다. 신하들이 이를 극구 만류하였으나 듣지 않다가 황태후가 단호히 제지하자 문제는 그제야 그만두었다. 이에 동양후(東陽侯) 장상여(張相如)를 대장군(大將軍)에, 성후(成侯) 동적(董赤)을 내사(內史)에, 난포(欒布)[42]를 장군에 각각 임명하여 흉노를 반격하게 하자 흉노가 달아났다.

그해 봄, 문제가 말했다.

"짐이 제위에 올라 예물과 예기(禮器)를 받들어 상제와 종묘에 제사를 올린 지 이미 십사 년이 되었으니 지나간 세월이 상당히 오래되었도다.

---

41) 농서(隴西)에 주둔하고 있는 융려후(隆慮侯) 주조(周竈) 장군, 북지(北地)에 주둔하고 있는 영후(寧侯) 위속(魏遫) 장군, 상군(上郡)에 주둔하고 있는 창후(昌侯) 노경(盧卿) 장군을 말한다. 자세한 것은 「흉노열전」을 참조하기 바람.

42) 일찍이 연왕(燕王) 장도(臧荼)의 장군을 역임하였고 문제 때 연(燕)의 승상을 지냈으며 경제(景帝) 때 7국의 난을 평정한 공으로 유후(俞侯)에 봉해졌음. 자세한 것은 「계포난포열전」을 참고하기 바람.

총민(聰敏)하지 못할 뿐만 아니라 현명하지 못한 사람이 이렇게 오랫동안 천하를 다스리게 되었으니 짐은 심히 부끄럽게 생각한다. 다만 제사 지낼 제터와 예물을 대대적으로 증설해야 마땅하다.

옛적에 선왕께서는 사람들에게 널리 은혜를 베푸실 때 보답을 구하지 않았으며, 하늘과 땅의 귀신에게 제사[望祀][43]를 지낼 때 사사로이 자신의 축복을 기원하지 않았으며, 어진 사람을 존중하고 친척을 멀리하였으며, 자신보다 백성들을 더 생각하였으니 영명(英明)함이 극에 이르렀다.

짐이 듣건대 사관(祠官)이 제사를 지낼 때 오로지 짐 한 사람에게만 축복을 기원하고 백성들을 위해서는 기도하지 않는다고 하니 짐은 부끄럽기 짝이 없도다. 이처럼 신령이 내리시는 복을 부덕한 사람 혼자서 누리고 백성들은 조금도 누리지 못하니 이것이야말로 짐의 부덕함을 가중시키는 것이로다. 이제 제사를 관장하는 사관에게 명하노니, 성심성의를 다하여 정성껏 제사를 드리되 다시는 짐 한 사람의 복을 빌지 않도록 하라!'

이때 북평후(北平侯) 장창(張蒼)을 승상에 임명하고 바야흐로 새로운 악률과 역법(曆法)을 확정하였다. 노(魯)나라 사람 공손신(公孫臣)이 상소를 올려 오덕종시설(五德終始說)[44]로 역대 왕조의 흥망을 해석하기를, 지금은 바야흐로 흙(土)의 덕이 흥성할 때이니 이로 말미암아 황룡(黃龍)이 출현할 것이며, 역법과 복색(服色) 등 제도를 새로이 바꾸어야 한다고 건의하였다.

문제(文帝)는 이를 장(張)승상에게 명하여 의논하도록 일렀다. 그런데 장(張)승상은 지금은 물(水)의 덕이 성할 때라고 여겨 10월을 1년의 시작

---

43) 멀리서 바라보며 올리는 제사의 일종.

인 정월로 삼아야 하며 검은색(黑)을 숭상해야 한다고 진언함과 아울러 문제에게 공손신의 건의를 받아들이지 말 것을 주장하였다.

문제 15년(B.C. 165), 성기현(成紀縣)에서 과연 황룡(黃龍)이 출현하였다. 그러자 문제는 다시 노(魯)나라 사람 공손신을 불러 박사(博士)에 임명하고 그로 하여금 토덕(土德)이 성하다는 이론을 천명케 하였다. 이때 문제가 칙령을 내렸다.

"기이한 신물(神物)이 성기현에 출현하였는데 백성들에게는 아무런 해가 없을 것이며 풍성한 수확이 있을 것이다. 짐이 직접 교외에 나가 상제와 뭇 신령들께 제사를 드리겠노라. 예관(禮官)은 이 일에 대하여 의논하되 짐이 피로할까 염려하여 꺼리는 일이 없도록 하라."

유사(有司)들과 예관들이 말했다.

"옛적에 천자(天子)께서는 여름에 친히 교외로 나가서서 상제님께 제

---

44) 본래 오덕종시설(五德終始說)은 추연(鄒衍) 이전 유가(儒家)의 오행설(五行說)에서 비롯되었다. 천지 만물은 모두 오행(五行 또는 五德), 즉 금(金)·목(木)·수(水)·화(火)·토(土)가 순환을 거듭하며 생성되고 1년 가운데 이 다섯 가지 원소의 세력이 번갈아가며 성한다는 것이 바로 오행설(五行說, 또는 五德說)이다. 예컨대 봄에는 목(木)에서 덕(德)이 성하고 여름에는 화(火)에서 덕(德)이 성한다는 것이다. 그래서 사람의 일(人事)은 마땅히 오행의 운행과 합치되어야만 하며 군주(君主)된 자는 계절에 따라 마땅히 해야 할 것과 해서는 안 될 일이 있다는 것이다. 오행설(오덕설)을 누가 창시했는지는 정확히 알 수 없으며 순자(荀子)는 자사(子思)와 맹자(孟子)를 그 창시자라고 했는데 확실치 않다.
음양가(陰陽家) 추연은 오행설(五行說, 五德說)을 확대하여 천지가 생성된 이래 인류의 역사는 곧 오행의 세력(즉 五德)이 번갈아 지배한다고 보았다. 그리하여 왕조 흥망의 원인을 설명하는 이론으로 삼게 되었다. '갑(甲)'의 덕(德)이 성하게 되었을 때 인류 사회에 '甲'의 덕을 대표하는 '甲' 왕조가 일어나고 그의 복색(服色)·제도 및 정치 정신은 반드시 '甲'의 덕과 부합해야만 한다는 것이다. 예컨대 주(周)왕조는 화(火)의 덕이 성할 때 성립했으며 그래서 복색(服色) 등에 있어서 붉은색(赤)을 숭상했다는 것이다. '甲'의 덕(德)이 쇠미해지면 '乙'이라는 덕(德)이 흥성하게 되고 인류 사회에 있어 '乙' 왕조가 '甲' 왕조를 대신한다는 학설이다. 오덕종시설은 전국(戰國) 시대 말년에 이미 사조의 주류를 이루었는데 이의 영향을 받아 각 제후국들은 천하를 통일하려는 이론적 근거로 삼았으며 한(漢)왕조에 이르러서는 유학(儒學) 속에 음양학(陰陽學)이 침투하여 정치·사회 등에 크게 위력을 떨치게 되었다.

사를 드리곤 했습니다. 그래서 이를 '교사(郊祀)'라 일컫게 되었습니다."

그리하여 문제는 처음으로 벽옹(辟雍)에 나아가 다섯 천제[五帝][45]에게 교사를 지냈으며 맹하(孟夏) 4월에는 상제의 은덕에 감사드렸다.

조(趙)나라 사람 신원평(新垣平)이 운기(雲氣)를 보고 점을 치는 방술에 뛰어나다고 떠벌이며 문제께 뵙기를 청하였다. 그는 문제를 만나 위양(渭陽)에 오제(五帝)의 묘(廟)를 건립할 것을 권고하고, 그렇게 하면 사라진 주(周) 왕조의 보정(寶鼎)을 인양할 수 있을 뿐만 아니라 정미(精美)한 보옥이 출현할 것이라고 하였다.

문제 16년(B.C. 164), 문제는 친히 위양(渭陽)에 나아가 오제묘(五帝廟)에 교사를 거행하고 여름에 또 다시 답례를 거행하였으며, 적색(赤)을 숭상하였다.

문제 17년(B.C. 163), 문제는 옥배(玉杯)를 얻어 그 위에 '人主延壽'[46]라는 네 자를 새겼다. 문제는 칙령을 내려 그해를 원년으로 바꾸고, 천하의 만백성들에게 모여서 실컷 마시고 즐길 수 있도록 특별히 허가하였다. 그해에 신원평(新垣平)이 망기(望氣)를 사칭하여 옥배(玉杯)를 바친 속임수가 발각되어 그의 삼족이 주멸당했다.

문제 후원(後元) 2년(B.C. 162), 문제가 말했다.

"짐이 현명하지 못하고 먼 지방에까지 은덕을 베풀지 못하여 이민족의 소란이 끊일 날이 없다. 변방에 살고 있는 백성들은 마음 놓고 편히 살 수 없고 또 내륙에 사는 백성들도 마음 편히 생업에 종사할 수 없다.

---

45) 여기에는 두 가지 설이 있다. 첫째는 태호(太昊 : 伏義)·염제(炎帝 : 神農)·황제(黃帝)·소호(少昊)·전욱(顓頊)이다. 둘째는 동방의 청제(靑帝)·남방의 적제(赤帝)·중앙의 황제(黃帝)·서방의 백제(白帝)·북방의 흑제(黑帝)이다.
46) 군주 장수(君主長壽)라는 뜻.

이 두 가지 재앙은 모두 짐의 덕이 박하여 먼 지방에까지 미칠 수 없음에 기인한다.

근래 수년 동안 흉노가 여러 차례 변방을 침략하여 닥치는 대로 관리와 백성들을 마구 해치고 또한 변방을 지키는 관리들도 나의 속마음을 헤아려 주지 못하니 이는 짐의 부덕함을 가중시켜 주고 있도다. 오랫동안 재난과 전란에 시달리니 어찌 국내외 나라가 편안할 수 있겠는가?

짐은 일찍 일어나 밤늦도록 온 천하를 위해 부지런히 힘쓰고 만민을 위해 걱정하고 노심초사하기를 단 하루도 잊은 날이 없었다. 그렇게 흉노국에 파견한 사신들이 탄 수레 지붕이 서로 마주보이고 도로 위에 수레바퀴 자국이 연이어 날 정도로 노력한 것은 흉노의 선우(單于)에게 짐의 뜻을 전하기 위함이었다.

이제 흉노의 선우가 예전 선린 관계의 입장으로 돌아가 사직(社稷)의 안녕과 만민의 이익을 고려하여, 작은 과오를 버리고 친히 짐과 함께 화목한 정도(正道)를 걷고 친형제와 같은 우호 관계를 맺게 된 것은 모두 선량한 만백성을 위하는 것이다. 화친(和親)의 국책(國策)이 이미 확정되었으니 금년부터 이를 실시토록 하라."

문제 후원(後元) 6년(B.C. 158) 겨울, 흉노군 삼만은 상군(上郡)을 침략하고 또 삼만은 운중군(雲中郡)을 침략하였다.

조정에서는 중대부(中大夫) 영면(令勉)을 거기장군(車騎將軍)에 임명하여 비호구(飛弧口)에 군대를 주둔시키고, 옛 초(楚)나라 승상이었던 소의(蘇意)를 장군으로 삼아 구주산(句注山)에 군대를 주둔케 하고, 장군 장무(張武)에게 군대를 주어 북지군(北地郡)에 주둔시켰으며, 하내(河內)의 군수(郡守) 주아부(周亞夫)⁴⁷를 장군에 임명하여 세류(細柳)에 주둔시키고, 종정(宗正) 유례(劉禮)를 장군으로 삼아 패상(覇上)에 주둔케 하였으며, 축자후(祝玆侯) 서한(徐悍)에게 군대를 주어 극문(棘門)에 주둔케 하여 흉노군을 방비토록 하였다. 수개월 후 흉노군이 물러가자 흉노를 방비하던 부대들도 철수하였다.

그해 천하에는 가뭄과 황충이(蝗蟲)의 재해가 극심하였다. 문제는 전국에 은덕을 베풀었으니, 제후에게 영을 내려 조공을 바치지 않도록 하였으며, 백성들에게 산림과 호수의 개발 금지령을 해제하였으며, 황가(皇家)에서 쓰는 복식·거마(車馬) 및 애완물(愛玩物)을 줄이도록 하였으며, 조정의 관원을 감축하였으며, 창고에 저장해 둔 양식을 방출하여 곤궁한 백성들을 구제하였으며, 민간에게 작위를 팔고 사는 것을 허용하였다.

효문제가 대(代)나라에서 와서 즉위한 지 이십삼 년이 지나도록 궁실·원림(園林)·구마(狗馬)·복식·어용(御用) 기구 등은 전에 비하여 조금도 불어난 것이 없었다. 오로지 백성들에게 불편한 시책은 즉시 폐지하여 백성들에게 이익이 되게 하였다. 예전에 노대(露臺)를 축조하기 위해 장인(匠人)을 불러 비용을 계산하게 하니 황금 일백 근에 상당하는 비용이 소요된다고 했다. 그러자 문제가 말했다.

"황금 일백 근이라면 민간인 열 가구의 재산에 상당하구나. 나는 선제(先帝)께서 남겨 주신 궁실을 그냥 쓰는데도 올바로 지키지 못하여 선제께 누를 끼칠까 늘상 두려운데 노대(露臺)는 세워 무엇하랴!"

문제는 언제나 거친 의복을 입고 총애하는 신부인(愼夫人)이 의복을 땅에 끌릴 정도로 길게 입는 것조차 허용하지 않았으며, 휘장에도 화려한 수를 놓지 못하게 하는 등 검소하게 지내 백성들에게 솔선수범하였다. 문제는 또 자신의 능을 영조(營造)할 때 와기(瓦器)를 사용토록 하고

---

47) 강후(絳侯) 주발(周勃)의 아들. 경제 때 태위(太尉)에 임명되었으며 오초칠국의 난을 평정한 공로로 승상에 임명되었다.

금·은·동·주석 등 귀금속으로 장식하는 것을 허용하지 않았으며 높다란 봉분(封墳)을 쌓지 않도록 하였으니, 이는 비용을 절감하고 백성들에게 폐를 끼치지 않기 위함이었다.

남월왕(南越王) 위타(尉佗)가 스스로 무제(武帝)라 칭하였다. 문제는 위타 형제를 소환하여 그들에게 부귀를 주고 은덕을 베풀어 위타의 배반에 대해 오히려 위로하자 위타는 제호(帝號)를 취소하고 한(漢) 왕조의 신하로 칭하였다.

문제는 흉노에 대하여 화친 정책을 취하였으며, 흉노가 이를 어기고 침략해 올 때에는 즉시 변방에 주둔하고 있는 군대를 강화하여 방비하되 흉노의 국경을 넘어 깊숙이 진격하기 위해 대군을 일으키지는 않았다. 이는 백성들의 고통과 애로를 덜어 주기 위함이었다.

오왕(吳王) 유비(劉濞)가 병을 핑계로 조현하러 오지 않자 그에게 궤장(几杖)을 하사하여 조근(朝覲)하러 오는 예의를 면제해 주었다. 군신들 가운데 원앙(袁盎) 등이 귀에 거슬리고 날카롭게 진언하여도 문제는 언제나 관용을 베풀어 그들의 의견을 귀담아 들었다.

뭇 대신들 가운데 장무(張武) 등이 뇌물을 받았다가 발각되자 문제(文帝)는 도리어 황궁(皇宮)의 창고에서 돈을 꺼내 그들에게 주어 스스로 마음속 깊이 수치스러운 마음을 갖도록 하되 법을 집행하는 관원에게 넘겨 치죄하는 것조차 하지 않았다.

문제가 오로지 은덕으로 신하들을 감화하니 나라 안의 인구가 크게 불어나고 생활이 윤택해지게 되었으며 예의가 흥성케 되었다.

문제 후원(後元) 7년(B.C. 157) 6월 기해날(己亥日), 문제가 미앙궁(未央宮)에서 세상을 떠났다. 임종에 이르러 문제는 다음과 같은 칙서를 남겼다.

'짐이 듣건대 천하 만물이 출생한 후에 죽지 않는 것이 없다고 한다.

죽음이란 하늘과 땅의 당연한 이치이며 생물의 자연 현상인데 내 죽음을 특별히 애통해할 것이 있겠는가! 지금 이 시대 세상 사람들은 모두 태어나는 것은 기뻐하되 죽음은 싫어하며, 사람이 죽은 뒤에는 많은 비용을 들여 장례를 성대하게 치르느라 가산을 탕진하는가 하면 상복을 입고 망인(亡人)을 애도하느라 몸이 상하기까지 한다. 짐은 이러한 방식에 결코 찬성하지 않는다.

더구나 짐은 부덕할 뿐만 아니라 백성들에게 아무런 도움을 주지 못하였다. 이제 죽으면서 또 다시 사람들로 하여금 오랫동안 짐을 위해 상복을 입고 애도하게 함으로써 엄동의 추위와 혹서의 고통을 겪고, 천하의 부자들로 하여금 슬프게 하여 노약자들의 심령을 손상시키고, 그들의 식량을 축내게 하면서 조상의 제사를 중단케 하니 이는 나의 부덕을 더욱 가중시킬 뿐, 무슨 낯으로 천하의 백성들을 대할 수 있으랴!

짐이 운 좋게 종묘를 보호할 권력을 얻어 하찮은 몸을 온 천하 제후 왕들에게 의탁한 지 이미 이십여 년이 되었다. 천지 신령의 가호와 국가의 홍복(洪福)에 의지하여 나라 안이 안정되고 전란이 없게 되었다.

짐은 총민하지 못하여 나 자신의 과오로 말미암아 선제(先帝)의 미덕에 누를 끼치게 될까 늘 걱정하였다. 또한 나이 들어 천수(天壽)를 누리면서 유종의 미를 거두지 못할까 두려워하였다. 다행히 짐의 식견이 고명하지 못한데도 이렇게 좋은 결과를 얻게 되고 장수를 누리다 세상을 떠나 후세 사람들에 의하여 고묘(高廟) 속에서 다시 부양받을 수 있으니 어찌 슬퍼할 수 있겠는가!

이제 전국의 관민(官民)들에게 칙령을 내리니 오늘부터 사흘 동안 애도한 후 상복을 벗도록 하라. 그리고 결혼·제사·음주 및 고기 먹는 것을 금하지 말라. 상을 치르고 복상(服喪)하며 곡하는 자들은 모두 맨발로 땅을 밟지 말라.

상복에 두르는 효대(絞帶)의 폭은 3촌(寸)을 초과해서는 안 되며, 운구(運柩)할 때 수레와 병기(兵器)를 도열하지 말 것이며, 남녀 백성들을 궁전에 동원하여 곡(哭)하게 하지 말라. 다만 어쩔 수 없이 궁중에서 곡해야 하는 사람들은 아침과 저녁에 각기 열다섯 명으로 한정하되 예가 끝나면 곡을 그치도록 하라. 아침과 저녁 곡하는 시간을 제외하고 아무 때나 곡하지 말라.

장례를 치룬 후 대공(大功)[48]은 보름 동안만 상복을 입고 소공(小功)은 십사 일 동안 상복을 입으며 시마(緦麻)는 7일 동안 상복을 입고 그 이후엔 상복을 벗도록 하라. 기타 조령(詔令)으로 규정한 범위에 들지 않은 사항은 이 조령을 참조하고, 이에 준하여 처리하도록 하라. 이러한 규정을 전국에 통고하여 짐의 뜻을 모두 알 수 있도록 하라.

패릉(覇陵) 일대의 산수(山水)는 원형을 바꾸지 말고 그대로 보존하도록 하라. 나의 후궁(後宮)들은 부인(夫人) 이하 미인(美人)에서부터 소사(少使)[49]에 이르기까지 모두 친정으로 돌려보내 개가(改嫁)할 수 있도록 하라.'

이에 조정에서는 중위(中尉) 주아부(周亞夫)를 거기장군(車騎將軍)에, 전속국(典屬國) 서한(徐悍)을 장둔장군(將屯將軍)에, 낭중령(郎中令) 장무(張武)를 복토장군(復土將軍)에 각각 임명하고 경성(京城) 부근에서 현역으로 복무하는 사병 일만 육천 명과 경성 사병 일만 오천 명을 파견하여 장무(張武) 장군으로 하여금 묘혈을 파고 메우는 등 관곽을 안장하

---

48) 이는 문제가 상복(喪服)에 대하여 독창적으로 검소하고 간소하게 규정한 것이다. 본래 대공(大功)은 상복을 입는 기간(服期)이 9개월이며 소공(小功)의 경우 복기가 5개월, 시마(緦麻)의 경우 복기가 3개월이다.
49) 후궁에는 부인(夫人) · 미인(美人) · 양인(良人) · 팔자(八子) · 칠사(七使) · 소사(少使)의 7등급이 있었다.

는 일을 모두 총괄케 하였다.

기사날(己巳日), 신하들은 머리를 조아리고 '효문황제(孝文皇帝)'라
는 시호를 바쳤다.

태자 유계(劉啓)가 고묘(高廟)에서 즉위하여 정미날(丁未日), 제위를
이어 황제라 칭하였다.

효경황제(孝景皇帝) 원년 10월, 어사(御史)에게 조서를 내렸다.

'짐이 듣건대 옛날 성왕(聖王)들 중 공을 세우신 분은 '조(祖)'라 칭
하였고 덕망이 있으신 분은 '종(宗)'이라 일컬었으며, 예악(禮樂)을 제
정하는 데에도 근거가 있었다고 한다. 또한 음악은 덕행을 기리고 무도
(舞蹈)는 공적을 기리었다고 한다. 고묘(高廟)에서 제사를 지낼 때에는
≪무덕(舞德)≫[50] · ≪문시(文始)≫[51] · ≪오행(五行)≫[52] 등의 가무를 연
주하였다. 효혜묘(孝惠廟)에서 제사를 거행할 때에는 ≪문시(文始)≫ ·
≪오행(五行)≫ 등의 가무를 연주하였다.

효문황제(孝文皇帝)께서는 천하를 다스리실 때 일반 백성들이 관문을
자유로이 통행할 수 있도록 하셨으며, 먼 지방 사람들을 차별하지 아니
하셨다. 또 상(上)을 비방하면 엄히 치죄하게 되는 법령과 체형(體刑)을
폐지하셨으며, 고령자[長老]에게 상을 내리시고 고아[孤]와 늙어서 자식
이 없는 자[獨]를 구휼하셨으며 중생(衆生)들을 양육하셨다. 뿐만 아니라
자신이 기호(嗜好)하는 것을 절제하시고 공물을 받지 아니하여 사사로

---

50) 고대 악무(樂舞)는 두 가지로 구분되었는데 그중 하나는 무무(武舞)이고 다른 하나는 문무(文
舞)이다. ≪武德≫은 무무(武舞)에 속하며 고조(高祖) 4년에 지은 것으로, 무자(舞者)가 방패
(干)와 (戚)를 무구(舞具)로 삼아 춘다고 한다.

51) 순임금(虞舜) 때 지은 문무(文舞)에 속하며 본래 이름은 '招舞'였으나 고조 6년 '文始'로 명칭
을 바꾸었다고 한다.

52) 주(周) 왕조 때 지은 무도(舞蹈)인데 진시황 26년 '五行'으로 개명하였으며 무자(舞者)가 오
색의 의상을 갖추고 방패와 도끼를 들고 춘다고 한다.

운 이익을 도모하지 않으셨다.

또 죄인을 다스리실 때는 그 가솔까지 연루시키지 않고 죄도 없는 자를 죽이지 않으셨다. 궁형(宮刑)을 폐지하고 후궁(後宮)들 중 미인(美人) 이하 궁녀들을 친정으로 돌려보내 개가(改嫁)하게 하셨으니 이는 그 집안의 대(代)가 끊기는 것을 염려하셨기 때문이다.

짐은 총민하지 못하여 그분의 어진 정치를 모두 알 수 없다. 이 모든 것들은 옛 성왕들께서도 미칠 바가 되지 못하며 효문황제께서는 이를 친히 실행하셨다. 그분의 성덕은 하늘과 땅에 견줄 수 있으며 사해(四海) 안에 두루 은덕을 베푸시니 하늘 아래 그분의 은총을 받지 않은 곳이 없었다.

이처럼 효문황제께서는 해와 달처럼 영명하신데도 제사를 드릴 때 이에 걸맞는 가무가 없으니 짐은 심히 송구스럽도다. 효문황제의 묘(廟)에서 연주할 소덕(昭德)[53]의 무(舞)를 지어 그분의 미덕을 기리는 것이 마땅하다. 그리고 나서 조종(祖宗)의 공덕을 죽백(竹帛)에 기록하여 이를 자손만대에 전해 길이 빛나게 할 수 있을지니 그제야 짐은 만족스러울 것이다.

이제 이 일을 승상과 열후 및 녹봉(祿俸) 이천 석(石) 이상인 대신들 및 예관(禮官)들이 함께 의논하여 예의(禮儀)를 제정하여 보고하도록 하라.'

승상 신도가(申徒嘉) 등이 말했다.

"폐하께서 항상 효(孝)의 길을 생각하시어 소덕(昭德)의 무(舞)를 제정하여 효문황제의 큰 덕을 찬양하시니 소신들은 우매하여 미칠 바가 못됩니다. 신(臣)이 삼가 아뢰옵니다만 개국(開國)의 큰 공은 고황제(高皇

---

53) ≪漢書≫의 「禮樂志」에 의하면 경제(景帝) 때 유방의 무덕(武德)을 편제(編制)한 무도(舞蹈)로, 그 내용은 문제의 공덕을 기리는 것이라 하였다.

帝)께서 으뜸이시고 성덕으로는 효문황제께서 으뜸이십니다. 따라서 고
황제의 묘(廟)는 본 왕조 황실의 태조묘(太祖廟)로 삼아야 하고, 효문황
제의 묘(廟)는 본 왕조 황실의 태종묘(太宗廟)로 삼아야 마땅합니다.

천자는 마땅히 태조(太祖)와 태종(太宗)의 묘(廟)에 제사를 드려야 하
옵고, 각 군(郡)과 나라의 제후들은 마땅히 효문황제의 묘(廟)를 건립해
야 합니다. 또한 해마다 조정에서 제사를 드릴 때 각 제후 왕과 열후들은
도읍에 사신을 보내 천자 폐하를 모시고 함께 태조(太祖)와 태종(太宗)
에게 제사를 올려야 합니다. 이러한 규정을 문서에 기록하여 온 천하에
공포하십시오."

경제(景帝)는 조서를 내려 이를 허락하였다.

태사공은 말한다.

공자께서 말씀하셨다. '천명을 받은 성군이 다스리기 시작하여 삼십
년이 지난 뒤에야 비로소 어진 정치가 성공할 수 있다. 또 성인이 백
년 동안 나라를 다스려야 비로소 폭정을 없애고 사형을 폐지할 수 있
다.'⁵⁴⁾고.

이 말은 진실로 옳도다! 한 왕조가 세워진 이래 효문황제가 사십여 년
을 다스리는 동안 덕정(德政)이 가장 성대하였다. 점차 역법(曆法)을 고
치고 복색(服色)을 바꾸고 봉선(封禪)을 거행하는 지경에 다다르게 되었
으나 이는 다만 문제(文帝)의 겸양이 지금⁵⁵⁾에 이르도록 완성되지 못하
였기 때문이다. 아, 이것이 바로 공자가 말하는 '인(仁)'과 부합되는 것
이 아니겠는가!

---

54) ≪論語≫ 「子路篇」의 제12장과 11장에 보인다.
55) 사마천이 ≪사기≫를 저술하고 있는 이 시점, 즉 한 무제(漢武帝 : 劉徹)의 시기를 가리킨다.

제11 효경본기(孝景本紀)

효경황제(孝景皇帝)는 효문황제(孝文皇帝)의 가운데 아들이며 그의 모친은 두태후(竇太后)다. 효문황제가 대(代)의 왕으로 있을 때 전 왕후에게서 세 아들을 낳았지만 나중에 두태후가 총애를 받게 되었으며 전 왕후가 세상을 떠난 데다가 세 아들이 연이어 죽었다. 그래서 효경황제가 뒤이어 제위에 오르게 되었다.

효경황제 원년(B.C. 156) 4월 을묘날(乙卯日), 천하에 대사면령을 단행하였다. 을사날(乙巳日), 일반 백성들에게 매 호(戶)당 작위를 한 계급씩 하사하였다. 5월, 조서를 내려 전지(田地)의 조세를 절반 면제해 주었다. 효문황제를 위해 태종묘(太宗廟)를 건립하고 신하들에게 축하하러 오지 못하도록 영을 내렸다. 그해 흉노가 대(代)를 침범해 오자 조정에서는 흉노와 화친 관계를 맺었다.

경제(景帝) 2년(B.C. 155), 옛 상국 소하(蕭何)의 손자인 소계(蕭系)를 무릉후(武陵侯)에 봉하였다. 병역 의무를 시작하는 정년 남자의 연령을 만 이십 세로 규정하였다. 4월 임오날(壬午日) 효문황제의 모친이 세상을 떠났다. 광천왕(廣川王)과 장사왕(長沙王)이 각각 자신의 봉국으로 돌아갔다. 승상 신도가(申屠嘉)가 죽었다. 8월, 어사대부인 개봉후(開封侯) 도청(陶青)을 승상에 임명하였다. 동북쪽 하늘에 혜성이 출현하였다.

그해 가을, 형산국(衡山國)에 우박이 내렸는데 가장 큰 것은 직경이 무려 5촌(寸)이나 되었으며, 가장 많이 내린 곳은 그 깊이가 2척(尺)이나 되었다. 화성(火星)이 거꾸로 운행하여 북극성 자리를 침범하였다. 달이 북극성의 천구상을 지나가고 목성(木星)이 천정(天庭)에서 거꾸로 운행하였다. 조서를 내려 남릉(南陵)에 내사(內史)를 설치하고 대우(大羽)를 현(縣)으로 삼았다.

경제 3년(B.C. 154) 정월 을사날(乙巳日), 천하에 대사면령을 단행하였다. 서쪽 하늘에 유성(流星)이 출현하였다. 자연 재해로 인한 화재(天火)가 발생하여 낙양의 동궁(東宮) 대전(大殿)과 성루(城樓)가 불탔다.

오왕(吳王) 유비(劉濞)[1], 초왕(楚王) 유무(劉戊)[2], 조왕(趙王) 유수(劉遂)[3], 교서왕(膠西王) 유앙(劉卬), 제남왕(濟南王) 유벽광(劉辟光), 치천왕(淄川王) 유현(劉賢), 교동왕(膠東王) 유웅거(劉雄渠)[4]가 반란을 일으키자 군사를 동원하여 서쪽으로 진군하였다.[5]

경제(景帝)는 그들을 위무하기 위해 조조(晁錯)[6]를 죽이고 원앙(袁盎)을 보내 이를 통고하였지만 그들은 여전히 멈추지 않고 서쪽으로 진격하여 양(梁)을 포위 공격하였다. 경제는 대장군(大將軍) 두영(竇嬰)[7]과 태위(太尉) 주아부(周亞夫)[8]에게 군사를 주어 반란을 평정하였다. 6월 을해날(乙亥日), 조서를 내려 도망한 반란군과 초원왕(楚元王)[9]의 아들 유예(劉藝) 등 반란에 가담한 자들을 사면해 주었다.

---

1) 고조의 둘째 형의 아들. 경제 때 제후의 봉지(封地)를 삭탈하는 정책에 반발하여 초(楚)와 연합하고 조(趙) 등 여섯 제후국과 함께 반란을 일으켰다. 나중에 패하여 동월(東越)로 달아났다가 동월 사람에 의해 피살됨. 자세한 것은 「오왕유비열전」을 참고하기 바람.
2) 고조의 배다른 동생 유교(劉交)의 아들.
3) 고조의 여섯째 아들 유우(劉友)의 아들.
4) 고조의 맏아들(齊悼惠王 : 劉肥)의 아들.
5) 이를 역사에서 소위 '오초칠국의 난(吳楚七國之亂)'이라고 한다. 그 원인은 제후왕의 봉지(封地)를 삭탈한 경제(景帝)의 정책에 반발한 것이다.
6) 생졸 연대는 B.C. 200~154. 영천(潁川) 사람. 일찍이 내사(內史)를 역임하였고 어사대부의 지위에 오름. 그는 중농억상(重農抑商)을 실시할 것, 모병(募兵)하여 변방을 튼튼히 하고 흉노의 침입을 막을 것, 제후왕의 봉지를 삭탈하여 중앙집권의 공고화를 추진할 것 등 여러 가지 개혁 정책을 문제(文帝) 때부터 건의하였다. 자세한 것은 「위기무안후열전」을 참조하기 바람.
7) 두태후의 조카, 자(字)는 왕손(王孫), 관진(觀津) 사람. 자세한 것은 「위기무안후열전」을 참조하기 바람.
8) 주발(周勃)의 아들. 경제 때 태위(太尉)를 거쳐 승상의 지위에 오르고 오초칠국의 난을 평정한 주요한 장군. 자세한 것은 「강후주발세가」를 참조하기 바람.
9) 고조의 배다른 동생 유교(劉交).

대장군 두영을 위기후(魏其侯)에 봉하였다. 초 원왕(楚元王)의 아들 평릉후(平陸侯)를 초왕(楚王)으로 세웠다. 황자(皇子) 유단(劉端)을 교동왕(膠東王)에, 황자 유승(劉勝)을 중산왕(中山王)에 봉하였다. 그리고 제북왕(濟北王) 유지(劉志)[10]를 치천왕(淄川王)에, 회양왕(淮陽王) 유여(劉餘)를 노왕(魯王)에, 여남왕(汝南王) 유비(劉非)를 강도왕(江都王)에 각각 바꾸어 봉하였다. 제왕(齊王) 장려(將閭)와 연왕(燕王) 유가(劉嘉)가 세상을 떠났다.

경제 4년(B.C. 153) 여름, 황태자를 책봉하고 황자 유철(劉徹)[11]을 교동왕(膠東王)으로 세웠다. 6월 갑술날(甲戌日), 천하에 대사면령을 단행하였다. 윤달(閏月) 9월, 역양(易陽)을 양릉(陽陵)으로 개명하였다. 수로와 육로의 요충지에 관문을 새로이 설치하고 관문 출입의 통행증을 소지하도록 하여 통행을 제한하였다. 그해 겨울, 조(趙)나라를 한단군(邯鄲郡)으로 바꾸었다.

경제 5년(B.C. 152) 3월, 양릉(陽陵)과 동위교(東渭橋)[12] 건설에 착수하였다. 5월, 일반 백성들을 모집하여 양릉에 이주시키기 위해 비용 이십만 전(錢)을 지출하였다. 서쪽에서 불어닥친 거센 폭풍이 강도(江都) 일대를 강타하여 성벽이 열두 장(丈)이나 무너져 내렸다. 정묘날(丁卯日), 경제는 장공주(長公主)[13]의 아들 진교(陳蟜)를 융려후(隆慮侯)에 봉하고, 광천왕(廣川王)을 조왕(趙王)으로 바꾸어 봉하였다.

경제 6년(B.C. 151) 봄, 중위(中尉) 조관(趙綰)을 건릉후(建陵侯)에, 강도(江都)의 승상 정가(程嘉)를 건평후(建平侯)에, 농서(隴西)의 태수(太

---

10) 경제(景帝)의 아들.
11) 한무제(漢武帝) 유철(劉徹).
12) 위수(渭水)를 건너는 장안(長安) 인근의 다리.
13) 경제의 손윗누이 유표(劉嫖). 두태후의 소생임.

守) 공손혼야(公孫渾邪)를 평곡후(平曲侯)에, 조(趙)의 승상 소가(蘇嘉)를 강릉후(江陵侯)에, 전(前) 장군 난포(欒布)를 유후(鄃侯)에 각각 봉하였다. 양(梁)과 초(楚) 두 제후왕이 세상을 떠났다. 윤달 9월, 치도(馳道)의 양쪽 길에 심은 가로수를 베고 난지(蘭池)를 메웠다.

경제 7년(B.C. 150) 겨울, 율희(栗姬) 소생의 태자를 폐위시키고 임강왕(臨江王)으로 봉하였다. 11월 그믐, 일식이 일어났다. 그해 봄, 양릉(陽陵)을 건설하는 데 참가한 죄수와 노예들을 사면하고 석방하였다. 승상 도청(陶青)이 면직되었다. 2월 을사날(乙巳日), 교동왕(膠東王)의 모친을 황후로 책립하였다. 정사날(丁巳日), 교동왕을 태자로 책봉하였는데 그의 이름은 철(徹)이다.

경제 중원(中元) 원년(B.C. 149), 전(前) 어사대부 주가(周苛)의 손자 주평(周平)을 승후(繩侯)에, 전(前) 어사대부 주창(周昌)의 손자 주좌거(周左車)를 안양후(安陽侯)에 각각 봉하였다. 4월 을사날(乙巳日), 천하에 대사면령을 단행하고 민가(民家)에 호(戶)마다 작위 1급씩 하사하였다. 금고(禁錮)[14]를 폐지하였다. 지진이 발생하였다. 형산(衡山)과 원도(原都) 두 지방에 우박이 내렸는데 가장 큰 것은 직경이 1척(尺) 8촌(寸)이나 되었다.

중원 2년(B.C. 148) 2월, 흉노가 연(燕)을 침략해 왔다. 이로 말미암아 흉노와의 화친 관계가 단절되었다. 3월, 경제가 임강왕(臨江王 : 劉榮)을 도읍으로 소환하여 죄를 문책하게 되었는데 그는 중위(中尉)의 부중(府中)에서 자살하였다.[15] 그해 여름 황자(皇子) 유월(劉越)과 유기(劉奇)를

---

14) 정치적 권리를 박탈하여 관리가 되는 것을 금한 법령. 서한(西漢) 때에 상인과 데릴사위로 들어간 자 및 죄를 지은 자는 관리가 될 수 없었다.

15) 임강왕[劉營]이 종묘(宗廟)를 침해하는 불경 대죄를 저질렀다는 고발이 있자 경제는 그를 도읍 장안(長安)으로 소환하여 도읍의 치안 담당 중위(中尉)에게 넘겨 처리하도록 하였다. 임강왕은 벌이 두려워 중위(中尉)의 관청에서 자살하였다.

각각 광천왕(廣川王)과 교동왕(膠東王)에 봉하고 네 열후[16]를 봉하였다. 9월 갑술날(甲戌日), 일식이 일어났다.

중원 3년(B.C. 147) 겨울, 제후 왕국(諸侯王國)의 어사중승(御史中丞)이라는 관직을 폐지하였다. 봄에 흉노왕 두 명이 군사를 거느리고 투항해 오자 경제는 이들을 열후에 봉하였다. 황자 유방승(劉方乘)을 청하왕(淸河王)으로 세웠다. 3월, 서북쪽 하늘에 혜성이 출현하였다. 승상 주아부(周亞夫)가 면직되고 어사대부인 도후(桃侯) 유사(劉舍)가 승상에 임명되었다. 4월, 지진이 발생하였다. 9월 그믐 무술날(戊戌日), 일식이 일어났다. 동도문(東都門) 밖에 군대를 주둔시켰다.

중원 4년(B.C. 146) 3월, 덕양궁(德陽宮)을 세웠다. 황충이(蝗蟲)의 피해가 극심하였다. 그해 가을, 양릉(陽陵)에서 복역하던 죄수들을 사면하였다.

중원 5년(B.C. 145) 여름 황자(皇子) 유순(劉舜)을 상산왕(常山王)으로 세웠다. 열 명의 열후를 봉하였다. 6월 정사날(丁巳日), 천하에 대사면령을 단행하고 민가에 호(戶)마다 작위 1급씩 하사하였다. 전국에 걸쳐 극심한 수해(水害)가 발생하였다. 제후 왕국의 승상(丞相)을 상(相)으로 바꾸었다. 그해 가을, 지진이 발생하였다.

중원 6년(B.C. 144) 2월 을묘날(乙卯日), 경제가 옹(雍)에 나아가 오제(五帝)에게 교제(郊祭)를 지냈다. 3월, 우박이 내렸다. 4월, 양효왕(梁孝王)과 성양공왕(城陽共王), 여남왕(汝南王)이 세상을 떠났다.

양효왕의 아들 유명(劉明)을 제천왕(濟川王)에, 유팽리(劉彭離)를 제

---

16) 오초칠국의 난 때 초(楚)의 승상 장상(張尙), 태부(太傅) 조이오(趙夷吾), 조(趙)의 승상 건덕(建德), 내사(內史) 왕한(王悍)은 왕에게 반란에 가담하지 말도록 간언하다가 초왕(楚王 : 劉戊)에게 모두 살해당하였다. 그래서 경제는 장상의 아들 장당거(張當居), 조이오의 아들 조주(趙周), 건덕의 아들 횡(橫), 왕한의 아들 옥기(王棄)를 각각 산양후(山陽侯), 상릉후(商陵侯), 거후(遽侯), 신시후(新市侯)에 봉하였다.

동왕(濟東王)에, 유정(劉定)을 산양왕(山陽王)에, 유불식(劉不識)을 제음왕(濟陰王)에 각각 봉하였는데 봉지로는 양(梁)을 다섯으로 나누어 분봉하였다. 네 열후를 봉하였다.[17] 정위(廷尉)를 대리(大理)로, 장작소부(將作少府)를 작대장(作大匠)으로, 주작중위(主爵中尉)를 주작도위(主爵都尉)로, 장신첨사(長信詹事)를 장신소부(長信少府)로, 장행(將行)을 대장추(大長秋)로, 대행(大行)을 행인(行人)으로, 봉상(奉常)을 태상(太常)으로, 전객(典客)을 대행(大行)으로, 치속내사(治粟內史)를 대농(大農)으로 각각 개칭하였다.

대내(大內)[18]는 봉록 이천 석(石)급의 관원으로 하고 좌우 내관(內官)을 설치하여 대내의 밑에 두었다.

7월 신해일(辛亥日), 월식이 출현하였다. 8월, 흉노가 상군(上郡)을 침략하였다.

경제 후원(後元) 원년(B.C. 143) 겨울, 중대부령(中大夫令)을 위위(衛尉)로 개명하였다. 3월 정유날(丁酉日), 천하에 대사면령을 단행하였다. 민가에 호(戶)마다 작위 1급씩 하사하고 중(中) 이천 석(石)[19]의 관리와 제후 및 상(相)에게 우서장(右庶長)의 작위를 내렸다. 4월, 일반 민중들에게 마음껏 술을 마실 수 있도록 특별히 윤허하였다.

5월 병술날(丙戌日), 지진이 발생하였으며, 아침에 재차 여진이 일어났다. 상용현(上庸縣)에서 잇달아 십이 일간 계속 지진이 발생하여 성벽

---

17) ≪漢書≫의 「景帝本紀」에 '양왕(梁王)이 세상을 떠나자 양(梁)을 다섯 나라로 나누어 효왕(孝王)의 아들 다섯을 왕으로 세웠다.(梁王薨, 分梁爲五國, 立孝王子五人皆爲王)' 고 되어 있다.
18) 도읍(京城)의 창고를 관장하는 관직.
19) 한대(漢代)의 관리 등급은 봉록(俸祿)으로 받는 쌀의 양으로 정하였다. 중앙의 9경(卿)과 지방의 태수(太守)와 도위(都尉)는 봉미가 이천 석이었다. 이천 석 관리는 다시 세 등급으로 나뉘어 있었는데 중(中) 이천 석, 이천 석, 비(比) 이천 석이 바로 그것이다. 그러나 연봉(年俸) 이천 석인 관리가 실제로 수령하는 봉미는 일천사백사십 석에 지나지 않았다.

이 무너져 내렸다. 7월 을사날(乙巳日), 월식이 발생하였다. 승상 유사(劉舍)가 면직되었다. 8월 임진날(壬辰日) 어사대부 위관(衛綰)을 승상에 임명하고 건릉후(建陵侯)에 봉하였다.

후원 2년(B.C. 142) 정월, 하루 동안에 세 차례나 지진이 일어났다. 질도(郅都) 장군에게 군대를 주어 흉노를 반격케 하였으며, 일반 민중들에게 닷새 동안을 특별히 허가하여 모여서 실컷 술을 마실 수 있게 하였다. 내사(內史)와 각 군(郡)에 명하여 양곡으로 말을 사육하지 못하게 하고, 이를 어길 때에는 관청에서 말을 거두어들이도록 하였다.

강제 노역을 치루는 죄수와 노예들에게는 칠종포(七緵布)[20]를 입히도록 규정하였다. 말을 이용하여 곡식을 빻는 것을 금하였다. 흉년이 들자 전국에 조서를 내려 양식을 절약하도록 하였으며, 추수할 시기가 되지 않은 곡식을 식량으로 삼기 위해 미리 수확하는 것을 엄격히 금하였다.

도읍에 체류하는 열후를 줄이고 각기 자기의 봉국으로 돌아가도록 하였다. 3월, 흉노가 안문군(雁門郡)을 침략하였다. 10월, 장릉(長陵)의 관전(官田)에 조세를 부과하였다. 큰 가뭄이 들었다. 형산국(衡山國), 하동군(河東郡), 운중군(雲中郡)에 전염병이 크게 유행하였다.

후원 3년(B.C. 141) 10월, 태양과 달이 닷새 동안이나 계속 붉게 빛났다. 12월 그믐, 천둥이 치고 태양이 자줏빛을 발하였다. 다섯 행성(五大行星)이 거꾸로 운행하고 태미원(太微垣)을 침범하였다. 달이 태미원 한가운데를 관통하여 지나갔다. 정월 갑인날(甲寅日), 황태자가 관례(冠禮)를 치렀다. 갑자날(甲子日), 효경황제가 세상을 떠났다.

유조(遺詔)를 내려 제후왕 이하 일반 평민에 이르기까지 부업(父業)을 잇는 자들에게 모두 작위 1급씩 하사하고 아울러 전 백성들에게 가구마

---

20) 질이 매우 거칠고 조잡한 옷.

다 일백 전(錢)을 상으로 하사하였다. 후궁(後宮)의 궁녀들을 모두 귀가 시키고 아울러 평생토록 부세를 면제해 주도록 하였다.

태자가 뒤를 이어 제위에 오르니 그가 효무황제(孝武皇帝)다. 3월, 황태후의 남동생 전분(田蚡)과 전승(田勝)을 각각 무안후(武安侯)와 주양후(周陽侯)에 봉하였다. 경제의 영구(靈柩)를 양릉(陽陵)에 안장하였다.

태사공은 말한다.

한(漢) 왕조가 흥기한 후 효문황제가 널리 은덕을 베푸니, 천하가 감명을 받아 평안히 살면서 즐겁게 일하였다. 효경황제에 이르러 이성(異姓) 제후들이 다시는 반란을 일으킬 소지가 없어지게 되었다. 그러나 조조(晁錯)가 동성(同姓) 제후들의 봉지를 삭탈할 것을 건의하자 오초칠국(吳楚七國)이 연합하여 조정에 반기를 높이 들었다.

이는 제후왕의 세력이 대단히 강대했음에도 불구하고 조조가 점진적으로 추진하는 방법을 채택하지 않고 너무나 조급하게 서둘렀기 때문이다. 나중에서야 주보언(主父偃)[21]이 제안한 건의를 채택하여 비로소 제후왕의 세력을 점진적으로 약화시켜 마침내 천하를 안정시키게 되었다. 이로 미루어 보건대 국가 안위(安危)의 관건이 어찌 책략에 달려 있다고 하지 않겠는가?

---

21) 성은 주보(主父), 이름은 언(偃). 무제 때 점진적으로 제후왕의 세력을 약화시키는 정책을 상소하였다. 무제가 이를 채택하여 강력한 중앙집권을 공고히 하였다. 자세한 것은 「평진후주보열전」을 참조하기 바람.

제12 효무본기(孝武本紀)[1]

효무황제(孝武皇帝)는 효경황제(孝景皇帝)의 가운데 아들이며 그의 모친은 왕태후(王太后)다. 경제(景帝) 4년(B.C. 153), 그는 황자(皇子)의 신분으로 교동왕(膠東王)에 봉해졌다. 경제 7년(B.C. 156), 태자[劉榮]가 폐위되어 임강왕(臨江王)으로 봉해지자 그는 교동왕의 신분으로 다시 태자로 책봉되었다. 경제가 재위 16년에 세상을 떠나고 태자가 뒤이어 제위에 오르니 그가 바로 효무황제다. 효무황제는 즉위 초에 특히 귀신을 숭배하고 제사를 중시하였다.

무제(武帝) 건원(建元) 원년(B.C. 140), 한(漢) 왕조가 흥기한 지 이미 육십여 년이 지나 천하가 태평무사해지자 조정의 관원들은 천자에게 봉선(封禪) 의식을 거행하고 역법 및 복색(服色) 등을 바꾸기를 청원하였다. 황상도 유가(儒家)의 학설을 숭상하여 현량(賢良)을 등용했는데 조관(趙綰)·왕장(王臧) 등 문장과 학문에 뛰어난 인사를 공경대신(公卿大臣)으로 임명하였다.

그들은 옛날처럼 성남(城南)에 명당(明堂)을 건립하고 제후들이 그곳으로 조현하러 올 수 있도록 천자에게 건의하였다. 그들이 천자의 제후 시찰, 봉선 의식의 거행, 역법 및 복색의 변경 등 여러 가지 방안을 입안

---

[1] 「태사공자서」에는 「今上本紀」로 되어 있으며 본문 중에도 무제(武帝)의 사적을 언급할 때마다 '上', '今上', '今天子'라 칭하였다. 이로 미루어볼 때 이 편명(篇名)을 그의 시호(諡號)인 '孝武'로 하는 것은 이치에 맞지 않으며 '今上本紀'로 바꾸어야 합당하다. 또 고증에 의하면 본편의 첫 부분 약 육십여 자를 제외한 나머지는 「봉선서」와 동일하며 문자의 오류가 많은 점 등으로 미루어볼 때 후인(後人)이 「봉선서」를 참조하여 썼을 가능성이 아주 높다. 일설에 의하면 저소손(褚少孫)이 보충하였다고 전해진다.

하여 채 실행하기도 전에 두태후(竇太后)²⁾의 황노(黃老) 학설³⁾ 신봉에 부
닥쳤다. 유가(儒家)의 학설을 싫어한 그녀는 비밀리에 사람을 시켜 조관
(趙綰) 등이 사적인 이익을 꾀하기 위해 불법을 저지르는가를 감시하게
하고, 마침내 영을 내려 조관·왕장 등을 심문케 하였다. 그 결과 조관과
왕장 등은 자살하게 되었으며, 그들이 제안하려던 일들은 모두 폐기되고
말았다.

건원 6년(B.C. 135), 두태후가 세상을 떠났다. 그 이듬해 황상은 현량
문학(賢良文學)의 사(士) 공손홍(公孫弘) 등을 등용하였다.

그 이듬해, 황상은 처음으로 옹현(雍縣)에 나아가 오치(五畤)에서 오방
(五方)의 천제(天帝)에게 교제(郊祭)를 지냈으며 그 후 통상 3년마다 한
차례씩 교제(郊祭)를 거행하였다. 이때 황상은 한 신령을 구하여 상림원
(上林苑)의 제씨관(蹏氏觀)에 모셔 두었다. 이른바 신군(神君)이라는 장
릉(長陵)의 한 여자이다.

그녀는 자신이 낳은 아이가 요절하자 이를 너무나 비통해 하다가 죽었
는데 그 후 그녀의 동서(同壻)인 완약(宛若)의 몸에 그 형상을 드러내었
다. 완약은 그녀를 자신의 방에 공손히 모셔 두었는데 많은 사람들이 와
서 그녀에게 제사를 지냈다. 평원군(平原君)이 그녀에게 제사를 지냈는
데 그의 후손들은 이로 말미암아 모두 현귀해지게 되었다.

무제가 즉위할 때 풍성한 제물을 준비하여 그녀에게 성대한 제사를 올

---

2) 그 당시 무제의 조모(祖母) 두태후는 황노설(黃老說)의 신도여서 백가(百家)를 쫓아버리고 유
학(儒學)을 애호하는 무제에 대하여 큰 불만을 품고 있었다. 게다가 무제가 유학을 배운 학자
들을 등용하고 고문으로 삼자 불만이 컸다.
3) 전국시대와 한나라 초의 도가(道家) 학파로 신화시대의 황제(黃帝)와 노자(老子)를 도가(道家)
의 창시자로 신봉하였다. 한나라 초, 통치자들은 '與民休息'을 채택하여 생산력을 회복시키고
황노(黃老)의 '청정무위(清靜無爲)'를 신봉하였다. 자세한 것은 「여태후본기」의 주(註)를 참조
하기 바람.

렸는데 문득 모습은 보이지 않고 그녀의 말소리만 들려 왔다.

이때 이소군(李少君)도 노쇠를 막고 수명을 연장할 수 있는 방술(方術)을 황상에게 제시하여 부엌귀신[竈神]에게 제사를 지내자 황상이 그를 매우 중히 여겼다. 소군(少君)은 예전에 심택후(深澤侯)의 추천으로 입조하여 방술(方術)과 의약을 관장하였다. 그는 자신의 나이와 고향 및 경력 등을 속여 항상 나이가 칠십 세라고 하였으며, 자기는 귀신을 몰아낼 수 있을 뿐만 아니라 노쇠를 방지하고 수명을 연장할 수 있는 방술을 행할 수 있다고 자처하였다.

그는 이러한 방술에 의지하여 각 제후국을 널리 주유하였으나 아내와 자식은 없었다. 사람들은 그가 귀신을 몰아낼 수 있는 능력이 있을 뿐만 아니라 불로장생할 수 있는 방술(方術)이 있다는 소문을 듣고 다투어 재물과 예물을 그에게 바쳤다. 그래서 그는 엄청난 돈과 비단 및 의식(衣食) 용품을 축재할 수 있게 되었다.

그는 생업에 종사하지 않으면서도 매우 부유한 생활을 누릴 뿐만 아니라 어느 지방 출신인지 모르는데도 사람들은 서로 다투어 그를 믿고 신봉하게 되었다. 이소군은 천성적으로 방술을 애호하였을 뿐만 아니라 교묘한 언사로 인간사를 알아맞히는 데 뛰어났다.

그가 예전에 무안후(武安侯)를 모시고 주연에 참석한 적이 있었는데 좌중에는 구십여 살 된 노인이 있었다. 그가 과거에 자기 할아버지와 함께 사냥을 나갔던 곳에 대하여 이야기를 하고 있었는데 마침 그 노인이 어렸을 때 이소군도 그 할아버지와 함께 동행한 적이 있어 그 장소를 안다고 말하자 좌중에 있던 사람들이 모두 소스라치게 놀랐다.

이소군이 황상을 알현할 때 황상은 오래된 동기(銅器)를 가지고 있었는데 이것이 무엇인지 알겠느냐고 그에게 물었다. 그러자 소군이 대답하였다.

"이 동기는 제 환공(齊桓公) 10년에 백침(柏寢)의 누대에 진열해 둔 것입니다."

황상은 즉시 사람을 시켜 그 동기(銅器)에 새겨진 명문(銘文)을 검증해 보도록 하였는데 과연 제(齊) 환공 때의 동기(銅器)였다. 이 일로 말미암아 궁중에 있던 사람들은 모두 놀랐으며 소군의 나이가 이미 백 살이 넘은 신선(神仙)이라고 여기게 되었다.

이소군은 황상에게 말했다.

"부엌귀신[竈神]에게 제사를 드리면 신물(神物)을 얻을 수 있고, 신물을 얻게 되면 단사(丹沙)[4]를 황금으로 정제(精製)할 수 있으며, 황금이 만들어진 후에는 그것으로 식기(食器)를 제조하여 사람의 수명을 연장할 수 있고, 수명이 연장되면 바다 가운데 봉래(蓬萊)에 살고 있는 신선을 만날 수 있습니다. 신선을 만나면 하늘과 땅에 지내는 봉선(封禪)을 거행하여 장생불사할 수 있는데 황제(黃帝)가 바로 그렇게 했던 분입니다.

제가 예전에 바다에서 유람하던 중에 안기생(安期生)[5]을 만나게 되었는데 그분이 제게 대추[棗]를 주었은즉 그 크기가 박[瓜]만하였습니다. 선인(仙人)인 안기생은 봉래의 선경(仙境)을 자유로이 왕래할 수 있습니다. 만일 폐하께서 그분과 뜻을 같이하신다면 그분을 만나실 수 있으나 뜻을 같이하실 수 없다면 그분은 은거(隱去)해 버리고 말 것입니다."

그리하여 천자가 직접 처음으로 부엌귀신에게 제사를 올리고 방사(方士)를 바다에 보내 안기생과 같은 선인(仙人)을 찾아보게 하는 한편, 단

---

4) 새빨간 빛이 나는 육방정계(六方晶系)의 광물. 수은과 유황의 화합물로 정제하여 물감이나 한방약으로 쓰임. 고대 방사(方士)들은 이것을 정제하여 불로장생약이나 황금을 만들 수 있다고 주장하였다.
5) 고대 전설로 전해지는 도가(道家)의 선인(仙人).

사(丹沙) 등 각종 약물을 가지고 황금을 정제하는 일에 착수하였다.

오랜 세월이 지난 후, 이소군은 병으로 죽었다. 천자는 이소군이 죽지 않고 승천한 것으로 여겨 즉시 황현(黃縣)과 추현(錘縣) 일대의 문서관(文書官)인 관서(寬舒)에게 명하여 이소군의 방술(方術)을 계승하도록 하였으며, 봉래(蓬萊)에 산다는 선인(仙人) 안기생을 찾아보도록 하였지만 끝내 찾아내지 못하였다. 그 이후 바다와 인접해 있는 연(燕)과 제(齊) 등에서는 황당무계한 방사(方士)들이 수없이 쏟아져 나와 이소군의 뒤를 이어 잇달아 신선에 관한 일을 말하였다.

박현(亳縣) 사람 박유기(薄誘忌)가 태일신(泰一神)에게 제사 드리는 예(禮)를 상소하였다. 박유기가 말했다.

"천신들 가운데 가장 존귀한 신은 태일신이며, 태일신을 보좌하는 신이 오제(五帝)입니다. 고대에 천자께서 매년 봄가을 두 철에 도읍의 동남쪽 교외로 행차하여 교제(郊祭)를 거행할 때 소·양·돼지[三牲]를 제물로 차려 놓고 이레 동안 제사를 지냈으며, 아울러 제단(祭壇) 위에 팔방으로 통하는 층계를 만들어 귀신이 통행하는 통로로 삼으셨습니다."

이에 천자는 태축(太祝)에게 명하여 장안 동남쪽 교외에 태일신(泰一神)의 사당[祠廟]을 건립하고 박유기가 말한 방식대로 제사를 지내도록 하였다. 나중에 어떤 사람이 상소하였다.

"옛적에 천자께서는 3년에 한 차례씩 삼생(三牲)을 산 제물로 바치고 삼신(三神), 즉 천일신(天一神)·지일신(地一神)·태일신(泰一神)에게 제사를 지냈습니다."

그러자 천자가 상소를 윤허하고 즉시 태축(太祝)에게 명하여 박유기가 이전에 건의한 태일신(泰一神)의 제단에서 그 신들의 제사를 모시게 함으로써 그가 상소한 대로 진행하도록 하였다. 그 후 또 어떤 사람이 상소하였다.

"고대에 천자께서는 항상 봄가을 두 철에 재앙을 없애고 복을 구하기 위한 제사를 지냈는데 황제(黃帝)의 제사에는 효조(梟鳥)[6]와 장수(獐獸)[7] 한 마리씩을, 명양신(冥羊神)의 제사에는 양(羊)을, 마행신(馬行神)의 제사에는 청공마(靑公馬)를, 태일신(泰一神)과 고산산군(皐山山君) 및 지장(地長)의 제사에는 소를, 무이군(武夷君)의 제사에는 말린 물고기를, 음양사자(陰陽使者)의 제사에는 소를 각각 제물로 바쳤습니다."

그러자 천자는 사관(祠官)에게 명하여 그가 말한 방식대로 전에 박유기가 건의한 태일신의 제단 곁에서 뭇 신들에게 제사를 드리도록 하였다.

그 후 천자의 상림원(上林苑)에 흰 사슴이 있었는데 그 사슴 가죽으로 화폐를 만들어 천자의 어진 정치가 하늘에 감응되어 나타난 길한 조짐[瑞應]을 선양하였으며, 은과 주석을 합금하여 금속 화폐를 주조하였다.

이듬해 천자는 옹현(雍縣)으로 행차하여 교사(郊祀)를 거행하고 외뿔 달린 들짐승을 포획하였는데 그 생김새는 노루와 비슷했다. 주관하는 관원이 아뢰었다.

"폐하께서 하늘과 땅에 경건하게 제사를 드리니 상제께서 이를 흠향하시고 이 외뿔 달린 짐승을 내린 것으로 보아 이것은 아마도 기린(麒麟)[8]인 듯합니다."

그리하여 오치(五畤)에 각각 소 한 마리씩을 제물로 더 바치고 요제(燎祭)[9]를 지냈다. 천자는 제후들에게 은으로 주조한 금속 화폐를 상으로 하사하고, 하늘에 감응되어 나타난 상서로운 조짐은 하늘과 땅의 뜻에

---

6) 어미를 잡아먹는다는 전설상의 흉악한 새.
7) 제 아비를 잡아먹는다는 전설상의 흉악한 동물.
8) 생김새는 사슴 모양이며 뿔은 하나이고 온 몸이 비늘로 덮여 있으며 꼬리는 소 꼬리와 비슷하다는 전설상의 짐승. 이 짐승의 출현은 길상(吉祥)으로 여겨졌다.
9) 섶을 태워 하늘에 지내는 제사의 일종.

부합된 것이라고 말하였다.

이때 제북왕(齊北王)은 천자가 장차 봉선[封禮]의 대전(大典)을 거행할 것이라고 예측하고 태산(泰山)과 그 주위의 봉지를 바치겠다는 글을 올렸다. 천자는 이를 받아들이고 다른 현(縣)과 읍을 그에게 하사하여 이를 보상해 주었다. 상산왕(常山王)이 죄를 지어 유배당하자 그의 동생을 진정(眞定)에 봉하여 선왕의 종묘를 받들게 하고, 상산국(常山國)을 군(郡)으로 바꾸었다. 그 이후 오악(五岳) 지구는 천자가 직접 통치하는 관할 구역으로 되었다.

그 이듬해 제(齊) 출신인 소옹(少翁)이 귀신을 불러들일 수 있다는 방술(方術)을 빙자하여 천자를 알현하였다. 마침 황상이 총애하는 왕부인(王夫人)이 세상을 떠났다. 그러자 소옹이 방술을 써서 왕부인과 부엌귀신의 형상을 밤에 불러들였는데 천자가 장막(帳幕) 곁에서 이를 보고 그를 문성장군(文成將軍)에 봉한 것은 물론 많은 재물을 상으로 하사하였으며 빈객의 예를 갖추어 그를 대접하였다.

문성장군이 말했다.

"황상께서 신선을 만나기를 원하시지만 궁실·피복(被服) 등 신선이 쓰는 것과 비슷한 것을 사용하지 않으면 신선은 오지 않을 것입니다."

천자는 즉시 여러 가지 색깔의 구름을 그린 수레[神車]를 만들도록 하고 오행(五行)이 상극(相剋)하는 이치에 입각하여 간지(干支)에 따라 길(吉)한 색깔의 수레를 몰게 함으로써 악귀를 몰아내고자 하였다. 또 감천궁(甘泉宮)을 짓고 궁중에 대실(臺室)을 세워 실내에 천신·지신(地神)·태일신(泰一神) 등 뭇 신들의 형상을 그려 놓았다. 뿐만 아니라 천신을 부르기 위해 제기를 차려 놓았다.

1년이 지나 날이 갈수록 문성장군의 방술은 영험을 잃어갔고 신선도 오지 않았다. 그는 초조한 끝에 비단에 글자를 써서 소에게 먹이고는 소의 뱃속에 기이한 물건이 들어 있다고 말하였다. 천자는 사람을 시켜 소를 잡아 살펴본즉 글자가 쓰인 비단을 얻었다. 비단에 쓰인 글이 괴이하기 짝이 없자 천자는 의심하게 되었다. 어떤 사람이 비단에 씌어 있는 필적을 알아보아 천자가 누구의 필적인지 물은 결과 과연 날조된 것임이 밝혀졌다. 그리하여 문성장군을 죽이고 그 일을 비밀에 부쳤다.

그 후 다시 백량대(柏梁臺)와 구리 기둥[銅柱]을 세우고 그 위에 선인(仙人)의 손을 만들어 이슬을 받았다.[10] 문성장군이 죽은 그 이듬해, 천자가 병에 걸려 병세가 매우 위중하자 무의(巫醫)들이 각종 처방과 약을 써보았지만 아무런 차도가 없었다. 유수발근(遊水發根)이 말했다.

"상군(上郡)에 어떤 무당[巫師]이 있는데 그가 병에 걸렸을 때 귀신이 내려와 그의 몸에 붙었다고 합니다."

황상이 그를 불러 감천궁에 두고 제사를 지내도록 하였다. 천자가 병이 났을 때 사자를 보내 그 무당을 통하여 신군(神君)께 여쭈어 보도록 하였다. 신군이 말하였다.

"천자는 병을 걱정할 필요가 없느니라. 병이 좀 낫거든 무리해서라도 부축하여 나오면 감천궁에서 나를 만나리라."

그 후 천자의 병세가 호전되어 마침내 자신이 직접 감천궁에 나아가니 병든 몸은 완전히 회복되었다.

천자는 즉시 천하에 대사면령을 내리고 수궁(壽宮)을 지어 신군을 받들었다. 신군(神君) 중 가장 존귀한 신은 태일(泰一)이며, 그 신을 보좌하는 대금(大禁)과 사명(司命) 등의 신선들은 모두 태일신을 존숭하였다.

뭇 신선들의 모습은 인간의 눈으로 볼 수 없고 다만 음성이 들리는데

---

10) 무제는 선인(仙人)의 손 모양으로 만든 이곳에 받은 이슬(露)과 옥석(玉石)의 가루를 조합하여 만든 '옥로(玉露)'를 복용하면 장생불사할 수 있다고 믿어 이렇게 한 것임.

사람 목소리와 똑같았다. 그들은 이따금 왔다가 가곤 하였는데 그들이 올 때는 쏴쏴 바람 소리가 났다. 뭇 신들은 실내의 장막 속에서 기거하였으며 이따금 낮에 말하는 경우도 있지만 대체로 밤에 말하였다.

천자는 불제(祓祭)[11]를 드린 후에야 비로소 수궁(壽宮)에 들어갔다. 그리고 무당[巫師]을 주인으로 삼아 차린 음식을 흠향하였으며, 뭇 신들이 하고 싶은 말은 무당을 통하여 전달하였다. 천자는 또 다시 수궁과 북궁(北宮)을 세우고 깃털로 장식한 깃발을 세웠을 뿐만 아니라 제사에 소용되는 각종 제기를 차려 놓고 삼가 신군(神君)에게 경의를 표하였다.

신군이 한 말을 기록하게 하였는데 이를 일컬어 '화법(畵法)'[12]이라 하였다. 이러한 말들은 일반 세상 사람들도 모두 이해할 수 있는 것으로 특별히 심오한 점은 없었다. 그렇지만 천자 혼자 마음속으로 즐거워할 뿐, 그 내용을 철저히 비밀에 부쳤기 때문에 일반 세상 사람들은 알 수 없었다.

그로부터 3년 후, 관계 관원이 천자에게 진언하였다.

"기원(紀元)은 하늘이 내린 상서로운 조짐[天瑞][13]에 따라 명명해야지 단순히 1년, 2년……, 하는 식으로 숫자로 헤아려서는 안 됩니다. 맨 처음 연호(年號)는 '건원(建元)'으로, 두 번째 연호는 장성(長星)이 출현하였으니 '원광(元光)'으로, 세 번째 연호는 교제(郊祭)를 지낼 때 외뿔 달린 들짐승을 포획하셨으니 '원수(元狩)'로 정해야 합니다."

그 이듬해 겨울, 천자는 옹현(雍縣)에서 교제(郊祭)를 거행하고 신하들과 의논하였다.

---

11) 재액(災厄)을 없애고 복을 구하는 제사의 일종.
12) 부호와 그림으로 나타낸 법어(法語).
13) 옛날 사람들은 자연계에 나타난 기이한 현상을 상서로운 조짐[吉祥]이라고 견강부회하였다. 이는 일종의 미신이라고 볼 수 있다.

"지금 짐이 몸소 상제께 제사를 올렸으나 후토(后土)[14]께는 제사를 올리지 못하였는데 이는 예법에 어긋난 처사가 아닌가?"

관계 관원은 태사공(太史公)[15] 및 사관(祠官) 관서(寬舒) 등과 의논하고 나서 이렇게 아뢰었다.

"하늘과 땅에 바치는 희생(犧牲)은 그 뿔이 누에고치나 밤 크기만한 것[16]을 사용하였습니다. 이제 폐하께서 친히 후토(后土)에게 제사를 지내시려면 연못 한가운데 동산 위에 다섯 개 원형 제단(祭壇)을 세우고, 각 제단마다 누런 송아지 한 마리씩을 제물로 바치고 제사가 끝난 후 그 희생물을 모두 땅에 매장해야 하며, 제사에 참여한 사람들은 모두 황색 의상을 입어야 합니다."

그리하여 천자는 동쪽으로 행차하여 분음현(汾陰縣) 동산 위에 처음으로 후토의 사당[祠廟]을 세우고 관서(寬舒) 등의 의견에 따라 제사를 지내게 되었다. 황상은 상제에게 제사 드리는 예법에 따라 멀리 바라보며 지선(地禪)에게 절하였다. 제례(祭禮)를 마치고 천자는 형양(滎陽)을 거쳐 귀경길에 올랐는데 낙양을 지날 때 다음과 같은 조서를 내렸다.

'하(夏)·은(殷)·주(周) 삼대(三代)는 아득히 먼 옛날인지라 제사를 받드는 그들의 후손을 모두 보존하기는 어려운 일이다. 이제 사방 삼십 리의 땅을 주(周) 왕조의 후예에게 하사하여 자남군(子南君)으로 봉하노니 그곳에서 그의 조상에게 제사를 지내고 받들게 하라.'

그해 천자는 처음으로 각 군현을 순수(巡狩)하고 태산(泰山)에 이르렀다.

---

14) 지신(地神).
15) 사마천의 부친 사마담.
16) 옛날 제사를 지낼 때 바치는 희생으로는 작은 것을 더 귀하게 여겼다.

그해 봄, 낙성후(樂成侯)는 난대(欒大)를 소개하는 글을 올렸다. 난대
는 교동국(膠東國) 궁인(宮人)으로서 예전에 문성장군(文成將軍)과 같은
스승 밑에서 배운 사람인데 얼마 후에 교동왕(膠東王)의 약제사[尙方]가
되었다.

낙성후의 손윗누이는 교동국 강왕(康王)의 왕후인데 아들이 없었다.
강왕이 세상을 떠나자 다른 희첩(姬妾)의 아들이 뒤이어 교동왕의 자리
에 올랐다. 강왕의 왕후는 행실이 음란하였으며 새로 즉위한 왕과 사이
가 나빴다. 그리하여 서로 법적 수단을 강구하여 해치려 하였다. 강왕의
왕후는 문성장군이 죽었다는 소식을 듣고 황상의 환심을 사기 위해 난대
를 보내서 낙성후를 통하여 천자를 알현하도록 해 천자에게 방술(方術)
에 대해 강론할 수 있도록 하였다.

천자는 문성장군을 너무 일찍 죽인 것에 대해 후회하였으며 그의 방술
을 모두 전수하지 못한 것을 못내 애석하게 여기고 있었다. 그러던 차에
난대를 만나자 황상은 크게 기뻐하였다. 난대는 키가 크고 잘생겼을 뿐
만 아니라 많은 책략을 말하고 감히 큰소리를 치면서도 태연자약하였다.
그는 황상에게 허풍을 떨었다.

"신(臣)은 전에 바다를 왕래하던 중에 안기생(安期生) · 선문(羨門) 등
과 같은 선인(仙人)들을 만났습니다. 그런데 그들은 신의 신분이 미천
하다 하여 신을 신임하지 않았습니다. 또 강왕(康王)은 일개 제후에 지
나지 않았기 때문에 그에게 방술을 전할 수 없다고 생각했습니다. 신이
여러 차례 강왕에게 이를 진언했지만 강왕 또한 신을 신용하지 않았습
니다.

신의 스승은 '황금을 만들 수 있고 황하의 제방이 무너지는 것을 막을
수 있으며, 불사약을 구할 수 있고 신선도 불러들일 수 있다.'고 말씀하
셨습니다. 하지만 신은 문성장군의 전철을 밟게 되지 않을까 두렵습니

다. 방사들이 모두 입을 꽉 다물고 있는데 어찌 감히 방술에 대한 말을 꺼낼 수 있겠습니까?"

그러자 황상이 말했다.

"문성장군이 죽은 것은 말의 간을 먹었기 때문이다. 만일 그대가 진실로 그의 방술을 연구하여 정리할 수만 있다면 내가 무엇을 아끼겠는가!"

난대가 말했다.

"신의 스승은 결코 남을 찾아가 부탁하는 법이 없으며, 오로지 다른 사람이 그분을 찾아가 부탁할 뿐입니다. 폐하께서 신선을 초치하시기를 바라신다면 그에게 파견하는 사자의 신분을 높여 친척처럼 대하시되 빈객의 예를 갖추어 예우하셔야 하며 결코 소홀히 대하시면 안 됩니다. 사자에게 인신(印信)을 차고 다니도록 하셔야만 비로소 신선과 대화를 나눌 수 있습니다. 그렇게 해도 신선이 만나 줄지 않을지는 단언할 수 없습니다. 사자를 특별히 존숭해 주셔야 비로소 신선을 초치할 수 있습니다."

황상은 우선 난대의 능력을 시험해 보기 위해 작은 방술을 시켜보았다. 난대는 장기짝끼리 서로 싸우게 하였는데 장기짝을 장기판에 놓자마자 저희끼리 저절로 서로 밀치며 싸웠다.[17]

이때 황상은 황하의 제방이 무너져 내릴까 두려워하고 있었을 뿐만 아니라 황금도 만들지 못하고 있던 터라 난대를 오리장군(五利將軍)에 봉하였다. 1개월 후 난대는 다시 네 개의 금인(金印)을 얻음으로써 몸에 천사장군(天士將軍) · 지사장군(地士將軍) · 대통장군(大通將軍) 및 천도장군(天道將軍)의 인신(印信)을 차고 다니게 되었다.

황상은 다시 어사(御史)에게 다음과 같은 조서를 내렸다.

---

17) 방사가 자석의 성질[磁性]을 이용하여 장기짝끼리 서로 끌어당기고 밀치게 함으로써 사람을 속인 것이다.

'옛날에 하(夏)의 우(禹)는 아홉 개 하천(九河)을 소통시키고 네 개의 큰 강의 물길을 뚫었다. 근래에 황하가 범람하여 강가 일대의 높은 지대까지 물에 잠겨 제방을 쌓느라 요역이 그칠 날이 없었다. 짐이 천하를 다스린 지 이십팔 년이 되었는데 하늘이 짐에게 방사(方士) 한 사람을 보냈으니 하늘의 뜻을 잘 알겠다.

≪주역(周易)≫의 건괘(乾卦)에 '나는 용이 하늘에 있다(飛龍在天)'라는 말이 있고 또 점괘(漸卦)에는 '기러기가 물가의 높은 언덕으로 서서히 날아간다.'18)라는 말이 있는데 이는 그대와 짐의 만남의 상황과 비슷한 말인 듯하도다! 이천 호(戶)를 지사장군(地士將軍)에게 하사하고 낙통후(樂通侯)에 봉한다.'

그리고 난대에게 열후의 최상급 관저(館邸)와 노복 일천 명을 하사하고, 아울러 황상의 수레 중 사용하지 않는 수레와 궁중의 장막 등 각종 기물을 주어 그의 집 안을 가득 채웠다. 또 위황후(衛皇后) 소생의 장공주(長公主)를 그에게 출가시키고 황금 일만 근을 주었으며, 그녀의 봉호(封號)를 당리공주(當利公主)로 바꾸었다.

천자가 친히 오리장군(五利將軍)의 관저(官邸)를 방문하여 난대의 안부를 물었으며, 그에게 필요한 물건을 공급하는 사자들의 발길이 끊임없이 계속되었다. 그러자 황상의 고모인 대장공주(大長公主)19)부터 조정의 장상(將相)에 이르기까지 성대한 술과 음식을 마련하여 그의 집으로 보내 정성스레 바쳤다.

---

18) ≪周易≫의 「乾卦」 九五 爻辭에 '나는 용이 하늘에 있으니 대인을 만남이 이롭다.(飛龍在天 利見大人)'고 했으며 「漸卦」 六二 爻辭에 '큰 기러기가 점차 너럭바위로 나아가니 마시고 먹는 것이 즐겁다.(鴻漸于磐 飲食衎衎)'고 했다. 무제가 도술(道術)을 얻게 된 것은 마치 나는 용이 하늘에서 순항하여 약동하는 듯하고, 방사(方士)를 찾게 된 것은 물가로 차츰 접근하여 높게 비상(飛翔)하려는 듯하다는 것을 말함.
19) 문제(文帝)의 딸, 즉 무제의 고모(두태후 소생).

그 후 천자는 '천도장군(天道將軍)'이라는 옥인(玉印)을 새겨 그것을 새 깃털로 만든 옷을 입힌 사자를 시켜 난대에게 보냈다. 사자가 밤에 백모(白茅)[20] 위에 서서 옥인(玉印)을 바치자 오리장군도 새 깃털로 만든 옷을 입고 백모 위에 서서 받았는데 이는 옥인을 받는 자는 천자의 신하가 아님을 나타내는 것이었다. 그가 허리에 찬 옥인을 '천도(天道)'라 일컫게 된 것은 천자를 대신해 천신이 왕림하도록 인도한다는 뜻에서였다.

그때부터 오리장군은 매일 밤마다 뭇 신들에게 제사를 지내 신령이 강림하기를 간구하였으나 신령은 나타나지 않고 온갖 잡귀들만 모여들었다. 그는 그 잡귀들을 잘 부렸다. 그 후 난대는 행장을 꾸려 동해 바다로 나아가 그의 스승[仙師]을 찾겠다고 하였다.

난대는 천자를 알현한지 수개월 만에 인수(印綬) 여섯 개를 몸에 차고 다니게 되었을 뿐만 아니라 부귀와 명성이 온 천하를 진동하였다. 이로 말미암아 연(燕)과 제(齊) 바닷가에 사는 방사치고 자기도 신선을 부를 수 있는 비술(秘術)이 있다고 팔을 휘두르며 장담하지 않는 자가 없게 되었다.

그해 여름 6월, 분음(汾陰) 출신 무당(巫師) 금(錦)이 위수(魏脽)의 후토(后土) 사당 곁에서 사람들을 위해 제사를 지내려고 하는데 땅이 갈고리 모양으로 솟구쳐 올랐다. 그곳을 파 보니 솥[鼎]이 나왔는데 그것은 보통 솥과 크기가 다를 뿐만 아니라 그 위에 문양이 새겨져 있었다. 다만 문자는 새겨져 있지 않았다.

이를 괴이하게 여긴 무당은 그 지방 관리에게 이를 보고하였다. 그는 하동군(河東郡) 태수(太守) 승(勝)에게 이를 보고하였고, 승(勝)은 다시

---

20) 포아풀과에 속하는 여러해살이 풀. 흔히 이것으로 제사용 예기(禮器)를 포장하였다.

조정에 이 일을 보고하였다. 천자가 사자를 파견하여 무당 금(錦)이 솥[鼎]을 얻게 된 경위를 자세히 조사해 본 결과 허위로 꾸며댄 것이 아님을 알게 되었다. 그리하여 하늘과 땅에 예를 갖추어 제사를 올린 후 그 솥[鼎]을 감천궁(甘泉宮)으로 영접해 오도록 하였다.

이에 천자는 만조백관들을 거느리고 친히 제사를 올리고 난 뒤 그 솥을 맞이하러 나섰다. 일행이 중산(中山)에 다다랐을 때 날씨는 쾌청하고 따뜻한데 공중에는 황색 구름이 그들 머리 위를 뒤덮고 있었다. 때마침 노루 한 마리가 지나가자 황상은 활을 쏘아 잡은 후 이를 제물로 바치고 제사를 올렸다.

일행이 장안에 도착하자 공경대부들이 모두 입을 모아 그 보정(寶鼎)을 경건하게 받들자는 의견을 황상에게 아뢰었다. 천자가 말했다.

"근래에 황하가 범람하고 여러 해 동안 계속해서 흉년이 들었기 때문에 짐은 순행길에 올라 지신(地神) 후토(后土)에게 제사를 드리며 백성들을 위해 곡식이 잘 자라게 해 달라고 간구하였다. 금년에 풍년이 들었지만 여태껏 감사제를 드리지 못했는데 이 솥[鼎]이 나오게 된 것은 무엇 때문인가?"

관계 관원들이 입을 모아 말했다.

"옛날 태호(太昊) 복희대제(伏羲大帝)께서 보정(寶鼎)을 하나 만드셨다고 하는데 이는 통일(統一)의 뜻으로 천지 만물이 하나로 귀결된다는 것을 뜻하는 것이라고 합니다. 또 황제(黃帝)께서는 보정 세 개를 주조하셨는데 이는 각각 하늘(天)과 땅(地)과 사람(人)을 상징한 것입니다. 그리고 하우(夏禹)는 전국 아홉 주(九州)의 금속을 모아 아홉 개의 커다란 보정을 만드셨는데 이는 상제와 귀신들의 제사에 쓸 희생(犧牲)을 삶는 데 사용하기 위함이었습니다.

어진 성군(聖君)이 출현하면 보정들이 나타나 이렇게 하(夏) 왕조에서

상(商) 왕조로 전해지게 되었습니다. 그런데 주(周) 왕조의 덕이 쇠미해지고 토지신에게 제사를 드리는 송(宋)의 사당이 파괴되면서 이 보정들이 물속에 빠져 그 모습을 감추었던 것입니다. ≪시경≫의 「주송(周頌)」에 다음과 같은 시가 있습니다.

묘당에서 문에 이르도록 제기를 살펴보고
소에서 양에 이르기까지 모든 제물을 둘러보네.
크고 작은 술잔들이 정갈하구나.
정숙하고 엄숙하고 경건하면
조상들도 어여삐 여기시리라.

지금 감천궁에 도착한 보정(寶鼎)의 겉면이 찬란하게 빛을 발하니 그는 마치 하늘을 나는 용[飛龍]이 변화무쌍하게 신묘함을 부리는 듯하여 상서로운 길조(吉兆)가 다함이 없습니다. 중산(中山)에서 황백색의 구름이 나타나 뒤덮었는데 황색 구름은 마치 짐승의 형상을 이루었으니 이는 실로 그지없이 상서로운 조짐이 아닐 수 없습니다.

게다가 폐하께서 커다란 활과 화살 4대로 노루를 잡아 제단에 바치고 하늘과 땅의 귀신에게 감사의 제사를 성대하게 올리셨습니다. 오직 하늘의 명을 받아 천자가 된 자만이 하늘의 뜻을 헤아려 천제(天帝)의 덕에 합치되는 일을 할 수 있는 법입니다.

이 보정을 선조의 묘당[祖廟]에 보인 후 감천궁 내에 있는 천제의 전정(殿廷)에 보관하여 하늘이 내리신 신령스러운 길조(吉兆)에 부응하시기 바랍니다.”

천자는 이 주청을 재가하였다.

한편 봉래(蓬萊)의 선도(仙島)를 찾아 바다에 갔던 사람들이 돌아와 천자에게 보고하였다.

"봉래 선도가 멀리 있지 않은데도 그곳에 갈 수 없는 까닭은 아마도 하늘에서 내리는 상서로운 기[瑞氣]가 없기 때문인 듯합니다."

황상은 즉시 운기(雲氣)를 살피는 데 뛰어난 관원을 파견하여 상서로운 기[瑞氣]를 살피도록 하였다.

그해 가을, 황상은 옹현(雍縣)에 행차하여 교제(郊祭) 올릴 채비를 하였다. 그때 어떤 사람이 말했다.

"오제(五帝)는 태일신(泰一神)의 보좌에 지나지 않습니다. 마땅히 태일신을 모시는 사당을 세우고 나서 황상께서 친히 교제를 지내셔야 합니다."

이에 황상은 확신이 없어 결정을 내리지 못하였다. 그러자 제(齊) 지방 출신의 방사(方士) 공손경(公孫卿)이 말했다.

"폐하께서는 금년에 보정(寶鼎)을 얻으셨는데 금년 겨울에는 신사날(辛巳日)이 초하루로 동지(冬至) 절기인즉 이는 황제(黃帝)께서 보정을 만드신 절기와 일치합니다. 신(臣)이 가지고 있는 목간(木簡)에는 이렇게 씌어 있습니다.

'황제께서 완구(宛朐)에서 보정을 얻으신 후 이 일에 대하여 대신 귀유구(鬼臾區)에게 물으니 이렇게 나왔다. '황제께서 보정과 신책(神筴)[21]을 얻으셨는데 금년은 기유날(己酉日) 초하루가 동지(冬至)입니다. 이는 천도(天道)의 계통과 합치하니 이러한 순환 반복은 끝이 나면 다시 시작됩니다.' 그래서 황제(黃帝)께서 해와 달에 비추어 역법(曆法)을 추산해 보셨는데 그 후 대체로 이십 년마다 초하루가 동지가 되었으며 이십 차례 반복된 도합 삼백팔십 년 만에 황제는 신선이 되어 하늘에 오르게 되

---

21) 점을 치는 시초(蓍草).

었다.'

신(臣) 공손경은 소충(所忠)[22]을 통하여 이것을 보고하려고 하였습니다. 그러나 소충은 목간(木簡)에 씌어 있는 내용이 불합리하고 허튼 소리에 지나지 않는다고 의심한 나머지 '보정 문제는 이미 정해졌는데 또 다시 그것에 대해 말할 필요가 있겠는가!' 하며 이를 거절하였습니다. 그래서 신(臣) 공손경은 폐하께서 신임하시는 사람을 통해 이를 보고한 것입니다."

황상이 크게 기뻐하며 공손경을 불러 묻자 공손경이 대답했다.

"신(臣)은 신공(申功)으로부터 이 목간(木簡)을 받았습니다만 신공은 이미 죽었습니다."

황상이 물었다.

"신공은 어떤 사람인가?"

공손경이 대답했다.

"제(齊) 지방 사람인 신공은 선인(仙人) 안기생(安期生)과 친교를 맺고 서로 왕래하며 황제(黃帝)의 말을 전수받았는데, 다른 책은 남기지 않고 오직 정(鼎)에 관한 책만 남겼습니다.

이 책에는 '한(漢) 왕조의 흥성은 황제(黃帝)가 보정을 얻었던 시기와 서로 일치한다. 한(漢) 왕조의 성인은 고조(高祖)의 손자 혹은 고조의 증손자 대에 나올 것이다. 보정의 출현은 신(神)의 뜻과 상통한 것이며 마땅히 봉선(封禪) 의식을 거행해야만 한다. 예로부터 지금까지 봉선 의식을 거행한 제왕(帝王)은 모두 일흔두 명에 달하지만 오직 황제(黃帝)만이 태산(泰山)에 올라 하늘에 제사를 지낼 수 있다.' 고 씌어 있습니다.

그런데 신공은 신(臣)에게 '한(漢) 왕조의 군주도 태산(泰山)에 올라

22) 무제의 측근 신하.

봉제(封祭)를 지낼 수 있고, 그러면 선인(仙人)이 되어 하늘에 오를 수 있다.'고 말하였습니다. 황제(黃帝)의 시대에는 제후국이 일만 개에 달했고, 이름난 산과 큰 하천[名山大川]에 제사를 지내는 봉국 수가 칠천에 이르렀습니다.

천하의 이름난 산은 모두 여덟 개인데 그중 세 개는 오랑캐[蠻夷] 지대에 있으며 나머지 다섯 개는 중원 지구에 있습니다. 중원 지구에는 화산(華山)·수산(首山)·태실산(太室山)·태산(泰山), 그리고 동래산(東萊山)이 있었는데 이 이름난 다섯 개의 산들은 늘 황제가 유람하며 신선과 만나던 곳입니다.

황제(黃帝)는 전쟁을 하면서도 한편으로 신선술(神仙術)을 배웠는데 선도(仙道)를 비난하는 것이 두려워 귀신을 비난하는 자들을 모두 처형하였습니다. 이렇게 백여 년을 행한 후에야 비로소 신선과 상통할 수 있었습니다.

황제(黃帝)는 상제에게 교제(郊祭)를 지낼 때면 옹(雍)에 3개월 동안이나 머물렀습니다. 귀유구(鬼臾區)의 별호(別號)는 대홍(大鴻)인데 그가 죽자 옹(雍)에 장사지냈습니다. 홍총(鴻冢)은 그의 무덤을 말합니다. 그후 황제는 명정(明廷)에서 수많은 신선들을 접견하였는데 이른바 명정이란 바로 감천궁(甘泉宮)을 가리키며, 이른바 한문(寒門)이란 지금의 곡구(谷口)를 가리킵니다.

황제(黃帝)는 수산(首山)의 구리를 캐서 형산(荊山) 아래에서 정(鼎)을 주조하였습니다. 정이 완성되자 기다란 수염을 늘어뜨린 용이 하늘에서 내려와 황제를 맞이하였습니다. 황제가 용의 등에 올라타고 군신(群臣)들과 후궁들 칠십여 명이 따라 올라타니 용은 하늘로 올라가 버렸습니다.

그때 용의 등에 올라타지 못한 나머지 신하들이 용의 수염을 붙잡는 바람에 용의 수염이 뽑히면서 땅에 떨어지고 말았는데 그때 황제의 활도 땅에 떨어지고 말았습니다. 백성들은 황제가 하늘로 올라가는 것을 바라보며 활과 용의 수염을 부둥켜안고 목 놓아 울었습니다. 이로 인하여 훗날 그 지방을 '정호(鼎湖)'라 하였고 그 활을 '오호(烏號)'라 부르게 된 것입니다."

그러자 천자가 탄식했다.

"아, 내가 정말 황제(黃帝)처럼 될 수만 있다면 신발을 벗어 내던지듯 처자를 버릴 수 있을 텐데."

천자는 공손경을 낭관(郎官)에 임명하고 그를 동쪽 태실산(太室山)에 파견하여 신선을 기다리게 하였다.

황상은 옹현(雍縣)에서 교제(郊祭)를 올린 후 농서군(隴西郡)으로 가서 그 서쪽에 있는 공동산(崆峒山)에 오른 후 감천궁(甘泉宮)으로 되돌아왔다. 황상은 사관(祠官) 관서(寬舒) 등에게 명하여 태일신(太一神)의 제단을 세우도록 하였다. 제단은 예전에 박유기(薄誘忌)가 말한 양식대로 3층으로 나누었다. 오제(五帝)의 제단은 태일신 제단 아래를 빙 둘러싸게 배치하여 각기 고유의 방향에 맞추었다.[23] 황제(黃帝)의 제단은 서남쪽에 두었는데 귀신들이 왕래하는 여덟 개의 통로를 만들었다.

태일신에게 바치는 제물은 옹현(雍縣) 각 치(畤)의 제물과 같았으나 이외에 단술[醴]·대추[棗]·말린 고기[脯] 등을 추가하고 검정소[犛牛] 한 마리를 잡아 조두(俎豆)에 올렸다. 그리고 오제(五帝)에게는 희생(犧牲)과 단술[醴]만을 바쳤다. 또 제단 아래의 사방에는 오제를 보좌하는 뭇 신들과 북두성의 신주(神主)를 모셔 놓고 일일이 제사를 지냈다. 제사가 끝

---

23) 동쪽에 청제(靑帝), 서쪽에 백제(白帝), 남쪽에 적제(赤帝), 북쪽에 흑제(黑帝), 중앙에 황제(黃帝), 이렇게 고유 방향에 맞추어 제단을 설치하였음.

나면 귀신들이 흠향한 제물들을 모두 거두어 불태웠다.

희생으로 바친 제물 중 소는 하얀 색깔의 것을 썼는데 사슴고기는 쇠고기 안에 넣어서, 또 돼지고기는 사슴고기 안에 넣은 뒤 물에 담갔다. 태양의 신[日神]에게는 소를 바치고 달의 신[月神]에게는 양 또는 돼지를 바쳤다.

태일신의 제사를 관장하는 제관은 수를 놓은 보라색 옷을 입었으며, 오제(五帝)의 제사를 맡아보는 제관은 오제의 각기 다른 고유의 색깔[24]에 맞추어 입었다. 또 태양신의 제사를 맡아보는 제관은 붉은색의 옷을 걸쳤으며, 월신(月神)의 제사를 관장하는 제관은 흰 옷을 입었다.

그해 11월 신사날(辛巳日) 아침이 동지였는데 날이 밝기 전에 천자는 처음으로 교외에서 태일신에게 제사지냈다. 그날 아침에는 태양에게, 저녁에는 달에게 지냈는데 천자는 읍례(揖禮)만 표하였다. 태일신의 제사는 옹현(雍縣)에서 교제(郊祭)를 지내는 방식과 동일한 의식(儀式)을 갖추어 지냈는데 그 축문(祝文)은 다음과 같다.

'하늘은 처음으로 보정(寶鼎)과 신책(神策)을 황제(皇帝)에게 내려, 초하루가 지나면 다시 초하루를 맞이하여 순환 반복을 거듭하고 끝나면 다시 시작된다는 것을 알게 하셨습니다. 이에 황제(皇帝)는 이곳에서 삼가 공손히 경배(敬拜)하나이다.'

이때 의식의 복식은 모두 황색이었고 의식이 거행되는 동안 제단 위는 횃불로 가득 차 있었으며, 제단 주변에는 희생(犧牲)을 삶는 기구가 즐비하게 늘어서 있었다. 제사를 맡아보는 관원이 말했다.

"제단 위에서 광채가 나고 있습니다."

---

24) 동방 청제(靑帝)는 청색, 서방 백제(白帝)는 백색, 남방 적제(赤帝)는 적색, 북방 흑제(黑帝)는 흑색, 중앙 황제(黃帝)는 황색, 이렇게 천제의 고유 색깔에 맞추었다.

공경대신(公卿大臣)들이 말했다.

"황상께서 처음으로 운양궁(雲陽宮)에서 태일신에게 교제를 거행하실 때 제사를 맡아보는 관원들이 커다란 옥(璧)과 훌륭한 희생(犧牲)을 삼가 공손히 받들어 뭇 신들께 바쳤는데 그날 밤 아름다운 광채가 나타났으며 그 이튿날 낮에는 황색의 운기(雲氣)가 하늘 높이 뻗쳤습니다."

태사공(太史公)[25]과 사관(祠官) 관서(寬舒) 등이 말했다.

"신령이 현시(顯示)한 좋은 기상(氣象)이 복록(福祿)을 보우한다는 상서로운 조짐이니 천자께서는 마땅히 광채가 나타난 지역에 태치단(泰畤壇)을 건립하시어 하늘의 상서로운 조짐[瑞祥]이 현시하였음을 밝히셔야 합니다. 태축(太祝)에게 명해서서 이를 관장케 하고 가을과 겨울 두 계절에 제사를 받들기 바랍니다. 그리고 3년마다 황상께서 직접 교제(郊祭)를 거행하시기 바랍니다."

그해 가을, 남월(南越)을 정벌하기 위해 태일신에게 기도하였다. 그리고 모형(牡荊)[26]으로 깃대를 만들고, 깃발에 해·달·북두성 및 나는 용[飛龍]을 그려 넣어 태일성(太一星)의 세 별을 대표하고, 태일신(太一神)에게 제사지내기 위한 최전방의 깃발로 삼아 그 깃발을 '영기(靈旗)'라 명명하였다. 군사들을 위해 기도할 때 태사(太史)는 영기(靈旗)를 받들고 정벌하려는 나라의 방향을 가리켰다.

한편 신선을 찾으라는 명을 받고 떠난 오리장군(五利將軍)은 감히 바다에 들어갈 엄두를 내지 못하고 제사를 지내기 위해 태산(泰山)으로 갔다. 황상이 몰래 사람을 시켜 그를 미행한 결과 사실 그는 어떤 신선도 만나지 못하였다. 그런데도 오리장군은 거짓으로 자신의 스승[仙師]을

---

25) 사마천의 부친 사마담.
26) 깃대를 만드는 데 사용한 관목(灌木).

만났다고 하였다. 뿐만 아니라 그의 방술(方術)은 이미 신통력이 다하여 이렇다 할 아무런 효험이 없었다. 그래서 황상은 오리장군을 처형하였다.

그해 겨울, 하남(河南)에서 신선이 나타나기를 기다리던 공손경(公孫卿)은 구씨성(緱氏城) 위에서 선인(仙人)의 자취를 발견했는데 꿩처럼 생긴 신물(神物)이 성 위를 왔다 갔다 한다고 천자에게 보고하였다. 천자는 직접 구씨성으로 행차하여 그 자취를 살펴본 뒤 공손경에게 말했다.

"너는 문성장군이나 오리장군처럼 짐을 속이려는 것은 아니렷다!"

공손경이 대답했다.

"신선이 군주를 찾아오는 것이 아니고 오직 군주가 신선을 찾아가는 법입니다. 뿐만 아니라 신선을 찾는 방법에 있어 참을성 있게 조용히 기다리지 않으면 신은 오지 않습니다. 신을 찾는 일[求神]은 현실에 맞지 않고 터무니없는 일 같지만 해와 달을 거듭하여 오랜 세월 동안 정성을 들여야만 비로소 신선을 불러들일 수 있습니다."

그리하여 각 군국에서는 도로를 일제히 정비하여 말끔히 청소하고 궁전의 누대(樓臺)와 이름난 산의 신묘(神廟)를 수리한 후 천자가 왕림하기를 기다렸다.

그해, 남월(南越)을 정벌한 후 황상의 총신(寵臣) 이연년(李延年)[27]이 아름다운 음악을 가지고 와서 천자를 알현하였다. 황상은 그의 뛰어난 음악에 대하여 극구 칭찬하고 공경(公卿)들에게 하교(下敎)를 내려 이 일에 대하여 논의해 보도록 하였다.

"민간에서 제사를 지낼 때도 고무(鼓舞)의 음악이 있는데 지금 조정의

---

27) 한나라의 저명한 음악가. 중산(中山) 사람. 생몰 연대는 ? ~B.C. 87. 악공(樂工) 출신으로 협률도위(協律都尉)의 지위에 이르렀으나 나중에 피살됨.

교제(郊祭)에는 음악이 없으니 이것이 어찌 합당한 일이라고 할 수 있겠는가?"

공경(公卿)들이 대답했다.

"옛날 하늘과 땅에 제사지낼 때는 꼭 음악이 곁들여졌는데 그래야만 비로소 신령들이 제사를 흠향하였기 때문입니다."

어떤 사람이 말했다.

"태제(泰帝)[28]께서 소녀(素女)[29]에게 명하여 오십 현(弦)의 슬(瑟)을 타게 하셨는데 그 음조(音調)가 구슬퍼 태제께서는 감정을 억누를 수 없었기 때문에 그녀의 슬(瑟)을 이십오 현(弦)으로 바꾸게 하셨다고 합니다."

그래서 남월(南越)을 평정하고 태일신(泰一神)과 후토신(后土神)에게 감사드리는 제사를 올릴 때 처음으로 음악과 춤을 사용하였으며 노래하는 가동(歌童)들의 수를 늘렸다. 또 이십오 현(弦)의 슬(瑟)과 공후(箜篌)[30]를 만들어 쓰게 되었는데 이 악기들이 성행하게 된 것은 이때부터이다.

그 이듬해 겨울, 황상은 제의하였다.

"고대의 제왕(帝王)들은 맨 먼저 무기를 거두어들이고 군대를 해산한 후에 비로소 봉선(封禪) 의식을 거행하였다."

그리하여 천자는 북으로 삭방군(朔方郡)을 순시하여 병력 십만여 명을 이끌고 돌아오는 길에 교산(橋山)에 있는 황제(黃帝)의 능에 제사를 지낸 뒤 수여(須如)에서 그 군대를 해산하였다.

---

28) 황제(黃帝).
29) 황제(黃帝)의 시녀(侍女). 청(淸)나라 때 손풍익(孫馮翼)·진가모(秦嘉謨) 등이 집본(輯本)한 ≪世本≫의 「作篇」에, '포씨(抱氏 : 伏羲氏)가 슬(瑟)을 만들었으며 ……오십 현(弦)이다. 황제가 素女에게 명하여 슬(瑟)을 타게 하셨는데 그 음조(音調)가 너무나도 구슬퍼 감정을 억누를 수가 없었다. 그래서 그 슬(瑟)을 파기하고 이십오 현(弦)으로 만들었다.(抱氏作瑟, ……五十弦. 黃祭使素女鼓瑟, 哀不自勝, 乃破爲二十五弦)'고 되어 있다.
30) 현악기의 일종. 수공후(竪箜篌), 와공후(臥箜篌), 봉수공후(鳳首箜篌) 세 가지 있음.

황상이 물었다.

"내가 듣기로 황제는 죽지 않았다고 하던데 지금 여기에 무덤이 있으니 어찌된 일인가?"

어떤 사람이 대답했다.

"황제(黃帝)께서 신선이 되어 하늘에 오르신 후 군신(群臣)들이 그의 의관(衣冠)을 거두어 여기에 묻은 것입니다."

감천궁(甘泉宮)으로 돌아온 후 황상은 장차 태산(泰山)에서 봉선(封禪) 의식을 거행하기 위해 먼저 태일신(泰一臣)에게 제사를 올렸다.

보정(寶鼎)을 얻은 이후 황상은 공경대신(公卿大臣) 및 유생들과 함께 봉선 의식을 거행하는 문제에 대하여 의논하였다. 그렇지만 아득히 오래 전에 봉선 의식을 거행한 이후 여태껏 거행한 적이 없었기 때문에 그 의례(儀禮)에 대하여 아는 사람이 없었다.

유생들은 ≪상서(尙書)≫ ≪주관(周官)≫[31] 및 ≪예기≫의 「왕제편(王制篇)」 등에 나타난 망사(望祀)[32] 및 사우(射牛)[33] 등에 관한 기록을 채용하여 봉선(封禪)의 제전(祭典)을 거행할 것을 주장하였다. 그때 구십 세가 넘은 제(齊) 지방 출신의 정공(丁公)이라는 사람이 말하였다.

"봉선이라는 것은 '불사(不死)'와 같습니다. 진시황도 태산 꼭대기에 올라 봉선의 제전을 거행하려다 비를 만나는 바람에 끝내 거행하지 못하고 말았습니다. 폐하께서 꼭 상봉에 올라 봉선의 제전을 거행하려 하신다면 조금씩 오르시다가 비바람이 없을 때 태산 정상에 올라 봉제(封祭)

---

31) 주(周) 왕조의 예의(禮儀) 제도에 관한 책. 이 책 이름은 ≪尙書≫의 「周官」 편명과 동일하기 때문에 ≪周官經≫이라 개칭하였고 다시 서한(西漢) 말에는 ≪周禮≫로 개칭하였다.

32) 망배(望拜). 섶을 태우면서 멀리서 바라보며 배례(拜禮)하는 제사의 일종.

33) 고대 천자가 하늘과 땅 및 종묘에 제사할 때 자신이 직접 활을 쏘아 잡은 소를 제단에 바쳐 성대하고 장중하게 의식을 거행함을 표시하는 것을 말한다.

를 거행하실 수 있습니다."

이에 황상은 유생들에게 명하여 사우(射牛) 의식을 연습하도록 하고 봉선의 의례(儀禮)를 제정하도록 하였다. 수년 동안 만반의 준비를 갖추어 바야흐로 봉선의 제전을 거행하기 위해 태산으로 떠나려 할 즈음 황상은 황제(黃帝)와 그 이전에 봉선의 제전을 거행한 제왕(帝王)들은 모두 기이한 신물(神物)을 바쳐 신선을 만났다는 말을 공손경(公孫卿)과 방사(方士)들로부터 들었다.

그래서 황상은 황제(黃帝)와 그 이전의 제왕들처럼 봉선의 제전을 거행할 때 신선과 봉래(蓬萊)의 방사(方士)들을 초치함으로써 자신의 덕행이 세속을 초월하여 황제 이전의 아홉 제왕[九皇][34]에 비견할 만하다는 것을 과시하기 위해 유가(儒家)의 학술을 채용하여 꾸미려 하였다. 그렇지만 유생들은 봉선의 제전에 관하여 명확하게 천명하지도 못했을 뿐만 아니라 ≪시경≫과 ≪서경(書經)≫ 등 옛 전적(典籍)에 구애되어 감히 자신의 견해를 밝히지 못했다.

황상이 봉선의 제전에 쓸 예기(禮器)를 유생들에게 보여 주면 '고대의 것과 다릅니다.' 라고 말하는 사람이 있는가 하면, 서언(徐偃)은 '태상(太常)[35]과 사관(祠官)들의 의식 거행은 고대 노(魯)나라만 못합니다.' 라고 말하였고, 또 주패(周覇)는 유생들을 모아 봉선(封禪) 의식을 도모하였다. 이에 황상은 서언과 주패를 물리쳤을 뿐만 아니라 유생들을 모조리 파면하고 임용하지 않았다.

---

34) 인황(人皇)의 별칭. 인황은 삼황(三皇 : 天皇氏 · 地皇氏 · 人皇氏)의 하나. 당(唐)나라 때 사마정(司馬貞)이 보(補)한 ≪史記≫의 '三皇本紀'에 '인황은 머리가 아홉이며 운거(雲車)를 타고……, 형제 아홉이 천하를 9주(九州)로 나누어 각기 왕이 되어 성읍(城邑)을 세우고 다스렸다. 모두 일백오십 대(代)에 걸쳐 다스려졌으니 도합 사만 오천육백 년이었다.(人皇九頭 乘雲車, ……, 兄弟九人, 分長九州, 各立城邑, 凡一百五十世, 合四萬五千六百年)' 고 되어 있다.

35) 9경(卿)의 하나. 종묘 제사의 의례를 관장함.

3월, 황상은 동쪽으로 순행하여 구씨현(緱氏縣)을 방문하였으며, 중악(中岳)의 태실산(太室山)에 올라 제사를 거행하였다. 산 아래에서 기다리고 있던 시종관(侍從官)들은 '만세' 소리가 들리는 것 같았다. 그래서 천자와 함께 산 위에 올라간 사람에게 물어 보았지만 만세를 외쳤다고 하지 않았다. 산 아래에서 기다리고 있던 사람들에게도 물어 보았는데 역시 만세를 외치지 않았다고 했다. 그리하여 천자는 삼백 호(戶)를 태실산의 봉읍으로 삼아 제사를 받들게 하고 '숭고읍(崇高邑)'이라 명명하였다.

천자는 계속 동쪽으로 나아가 태산(泰山) 위에 올랐다. 그런데 산 위의 초목에 아직 잎이 나지 않았기 때문에 석비(石碑)를 산 위로 운반해 태산의 정상에 세웠다. 황상은 이어 동쪽으로 나아가 해안 지대를 순행하며 8신(八神)[36]에게 제사를 올렸다.

그때 제(齊) 지방 사람들이 글을 올리기를, 신괴한 방술(方術)을 담론하는 자는 일만 명을 헤아리나 영험함을 입증한 사람은 한 사람도 없다고 아뢰었다. 그런데도 천자는 더 많은 배를 증파하여 바다에 신산(神山)이 있다고 말하는 사람들 수천 명에게 봉래(蓬萊)의 선인(仙人)을 찾도록 명하였다.

부절(符節)을 든 공손경은 항상 앞장서서 이름난 산[名山]의 신선을 모시러 갔다. 천자가 동래(東萊)에 도착하자 공손경이 보고하였다.

"밤에 키가 수 장(丈)에 이르는 사람을 보았는데 가까이 다가가니 홀연히 사라졌습니다. 다만 커다란 발자국만 남겼는데 금수의 발자국과 흡사하였습니다."

---

36) 천주(天主)·지주(地主)·병주(兵主 : 蚩尤)·양주(陽主)·음주(陰主)·월주(月主)·일주(日主)·사시주(四時主). 일설에는 8방(八方)의 신이라고 함.

또 군신(群臣)들 가운데 한 사람이 보고했다.

"개를 끌고 가던 노인이 '나는 천자를 만나고 싶다.' 는 말을 남기고 홀연히 사라졌습니다."

황상이 큰 발자국을 보고는 이를 믿지 않았지만 군신들 가운데 한 사람이 노인에 대한 보고를 하자 비로소 그 노인이 바로 선인(仙人)임에 틀림없다고 굳게 믿었다. 그래서 천자는 해상(海上)에 머물며 방사(方士)들에게 전거(傳車)를 내어 주고 수천 명을 파견하여 신선을 찾게 하였다.

4월, 천자는 봉고현(奉高縣)으로 돌아왔다. 봉선(封禪) 의례에 관한 유생들과 방사들의 의견이 서로 다를 뿐만 아니라 납득할 만한 근거가 부족한 것을 알고 천자는 봉선을 시행하기 어렵다고 생각하였다. 천자는 양보산(梁父山)에 도착하여 지신(地神)에게 예를 갖추어 제사지냈다.

을묘날(乙卯日), 시중(侍中)에 임명된 유생들에게 사슴 가죽으로 만든 관(冠)과 홀(笏)을 꽂은 붉은 관복(官服)을 걸치게 하고, 천자가 친히 사우(射牛) 행사를 치렀다. 천자는 태산 아래 동쪽에 제단(祭壇)을 쌓고 태일신(泰一神)을 교사(郊祠)하는 의례에 따라 봉제(封祭)를 거행하였다.

제단의 폭은 1장(丈) 2척(尺), 제단의 높이는 9척(尺)이었으며, 제단 아래에는 옥첩서(玉牒書)[37]를 두었는데 그 제문의 내용은 절대 비밀에 부쳤다. 제사를 마치고 천자는 시중(侍中)인 봉거도위(奉車都尉) 곽자후(霍子侯)만 데리고 태산(泰山)에 올라 제단을 쌓고 다시 봉제(封祭)를 올렸는데 그 내용도 일체 비밀에 부쳤다. 이튿날 천자는 산의 북쪽 길을 택하여 하산하였다.

병진날(丙辰日), 태산의 동북쪽 기슭에 있는 숙연산(肅然山)에서 후토

---

37) 천자가 하늘에 고하는 제문(祭文)이 씌어 있는 문서. 통상 간책(簡册)에 쓰고 옥으로 장식하였기 때문에 '옥첩서(玉牒書)' 라 부른다.

신(后土神)과 같은 의례를 갖추어 지신(地神)에게 선제(禪祭)를 거행하였다. 봉선(封禪) 의식을 거행할 때 천자는 황색 제복(祭服)을 입고 친히 배례(拜禮)하였으며 의식이 거행되는 동안 음악이 연주되었다. 또 강회(江淮) 일대에서 산출되는 한 줄기에서 세 가닥이 나는 띠[茅草]로 신령의 깔개를 만들었으며 오색 흙으로 제단(祭壇)을 메웠다. 그리고 먼 지방에서 나는 진기한 야생 동물, 날짐승, 흰 깃털의 꿩[白雉] 등을 풀어 주며 성대히 의례(儀禮)를 갖추었다. 외뿔소(兕牛)·모우(旄牛)·서우(犀牛)·코끼리 등은 사용하지 않았다.

천자와 그 일행은 다시 태산으로 돌아온 후 떠났다. 하늘과 땅에 지내는 봉선(封禪) 의식을 거행할 때 밤에는 하늘에 광채가 언뜻 나타났으며, 낮에는 제단(祭壇) 위에서 흰 구름이 솟구쳐 올랐다.

천자가 태산(泰山)에서 봉선 의식을 거행하고 돌아와 명당(明堂)에 좌정하자 군신(群臣)들이 모두 나아가 천자의 장수(長壽)를 기원하였다. 이때 천자는 어사(御史)에게 다음과 같은 조서를 내렸다.

'짐은 보잘것없는 몸으로 지고무상(至高無上)한 권위를 계승한 이래 맡은 소임을 감당하지 못할까 늘 전전긍긍하며 두려워하였다. 덕이 보잘 것없고 예악(禮樂) 제도에도 밝지 못하다. 그런데 태일신(泰一神)을 제사지낼 때 하늘에 상서로운 광채가 끊임없이 나타나는 기이한 현상에 나는 그만 압도당하여 몸이 떨렸다. 중도에 그만두고 싶었지만 감히 멈추지 못하고 마침내 태산(泰山)에 올라 봉제(封祭)를 올렸으며 양보(梁父)의 숙연산(肅然山)에서 선제(禪祭)를 거행하였다.

이제 짐은 새롭게 태어나 덕을 쌓고 사대부(士大夫)들과 함께 새로이 시작하게 되기를 희망하노라. 백성들에게 일백 호(戶)당 소 한 마리와 술 열 석(石)씩 하사하고, 팔십 세 이상 노인과 고아 및 과부에게 포백(布帛) 두 필을 하사토록 하라. 또 박(博)·봉고(奉高)·사구(蛇丘)·역성(歷城)

백성들에게는 금년에 내야 할 조세를 면제해 주도록 하라. 을묘년(乙卯年)의 사면과 동일한 대사면을 단행하도록 하라. 짐이 순행하며 거쳐 간 지방에서는 복작(復作)[38]을 집행하지 말 것이며 2년 전에 범한 죄에 대해서는 일체 불문에 붙이도록 하라.'

천자는 또 다음과 같은 조서도 내렸다.

'고대에는 천자가 5년마다 한 차례씩 순수(巡狩)하면서 태산에 이르면 제사를 올렸기 때문에 제후들이 천자를 조현하기 위해 머무는 곳[朝宿地]이 있었다. 특별히 명하노니 제후들은 태산 아래에 머물 수 있는 관사(官舍)를 짓도록 하라.'

천자가 태산(泰山)에서 봉선(封禪) 의식을 거행한 후 비바람의 재해가 발생하지 않았다.

방사(方士)들이 또 다시 봉래산(逢萊山) 등 여러 신산(神山)들을 금세라도 찾을 수 있듯이 말하자 황상은 크게 기뻐하며 그 신산들을 볼 수 있을지도 모른다는 희망에 부풀게 되었다. 천자는 다시 동쪽으로 순행을 떠나 바닷가에 도착하여 멀리 바다를 바라보며 봉래(蓬萊)의 선도(仙島)를 볼 수 있기를 희구하였다.

그런데 봉거도위(奉車都尉) 곽자후(霍子侯)가 느닷없이 급병(急病)이 나 그날 죽어 버리자 황상은 그제야 그곳을 떠나 해안을 따라 북쪽으로 올라가 갈석(碣石)에 다다랐다. 다시 요서(遼西) 일대를 순행하고 북방(北方)의 변경(邊境)을 거쳐 구원현(九原縣)에 이르렀다.

5월, 천자는 다시 감천궁(甘泉宮)으로 돌아왔다. 이때 관계 관원이 천자에게 의견을 말하였다.

"보정(寶鼎)이 출현한 연호(年號)를 원정(元鼎)으로 하고, 폐하께서 태

---

38) 漢代의 형벌 이름. 죄수들이 감옥 밖에서 하는 노역.

산에 올라 봉제(封祭)를 거행하신 금년을 원봉(元封) 원년으로 하시는 것이 마땅합니다."

그해 가을, 동정(東井)[39]에 혜성이 출현하였다. 그로부터 십여 일 후, 다시 삼태(三台)[40]에 혜성이 나타났다. 망기좌(望氣佐)[41] 왕삭(王朔)이 보고하였다.

"신(臣)이 천문을 관측하고 있는데 덕성(德星)[42]이 조롱박만하게 나타났다가 잠시 후에 사라졌습니다."

관계 관원이 말했다.

"한 왕조가 세워진 이래 폐하께서 처음으로 봉선(封禪) 의식을 거행하셨기 때문에 하늘이 토성(土星)으로 보답하신 것 같습니다."

이듬해 겨울, 천자는 옹현(雍縣)에서 오제(五帝)에게 교제(郊祭)를 올리고 돌아온 후 경하(慶賀)의 예를 갖추어 태일신(泰一神)을 제사지내면서 다음과 같은 축문을 읽었다.

'덕성(德星)이 사방에 빛을 발하니 이는 상서로운 조짐입니다. 수성(壽星)[43]이 뒤이어 나타나 멀리 빛나고 신성(信星)[44]이 끝없이 빛나니 이에 황제는 태축(太祝)이 제사하는 각 신령들을 삼가 경배하나이다.'

그해 봄, 동래산(東萊山)에서 신선을 만났다는 공손경이 '신선이 천자를 만나고 싶어한다'는 보고를 올렸다. 천자는 구씨성(緱氏城)으로 행차하여 공손경을 중대부(中大夫)에 임명하였다. 천자는 곧 동래산(東萊山)

---

39) 정수(井宿). 이십팔수(宿)의 하나. 자세한 것은 「천관서」를 참고하기 바람.
40) 별자리 이름. 자세한 것은 「천관서」를 참조하기 바람.
41) 구름을 보고 운세를 점치는 하급 관리.
42) 옛날 사람들은 기이한 현상을 자주 나타내는 천체를 덕(德)으로 보답하는 별이라 하여 '德星'이라 칭하고 이를 상서로운 조짐(吉祥)으로 여기게 되었다. 한나라에서는 오행(五行) 중 토덕(土德)을 숭상하여 토덕왕(土德王)으로 여겼기 때문에 여기서는 토성(土星)을 지칭한다.
43) 남극성(南極星).
44) 토성(土星).

으로 가서 며칠 동안 머물렀지만 아무것도 보지 못하고 다만 거인의 발자국만 보았을 뿐이다.

천자는 또 다시 방사(方士) 천여 명을 파견하여 신선과 영약을 찾아오게 하였다. 그해에 가뭄이 들었다. 천자는 순행(巡行)할 정당한 명분이 없던 차에 이를 구실 삼아 만리사(萬里沙)에 가서 기우제(祈雨祭)를 올린 뒤 태산(泰山)에 이르러 재차 제사를 올렸다.

돌아오는 길에 호자구(瓠子口)에 들러 황하의 터진 곳을 메우는 공사 현장을 방문하여 둘러보고 그곳에 이틀간 머물며 하신(河神)에게 제물을 바치고 제사한 후에 그곳을 떠났다. 천자는 이름난 두 장군[45]을 파견하여 병사들로 하여금 황하의 터진 곳을 막게 하였다. 그 결과 두 지류(支流)로 나뉘어 흐르는 황하의 물줄기를 옮겨 놓음으로써 하우(夏禹)가 치수했던 당시의 모습을 되찾게 되었다.

그 당시 남월(南越)은 이미 정복된 상태였다. 용지(勇之)라는 월(越) 지방 사람이 진언하였다.

"월(越) 지방 사람들은 귀신을 숭상하는 습속이 있습니다. 그래서 그들이 제사를 지낼 때는 언제나 귀신이 나타나고 효험이 있고는 하였습니다. 옛날 동구왕(東甌王)[46]은 귀신을 숭경(崇敬)하여 백육십 세까지 천수를 누렸습니다만 후대로 내려오면서 귀신을 소홀히 여겼기 때문에 쇠미해지고 말았습니다."

천자는 월(越) 지방 무당(巫師)에게 명하여 월(越) 방식대로 사묘(祠廟)를 세우게 하였다. 제대(祭臺)는 있으나 제단(祭壇)이 없는 이 사묘(祠廟)에서도 천신 상제와 뭇 귀신들[百鬼]들을 제사지냈으며, 아울러 닭

---

45) 급인(汲仁)과 곽창(郭昌).
46) 동해왕(東海王). 동월인(東越人)의 수령. 이름은 요(搖). 혜제(惠帝) 3년(192 B.C.), 그를 동해왕으로 세웠다.

의 뼈[鷄骨]를 이용하여 점을 치는 방법을 채용하였다. 황상은 그것을 믿었으며 월(越) 방식의 사묘(祠廟)와 닭 뼈를 이용한 점술(占術)이 유행하게 된 것은 이때부터이다.

공손경이 말했다.

"선인(仙人)은 만나실 수 있습니다. 그런데 폐하께서는 선인을 만나러 가실 때마다 조급하게 떠나시어 만날 수 없었던 것입니다. 그들은 높은 누각에 있기를 좋아하니 폐하께서 구씨성(緱氏城)에 세우신 것과 똑같은 묘당(廟堂)을 도읍에 건립하시고 포(脯)와 대추 등의 제물을 차려 놓으신다면 신선을 초치하실 수 있을 것입니다."

이에 황상은 영을 내려 장안에는 비렴관(蜚廉觀)과 계관(桂觀)을, 감천(甘泉)에는 익연수관(益延壽觀)을 건립하도록 하는 한편, 부절(符節)을 받든 공손경을 보내 제물을 바치고 신선이 오기를 기다리도록 명하였다. 또 통천대(通天臺)를 짓고 대(臺) 아래에 제물을 차려 놓아 신선의 무리들을 초치하려고 하였다. 또 감천궁(甘泉宮)에 전전(前殿)을 짓고 각 궁실을 확장하기 시작했다.

그해 여름, 궁전의 방 안에서 영지초(靈芝草)가 돋아났다. 천자는 황하의 제방이 터진 곳을 막은 기념으로 통천대(通天臺)를 건립한 후 하늘에 감응된 길한 조짐이 나타난 데다가 영지까지 돋아난 것을 상서롭게 여겨 다음과 같은 조서를 내렸다.

'감천궁의 방 안에서 아홉 줄기의 영지(靈芝)가 돋았다. 천하에 대사면령을 내리고 복작(復作)을 치루는 죄수들을 사면해 주도록 하라.'

이듬해에 조선(朝鮮)을 정벌하였다. 여름에 가뭄이 들자 공손경이 말했다.

"황제(黃帝) 때도 봉단(封壇)을 쌓을 때마다 가뭄이 들곤 하였습니다. 이렇게 3년 동안 가뭄이 계속되는 것은 봉단(封壇) 속의 흙을 말리게 하기 위함입니다."

이에 황상은 다음과 같은 조서를 내렸다.

'천하에 가뭄이 든 것은 봉토(封土)를 마르게 함인 듯하니 천하에 영을 내려 영성(靈星)[47]을 높이 받들어 제사하도록 하라!'

그 이듬해, 황상은 옹현(雍縣)에서 교제(郊祭)를 거행하고 나서 회중도(回中道)를 거쳐 순행에 나섰다. 봄에 명택(鳴澤)을 방문한 뒤 서하(西河)를 거쳐 귀경길에 올랐다.

그 이듬해 겨울, 황상은 남군(南郡)을 순행하고 강릉(江陵)에 다다라 방향을 바꾸어 동쪽으로 발길을 돌렸다. 잠현(潛縣) 천주산(天柱山)에 올라 제사를 지내고 그 산을 남악(南岳)이라 칭하였다. 이어 배를 타고 장강(長江)을 따라 아래로 내려가 심양현(尋陽縣)에서 종양현(樅陽縣)으로 갔는데 도중에 팽려택(彭蠡澤)을 거쳐 이름난 산(名山)과 큰 하천(大川)에 제사를 지냈다. 그런 다음 북쪽으로 발길을 돌려 낭야군(瑯邪郡)에 도착하여 다시 해안을 따라 북쪽으로 올라갔다. 4월, 천자는 봉고현(奉高縣)에 다다라 봉제(封祭)를 거행하였다.

처음 천자가 태산(泰山)에서 봉제(封祭)를 거행할 때 태산의 동북쪽 기슭에 옛날에 건립한 명당(明堂)이 있었는데 지세(地勢)가 험준하고 탁 트이지가 않았다. 이에 황상은 봉고(奉高) 부근에 별도로 명당(明堂)을 세우려 하였으나 그 형식이나 규모를 알지 못하였다. 그때 제남(濟南) 지방 출신 공숙대(公玉帶)가 황제(黃帝) 시대의 명당도(明堂圖)를 바쳤다.

그 명당도(明堂圖)를 보면 가운데에 전당(殿堂)이 한 채 있는데 사방에 벽이 없고 지붕은 띠(茅草)로 덮여 있으며, 전당 사면에는 물이 흐르고 담으로 둘러져 있으며, 복도(復道)가 설치되어 있었다. 그 위에는 통로가

---

47) 농작물을 주재한다는 별 또는 신(神).

있는데 서남쪽에서 전당으로 뻗어 있었다. 이 통로를 일컬어 곤륜도(昆侖道)라 하는데 천자는 이곳을 통하여 전당에 들어가 상제에게 배제(拜祭)한다.

이에 황상은 공숙대가 바친 명당도대로 봉고현(奉高縣) 문수(汶水)가에 명당(明堂)을 세우도록 명하였다.

그로부터 5년 후 황상은 봉제(封祭)를 거행할 때 명당의 상좌(上座)에서 태일신(泰一神)과 오제(五帝)에게 제사를 올리고 고황제(高皇帝)의 위패(位牌)는 그 맞은편에 두도록 명하였다. 그리고 그 아랫방에서는 태뢰(太牢)[48] 이십 두를 제물로 바치고 후토신(后土神)에게 제사하였다.

천자는 곤륜도(昆侖道)를 통해 들어가 처음으로 제사지내는 예의를 갖추어 명당에서 배제(拜祭)하였다. 제례(祭禮)를 마치고 나서 명당 아래에서 요제(燎祭)를 올렸다. 그러고 나서 황상은 다시 태산(泰山)에 올라 정상에서 비밀에 싸인 제사 의식을 거행하였다.

태산 아래에서 오제(五帝)에게 제사지낼 때 각기 배정된 방위에 따라 제사를 거행하였는데 다만 황제(黃帝)와 적제(赤帝)만은 한자리에 모셔 놓고 지냈으며, 이를 주관하는 관원이 각기 제사를 받들어 지냈다. 제사를 지낼 때 태산 위에서 불을 들면 산 아래에서도 모두 불을 들어 이에 응하였다.

2년 후, 11월 갑자날(甲子日)이 초하루이자 동지(冬至)가 되자 역법(曆法)을 추산함에 있어 이를 기점(起点)으로 삼았다. 천자는 그날 친히 태산으로 가 명당(明堂)에서 상제에게 제사를 지냈다. 그런데 봉선(封禪) 의식은 거행하지 않고 다음과 같은 축문(祝文)을 읽었다.

---

48) 소 · 양 · 돼지(三牲) 등 세 가지를 갖춘 제수(祭需).
49) '하늘(天)'의 별칭.

'하늘은 황제(皇帝)에게 태원(太元)⁴⁹⁾의 신책(神策)을 추가로 내리시니, 역수(曆數)가 일주하면 다시 시작합니다(周而復始). 황제는 태일신(泰一神)을 경배하나이다.'

이어 천자는 동쪽의 바닷가에 이르러 신선을 찾기 위해 바다로 나간 사람들과 방사(方士)들을 살펴보았지만 이렇다 할 성과가 없었다. 그런데도 천자는 신선을 만날 수 있다는 희망을 버리지 못하고 더욱 많은 사람들을 파견하였다.

11월 을유날(乙酉日), 백량대(栢梁臺)에 화재가 발생하였다. 12월 오삭날(午朔日), 황상은 친히 고리산(高里山)으로 행차하여 선제(禪祭)를 거행하고 후토신(后土神)에게 제사지냈다. 그러고 나서 천자는 다시 발해(渤海)로 가서 봉래산(蓬萊山)의 뭇 신들에게 망사(望祀)를 올리고 신선들이 살고 있는 지역[殊庭]에 갈 수 있기를 희구하였다.

백량대(栢梁臺) 화재로 인하여 귀경한 황상은 감천궁(甘泉宮)에서 각 군(郡)과 국(國)의 연례 보고서를 접수하고 보고를 들었다. 공손경(公孫卿)이 말했다.

"황제(黃帝)께서 청령대(靑靈臺)를 건립하신 지 십이 년이 지나 화재가 발생하자 황제께서는 다시 명정(明庭)을 세우셨습니다. 소위 '명정(明庭)'이란 바로 감천궁(甘泉宮)을 이르는 것입니다."

방사(方士)들 중에도 고대 제왕(帝王)들 가운데 감천궁에 도읍을 정한 일이 있다고 주장하는 사람들이 많았다. 그래서 천자는 감천궁에서 제후들의 조현을 받았으며, 감천(甘泉)에 제후들이 머무는 관사(官舍)가 세워졌다. 용지(勇之)가 말했다.

"월(越) 지방 풍속에 따르면 화재가 발생한 자리에 다시 집을 지을 때는 반드시 본래보다 더 크게 지어 재앙을 제압하였습니다."

그래서 건장궁(建章宮)을 영조하였는데 예전의 것에 비하여 그 규모가

훨씬 더 장엄하고 출입문이 더 많았다. 또 전전(前殿)은 미앙궁(未央宮)
의 전전(前殿)보다 더 높았다. 뿐만 아니라 궁의 동쪽에는 높이가 이십여
장(丈)에 달하는 봉궐(鳳闕)이 있었고, 서쪽에는 당중지(堂中池)가 있었
으며 둘레가 수십 리(里)나 되는 호권(虎圈)[50]이 있었다.

또 북쪽에는 커다란 연못을 만들어 '태액지(太液池)'라 명명하였는데
연못 가운데 세워진 점대(漸臺)의 높이는 이십여 장(丈)에 달하였다. 그
리고 그 연못에는 바다에 있다는 바다거북(海龜)과 바다고기(悔魚)들을
본뜨고 봉래(蓬萊)·방장(方丈)·영주(瀛洲)·호량(壺梁) 등 전설상의
네 신산(神山)을 만들었다.

또한 남쪽에는 옥당(玉堂)을 세웠는데 벽문(壁門)을 만들고 신령스러
운 새[神鳥]를 새긴 상(像) 등을 만들었다. 또 신명대(神明臺)와 정간루
(井干樓)를 세웠는데 그 높이가 오십여 장(丈)에 이르렀으며, 누대(樓臺)
와 누대 사이에는 황제의 전용 수레가 통행할 수 있는 고가도로가 거미
줄처럼 연결되어 있었다.

그해 여름, 한(漢) 왕조는 다시 역법(曆法)을 개정하여 정월(正月)을 한
해의 시작[歲首]으로 바꾸었으며, 수레와 복식의 색깔로는 황색을 받들
었으며, 관직명과 인장의 글자 수를 다섯 자로 바꾸었으며, 그해를 태초
(太初) 원년으로 정하였다.

그해 서역(西域)에 있는 대완국(大宛國)을 정벌하였다. 황충이(蝗蟲)
가 극성을 부렸다. 정부인(丁夫人)[51]과 낙양 사람 우초(虞初) 등이 방술
(方術)을 이용하여 흉노와 대완(大宛)에게 재앙이 내리도록 귀신에게 기
원하였다.

---

50) 호랑이를 기르는 곳.
51) 인명(人名). 성은 정(丁), 이름은 부인(夫人).

이듬해, 관계 관원들은 옹현(雍縣) 오치(五畤)의 제사를 지낼 향기 나는 희생 제물(祭物)을 준비하지 못했다고 보고하였다. 이에 천자는 즉시 제사를 받드는 사관(祠官)에게 명하여 희생 송아지를 삶아 각 치(畤)에 바치도록 하였으며, 희생 송아지의 털빛은 오행(五行)이 상극(相剋)하는 원리에 따라 각 방향 고유의 천제(天帝)가 이기는 색깔에 맞추도록 하였다.

또 제사에 바치는 건장한 희생 말[駒]은 목마(木馬)로 대체하되 오제(五帝)에게 제사지낼 때와 천자가 친히 교제(郊祭)를 거행할 때만 건장한 말을 바치도록 명하였다. 또 여러 명산대천의 제사에는 건장한 말 대신 목마(木馬)로 대체하도록 하되 다만 황제가 순행하는 곳에서는 훌륭한 말을 희생으로 바쳐 제사하도록 하였다. 나머지 의례(儀禮)는 종전대로 시행하도록 했다.

그 이듬해, 천자는 동해안 순행에 나서 신선을 찾으러 간 사람들을 조사해 보았지만 아무런 효험도 나타나지 않았다. 그때 어떤 방사(方士)가 말했다.

"황제(黃帝) 시대에는 5성 십이 루(樓)[52]를 지어 놓고 집기(執期) 지방에서 신선을 맞이하였는데 이를 일컬어 영년사(迎年祠)라 합니다."

황상은 이에 동의하여 그가 말한 대로 누대(樓臺)를 짓도록 하고 이를 '명년사(明年祠)'라 명명하였다. 황상은 황색의 복식을 갖추어 입고 친히 그곳에 나아가 상제에게 제사지냈다.

공숙대(公玉帶)가 말했다.

"황제(黃帝) 때 태산(泰山)에 제단을 쌓고 봉제(封祭)를 거행했지만 풍

---

52) 신화 전설에 의하면 황제(黃帝) 시대에 곤륜산(崑崙山 : 신화 전설상의 산 이름) 위에 금대(金臺) 5개, 옥루(玉樓) 열두 채가 있었는데 신선들이 이곳에서 기거하였다고 한다.

후(風后) · 봉거(封巨) · 기백(岐伯)[53]은 황제에게 동태산(東泰山)에서 봉제를 올리고 범산(凡山)에서 선제(禪祭)를 거행하도록 요구하였습니다. 그래서 이 두 산에서 지낸 제사가 서로 부합(符合)된 연후에야 비로소 황제는 장생불사(長生不死)하실 수 있었습니다."

천자는 즉시 제사를 올릴 만반의 준비를 갖추도록 명한 뒤 동태산(東泰山)으로 갔다. 그런데 명성과는 달리 동태산이 왜소하기 짝이 없자 제사를 받드는 사관(祠官)에게 명하여 대신 제사를 올리도록 하고 봉선(封禪)의 대전(大典)은 거행하지 않았다. 대신 공숙대에게 명하여 그곳에 남아 제사를 받들고 신인(神人)을 기다리도록 명하였다.

그해 여름, 천자는 다시 태산(泰山)으로 돌아와 관례대로 5년마다 한 차례씩 거행하는 봉선(封禪) 의식을 올리고 또 석려(石閭)에서 추가로 선제(禪祭)를 거행하였다. 석려는 태산 남쪽 기슭에 위치한 곳인데 방사들이 입을 모아 바로 그곳이 신선들이 사는 곳이라고 말했기 때문에 황상이 직접 그곳에서 선제(禪祭)를 올린 것이다.

5년 후, 천자는 다시 태산(泰山)에 가서 봉제(封祭)를 거행하고 돌아오는 길에 상산(常山)에 제사지냈다. 금천자(今天子)[54]가 건립한 신사(神祠)인 태일사(泰一祠)와 후토사(后土祠)에는 3년에 한 차례씩 천자가 직접 교외에 나가 교제(郊祭)를 올렸다. 금상(今上)이 처음으로 창건한 한(漢) 왕조의 봉선(封禪) 의식은 5년에 한 차례씩 거행하였다.

박기(薄忌)의 건의로 건립된 태일사(泰一祠)와 삼일(三一) · 명양(冥羊) · 마행(馬行) · 적성(赤星)의 다섯 신사(神祠)에는 관서(寬舒)가 영도하는 사관(祠官)이 매년 계절마다 제사를 올렸는데 여기에다 후토사(后

53) 황제(皇帝)의 신하들 이름.
54) 현재의 천자, 즉 무제.

土祠)를 포함한 여섯 신사(神祠)는 모두 태축(太祝)이 주관하였다. 그리고 팔신(八神)의 각 신사(神祠)와 명년(明年) 및 범산(凡山) 등 기타 저명한 신사(神祠)에는 천자가 순행에 나서 지나갈 때에만 제사를 거행하고, 천자가 떠난 후에는 이를 중단하였다.

방사(方士)들이 건의하여 세운 신사(神祠)에는 주창자(主唱者)가 각기 제주(祭主)가 되어 제사를 주관하였으나 본인이 죽은 후에는 제사가 단절되었으며, 사관(四官)이 제주(祭主)가 되어 제사를 주관하는 일은 없었다. 그 밖의 제사는 모두 예전대로 시행되었다.

금상(今上)이 봉선(封禪) 의식을 거행한 이래 십이 년 동안 오악(五岳)과 사독(四瀆)의 신령들에게 두루 제사를 올렸다. 그런데 방사들이 신선을 맞이하기 위해 제사를 올리고 바다에 나가 봉래(蓬萊)의 선도(仙島)를 찾아 나섰지만 끝내 아무런 결실을 거두지 못하였다. 신이 나타나기를 기다리던 공손경(公孫卿)의 노력도 결국 거인의 발자국을 가지고 떠들어댔을 뿐 이렇다 할 아무런 성과도 거두지 못하였다.

이렇게 되자 천자는 방사들의 허무맹랑한 말에 점점 염증을 느끼게 되었다. 그렇지만 끝내 그들의 농락에서 헤어나지 못하여 그들과의 관계를 청산하지 못하고 정말로 신선을 만날 수 있다는 희망을 버리지 않았다. 그 이후에도 신에게 제사를 올리는 방사들의 수는 점점 많아졌지만 이렇다 할 효험은 없었다.

태사공은 말한다.

나는 황상의 순행을 따라 하늘과 땅(天地)의 뭇 신들과 명산대천에 올리는 제사나 봉선(封禪)의 대전(大典)에 참여하였으며, 수궁(壽宮)에 들어가 신에게 제사지내며 올리는 축사(祝詞)를 곁에서 들으면서 방사들과 사관(祠官)들의 뜻을 세심히 살펴볼 수 있었다.

그리하여 예로부터 귀신에게 지내던 제사를 순서대로 정리하고 안팎의 사정을 모두 소상히 밝히노니, 후세의 군자들이 이를 살펴볼 수 있게 하기 위함이다. 제사를 지낼 때 쓰이는 조두(俎豆)와 옥백(玉帛)의 세세한 규정 및 신령에게 제사를 올리는 예의(禮儀)와 격식 등은 관계 관원들이 기록하여 모두 보존해 두었다.

表(序)

제1 삼대세표(三代世表)[1]

태사공은 말한다.

오제(五帝)와 하(夏)·은(殷)·주(周) 삼대(三代)의 사적(事迹)에 관한 기록은 아득히 오래 전 일이다. 은(殷) 왕조 이전의 제후(諸侯)에 관한 역사적 사실은 순서와 계통에 따라 기록할 수 없으며, 주(周) 왕조 이후의 역사적 사실도 약간만 기록할 수 있을 뿐이다. 공자(孔子)는 역사적 자료에 근거하여 시대적 순서에 따라 ≪춘추(春秋)≫[2]를 집록(集錄)하였는데 노공(魯公)의 기원(紀元) 연수(年數)를 기준으로 삼아 시(時)·날(日)·달(月)을 정확히 밝혔으며, 기록이 아주 상세하고 빠짐이 없다.

그렇지만 시대적 순서에 따라 편찬한 ≪상서(尙書)≫[3]에는 대개 간략하게 기록되어 있고 연월(年月)이 나타나 있지 않다. 비록 연월이 나타나 있는 부분이 있긴 하지만 거의 대부분이 누락되어 있기 때문에 연대를

---

1) 표(表) : 사마천이 창시한 독창적인 기사(記事) 표기 체제의 하나. 기사(記事)를 아주 간략하게 나타낸 것은 세표(世表), 일반적인 것은 연표(年表), 비교적 상세한 것은 월표(月表)로 나타냈다. 본서에서는 그 표(表)들의 도표(圖表)는 생략한다.

2) 중국에서 가장 오래된 편년체(編年體) 사서(史書). 노 은공(魯隱公) 원년(B.C.722)에서부터 노 애공(魯哀公) 14년(B.C.481)까지 열국(列國)의 역사를 편년체로 기술한 사서(史書). 공자(孔子)가 노(魯)의 역사에 근거하여 엮은 것이라고 전해지고 있다.

3) 대부분 서주(西周) 시대의 공문서(公文書). 일찍이 공자가 백여 편으로 나누어 정리하였는데 진시황의 분서(焚書)로 인하여 모두 일실되고 말았다. 서한(西漢) 초, 복생(伏生)이라는 사람이 분서를 면하기 위해 몰래 숨겨 두었던 이십구 편의 ≪書≫가 전해지게 되었는데 이는 그 당시 통용되던 예서(隸書)로 씌어 있었기 때문에 '금문상서(今文尙書)'라 불렸다. 그 후 무제 때 공자의 옛 집에서 죽간(竹簡)에 고문(古文)으로 쓴 또 다른 상서가 발견되었는데 이를 '고문상서(古文尙書)'라 일컫는다. 그러나 이 텍스트는 얼마 후 일실되고 말았다. 그래서 오늘날 전해지고 있는 고문상서는 위작(僞作)이라고 여겨 '위고문상서(僞古文尙書)'라 부른다. ≪尙書≫의 명칭도 시대마다 다르게 불렸는데 맨 처음에는 단순히 '書'라고만 했다. 그 후 우서(虞書)·하서(夏書)·상서(尙書)·주서(周書)라고 '書' 앞에 시대명을 붙여 호칭하게 되었다. 한대(漢代) 이후에는 '尙書'라 일컬어졌고 송대(宋代) 이후에는 '書經'이라 불리게 되었다.

상세히 기록한다는 것은 불가능하다. 그래서 의심스러운 점을 함부로 논단하지 않고 이를 의문으로 남겨 두어 후세에 다른 사람이 명쾌하게 해결하기를 기다리는 자세로 매우 신중을 기하였다.

내가 ≪첩기(諜記)≫⁴⁾를 읽어 보니 황제(黃帝) 이래 모든 제왕의 재위 연수(年數)가 기록되어 있었다. 역보가(曆譜家)의 ≪첩기≫와 음양가의 ≪오덕전(五德傳)≫을 비교하여 그 기록을 고찰해 보았더니 고문(古文)과 기록이 일치하지 않았으며, 심지어는 모순되는 곳도 없지 않았다. 공부자(孔夫子)께서 그 연월을 차례대로 하나하나 논술하지 않은 까닭이 없을 리가 있겠는가?

그래서 나는 ≪오제계첩(五帝系諜)≫⁵⁾과 ≪상서(尚書)≫의 기록에 의거하여 황제(黃帝) 이래 공화(共和)⁶⁾ 사대까지의 세계(世系)를 시대적 순서에 따라 엮어 「삼대세표」를 썼다.⁷⁾

장부자(張夫子)가 저선생(褚先生)⁸⁾에게 물었다.

"≪시경≫⁹⁾에는 설(契)¹⁰⁾과 후직(后稷)¹¹⁾이 모두 아버지 없이 태어났다고 기록되어 있는데 그들의 전기를 고찰해 보니 그들에게는 모두 아버지가 있었소. 그들의 아버지가 바로 황제(黃帝)의 자손이라고 하는데 이러

---

4) ≪史記索隱≫에 의하면 제왕(帝王)의 가계와 시호를 기록한 책이라고 한다.
5) 고서(古書) 이름. ≪大載禮≫에 「五帝德」과 「商系」 두 편이 전해지고 있다.
6) 주 여왕(周厲王)이 포악한 통치를 하자 기원전 841년에 그를 체(彘)로 내쫓은 후 주공(周公)과 소공(召公)이 연합하여 나라를 대신 다스리게 되었는데 역사에서 이를 '공화(共和)' 라 일컫는다. 공화 원년(B.C.841)은 중국 역사상 확실한 기년(紀年)의 시초이다.
7) 이상은 하 · 은 · 주 삼대(三代)의 표(表) 서문에 상당하는 부분이다. 그 이하 세표(世表)는 지면 관계상 생략한다.
8) 장부자(張夫子)는 장자안(張子安). 저선생(褚先生)은 저소손(褚少孫). 두 사람은 한대(漢代)의 원제(元帝) · 성제(成帝) 때의 박사(博士). '夫子' 와 '先生' 은 존칭.
9) 중국에서 가장 오래된 시가(詩歌)의 총집(總集). 유가(儒家) 경전의 하나.
10) 상(商) 부족의 시조로 일컬어지는 전설상의 인물. 자세한 것은 「은본기」를 참조하기 바람.
11) 주(周)의 시조로 일컬어지는 전설상의 인물. 자세한 것은 「주본기」를 참조하기 바람.

한 견해는 ≪시경≫에 나타난 기록과 상치되는 것이 아닐까요?"

저선생이 대답했다.

"그렇지 않소. ≪시경≫에 설(契)은 알에서 태어났고 후직은 사람의 발자국으로 말미암아 태어났다고 기록되어 있는데 그것은 바로 하늘의 뜻이 지극히 정성스럽다는 것을 나타낸 것이오. 귀신은 스스로 형체를 갖출 수 없고 모름지기 사람만이 아이를 낳을 수 있는 법이오.

어찌 설과 후직이 아버지 없이 태어날 수 있단 말이오? 그들에게 아버지가 있다는 설도 있고 없다는 설도 있소. 이를 믿는 자는 자신의 믿는 바대로 소신껏 전하고 이를 의심하는 자는 의심나는 대로 전하게 되어 이처럼 두 가지 설이 대두하게 된 것이오.

요(堯) 임금은 설과 후직이 현명한 사람이며 하늘이 그들을 낳았다고 생각했소. 그래서 설에게 칠십 리의 봉지를 하사했던 것이오. 설 이후 십여 대를 거쳐 탕(湯)에 이르러 마침내 천하에 군림하게 되었소.

요 임금은 후직의 자손이 훗날 제업(帝業)을 성취하게 될 것을 알았기 때문에 후직에게 봉지 백 리를 더 하사했소. 그의 후손은 천여 년이 흐른 뒤 주 문왕(周文王)에 이르러 천하를 차지하게 되었소. ≪시경≫에는 이렇게 씌어 있소.

'탕(湯)의 조상은 설인데 그는 아버지 없이 태어났다. 설의 어머니와 그 자매들이 현구수(玄丘水)에서 목욕을 하던 중 제비 한 마리가 부리에 알을 물고 있다가 이를 떨어뜨리고 갔다. 설의 어머니는 이를 주워 입에 머금고 있다가 그만 알을 삼켜 버린 후 얼마 지나지 않아 설을 낳았다.'

설은 태어나면서부터 천성적으로 매우 현명하여 요 임금은 그를 사도(司徒)[12]의 직책에 임명하고 자씨(子氏)를 하사하였소. '자(子)'는 바로 '자(玆)'인데 자(玆)란 '날로 강대해진다.'는 뜻이오. 시인은 그를 이렇게 찬미하고 칭송하였소.

> 은(殷)의 강토는 아득히 광활하도다!　　　殷社芒芒
> 하늘이 현조(玄鳥)에게 명하여　　　　　　天命玄鳥
> 강림하여 상(商)을 낳았도다!　　　　　　降而生商[13]

　상(商)은 바로 '질박하다(質)' 는 뜻으로 은(殷)의 미칭이었소. 주 문왕(周文王)의 선조는 후직인데 그도 아버지 없이 태어났소. 후직의 어머니는 강원(姜嫄)이오. 집을 나선 강원이 거인의 발자국을 발견하고 그 위에 자신의 발을 포개어 보았는데 그 뒤 그녀는 임신을 하게 되었고 낳은 아이가 바로 후직이오.

　강원은 아비 없이 낳은 자식이라 여기고 천시하여 그 아이를 길에다 내다 버렸소. 그런데 어찌된 일인지 소와 양들이 그 어린애를 밟지 않고 피해서 지나갔다 합니다. 강원은 다시 그 아이를 산속에 내다 버렸소. 그러자 산속에 사는 사람들이 그 아이에게 젖을 먹이고 돌보는 것이었소. 강원은 다시 그 아이를 큰 연못에다 버렸소. 그러자 새들이 날개와 깃털로 감싸 주고 돌보는 것이었소. 강원은 아주 기이한 생각이 들었소. 여러 정황으로 미루어 필시 하늘이 내려 준 아이라고 판단한 강원은 버린 아이를 다시 집으로 안고 와 성인이 될 때까지 길렀소.

　요 임금은 그를 대농(大農)[14]에 임명하고 그에게 희씨(姬氏)를 하사했소. 희(姬)는 '근본(本)' 이라는 뜻이오. 시인은 '맨 처음 백성을 낳으신

---

12) 토지와 부역을 관장하던 관직.
13) ≪詩經≫의 「商頌 玄鳥」에 보인다.
14) 고대의 농관(農官).

분'15)이라고 그를 찬미하고 칭송하였으니 이는 충분히 수련(修鍊)하여 한층 더 성취한 바가 있다는 것이며 후직의 시작을 일컫는 것이오. 공자(孔子)는 이렇게 말하였소.

'옛날 요(堯)가 설(契)을 자씨(子氏)로 삼은 것은 탕(湯)이 있게 하기 위함이었다. 또 후직(后稷)에게 희씨(姬氏)를 하사한 것은 문왕(文王)이 있게 하기 위함이었다. 대왕(大王)16)은 계력(季歷)17)을 계승자로 삼아 하늘이 내리는 상서로움을 표명하였다. 태백(太伯)18)은 오(吳)로 가서 생(生)의 근원을 이루었다.'

하늘의 뜻은 헤아리기 어려우나 성인이 이를 알 수 없는 것은 아니오. 순(舜)·우(禹)·설(契)·후직(后稷)은 모두 황제(黃帝)의 자손이오. 황제는 하늘의 천명을 받아 천하를 다스렸으니 그의 덕택(德澤)은 멀리 전해져 후세에까지 유전되었소. 이 때문에 그의 자손들 모두 천자의 자리에 오르게 되었으니 이는 덕이 있는 사람에게 하늘이 보답한 것이오.

사람들은 이러한 이치를 알지 못하고 제왕들 대부분이 한낱 필부 출신에 지나지 않는다고 생각하오. 한낱 필부에 지나지 않는 자가 어떻게 흥기하여 천하에 군림할 수 있겠소? 그들은 하늘의 뜻을 얻은 후에야 비로소 그렇게 될 수 있었던 것이오."

"황제의 후손은 어떻게 오랫동안 천하에 군림할 수 있었을까요?"

---

15) ≪詩經≫의 「大雅 生民」에 '애초에 백성을 낳으신 분은 바로 강원이시라네.(厥初生民, 時維
姜嫄, ……)'가 보인다.
16) 주(周)의 태왕(太王)으로 받들어지는 고공단보(古公亶父)를 가리킴. 상(商) 왕조 말엽, 그는 기
산(岐山) 남쪽의 주원(周原)에 터를 잡고 정착하여 주(周)의 기초를 탄탄히 닦은 걸출한 두령
(頭領)이었음. 자세한 것은 「주본기」를 참조하기 바람.
17) 고공단보의 작은아들, 즉 주 문왕(周文王 : 姬昌)의 아버지.
18) 고공단보의 맏아들. 그는 동생이 계위(繼位)하도록 하기 위해 주(周)의 부족 일부를 데리고 강
남(江南)으로 떠나 매리(梅里)에 도읍을 세우고 군장(君長)이 되었다. 그가 바로 춘추시대 오
(吳)의 시조이다.

저선생이 대답했다.

"경전(經傳)에 따르면 이러합니다. 천하의 군주는 만민의 원수(元首)로 그들은 백성의 생명을 연속하게 해달라고 하늘에 간청하는 사람이며, 그들이 칭제(稱帝)하여 자손만대에 복과 은택이 전해지게 되는 것입니다. 황제(黃帝)가 바로 그러한 분이십니다. 오교(五敎)의 다스림을 공명하게 하며, 예의(禮儀)를 일으키고, 하늘이 내려 주신 좋은 시기에 군사를 일으키고 정벌을 단행하여 승리를 얻은 자가 칭왕(稱王)하니 그 복락과 은택이 천대(千代)에 길이 전해집니다.

촉왕(蜀王)[19]은 황제의 후손이며, 촉은 오늘날 한(漢) 서남쪽 오천 리밖에 있는 지방입니다. 그런데도 늘 한(漢)의 천자를 조현하러 와서 공물을 한 왕조에 바쳤습니다. 이 어찌 조상의 덕행과 은택이 후세에 전해지지 않는다고 할 수 있겠습니까? 그러니 덕을 닦는 일을 어찌 소홀히 할 수 있겠습니까? 군주와 왕은 이 점에 비추어 자신을 성찰해야 합니다.

한(漢)의 대장군(大將軍) 곽자맹(霍子孟)과 명광(名光)도 모두 황제의 자손입니다. 이로써 보건대 견문이 넓고 멀리 내다보는 사람과 대화할 수 있는 것이지 식견이 얕고 좁은 사람과는 대화하기 어려운 것입니다. 왜 이렇게 말하는가? 고대의 제후는 나라(國)를 성씨로 삼았습니다. 곽(霍)은 나라의 명칭입니다. 주 무왕(周武王)은 예전에 자신의 동생 숙처(叔處)를 곽(霍)에 분봉(分封)하였는데 후세에 이르러 진 헌공(晋獻公)은 곽공(霍公)을 멸망시켰습니다. 그리하여 곽공의 후손들은 평민이 되어 평양(平陽) 일대에 옮겨와 거주하게 되었습니다. 평양은 하동(河東) 지구에 있으며, 하동은 진(晋)의 영역에 속하는데 나중에 위(衛)나라로 나

---

19) ≪史記正義≫에 의하면 황제(黃帝)의 후예가 처음으로 촉(蜀)에서 칭왕(稱王)하였는데 그가 바로 잠총(蠶叢)이다.

뉘게 되었습니다.

≪시경≫의 기록에 의하면 이 역시 주(周)의 자손이라고 말할 수 있습니다. 주(周)는 후직(后稷)으로부터 일어나게 되었으며, 후직은 아버지가 없이 세상에 태어났습니다. 삼대(三代)의 세전(世傳)에 따르면 후직에게는 부친이 있었는데 그의 이름은 고신(高辛)이며, 고신은 황제(黃帝)의 증손자라고 합니다. 또 ≪황제종시전(黃帝終始傳)≫에는 이렇게 씌어 있습니다.

'한(漢) 왕조가 흥기한지 일백여 년이 지나 크지도 작지도 않은 사람이 백연(白燕)의 고을에서 나와 천하의 정사를 주관하였다. 그 당시 나이어린 황제(皇帝)가 재위하고 있을 때 그는 어린 군주의 수레를 거꾸로 몰았다.'

곽(霍)장군이란 사람은 본시 평양(平陽)의 백연(白燕)에 살고 있었습니다. 신(臣)이 낭관(郎官)[20]으로 재직하고 있을 때 예전에 고공(考功)[21] 방사(方士)들과 함께 기정(旗亭)에서 만난 적이 있는데 방사가 소신에게 곽장군의 이러한 상황을 말해 주었습니다. 어찌 그가 위대한 자가 아니겠습니까?"

---

20) 한(漢)의 관직명. 낭중령(郎中令)의 속관(屬官).
21) 방사(方士)의 관명(官名).

제2 십이제후연표(十二諸侯年表)

나[太史公]는 ≪춘추역보첩(春秋曆譜諜)≫[1]을 읽던 중 주 여왕(周厲王)
의 사적 대목에서 책을 놓고 탄식하지 않을 수 없었다. 아! 노(魯)나라의
태사(太師)[2] 지(摯)가 명철하게 이를 꿰뚫어 보았도다. 상(商) 왕조의 주
왕(紂王)이 상아로 젓가락을 만들자 기자(箕子)가 그 사치스러움을 보고
한탄하였다. 주(周) 왕조의 정치가 쇠미해지자 시인은 잠자리의 사생활
을 근본으로 삼아 「관저(關雎)」편[3]을 지었다. 인의가 타락하고 쇠미해지
자 시인은 「녹명(鹿鳴)」[4]이라는 시를 지어 이를 풍자하였다.

주 여왕(周厲王)에 이르러 다른 사람이 자기의 잘못을 말하는 것을 싫
어하자 공경(公卿)들은 죽음이 두려워 감히 간언하지 못하니 이로 말미
암아 재난과 변란이 발생하였다. 그리하여 여왕(厲王)은 마침내 체(彘)로
피난하였으며, 도읍 경사(京師)에서 큰 변란이 시작되니 조정에서는 주
공(周公)과 소공(召公)이 연합하여 집정(執政)하는 공화(共和) 행정이 실
시되었다.

그 이후 각 제후국이 무력을 사용하여 서로 정벌에 나서 강대국이 약
소국을 능멸하였으며, 출병할 때 주(周) 왕조의 천자에게 재가도 받지 않
았다. 이러한 제후국들은 조정의 명의를 빌어 다른 제후국을 토벌하여
맹주(盟主)를 다투었고, 정령은 오패(五覇)[5]가 조종하여 제후들이 제멋

---

1) 고대의 역보서(曆譜書). ≪漢書≫의 「藝文志」에는 ≪黃帝五家曆≫, ≪顓頊曆≫, ≪古來帝王年
譜≫, ≪帝王諸侯世譜≫ 등 역보(曆譜) 방면의 책 이름들이 나타나 있다.

2) 주(周)의 악관(樂官).

3) ≪詩經≫의 「周南」에 있는 편명. 시경의 맨 첫 편에 있음.

4) ≪詩經≫의 「小雅」에 있는 첫 편명.

5) 춘추시대의 다섯 패주(霸主), 즉 제(齊)의 환공(桓公), 진(秦)의 목공(穆公), 진(晋)의 문공(文
公), 송(宋)의 양공(襄公), 초(楚)의 장왕(莊王)을 말한다.

대로 행동하며 사치와 음란한 짓을 서슴지 않고 법도를 어겨 신하가 임금의 자리를 찬탈하는 난신(亂臣) 적자(敵者)가 속출하였다.

제(齊)·진(晋)·진(秦)·초(楚)는 서주(西周) 시대에만 해도 미미하기 짝이 없는 약소국이어서 그들의 봉지는 백 리 또는 오십 리에 지나지 않았다. 진(晋)은 삼하(三河)[6]에 의존하고, 제(齊)는 동해(東海)를 배경으로, 초(楚)는 장강(長江)과 회하(淮河)를 경계로 삼아, 진(秦)은 험준한 옹주(雍州)에 의존하여 잇달아 흥기하며 연이어 패주(覇主)가 되었다. 문왕(文王)과 무왕(武王)에 의해 포상(襃賞)으로 봉해진 대국(大國)은 모두 패주들의 무력에 굴복하고 말았다.

그래서 공자(孔子)가 제왕(帝王)의 도(道)를 천명하기 위해 예전에 칠십여 제후국의 군주를 만나 이를 설명하였지만 신용을 얻지 못하였다. 이 때문에 공자는 서쪽 주실(周室)의 도적(圖籍)을 관람하고 역사의 기록과 지난날의 전해지는 말[舊聞]을 논열(論列)하여 노국(魯國)의 역사 기록에서 출발하여 ≪춘추(春秋)≫를 편년체로 썼으니 위로는 노 은공(魯隱公)으로부터 아래로는 노 애공(魯哀公) 시대 기린(麒麟)을 획득한 때까지 망라하였다. 그는 사적(史籍)의 문사(文辭)를 간략하게 기술하여 장황하고 중복되는 점을 산거((刪去)하고 의리와 법도를 제정함으로써 왕도가 완비되도록 하였으며 인사(人事)에 통달하게 하였다.

공자의 칠십여 제자들은 그가 직접 입으로 전수하는 의도를 받아들였는데 그 가운데에는 비평·충고·표창·은휘(隱諱)·비난·손상 같은 문사(文辭)가 들어 있었기 때문에 문장으로는 표현할 수 없었다.

노국(魯國)의 군자 좌구명(左丘明)은 공자의 제자들이 이단(異端)을 견지하며 자신들의 의견만 고집하다가 ≪춘추(春秋)≫ 본디의 진면목을

---

6) 황하(黃河)·회하(淮河)·낙하(洛河)를 말함.

잃어버리지나 않을까 염려하였다. 그래서 그는 공자가 편찬한 역사의 기록에 의거하여 상세히 그의 말을 논술하여 ≪좌씨춘추(左氏春秋)≫를 썼다.

탁초(鐸椒)는 초 위왕(楚威王)의 스승인데 초왕(楚王)이 ≪춘추≫를 모두 읽을 수 없었기 때문에 그는 그중 성패의 경험적 교훈을 기술한 부분을 발췌하여 열네 장(章)으로 정리하여 ≪탁씨미(鐸氏微)≫라고 명명하였다.

조(趙) 효성왕(孝成王)때 재상(宰相) 우경(虞卿)이 위로는 ≪춘추≫의 기록을 채록하고 아래로는 근세의 형세를 관망하여 8편으로 된 책을 지었는데 이를 ≪우씨춘추(虞氏春秋)≫라 명명하였다.

여불위(呂不韋)라는 사람은 진(秦) 장양왕(莊襄王)의 승상인데 그는 오랜 옛날의 사적(史跡)을 읽고 ≪춘추≫의 내용을 산거(刪去) 또는 채록하였을 뿐만 아니라 여섯 나라(六國)의 시사(時事)를 모아 8람(八覽) 6론(六論) 12기(紀)를 써서 이를 ≪여씨춘추(呂氏春秋)≫라 명명하였다.

순경(荀卿)[7] · 맹자(孟子)[8] · 공손고(公孫固)[9] · 한비(韓非)[10] 등과 같은 사람들도 왕왕 ≪춘추≫의 문(文)을 채록하여 저술하였으니 이러한 상황을 완전히 기록하기란 실로 불가능하다.

한(漢) 왕조의 승상 장창(張蒼)[11]이 역보(曆譜)의 형식을 빌어 ≪종시오덕전(終始五德傳)≫을 썼고, 상대부(上大夫) 동중서(董仲舒)[12]가

---

7) 전국시대 조(趙)나라 사람. 이름은 황(況). 저서에 ≪荀子≫가 있음.

8) 추(鄒) 사람, 이름은 가(軻). 저서에 ≪孟子≫ 십일 편이 있다.

9) 제(齊) 민왕(閔王) 때의 사람. ≪漢書≫의 「藝文志」에 「公孫固」 십일 편 십팔 장이 씌어 있는데 일실되어 전해오지 않는다.

10) 전국시대 말기 법가(法家)의 대표적 인물. 저서에 ≪韓非子≫ 오십오 편이 있다. 자세한 것은 「노자한비열전」을 참고하기 바람.

11) 서한(西漢)의 대신으로 역산가(曆算家). 무제 때 승상의 지위에 오름. 자세한 것은 「장승상열전」을 참고하기 바람.

≪춘추≫의 미언대의(微言大義)를 부연하였으니 이는 자못 뛰어난 저
작이다.

　　태사공은 말한다.
　　유자(儒者)들은 ≪춘추≫를 다루면서 다만 일부의 내용을 발췌하여 본
의와 다르게 사용[斷章取義]하였으며, 유세가(遊說家)는 하나하나의 말
에만 치우쳐서 둘 다 ≪춘추≫에 대한 역사적 흥망의 본말을 종합적으로
탐색하지 못하였다. 역보가(曆譜家)[13]들은 ≪춘추≫의 연월(年月)만을
취하고, 음양가(陰陽家)는 ≪춘추≫의 신운(神運)만을 중시하며, 보첩
(譜諜)을 다루는 학자들은 다만 ≪춘추≫의 세계(世系)와 시호만을 기록
하여 그들의 언사(言辭)가 너무나 간략하기 때문에 ≪춘추≫의 요지를
살펴보기에는 매우 곤란하다.
　　그래서 춘추(春秋) 시기의 열두 제후국들을 차례대로 정리하는 데 있
어서 공화(共和) 행정으로부터 공자에 이르기까지 연표(年表)의 형식을
빌어 ≪춘추≫와 ≪국어(國語)≫를 연구하는 학자들이 탐구한 성쇠의
요지를 본편 안에 정리하였는데 고문을 배운 사람이 그 개요를 파악할
수 있도록 하기 위해 번잡한 곳은 산거(刪去)하였다.[14]

---

12) 무제 때의 저명한 사상가. 저서에 ≪春秋繁露≫가 있다.
13) 역법(曆法)을 연구하는 사람.
14) 이상은 「12제후연표」의 서문에 해당되는 내용이다. 그 이하 연표는 지면 관계상 생략한다.

제3 육국연표(六國年表)

나[太史公]는 ≪진기(秦記)≫¹⁾를 읽었는데 견융(犬戎)²⁾이 주 유왕(周幽王)³⁾을 패퇴시키자 주 평왕(周平王)은 하는 수 없이 동쪽 낙읍(洛邑)으로 천도하였다. 진 양공(秦襄公)은 주 평왕이 동천(東遷)하는 것을 호위한 공을 세워 처음으로 제후가 되었는데 그는 서치(西峙)에 제단(祭壇)을 쌓고 상제에게 제사를 올렸다. 이는 곧 위계 질서를 무너뜨리고 윗사람을 업신여기는 기미가 서서히 드러나기 시작한 것이다. ≪예기(禮記)≫에는 다음과 같이 씌어 있다.

'천자는 하늘과 땅에 제사를 올리고 제후들은 그들의 영역 내에 있는 이름난 산과 큰 하천에 제사지낸다.'

그 당시 진(秦)은 융적⁴⁾의 풍속에 물들어 포악을 주요 수단으로 삼고 인의를 하찮게 여겨, 왕실을 수호하는 울타리 역할의 신하이면서도 천자가 거행하는 교제(郊祭)를 올렸다. 이로 말미암아 식견 있는 군자들이 이를 두려워하기 시작했다.

진 문공(秦文公)에 이르러 농산(隴山)을 넘어 동쪽으로 진출하여 이적을 몰아내고, 진보(陳寶)⁵⁾를 신물(神物)로 받들어 기산(岐山)과 옹산(雍山) 사이에서 기반을 닦았다. 또 목공(穆公)은 공명한 정치를 펴서 진(秦)

---

1) 진(秦)의 역사 기록(史記). 진(秦)은 천하를 통일한 후 각국의 역사 기록을 불사르고[焚書] 오직 진(秦)나라의 사기(史記)만 남겨 놓았다.
2) 서융(西戎)의 별칭.
3) 서주(西周)의 마지막 군주.
4) 서방의 융족(戎族)과 북방의 적족(狄族)을 통칭.
5) 신(神) 이름. 문공 19년(B.C.747) 진창(陳倉) 북추성(北鄒城)에서 진기한 돌을 얻게 되었다. 그러자 그곳에 제단을 쌓고 제사를 지냈다. 그래서 '진보(陳寶)'라 칭하게 되었다.

의 동쪽 경계가 황하에까지 이르렀고, 제 환공(齊桓公) 및 진 문공(晉文公)과 같은 중원의 패주(覇主)들과 함께 어깨를 나란히 할 수 있었다.

그 이후 배신(陪臣)[6]들이 국정(國政)을 장악하게 되었으며, 대부들은 대대로 세습해 가며 녹봉을 받게 되었다. 육경(六卿)[7]들은 진(晉) 정권을 장악하여 제멋대로 휘두르면서 정벌을 위한 회맹(會盟)을 가지니 그 권세가 다른 제후들을 압도하였다. 전상(田常)[8]이 제 간공(齊簡公)을 시살하고 스스로 제(齊)의 재상이 되었는데도 제후들은 그 사건을 방치하고 그를 토벌하지도 않으니 이때부터 온 천하가 전공을 다투기에 바빴다.

한(韓)·조(趙)·위(魏) 세 나라가 마침내 진(晉)을 분할하여 차지하였고, 제(齊)의 전화(田和)[9]도 제(齊)를 멸하고 차지하니 육국(六國)의 흥망은 이때부터 시작되었다. 각 제후국은 군사력을 강화하여 적국을 병탄하기 위해 갖은 음모와 계략을 다 쓰고 합종(合縱)[10]과 연횡(連橫)[11]의 의론이 분분하였다. 또 왕명(王命)을 받든다고 사칭하는 자들이 벌떼처럼 일어났으며, 맹세를 해도 이를 신용하지 않고 비록 인질을 잡아 두거나 부절(符節)을 나누어 가져도 여전히 약속의 증표가 될 수 없었다.

진(秦)은 처음에 작은 나라에 지나지 않는 데다가 지리적으로 궁벽한 곳에 위치하고 있었기 때문에 중원의 각 제후들이 진(秦)을 회맹(會盟)

---

6) 제후가 천자에게 자신을 일컫는 말.
7) 춘추시대 말기 진(晉)나라의 여섯 귀족[六卿]인 한(韓)·조(趙)·위(魏)·범(范)·지(智)·중행(中行)씨.
8) 제(齊)의 대신. 간공을 시살하고 평공(平公)을 세워 조정을 멋대로 전횡하였음.
9) 전상(田常)의 증손자
10) 전국시대 소진(蘇秦)이 주장한 모책(謀策)으로, 여섯 나라가 연합하여 강력한 진(秦)에 대항하자는 주장.
11) 합종책에 대응하기 위해 장의(張儀)가 제시한 모책(謀策)으로, 진(秦)의 동쪽에 있는 여섯 나라들과 동서로 연합하려던 외교 정책.

에서 제외하여 배척하였을 뿐만 아니라 심지어는 서방(西方)의 융적과 동등한 취급을 하였다.

그런데 헌공(獻公) 이후 진(秦)은 제후국들 중 강국으로 자처하였다. 진(秦)의 최상의 덕과 의(義)를 논할진대 노(魯)와 위(衛)의 최악의 포악함만도 못하였다. 또 진(秦)의 군사력을 평가하건대 삼진(三晉)의 강함만도 못하였으나 진(秦)은 마침내 천하를 차지하였다. 이는 진(秦)이 지리적으로 험준한 지역을 차지하고 있었기 때문도 아니고 형세가 유리한 입장도 아니었으며 하늘의 도움이 있었던 듯하다.

어떤 사람이 이렇게 말했다.

"동방은 일체의 사물이 처음 생겨나는 곳이고 서방은 일체의 사물이 성숙되는 곳이다."

무릇 반란을 일으키는 자는 반드시 동남방에 있고, 그 효과를 거두는 자는 언제나 서북방에 있었다. 그러므로 대우(大禹)는 서강(西羌)[12]에서 흥기하였고 상탕(商湯)은 박(亳)에서 흥기하였으며, 주(周)가 왕업(王業)을 완성한 것은 풍(豊)과 호(鎬)의 땅에 의지하여 은(殷)의 주(紂)를 정벌했기 때문이고, 진(秦)이 제업(帝業)을 이룬 것은 옹주(雍州)에 의지하였기 때문이며, 한(漢) 왕조의 발흥은 촉한(蜀漢)에서 일어났기 때문이다.

진(秦)은 천하를 병합한 뒤 천하의 ≪시(詩)≫와 ≪서(書)≫를 불태웠는데 제후국의 역사 기록에 대해서는 특히 심했다. 제후국의 역사 기록 속에는 진(秦)을 풍자한 말들이 들어 있었기 때문이었다. 대다수의 책들은 개인이 소장하고 있었지만 유독 역사를 기록한 전적들은 주(周) 왕실에서 소장하고 있었기 때문에 모두 불살라지고 말았다. 진실로 애석하고 애석하도다!

---

12) 서방에서 활동하던 부족.

오직 진(秦)의 역사를 기록한 ≪진기(秦記)≫만 보존되어 있는데 ≪진기≫ 속에는 날짜가 적혀 있지 않을 뿐만 아니라 내용 또한 간략하게 적혀 있을 뿐이어서 완전하지 못하다. 그렇지만 전국(戰國) 시대에 대한 것은 시대의 추세를 알아 임기응변의 조처를 취하는 방법을 써서 ≪진기≫에서도 자못 많이 채용할 수 있는데 굳이 모든 것을 상고(上古)의 것만 따를 필요가 있겠는가?

진(秦)은 천하를 차지하기 위해 흉포한 수단을 이용하였다. 그러나 사회가 끊임없이 변화함에 따라 진(秦) 왕조는 시대의 변천에 순응하여 새로운 변법(變法)으로 다스렸기 때문에 성취한 바가 매우 크다 할 수 있다.

경전(經傳)에 '후대의 왕을 본받으라' 고 하였는데 그 까닭은 무엇인가? 후대 왕의 방법은 우리의 현 시대와 근접하기 때문이며, 풍속의 변화 또한 우리가 살고 있는 이 시대와 서로 흡사하기 때문이며, 그러한 의론이 평이하고 비근한 것이지만 실행하기가 용이하기 때문이다.

일반 학자들은 자신의 견문에만 고집스레 얽매인 나머지 오직 진(秦) 왕조의 제업(帝業)을 누린 날이 얼마 되지 않았다는 것만 보고 그 시원(始原)과 종말(終末)을 자세히 살펴보지도 않은 채 비웃어 넘기고 진(秦) 왕조에 대하여 내세울 만한 것을 언급하려 들지 않으니, 이것은 귀로는 음식 맛을 모르는 것과 다를 바 없다. 참으로 슬프도다!

그래서 나는 ≪진기≫의 기록을 바탕으로 공자가 쓴 ≪춘추≫의 뒤를 이어 주 원왕(周元王)에서 시작하여 6국(六國) 당시의 시사(時事)를 표(表)로 정리하고 진 2세(秦二世)에 이르기까지 도합 이백칠십 년 동안의 치란(治亂)과 흥망성쇠의 연유에 관하여 내가 들은 것을 모두 기록하였다. 이는 훗날 식견 있는 사람들이 볼 수 있게 하기 위함이다.

제4 진초지제월표(秦楚之際月表)

 나[太史公]는 진(秦)과 초(楚)의 역사 기록을 읽고서 다음과 같은 사실을 알게 되었다. 맨 처음 진(秦)에 반기를 든 것은 진섭(陳涉)이었고, 잔학한 수단을 써서 진(秦) 왕조를 멸한 것은 항우(項羽)였다. 그렇지만 혼란 상태를 수습한 뒤 강포한 무리를 없애고 천하를 평정하여 마침내 제위에 오르는 공업은 한가(漢家)에서 이루어졌다. 5년 사이[1]에 천하를 호령하는 자가 세 차례나 바뀌었으니 인류가 존재한 이래 이처럼 급박하게 하늘의 명을 받은 적이 없었다.
 옛날 우(虞)와 하(夏) 두 왕조의 흥기를 보면 제업(帝業)을 창건한 군주가 수십 년 동안 선(善)을 쌓고 공(功)을 세워 그 은덕이 백성들에게 두루 미치고 먼저 정사를 대리하여 하늘의 시험을 거친 후에야 비로소 정식으로 제위에 오를 수 있었다.
 상 탕(商湯)과 주 무왕(周武王)이 칭왕(稱王)할 수 있었던 것은 그들의 선조인 설(契)과 후직(后稷)이 인(仁)을 닦고 의(義)를 행하기 시작하여 십여 대에 이르도록 계속한 것에 기인한다. 또 무왕(武王)이 주(紂)를 정벌할 때 아무런 기약을 하지 않았어도 팔백여 제후들이 맹진(孟津)에 모였는데 무왕은 아직 상(商) 왕조를 멸할 조건이 충분히 무르익지 않았다고 생각했다. 때가 무르익은 후에야 상 탕(商湯)은 비로소 하 걸(夏桀)을 내쫓고, 주 무왕은 비로소 상 주(商紂)를 주살하였던 것이다.
 진(秦)이 양공(襄公) 때 흥기하여 문공(文公)과 목공(穆公) 시기에 점점 이름을 드러내고 헌공(獻公)과 효공(孝公) 이후 점차 관동(關東) 6국

---

1) 진섭이 칭왕한 때(B.C. 209)부터 유방이 칭제할 때(B.C. 202)까지 실제로는 8년이다.

(六國)을 잠식하기 시작하여 그로부터 일백여 년이 경과한 진시황에 이르러 비로소 6국을 완전히 병합할 수 있었다. 우(虞) · 하(夏) · 상(商) · 주(周)처럼 백성들에게 은덕을 두루 베풀고 진(秦)처럼 강력한 힘으로 제후들을 병합하는 데에도 오랜 세월에 걸친 노력을 경주해야만 비로소 통일을 이룰 수 있었으니 천하를 통일한다는 것은 이처럼 어려운 것이다.

진시황은 칭제(稱帝)한 이후에도 전란이 종식될 수 없는 것은 바로 제후가 존재하기 때문이라고 보았다. 그래서 그의 친족과 공신들에게 한 자[尺]의 땅도 분봉(分封)하지 않았으며, 이름난 큰 성을 헐고 천하의 무기를 거두어 녹여 버렸으며, 천하의 호걸들을 없애 만대에 이르는 안녕을 도모하고자 하였다.

그렇지만 왕업의 후계자는 민간에서 나왔으며, 각지의 호걸들이 연합하여 진(秦)을 공격하니 그 드높은 기세는 하(夏) · 상(商) · 주(周) 삼대(三代)를 능가하였다. 지난날 진(秦) 왕조가 제후를 봉하지 않고, 무기를 회수하여 이를 녹여 버리고, 이름난 큰 성을 헐어 버리는 등 가혹한 법과 금기(禁忌)를 실시했던 것은 어진 사람(賢者)이 진(秦)을 멸망시키는 데 장애를 없애 주고 도움을 주게 된 셈이었다.

그리하여 고조(高祖)는 일개 평민의 신분으로 떨쳐 일어나 천하의 영웅이 되었으니 어찌 '봉토(封土) 없이는 왕이 될 수 없다.'[2]고 말할 수 있겠는가? 그가 이른바 위대한 성인이 아니겠는가? 이 어찌 하늘의 뜻이 아니리오! 하늘의 뜻이 아니리오! 위대한 성인이 아니라면 어떻게 호걸들이 다투는 난세에 천명을 받아 황제가 될 수 있었겠는가?

---

2) '봉토 없이는 왕이 될 수 없다(無土不王)'는 옛 속담.

제5 한흥이래제후왕연표(漢興以來諸侯王年表)

태사공은 말한다.

은(殷) 이전의 역사는 아득히 오래 되었다. 주(周) 왕조 제후의 작위에는 공(公)·후(侯)·백(伯)·자(子)·남(男)의 5등급이 있었다. 백금(伯禽)[1]을 노(魯)에, 강숙(康叔)[2]을 위(衛)에 봉하고 각각 사백 리씩 봉지를 주었는데 이는 친족을 친애하며 그들의 공덕을 포상하는 것이었다. 또 강태공(姜太公 : 呂尙)을 제(齊)에 봉하고 다른 제후의 5배나 되는 땅을 하사한 것은 그가 세운 공로를 존중하는 것이었다.

주(周)의 무왕(武王)·성왕(成王)·강왕(康王) 때 분봉된 수백 명의 제후들 중 동성(同姓)의 제후들은 오십오 명이었는데 그들이 받은 봉지는 많아도 일백 리를 넘지 않았으며 적으면 삼십 리 정도였으니 이는 왕실을 보좌하고 보위하기 위함이었다. 나중에 관(管)·채(蔡)·강숙(康叔)·조(曹)·정(鄭)[3] 등 각 제후가 받은 봉지 중 규정을 초과한 것도 있는가 하면 도리어 규정보다 적은 것도 있었다.

여왕(厲王)과 유왕(幽王) 이후 주 왕실이 약해지자 후(侯)와 백(伯)들 가운데 강국이 흥기하였다. 그렇지만 주(周) 천자의 세력은 미약하여 이들을 토벌할 만한 힘이 없었다. 이것은 주 왕실의 덕이 불순하기 때문이 아니라 이미 세력이 쇠미해졌기 때문이었다.

한(漢) 왕조가 흥기한 이후부터 제후의 작위는 2등급으로 나뉘게 되었

---

1) 주공(周公) 단(旦)의 맏아들로 성왕(成王) 때 노(魯)에 봉해졌음.
2) 무왕(武王 : 姬發)의 동생으로 이름은 봉(封). 성왕(成王) 때 위(魏)에 봉해졌음.
3) 관(管) : 관숙(管叔 : 姬鮮). 채(蔡) : 채숙(蔡叔 : 姬度). 조(曹) : 조숙(曹叔 : 姬鐸). 정(鄭) : 정숙(鄭叔 : 姬友).

는데 공이 큰 자는 왕(王)에 봉하고 적은 자는 후(侯)에 봉하였다. 고조(高祖) 말년에 유씨(劉氏)의 종실이 아니면서도 왕이 된 자와 공로가 없어 황제가 봉하지 않았는데도 후(侯)인 자는 천하의 신민(臣民)이 공동으로 그들을 주살하였다.

그 당시 고조(高祖)의 자제와 동성(同姓)의 종실이 왕인 봉국은 9개국이었는데 오직 장사왕(長沙王)만이 이성(異姓)이었으며, 공신으로 후(侯)에 봉해진 자는 일백여 명에 달하였다.

안문(雁門)과 태원(太原)에서 동으로 요양(遼陽)에 이르는 지역은 연국(燕國)과 대국(代國)이었다. 상산(常山) 이남에서 태행산(太行山) 동쪽 황하와 제수(濟水)를 건너 동아(東阿)와 견성(鄄城)의 동쪽 바다에 이르는 지역은 제국(齊國)과 조국(趙國)이었다. 진현(陳縣) 서쪽과 남쪽으로 구의산(九疑山)에 이르고, 동으로 장강(長江) · 회하(淮河) · 곡수(穀水) · 사수(泗水) 일대와 회계산(會稽山)에 인접한 지역은 양국(梁國) · 초국(楚國) · 회남(淮南) 및 장사국(長沙國)이었다.

밖으로는 흉노와 월족(越族)에 인접하고 안으로는 북쪽 효산(崤山)의 동쪽에 이르는 지역이 모두 제후들의 봉지였는데 큰 제후국은 5, 6개의 군(郡)을 영유하고 수십 개의 성이 연이어 있었으며 그들 스스로 백관과 별궁을 설치한 정도가 규정을 넘어 천자를 능가할 지경이었다.

당시 한(漢) 왕조의 중앙 조정은 다만 삼하(三河) · 동군(東郡) · 영천(潁川) · 남양(南陽), 그리고 강릉 서쪽에서 촉군(蜀郡)에 이르는 지역과 북으로 운중(雲中)에서 농서(隴西)에 이르는 지역 및 내사(內史) 등 모두 열다섯 군(郡)에 지나지 않았으며 거기에 공주(公主)와 열후의 식읍 대부분이 포함되어 있었다. 그 까닭은 무엇인가? 이제 겨우 천하를 평정하였으나 제후왕과 후(侯)들 중 한(漢) 왕실과 동성(同姓)인 사람이 적었기 때문에 한 왕실의 뭇 서자들의 역량을 키워 천하를 진무(鎭撫)하고 한

(漢) 왕조의 천자를 호위하기 위함이었다.

한(漢) 왕조가 천하를 평정한 이후 백 년 사이에 친속(親屬)들은 날로 더욱 소원해지게 되었고 어떤 제후들은 교만과 사치를 일삼았으며, 간사한 신하의 유혹에 넘어가 음모와 반란의 행동도 서슴지 않았다. 크게는 반역을 저지르고 작게는 나라의 법도를 어지럽히는 지경에 이르러 그로 말미암아 자신의 생명까지도 위태롭게 하였을 뿐만 아니라 나라를 망치게 되었다.

천자는 상고(上古)의 정치적 득실을 살펴보고 제후에게 은혜를 더 베풀어 그들 자신의 은택을 널리 확산시킬 수 있도록 하기 위해 그 자제들에게 국읍(國邑)을 나누어 주게 하였다. 그래서 제(齊)를 분할하여 7개국(國)으로, 조(趙)를 6개국으로, 양(梁)을 5개국으로, 회남(淮南)을 3개국으로 나누어 천자의 방계 서자를 왕으로 봉하고, 왕자의 방계 서자를 후(侯)로 봉한 자가 백여 명에 이르렀다.

오초칠국(吳楚七國)의 난 때 어떤 제후는 유배를 당하고 봉지를 삭탈당하였다. 그래서 연(燕)과 대(代)는 북쪽의 군(郡)이 없어지게 되었으며, 오(吳)·회남(淮南)·장사(長沙)는 남쪽의 군(郡)을 잃게 되었으며, 제(齊)·조(趙)·양(梁)·초(楚)는 지군(支郡)과 이름난 산(名山) 및 연못을 모두 한(漢) 왕조의 조정에 바쳐야 했다.

제후들은 점차 세력이 약해져 큰 봉국은 십여 성을 영유할 뿐이었고 작은 후(小侯)는 수십 리에 지나지 않는 땅을 영유하고 있었지만 그것만으로도 위로는 조공의 의무를 충분히 이행할 수 있고 아래로는 제사를 받들고 도읍 경사(京師)를 보위할 수 있었다.

한(漢) 왕조의 조정이 설치한 팔백구십여 군(郡)이 제후국 내에 뒤섞여 마치 개 이빨이 서로 맞물리듯 하였으며, 험준한 관문과 요새 및 유리한 지세(地勢)를 장악하여 마침내 조정의 역량을 강화하고 제후국의 세력을 약화시켜 지위의 높고 낮음이 분명해지고 만사가 제자리를 찾을 수 있게 되었다.

나 사마천은 고조(高祖) 이래로부터 태초(太初)⁴⁾ 연간에 이르기까지의 역사적 사실을 기록하는 데 있어 각 제후국들이 강성해지고 약화된 시기와 상황을 기록함으로써 후세 사람들이 이를 보고 교훈을 얻게 하고자 한다. 그러므로 형세가 비록 강성하다고 할지라도 중요한 것은 인의를 치국의 근본으로 삼아야 한다는 점이다.⁵⁾

---

4) 무제의 연호(B.C. 104~101).
5) 이상은 「한흥이래제후왕연표」의 서문에 해당되는 내용이다. 그 이하 연표는 지면 관계상 생략한다.

제6 고조공신후자연표(高祖功臣侯者年表)

태사공은 말한다.

옛날 신하의 공훈에는 다섯 등급이 있었다. 덕행으로 제업(帝業)을 창
건하고 나라를 안정케 하면 '훈(勳)'이라 하였으며, 진언하여 공을 세우
면 '노(勞)'라 하였으며, 무력으로 공을 세우면 '공(功)'이라 하였으며, 공
로의 등급을 명확히 밝히면 '벌(伐)'이라 하였으며, 공로자의 자격과 경
력 및 장단점을 잘 따지면 '열(閱)'이라 하였다.

한(漢) 왕조 초기의 봉작(封爵)하는 맹서의 글에 '황하가 허리띠처럼
가늘어지고 태산이 숫돌만큼 작아진다 할지라도 조정은 공신들의 봉국
을 영원무궁토록 평안히 하고 그 은택이 자손만대에 미치게 한다.'고 하
였다. 처음 봉작할 때 조정에서 그 근본을 공고히 하려던 적이 없었던
것은 아니지만 나중에는 그 지엽적인 것조차 점차 쇠미해지고 말았다.

나는 고조(高祖)가 열후를 분봉(分封)한 기록을 읽고 처음 분봉 받은
작위를 상실하게 된 까닭을 살펴본 후, 실제 상황과 내가 전해들은 이야
기는 너무나 판이하다고 느끼게 되었다. ≪상서(尙書)≫의 〈요전(堯
典)〉에 '만국(萬國)의 제후들을 화평케 한다.'고 하였으며, 만국의 변천
은 하(夏)·상(商)을 거쳐 수천 년 동안 이루어졌다. 주(周) 초에 팔백여
제후들을 분봉하였고, 유왕(幽王)과 여왕(厲王) 이후 제후의 사적(史迹)
은 ≪춘추(春秋)≫에 그 기록이 나타나 있다.

≪상서(尙書)≫에 기록된 당 요(唐堯)와 우 순(虞舜) 시대의 후백(侯
伯)들은 하(夏)·상(商)·주(周) 삼대를 거쳐 이미 일천여 년이 넘도록
자신의 봉작을 온전히 보전할 수 있었을 뿐만 아니라 주(周) 왕조의 천자
를 보위하는 울타리 역할을 든든히 하였으니 이 어찌 인의를 돈독히 하

고 주 천자(周天子)의 법도를 준수한 것이 아니겠는가?

한(漢) 왕조가 건립된 후 공신으로 수봉(受封)된 자가 일백여 명이었다. 그 당시 천하가 겨우 안정된 직후라 큰 성과 도읍에 거주하고 있던 인구가 모두 흩어져 버려 남아 있는 인구라고는 줄잡아 십 분의 2, 3 정도였다. 따라서 대후(大侯)의 봉읍이라야 고작 일천 호(戶)에 지나지 않았으며 소후(小侯)는 오륙백 호(戶)에 지나지 않았다.

그 후 몇 세대가 지나 백성들이 다시 고향으로 되돌아오게 되어 나날이 호구(戶口) 수가 불어나게 되자 소하(蕭何)·조참(曹參)·주발(周勃)·관영(灌嬰) 등의 후손들 중 어떤 사람은 봉읍이 사만 호에 이르게 되었으며 소후(小侯)의 봉호(封戶)도 두 배나 불어나게 되니 그들의 재(財)와 부(富)도 빠른 속도로 늘어났다.

그와 동시에 그들의 자손들은 선조들의 고충을 잊고 교만과 사치에 빠져 사악하고 방탕한 짓을 서슴지 않았다. 무제(武帝)의 태초(太初)에 이르러 일백 년 사이에 후작(侯爵)을 보존하고 있는 자라고는 고작 다섯뿐이고, 그 나머지는 법에 저촉되어 목숨을 잃고 나라를 망쳐 모두 사라지고 말았다. 물론 나라의 법망이 나날이 엄격해진 까닭도 있었지만 그들이 당시의 금령에 신중히 대처하지 못했기 때문이다.

현 사회에 살면서 옛 선인들이 처세한 도(道)를 기록해 두는 까닭은 우리 자신을 비추어 보기 위한 거울로 삼고자 함에 있다. 물론 과거의 방법이 반드시 지금과 같다고는 할 수 없다. 제왕(帝王)들이 각기 상이한 예법과 정략을 가지고 있었지만 무엇보다 중요한 것은 마땅히 성공한 경험을 준칙으로 삼았다 할 수 있으니 이 어찌 완전히 일치하지 않는다고 할 수 있겠는가?

제후왕이 존경과 총애를 한몸에 받거나 폐위되고 치욕을 겪는 까닭을 살펴보면 당세(當世)에서 성공하느냐 실패하느냐의 도리가 있거늘, 하필 고대의 전문(傳聞)에서만 살펴보아야 할 필요가 있겠는가? 그래서 제 후왕이 폐립(廢立)된 그 시말(始末)을 고찰하여 양식에 의거해 문자로 표현했지만 그중에는 상세히 기록하지 못한 부분도 없지 않다.

　나는 명확한 자료는 기술하되 의문이 나는 점은 기록하지 않았다. 훗날 고조(高祖)가 분봉(分封)한 공신들의 경위를 자세히 연구하고 논술하려는 군자가 있다면 이 표(表)가 참고가 될 수 있을 것이다.[1]

---

1) 이상은 「고조공신후자연표」의 서문에 해당되는 내용이다. 그 이하 연표는 지면 관계상 생략한다.

제7 혜경간후자연표(惠景間侯者年表)

　나[太史公]는 열후의 분봉(分封)에 관한 자료를 읽다가 편후(便侯)[1]에 관한 부분에 이르러, 거기에는 그럴 만한 연유가 있다고 생각하였다.

　장사왕(長沙王) 오예(吳芮)의 이름은 《영갑(令甲)》[2]에 기록되어 있는데 이는 조정에서 그의 충성을 칭송하기 위함이었다. 일찌기 한 고조(漢高祖)가 천하를 평정한 후 이성(異姓)의 공신들에게 봉지를 하사하고 제후왕으로 봉한 나라가 8개국이었다.

　혜제(惠帝)에 이르러 오직 장사왕(長沙王)만이 후국(侯國)을 보전하여 5대까지 전해지다가 결국 후사가 없어 단절되고 말았다. 그들은 처음부터 한결같이 조정의 번신(藩臣)[3]으로서 그 직분을 다하였으니 가히 신임을 받을 만했다고 하겠다. 그래서 장사왕의 은택은 방계(傍系) 서자에게까지 미쳤으며 심지어 공을 세우지 못하였는데 후(侯)로 봉해진 자도 여러 명 있었다.

　혜제(惠帝)에서 경제(景帝)에 이르는 오십 년 사이를 회상해 보면 고조 때 공을 세워 봉해진 유신(遺臣), 문제(文帝)와 함께 대(代)에서 뒤따라 온 공신, 오초칠국(吳楚七國)의 난을 평정하는 데 공을 세운 공신, 제후의 자제와 친밀한 자 및 외국에서 귀순해 온 자 등이 있었는데 이때 수봉(受封)된 자가 구십여 명에 이르렀다. 그들 모두를 시작과 끝에 이르기까

---

1) 장사왕(長沙王) 오예(吳芮)의 아들 오천(吳淺)이 편후(便侯)에 봉해졌다.
2) 서한(西漢) 때 내린 삼백 편에 이르는 조령(詔令)들을 모아 선후를 따져 편철해 둔 것 중 제1집을 말한다. 서한 초의 규정에 의하면 유(劉)씨가 아니면 제1집에 들 수 없도록 되어 있는데 오예가 제1집에 들게 된 것은 그의 공로를 표창하였음을 나타낸 것이다.
3) 천자의 왕실을 보위하기 위해 울타리 역할을 하는 신하, 즉 제후.

지 낱낱이 표(表)로 정리하여 기술했다. 그들은 당세(當世)에 인의를 행하여 혁혁한 공을 세운 매우 저명한 인물들이다.[4]

---

4) 이상은 「혜경간후자연표」의 서문에 해당되는 부분이다. 그 이하 연표는 지면 관계상 생략한다.

제8 건원이래후자연표(建元以來侯者年表)

　태사공은 말한다.

　흉노는 한(漢) 왕조와의 화친 관계[1]를 단절하고 변방의 요로(要路)와 관문을 공격해 왔다. 민월(閩越)이 함부로 동구(東甌)를 정벌하자 동구는 한(漢)의 속국이 되기를 자청해 왔다. 흉노와 민월이 번갈아 변경을 침략해 온 것은 바야흐로 강대한 한(漢) 왕조가 흥륭할 무렵이었는데 이로 미루어 보건대 이때 수봉(受封)된 공신들은 그들의 선조에 비견할 만하다고 할 수 있다. 무엇 때문인가? ≪시경≫과 ≪서경≫에 하(夏)·상(商)·주(周) 삼대를 칭송하여 '융적을 무찌르고 형서(荊舒)를 응징하였다.'고 했다.

　그 후 춘추시대에 제 환공(齊桓公)이 연(燕)의 변경을 넘어 산융(山戎)을 토벌하였고, 무령왕(武靈王)은 아주 작은 조(趙)나라 병력으로 선우(單于)[2]를 정복하였으며, 진 목공(秦穆公)은 백리해(百里奚)를 등용하여 서융의 패주(霸主)가 되었으며, 오(吳)와 초(楚)의 군주는 제후의 신분으로 백월(百越)을 부렸다. 하물며 바야흐로 중국이 통일되고 현명한 천자가 위에 있어서랴!

　문무(文武)의 지모를 겸비하여 전 중국을 석권하고 안으로 억만 민중이 결집되어 있으니 어찌 나라 안을 태평스럽게 하기 위해 변방을 침략하는 무리들을 정벌하러 나서지 않겠는가! 그 이후 북으로는 강대한 흉

---

1) 서한(西漢)은 고조부터 경제에 이르기까지 줄곧 흉노와 화친 정책을 추진해 왔다. 그러다 무제에 이르러 화친 정책을 중지하고 대대적인 방어와 함께 반격을 가하기 시작했다. 자세한 것은 「흉노열전」을 참고하기 바람.
2) 흉노의 군주.

노를 정벌하고 남으로는 사납고 날랜 월족(越族)을 토벌하였다. 이 작전에 출정한 장수들은 세운 공의 크기에 따라 수봉(受封)되었다.[3]

참견하기를 좋아하는 후배 유생 저선생(褚先生)[4]은 말한다.

태사공은 한 무제(漢武帝)까지만[5] 대사(大事)를 기술하는 데 그쳤다. 그래서 나는 한 소제(漢昭帝) 이후의 공신과 봉후(封侯)에 관한 대사(大事)를 엮음으로써 금후 참견하기를 좋아하는 사람들이 이것을 보고 성패(成敗)와 시비(是非)를 최적의 방법으로 살펴 경계를 삼으려 한다.

당대(當代)의 군자는 임기응변에 따라 권력을 행사하고, 형세를 판단하여 적절한 조치를 취하며, 세속에 아첨하여 일을 처리함으로써 공훈(功勳)을 세워 토지와 후위(侯位)를 보유하고, 당세(當世)에 명예를 세우려하니 어찌 광채가 나지 않겠는가!

내가 보건대 그들은 성대한 지위를 지니고 업(業)을 이루는 태도로 이를 굳게 지키고, 겸양할 줄 모른 채 오만하게 권력을 다투며, 자신의 명예 선양하기를 좋아하고 오로지 승관(升官)하는 데만 골몰하여 물러날 줄 몰랐다. 결국 그로 인하여 목숨을 잃고 나라가 멸망하게 되었다. 그들이 '임기응변에 따라 권력을 행사하고, 형세를 판단하여 적절한 조치를 취하고, 세속에 아첨하여 일을 처리한다.'는 세 가지 처세에 의거하여 얻은 것은 자기 대(代)에 잃어버리게 된다. 그런데도 공업을 후대에 전하여 그 은택(恩澤)을 자손만대에 미치게 하려 하니 이 어찌 슬프지 않으리오!

---

3) 이상은 「건원이래후자연표」의 서문에 상당하는 내용이다. 그 이하 연표는 지면 관계상 생략한다.
4) 저소손(褚少孫). 원제(元帝) · 성제(成帝) 때의 박사(博士).
5) 태사공의 기사(記事)는 태초(太初) 4년에서 종결된다.

용락후(龍洛侯)[6]는 전장군(前將軍)[7]이 되어 세속에 순응하되 충직하고, 침착하고 신중하여 미더우며, 겸손하여 정사에 관여하지 않았으며 남을 사랑하였다. 그의 조상은 진(晉)나라 6경(卿)[8] 출신으로서 영토를 보유한 군국이 된 이래 왕후(王侯)로 수봉(受封)되었으며, 대대로 자손이 끊이지 않고 이어받아 오늘에 이르러 무릇 일백여 년을 헤아리게 되었으니 어찌 이 공신들과 자신의 대(代)에서 일체를 잃어버린 자를 함께 말할 수 있으리오! 슬프도다! 후대 사람들은 반드시 이를 경계로 삼을지어다."

---

6) 서한(西漢) 때 한열(韓說)의 아들 한증(韓曾). 무제 정화(征和) 2년, 용락후(龍洛侯)의 지위를 세습 받았고 소제(昭帝) 때 전장군(前將軍)이 되었으며 선제(宣帝) 본시(本時) 2년에 후장군(後將軍)이 되었다.

7) 서한(西漢) 때 무관의 조직은 대체로 최고의 대장군(大將軍), 그 아래로 전장군(前將軍)·후장군(後將軍)·좌장군(左將軍)·우장군(右將軍) 등의 명호가 있었다.

8) 춘추시대 진(晉)나라의 여섯 대부들, 즉 한(韓)·조(趙)·위(魏)·범(范)·중행(中行)·지(智)씨.

9) 이하 저소손이 부록으로 보충한 표(表)는 생략한다.

제9 건원이래왕자후자연표(建元以來王子侯者年表)

황제는 어사(御史)에게 명하였다.

"제후왕이 자신의 식읍을 자제에게 나누어 주려 한다면 그들로 하여 금 상주(上奏)하도록 명하라. 짐이 친히 그 식읍의 봉호(封號) 명칭을 제 정하겠노라."

태사공은 말한다.

천자의 은덕이 진실로 성대하도다! 한 사람의 선한 일이 있으면 천하 의 백성이 모두 이익을 얻게 된다.[1]

---

1) 이상은 「건원이래왕자후자연표」의 서문에 해당되는 내용이다. 그 이하 연표(年表)는 지면 관 계상 생략한다.

제10 한흥이래장상명신연표(漢興以來將相名臣年表)

[해설]

「태사공자서」 130편에 '나라에 어진 재상과 뛰어난 장군이 있으면 그들은 국민의 사표(師表)가 된다. 나는 본래 있는 〈한흥 이래 장상 명신 연표〉를 읽고 그중 어진 자[賢者]의 치적을 기록하고 어질지 못한 자[不賢者]의 못된 행적을 밝혔다. 이에 의거하여 제10편에 〈한흥 이래의 장상 및 명신 연표〉를 싣는다.'고 기술하였다.

그런데 앞서 살펴본 표(表)와는 달리 서문에 상당하는 글이 없으며 유독 이 연표에만 독특한 도문(倒文)이 있다. ≪한서(漢書)≫의 「사마천전(司馬遷傳)」에 '≪史記≫에는 열 편이 결여되어 목록만 있을 뿐 원문이 없다.(而十篇缺, 有錄無書)'고 하였다. 삼국(三國)시대 장안(張安)의 주(註)에는 결여된 열 편을 제시하고 있는데 〈한흥 이래의 장상 및 명신 연표〉도 그것에 해당된다고 보았으며 원제(元帝) 및 성제(成帝) 연간에 저소손이 보충했다고 한다.

이로 미루어 볼 때 현재 남아 있는 〈한흥 이래의 명신 연표〉는 사마천이 쓰지 않은 것이 확실하며 저소손이나 다른 사람이 보(補)한 것이 틀림없는 것으로 보여진다.

書

제1 예서(禮書)[1]

    태사공은 말한다.

    광대하도다, 아름다운 덕이여! 만물을 주재(主宰)하고 군중을 부리는 것이 어찌 사람의 역량이라 할 수 있겠는가? 나는 왕조의 의례를 관장하는 대행령(大行令)[2] 관부에 들러 하(夏)·상(商)·주(周) 삼대(三代) 의례(儀禮)의 증감에 관한 변천을 살펴보고 나서야 비로소 옛 선인들이 인정(人情)에 따라 예법을 제정하고 인성(人性)에 의거하여 의식(儀式)을 제정하였으며 예(禮)의 기원이 참으로 오래 되었다는 것을 알게 되었다.

    인간의 사회 활동이 피륙의 씨와 날[經緯]처럼 아무리 복잡하더라도 예법이 꿰뚫지 않는 곳이 없다. 인의로써 바른 길로 인도하고 형벌로써 행동을 제약한다. 그러므로 덕이 두터운 사람은 존귀한 자리에 앉고 봉록이 많은 사람은 총애와 영예를 누리게 되는데 이는 국가를 통일하고 만민을 다스리는 기본 원칙이다.

    사람의 몸은 수레를 타면 편안하기에 수레의 본체와 끌채를 금으로 장식하여 아름답게 꾸민다. 사람의 눈은 다양한 색채[五色]를 좋아하기 때문에 옷에 아름다운 수와 문채를 새겨 자신의 능력을 드러낸다. 귀는 악

---

1) 예(禮)란 노예 봉건 사회에서 사회적 행동을 규정한 법도·규범·의식(儀式)의 총칭. 서(書)는 자연 현상과 사회 제도를 기술한 사기(史記) 체제(體制)의 한 종류. 예서(禮書)는 ≪漢書≫ 「司馬遷傳」에 대한 장안(張晏)의 주(註)에 의하면 이미 일실되었고 그 후 저소손(褚少孫)이 순경(荀卿)의 ≪荀子·禮論≫에서 취하여 기술하였다고 한다.
2) 예의를 주관하고 빈객을 접대하는 관직명.
3) 종(鍾) : 청동으로 만든 악기. 경(磬) : 옥석(玉石)이나 금속으로 만든 악기. 옛 사람들은 흔히 종경(鐘磬)을 악기로 사용하였다. 그래서 여기에서는 '악기'를 뜻한다.
4) 팔음(八音) : 고대 악기의 총칭. 즉 쇠(金)·돌(石)·흙(土)·가죽(革)·끈(絲)·나무(木)·박(匏)·대나무(竹)로 만든 여덟 가지 악기.

기[鍾磬][3] 소리를 듣기 좋아하므로 각종 악기[八音][4]를 조화시켜 마음을 즐겁게 한다. 입은 여러 가지 맛[五味]을 즐기기 때문에 맛있는 음식에 시고 단 것을 가미하여 좋은 맛을 내려고 한다. 사람의 감정은 진기하고 아름다운 물건을 좋아하기에 옥돌[圭璧]을 쪼고 갈아서 좋은 보옥으로 만들어 마음을 흡족하게 하려 한다.

그래서 제왕(帝王)이 타는 수레[大路][5]의 자리는 부들[蒲草]로 엮은 것을 썼으며, 조회할 때에는 사슴 가죽으로 만든 관[皮弁][6]을 쓰고 흰 베옷을 입으며, 연주하는 금슬(琴瑟)은 붉은 줄에 구멍이 작은 것을 썼다. 또 제사할 때에는 향신료를 가미하지 않은 국[大羹]과 깨끗한 물[玄酒][7]을 썼는데 이는 지나치게 꾸미고 사치하는 폐단을 방지하기 위함이었다.

이렇게 함으로써 위로는 군신과 조정(朝廷)으로부터 존비와 귀천의 질서가 생기고 아래로는 백성들에게까지 미쳐 수레와 말·의복·주택·음식·혼인·상례 및 제례에 분별이 있게 되며 모든 일에 적절한 한도가 있게 되고 모든 사물에 절제가 있게 된다.

그래서 공자(孔子)[8]는 이렇게 말했다.

"노(魯)나라의 체제(禘祭)[9]에 있어 관(灌)[10]의 의식 이후는 나는 보고

---

5) 천자가 타는 수레.
6) 국왕이 조회할 때 쓰는 사슴 가죽으로 만든 예모(禮帽).
7) 옛날에는 술이 없었으므로 제사를 지낼 때 백수(白水)를 썼음.
8) 생졸 연대는 B.C.551~B.C.479. 공구(孔丘). 자(字)는 중니(仲尼). 춘추시대 노(魯)나라 추읍(陬邑) 사람. 유가(儒家) 학파의 창시자. 자세한 것은 「공자세가」를 참조하기 바람.
9) 천자가 조상에게 지내는 제사의 일종. 여기에서는 노(魯)나라의 조묘(祖廟)에서 거행한 체제(禘祭)를 가리킨다. 일찍이 주(周)의 성왕(成王)은 주공 단(周公旦)의 공로를 인정하여 노나라 군주에게 주공 단을 제사할 때 체제를 지낼 수 있도록 특별히 허용하였다. 노 문공(魯文公) 2년, 노나라에서 체제(禘祭)를 거행할 때 노 희공(魯僖公)의 선주를 노 민공(魯閔公)의 것보다 앞에 놓았다. 비록 희공이 민공을 계위하였지만 민공의 형이라는 이유 때문이었다. 그러나 공자는 희공을 민공 앞에 놓는 것은 군신(君臣)의 상하 관계를 깨뜨리는 것으로 예에 어긋난다고 보았기 때문에 관(灌)의 의식 이후는 보고 싶지 않다고 말한 것이다.
10) 체제를 거행할 때 맨 처음 태조(太祖)의 망령(亡靈)에게 헌주(獻酒)하는 의식을 말함.

싶지 않다."¹¹⁾

주(周) 왕조가 쇠약해지면서 예법과 음악이 무너지고, 신분이 높고 낮은 사람 가릴 것 없이 다투어 법도를 어기게 되었다. 관중(管仲)¹²⁾의 집에는 전폐(錢幣)를 저장해 두는 곳집[府庫]이 있었다. 법도를 지키고 정도(正道)를 따르는 사람은 세상 사람들한테 무시당하고, 사치와 방종을 일삼으며 분수를 모르는 자들은 도리어 현귀(顯貴)해지고 영광을 누리게 된다고 여겼다.

자하(子夏)¹³⁾도 비록 공자 문하(門下)의 뛰어난 제자였지만 이렇게 말했다.

"밖에 나가 번화하고 성대하며 화려한 것을 보는 것도 기쁘고 안에 들어가 스승의 가르침을 들어도 즐거우니, 이 두 가지 모순된 생각이 서로 갈등을 일으켜 나 혼자 어느 것을 선택해야 할지 결정할 수 없다."

하물며 보통 사람들이야 지금의 그릇된 세상 풍속에 물들지 않을 수 있겠는가? 공자는 '반드시 명분을 바로잡겠다.'¹⁴⁾고 말했다. 하지만 위(衛)나라에는 공자의 뜻에 맞는 인물이 없어 그의 주장은 실현되지 못하였다. 공자가 죽은 뒤 그의 가르침을 받은 사람들은 능력을 발휘하지 못하여 등용되지도 못하고 흩어져 버렸다. 어떤 사람은 제(齊)나라나 초(楚)나라로 갔고 어떤 사람은 황하나 해변으로 가버렸으니 어찌 가슴이 아프지 않겠는가!

---

11) ≪論語≫의 「八佾篇」에 보인다.
12) 생졸 연대는 ? ~B.C. 645. 자(字)는 이오(夷吾). 일찍이 제(齊) 환공(桓公)을 보좌하여 정치·경제 방면에 혁신적인 개혁 조치를 건의하였다. 환공은 이를 채택하여 제나라를 부강한 나라로 만들어 5패(覇)의 패주(覇主)가 되었다. 자세한 것은 「관안열전」을 참조하기 바람.
13) 문학 방면에 뛰어난 공자의 제자.
14) ≪論語≫의 「子路篇」에 보인다. 자로가 물었다. "위나라 군주가 선생님을 붙들어 정치를 하시게 되면 선생님께서는 맨 먼저 무엇을 하시겠습니까?" 공자가 대답했다. "반드시 명분을 바로잡겠다."

진(秦) 왕조는 천하를 통일한 후 6국(六國)의 의례(儀禮)를 수집하여 그 중에서 비교적 좋은 것을 채택하였다. 비록 전대(前代) 성왕(聖王)의 제도와 정확히 부합되지는 않지만 군주를 우러러 받들고 신하를 억눌러 조정 군신의 명분을 엄격하게 한 것은 고대 이래의 예법에 의한 것이었다.

고조(高祖)가 광대한 중국 천하를 차지하고 숙손통(叔孫通)[15]이 조정의 의례(儀禮)를 제정할 때 덧보태고 뺀 것이 제법 많았으나 대체로 진(秦) 왕조의 제도를 이어받았다. 천자의 칭호로부터 아래로는 관료 및 궁실의 관직명에 이르기까지 바뀐 것이 별로 없었다.

문제(文帝)가 제위에 오른 후 관계 관원이 의례를 제정할 것을 건의하였다. 그러나 문제(文帝)는 도가(道家)의 학설을 숭상한 나머지, 번거로운 예절은 한낱 겉치레에 지나지 않고 나라를 다스리는 데 무익하다고 보았으며 자신이 몸소 수범을 보이는 것이 중요하다고 판단하여 이를 채용하지 않았다.

경제(景帝) 때 어사대부 조조(鼂錯)는 당시 정사와 형명(刑名)의 학설에 통달한 사람이었는데 경제에게 여러 차례 간언하였다.

"제후국은 모두 신하로서 이는 고금을 막론하고 통용되는 제도입니다. 지금 강대한 제후국들은 재가도 받지 않고 조정의 정령에 위배되는 정사를 자행하며 조정에 보고하지도 않으니 이러한 전례가 후세에 전수되지나 않을까 두렵습니다."

경제가 그의 계책을 채택하자[16] 조착을 처형하겠다는 구실 아래 오

---

15) 진(秦)·한(漢)에 걸쳐 박사(博士)를 역임하였고 유방이 천하를 차지하여 한(漢) 왕조를 열자 그는 고례(古禮)를 참고하고 진(秦)의 제도에 첨삭을 가하여 조정의 의례를 제정하였다. 자세한 것은 「숙손통열전」을 참조하기 바람.
16) 조착이 중앙집권화를 도모하기 위해 제후왕의 봉지(封地)를 삭탈할 것을 건의하자 경제(景帝)가 이를 채택하였다. 그러자 오와 초 등 7개 제후국이 이에 반발하여 난을 일으켰는데 역사에서는 이를 일컬어 '오초칠국의 난'이라 하였다.

(吳) · 초(楚) 등 7국이 반란을 일으켰다. 그러자 경제는 조착을 처형하여 이러한 위기를 해결하려 하였다. 이에 대한 역사적 사실은 「원앙조조열전(袁盎鼂錯列傳)」에 기록되어 있다. 그 이후부터 대신들은 비위를 맞추며 자신의 녹봉과 지위만 지키려 할 뿐 감히 다시는 천자에게 진언하려 나서지 않았다.

금상(今上)[17]이 즉위한 이래 유가(儒家)의 학설을 신봉하는 지식인들을 초치하여 그들로 하여금 의례(儀禮)를 제정케 하였으나 십 년이 지나도록 이렇다 할 성과를 거두지 못했다. 한 사람이 천자에게 다음과 같이 건의하였다.

"옛부터 천하가 태평하고 만민이 화목하게 되면 하늘에서 내리는 상서로운 조짐[瑞應]이 잇달아 출현하게 되는데 이때 민정(民情)과 풍속을 수집하여 예법을 제정하는 것입니다."

천자는 그 건의를 받아들여 어사(御史)에게 다음과 같은 조서를 내렸다.

'천명을 받들어 왕조를 세우고, 예법의 제정에는 각기 근거가 있으며, 형식은 다를지라도 그 효용은 일치한다. 이를 일컬어 인민들의 희망에 순응하고 장기적으로 형성된 습속을 찾아 예법을 제정했다고 할 수 있다. 지금 예법을 의론하는 자들은 모두 옛것만 찬양하고 있는데 백성들더러 무엇을 본받으라는 것인가!

한(漢) 왕조도 역시 하나의 조대(朝代)이니 마땅히 법령 제도가 있어야 한다. 전례(典禮)와 법도가 아니면 후대의 자손에게 무엇을 전수하겠는가? 교화가 흥성하면 반드시 예법이 완비되고 치술(治術)이 짧고 얕으면 반드시 예법이 빈약해지는 법이니 어찌 힘쓰지 않으랴!'

---

17) 현재의 황상(皇上), 즉 한 무제(漢武帝 : 劉徹).

이에 태초(太初)[18] 원년, 한 해의 시작[正朔][19]을 바꾸고 복색(服色)[20]을 바꾸었으며, 태산(泰山)에 제단을 쌓고 봉제(封祭)를 거행하였으며, 종묘와 백관의 의례를 제정하여 불변의 법도로 삼아 후세에 이를 전하였다.

예(禮)란 인간에 의거하여 생겨난 것이다. 인간 생활에는 다양한 욕망이 있는데 이러한 욕망이 실현되지 않으면 분한(忿恨)을 낳게 되고, 분한은 끝이 없는지라 분쟁을 낳게 되며, 분쟁은 분란을 야기한다. 고대의 제왕들은 이러한 분란(紛亂)을 아주 싫어하였다.

그래서 예의(禮儀)를 제정하여 인간의 욕망을 적절히 만족시켜 주고 수요를 공급해 줌으로써 물질의 유한성으로 인한 불만족을 느끼지 않게 하였고, 또 만족을 모르는 인간의 무한한 욕망 때문에 물질이 모자라지 않도록 하여 이 두 가지가 서로 약속이라도 한 듯 조화롭게 유지해 나갈 수 있도록 하였다. 이것이 곧 예(禮)가 생겨난 까닭이다.

그러므로 예란 인간의 욕망을 적절히 조절하여 조화롭게 길러 주는 것이다. 좋은 곡식과 다섯 가지 맛은 입의 즐거움을 길러 주며, 초란(椒蘭)과 향초(香草)는 코의 즐거움을 길러 주며, 종고관현(鍾鼓管絃)은 귀의 즐거움을 길러 주며, 조각과 화려한 문채는 눈의 즐거움을 길러 주며, 창문이 있는 밝은 방과 안락한 침대는 육체의 즐거움을 길러 준다. 그러므로 예(禮)란 사람을 길러 주는 것이라고 말할 수 있다.

군자는 일단 예(禮)의 장양(長養)을 얻게 되면 예의 분별을 좋아하게 된다. 이른바 분별이란 존귀와 비천에 각기 등급이 있고, 연장자와 연소

---

18) 한 무제(漢武帝)의 연호(年號). B.C.104~101
19) 한 해의 맨 첫날인 원단(元旦)을 가리킨다. 정(正) : 음력으로 한 해의 맨 첫달. 즉 원단(元旦)을 가리킨다. 한대(漢代) 이전의 각 조대(朝代)마다 역법이 상이하였다. 하대(夏代)에는 맹춘(孟春 : 정월)을, 주대(周代)에는 중동(仲冬 : 11월)을, 진대(秦代)와 한 태초(漢太初) 원년 이전에는 맹동(孟冬 : 10월)을 각각 한 해의 첫달(正月)로 삼았다.
20) 각 왕조(王朝)에서 정한 거마(車馬)와 복식(服飾)의 색깔.

자 사이에는 차별이 있고, 빈부 및 신분의 높고 낮음에는 각각 그에 상당하는 명분이 있다.

그러므로 천자가 대로(大路)라는 수레를 타고 부들[蒲草]로 엮은 자리에 앉는 것은 몸을 기르기 위함이며, 곁에 늘 향긋한 향초(香草)를 두는 것은 후각을 조양(調養)하기 위함이며, 수레의 앞 끌채 가로나무[軓]에 화려한 문채를 그려 넣는 것은 시각(視覺)을 조양하기 위함이며, 수레에 방울을 달아 천천히 달릴 때는 '무(武)'²¹⁾와 '상(象)'²²⁾ 박자에 맞추어 울리게 하고 수레가 빨리 달릴 때는 '소(韶)'²³⁾와 '호(濩)'²⁴⁾의 선율에 맞추어 울리게 하는 것은 청각을 즐겁게 하기 위함이다.

또 방울을 매달고 용을 그려 넣은 커다란 깃발은 천자에 대한 만인의 믿음을 기르기 위함이며, 수레바퀴 위에 엎드린 모양의 외뿔소와 웅크리고 앉아 있는 사나운 호랑이를 그려 넣고 상어 가죽으로 만든 말의 배띠[腹帶]에다 금으로 용을 그린 장식을 가로막대에 하는 것은 천자의 위엄을 나타내기 위함이다. 그리고 대로(大路)를 끄는 말은 반드시 잘 길들여진 유순한 말로 했으니 이는 천자의 안전을 도모하기 위함이었다.

옛 사람은 의(義)를 위해서는 생명을 돌보지 않고[捨生取義] 명예와 절조(節操)를 세우는 것이 영원히 생명을 보존하는 도리이며, 소비를 절약하는 것이 재물을 모으는 도리이며, 공경과 겸양은 자신의 몸을 안전하게 지키는 도리이며, 예의와 문리(文理)는 자신의 성정(性情)을 기르는 도리라는 것을 십분 이해하고 있었다.

사람이 오로지 생명의 애착에만 사로잡힌다면 죽음을 면치 못할 것이

---

21) 주 무왕(周武王)의 덕을 기리는 악장(樂章).
22) 주대(周代)의 춤 이름.
23) 순(舜)임금 때의 음악 이름.
24) 상탕(商湯) 시대의 음악 이름.

며, 오로지 이익에만 사로잡힌다면 반드시 큰 손해를 입을 것이며, 게으름을 피우고 빈둥거리는 것을 편안하게 여긴다면 반드시 위험을 초래하게 될 것이며, 자신의 성정(性情)을 좇아 거리낌 없이 행동하는 것을 즐거움으로 삼는다면 반드시 멸망에 이르게 될 것이다.

성인은 한결같이 성정(性情)을 예의에 의존하여 예의와 성정의 즐거움을 모두 얻었다. 그러나 성정(性情)에만 의존하여 행동한다면 이 두 가지를 모두 잃어버리고 마는 것이다. 유가(儒家)의 학설은 사람으로 하여금 이 두 가지를 모두 얻을 수 있도록 하지만 묵가(墨家)의 학설은 사람으로 하여금 이 두 가지를 모두 잃어버리게 하고 있다. 이것이 바로 유가(儒家)와 묵가(墨家)의 차이점이다.

예(禮)는 나라를 다스리는 최고의 준칙이며, 나라를 강성하고 공고히 하는 근본이며, 국가의 권위를 추진하는 방도이며, 공명을 세우는 요체이다. 왕이나 제후가 이러한 준칙을 따라 천하를 통일하면 제후들이 신하로서 복종하지만 이러한 준칙을 따르지 않으면 나라를 잃게 된다.

그러므로 견고한 갑옷과 방패와 예리한 칼과 창을 갖추고 있다고 해서 승리할 수 없으며, 성벽을 높이 쌓고 해자(垓字)를 깊이 판다고 해서 견고할 수 없으며, 엄중한 명령과 번다(繁多)한 형벌로 다스린다 해서 국가의 위엄을 높일 수 있는 것도 아니다. 오직 최고의 준칙인 예(禮)를 좇아 행하면 만사가 실현될 수 있지만 예를 떠나면 만사가 실패하고 만다.

초(楚)나라 사람들은 상어 가죽과 무소 가죽으로 갑옷을 지었으므로 그 견고하기가 마치 쇠붙이나 돌 같았으며, 완(宛) 땅에서 나는 강한 쇠로 만든 창은 마치 벌침처럼 예리하고 질풍처럼 날랬다. 그러나 ― 그처럼 견고한 갑옷과 예리한 창을 다룸에 있어 날쌨음에도 불구하고 ― 초나라 군사는 수섭(垂涉)²⁵⁾에서 여지없이 패하고 당매(唐昧)²⁶⁾는 전사하였다. 장교(莊蹻)[27]가 전(滇)에서 칭왕(稱王)하자[28] 초나라는 사분오열되고 말았다. 이 어찌 견고한 갑옷과 예리한 무기가 없어서였겠는가? 실패 원인은 바로 통치 방법에 있어 예(禮)로 이끌지 못한 데에 있다.

초나라는 여수(汝水)와 영수(潁水)를 요새로 삼고, 장강(長江)과 한수(漢水)를 해자(垓字)로 삼고, 등림(鄧林)을 방어선으로 삼았으며, 험준한 천연의 요새인 방성산(方城山)으로 둘러져 있었다. 그런데도 진군(秦軍)의 일격에 그만 초나라 도읍 언영(鄢郢)은 고목의 시든 잎을 떨구듯 여지없이 무너져 버렸다. 이 어찌 험준한 천연의 요새가 없어서였겠는가? 그것은 바로 통치 방법에 있어 예로 이끌어 가지 않았기 때문이다.

은(殷) 왕조의 주(紂)[29]는 비간(比干)[30]의 심장을 도려내고, 기자(箕子)[31]를 잡아 가두고, 포격(炮格)[32]이라는 혹독한 형벌을 만들어 무고한 사람을 학살하였다. 그 당시 신하와 백성들은 모두 공포에 떨며 자기의 목숨이 언제 달아날지 모르는 불안에 싸여 있었다. 그런데 그토록 엄중한 형벌에도 불구하고 주(周)의 군사가 한 번 쳐들어오자 주(紂)가 명령을 내려도 하달되지 않았으며 백성들은 그의 명령에 따르지 않았다. 이어찌 나라의 법령이 무르고 형벌이 가혹하지 않아서였겠는가? 그것은

---

25) 초(楚)의 지명. ≪荀子≫의 「議兵」과 ≪戰國策≫의 「楚策」과 ≪淮南子≫의 「兵略」에는 '垂沙'로 기록되어 있다.
26) 초(楚)나라 장수.
27) 초 장왕(楚莊王)의 후손으로 초나라 장수.
28) 초(楚)의 경양왕(頃襄王)은 그를 파견하여 정벌토록 하였다. 그는 서쪽으로 깊숙이 전지(滇地) 일대까지 진격하였다. 그러나 진군(秦軍)의 공격으로 귀로가 차단되자 전(滇)에서 칭왕하였다.
29) 은(殷) 왕조 최후의 군주로 포악하기 이를 데 없으며 하(夏) 왕조의 걸(桀)과 더불어 포악무도한 군주로 유명함.
30) 주(紂)의 숙부. 주(紂)에게 간언하다가 죽임을 당함.
31) 주(紂)의 숙부.
32) 구리 기둥을 건너지르고 그 아래에 숯불을 피워 달군 다음 죄인으로 하여금 맨발로 그 위를 걷게 하여 숯불 위로 떨어져 죽게 하는 잔인무도한 형벌.

바로 그의 통치 방법에 있어 예(禮)로 이끌어 가지 않았기 때문이다.

옛날에 병기(兵器)라고는 창과 활뿐이었다. 그러나 적국(敵國)은 이러한 병기를 미처 쓰기도 전에 굴복해 왔다. 높은 성벽을 쌓지 않고, 깊은 해자(垓字)를 파지 않고, 견고한 요새를 만들거나 궁노(弓弩) 발사기 등을 설치하지 않았다. 그런데도 나라 안은 태평 무사하고 외적의 침입을 근심할 필요가 없었으며 반석처럼 굳건하였다.

이는 다른 데에 원인이 있는 것이 아니라 도(道)를 밝혀 본분을 지키도록 하고, 백성들을 부리되 알맞은 시기의 농한기를 이용하고, 또 그들을 진심으로 사랑하여 마치 그림자가 형체를 따르듯 아랫사람이 윗사람의 뜻에 따랐기 때문이다.

또 명령에 따르지 않는 자가 있을 때 비로소 형벌로 다스리니, 백성들은 자신이 저지른 죄를 뉘우치고 법을 준수하게 되었다. 그래서 한 사람을 벌주면 천하 사람들이 모두 복종하게 되었으며, 죄인은 임금을 조금도 원망하는 일이 없었으니 이는 자신에게 죄가 있음을 잘 알기 때문이었다.

이 때문에 형벌은 점점 더 가벼워지는데도 임금의 명령은 위엄을 갖게 되고 흐르는 물처럼 막힘없이 잘 통하였다. 이 또한 다른 데에 원인이 있는 것이 아니라 예에 의거한 데에 그 까닭이 있다. 그러므로 도(道)를 준수하면 통할 수 있으나 이를 어기면 통할 수 없다.

옛날 요 임금(帝堯)이 다스릴 적에 단 한 사람을 죽이고 두 사람을 처벌하는 것만으로도 천하가 잘 다스려졌다. 옛 전(傳)에 다음과 같은 말이 전한다.

'위엄 있는 명령은 추상같이 엄격해도 이를 행사할 일이 없고, 형벌은 설치해 두어도 이를 쓸 일이 없다.'

하늘과 땅은 뭇 생명의 근본이며, 선조는 인류의 근본이며, 군주와 스승[君師]은 나라를 다스리는 근본이다. 하늘과 땅이 없다면 어떻게 생명이 나올 수 있으며, 조상이 없다면 어떻게 우리 인류가 태어날 수 있으며, 군주와 스승이 없다면 어떻게 나라를 다스릴 수 있겠는가? 이 세 가지 가운데 어느 한 가지라도 잃게 되면 인간은 편안하게 살아갈 수 없다. 그러므로 예(禮)란 위로 하늘을 섬기고 아래로 땅을 섬기며, 선조를 받들고 또 군주와 스승을 존숭하는 것이니 이것이 곧 예(禮)의 세 가지 근본이다.

그러므로 제왕(帝王)은 개국한 군주[太祖]를 하늘과 나란히 제사지내고, 제후는 조상의 사당(廟)을 모시되 감히 하늘과 나란히 천자로 배향(配享)해서는 아니 되며, 대부와 사(士)에는 각기 백세불천(百世不遷)의 대종(大宗)이 있으니 이는 귀천을 구별하기 위함이었다.

귀천을 구별하는 것이 덕의 근본이다. 그래서 천자만이 교제(郊祭)[33]를 거행할 수 있으며, 사제(社祭)[34]는 천자로부터 제후와 사대부(士大夫)에 이르기까지 거행할 수 있었다. 이는 신분이 높은 사람은 높은 예(禮)로써 섬기고 신분이 낮은 사람은 낮은 예로써 대하며, 마땅히 예를 크게 해야 할 사람은 크게 하고 작게 해야 할 사람은 작게 하여 그 차별을 명백하게 하는 것이다.

그러므로 천자는 7대 조상까지, 제후는 5대 조상까지, 사방 오십 리의 봉지를 수봉(受封)한 대부는 3대 조상까지, 사방 삼십 리의 봉지를 받은 적사(適士)는 2대 조상까지 각각 사당(廟)을 세워 제사를 받들었다. 다만 평민은 집에서 조상을 제사하되 사당을 세우지 못하게 하였다. 이는 공적의 크고 작음을 구별하여 공적이 큰 사람은 그 후세에 미치는 덕택 또

---

33) 주대(周代)에 천자가 동지(冬至)에 남쪽 교외로 나가 하늘에 올리는 제사.
34) 토지신에게 지내는 제사.

한 크게 하고, 공적이 작은 사람은 그 후세에 미치는 덕택 또한 작게 하기 위함이었다.

선왕의 합제(合祭)를 거행할 때 현주(玄酒)·생선·향신료를 넣지 않은 고깃국을 바친 것은 조상들이 처음으로 만든 음식의 근본을 귀하게 여겼기 때문이다. 철마다 합제를 거행할 때 현주(玄酒)를 먼저 올리고 나서 담주(淡酒)를 올리며, 메기장과 찰기장[黍稷]을 올린 뒤 벼와 메조[稻粱]로 지은 젯밥을 올렸다.

달마다 거행하는 월제(月祭) 때는 먼저 향신료를 가미하지 않은 고깃국을 올린 뒤 여러 가지 맛있는 음식을 올렸는데 이는 선조들의 원시적 음식을 귀하게 여김[貴本]과 동시에 오늘날의 음식을 겸하여 씀[親用] 것이다. 근본을 귀하게 여겨 거친 음식을 존숭한 것[貴本]은 '예의 형식[文]'이며, 오늘날 사람들이 먹는 음식을 쓴 것[親用]은 '생활의 실제[理]'이다. 이 두 가지가 통합되어 하나의 통일된 예를 이루어 태고(太古)의 순수함과 순박함으로 돌아가니 이것이 바로 예의 극치라 할 것이다.

그래서 제사 때는 가장 먼저 술통[樽]에 현주(玄酒)를 담고, 적대[俎] 위에 생선을 올려놓고, 두(豆)에 향신료를 가미하지 않은 고깃국을 담아 올린 것은 하나같이 태고의 옛 음식을 존숭하기 위함이었다.

제사가 끝날 무렵 재차 술을 따르는데 이때 시동(尸童)[35]은 잔을 다 비우지 않으며, 졸곡(卒哭)의 제(祭) 때에도 제물(祭物)에 입을 대지 않으며, 세 차례에 걸쳐 음식을 권해도 시동(尸童)이 음식을 들지 않는 것은 모두 예의 마무리이기 때문이다.

제왕의 혼례 때 초례(醮禮)를 거행하지 않고, 태묘의 제사 때 시동(尸童)을 모시지 않고, 사람이 막 운명했을 때 염습(殮襲)하지 않는 것은 모두 예의 시작이기 때문이다.

천자가 타는 수레[大路]의 장막은 흰색으로 하며, 교제(郊祭)를 거행할 때는 삼베 두건을 쓰며, 삼년상을 치르는 데 있어 먼저 산마(散麻)로 지은 상복을 입는 것도 근본을 중시하는 것이지 문식(文飾)을 구함이 아닌 것이다. 삼년상을 치를 때 실성한 듯 곡(哭)을 하고, 천자가 종묘에서 제사할 때 한 사람이 '청묘(淸廟)'[36] 노래를 선창하면 세 사람만이 화답하고, 종(鍾) 하나만 걸어놓고 이를 치고, 붉은 줄(弦)로 비파를 매고 그 밑에 작은 구멍을 뚫어 탁한 소리를 나게 하는 것은 모두 본질을 중시함이지 소리의 유려함을 구하는 것이 아니다.

무릇 예(禮)란 처음에는 소박한 데서 출발하여 나중에는 상세한 예의 격식과 절차를 거쳐 최후에는 사람의 마음을 즐겁게 해 주는 수준에 다다르게 된다. 그러므로 완전한 예(禮)는 내용과 형식이 모두 갖추어져 더할 나위 없이 좋은 상태인 것이며, 그 다음가는 예는 성정(性情)이 수식(修飾)을 앞서거나 혹은 수식이 성정을 앞서는 것이며, 최하의 예는 아무런 수식도 없는 질박한 태고(太古) 시대로 돌아가는 것이다.

예(禮)의 작용이 가장 완벽한 정도에 이르게 되었을 때에는 하늘과 땅이 조화롭게 융화되고 해와 달이 서로 번갈아가며 온 누리를 밝게 비추며 봄, 여름, 가을, 겨울 네 계절이 어김없이 갈마들며, 하늘의 뭇 별들이 어김없이 운행하고 강물이 막힘없이 물길을 따라 흐르며, 만물이 제각기 생명을 얻어 활기차게 자라나며, 좋아하고 싫어하는 인간의 감정도 적절히 조절되고 기쁨과 성냄의 감정도 모두 도리에 맞게 된다.

예가 준칙이 되었을 때 비로소 신하와 백성들은 순종하게 되며 군주는 총명해지게 된다.

---

35) 제사를 지낼 때 신위(神位) 대신 쓰던 동자(童子). 나중에는 사람 대신 화상(畫像)을 사용하게 되었다.

36) ≪詩經≫의 「周頌」에 있는 '靑廟'의 노래는 주(周) 문왕(文王)을 제사하는 악장이라고 함.

태사공은 말한다.

예(禮)는 진실로 지극하도다! 융중(隆重)한 예를 제정하여 그것을 사물과 행동의 최고 준칙으로 삼으니 천하 사람들 가운데 어느 누구도 이를 고칠 수 없었다. 예의 원칙은 본말(本末)이 서로 맞물려 연결되고 시종(始終)이 서로 호응하며, 문리(文理)가 매우 주도면밀하여 존비와 귀천을 분별하게 되며, 명확하게 관찰하여 시비(是非)와 선악(善惡)을 가릴 수 있다. 천하가 이것을 준수하면 태평스러워지지만 이를 준수하지 않으면 혼란해진다. 이를 준수하면 안정이 되지만 이를 지키지 아니하면 위험해진다. 비루하고 무지한 소인(小人)은 이를 지키지 않는다.

예의 이치는 진실로 심원(深遠)하여 '이견백(離堅白)' 37)과 '합동이(合同異)' 38)의 변론도 예를 통해 보면 침몰하고 만다. 예의 이치는 참으로 박대(博大)하여 제멋대로 만든 전장(典章) 제도와 편협하고 천루(淺陋)한 논설 등은 예(禮)를 통해 투시해 보면 부끄럽기 그지없다. 예의 도리는 참으로 숭고하여, 포악하고 오만하고 뽐내며 남을 업신여기는 사람도 예를 통해 재판하면 영락(零落)하고 만다.

그러므로 먹줄을 튕기면 곡직(曲直)을 속일 수 없으며, 저울에 매달면 경중을 속일 수 없으며, 규구(規矩)를 설치하면 모나고 둥근 것을 속일 수 없으며, 군자가 예를 옳고 그름을 가리는 준칙으로 삼으면 협잡과 거짓[許僞]을 속일 수 없다. 그러므로 먹줄은 곧음(直)의 최고 표준이며, 저울은 균등함(平)의 최고 표준이며, 규구(規矩)는 모난 것과 둥근 것의 최고 표준이며, 예(禮)는 인간 행위의 최고 표준이다.

예를 준수하지 않거나 중시하지 않는 사람을 일컬어 절조(節操)가 없

---

37) 전국시대 공손룡(公孫龍)이 창시한 변론의 제목.
38) 전국시대 혜시(惠施)가 창시한 변론의 제목.

는 용렬한 자라고 하며, 예를 지키고 예를 중시하는 사람, 절조(節操)가 곧은 사람을 선비(士)라 하며, 예의 범주에 대하여 사고(思考)를 운용하여 예의 정확한 의의(意義)를 탐구할 수 있으면 사려(思慮)에 능숙한 사람이라 일컬으며, 사려가 능숙하면서 잠시도 실천에 벗어나지 아니하면 이를 일컬어 예를 고수(固守)하는 사람이라고 하며, 사려에 능숙할 뿐만 아니라 불변토록 고수(固守)하고 거기에 충심(衷心)으로 이를 애호하면 성인이라 할 수 있다.

하늘은 높음의 극(極)이며, 땅은 낮음의 극이며, 해와 달은 광명(光明)의 극이며, 우주는 광대(廣大)의 극이며, 성인은 도(道)의 극이다.

예(禮)는 재물로 형식을 표현하며, 귀천 존비의 신분에 따라 문식(文飾)을 달리하며, 재물의 많고 적음으로 차별을 표시하며, 융중(隆重)함과 검약으로 요령을 삼는다. 의식(儀式)이 번중(繁重)하고 감정이 무미건조하면 융중한 예의 표현 형식이 되며, 의식이 검약하고 감정이 진지하면 질박한 예의 표현 형식이 되며, 의식의 형식과 감정의 내용이 서로 스며들어 하나로 통일되면 이것이 곧 예의 최적 상태인 것이다.

군자는 예에 있어 마땅히 융중해야만 할 때는 반드시 융중하게 하고, 마땅히 검약하게 해야 할 때는 반드시 힘써 검약하게 하고, 모름지기 최적의 상태로 해야 할 경우에는 최적의 상태를 구한다. 또 안일한 경우에 처해 있든 긴박한 상황에 처해 있든 언제나 예를 떠나지 않는다. 그러므로 군자의 성정(性情)은 마치 궁정에서 처신하듯 항상 예를 벗어나지 않는다.

행위의 규범을 자신의 언행의 규범으로 삼는 것은 선비와 군자이고, 예를 벗어나 처신하는 자는 용렬한 사람이다. 예에서 유유자적 노닐고 언행에 있어 배회하며, 나아가고 물러남이 한 가지 일에 얽매이지 않고 전반적으로 두루 미치며, 행동이 중심을 잃지 아니하면 곧 성인이다.

성인이 예에 두터운 까닭은 예를 쌓은 시간이 길기 때문이며, 크게 이룬 까닭은 예를 지키는 범위가 넓기 때문이며, 높이 이룰 수 있는 까닭은 예에 대한 소양이 풍부하고 두텁기 때문이며, 예에 밝은 것은 예에 대하여 모르는 것이 없으며 행하지 않는 바가 없기 때문이다.

제2 악서(樂書)[1]

태사공은 말한다.

나는 〈우서(虞書)〉[2]를 읽을 때마다 군주와 신하가 서로 고계(告誡)하여 편안한 상태에 있을지라도 위험할 때의 일을 미리 경계한[居安思危] 대목이나 팔다리 역할을 하는 제왕의 대신들이 불량하여 만사를 그르치는 대목에 이르렀을 때는 통탄의 눈물을 흘리지 않을 수 없었다.

주(周)의 성왕(成王)[3]은 〈주송(周頌)〉의 '소비(小毖)' 편을 지어, 자신이 관숙선(管叔鮮)과 채숙도(蔡叔度)의 반란을 미연에 방비하지 못하여 나라에 재난을 가져오게 된 것을 통탄하였는데 이 어찌 전전긍긍하며 예를 지키고 덕을 닦아 시작과 끝을 잘 하려고 한 것이 아니라고 할 수 있겠는가?

군자는 곤궁함 때문에 덕을 닦는 것이 아니며, 부(富) 때문에 예(禮)를 버리지 아니하며, 즐거울 때 애초의 고난을 생각하며, 평안할 때 시작의 위험을 생각하며, 행복 속에 있을 때 예전의 고초를 잊지 않으니 큰 덕이 없다면 누가 이렇게 할 수 있겠는가!

≪시경≫을 해설한 글에 '정치가 안정되고 큰 공(功)이 이루어진 뒤에야 비로소 예(禮)와 악(樂)이 흥성하게 되었다.'고 기록되어 있다. 나라

---

1) ≪史記志疑≫의 고증에 의하면 「樂書」는 전결(全缺)된 것인데 후세 사람이 ≪禮記≫의 「樂記」를 취하여 보충한 것이라고 한다. 거기에는 음악의 기원 · 미감(美感) · 사회적 작용 및 악(樂)과 예(禮)의 관계 등이 나타나 있고 음악의 교화 작용과 전통적인 예악(禮樂) 제도를 강조하였으며 신악(新樂) 및 민간 속악, 소위 鄭衛之音에 대해서는 반대했다. 이는 중국 역사상 가장 오래된 음악 이론서이다.

2) ≪尙書≫의 편명. 오늘날 5편이 전해지고 있는데 전설상의 요임금(唐堯) · 순임금(虞舜) · 우임금(夏禹)의 사적이다.

3) 서주(西周)의 국왕 희송(姬誦), 즉 무왕(武王 : 姬發) 아들.

안에 인의의 도(道)가 깊이 침투하고 사람들의 도덕 수양이 더욱 제고되어 그들이 즐기는 것도 달라졌다.

　사물은 가득 찼을 때 덜어 내지 않으면 넘치게 되며, 일정한 도를 넘었을 때 절제하지 않으면 기울어지게 마련이다. 무릇 악(樂)을 만드는 본래 의도는 악(樂)으로써 사람들의 쾌락을 절제하기 위함이다. 군자는 겸양을 예로 삼고 사욕을 절제하는 것을 악(樂)으로 삼는데 악(樂)이란 바로 이런 것이다.

　고을이 다르고 나라가 다름에 따라 인정과 습속이 다르기 때문에 악(樂)을 지을 때 각지의 민간 가요를 널리 수집하여 성률(聲律)의 고저와 청탁(淸濁)을 조합하여 악가(樂歌)를 지어야만 시대의 폐단을 보충하고 풍속을 바꾸어 정령의 교화를 추진하는 것을 도울 수 있다.

　천자가 명당(明堂)[4]에 나아가 음악을 관상(觀賞)하고 만민이 음악을 통해 정신을 도야하도록 하는 것은 마음의 때를 말끔히 씻어 내고 왕성한 활력을 섭취하여 그들의 성정(性情)을 수양하고자 함이다. 그러므로 '아(雅)' 와 '송(頌)' [5] 같은 음악을 연주하면 백성들의 풍속이 단아(端雅)해지고, 우렁차고 격앙된 노래 소리가 홍기하면 사기가 진작되고, 정(鄭)나라와 위(衛)나라의 악곡[6]을 부르면 사람의 마음이 음란해지는 것이다.

　노래 소리가 조화를 이루어 공명(共鳴)할 지경에 다다르면 새와 짐승조차도 감화를 받게 되는데 하물며 오상(五常)[7]을 마음속에 품고 호오

---

4) 고대 천자가 정교(政敎)를 베풀던 곳. 천자는 이곳에서 조회·제사·경상(慶賞)·선사(選士)·교학(敎學) 등의 대전(大典)을 행하였다.

5) ≪詩經≫의 편명. 악곡 분류상 아악(雅樂)은 조정의 악곡이며 송악(頌樂)은 종묘 제사의 악곡이다. 고대 통치자들은 이 둘을 '정악(正樂)' 이라 일컬었다.

6) 이를 일컬어 '정위지음(鄭衛之音)' 이라 하는데 이는 춘추시대 정(鄭)나라와 위(衛)나라의 민간 음악을 말한다. 당시 아악(雅樂)과 음조가 다르다 하여 배척하고 백안시하였으며 공자도 정(鄭)나라 음악은 음란하다고 하여 유가(儒家)에서도 배척했다. 그러나 민간인들의 소박한 감정이 진솔하게 담겨져 있었다.

(好惡)의 감정을 갖고 있는 인간에 있어서야 더 말할 나위가 있겠는가! 이는 저절로 이루어지는 자연의 추세라고 할 수 있다.

부패한 정치로 인하여 정(鄭)나라 음악이 흥기하자 봉읍을 받은 군주, 군주의 자리를 세습한 군주, 명성을 얻은 자들이 다투어 정(鄭)나라 음악의 지위를 높이게 되었다. 제(齊)나라에서 보낸 여자 가수(歌姬)가 노(魯)나라에서 용신(容身)하게 된 것을 공자가 못마땅하게 보게 된 후, 세상 사람들을 설득하기 위해 음악을 정리하는 데 착수하여 다섯 장(章)의 악가(樂歌)를 지어 정치를 풍자하였지만 당시의 풍조를 바꾸지는 못하였다.

이렇게 점차 쇠미해져 6국(六國)의 시대에 이르러서는 군왕(君王)들이 집에 돌아가는 것도 잊은 채 가무(歌舞)에 도취되고 여색에 빠져, 마침내 몸을 망치고 멸족하여 진(秦)나라에게 병탄되고 말았다.

진 2세(秦二世)[8]는 특히 음악을 오락으로 즐겼다. 승상(丞相) 이사(李斯)는 진 2세에게 다음과 같이 간언하였다.

"≪시(詩)≫와 ≪서(書)≫를 버리고 가무와 여색에 심취하는 것은 예전에 조이(祖伊)[9]가 두려워한 일입니다. 상(商) 왕조의 주(紂)가 멸망한 것은 작은 과실을 경시하고 밤을 새워 연회를 베풀어 방종을 일삼았기 때문입니다."

---

7) 유가(儒家)에서 제창한 계급 사회의 다섯 가지 기본 윤리인 오륜(五倫). 즉 군주와 신하 사이에 지켜야 할 도리, 아버지와 자식 사이에 지켜야 할 도리, 부부 간에 지켜야 할 도리, 형제 사이에 지켜야 할 도리, 친구 간에 지켜야 할 도리를 말한다.

8) 진(秦)의 제2대 군주인 호해(胡亥). 생존 연대는 B.C. 230~207. 재위 기간은 B.C. 210~207 그는 재위 기간 동안 아방궁의 축조와 치도(馳道)를 닦는 등 거대한 토목공사를 벌이느라 요역과 부세를 무겁게 하였다. 진승(陳勝)·오광(吳廣) 등이 봉기한 후 환관 조고(趙高)의 핍박으로 자살하고 말았다. 자세한 것은 「진시황본기」를 참조.

9) 상(商)나라 주왕(紂王) 때의 어진 신하. 서백(西伯 : 서방 제후의 長)과 회창(姬昌)이 군사를 동원하여 여(黎)를 정벌하자 그는 회창이 군사를 일으켜 상(商)나라를 칠까 두려워 노래와 주색에 빠져 있는 주왕에게 경계할 것을 간언하였지만 주왕은 이를 아랑곳하지 않았다.

그러나 조고(趙高)는 이렇게 아뢰었다.

"오제(五帝)와 삼왕(三王)의 음악이 명칭이 각기 상이한 것은 과거의 것을 그대로 답습하지 않았음을 나타내는 것입니다. 위로는 조정으로부터 아래로는 백성들에 이르기까지 음악에 의존하여 환락의 정(情)을 교류하고 은근한 뜻을 융합한 것입니다. 그렇지 않으면 화기애애한 감정이 서로 교류될 수 없고 베푸는 은택이 널리 전파될 수 없으니, 이는 한 시대의 풍상(風尙)에 지나지 않으며 한 시대에만 맞는 오락에 지나지 않는 것입니다. 어찌 화산(華山)의 녹이(騄耳)[10]를 얻은 후에야 먼 길을 갈 수 있겠습니까?"

진 2세는 그의 말에 찬성하였다.

고조(高祖)가 패현(沛縣)에 들러 '대풍가(大風歌)'[11]를 짓고 아이들로 하여금 따라 부르게 하였다. 고조가 세상을 떠나자 패현(沛縣)에 명하여 대풍가를 철마다 종묘의 제사를 받드는 가무(歌舞) 음악으로 삼게 하였다. 혜제(惠帝)와 문제(文帝)와 경제(景帝)는 이를 확대하거나 바꾸지 않고 다만 악공(樂工)들을 시켜 악부(樂府)[12]에서 항상 옛 것을 연습하도록 했을 뿐이다.

금상(今上 : 武帝)이 즉위하자 '교사가(郊祀歌)' 열아홉 장(章)을 지어 시중(侍中)[13] 이연년(李延年)[14]에게 명하여 그것에 악곡을 붙이게 하였으며, 아울러 그를 협률도위(協律都尉)[15]에 임명하였다. 한 종류의 경서(經

---

10) 주 목왕(周穆王)의 8준마 중 하나. 여기서는 '좋은 말'이라는 뜻.
11) 고조(유방)가 고향에 들러 지은 노래. 자세한 것은 「고조본기」를 참조.
12) 음악을 관장하는 부서. 궁정·순행(巡行)·제사에 필요한 음악을 관장하였고 민가(民歌)를 채집하여 민정 풍속을 살폈다.
13) 천자의 측근에서 자문 역할을 하는 관직.
14) 서한(西漢) 초의 저명한 음악가.
15) 관직명. 궁중에서 쓰는 '雅' '頌' 등 정악(正樂)을 관장했음.

書)밖에 모르는 사람이 그 음악의 가사의 뜻을 이해하지 못하자 오경(五經)[16]에 밝은 전문가를 모두 불러 공동으로 연구하게 한 끝에 비로소 그 가사의 뜻을 완전히 이해하니, 그 가사의 문사(文辭)는 대부분 전아하고 순정(純正)한 문자였다.

한(漢) 왕조에서는 통상 정월 상순의 신날(辛日)에 감천궁(甘泉宮)에서 태일신(太一神)[17]에게 제사를 올리는데 황혼 무렵에 야제(夜祭)로 시작하여 날이 밝을 무렵에 마치게 된다. 이때 칠십 명의 동남동녀(童男童女)들이 다함께 노래를 하는데 봄에는 '청양(靑陽)'을, 여름에는 '주명(朱明)'을, 가을에는 '서호(西皞)'를, 겨울에는 '현명(玄冥)'[18]을 각각 부른다. 이 노래의 가사들은 사회에 널리 유행하고 있으므로 여기에는 언급하지 않겠다.

예전에 황제가 악와수(渥洼水)에서 신마(神馬)를 얻고 '태일지가(太一之歌)' 한 수를 지었다. 가사의 내용은 다음과 같다.

태일(太一)께서 천마(天馬)를 내리시니　　　太一貢兮天馬下,
붉은 땀을 흘리고 붉은 거품을 내며　　　霑赤汗兮沫流赭
단숨에 내달려 만리를 초월하니　　　騁容與兮跇萬里,
누가 짝이 되겠는가, 용이라면 몰라도.　　　今安匹兮龍爲友.

그 후 대완국(大宛國)을 정벌하다 천리마를 얻게 되었는데 그 말의 이름을 '포초(蒲梢)'라 명명하고 다시 시 한 수를 읊었다. 가사의 내용은

---

16) ≪易 : 주역≫, ≪書 : 서경≫, ≪詩 : 시경≫, ≪禮 : 예기≫, ≪春秋≫를 말한다. 한 무제 건원 5년(B.C. 135)에 오경박사를 설치하였다.
17) 전설상 최고의 천신(天神).
18) 청양·주명·서호·현명은 '郊祝歌' 중의 노래 이름.

이러하다.

> 서쪽 끝에서 천마(天馬)가 와   天馬來兮從西極,
> 만리를 달려 덕망 있는 군주에게 귀의하니   經萬里兮歸有德.
> 신의 위광(威光)에 바깥 나라들이 항복해 오고 承靈威兮降外國,
> 사막 너머 사방의 오랑캐들이 따르도다.   涉流沙兮四夷服.

중위(中尉) 급암(汲黯)[19]이 간언하였다.

"무릇 제왕(帝王)은 악가(樂歌)를 지어 위로는 조종(祖宗)을 받들어 제사하고 아래로는 만민을 교화하는 것입니다. 그런데 폐하께서 말을 얻어 시를 짓고 그 시에 곡을 붙여 종묘에서 연주하면 선제(先帝)와 백성들이 그 음악을 어찌 모르겠습니까?"

황제는 불쾌하여 아무 말이 없었다. 승상 공손홍(公孫弘)[20]이 말했다.

"급암은 성상(聖上)의 제도를 비방하였으니 멸족의 형에 처해야 마땅합니다."

무릇 음(音)이라고 하는 것은 사람의 마음이 감화를 받아 생겨나는 것이다. 그리고 감동은 외계 사물에 의하여 일어나게 된다. 사람의 마음이 외계 사물의 영향을 받아 감동이 일어나고 이것이 표현되면 성(聲)이 된다. 이 성(聲)이 서로 호응하여 변화가 일어나게 되고, 이 변화가 일정한 질서를 이루게 되면 음(音)이라 한다. 이 음을 편성하고 조합하여 악기로

---

19) 중위(中尉) : 수도의 치안을 관장하는 관직. 급암(汲黯) : 복양(濮陽) 사람. 무제 때 동해(東海)의 태수(太守)를 지냈으며 나중에 9경(卿)의 지위에 오름. 자세한 것은 「급정열전」을 참조.
20) 서한(西漢)의 대신. 어사대부와 승상을 역임하였고 평진후(平津侯)에 봉해졌음. 자세한 것은 「평진후주보열전」을 참조.

연주하고 다시 방패(干) · 도끼(戚) · 꿩의 깃털(羽) · 모우의 꼬리털(旄)[21] 등의 도구와 함께 무도(舞蹈)를 결합하면 이를 일컬어 악(樂)이라 한다.

악(樂)은 음(音)으로 말미암아 생겨나는 것이니, 근원은 사람의 마음이 외계 사물의 자극을 받아 감동된 것이다. 그러므로 비애(悲哀)의 감정이 격동하여 생겨난 성음(聲音)은 슬프고 다급하며, 쾌락의 감정이 격동하여 출발된 성음은 편안하고 포근하며, 환락의 감정이 격동하여 생겨난 성음은 흥분되고 유쾌하며, 분노의 감정이 격동하여 생겨난 성음은 거칠고 준엄하며, 숭경(崇敬)의 감정이 격동하여 생겨난 성음은 상쾌하고 장중하며, 희애(喜愛)의 감정이 격동하여 생겨난 성음은 평화스럽고 온유하다.

이 여섯 종류의 성음(聲音)은 결코 천성적으로 타고나는 것이 아니라 사람의 마음이 외계 사물의 자극을 받아 격동되어 일어나는 결과이다. 그래서 옛 선왕들은 환경이 인간에게 어떤 영향을 미치는가에 대하여 특별한 주의를 기울였던 것이다.

그러므로 그들은 예(禮)로써 사람의 의지를 이끌고 악(樂)으로써 사람의 성정(性情)을 조화롭게 하였으며, 정령으로써 사람의 행위를 통일하고 형벌(刑)로써 사람의 간사(奸邪)를 방지했던 것이다. 예(禮) · 악(樂) · 형(刑) · 정(政), 이 네 가지의 궁극적인 목표는 오직 하나인데 그것은 곧 민심을 통일하여 태평치세(太平治世)를 실현하는 것이다.

악음(樂音)이란 인간의 마음에서 생겨나는 것이다. 인간의 감정이 마음속에서 격동하면 성음(聲音)으로 표현되고, 각종 성음이 교차하여 일정한 곡조(曲調)를 이루게 되면 이를 악음(樂音)이라 한다. 그래서 태평

---

21) 옛날 무도(舞蹈)할 때 손에 드는 도구. 방패(干)와 도끼(戚)는 무무(武舞)에 쓰이고 꿩의 깃털과 모우(旄牛)의 꼬리털은 문무(文舞)에 쓰인다.

성세의 악음은 편안하고 즐거운데 이는 정치가 태평스러움을 상징하는 것이며, 난세의 악음은 원한과 분노에 차 있는데 이는 정치가 혼란한 것을 상징하는 것이며, 망국의 악음은 슬프고 비참한데 이는 백성의 고통을 상징하는 것이다. 그러므로 성음의 도리는 정치와 매우 깊은 관계가 있다는 것을 알 수 있다.

궁음(宮音)은 군주(君)와 흡사하며, 상음(商音)은 신하(臣)와 흡사하며, 각음(角音)은 백성(民)과 흡사하며, 치음(徵音)은 일(事)과 흡사하며, 우음(羽音)은 물(物)과 흡사하다. 이 5음(五音)이 문란해지면 불협화음이 발생한다.

궁(宮)이 어지러워지면 산만(散漫)해지는데 이는 군주가 거만하고 횡포함을 상징하며, 상(商)이 혼란해지면 사악해지는데 이는 신하가 부패함을 상징하며, 각(角)이 혼란해지면 근심스러워지는데 이는 백성들이 원한에 차 있음을 상징하는 것이며, 치(徵)가 혼란해지면 비애감이 드는데 이는 요역이 번중(繁重)함을 상징하는 것이며, 우(羽)가 혼란해지면 위기감이 드는데 이는 재물이 궁핍한 것을 상징하는 것이다. 또 5음이 혼란하면 서로 배척하여 충돌을 일으키게 되는데 이를 일컬어 '만(漫)' 이라고 하며, 이 지경에 이르면 국가의 멸망이 바로 눈앞에 닥쳐온 것이다.

정(鄭)나라와 위(衛)나라 음악이 난세의 음(音)으로 곧 '만(漫)' 이었던 것이다. 상간(桑間)과 복상(濮上)의 음악은 곧 망국의 음(音)인데 이런 음악이 유행하는 국가는 정치가 혼란하고 백성들은 방탕에 빠져 있으며, 신하는 군주를 기만하고 사리사욕에 눈이 어두워 사악한 짓을 서슴지 않으니 이 지경에 이르면 이미 수습할 수 없다.

무릇 음(音)이란 사람의 마음에서 생겨나는 것이다. 또 악(樂)은 인간의 윤리 도덕과 연결되어 서로 통한다. 그러므로 성(聲)은 알면서 음(音)

을 모른다면 이는 곧 금수이며, 음(音)은 알면서 악(樂)을 모른다면 이는 범인(凡人)에 지나지 않는다. 그래서 오직 군자만이 악(樂)을 이해할 수 있는 것이다.

그러니 성(聲)을 자세히 살핌으로써 음(音)을 이해하며, 음을 자세히 살핌으로써 악(樂)을 이해하며, 악을 자세히 살핌으로써 정치를 이해할 수 있는 것인즉 나라를 다스리는 도리가 완전하게 서게 되는 것이다. 그 때문에 성(聲)을 이해하지 못한 사람과는 음(音)을 논할 수 없으며, 음을 이해하지 못한 사람과는 악을 논할 수 없다. 악을 이해하면 예(禮)를 거의 아는 셈이며 예(禮)와 악(樂)을 모두 터득한 사람은 덕망 있는 사람이라고 할 수 있다. 이른바 덕이란 예와 악 모두 마음속에 얻은 것이라고 할 수 있다.

그러므로 성대한 음악은 가장 듣기 좋은 음을 필요로 하지 않으며, 융중(隆重)한 제례(祭禮)는 가장 맛있는 음식을 필요로 하지 않는다. 청묘(淸廟)[22]의 비파(瑟)에는 붉은 현(弦)과 드문드문 구멍이 있을 뿐이며 공연할 때에도 한 사람이 부르면 서너 명이 따라 부를 뿐이지만 이를 듣고 난 후에는 그 여음(餘音)이 귀에 아련하다. 대제(大祭)의 예(禮)를 거행할 때도 청수(淸水)와 생선과 향신료 가미하지 않은 고깃국만을 진설(陳設)하는 데 지나지 않지만 그 뒷맛은 은은히 남아 있게 된다.

그러므로 선왕이 예(禮)를 제정하는 목적은 사람들의 입·배·귀·눈의 욕구를 충족시켜 주는 데 있는 것이 아니라 자신의 호오(好惡) 감정에 대한 평형을 가르쳐 주고 사람의 정도(正道)를 회복시켜 주는 데에 있는 것이다.

---

22) 주(周) 문왕(文王)을 제사하는 종묘.

사람이 태어날 때 평정(平靜) 상태에 있는 것은 천성이며, 외계 사물의 자극을 받아 변동이 일어나는 것은 인간의 본성이다. 외계의 사물이 도래하여 마음에서 감지(感知)하게 되면 그것에 대한 반응이 일어난 후에야 비로소 자연히 호오(好惡)의 감정이 나타나게 된다. 만일 이러한 호오의 감정이 마음속에서 절제를 얻지 못하게 되면 이지(理智)는 외계 사물에 유혹당하여 본래 지니고 있던 평정 상태를 회복하지 못하게 되어 천성은 멸절(滅絶)하고 마는 것이다.

무릇 사람에 대한 외계 사물의 유혹은 다함이 없고, 또 호오의 감정이 절제되지 않을 때 외계 사물이 도래하면 사람은 외계 사물에 동화되어 버린다. 이른바 사람이 외계 사물에 동화된다는 것은 곧 인간의 천성이 멸절되어 오로지 사리사욕만을 추구하게 됨을 말한다.

이렇게 되면 윗사람을 업신여겨 반란을 일으키고, 교활하게 남을 속이려는 생각이 일어나게 되며, 사악하고 방탕하며 나쁜 짓을 마구 저지르려는 생각이 일어나게 된다. 이 때문에 강자는 약자를 핍박하며, 다수는 소수를 업신여기며, 약삭빠른 자는 어리석은 자를 속이며, 용맹한 자는 나약한 자를 능멸하며, 질병이 있는 자는 요양을 하지 못하며, 노인·어린이·고아·과부가 제 위치에 안치(安置)되지 못하게 되는데 이것이 바로 대란(大亂)의 근원인 것이다.

그래서 선왕들은 예(禮)와 악(樂)을 제정하여 백성들로 하여금 자신의 욕망을 절제할 수 있도록 하였는데 상복과 곡(哭)의 규정은 상사(喪事)의 규모를 절제하기 위함이며, 종(鍾)·북(鼓)·방패(干)·도끼(戚) 등의 도구는 환락의 정서를 조화롭게 하기 위함이며, 혼인과 성년식[23]의 제도

---

23) 남자는 이십 세가 되면 관(冠)을 쓰는 의식을 거행하고 여자는 십오 세가 되면 비녀를 꽂는 의식을 거행하였는데 이는 성년이 되었음을 나타낸다.

는 남녀를 구별하기 위함이며, 갖가지 연회의 예절은 사교와 접대를 바로잡기 위함이다.

예(禮)의 작용은 사람들의 마음을 절제토록 하는 데에 있으며, 악(樂)의 작용은 사람들의 심성을 조화롭게 하는 데에 있으며, 정(政)의 작용은 국가의 정령을 추진하는 데에 있으며, 형(刑)의 작용은 사악한 일을 방지하는 데에 있다. 예(禮)·악(樂)·형(刑)·정(政), 이 네 가지가 충분히 발휘되어 어그러지는 현상이 없을 때 인의로써 천하를 다스리는 왕도가 완비된다고 말할 수 있다.

악(樂)은 사람들의 관계를 조화롭게 하며, 예(禮)는 사람들의 등급을 구별하게 한다. 관계가 조화롭고 원만하면 사람들은 서로 친근감을 갖게 되며, 등급이 구별되면 사람들은 서로 존경하게 된다. 음악이 지나치게 편중되면 사람들로 하여금 방종케 하며, 예가 지나치게 편중되면 사람들로 하여금 소원해지게 한다. 사람들의 내재된 감정을 화합하고 외부 몸가짐을 바르게 하는 것이 곧 예와 악이 마땅히 해야 할 일이다.

예의(禮義)의 제도가 확립되면 귀천의 등급이 있게 되며, 음악의 형식이 통일되면 상하 관계가 화목해지며, 호오(好惡)의 표준이 생기면 좋은 사람과 나쁜 사람을 분명하게 가릴 수 있으며, 형벌로 흉포함을 금지시키고 작위와 봉록으로 현능(賢能)한 인재를 천거하면 정치가 합리적이고 공평해지게 된다. 또 어진 마음으로 백성들을 애호하고 의리(義理)로 교화하면 백성을 다스리는 일이 잘 이행된다.

악(樂)은 사람의 마음속에서 출발하고, 예(禮)는 사람의 외모에 표현된다. 악(樂)은 사람의 마음속에서 시작되기 때문에 평정(平靜) 상태에 있게 되며, 예(禮)는 외모로 표현되기 때문에 문식(文飾)이 있게 된다. 고상한 음악은 반드시 평이하며 성대한 예의는 질박하다. 악(樂)은 인간의 마음속에 깊이 파고들어 피차 원한을 갖지 않게 되며, 예가 발휘되면 윗사람과 아랫사람 사이에 쟁탈이 일어나지 않는다. 예를 다하여 사양하고 [揖讓] 천하를 잘 다스릴 수 있는 것이 곧 예(禮)와 악(樂)의 효용이다.

강포(强暴)한 백성이 윗사람에게 반항하여 반란을 일으키지 않으며, 제후들이 복종하며, 병기(兵器)를 다시 유용하려 들지 않으며, 다섯 가지 형벌[五刑]²⁴⁾을 시행하지 않으며, 백성들은 근심 걱정이 없으며, 천자가 진노하지 않는다면 악(樂)의 목적에 도달한 것이다. 또한 아버지와 자식 사이에 친애가 있으며[父子有親], 연장자와 연소자 사이에 지켜야 할 순서가 분명하며[長幼有序], 사람들이 천자(天子)를 받들면 예(禮)의 효용이 발휘된 것이다.

고상한 음악은 천지와 함께 만물을 화합하며, 성대한 예(禮)는 천지와 함께 만물을 조절한다. 악(樂)으로써 화합할 수 있기 때문에 만물이 비로소 생존 발전하는 기능을 잃지 않을 수 있으며, 예로써 절제할 수 있기 때문에 이를 통해 하늘과 땅에게 제사할 수 있는 것이다. 인간 세상에는 예와 악이 있어 인간에게 교화를 진행하고 저승에는 귀신이 있어 인간에게 제약을 가하기에, 온 천하가 서로 존경하고 친애하게 된다.

예(禮)는 다른 예절 규정으로써 사람들로 하여금 서로 존경하는 목적에 도달하게 하며, 악(樂)은 다른 악곡 형식으로써 사람들로 하여금 서로 친애하는 목적에 도달하게 한다. 예와 악의 이치는 일치하기 때문에 현명한 군주는 답습하여 예와 악을 중시한다. 그러므로 제정된 예의(禮儀)는 당시의 형세와 부합되며, 명명된 악곡과 건립된 공업이 서로 부응한다.

쇠북(鍾)·북(鼓)·피리(管)·경쇠(磬)·우(羽)·피리(籥)·방패

---

24) 고대의 다섯 가지 형벌. 즉 묵(墨 : 이마에 먹물로 刺字하는 형벌), 의(劓 : 코를 베는 형벌), 월(刖 : 발뒤꿈치를 자르는 형벌), 궁(宮 : 남자는 생식기를 자르고 여자는 음부를 음폐시키는 형벌), 대벽(大辟 : 목을 자르는 형벌).

(干) · 도끼(戚)는 음악의 도구이며, 굴신(屈伸) · 부앙(俯仰) · 취산(聚散) · 완질(緩疾)²⁵⁾은 음악의 형식이며, 보궤(簠簋) · 조두(俎豆) · 제도(制度) · 문장(文章)²⁶⁾은 예의(禮儀)의 의구(儀具)이며, 승강(昇降) · 상하(上下) · 주선(周旋) · 석습(楊襲)²⁷⁾은 예(禮)의 형식이다. 그러므로 예와 악의 이치를 아는 사람이 비로소 예와 악을 지을 수 있으며, 예와 악의 표현 형식을 아는 사람이 비로소 예와 악을 응용할 수 있다.

예와 악을 지을 수 있는 사람은 성철(聖哲)이며, 예와 악을 응용할 수 있는 사람은 명달(明達)이다. 소위 성철과 명달이란 곧 짓고 응용한다는 뜻이다.

악(樂)은 천지의 조화이며 예(禮)는 천지의 질서이다. 서로 화합하기 때문에 일체의 사물이 융화하며, 질서정연하기 때문에 일체의 사물이 구별이 있게 된다. 음악은 하늘의 이치에 의거하여 만들고, 예는 땅의 이치에 의거하여 만든다. 예가 그릇되면 혼란이 조성되며, 음악이 그릇되면 방종이 야기된다. 하늘과 땅의 이치에 밝아야만 비로소 예와 악을 일으킬 수 있다.

윤리에 합치되고 예의를 해치지 않는 것이 악(樂)의 정신이며, 사람들로 하여금 기쁨과 환락을 느끼도록 하는 것이 악(樂)의 효용이다. 치우치지 않고 바르며 평화롭고 사악함이 없는 것이 예의 본질이며, 사람들로 하여금 정중하고 공손하게 하는 것은 예의 작용이다. 예와 악은 쇠북 · 경쇠 등과 같은 악기를 통하여 표현되며, 성음(聲音)의 도움을 빌어 전파되며, 종묘와 사직(社稷)에 쓰이며, 산천과 귀신을 제사하는 데에 쓰이므

---

25) 굴신 · 부앙 · 취산 · 완질은 무도(舞蹈)할 때 무용수가 취하는 여러 가지 자세를 형용한 말.
26) 보궤와 조두는 제사지낼 때 제수(祭需)를 담아 놓는 예기(禮器)이고 제도와 문장은 예(禮)의 각종 법도와 규정을 말한다.
27) 승강 · 상하 · 주선 · 석습은 예(禮)를 행하는 동작을 말한다.

로 군주와 백성에게 똑같이 적용되는 것이다.

제왕(帝王)이 큰 공업을 완수하면 악(樂)을 제정하고, 정치가 안정된 이후에는 예(禮)를 제정한다. 공업이 위대하면 지은 악(樂)이 완비되고, 정치가 맑고 바르면 제정된 예(禮)가 완전하게 된다. 손에 방패와 도끼를 든 가무(歌舞)는 완미(完美)한 음악이라고 할 수 없으며, 익은 음식으로 제사하는 것은 융중한 예라고 할 수 없다.

오제(五帝) 때 시대가 다르다 하여 제정한 악(樂)도 옛것을 답습하지 않았으며, 삼왕(三王)[28] 때 세상 일이 다르다 하여 제정한 예(禮)도 옛것을 답습하지 않았다. 음악이 지나치게 분에 넘치면 교란이 야기되며, 예(禮)가 지나치게 거칠고 형식에 흐르게 되면 편중되어 오류를 야기케 된다. 무릇 악(樂)이 완비되고 교란이 야기되지 않으며, 예(禮)가 빈틈없이 주도면밀하고 오류를 야기하지 않도록 하는 것은 오직 성인만이 할 수 있다.

하늘은 높고 땅은 낮으며 만물은 하늘과 땅 사이에 흩어져 각기 상이하나 질서정연한데 성인은 이를 본받아 예(禮)를 제정하여 추진하는 것이다. 또 하늘과 땅의 두 기운, 즉 음기(陰氣)과 양기(陽氣)는 잠시도 쉬지 않고 두루 미쳐 함께 만물을 화육(化育)하는데 성인은 하늘과 땅의 조화로움을 본받아 악(樂)을 제정하므로 악(樂)이 흥성하게 되는 것이다.

봄에 싹이 트고 여름에 성장하는 것은 천지의 인(仁)의 표현이며 가을에 거두고 겨울에 갈무리하는 것은 천지의 의(義)의 표현이다. 인(仁)은 악(樂)의 정신에 가까우며 의(義)는 예(禮)의 정신에 가깝다. 음악은 화합을 중시하여 신(神)의 양기를 따르고 하늘을 본받으며, 예(禮)는 구별을 중시하여 귀(鬼)의 음기를 따르고 땅을 본받는다. 그러므로 성인은 악

---

28) 하(夏)의 우(禹), 상(商)의 탕(湯), 주(周)의 문왕(文王)과 무왕(武王).

(樂)을 지어 하늘의 뜻에 순응하며 예(禮)를 제정하여 땅의 뜻에 호응한다. 예와 악이 명백하고 완비되면 하늘과 땅의 효용이 발휘될 수 있다.

'하늘은 높고 땅은 낮다(天尊地卑)'는 이치에 의거하여 군주와 신하의 관계는 확정될 수 있으며, 지세(地勢)의 높고 낮음(高低)의 분포에 의거하여 귀천의 명성과 지위가 확립될 수 있으며, 하늘과 땅 사이의 두 기운, 즉 음기와 양기의 운동과 정지에 의거하여 크고 작은 사물은 구별될 수 있다. 생활 방식이 다른 만물은 같은 종류끼리 모이고 형체가 다른 만물은 흩어져, 제각기 지니고 있는 천성과 특성이 뚜렷이 나타나게 된다.

하늘에는 해·달·별[日月星辰]의 각종 현상이 있으며 땅에는 산·하천·사람·사물[山川人物]의 각기 다른 형상이 있다. 이로 미루어 볼 때 소위 예(禮)란 하늘과 땅 사이의 구별되는 것들을 반영한 것이다. 땅의 기운은 위로 오르고 하늘의 기운은 아래로 내려가 음과 양이 서로 마찰하며 하늘과 땅이 서로 격동하여 진동하면 천둥이 치고, 분발하면 바람과 비가 되며, 네 계절이 갈마들어 해와 달이 빛을 비추니 만물이 생장할 수 있다. 이로 미루어 볼 때 음악이란 하늘과 땅 사이에 있는 만물의 조화로움을 구현한 것이다.

화육(化育)에 있어 하늘과 부합되지 않으면 만물은 생장할 수 없으며, 남녀 사이에 분별이 없으면 음란 방탕해지니 이는 곧 하늘과 땅 사이의 자연 이치이다. 예와 악이 하늘에 도달하고 땅에 충만하며 음양(陰陽)과 병행하여 귀신과 상통하게 될 때 예와 악의 작용은 지고(至高) 지원(至遠)한 곳에 도달하며 지극히 심원한 곳에 스며들어, 악(樂)은 하늘의 위치에 있게 되고 예는 땅의 위치에 머물게 된다.

잠시도 쉬지 않고 운행하는 이치를 나타내는 것은 하늘이며, 정지하여 움직이지 않는 이치를 나타내는 것은 땅이다. 이렇게 움직임(動)과 정지(靜)가 교대로 갈마듦으로써 산생(產生)된 것이 곧 하늘과 땅 사이의 만물이다. 그래서 성인²⁹⁾은 이렇게 말했다.

"악(樂)의 함의(含義)는 하늘을 본받고, 예(禮)의 함의는 땅을 본뜬다."³⁰⁾

옛날 순(舜)은 오현금(五弦琴)³¹⁾을 만들어 '남풍가(南風歌)'³²⁾를 반주하였다. 아울러 기(夔)³³⁾로 하여금 처음으로 악(樂)을 짓게 하여 제후들에게 상으로 하사하였다. 이로 보건대 천자가 악(樂)을 지은 것은 곧 덕행이 있는 제후에게 상으로 하사하기 위함이었다. 덕이 높고 교화가 존엄하며 오곡이 때에 맞춰 익어야만 비로소 천자는 악(樂)을 상으로 내렸다.

그러므로 제후가 제대로 다스리지 못하여 백성들이 고통을 겪게 되면 춤을 추는 사람들이 적어 그 행렬의 간격이 크고 듬성듬성하였으며, 제후가 잘 다스려 백성들이 편안하면 춤을 추는 사람들이 많아 그 행렬의 간격이 빽빽하였다. 그리하여 제후에게 하사한 악(樂)에 맞추어 춤추는 사람들 행렬의 성기고 빽빽한 정도를 보면 그 제후의 덕행이 큰지 작은지를 알 수 있으니, 이는 생전의 사적(事蹟)을 포폄(褒貶)하여 내린 시호를 보면 그의 행위의 선악 정도를 알 수 있는 것과 같다.

'대장(大章)'³⁴⁾은 요(堯)의 덕행이 탁월한 것을 노래한 것이며, '함지(咸池)'³⁵⁾는 황제(黃帝)의 덕정(德政)이 완비된 것을 노래한 것이며, '소악(韶樂)'³⁶⁾은 순(舜)이 요(堯)를 계승한 미덕을 표창한 것이며, '하악(夏樂)'³⁷⁾은 우(禹)가 순의 공덕을 한층 더 빛낸 것을 찬양한 것이다. 은(殷)

---

29) 공자(孔子)를 가리킴.

30) ≪論語≫의 「陽貨篇」에 나오는 '子曰 禮云禮云 玉帛云乎哉 ; 樂云樂云 鍾鼓云乎哉.'의 구를 단장취의(斷章取義)한 것.

31) 순(舜)은 신농씨(神農氏)가 만든 고금(古琴)에 기초하여 문(文)과 무(武) 2현(弦)을 없애고 궁 · 상 · 각 · 치 · 우 5현만 남겨 5현금을 만들었다고 전해진다.

32) 오늘날까지 전해진 그 가사를 살펴보면 다음과 같다. 따스한 남풍이여 / 우리 백성들의 원한을 녹여 없애 주고 / 때맞춘 남풍이여 / 우리 백성들의 재산을 늘려 주려무나.

33) 순(舜)의 악관(樂官).

과 주(周) 시대의 음악도 그 당시의 문치(文治)와 무공(武功)을 충분히 표현하였다.

하늘과 땅의 운행의 이치로 말하자면 추위와 더위가 절기에 맞지 않으면 질병이 발생하게 되고, 바람과 비가 적절히 조절되지 못하면 기근이 들게 되는 것이다. 음악이 사람들에게 미치는 교화 역시 추위나 더위와 마찬가지로 시세(時勢)에 부합되지 못하면 사회에 해를 끼치게 된다. 또한 사람에게 있어 예(禮)와 정령은 마치 비바람과 같아서 잘 조절되지 않으면 합당한 기능을 잃게 된다. 선왕(先王)이 악(樂)을 제정하는 이유는 하늘과 땅의 도를 본받아 다스리는 방도로 삼아 신민(臣民)의 행위로 하여금 도덕규범에 합당하도록 하기 위함이라는 것을 이로써 알 수 있다.

무릇 돼지를 사육하고 술을 빚는 것은 결코 화(禍)를 초래하려는 것이 아니지만 술과 고기를 먹는 것을 절제하지 못하게 되어 화를 일으켜 소송 사건이 나날이 증가한다. 그리하여 선왕은 연회를 베푸는 예절을 제정하여 술을 마실 때마다 주인과 손님이 여러 차례에 걸쳐 예를 행함으로써 설령 온종일 술을 마신다 할지라도 술에 만취되어 주정을 부리는 지경에 이르지 않도록 하였으니 이는 곧 선왕이 술에 취하여 주정하고 화를 자초하는 일을 방지하기 위함이었다. 그리하여 술과 음식은 더불어 즐길 수 있는 역할을 한다.

음악은 도덕을 교화하기 위함이며 예절은 방종 무도함을 제지하기 위함이다. 그러므로 선왕은 상사(喪事)가 있을 때 반드시 그에 합당한 상례

---

34) 요임금의 성명대덕(聖明大德)을 찬미한 음악이라고 전해짐.
35) 황제(黃帝)의 덕정이 온 천하에 두루 미치게 됨을 찬미한 음악이라고 전해짐.
36) 순임금 때 지었다는 음악의 이름.
37) 우(禹)가 지었다는 음악으로, 후대 주(周)에서 산천에 제사할 때 악무(樂舞)로 사용하였다고 함.

(喪禮)를 갖추어 애도의 뜻을 표하였다. 또 경사(慶事)가 있을 때에도 반드시 그에 합당한 가례(嘉禮)를 갖추어 기쁨을 표하였다. 애도와 기쁨의 한도는 예에 따라 제한을 받게 된다.

음악은 교화를 행하여 은덕을 베풀며 예절은 교류를 통하여 은혜에 보답한다. 음악은 사람의 마음속에서 일어나는 쾌락을 표현할 수 있으며 예절은 은혜를 베푼 사람에게 보답을 표현할 수 있다. 그러므로 악(樂)을 제정하는 것은 공덕(功德)을 표창하기 위함이며, 예(禮)를 제정하는 것은 은정(恩情)에 보답하기 위함이다.

이른바 대로(大路)는 천자의 수레이며, 용을 그려 넣고 아홉 가닥의 술을 늘어뜨린 깃발은 천자의 깃발이며, 가장자리가 청흑(靑黑)색인 것은 천자의 보룡(寶龍)이며, 뒤이어 무리를 지은 소와 양들은 천자가 제후에게 내리는 예물이다.

음악은 반드시 타고난 감정을 표현하는 것이며 예(禮)는 반드시 윤리와 관련된 것을 표현하는 것이다. 음악의 기능은 일체를 통일하여 사람들로 하여금 조화를 이룰 수 있도록 하는데 있으며, 예의 기능은 등급을 구별하여 사람들로 하여금 각기 자신의 지위에 만족할 수 있도록 하는 데 있으므로 예와 악의 이치는 인정과 세상사를 관통한다고 말할 수 있다.

인간의 마음의 근원을 탐색하고 그 변화의 규율을 미루어 헤아리는 것은 곧 악(樂)의 본질이며, 인간의 진실한 품성과 덕성을 발양(發揚)시켜 거짓을 제거하는 것은 예의 원칙이다. 예와 악은 하늘과 땅의 뜻에 순응하고 신령한 은덕에 통달하며, 천신과 지신의 강림에 감동하고 형형색색의 사물을 화육(化育)하며, 군신 및 부자의 관계를 조정할 수 있다.

또한 성인이 예와 악을 흥기(興起)시켜야만 하늘과 땅이 만물을 화육하는 기능이 더욱 소명(昭明)해질 수 있다. 하늘과 땅이 흔연히 교합(交合)하고 음양(陰陽)이 서로 감응하여 만물을 화육(化育)해야만 비로소 초목이 무성해지고 작물이 싹이 트며, 날짐승이 비상하고 짐승들이 생장하며, 동면하던 곤충이 겨울잠에서 깨어나며, 새들이 알을 품어 어린 새끼를 치고 짐승들이 수태하며, 뱃속에 자라는 어린 생명이 유산하는 일이 없으며, 알에서 갓 깨어난 새끼들이 죽지 않게 되니 이 모두가 음악의 효능이라고 할 수 있다.

이른바 악(樂)이란 비단 황종(黃鍾)과 대려(大呂),[38] 탄금(彈琴)과 창가(唱歌), 의장(儀仗)과 무도(舞蹈)만을 일컫는 것이 아니다. 이러한 것들은 사소하고 지엽적인 것에 지나지 않는다. 그러므로 동자(童子)들로 하여금 공연하도록 하는 것만으로도 족한 것이다. 또 술자리를 차려 술과 음식을 진설하며, 술과 고기를 담는 예기(禮器)를 놓고 오르내리며 갖가지 예의를 표시하는 것들은 예의 사소하고 지엽적인 것에 지나지 않는다. 그러므로 관계 관원으로 하여금 이를 관장하게 할 수 있는 것이다.

악사(樂師)는 악(樂)의 기예를 알고 있으면 전당(殿堂) 아래에 앉아 연주할 수 있으며, 종축(宗祝)[39]은 종묘 제사의 형식만 알고 있으면 시주(尸主)[40] 뒤에 서서 의례를 관장할 수 있으며, 상축(商祝)[41]은 상례와 장례의 의식을 알고 있으면 상주(喪主) 뒤에 서서 의례를 관장할 수 있다.

그러므로 예(禮)와 악(樂)의 정신과 실질을 이해하는 것이 중요하지 예와 악의 의식 및 기예(技藝)를 아는 것은 부차적이며, 덕행 수양 방면의

---

38) 황종과 대려는 악률(樂律)의 이름. 황종(黃鍾)은 6률(六律)의 수(首)이며 대려(大呂)는 6려(六呂)의 수(首)이다.
39) 종묘의 의례(儀禮)를 관장하는 관직명.
40) 제사를 지낼 때 사자(死者)를 대신하여 제사를 받는 사람, 즉 시동(尸童).
41) 제사와 상례(喪禮)를 관장하는 관직명.

성취가 중요하지 일을 처리하는 방법은 부차적인 것이었다. 그래서 선왕들은 상하(上下)·선후(先後)·존비 및 주요한 것과 부차적인 것 등의 구별이 있은 후에야 비로소 예와 악을 제정하고 이를 천하에 보급했던 것이다.

악(樂)은 성인이 좋아하는 것이며 백성들로 하여금 선(善)을 지향하게 할 수 있다. 음악은 사람의 마음속 깊이 감화를 주며 풍속을 바꿀 수 있다. 그래서 일찍이 선왕들은 전문 기구를 설립하여 악(樂)을 통한 교화를 추진했던 것이다.

무릇 사람은 누구나 선천적으로 타고난 감정과 이지(理智)를 지니고 있지만 희노애락(喜怒哀樂)의 정태(情態)는 변화무상(變化無常)하며, 외계 사물의 자극을 받아 격동한 이후에 비로소 내재된 사상과 감정이 표현될 수 있다. 그리하여 미세하고 촉박한 음악이 유행하면 사람들은 근심에 휩싸이게 되며, 안락하고 평화로우며 곡조의 변화가 많고 간단명료한 음악이 유행하면 사람들은 평안과 건강을 느끼게 되며, 거칠고 맹렬하고 씩씩한 음악이 유행하면 사람들이 강하고 굳세어지며, 청렴 강직하고 진실하며 방정한 음악이 유행하면 사람들이 엄숙하고 공경하는 분위기가 조성되며, 밝고 부드러우며 온화한 음악이 유행하면 사람들은 자애로워지며, 사악하고 산란하고 빠른 음악이 유행하면 사람들은 음란해지게 된다.

그래서 선왕들은 이러한 감정의 천성(天性)을 토대로 삼고, 5성(聲) 12율(律)의 도수(度數)를 살피며, 예의(禮儀)의 원칙을 준수해 악(樂)을 제정하여 음양(陰陽)의 기(氣)를 조화롭게 하였다.

또 오상(五常)의 선후(先後) 순서를 준수하여 양(陽)에 속하는 기질(氣質)을 택하되 산만해지지 않도록 하고 음(陰)에 속하는 기질을 택하되 폐색(閉塞)되지 않도록 하였으며, 강(剛)에 속하되 격노하지 않도록 하고 유(柔)에 속하되 비겁하지 않도록 하여 음양강유(陰陽剛柔) 네 종류의 기질이 사람 마음속에서 막힘없이 교류되어 밖으로 구현되도록 함으로써 사람마다 각기 자신의 위치에 안거(安居)하고 서로 다투지 않게 하였다.

그런 후에 사람이 각기 지니고 있는 기질의 차이에 근거하여 교화하고 학습 진전의 정도에 따라 점차 박자의 훈련을 증가시키고 악장(樂章)의 형식을 연구하여 악곡 속에 내재된 어질고 너그러운 덕행을 어떻게 표현할 것인가를 평가한다.

또 일정한 표준에 의거하여 음률의 대소 명칭을 규정해 높낮이가 잘 어울리게 하며, 음률의 선후 위치를 배열함으로써 각기 순서를 얻게 하며, 사회 윤리 관계를 표현함으로써 친소(親疎)·귀천·장유(長幼)·남녀 사이의 윤리를 음악을 통해 표현할 수 있게 한다. 그리하여 '음악을 통해 사회와 인생을 심도 있게 관찰해 볼 수 있다.'고 말할 수 있는 것이다.

토양이 척박하면 초목이 생장할 수 없으며 물의 흐름이 너무나 급하면 물고기와 자라가 클 수 없으며, 원기(元氣)가 쇠약하면 생물이 발육할 수 없으며, 사회가 어지러워지면 예의(禮儀)가 문란해지고 음악이 음탕해지게 된다. 그리하여 난세의 음(音)은 슬프나 장중하지 않으며, 즐거우나 불안정하며, 산만하고 박자가 문란하며, 방종에 빠져 근본으로 돌아갈 줄 모른다.

또 성조(聲調)가 여유 있으면 사악(邪惡)을 품게 되고 성조가 촉박하면 탐욕을 불러일으키게 되어, 그 결과 원활한 정기(正氣)를 동요시키고 평화와 덕성을 소멸시키게 된다. 그래서 군자는 난세의 음을 경멸하는 것이다.

무릇 사악한 성음(聲音)은 사람의 마음을 자극하여 패역(悖逆)의 사악한 기운(邪氣)이 이에 상응하고, 사악한 기운이 일정한 형식을 거쳐 표현되어 음란한 악(樂)이 흥기하게 된다. 그러나 순정(純正)한 성음이 사람에게 영향을 줄 때는 온화한 정기(正氣)가 상응하고, 온화한 정기가 일정한 형식을 거쳐 표현되어 온화한 악(樂)이 흥기하게 된다. 그릇됨[邪曲]에 이끌리면 그릇됨이 호응하고, 올바름[正直]에 이끌리면 올바름이 호응하는 것은 만사(萬事)와 만물(萬物)의 이치가 이처럼 호응하는 것과 같은 이치다.

그러므로 군자는 인간의 천부적인 착한 성품을 회복하여 자신의 심지(心志)와 조화를 이루며, 훌륭한 본보기를 본받아 자신의 덕행을 이룬다. 귀와 눈으로 하여금 음란한 가무와 여색을 가까이하지 않도록 하며, 심령으로 하여금 사악한 예와 악의 영향을 받지 않도록 하며, 신체로 하여금 나태하고 괴팍한 악습에 물들지 않도록 하여, 귀·눈·코·입 등 신체의 각 부분과 내심(內心)의 세계가 모두 온화한 기운[順氣]과 바른 성음(聲音)을 따라 건강한 발전을 할 수 있게 한다.

그런 후에 성음(聲音)을 통해 표현하고 금슬(琴瑟)로써 연주하며, 방패와 도끼[干戚]로써 춤추고 우모(羽旄)로써 장식하며, 퉁소와 피리[簫管]로써 반주하여 하늘과 땅의 덕의 광휘를 발양(發揚)시키고, 봄·여름·가을·겨울 사철의 화기(和氣)를 북돋우며, 만사(萬事) 만물(萬物)의 발전의 이치를 드러낸다.

격조가 맑고 청량한 악곡으로는 하늘의 청명함을 표현하고, 격조가 광활하고 웅대한 악곡으로는 땅의 광대함을 표현하며, 일주하면 다시 시작되는 악곡 형식으로는 사계절의 순환을 표현하고, 반복되고 선회하는 무용의 자태로는 비바람의 형태를 나타낸다.

5음을 배열하고 조직하여 곡을 형성하는 것은 오행(五行)[42]이 조금도 문란하지 않는 것과 같고, 악기 소리가 조화를 이루어 음률에 어울리는 것은 8풍(風)⁴³⁾이 서로 교란하지 않는 것과 같으며, 악무(樂舞)가 변화 발전하는 것은 일백 각(刻)⁴⁴⁾으로 나누어 시간을 헤아리는 데 규정이 있는 것과 같고, 큰 것과 작은 것이 상부상조하며, 일주하면 다시 시작되어 순환되고, 부름[唱]과 화답[和]에 청음(淸音)과 탁음(濁音)이 있어 서로 번갈아 순환하며 일정한 규율을 형성한다.

음악의 보급으로 인류 관계가 분명해지고 귀와 눈이 총명해지며, 성정(性情)이 화평해지고 나아가 풍속을 바꾸어 온 천하가 안락하고 태평해진다. 그래서 '음악은 사람을 즐겁게 해 준다.'고 하였다.

그런데 군자는 음악을 통해 도덕 수양을 높이는 것에 즐거움을 두지만 소인은 음악을 통해 가무와 여색 등 욕망을 만족하는 것에 즐거움을 둔다. 도(道)로써 사욕(私慾)을 제어할 수 있다면 쾌락을 즐기되 미혹에 이르지 않으며, 욕망을 만족시키기 위해 덕을 돌보지 않으면 가무와 여색에 미혹되어 진정한 쾌락을 얻지 못한다.

그래서 군자는 인간의 천성을 회복하여 자신의 심지(心志)를 조화시키고, 조화로운 악(樂)이 확대되어 교화 목적을 달성하면 백성들로 하여금 바른 길[正道]을 걸을 수 있도록 할 수 있으며, 이러한 경지에 이르면 사회의 덕을 관철할 수 있다.

덕은 인성(人性)의 근본이며, 악(樂)은 덕행의 꽃이며, 쇠붙이(金)·돌(石)·실(絲)·대나무(竹)로 만든 각종 악기는 음악을 연주하는 기구이다. 시(詩)는 인간의 감정을 표현하고 노래는 인간의 심성을 노래하며 춤

---

42) 금(金)·목(木)·수(水)·화(火)·토(土).
43) 8음(八音)과 8풍(八風)을 가리킨다. 8음이란 금(金)·석(石)·사(絲)·죽(竹)·포(匏)·토(土)·혁(革)·목(木)으로 만든 여덟 종류의 악기를 말하며, 8풍이란 팔방의 바람으로 염풍(炎風:동북풍)·조풍(條風:동풍)·훈풍(薰風:동남풍)·거풍(巨風:남풍)·양풍(涼風:서남풍)·요풍(飂風:서풍)·여풍(麗風:서북풍)·한풍(寒風:북풍)을 말한다.
44) 옛날 물시계(刻漏)로 시간을 헤아릴 때 하루를 일백 각(刻)으로 나누었다.

은 인간의 몸가짐[儀容]과 자태를 표현하는 것이니, 이 세 가지가 인간 내심(內心)의 본성의 발동(發動)을 거친 후에야 비로소 악기(樂氣)가 그에 따라 발동하게 된다.

감정이 깊어야 곡조가 선명하고, 기세가 왕성해야 변화가 신묘(神妙)하고, 온화한 도덕 정신이 마음에 쌓여야 아름다운 정기가 음악을 통해 발로되니 오직 음악만이 한 점의 거짓도 행할 수 없는 것이다.

악(樂)은 마음의 표현이며, 성(聲)은 악(樂)의 표현 형식이며, 악곡의 선율과 박자는 성(聲)의 장식이다. 군자는 악(樂)을 제정할 때 마음속에서 진정으로 감동하고 이를 성음을 통하여 표현한 후에야 성음을 장식하기 위해 선율과 박자를 만든다.

예컨대 '무악(武樂)'은 처음 시작할 때 먼저 북을 울려 출연자에게 주의를 촉구해 준비를 하게 한다. 그리고 나서 발을 세 차례 굴러 공연이 시작됨을 알린다. 이어서 다시 발을 굴러 무왕(武王)이 두 번째에 비로소 정식으로 출병하여 주(紂)를 정벌하였음을 나타낸다. 악곡이 끝난 후에 다시 북을 둥둥 울려 계속 진행됨을 나타내고, 춤이 끝난 후에 다시 징을 쳐서 제자리로 돌아감을 표시한다. 그때의 춤 동작은 매우 빠르나 혼란스럽지 않으며, 곡조는 지극히 그윽하되 은밀하지 않다.

이것은 무왕이 자신의 뜻을 실현하여 즐거워하되 인의의 도리를 어기지 않음을 표현하는 것일 뿐만 아니라 사사로운 욕심을 추구하지 않음을 표현하여 인의의 도리를 널리 보급하고자 하였다. 이런 까닭으로 '무악'에는 감정이 표현되어 있을 뿐만 아니라 도의(道義)가 확립되어 있다.

그래서 춤과 노래의 공연이 끝난 후에 사람들은 거기에 표현된 미덕을 존중하게 되는 것이다. 이러한 춤과 노래를 감상하고 난 후 군자는 더욱더 수양에 힘쓰며 소인은 자신의 잘못을 고쳐 새 사람이 된다. 그래서 '백성을 다스리는[養民] 데 있어서 음악의 효과가 가장 크다.'고 하였다.

군자가 말했다.

"예와 악은 인간에게서 잠시도 떠날 수 없다. 음악을 통해 심성(心性)을 도야하면 온화 · 정직 · 자애 · 충신(忠信)의 마음이 저절로 우러나게 된다. 마음이 즐거우면 편안하고, 마음이 편안하면 장수할 수 있고, 장수할 수 있으면 하늘과 통할 수 있고, 하늘과 통할 수 있으면 통하지 않는 곳이 없는 경지에 이를 수 있다. 이는 마치 하늘이 말하지 않아도 믿음이 있는 것과 같고, 신(神)이 성내지 않아도 위엄이 있는 것과 같다.

악(樂)을 통해서 마음을 다스리고 예(禮)를 통해서 외면을 다스린다. 외면적인 행동이 단정하면 태도가 장중하고 공경스러워지며, 태도가 장중하고 공경스러워지면 엄숙한 위엄이 있게 된다. 마음이 잠시라도 화평하지 않고 즐겁지 아니하면 비루하고 거짓된 나쁜 생각이 이 틈에 끼어들게 되며, 외면적인 행동이 잠시라도 장중하지 않고 공경스럽지 아니하면 경솔하고 태만한 생각이 이 틈에 끼어들게 된다. 그러므로 악(樂)은 인간의 내면적 감정에 영향을 주고, 예(禮)는 인간의 외면적 행동에 영향을 준다.

음악의 최고 목표는 화평에 있으며, 예의 최고 목표는 공손함에 있다. 마음이 화평하고 외모가 공손하면 얼굴빛만 보아도 그와 더불어 다투지 못하며, 용모만 보아도 그를 경솔하고 태만히 대할 수 없게 된다. 이 때문에 덕의 광채가 마음에서 빛나면 사람들은 그의 말을 따르지 않을 수 없으며, 이치가 외면적으로 구현되면 사람들은 그에게 순종하지 않을 수 없다. 그래서 '예와 악의 도(道)를 알고 이를 통해 천하를 다스리면 조금도 어려울 것이 없다.' 고 하는 것이다."

음악은 인간의 내면 세계에 영향을 주고 예의는 인간의 외면 세계에 영향을 준다. 그러므로 예는 겸손을 중시하고 음악은 풍요로움을 중시한다. 예는 겸손을 중시하지만 진취적으로 노력하는 것을 아름답게 여기며, 음악은 풍요로움을 중시하지만 절제하는 것을 아름답게 여긴다. 예의가 겸손만을 중시하여 진취적으로 분발하지 않는다면 소침해지고 말 것이며, 음악이 풍요로움만을 중시하여 자신을 돌이켜 반성하지 않는다면 방종해지고 말 것이다.

그리하여 예의는 분발을 요구하고 음악은 반성을 요구한다. 예의를 실천하여 자기 분발을 할 수 있으면 즐겁고, 음악을 감상하여 자기반성을 할 수 있으면 편안하다. 이로 미루어 볼 때 예의의 자기 분발과 음악의 자기반성의 이치는 일치한다.

무릇 음악은 사람을 즐겁게 하는데 이는 인지상정(人之常情)의 불가결한 것이다. 즐거움은 반드시 성음(聲音)을 통해 발(發)하고 동작을 통해 표현되는데 이는 인간의 천성이다. 이러한 천성은 성음(聲音)과 동작을 빌어 음악을 통해 완전하게 표현된다. 그러므로 인간에게는 즐거움이 없어서는 안 되며, 즐거우려면 가무(歌舞)의 형식이 없어서는 안 되며, 이러한 형식이 원칙을 준수하지 않으면 혼란이 발생하지 않을 수 없다.

선왕은 이러한 혼란을 싫어하였다. 그래서 '아(雅)', '송(頌)' 등의 음악을 제작하여 그 성음으로 하여금 즐거워하기에 족하되 방종에 흐르지 않게 하였으며, 그 악장(樂章)으로 하여금 조리가 있되 틀에 박히지 않게 하였으며, 그 곡조의 곡절(曲折)과 평직(平直), 복잡과 간단, 담백함과 풍요로움, 고저와 완급으로 하여금 사람의 선한 마음을 감동시키되 방종과 사악한 생각이 사람의 심령에 영향을 끼치지 못하게 하였으니 이것이 곧 선왕께서 음악을 제작하신 원칙이다.

이러한 음악이 종묘에서 연주되어 군주와 신하가 함께 들으면 조화롭고 엄숙하지 않음이 없으며, 지방에서 연주되어 늙은이와 젊은이가 함께 들으면 온순하고 복종하지 않음이 없으며, 가정에서 연주되어 아버지와 자식 및 형제가 함께 들으면 화목하고 친애하지 않음이 없다.

음악은 우선 노래하는 사람의 음질(音質)을 잘 살펴서 높낮이가 적합한 음을 선택하여, 이를 기초로 곡조의 어울림을 규정해 악기를 배합하여 박자를 표현하고 그것을 조합하여 일정한 악곡을 구성하니, 부자와 군신을 화합하게 하고 만백성을 단결하게 하는데 이것 또한 선왕이 음악을 제작한 원칙이다.

그리하여 '아(雅)', '송(頌)'과 같은 음악을 들으면 마음이 탁 트일 수 있으며, 방패와 도끼 등의 무구(舞具)를 손에 들고 부앙(俯仰)·굴신(屈伸) 등의 춤추는 자태[舞姿]를 익히면 용모가 장엄해진다. 춤추는 행렬 속으로 들어가 박자에 맞추면 사람의 행위가 단정해지고 규범에 합치된다. 그러므로 음악은 하늘과 땅이 화합하는 산물이며, 음과 양이 조화를 이루는 결정체이며, 인간에게 없어서는 안 될 불가결한 것이다.

무릇 음악은 선왕이 기쁨을 의탁한 것이며, 군대와 무기는 선왕이 노여움을 나타낸 것이다. 선왕의 기쁨과 노여움은 모두 상응하는 표현을 얻을 수 있다. 그가 기뻐할 때 천하의 백성들이 기뻐했으며 그가 분노할 때 난폭한 자들이 두려워했다. 그러므로 선왕이 나라를 다스리는 도(道)인 예와 악은 융성했다고 말할 수 있다.

위 문후(魏文侯)[45]가 자하(子夏)[46]에게 물었다.

"내가 의관(衣冠)을 단정히 하고 엄숙한 자세로 옛 음악을 들으면 졸음이 올까 두렵습니다. 그런데 정(鄭)나라와 위(衛)나라의 새 음악을 들을 때는 피곤한 줄 모릅니다. 감히 묻건대 옛 음악[古樂]이 그와 같은 것은 무엇 때문이며 새 음악[新樂]이 이와 같은 것은 무엇 때문입니까?"

---

45) 위사(魏斯). 전국시대 위(魏)를 세운 사람. 자세한 것은 「위세가」를 참조.
46) 복상(卜商), 자(字)는 자하(子夏). 문학에 뛰어난 공자의 제자. 자세한 것은 「중니제자열전」을 참조.

자하가 대답했다.

"옛 음악[古樂]에 대하여 먼저 말씀드리면 공연할 때 사람들이 함께 나아가고 함께 물러나 동작이 정제(整齊)되어 있으며, 악곡이 화평하고 정대하면서 정취도 너그럽습니다. 현(弦)·포(匏)·생(笙)·황(簧) 등 각종 악기는 북(鼓)과 부(拊)가 울리기를 기다렸다 뒤이어 일제히 합주합니다. 악을 처음 연주할 때 북을 치고 악이 끝날 때는 징을 치며, 연주가 진행되는 동안 상(相)으로는 어지러운 박자를 조절하고 아(雅)로는 빠른 박자를 제어합니다.

군자는 악의 공연이 끝났을 때 의견을 발표하고 고대의 사적을 칭송하며, 몸과 마음을 수양하여 가정을 다스리고 나아가 천하를 안정시키는 목적에 도달하는데 이것이 곧 옛 음악의 공연입니다.

그리고 이른바 '새 음악'에 대하여 말씀드리면 공연할 때 나아가고 물러나고 몸을 구부리는 동작이 들쑥날쑥 고르지 못하고 곡조가 사악하고 방탕하여 사람으로 하여금 도취되고 미혹되어 어찌할 바를 모르고 헤어날 줄 모르게 합니다. 게다가 배우와 광대[侏儒]들이 공연할 때 남녀가 뒤섞여 귀함과 천함[尊卑]을 가리지 않습니다. 이러한 음악은 공연이 끝난 뒤에 그것이 무엇을 나타내려고 한 것인지 의미를 알 수 없으며 또한 고대의 사적을 기릴 수 없으니 이것이 곧 새 음악입니다.

그런데 군주께서 물으신 것은 악(樂)이며 애호하시는 것은 음(音)입니다. 무릇 악(樂)과 음(音)은 서로 비슷하면서도 전혀 다릅니다."

위 문후가 물었다.

"감히 묻건대 그것은 왜 그렇습니까?"

자하가 대답했다.

"옛날에 하늘과 땅이 화순(和順)하며, 사철에 어긋남이 없으며, 백성들이 덕이 있으며, 해마다 오곡이 풍성하게 무르익으며, 질병이 없고 재앙이 없으면 이를 태평성세라 일컬었습니다. 그런 후에 성인이 군신과 부자의 관계를 인륜의 강령으로 삼았으며 이러한 강령이 확정된 후에야 비로소 천하가 안정되었습니다. 천하가 안정된 후에 성인은 6률(律)⁴⁷⁾을 바로잡아 5성(聲)⁴⁸⁾을 조화시키고 악곡을 붙여 '시(詩)', '송(頌)'을 불렀으니 이를 덕음(德音)이라고 하며, 이 덕음이야말로 비로소 악(樂)이라고 일컬을 만합니다. ≪시경≫에 이렇게 노래했습니다.

왕계(王季)님이 덕음(德音)을 닦으시어	莫其德音,
그 덕행이 널리 광명을 떨치셨네.	其德克明.
그 광명이 선과 악을 분명히 가리니	克明克類,
사람들의 사표(師表)가 되고 군주가 되셨네.	克長克君.
왕이 되어 이 큰 나라를 통치하시니	王此大邦,
인심에 순응하고 상하가 친화하네.	克順克俾.
왕업을 계승한 문왕(文王)에 이르러	俾於文王,
그 덕행은 더욱 완미해졌네.	其德靡悔.
하늘이 내리신 축복을 받아	旣受帝祉,
자자손손 이어지리.⁴⁹⁾	施于孫子.

이는 바로 덕음(德音)을 두고 한 말입니다. 지금 군주께서 애호하시는 것은 사람들로 하여금 미혹시켜 탐닉케 하는 음악[溺音]이 아닌지요?"

---

47) 12율(律) 중 양성(陽性)에 속하는 여섯 가지 음인 황종(黃鍾)·태주(太族)·고선(始洗)·유빈(蕤賓)·이칙(夷則)·무역(無射).
48) 5음(五音).
49) ≪詩經≫의 「大雅 皇矣」에서 인용. '皇矣'는 주(周) 왕조가 흥기한 것을 찬미한 첫 수(首)의 시로 이 소절은 왕계(王季)와 문왕(文王)의 공덕을 찬양하였다.

위 문후가 물었다.

"감히 묻건대 사람들로 하여금 탐닉케 하는 음악[溺音]이란 어디에서 온 것입니까?"

자하가 대답했다.

"정나라 음악은 매우 방탕하여 사람의 마음을 미혹시키고, 송나라의 음악은 안일하고 환락풍이라 사람으로 하여금 탐닉케 하며, 위나라의 음악은 촉박하고 화가 많아 사람으로 하여금 초조하게 하며, 제나라의 음악은 오만하고 괴이하여 사람으로 하여금 교만해지게 합니다. 이 네 가지 음악은 모두 색정(色情)에 치우쳐 도덕을 해칩니다. 그래서 제사를 지낼 때 그러한 음악들을 사용하지 않는 것입니다.

《시경》에 '엄숙하면서도 화목한 음악이 울려 퍼지니 선조들께서 이를 들으시네.(肅雍和鳴, 先祖是聽)' [50]라고 했습니다. 이른바 '숙(肅)'은 '엄숙히 공경한다.'는 뜻이며 '옹(雍)'은 '화목하다'는 뜻입니다. 만일 엄숙히 공경하여 화목할 수 있다면 행할 수 없는 것이 무엇이겠습니까?

군주 된 자는 좋아하고 싫어함을 선택함에 있어서 신중한 태도를 견지해야 합니다. 군주가 좋아하면 신하가 이를 좋아하며, 윗사람이 행하면 백성들이 이를 따라서 좋아하기 때문입니다. 《시경》에 '백성들은 교도(敎導)하기가 아주 쉽다.(誘民孔易)' [51]고 했는데 바로 이를 두고 한 말입니다.

그런 후에 성인이 도(鞉)·고(鼓)·강(椌)·갈(楬)·훈(壎)·지(篪)[52]를 만들었으니 이 여섯 가지 악기는 모두 덕음(德音)을 발하는 악기들입니

---

50) 이 두 싯구는 《詩經》의 「周頌 有瞽」에서 인용한 것이다. '有瞽'는 주(周)의 성왕(成王) 때 제사에 쓰던 악가(樂歌)의 하나.
51) 《詩經》의 「大雅 板」에서 인용한 것이다. '板'이란 시는 주(周)의 대부(大夫)가 폭군을 넌지시 풍자한 것이다.

다. 그런 다음 종(鐘)과 경(磬)·우(竽)[53]·슬(瑟)을 가지고 반주(伴奏)하며, 간(干)·척(戚)·모(旄)·적(狄)[54]을 가지고 춤추었습니다. 이러한 것들을 사용해 선왕의 종묘에 제사하고 빈객을 접대하여 관직의 대소와 신분의 고하를 구분함으로써 그들로 하여금 합당함을 얻게 하며, 후세인들로 하여금 귀함과 천함[尊卑] 및 장유의 차례[長幼之序]를 깨닫게 하는 것입니다.

우렁찬 종(鐘) 소리는 호령을 내릴 수 있고, 호령이 있으면 기세가 웅장하고, 기세가 웅장하면 무위(武威)를 세울 수 있습니다. 그래서 군자가 종(鐘) 소리를 들으면 용감무쌍하게 선전(善戰)하는 무장(武將)을 떠올리게 됩니다.

굳센 경(磬) 소리는 사람으로 하여금 옳고 그름과 굽음과 곧음[是非曲直] 및 착하고 악함과 아름답고 추함[善惡美醜]을 분별하게 함으로써 사람들이 충성심에 불타 나라를 위해 생명을 돌보지 않습니다. 그래서 군자가 경(磬) 소리를 들으면 죽음을 무릅쓰고 강토를 지킨 충신을 생각하게 됩니다.

슬픈 금(琴)과 슬(瑟) 소리는 사람으로 하여금 청렴강직하게 하며, 청렴강직하면 뜻을 세울 수 있습니다. 그래서 군자가 금과 슬의 소리를 들으면 기개 있는 의사(義士)를 생각하게 됩니다.

---

52) 도(鞉) : 손잡이가 달린 일종의 작은 북으로, 좌우의 끈에 구슬이 달려 있어 손잡이를 잡고 좌우로 움직여 소리를 내게 하는 타악기. 강(柷) : 나무로 만든 악기, 즉 축(柷). 갈(楬) : 호랑이가 엎드린 모양처럼 생겼으며 나무로 만든 악기. 강(柷)과 갈(楬)은 아악을 연주할 때 사용되는데 시작할 때 강(柷)을 치고 끝날 때 갈(楬)을 친다. 훈(壎) : 도제(陶制)의 취주 악기, 마치 계란 모양처럼 생겼으며 맨 위에 취구(吹口)가 있고 앞에 4개의 구멍이 있으며 뒤에 2개의 구멍이 있다. 돌이나 뼈, 상아 등으로 만들기도 한다. 지(篪) : 대나무로 만든 취주 악기로 피리[笛]와 비슷하게 생겼다.

53) 삼십육 개의 구멍이 있는 관악기로 생황과 비슷함.

54) 꿩의 꼬리에 있는 깃털로 문무(文舞)를 출 때 사용하던 무구(舞具).

폭넓은 죽관(竹管) 소리는 사람으로 하여금 모여들게 하며, 모여들면 민중이 한데 뭉칠 수 있습니다. 그래서 군자가 죽관 소리를 들으면 백성을 어루만져 위로하며 포용하는 관리를 떠올리게 됩니다.

둥둥 울려 퍼지는 큰북(鼓)과 작은북(鼙)[55]의 북소리는 사기를 고무시키고, 사기가 고무되면 병사들이 전진하도록 지휘할 수 있습니다. 그래서 군자가 큰북과 작은북 소리를 들으면 대군을 거느리는 장수를 생각하게 됩니다.

이로 미루어 보건대 군자는 음악을 들으면 단순히 귀를 즐겁게 하는 소리를 듣는 데 그치지 않고 악성(樂聲)으로부터 자신의 감정과 서로 통하는 것을 듣게 되는 것입니다.”

빈모가(賓牟賈)[56]가 공자를 모시고 곁에 앉아 있을 때 공자가 그와 더불어 담소를 나누었다. 화제가 음악 방면에 이르렀을 때 공자가 물었다.

“‘무악(武樂)’ 공연을 시작하기 전에 장시간 북을 치며 준비를 하게 되는데 무엇 때문인지 알고 있는가?”

빈모가가 대답했다.

“그것은 무왕(武王)이 주(紂)를 칠 때 사중(士衆)의 옹호를 얻지 못할까 두려워하여 오랫동안 준비한 뒤에 비로소 출전한 것을 나타낸 것입니다.”

“소리를 길게 뽑아 노래하고 성조를 늘여 빼는 것은 무엇 때문인가?”

“무왕이 제후들의 군대가 주(紂)를 치는 데 있어 유리한 적기(適期)를 놓칠까 두려워하는 것을 상징하는 것입니다.”

“공연이 시작되면 위풍당당하게 손을 들고 발을 구르다가 아주 빠르

---

55) 큰북과 작은북은 군중(軍中)에서 신호로 사용하던 악기.
56) 사람 이름. 그의 생애에 대해서는 알려진 것이 없다.

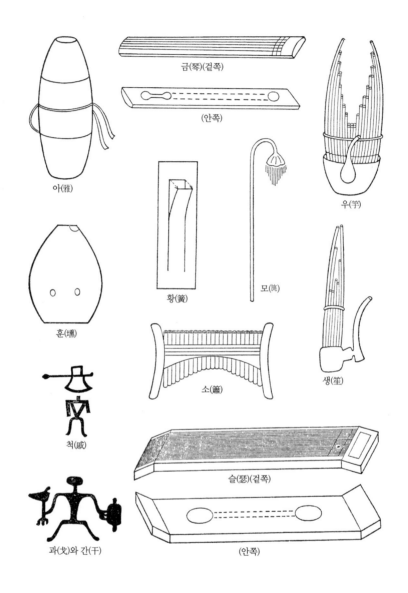

아(雅)

금(琴)(겉쪽)

(안쪽)

우(竽)

훈(壎)

황(簧)

모(旄)

생(笙)

척(戚)

소(簫)

과(戈)와 간(干)

슬(瑟)(겉쪽)

(안쪽)

게 끝나게 되는데 이는 무엇 때문인가?'

"그것은 전쟁에서 승리할 수 있는 유리한 기회를 포착하여 속전속결한 것을 상징하는 것입니다."

"'무무(武舞)'를 추는 공연자가 꿇어앉아 오른쪽 무릎은 땅에 대고 왼쪽 무릎은 위를 향하게 하는 것은 무엇 때문인가?"

"그것은 '무무'를 추는 동작 속에 반드시 있어야 하는 것은 아닙니다."

"소리를 길게 늘여 빼어 끊이지 않는데 이에 대해 어떤 사람은 무왕이 상(商) 왕조의 정권을 빼앗으려 하는 것을 상징한다고 말한다. 이는 무엇 때문인가?"

"그것 또한 '무악' 속에 반드시 있어야 하는 것은 아닙니다."

공자가 물었다.

"'무악' 속에 반드시 있어야 할 음조(音調)가 아니라면 무슨 음조인가?"

"악관(樂官)들이 잘못 전수(傳授) 받은 것입니다. 그것이 아니라면 무왕의 뜻이 어리석은 것입니다."

공자가 말했다.

"내가 전에 장홍(萇弘)[57] 선생에게서 들은 것도 그대의 말과 똑같았네."

빈모가가 자리에서 일어나 정중히 물었다.

"'무악(武樂)'을 공연하기 전에 준비하는 시간이 왜 오래 걸리는가에 대해서는 이미 가르침을 받았습니다. 감히 묻건대 무대 위에서 배우들이 오랫동안 멈춘 채 동작을 하지 않는 것은 무엇 때문입니까?"

공자가 말했다.

"앉게나. 내가 그대에게 알려 주겠네. 소위 음악이란 이미 행해진 것을

---

57) 주(周)의 경왕(景王)·경왕(敬王) 때의 대부(大夫). 공자는 일찍이 그에게서 아악을 배웠다고 전해짐.

반영한 것이네. 배우들이 방패를 들고 굳게 서 있는 것은 무왕(武王)이 주(紂)를 칠 때 각 제후군(諸侯軍)들을 지휘한 것을 상징하는 것이며, 손을 들고 발을 구르는 모습이 웅장한 것은 태공(太公)[58]의 늠름한 의지를 나타내는 것이며, '무악(武樂)'이 끝날 무렵에 배우들이 모두 꿇어앉는 것은 주공(周公)[59]과 소공(召公)[60]이 공동으로 다스려 전쟁을 멈추고 문교(文敎)에 힘썼던 치적을 상징하는 것이네.

그리고 '무악(武樂)'의 구성을 말하면 첫째 단에서는 무왕이 군사를 동원하여 북으로 진격하는 것을 표현하고, 둘째 단에서는 무왕이 상(商)을 멸한 것을 표현하고, 셋째 단에서는 무왕이 승리하여 남쪽으로 돌아오는 것을 표현하고, 넷째 단에서는 남쪽 경계를 개척하는 것을 표현하고, 다섯째 단에서는 주공과 소공이 나누어 다스리는 상황 — 주공은 오른쪽, 소공은 왼쪽에서 다스림 — 을 표현하고, 여섯째 단에서 배우들이 본래의 자리로 되돌아오는 것은 제후들이 개선가를 부르며 무왕을 천자로 받들어 추대한 것을 표현하는 것일세.

그리고 공연 중에 춤추는 양편 대열 사이에 끼어 방울을 흔들면 방울소리에 맞추어 사방으로 찌르는 자세를 취하는 것은 무왕이 동서남북 사

---

58) 성(姓)은 강(姜), 씨(氏)는 여(呂), 이름은 상(尙), 자(字)는 자아(子牙), 호(號)는 태공망(太公望). 세상에서는 강태공(姜太公)이라 일컫는다. 서주(西周) 초기에 무왕(武王 : 姬發)을 도와 상(商)을 멸망시키는 데 혁혁한 공을 세웠고 나중에 제(齊)에 봉해졌다. 자세한 것은 「제태공세가」를 참조.

59) 희단(姬旦), 즉 무왕(武王 : 姬發)의 동생. 채읍(采邑)을 주(周)에 수봉(受封) 받았기 때문에 '주공(周公)'이라 불리게 되었다. 일찍이 무왕을 도와 상(商)의 주왕(紂王)을 멸하는 데 큰 공을 세웠으며 무왕이 죽은 후 성왕(成王 : 무왕의 아들)이 즉위하였는데 나이가 어려 섭정을 맡았다. 나중에 노(魯)에 봉해졌다. 자세한 것은 「노주공세가」를 참조.

60) 희석(姬奭), 즉 문왕(文王 : 姬昌)의 서자(庶子). 채읍을 소(召)에 수봉(受封) 받았기 때문에 '소공(召公)'이라고 불리게 되었다. 일찍이 무왕을 보좌하여 상(商)의 주왕(紂王)을 멸하는 데 공을 세웠고 주공(周公)과 함께 나이 어린 성왕(成王)을 대신하여 섭정하였다. 나중에 연(燕)에 봉해졌다. 자세한 것은 「연소공세가」를 참조.

방으로 정벌에 나서 무위(武威)가 중국 전역에 떨친 것을 나타내는 것일세. 이어 춤추는 대열이 두 줄로 나누어 행진하는 것은 주(紂)를 치는 일이 성공하였음을 표시하며, 배우들이 무대 위에 서서 오래 움직이지 않는 것은 제후들이 오기를 기다리는 무왕을 표시하네.

또 그대는 목야(牧野)의 전투에 관한 전설을 듣지 못했는가? 무왕은 그곳에서 은(殷)의 주(紂)를 대파하고 은의 도읍지로 진군하여 수레에서 미처 내리기도 전에 황제(黃帝)의 후손을 계(薊)에 봉하고, 요 임금(帝堯)의 후손을 축국(祝國)에 봉하고, 순 임금(帝舜)의 후손을 진(陳)에 봉하였네. 또 수레에서 내린 후에 하(夏) 왕조의 후손을 기국(杞國)에 봉하고, 은(殷) 왕조의 후손을 송국(宋國)에 봉하였으며, 동시에 왕자 비간(比干)의 분묘를 수축(修築)하였고, 기자(箕子)를 석방하여 상용(商容)에게 보내 그를 탐방케 하고 아울러 상용의 관직을 회복시켜 주었네.

또 백성들을 위해서는 은(殷)나라 주(紂)의 폭정(暴政)을 없애고, 관리들에게는 봉록을 두 배로 올려 주었네. 이어 황하를 건너 서쪽으로 나아가 전마(戰馬)를 화산(華山) 남쪽에 풀어놓아 다시는 전거(戰車)를 끌지 못하도록 하였으며, 소들을 도림(桃林) 들판에 풀어놓아 다시는 군수품을 운반하는 수레를 끌지 못하도록 하였네.

전거와 갑옷을 포장하여 부고(府庫)에 깊이 보관해 두고 다시는 사용하지 않았으며, 방패와 창 등 일체의 무기는 거꾸로 뒤집어 호랑이 가죽(虎皮)으로 싸 두었으며, 병사들을 지휘했던 장수들은 제후로 봉하였으니 이를 일컬어 '건고(建櫜 : 무기를 포대에 넣고 자물쇠를 채우는 것)'라고 하였다네. 그런 후에야 비로소 천하는 무왕이 다시는 군사를 일으켜 전쟁을 하지 않겠다는 뜻을 알게 되었네.

그런 다음 군대를 해산하고 교사(郊射)의 의식을 거행하였으니 동쪽 교외의 학궁(學宮)에서 활쏘기를 연습할 때에는 '이수(貍首)'[61]를 연주하고 서쪽 교외의 학궁에서 활쏘기를 연습할 때에는 '추우(騶虞)'[62]를 연주함으로써, 갑옷을 입고 활을 쏘는 등 피 흘리는 전쟁을 중지하였음을 나타내었네. 호랑이처럼 용맹스러운 장수도 칼을 차지 않았으며 모두 관(冠)과 예복을 입고 허리에 홀(笏)을 찼다네.

그리고 명당(明堂)에서 선조에게 제사를 지냄으로써 백성들로 하여금 효(孝)의 도리를 알게 하였으며, 봄과 가을에 정기적으로 천자를 조현함으로써 제후로 하여금 신하된 도리를 알게 하였으며, 천자가 적전(藉田)에서 친히 경작하는 의식을 거행함으로써 제후로 하여금 선조를 공경하는 방법을 알게 하였네. 이상의 다섯 가지가 곧 천하의 큰 정교(政敎)일세.

또 태학(太學)[63]의 관직에서 물러난 원로[三老五更]들을 초치하여 공양하였는데 천자가 친히 웃옷을 벗고 희생의 고기를 잘라 장(醬)을 공손히 받들어 대접하고 술잔을 들어 그들에게 권하였네. 그리고 예복을 갖추어 입고 손에는 방패를 들어 친히 그들을 위문하는 공연을 베풀었으니 이는 제후들에게 연장자를 공경하는 도리를 가르쳐 주기 위함이었네.

이렇게 주(周) 왕조의 교화는 사방에 전파되고 예(禮)와 악(樂)의 효능이 도처에서 발휘되었으니 '무악(武樂)'이 처음 공연될 때 연출되는 시간이 느리고 또 오래 걸리는 것은 당연한 이치 아니겠는가!"

자공(子貢)[64]이 악관(樂官) 사을(師乙)을 찾아가 물었다.

"내가 들으니 각 개인의 성격에 적합한 악곡이 있다는데 나와 같은 성

---

61) 일시(逸詩)의 편명.

62) 《詩經》「召南」의 편명.

63) 고대의 대학(大學). 우(虞 : 순임금) 시대에는 상(庠)을, 하(夏) 시대에는 서(序)를, 상대(商代)에는 고종(瞽宗)을, 주대(周代)에는 벽옹(辟雍)을 각각 설치하였으며 한(漢) 무제 연간에는 태학(太學)을 설치하였다고 전해짐.

격을 지닌 사람은 어떤 노래를 불러야 하겠는가?"

사을이 말했다.

"미천한 악공(樂工)에 지나지 않는 제가 어찌 어떤 악곡을 불러야 좋은지에 대한 답변을 할 수 있겠습니까! 다만 제가 주워들은 관련 지식을 말씀드릴 터이니 스스로 혜량하시기 바랍니다.

성격이 너그럽고 고요하며 온유하고 바른 성격을 지닌 사람은 '주송(周頌)'을 부르는 것이 적합하며, 성격이 명랑하고 결백하며 이치에 밝고 성실한 사람은 '대아(大雅)'를 부르는 것이 적합하며, 공손하고 신중하며 예의를 소중히 여기는 사람은 '소아(小雅)'를 부르는 것이 적합하며, 정직하고 청렴한 사람은 '국풍(國風)'을 부르는 것이 적합하며, 솔직하고 자애로운 사람은 '상송(商頌)'을 부르는 것이 적합하며, 유순하면서도 과단성이 있는 사람은 '제풍(齊風)'을 부르는 것이 적합합니다.

무릇 노래를 부르는 것은 곧 자신의 감정을 진술하게 표현하고 자신의 덕성을 나타내는 것입니다. 덕성이 격발(激發)될 때 하늘과 땅도 이에 응하고 사시(四時)도 조화를 이루며, 성신(星辰)도 운행의 질서가 있게 되고 만물도 화육(化育)되는 것입니다.

'상송(商頌)'이라는 노래는 오제(五帝) 때 전해져 상(商)나라 사람들이 이를 기록하였기 때문에 '상송(商頌)'이라 일컬었으며, '제풍(齊風)'이라는 노래는 삼대(三代) 때 전해져 제(齊)나라 사람들이 이를 기록하였기 때문에 '제풍(齊風)'이라 일컫게 된 것입니다. '상송'에 밝은 자는 일에 임하여 과단성 있게 할 수 있으며, '제풍'에 밝은 자는 이(利)를 보면 언제나 사양합니다. 일에 임하여 과감하게 결단하는 것은 용기이며, 이(利)를 보면 언제나 사양하는 것은 의로움입니다. 이러한 용기와 의로

---

64) 공자의 제자. 성은 단목(端木), 이름은 사(賜). 자세한 것은 「중니제자열전」 참고.

움이 노래를 통하지 않고 어떻게 표현될 수 있겠습니까?

　노래의 변화는 무궁하여 노래 소리가 위로 올라갈 때는 우렁차게 격앙되는 듯하며, 노래 소리가 아래로 내려갈 때는 어둡고 억압당하는 듯하며, 노래 소리가 바뀌면 사물이 꺾어지는 듯하며, 노래 소리가 끝날 때는 시든 고목처럼 적막한 듯하며, 작게 감돌면 마치 곱자(規尺)처럼 굽어진 듯하며, 크게 감돌면 마치 갈고리처럼 꺾인 듯하며, 끊임없이 이어져 마치 명주(明珠)를 꿴 듯합니다.

　그러므로 노래가 일종의 언어가 되게 하려면 소리를 길게 늘여 빼야 하는 것입니다. 사람의 마음이 기쁘면 언어로 표현하게 되고, 언어로도 다 표현할 수 없으면 소리를 길게 하여 말을 하게 되고, 소리를 길게 해서도 다 표현할 수 없으면 읊조리게 되고, 읊조려서도 부족하면 자신도 모르게 덩실덩실 춤을 추게 되는 것입니다.”

　이상은 「자공문락(子貢問樂)」편이다.

　무릇 음악이란 사람의 마음에서 생겨나는 것인데 하늘과 사람이 매우 밀접하게 연관되어 있어 마치 그림자가 물체의 형상을 반영하고 있는 것과 같고 소리가 호응하여 반향하는 메아리와 같다. 그러므로 선(善)을 행하는 자에게 하늘이 복으로 보답하고 악을 행하는 자에게 하늘이 재앙으로 징벌하는 것은 지극히 자연스러운 이치이다.

　그러므로 옛날 우(虞)의 순(舜)은 오현금(五弦琴)을 타며 ‘남풍가(南風歌)’를 불러 천하를 다스렸고, 은(殷)의 주(紂)는 ‘조가(朝歌)’와 ‘배비(北鄙)’라는 음악을 연주하다 죽음에 이르고 나라를 망치게 되었다. 순(舜)의 도(道)는 어째서 광대한가? 또 주(紂)의 도(道)는 어째서 그처럼 협소하기만 했는가?

　그 까닭은 ‘남풍가’는 생장(生長)에 적합한 음악으로서 순(舜)이 그것을 애호하였으며, 그 음악은 하늘의 뜻과 일치하여 제후국들의 환심을 얻을 수 있었을 뿐만 아니라 천하를 잘 다스릴 수 있었기 때문이다. 그런데 '조가(朝歌)'는 이름 그대로 날만 새면 이른 아침부터 노래한다는 뜻이니 이는 시의(時宜)에 합당하지 않고, '배(北)'는 등 돌린다는 뜻이며 '비(鄙)'는 천박하다는 뜻인데 은(殷)의 주(紂)는 이러한 음악을 애호하니 제후국들이 그와 뜻을 같이하지 않아 딴 마음을 품고 그에게 귀의하지 않았으며, 백성들도 그에게 친근함을 갖지 않고 천하가 그에게 등을 돌리게 되어 마침내 죽음에 이르고 나라를 망치게 된 것이다.

위(衛)의 영공(靈公)[65]이 진(晋)나라에 가던 길에 복수(濮水)의 상류에서 묵게 되었는데 밤에 거문고(琴) 타는 소리를 듣게 되었다. 좌우의 사람들에게 그것에 대해 묻자 모두들 아무것도 듣지 못했다고 대답하였다. 영공은 악관(樂官) 사연(師涓)을 불러 이렇게 말했다.

"내가 분명히 거문고 타는 소리를 듣고 좌우의 사람들에게 물었더니 아무도 그것을 듣지 못했다고 한다. 그렇다면 귀신이 거문고를 탄 듯하니 그대는 잘 듣고 그것을 기록해 둬라."

사연은 대답하고 나서 거문고를 안고 단정히 앉아 들으면서 기록하였다. 이튿날 사연이 말했다.

"제가 그 악곡을 기록해 두었지만 귀에 익지 않은 것입니다. 제게 하룻밤만 더 듣게 허락해 주신다면 알 수 있을 것 같습니다."

영공은 이를 승낙하여 사연은 다시 하룻밤을 더 묵었다. 그 이튿날 사연이 보고했다.

"이제야 알 것 같습니다."

---

65) 춘추시대 위(衛)나라의 국군(國君) 희원(姬元).

영공은 그곳을 떠나 진(晉)나라에 도착하여 진(晉)의 평공(平公)⁽⁶⁶⁾을 만났다. 평공은 시혜(施惠)⁽⁶⁷⁾의 대(臺)에서 주연을 베풀고 영공 일행을 맞아 접대하였다. 주흥(酒興)이 한창 무르익어 갈 때 영공이 말했다.

"제가 귀국(貴國)으로 오는 도중에 새로운 음악[新樂]을 듣게 되었는데 청컨대 저희들이 그 곡을 연주해 드리겠습니다."

평공이 이를 승낙했다. 이에 악사(樂師) 사연(師涓)에게 명하여 진(晉)나라 악관(樂官) 사광(師曠) 곁에 앉아 거문고로 그 악곡을 연주하도록 하였다. 그런데 연주가 채 끝나기도 전에 사광은 사연(師涓)의 거문고 현을 손으로 누르며 말했다.

"이는 망국의 음(音)이니 더 이상 연주해서는 안 됩니다."

평공이 물었다.

"어째서 그런가?"

사광이 대답했다.

"이 곡은 사연(師延)이 지은 것입니다. 사연(師延)은 예전에 주왕(紂王)을 위해 퇴폐적인 음악을 연주하였는데 후에 무왕(武王)이 주(紂)를 쳤을 때 사연은 동쪽으로 달아나 복수(濮水)에 뛰어들어 스스로 목숨을 끊었습니다. 이 음악을 들은 지점은 복수의 상류임에 틀림없습니다. 이 음악을 가장 먼저 들은 사람의 나라는 반드시 쇠망합니다."

평공이 말했다.

"과인이 애호하는 것은 음악이니 계속 듣고 싶소."

이에 사연(師涓)이 그 곡을 끝까지 연주하였다.

진(晉)의 평공이 물었다.

---

66) 춘추시대 진(晉)의 국군(國君). B.C. 557~532 재위.
67) 궁전 이름.

"악곡 중에 이보다 더 감동적인 것이 있는가?"

사광이 말했다.

"있습니다."

평공이 말했다.

"과인에게 들려줄 수 있겠는가?"

사광이 말하였다.

"폐하는 덕과 의(義)에 수양이 깊지 못하기 때문에 그것을 들려드릴 수 없습니다."

평공이 말했다.

"과인이 좋아하는 것은 음악이니 그것을 듣고 싶소."

이에 사광은 하는 수 없이 거문고를 들고 연주하기 시작했다. 첫 번째 단을 연주하였을 때 검은 선학(仙鶴) 열여섯 마리가 낭문(廊門)에 모여들었다. 둘째 단을 연주하였을 때 선학들이 목청을 돋우어 너울너울 춤을 추었다. 이에 진(晉)의 평공이 크게 기뻐하며 자리에서 일어나 사광에게 축배를 건네었다. 평공은 자리로 돌아가 앉은 후 다시 물었다.

"악곡 중에 이보다 더 감동적인 것이 있는가?"

사광이 대답했다.

"있습니다. 옛날 황제(黃帝)께서 악곡으로 천하의 귀신들을 불러 모은 적이 있는데, 폐하께서는 덕과 의(義)에 수양이 부족하므로 그것을 들려드릴 수 없습니다. 그 곡을 들으시면 나라가 쇠미해지는 재앙을 입게 될 것입니다."

평공이 말했다.

"늙은 과인이 좋아하는 음악이니 그것을 듣고 싶소."

사광은 하는 수 없이 다시 거문고를 들고 연주하기 시작했다. 첫 번째 단을 연주하였을 때 서북쪽에서 흰 구름이 치솟았다. 둘째 단을 연주하였을 때 바람이 거세게 일고 큰 비가 쏟아져 내려 회랑(回廊)의 기왓장이 날아가자 좌우의 대신들이 모두 소스라치게 놀라 정신없이 달아났다. 진(晉)의 평공은 깜짝 놀라 회랑(回廊) 곁에 있는 방으로 가 엎드려 숨었다.

그 후 진(晉)나라는 큰 가뭄이 들어 3년 동안 풀 한 포기 나지 않았다. 그 악곡을 들은 사람들 중 어떤 사람은 길상(吉祥)을 얻었는가 하면 어떤 사람은 재앙을 만나기도 하였다. 무릇 음악이란 함부로 연주할 것이 아니다.

태사공은 말한다.

무릇 상고(上古) 시대 현명한 군왕(君王)이 음악을 제정하여 보급한 것은 결코 오락으로 즐겨 방종하기 위해서가 아니라 천하를 잘 다스리기 위함이었다. 정교(政敎)를 바로잡는 것은 음악을 바로잡는 데에서 비롯되며, 음악이 바르게 되면 사람의 행위가 바로잡히게 된다. 즉 음악은 사람의 혈맥(血脈)을 동요시키고 정신을 교류시키며 사람의 몸과 마음을 조화롭고 바르게 한다.

궁성(宮聲)은 비장(脾臟)에서 동(動)하기 때문에 성결(聖潔)한 마음을 조양(調養)하며, 상성(商聲)은 폐장(肺臟)에서 동(動)하기 때문에 정의로운 마음을 조양하며, 각성(角聲)은 간장(肝臟)에서 동(動)하기 때문에 자애로운 마음을 조양하며, 치성(徵聲)은 심장에서 동(動)하기 때문에 예양(禮讓)의 마음을 조양하며, 우성(羽聲)은 신장(腎臟)에서 동(動)하기 때문에 지혜로운 마음을 조양한다.

그러므로 음악의 기능이란 안으로 사람의 마음을 바르게 하는 데 있고 밖으로는 귀천을 구분하는 데 있으며, 위로는 종묘(宗廟)를 섬기고 아래로는 백성들을 교화하는 데 있다.

거문고는 길이가 8척(尺) 1촌(寸)인 것이 표준 척도이다. 궁성(宮聲)을 발(發)할 수 있는 대현(大弦)은 거문고의 정중앙에 배치되어 군주의 위치를 상징한다. 상성(商聲)을 발할 수 있는 현(弦)은 거문고의 우측에 배치되고 그 나머지 현(弦)들은 크기에 따라 배치되는데 그 순서를 어지럽혀서는 안 된다. 이는 군신들의 위치가 정당하게 배열됨을 상징하기 때문이다.

그리하여 궁성(宮聲)을 들으면 사람의 마음이 화평하고 광대(廣大)해지며, 상성(商聲)을 들으면 사람의 마음이 강직해져 의(義)를 좋아하게 되며, 각성(角聲)을 들으면 사람의 마음이 동정심[惻隱]을 발하여 자애롭게 되며, 치성(徵聲)을 들으면 선을 행하게 되고 남에게 베풀기를 좋아하게 되며, 우성(羽聲)을 들으면 사람의 마음이 바르게 되어 예(禮)를 좋아하게 된다.

무릇 예(禮)는 밖에서 안으로 들어가고, 악(樂)은 마음속에서 생겨난다. 그러므로 군자는 잠시도 예를 떠나서는 안 되며, 만일 잠시라도 예를 떠나게 되면 포악하고 오만한 행위가 겉[外表]을 침식하게 된다. 또 군자는 잠시도 악(樂)을 떠나서는 안 되며, 만일 잠시라도 악을 떠나게 되면 간사하고 사악한 행위가 사람의 마음속을 부식(腐蝕)하게 된다.

음악이란 군자가 그것을 통해 덕을 수양하기 위한 것이다. 옛날 천자와 제후가 종(鐘)과 경(磬)으로 연주하는 음악을 듣는 동안 전정(殿廷)을 떠나지 않았으며, 경(卿)과 대부가 거문고와 비파로 연주하는 악(樂)을 듣는 동안 청당(廳堂)을 떠나지 않은 것은 덕행을 닦아 음란한 것을 예방하기 위함이었다. 그러므로 음란한 행위는 예의(禮儀)의 구속이 없기 때문에 생겨나게 된다.

그래서 성명(聖明)한 군왕은 백성들로 하여금 귀로는 '아(雅)'와 '송(頌)' 음악을 들을 수 있도록 하고, 눈으로는 위엄이 있는 예의(禮儀)를 볼 수 있도록 하고, 말로는 공경한 행동을 실천할 수 있도록 하고, 입으로는 인의의 도리를 말할 수 있도록 하였다. 그러므로 군자는 온종일 남들과 더불어 말을 해도 사악한 것이 그의 심령에 침입할 길이 없게 되었다.

제3 율서(律書)[1]

 왕이 제도를 정하고 법을 세우는 등 규범 제정의 원칙은 6률(六律)[2]에 근거를 두었다. 이 6률이 만사의 근본이 된다. 특히 6률은 군사상 더욱 중시된다. 그래서 '구름의 기운을 보면 전쟁의 길흉(吉凶)을 알 수 있고 [3] 율성(律聲)을 들으면 전쟁의 승패를 예측할 수 있다.'고 하였다. 이는 역대 제왕이 바꿀 수 없는 불변의 이치였다.
 주(周)의 무왕(武王)이 은(殷)의 주(紂)를 정벌할 때 악사(樂師)로 하여금 정월(正月)에 해당하는 음(音)에서 12월에 해당하는 음까지 음양(陰陽) 각각 6음을 불게 하여 그 소리를 들으니 살기(殺氣)와 12개월의 음이 조화되었다고 한다. 음계에서는 궁성(宮聲)을 중요한 음으로 보는데 같은 음계의 것이 협화하는 것은 자연의 이치로서 조금도 이상할 것이 없다.

---

1) 이 편은 군사(軍事)에 관하여 논술한 것이다. 옛날 출병하기에 앞서 반드시 율성(律聲)을 들었기 때문에 '율서(律書)'라고 칭하였다. 그러나 실제로는 악률(樂律)·성상(星象)·기상(氣象) 등 여러 방면의 내용이 포함되어 있다.

2) 음성(陰性) 6률, 양성(陽性) 6률, 도합 십이 음률을 말한다. 십이 음률이란 황종(黃鍾)·대려(大呂)·태주(太簇)·협종(夾鍾)·고선(姑洗)·중려(中呂)·유빈(蕤賓)·임종(林鍾)·이칙(夷則)·남려(南呂)·무역(無射)·응종(應鍾)을 말하는데 이것은 서양 악음의 C·C#·D·D#·E·F·F#·G·G#·A·A#·B에 해당한다. 십이 율은 다시 음(陰)과 양(陽)으로 나뉘어 그중 홀수(奇數)인 황종·태주·고선·유빈·이칙·무역은 음률(陰律)인데 이를 '6률(六律)'이라 부르고 짝수(偶數)인 대려·협종·중려·염종·남려·응종은 양률(陽律)인데 이를 '6려(六呂)'라 부른다. 또 6률과 6려를 총칭하여 '율려(律呂)'라 한다. 일반적으로 '6률'이라 하면 보통 음(陰)의 6률과 양(陽)의 6률을 포괄한다. 율(律)이란 본래 음(陰)을 정하는 율관(律管)을 뜻하였다. 옛날 율관은 대나무(竹) 또는 옥(玉)으로 만들었으며 후대에는 동(銅)으로 만들었다. 옛날 악인(樂人)들은 길이가 각각 다른 율관(律管)을 사용하여 높낮이가 다른 십이 개의 표준음으로 삼아 음조(音調)를 확정하였다.

3) 옛날 사람들은 적진의 상공에 머무르고 있는 운기(雲氣)의 색깔과 형상을 보면 전쟁의 승패를 예측할 수 있다고 믿었다. 자세한 것은 〈천관서〉를 참조.

군대란 성인이 강포(强暴)한 자를 토벌하고 난세를 평정하며, 간난(艱難)을 없애고 존망의 위기를 구하기 위한 것이다. 예리한 이빨과 날카로운 뿔을 가지고 있는 야수조차도 침범을 당하면 보복을 하려 하거늘 하물며 호오희노(好惡喜怒)의 정서적 기질을 가지고 있는 인간에게 있어서랴! 기쁠 때에는 인애(仁愛)의 마음이 생겨나고 성날 때에는 잔악한 수단으로 남에게 해를 가하려는 것이 인지상정(人之常情)의 일반적인 이치인 것이다.

옛날 황제(黃帝)는 탁록(涿鹿) 전쟁에서 염제(炎帝)족의 재앙을 평정했고, 전욱(顓頊)은 공공(共工)과 싸워 수해(水害)를 없앴으며, 성탕(成湯)은 흥하는 자가 있으면 망하는 자가 있으며, 승리를 거두는 자가 권력을 장악한 것은 하늘의 명을 받은 것이다.

그 이후 누차 명사(名士)가 출현하였는데 진(晉)나라에서는 구범(咎犯)[4]이, 제(齊)나라에서는 왕자(王子) 성보(成父)[5]가, 오(吳)나라에서는 손무(孫武)[6]가 군령(軍令)을 선포하고 상벌(賞罰)을 규정대로 하여 마침내 제후들을 제패하고 영토를 확장하였다. 비록 하(夏)·은(殷)·주(周) 삼대의 업적에는 미치지 못했지만 그들 자신이 총애를 받고 국군(國君)들은 존귀한 영예를 누리며 당대에 이름을 드날리게 되었으니 이 어찌 영광스러운 일이라고 하지 않을 수 있겠는가!

어찌 세속적인 유생이 국가의 근본 법칙[大法]을 알지 못하고 세상을 다스리는 경중과 완급을 가늠할 줄 모르며, 덕치(德治)를 장담하고 용병(用兵)에 반대하여 국군(國君)이 모욕을 당하고 나라를 잃는 지경에 이

---

4) 호언(狐偃). 춘추시대 진(晉)의 문공(文公 : 重耳)의 장인(國舅).
5) 제(齊)나라의 대부(大夫).
6) 춘추시대 말기 제(齊)나라 사람. 저서에 ≪孫子≫ 십삼 편이 있다. 자세한 것은 〈손자오기열전〉을 참조.

르러 침략을 당하니, 영토가 줄어들고 미약해졌는데도 끝내 고집스레 자신의 의견을 굽히지 아니하여 변화하지 않으려는 것과 같지 않으랴!

그러므로 경대부 영지(領地)에서는 교도(矯導)와 채찍을 없앨 수 없고 제후국에서는 형벌을 버릴 수 없으며, 제왕(帝王)이 통치하는 천하에서는 주살(誅殺)과 정벌을 없앨 수 없다. 그렇지만 운용하기에 따라 어떤 사람은 고명(高明)해지고 어떤 사람은 우둔해지며, 어떤 사람은 인심을 얻지 못하고 어떤 사람은 인심을 얻는다.

하(夏)나라의 걸(桀)과 은(殷)나라의 주(紂)가 맨손으로는 승냥이와 이리를 때려잡고 발로는 사두마차를 따라잡을 수 있었던 것은 그 용력(勇力)이 남달리 뛰어났기 때문이었다. 백 번 싸워 백 번 이기니 제후들이 두려워 복종하였으며 그 권세가 이만저만한 것이 아니었다.

진(秦) 2세는 군대를 주둔시킬 필요가 없는 땅에도 군대를 주둔시키고 변방에 군사를 집결시켜 그 역량이 결코 미약하지 않았다. 흉노의 원한을 사고 월(越)로부터 화를 입었을 때에도 결코 그 세력이 약하지 않았다. 그런데 포악무도한 통치가 극에 다다르자 백성들이 그에게 등을 돌려 적대감을 품게 되었다. 그는 끊임없이 군대를 동원하여 탐욕스러움이 그칠 줄 모르는 과오를 저질렀다.

고조(高祖)가 천하를 차지하였을 때 동쪽, 북쪽, 남쪽 세 방면에 외환(外患)이 있었으며, 안으로는 이성(異姓)의 제후왕들이 반란을 일으키려는 음모가 도사리고 있었다. 다행히 고조는 용병(用兵)을 싫어한 데다가 소하(蕭荷)와 장량(張良)의 계책이 있었기에 전쟁을 중지하여 휴식이 가능했으며, 회유 정책을 펴서 안녕을 도모할 수 있었다.

효문제(孝文帝)가 즉위하자 장군 진무(陳武) 등이 의논하여 말했다.

"강성한 진(秦) 왕조 시대에는 남월(南越)과 조선(朝鮮)이 신하로 복속되었으나 나중에는 험준한 요새에 군대를 주둔하고 사태를 관망하며 호시탐탐 준동(蠢動)하였습니다. 고조(高祖) 때 천하가 다시 평정되고 백성들이 다소 안정을 되찾게 되었으니 군사를 일으켜 백성들을 동원하실 필요가 없습니다. 이제 폐하께서는 자애와 은혜로 백성들을 위무하시고 은택이 온 천하에 두루 미치게 선정을 베푸시기 바랍니다. 그리고 군사와 백성들이 기꺼이 명을 받드는 적절한 기회에 반란자들을 정벌하여 변방을 통일하시기 바랍니다."

효문제가 말했다.

"짐이 황제의 지위에 오르고서 거기까지 생각이 미치지 못하였다. 공교롭게 여씨(呂氏)의 반란을 당했지만 공신들과 종실에서 짐을 잘 옹립하여 준 덕에 수치를 모면하고 황제의 지위를 그르치지 않을 수 있었다. 짐은 재위(在位)하는 동안 유종의 미를 거두지 못할까 근심해 왔다.

또 병기(兵器)는 위험천만한 도구이니, 설령 바라는 목적을 달성할 수 있다 할지라도 군사를 동원하면 자재(資財)를 소모하고 백성들을 피로케 하며 먼 지방까지 원정해야 하니 어찌 동원할 수 있겠는가! 또한 선제(先帝)께서는 피로에 지친 백성에게 수고를 끼치는 것은 옳지 않다고 여기셨는데 짐이 어찌 사사로이 그렇게 할 수 있겠는가!

지금 흉노가 우리 영토를 침략하여 소란을 피우고 있지만 우리 군대가 그에 맞서 반격해도 아무런 성과도 거두지 못하고, 변방에 살고 있는 사람들이 병기(兵器)를 둘러멘 지 오래 되었으니 짐은 늘 가슴이 아파 단 하루도 그들을 잊을 수가 없도다. 지금은 적과의 대치 상태를 벗어날 수 없으니 우선 변방을 강화하기 위해서는 정찰 초소를 설치하고 사절을 파견하여 북쪽 변방의 안녕을 도모하는 것이 효과적일 것 같으니 다시는 군대를 동원하는 것에 대하여 의론치 말라."

그리하여 백성들은 내우(內憂)와 외환(外患)에 시달리는 일 없이 병역의 부담에서 벗어나 생업에 종사하게 되니 천하가 부유해져 속(粟)이 곡

(斛)당 십여 전(錢)에 이르렀고, 개 짖는 소리가 들리고 밥 짓는 연기가 만리까지 이어졌으니 이것이야말로 진정 화평하고 즐거운 풍경이라고 할 만하지 않은가!

태사공은 말한다.

문제(文帝) 때 천하가 막 전란에서 벗어난 후 백성들은 생업에 종사하고 조정은 백성들의 바람에 순응하여 교란을 가하지 않자 백성들이 안정을 되찾았다. 시골의 육칠십 세 된 노인도 시정(市井)에 나가지 않고 어린아이처럼 천진난만하게 노닐었다. 문제가 곧 공자(孔子)가 찬양하는 이른바 덕망 있는 군주 아니겠는가!

《상서(尚書)》에 '칠정(七正)'[7]과 이십팔사(舍)[8]에 대해서 말했다. 음률(音律)과 역법(曆法)은 하늘이 5행(五行)과 8절기(八正)[9]를 관통한 기(氣)로 만물을 성숙하게 하는 것이다. 소위 사(舍)란 해와 달이 쉬는 천구(天區)다. 그러므로 사(舍)는 한숨을 돌리며 휴식하는 것이다.

부주풍(不周風)[10]은 서북쪽에 거(居)하며 주로 생기를 억눌러 발전하

---

7) 해(日)와 달(月) 및 5대 행성(金木水火土).
8) 옛날 사람들이 황도(黃道 : 태양이 일주할 때 운행하는 궤도)와 적도(赤道 : 지구의 적도를 천구상에 연장한 선) 부근의 항성들을 이십팔 개의 성좌(星座)로 나타냈는데 이를 일컬어 이십팔사(舍)라 한다. 자세한 것은 〈천관서〉를 참조.
9) 입춘(立春) · 춘분(春分) · 입하(立夏) · 하지(夏至) · 입추(入秋) · 추분(秋分) · 입동(立冬) · 동지(冬至).
10) 서북풍. 옛날 사람들은 여덟 절기(八正)의 기(氣)가 8방의 바람(八風)을 산생한다고 믿었다. 팔풍(八風)의 이름은 각 책마다 상이한데 이를 표로 제시하면 다음과 같다.

	서북	북방	동북	동방	동남	남방	서남	서방
《史記 律書》	不周風	廣莫風	條風	明庶風	清明風	景風	涼風	閶闔風
《呂氏春秋有始》	麗風	寒風	炎風	滔風	熏風	巨風	淒風	飂風
《淮南子 地形》	麗風	寒風	炎風	條風	景風	巨風	涼風	飂風
《說文第三十篇下》	不周風	廣莫風	融風	明庶風	清明風	景風	涼風	閶闔風

지 못하게 한다. 동벽수(東壁宿)¹¹⁾는 부주풍의 동쪽에 거(居)하는데 주로 생기를 열어 주는 것을 관장하며, 동쪽으로 나아가 영실(營室)¹²⁾에 이른다. 영실(營室)이란 양기(陽氣)를 잉태하여 산생(産生)하는 곳이며, 동쪽으로 나아가 위수(危宿)¹³⁾에 이른다. 이른바 위(危)란 훼손된다는 뜻이다. 양기(陽氣)가 훼손되기 때문에 위수(危宿)라 불린다.

역(曆)으로는 10월에 해당하며 12율(律)로는 응종(應鍾)에 해당한다.¹⁴⁾ 응종(應鍾)이란 양기(陽氣)가 상응하되 아래로 숨어 작용을 일으키지 않음을 말한다. 응종은 십이지지(地支)로 말하면 해(亥)에 속한다. 이른바 해(亥)란 '닫아 숨는다[閉藏]'는 뜻이다. 양기(陽氣)가 지하로 숨으므로 '亥[該]'라고 하는 것이다.

광막풍(廣莫風)¹⁵⁾은 북쪽에 거(居)한다. 광막(廣莫)이란 양기(陽氣)가 지하에 있어 음기(陰氣)가 광막(廣莫)하고 양기(陽氣)가 광대함을 말하므로 광막(廣莫)이라 불리며, 동쪽으로 허수(虛宿)¹⁶⁾에 이른다. 허(虛)란 채울 수도 있고 비울 수도 있으니[能實能虛] 양기(陽氣)가 겨울이 되면 허공 속에 간직됨을 말한다.

태양이 동지(冬至)에 이르면 음기(陰氣)는 아래로 숨기 시작하고 양기는 위로 상승하기 시작한다. 그래서 허수(虛宿)라 불리며, 동쪽으로 나아가 수녀(須女)¹⁷⁾에 이른다. 만물이 원래 상태를 바꾸어 음기(陰氣)와 양

---

11) 이십팔수의 하나. 북방의 현무(玄武) 7수(宿) 중 맨 끝 별자리.

12) 실수(室宿). 이십팔수(宿)의 하나. 북방의 현무(玄武) 7수 중 여섯 번째 별자리.

13) 이십팔수의 하나. 북방의 현무 7수 중 다섯 번째 별자리.

14) 옛날 사람들은 기(氣)를 살필 때 갈대청(갈대의 줄기 안쪽에 붙어 있는 아주 얇고 흰 막)을 태운 재를 열두 율관(律管) 속에 집어넣고 어느 달(月)이 오면 열두 율관 중 어느 율관 속의 재가 흩날리기 시작하느냐를 보고 정하였다.

15) 북풍.

16) 이십팔수의 하나. 북방의 현무 7수 중 네 번째 별자리.

17) 여수(女宿)를 말한다. 이십팔수의 하나. 북방 현무 7수 중 네 번째 별자리.

기(陽氣)가 분리되지 않고 오히려 두 기(氣)가 서로 기다리기 때문에 수녀(須女)라 불리는 것이다.

11월은 음률(音律)로 황종(黃鍾)에 해당한다. 황종이란 양기(陽氣)가 황천(黃泉)을 따라 나오는 것을 말한다. 11월은 십이지지(地支)로 말하면 자(子)에 해당한다. 자(子)란 '윤택하다(滋)'는 뜻이다. 자(滋)는 만물이 아래에서 자윤(滋潤)하는 것을 말한다.

십간(十干)으로 말하면 임계(壬癸)에 속한다. 임(壬)은 '생육(生育)한다.'는 뜻으로 양기(陽氣)가 지하에서 만물을 생육하는 것을 이른다. 계(癸)의 함의(含義)는 '헤아린다.'는 뜻으로 만물을 예측할 수 있다. 그래서 계(癸)라고 하며 동쪽으로 나아가 견우(牽牛)[18]에 이른다. 견우(牽牛)란 양기(陽氣)가 만물을 끌어당겨 나오는 것을 말한다. 우(牛)란 '밖으로 발산한다.'는 뜻으로 비록 지면은 얼어붙어 있지만 밖으로 발산하여 생장할 수 있음을 말한다. 다시 말해 우(牛)란 땅을 갈아 만물을 심어 가꾸는 것을 뜻한다.

동쪽으로 나아가면 건성(建星)[19]에 이른다. 건성은 각종 생물을 창조할 수 있다.

12월은 음률(音律)로는 대려(大呂)에 해당한다. 대려(大呂)란…….[20] 12월은 십이지지(地支)로 말하면 축(丑)에 해당한다.

조풍(條風)[21]은 동북쪽에 거(居)하며 주로 만물을 발동(發動)한다. '조(條)'의 뜻은 만물을 다스려 그로 하여금 나오도록 촉진시킨다는 의미다. 그래서 조풍(條風)이라 한다.

---

18) 우수(牛宿). 이십팔수의 하나. 북방 현무 7수 중 두 번째 별자리.
19) 우수(牛宿)의 동쪽, 두수(斗宿)의 북쪽에 있는 여섯 개의 별.
20) 이하 누락된 문장이 있는 듯하다.
21) 동북풍

남쪽으로 가면 기수(箕宿)에 다다른다. 기(箕)란 만물의 근본이기에 기수(箕宿)라 한다.

정월은 음률로는 태주(泰蔟)[22]에 해당한다. 태주란 만물이 떼지어 자라나는 것을 말한다. 그래서 태주라 이른다. 정월은 십이지지(地支)로 말하면 인(寅)에 해당한다. 인(寅)은 지렁이가 꿈틀거리듯 비로소 만물이 태동함을 이른다. 그래서 인(寅)이라 한다.

남쪽으로 나아가면 미수(尾宿)[23]에 다다르는데 만물이 고리처럼 작게 생겨나기 시작한다. 남쪽으로 나아가면 심수(心宿)[24]에 다다르는데 비로소 새싹이 돋아나기 시작한다. 남쪽으로 나아가면 방수(房宿)[25]에 다다른다. 방(房)이란 만물의 문호(門戶)이며 문에 다다르면 나오게 된다.

명서풍(明庶風)[26]은 동쪽에 거(居)한다. 명서(明庶)란 만물이 모두 나오는 것을 나타낸다.

2월은 음률로는 협종(夾鍾)에 해당한다. 협종(夾鍾)이란 양기(陽氣)와 음기(陰氣)가 양측에서 서로 끼는 것을 말한다. 2월은 십이지지(地支)로 말하면 묘(卯)에 해당한다. 묘(卯)는 곧 '무성하다'는 뜻이니, 만물이 무성함을 말한다. 십간(十干)으로 말하면 갑을(甲乙)에 해당한다. 갑(甲)이란 만물이 겉껍데기를 뚫고 싹이 트는 것을 말하며 을(乙)이란 만물의 생기가 발랄함을 가리킨다.

남쪽으로 나아가면 저수(氐宿)[27]에 다다른다. 저(氐)란 만물이 가지런

---

22) 태주(太蔟).
23) 동방 7수 중 여섯째 별자리.
24) 동방 7수 중 다섯째 별자리.
25) 동방 7수 중 넷째 별자리.
26) 동풍.
27) 동방 7수 중 셋째 별자리.

히 나옴을 말한다. 남쪽으로 나아가면 항수(亢宿)[28]에 다다른다. 항(亢)이란 만물이 크게 자람을 말한다. 남쪽으로 나아가면 각수(角宿)[29]에 다다른다. 각(角)이란 만물이 마치 뿔처럼 가지가 뻗는 것을 말한다.

3월은 음률로는 고선(姑洗)에 해당한다. 고선(姑洗)이란 만물이 새로이 생겨남을 말한다. 3월은 십이지지(地支)로 말하면 진(辰)에 해당한다. 진(辰)이란 만물이 회임(懷姙)하는 것을 말한다.

청명풍(淸明風)[30]은 동남쪽 구석에 거(居)하며, 주로 만물에 바람을 맞히며 서쪽으로 나아가 진수(軫宿)[31]에 다다른다. 진(軫)이란 만물이 점점 자라나 왕성해지는 것을 말한다. 서쪽으로 나아가면 익수(翼宿)[32]에 다다른다. 익(翼)이란 만물이 모두 날개가 생겨남을 말한다.

4월은 음률로는 중려(仲呂)에 해당한다. 중려(仲呂)란 만물이 모두 이동하여 성숙 발전하려고 하는 것을 말한다. 4월은 십이지지(地支)로 말하면 사(巳)에 해당한다. 사(巳)란 양기(陽氣)가 이미 다함(盡)을 말한다.

서쪽으로 나아가면 칠성(七星)[33]에 다다른다. 칠성(七星)은 양(陽)의 수(數)가 칠(七)을 이룬다. 그래서 칠성(七星)이라 이른다. 서쪽으로 나아가면 장수(張宿)[34]에 다다른다. 장(張)이란 만물이 신장(伸張)함을 말한다. 서쪽으로 나아가면 주성(注星)[35]에 다다른다. 주(注)란 만물이 쇠미해지고 양기(陽氣)가 아래로 내려감을 말한다. 그래서 주(注)라 이르

---

28) 동방 7수 중 둘째 별자리.
29) 동방 7수 중 첫째 별자리.
30) 동남풍.
31) 남방 7수 중 맨 끝 별자리.
32) 남방 7수 중 여섯째 별자리.
33) 남방 7수 중 넷째 별자리.
34) 남방 7수 중 다섯째 별자리.
35) 묘수(昴宿). 남방 7수 중 셋째 별자리.

는 것이다.

5월은 음률로는 유빈(蕤賓)에 해당한다. 유빈(蕤賓)이란 양기(陽氣)가 미약하고 위축되어 제대로 작용을 일으키지 못하는 것을 이르는데 양기가 미약한 것을 유(蕤)라 이르며, 양기가 위축되어 제대로 작용을 하지 못함을 빈(賓)이라 이른다.

경풍(景風)[36]은 남쪽에 거(居)한다. 경(景)이란 양기(陽氣)가 이미 극에 다다른 것을 말한다. 그래서 경풍(景風)이라 이른다. 이 달은 십이지지(地支)로 말하면 오(午)에 해당한다. 오(午)란 양기(陽氣)가 뒤얽히는 것을 말한다. 그래서 오(午)라 이른다. 십간(十干)으로 말하면 병정(丙丁)에 해당한다. 병(丙)이란 양기(陽氣)의 통로가 현저해지는 것을 말한다. 그래서 병(丙)이라 이른다. 정(丁)이란 만물이 크게 성장함을 말한다. 그래서 정(丁)이라 이른다.

서쪽으로 나아가면 호성(弧星)[37]에 다다른다. 호(弧)란 만물이 쇠락(衰落)하여 곧 죽음에 이르는 것을 말한다. 서쪽으로 나아가면 낭성(狼星)[38]에 다다른다. 낭(狼)이란 만물을 헤아려 판단할 수 있는 것을 말한다. 그래서 낭(狼)이라 이른다.

양풍(凉風)[39]은 서남쪽 구석에 거(居)하며 땅을 주관한다. 땅이란 만물의 생기(生氣)를 삼키는 것을 말한다.

6월은 음률로는 임종(林鍾)에 해당한다. 임종(林鍾)이란 만물이 곧 죽음에 이르러 사(死)의 기(氣)가 무성함을 말한다. 이 달은 십이지지(地支)로 말하면 미(未)에 해당한다. 미(未)란 만물이 이미 성숙하여 즐거운

---

36) 남풍.
37) 천랑성(天狼星) 동남쪽에 있는 호시성단(弧矢星團). 9개의 별이 있음.
38) 천랑성(天狼星). 정수(井宿)의 동남쪽에 있으며 큰개자리에 속한다.
39) 서남풍. 《詩經》〈爾雅〉의 「釋天」에서는 북풍을 양풍(凉風)이라 하였다.

것을 말한다.

북쪽으로 나아가면 벌성(罰星)[40]에 다다른다. 벌(罰)이란 만물의 생기
가 소멸되어 자를(伐) 수 있음을 말한다. 북쪽으로 나아가면 삼수(參
宿)[41]에 다다른다. 삼(參)이란 만물을 고찰할 수 있음을 말한다. 그래서
삼(參)이라 이른다.

7월은 음률로는 이칙(夷則)에 해당한다. 이칙(夷則)이란 음기(陰氣)가
만물을 상해(傷害)함을 말한다. 이 달은 십이지지(地支)로 말하면 신(申)
에 해당한다. 신(申)이란 음기(陰氣)가 계절에 맞게 만물을 제한하고 상
해(傷害)함을 말한다. 그래서 신(申)이라 이른다. 북쪽으로 나아가면 탁
수(濁宿)[42]에 다다른다. 탁(濁)이란 '부닥친다(觸)'는 뜻으로 만물이 모
두 죽음으로 치닫는 것을 말한다. 그래서 탁(濁)이라 이른다. 북쪽으로
나아가면 유수(留宿)[43]에 다다른다. 유(留)란 아직 양기(陽氣)가 머무르
고 있음을 말한다. 그래서 유(留)라 이른다.

8월은 음률로는 남려(南呂)에 해당한다. 남려(南呂)란 양기(陽氣)가 들
어가 숨는 상태를 말한다. 이 달은 십이지지(地支)로 말하면 유(酉)에 해
당한다. 유(酉)란 만물이 성숙하여 노쇠한 것을 말한다. 그래서 유(酉)라
이르는 것이다.

창합풍(閶闔風)[44]은 서쪽에 거(居)한다. 창(閶)이란 '창도(唱導)한다'는
뜻이며 합(闔)이란 '숨긴다(藏)'는 뜻이다. 이는 양기(陽氣)가 만물을 인

---

40) 삼수(參宿)의 남쪽에 있는 별.
41) 서방 백호(白虎) 7수 중 맨 끝 별자리.
42) 필수(畢宿). 서방 백호 7수 중 다섯째 별자리. 8개의 별로 이루어져 있으며 황소자리(the
    Bull)에 속한다.
43) 묘수(昴宿). 서방 백호 7수 중 넷째 별자리. 7개의 별로 이루어져 있으며 황소자리(the Bull)
    에 속한다.
44) 서풍. 추분날(秋分日)에 도래한다.

도하여 황천(黃泉) 아래에 감추는 것을 말한다. 십간(十干)으로 말하면 경신(庚辛)에 해당한다. 경(庚)이란 음기(陰氣)가 만물을 변화시키는 것을 말한다. 그래서 경(庚)이라 이른다. 신(辛)이란 만물이 새로이 생겨남을 말한다. 그래서 신(辛)이라 이른다.

북쪽으로 가면 위수(胃宿)[45]에 다다른다. 위(胃)란 양기(陽氣)가 숨는 곳(藏)으로, 달려가 모두 위(胃)에 숨는 것을 뜻한다. 북쪽으로 나아가면 누수(婁宿)[46]에 다다른다. 누(婁)란 만물을 불러 받아들인다는 뜻이다. 북쪽으로 나아가면 규수(奎宿)[47]에 다다른다. 규(奎)란 만물의 형살(刑殺)을 주관하고 두루 수용하여 수장(收藏)함을 말한다.

9월은 음률로는 무역(無射)에 해당한다. 무역(無射)이란 음기(陰氣)가 때맞춰 왕성하여 양기(陽氣)가 조금도 남아 있지 않은 것을 말한다. 그래서 무역(無射)이라 이른다. 이 달은 십이지지(地支)로 말하면 술(戌)에 해당한다. 술(戌)이란 만물이 모두 없어지는 것을 말한다. 그래서 술(戌)이라 이른다.

율수(律數)[48] 9^2=81푼(分) 길이의 율관(律管)을 궁성(宮聲)으로 정한다.[49] 그리고 이 율관 길이에서 $\frac{1}{3}$을 뺀 54푼 길이의 율관을 치성(徵聲)으로 한다. 또 이 율관 길이에 $\frac{1}{3}$을 더한 72푼 길이의 율관을 상성(商聲)으로 한다. 그리고 상성(商聲) 율관의 길이에서 $\frac{1}{3}$을 뺀 48푼 길이의 율관

---

45) 서방 백호 7수 중 둘째 별자리. 3개의 별로 이루어져 있으며 양자리(the Ram)에 속한다.

46) 서방 백호 7수 중 둘째 별자리. 3개의 별로 이루어져 있으며 양자리(the Ram)에 속한다.

47) 서방 백호 7수 중 첫째 별자리. 16개의 별로 이루어져 있으며 안드로메다자리(Andromeda)와 물고기자리(the Fishes)에 속한다.

48) 율관(律管) 길이의 치수.

49) 옛날 사람들은 9를 순양(純陽)의 수(數)로 여겼으며 만물의 시원(始元)으로 생각하였다. 그래서 9를 제곱한 수를 황종 율관의 길이로 정하였으며 이 율관을 불어 나오는 소리가 궁성(宮聲)이다.

을 우성(羽聲)으로 한다. 우성(羽聲) 율관 길이의 ⅓을 더한 64푼 길이의 율관을 각성(角聲)으로 한다.

황종(黃鍾) 율관 길이는 81푼(分)으로 이를 궁성(宮聲)으로 한다. 대려(大呂) 율관 길이는 75⅓푼이다. 태주(太蔟) 길이는 72푼(分)이고 이를 각성(角聲)으로 한다. 협종(夾鍾) 길이는 67⅓푼이다. 고선(姑洗) 길이는 46푼이며 이를 우성(羽聲)으로 한다. 중려(仲呂) 길이는 59⅔푼이다. 유빈(蕤賓) 길이는 56⅔푼이다. 임종(林鍾) 길이는 54푼이고 이를 각성(角聲)으로 한다. 이칙(夷則) 길이는 50⅔푼이다. 남려(南呂) 길이는 48푼이고 이를 치성(徵聲)으로 한다. 무역(無射) 길이는 44⅔푼이다. 응종(應鍾) 길이는 42⅔푼이다.[50]

황종(黃鍾)의 율(律)과 비례에 따라 기타의 율(律)을 구하면 다음과 같다. 자(子 : 黃鍾)는 1이다.[51] 축(丑 : 林鍾)은 ⅔이다. 인(寅 : 太蔟)은 8/9이다. 묘(卯 : 南呂)는 16/27이다. 진(辰 : 姑洗)은 64/81이다. 사(巳) : 應鍾)는 128/243이다. 오(午 : 蕤賓)는 512/729이다. 미(未 : 大呂)는 2,148/2,180이다. 신(申 : 夷則)은 4,096/6,561이다. 유(酉 : 來鍾)는 16,384/19,683이다. 술(戌 : 無射)은 32,768/59,049이다. 해(亥 : 仲呂)는 131,072/177,147이다.

황종(黃鍾) 율(律)의 비례에 따라 기타 율(律)을 계산하는 방법은 다음과 같다. 하생(下生)[52]의 비례를 구하는 것은 원률(原律)에 2를 곱하고 3으로 나누는, 즉 ⅔를 곱하는 방식이다. 상생(上生)[53]의 비례를 구하는 것

---

50) 옛날 사람들은 황종(黃鍾)을 팔십일 푼(分)으로 정한 다음, 이를 기초로 하여 1/3을 증감하여 다른 율(律)의 길이를 구하였다. 이를 일컬어 삼분손익법(三分損益法)이라 한다.

51) 황종(黃鍾)을 1로 보고 기타 각 율을 비례로 구하는 방법을 보인 것이며 십이지지(支地)로 십이율을 대칭한 것이다.

52) 하나의 율관에서 1/3의 길이를 빼 가면서 율관을 산생하는 방식.

53) 하나의 율관(律管)에서 1/3 길이를 증가시켜 가며 새로운 율관을 산생시키는 방식.

은 원률(原律)에 4를 곱하고 3으로 나누는, 즉 4/3를 곱하는 방식이다. 최고의 배수(配數)는 9이며, 상성(商聲)의 배수는 8이며, 우성(羽聲)의 배수는 7이며, 각성(角聲)의 배수는 5이며, 치성(徵聲)의 배수는 9이다. 기수(基數) 1에 39를 곱한 것을 분모로 하는데 분모와 분자가 똑같으면 얻는 수는 1이다. 기수(基數) 1에 311을 곱한 결과를 분자로 하면 얻는 수는 9촌(寸)인데 이를 일컬어 '황종(黃鍾)의 궁(宮)'이라고 한다.

그러므로 5성(五聲)이 생겨나는 순서는 궁성(宮聲)에서 비롯되고 각성(角聲)에서 끝난다. 수(數)는 1에서 시작되고 10에서 끝나며 3에서 완성된다. 기후의 변화는 동지(冬至)에서 시작되어 1년이 지나면 다시 시작된다.

신(神)은 무(無)에서 생기고 형체[形]는 유(有)에서 형성되며, 형체가 있은 후에 수(數)가 있고 형(形)이 성(聲)을 산생한다. 그러므로 신(神)이 기(氣)를 부리고 기(氣)가 형체를 이룬다고 하는 것이다. 형체와 이치가 같은 것도 있고 다른 것도 있다. 어떤 것은 형체와 종류가 다르고 어떤 것은 같아 종류를 분별할 수 있고 인식할 수 있다.

성인은 천지의 구별을 알기 때문에 만물의 형체가 이루어진 때부터 하늘과 땅이 아직 혼돈 상태에 있던 때까지 인식할 수 있으며, 하늘과 땅이 아직 형성되지 않았을 때 태양의 기(氣)처럼 정세(精細)한 것과 5성(五聲)의 율(律)처럼 미묘한 것을 살펴 알 수 있다. 그리고 성인은 신(神)에 의지하여 존재하므로 신묘(神妙)한 것도 살필 수 있으며, 신묘한 도(道)를 밝혀 알 수 있는 것이다.

만일 성인의 지혜에 총명함이 없다면 어떻게 신의 존재와 만물의 형성 과정을 탐구할 수 있겠는가? 신이란 만물이 그것을 받아들이면서도 그 존재와 내력을 알 수 없는 그런 것이다. 그래서 성인은 늘 그것을 경외(敬畏)하고 탐구하려는 것이다. 사람들이 이를 탐구하려 할수록 신(神)

은 더 확고히 존재한다. 사람들이 신의 존재를 터득하려 하므로 신의 오묘함은 더욱 귀해지는 것이다.

　태사공은 말한다.

　천문 관측 기구[璇璣玉衡][54]로 7정(政)[55]과 하늘과 땅 및 이십팔수(宿)의 위치를 비교 조사하였다. 십간(十干), 십이지(十二支), 십이율(十二律)의 조화는 상고 시대부터 시작되었다. 율제(律制)를 세우고, 역법(曆法)을 계산하고, 태양이 운행하는 도수(度數)를 헤아려 이를 근거로 절기를 측도하였다. 천지 만물의 운동과 조화되고 천지의 도(道) 및 덕과 통하려면 천지 만물이 가지고 있는 본래 법도를 따를 뿐이다.

---

54) 천상(天象)을 관측하는 기구로, 후대의 혼천의(渾天儀) 같은 것이라고 할 수 있다. 북두칠성을 가리킨다는 설도 있다.
55) 해와 달 및 화성 · 수성 · 목성 · 금성 · 토성.

제4 역서(曆書)[1]

  아주 오랜 옛날의 고대 역법[古法]에서는 한 해의 첫 달이 맹춘(孟春)[2]
에서 시작되었다. 이때 빙설(氷雪)이 녹고 동면하던 동물들이 활동하기
시작하며 초목이 왕성하게 싹이 터서 생장하고 두견새가 맨 먼저 울어댄
다. 만물의 때에 맞춘 발전은 봄에서 발생하고 차례대로 사철을 거쳐 겨
울에서 끝나면 다시 봄이 온다. 이때 수탉이 세 번 울면 날이 밝고 새로
운 한 해가 시작된다. 열두 달의 절기에 따라 건축(建丑) 12월에 끝난다.
  해와 달이 서로 번갈아 찾아들기 때문에 항상 광명을 산생(産生)할 수
있다. 밝은 낮이 존귀하고 어두운 밤이 비천한 것은 음양의 관계이다. 음
과 양이 번갈아 작용을 발휘하여 최선의 체계에 부합된다. 태양은 밤이
되면 지고 아침이면 광명을 산생하며, 달은 아침이면 지고 밤이면 광명
을 산생한다. 한 해의 처음을 제정하는 데 있어 하늘의 법칙에 따르지 않
고 인간의 도(道)에 순응하지 않으면 모든 일이 실패하기 쉽고 성공하기
어렵다.
  제왕(帝王)이 조대(朝代)를 바꾸는 경우, 하늘의 명[天命][3]을 받들어 반
드시 신중하게 개국(開國)의 기초를 닦고 역법(曆法)을 바꾸며, 거마(車
馬)와 복식의 색깔을 바꾸며, 하늘의 원기(元氣)가 운행하는 규율을 따
지고 그에 근거하여 그 뜻에 복종하는 것이다.

  태사공은 말한다.

---

1) 고대의 역법(曆法)에 관하여 기술한 부분이다.
2) 봄의 3개월 중 맨 첫 달.
3) 고대 제왕(帝王)이 신권(神權)에 의탁하여 자신의 통치적 지위를 공고히 하기 위해 스스로 하
   늘의 명(天命)을 받았다고 자칭하였다.

신농씨(神農氏)[4] 이전의 일은 아득히 오래되었다. 황제(黃帝)[5]가 천문 역법에 대하여 정확히 관측하여 오행(五行)[6]을 구성하는 만물의 이론적 체계를 세워 천지 만물이 생겨나고 소멸하는 신진대사의 원리를 발견하고 윤달을 만들어 매년 십이 개월 이외의 나머지 시간을 처리하여 차갑고 더운 계절의 착오를 바로잡았다.

그리고 하늘과 땅의 신(神)에 대한 제사와 각종 관직을 설치하고 이들을 5관(五官)[7]이라 칭하였다. 각기 자신의 직책을 맡아 서로 책임을 전가하지 않고 다투지 않았다. 이 때문에 백성들은 때맞춰 하늘과 땅의 신에 대한 제사를 신실하게 받들었으며, 하늘과 땅의 신들은 음양의 조화를 이루고 백성들에게 복을 베풀어 완미(完美)한 덕성을 현시(顯示)하였다. 인간과 천지의 신들은 각기 자신의 직책을 엄숙하고 성실하게 수행하였다.

그리하여 천지의 신들은 인간에게 풍년이 들도록 베풀었고, 인간들은 그에 대한 보답으로 제물을 바쳐 재앙이 발생하지 않도록 기구(祈求)하여 수확이 적지 않았다.

소호씨(少昊氏)[8]가 쇠미하자 구려족(九黎族)[9]이 난을 일으켜 질서가

---

4) 염제(炎帝)라고도 불리며 농업과 의약의 신(神)으로 받들어지는 전설상의 인물. 자세한 것은 〈오제본기〉와 ≪중국 고대 신화≫(育文社 刊)를 참조.

5) 중원(中原) 각 부족의 공동 시조로 받들어지는 전설상의 인물. 성은 희(姬), 호는 유웅씨(有熊氏) 또는 헌원씨(軒轅氏). 자세한 것은 〈오제본기〉와 ≪중국 고대 신화≫를 참조.

6) 각종 물질을 구성하는 다섯 가지 원소, 즉 금(金)·목(木)·수(水)·화(火)·토(土)를 말함.

7) 다섯 종류의 관직. 전설에 따르면 황제(黃帝)는 오색의 구름을 다섯 가지 관직명으로 삼았는데 청운씨(靑雲氏)·진운씨(縉雲氏)·백운씨(白雲氏)·흑운씨(黑雲氏)·황운씨(黃雲氏)가 바로 그것이다.

8) 고대 전설상에 전해지는 동이(東夷) 부족의 두령으로, 호(號)는 금천씨(金天氏). 그러나 옛 사서(史書)에서는 황제(黃帝)의 후손이라고 전해진다. 그는 일찍이 새의 이름으로 관직명을 정하였다고 하며 농정(農正)과 공정(工正)을 설치하여 농업과 수공업을 관장케 하였다고 한다. 또 새의 이름을 관직으로 정한 것으로 보아 새를 토템(Totem)으로 한 부족으로 보는 학자도 있다.

9) 고대 남방 부족의 이름.

파괴되고 인간과 신이 혼란스러워져 각자 자신의 직책과 서로의 관계에 대하여 분명히 이해하지 못하게 되었으며 재앙이 잇달아 찾아들어 인간은 천수를 다 누릴 수 없게 되었다.

전욱(顓頊)[10]이 제위를 이어 받아 남정(南正)[11] 중(重)에게 명하여 천문을 관장하도록 하고 하늘과 땅의 신들을 제사하는 것을 주관하게 하였으며 화정(火正)[12] 여(黎)에게 명하여 지리(地理)를 관장하게 하고 백성을 다스리는 일을 맡겨 그들로 하여금 과거의 전통을 회복하게 하고 서로 침범하는 일이 없도록 하였다.

그 후 삼묘족(三苗族)[13]이 구려족(九黎族)의 행태를 본받아 난을 일으키니 이로 말미암아 양가 관족(官族) 모두 마땅히 지어야 할 책임을 저버렸다. 그 때문에 윤달이 성차(星次)[14]에 맞지 않고 정월이 한 해의 처음 [歲首]이 되지 못하였으며 섭제성(攝提星)이 어지러워지고 절후(節候)가 상규(常規)를 잃어버렸다.

당(唐)의 요(堯)는 중(重)과 여(黎)의 후손을 뽑아 그들로 하여금 다시 선조의 유업을 이어받아 역수(曆數)를 관장하도록 희씨(羲氏)와 화씨(和氏)의 관직을 설치하였다. 그리하여 절기 변화가 객관적 규율에 부합되니 추위와 더위가 조화롭고 비바람이 적절하며 왕성한 기운이 도래하여 사람들은 장수를 누리고 질병에 시달리지 않게 되었다. 당(唐)의 요(堯)가 연로하자 우(虞)의 순(舜)에게 제위를 선양하고 조종(祖宗)의 묘(廟)에서 우(虞)의 순(舜)에게 깨우쳐 말했다.

10) 황제의 손자인 고양씨(高陽氏). 자세한 것은 〈오제본기〉를 참조.
11) 관직명으로 '목정(木正)'이라고도 한다.
12) 관직명으로 '북정(北正)'이라고도 한다.
13) 장강(長江) 중류 일대에서 생활하던 고대 부족.
14) 옛날 서에서 동으로 흐르는 황도(黃道 : 태양이 지나는 천구상의 궤도)를 열두 개로 등분하여 이를 십이 차(次)라 불렀다. 이 십이 차(次)를 이용하여 태양의 위치, 해와 달 및 5대 행성의 운행을 설명하였다.

"하늘의 역수(曆數)는 그대의 손에 달렸다."

우(虞)의 순(舜)도 똑같은 말로 하(夏)의 우(禹)를 깨우쳤다. 이로 미루어 보건대 역수(曆數)는 제왕(帝王)이 중시하는 것이었다.

하대(夏代)에는 세수(歲首)를 정월로, 은대(殷代)에는 세수를 12월로, 주대(周代)에는 세수를 11월로 삼았다. 본래 하(夏) · 은(殷) · 주(周) 삼대의 세수는 일주하면 다시 시작되는 순환 궤도와 같이 종점에 다다르면 다시 기점(起点)으로 돌아간다. 나라의 정치가 밝고 바르면 절후(節候)가 상규(常規)를 벗어나지 않으나 나라의 정치가 혼란하면 제왕(帝王)이 반포한 역법(曆法)이 각 제후국에서 실행될 수 없다.

주(周)의 유왕(幽王)과 여왕(厲王)[15] 이후 주(周) 왕조가 쇠미해지자 각 제후국의 대부들[16]이 각기 정권을 장악하였고, 사관은 역사를 월별, 날짜별로 기록하지 않았으며, 국군(國君)은 제사를 거행하지 않았고, 월별의 정사를 선포하지 않았다. 그로 인하여 역법(曆法) 전문가들의 자제들은 뿔뿔이 흩어져 화하(華夏)[17] 제국(諸國)에 머무는 자가 있는가 하면 이민족이 거주하는 지역으로 떠난 자들도 있었다. 그래서 천상(天象)을 관측하고 하늘과 땅의 신들에게 기도하여 길흉(吉凶)을 예보하는 직무가 황폐화하여 실전(失傳)되고 말았다.

주(周) 양왕(襄王) 26년에 윤(閏) 3월이 출현하게 되었는데 ≪춘추(春秋)≫에서는 이 일을 비판하고 있다. 고대의 어진 왕은 정확한 절후(節候)를 제정하고 연력(年曆)의 기점(起点)을 한 해의 처음에서 추산하여 1년의 중간에 역법을 검증하여 바로잡았고 나머지 시간은 윤달 속에 합하

---

15) 두 왕은 주(周)의 역사상 유명한 혼군(昏君)이었음. 자세한 것은 〈주본기〉를 참조하기 바람.
16) 춘추시대 노(魯)나라 맹손씨(孟孫時) · 숙손씨(叔孫氏) · 계손씨(季孫氏)와 진(晋)나라 범씨(范氏) · 중행씨(中行氏) 등 6가(家)를 지칭한다.
17) 중국을 지칭.

였다.

한 해의 처음에 연력(年曆)의 기점(起点)을 추산하여 돌아가는 계절의 순서가 그릇되지 않도록 하였으며 1년의 중도에 역법(曆法)을 고증하고 바로잡아 백성들이 활동하는 데 미혹되는 일이 없도록 하였고 그 나머지 시간은 윤달 속에 병합하여 터무니없게 어그러지는 일이 없도록 하였다.

그 후 전국(戰國) 시대에는 각국이 전쟁을 일삼아 나라를 강대하게 하려고 적을 포로로 잡아 위급한 재난을 구하며 분쟁을 종식시키기에 급급하였는데 어찌 그러한 일을 돌볼 겨를이 있었겠는가! 이때 오직 추연(鄒衍)[18]만이 '오덕종시설(五德終始說)'[19]의 이론에 통달하고 신진대사(新陳代謝)의 법칙을 선전하여 각 제후국에 이름을 널리 드러내었다.

진(秦)나라가 6국(六國)을 멸하면서 전쟁이 빈발해지고, 또 제위에 오른 지 얼마 안 되어 손을 쓸 틈이 없었다. 그런데 진(秦)은 오행(五行)이 상극(相剋)하는 이치를 깊이 연구하고 나라가 수덕(水德)의 길운(吉運)을 얻은 것으로 여겨 황하를 '덕수(德水)'로 개명하고 세수(歲首)를 10월로 삼았으며 검정색을 숭상하였다. 역법(曆法)에 나머지 시간을 계산하여 윤달을 두었지만 그 근본 원리를 관측할 수는 없었다.

한(漢) 왕조가 흥기하자 고황제(高皇帝)[20]가, '북치(北畤)[21]는 나를 기다려 흥건(興建)되었다.'라고 말한 것은 자신이 수덕(水德)의 길운을 얻은 것으로 본 것이다. 역법(曆法)에 통달한 장창(張蒼)[22] 등이 동의하였

---

18) 전국시대 말기의 제(齊)나라 사람으로 음양가(陰陽家)의 대표적 인물.
19) 〈진시황본기〉의 주(註)를 참조.
20) 고조(高祖), 즉 유방(劉邦)을 가리킴.
21) 고대 천지의 오방신(즉 五帝)에게 제사를 올리던 제터를 말한다. 진대(秦代)에는 사방의 신(즉 四帝)에게 제사를 올려 4치(畤)를 두었으나 고제(高帝 : 劉邦)에 이르러 북치(北畤)를 건립하여 오제(五帝)를 제사하였다. 자세한 것은 〈고조본기〉를 참조.

다. 이때 겨우 나라가 안정되고 근본 제도가 세워지게 되었으나 고후(高后)[23]가 ― 실권을 장악하여 섭정하게 되었을 때 ― 여자 황제라 역법까지 손쓸 겨를이 없었다. 그래서 진(秦) 왕조의 역법과 복식 제도를 그대로 답습하였다.

문제(文帝) 때 노(魯)나라 출신 공손신(公孫臣)[24]이 '오덕종시설(五德終始說)'이라는 이론에 근거하여 다음과 같은 글을 올렸다.

'한(漢) 왕조는 토덕(土德)을 얻었으니 마땅히 새로 원년을 정하여 역법(曆法)을 고치고 복식 색깔을 바꾸어야 합니다. 반드시 길조(吉兆)가 나타날 것인즉 그 길조는 황룡(黃龍)이 출현하는 것입니다.'

이 일이 장창(張蒼)에게 하달되자 장창도 악률(樂律)과 역법(曆法)을 연구하고 있던 터라 그 주장이 옳지 못하다고 생각하여 이를 묵살해 버렸다. 그 후 성기현(成紀縣)에서 황룡이 출현하자 장창은 스스로 관직에서 물러나기를 청하여 저술에 종사하고 설(說)을 세우려고 했으나 성공을 거두지 못하였다.

이어 신원평(新垣平)[25]이 운기(雲氣)를 관측해 길흉(吉凶)을 점치는 방술(方術)에 의존하여 천자를 접견하였다. 그는 역법을 바로잡고 복식 제도를 바꾸는 것을 건의하여 왕의 총애를 누리게 되었다. 그는 나중에 반란을 일으켰다. 그래서 문제(文帝)는 그 일에 대하여 다시는 묻지 않았다.

금상(今上 : 武帝)이 즉위하여 방사(方士) 당도(唐都)[26]를 초치하여 이

---

22) 유방을 따라 기병하여 공을 세워 북평후(北平侯)에 봉해졌고 나중에 어사대부와 승상의 지위에 올랐으며 서한(西漢) 초의 역법과 도량형 제도를 정하였다. 자세한 것은 〈장승상열전〉을 참조.

23) 고제(高帝 : 劉邦)의 황후, 즉 여치(呂雉). 자세한 것은 〈여태후본기〉를 참조.

24) 성은 공손(公孫), 이름은 신(臣). 음양가(陰陽家).

25) 성은 신원(新垣), 이름은 평(平). 방사(方士).

26) 사람 이름. 서한(西漢) 초 저명한 천문학자.

십팔수(宿)의 거리를 측정하였다. 또 파군(巴郡)의 낙하굉(洛下閎)[27]이라는 사람이 혼천의(渾天儀)로 천체의 운행을 측정하여 역법을 만든 다음부터 태양과 달이 만나는 시각과 하력(夏曆)의 천문 현상이 일치하였다. 그래서 연호(年號)와 관직명을 바꾸고 태산(泰山)에 제단을 쌓아 봉제(封祭)를 올렸다. 그리고 어사(御史)[28]에게 다음과 같이 명하였다.

"이제껏 관계 관원은 천체(天體)의 위치와 운행 법칙에 대하여 분명히 말하지 못하였다. 그래서 널리 인재를 모집하여 의견을 구하노니, 천체의 위치와 운행 법칙을 정밀히 고찰하여 종전의 인식이 객관적 사실에 부합되지 않음을 규명하라.

옛날 황제(黃帝)가 역법을 만들어, 끝나면 다시 시작되어 무궁토록 다함이 없었으며 각종 천체의 명칭을 분간할 수 있었으니 그 위치와 운행 규칙이 정확하게 검증되었고 악률(樂律)의 맑음과 흐림(淸濁)을 확정하였으며, 오행(五行) 학설을 창립하여 절기와 물후(物候)가 시간과 공간상의 한계에 있어 명확해졌다.

그렇지만 그것은 아득히 오래된 일이다. 시대가 바뀌면서 문자의 기록이 빠지고 악률(樂律)이 문란해졌으니 이에 대하여 짐(朕)은 심히 애석하게 생각한다. 짐이 본조(本朝)의 역법을 완전하게 바로잡을 수 없다는 사실을 고려해, 남는 날수와 남는 분(分)에 대한 처리를 연구하여 수덕(水德)을 이길 수 있는 토덕(土德)에 귀의하였다.

---

27) 서한(西漢) 초의 유명한 천문학자이자 방사(方士). 일설에는 '낙하(落下)'는 그가 은둔하여 천문을 연구한 곳의 지명이라고 함.

28) 춘추 전국시대 각국에 설치한 어사는 문서와 기사(記事)를 관장하였고 진대(秦代)에는 각 군(郡)에 어사를 파견하여 각 군의 관리들을 감찰하고 탄핵하였으며 한대(漢代)에 이르러서는 시어사(侍御史)·부새어사(符璽御史)·치서어사(治書御史)·감군어사(監軍御史) 등 세분화된 명칭이 있었다.

29) 중국 고대 십이 율(律)의 하나. 자세한 것은 〈율서〉의 주(註)를 참조.

지금 바야흐로 태양이 하지(夏至)를 운행하고 있으니 황종률(黃鍾律)을 궁성(宮聲)[30]으로 삼고, 임종률(林鍾律)을 치성(徵聲)으로 삼고, 태주율(太蔟律)을 상성(尙聲)으로 삼고, 남려율(南呂律)을 우성(羽聲)으로 삼고, 고선율(姑洗律)을 각성(角聲)으로 삼는다. 그 이후 절기가 정상을 회복하고 우성(羽聲)이 맑은 음조(音調)를 회복하였으며, 각종 천문 현상이 상궤(常軌)를 회복하고 자일(子日)이 동지(冬至)에 오게 되었으며, 태양과 달이 만난 후 각기 운행하는 규칙이 검증을 얻게 되었다.

11월 갑자(甲子) 그믐날 이른 새벽이 동지(冬至)에 교체되는 것이 이미 관측된 바, 원봉(元封) 7년을 태초(太初) 원년으로 하는 것이 마땅하다. 해(年) 이름은 '언봉섭제격(焉逢攝提格)'[31]으로 하고 달(月) 이름은 '필취(畢聚)'라 하며, 날(日)은 갑자(甲子)의 차례이고 야반(夜半)은 초하룻날(朔日)의 개시이며 동지(冬至)에 온다."

역술 갑자편(甲子篇)[32]

태초(太初) 원년, 해(年) 이름은 '언봉섭제격(焉逢攝提格)'[33]으로 하고 달(月) 이름은 '필취(畢聚)'라 하며, 날(日)은 갑자(甲子)의 차례이고 야반(夜半)은 초하룻날(朔日)의 개시이며 동지(冬至)에 온다.

---

30) 5음(音)의 하나. 자세한 것은 〈율서〉를 참조.
31) 간지(干支)로 말하면 갑인년(甲寅年)에 상당한다. 옛날에는 세양(歲陽)과 세음(歲陰)으로 기년(紀年)의 이름을 삼았는데 나중에는 간화(簡化)되어 십간(十干)과 십이지지(地支)로 기년(紀年)을 표시하게 되었다. 이를 표로 제시하면 다음과 같다.

십간(十干)	甲	乙	丙	丁	戊	己	庚	辛	壬	癸
세양(歲陽)	焉逢	端蒙	遊兆	强梧	徒維	祝犁	商橫	昭陽	橫艾	尙章
지지(地支)	子	丑	寅	卯	辰	巳	午	未	申	酉
세음(歲陰)	困敦	赤奮若	攝提格	單閼	執徐	大荒落	敦牂	葉洽	涒灘	作噩

32) 그 당시 역법(曆法)의 명칭. 고대에 여섯 종류의 역법이 있었는데 황제력(黃帝曆)·전욱력(顓頊曆)·하력(夏曆)·은력(殷曆)·주력(周曆)·노력(魯曆)이 바로 그것이다.
33) 즉 갑인년(甲寅年).

부수(蔀首)

제1장(章)³⁴⁾의 수(首 : 冬至가 子에 올 때)

본년(本年) 12개월 ― 삭법(朔法)으로 추산해도 잉여 일수(日數)가 없고 잉여 분수(分數)가 없으며, 지법(至法)으로 추산해도 잉여 일수가 없고 잉여 분수가 없다. ― 태초(太初) 원년 갑인(甲寅)년.

본년 12개월 ― 삭법으로 추산하면 54일과 348분이 남으며, 지법으로 추산하면 5일과 8분이 남음 ― 태초 2년 을묘(乙卯)년.

본년 윤년 13개월 ― 삭법으로 추산하면 48일과 696분이 남으며, 지법으로 추산하면 10일과 16분이 남음 ― 태초 3년 병진(丙辰)년.

본년 12개월 ― 삭법으로 추산하면 12일과 603분이 남으며, 지법으로 추산하면 15일과 24분이 남음 ― 태초 4년 정미(丁未)년.

본년 12개월 ― 삭법으로 추산하면 7일과 11분이 남으며, 지법으로 추산하면 21일이 남고 남는 분수는 없음 ― 천한(天漢) 원년 무오(戊午)년.

본년 윤년 13개월 ― 삭법으로 추산하면 1일과 359분이 남으며, 지법으로 추산하면 26일과 8분이 남음 ― 천한(天漢) 2년 기미(己未)년.

본년 12개월 ― 삭법으로 추산하면 25일과 266분이 남으며, 지법으로 추산하면 31일과 16분이 남음 ― 천한(天漢) 3년 경신(庚申)년.

본년 12개월 ― 삭법으로 추산하면 19일과 614분이 남으며, 지법으로 추산하면 36일과 24분이 남음 ― 천한(天漢) 4년 신유(辛酉)년.

---

34) 고대 역법에서 19년을 1장(章)이라 하고 4장(章)을 1부(蔀)라 하였다. 동지(冬至)가 삭일(朔日 : 초하루)에 오는 해를 장(章)의 수(首)로 삼았고, 동지가 삭일(朔日) 자시(子時)에 오는 해를 부(蔀)의 수(首)로 삼았고, 부(蔀)의 수(首)의 동지가 자시(子時)에 있을 때, 자시(子時)는 정북(正北)을 대표한다. 제2장(章) 수(首)의 동지는 유시(酉時)에 있고 유시(酉時)는 정서(正西)를 대표한다. 제3장 수(首)의 동지는 오시(午時)에 있고 오시(午時)는 정남(正南)을 대표한다. 제4장(章) 수(首)의 동지는 묘시(卯時)에 있고 묘시는 정동(正東)을 대표한다.

본년 윤년 13개월 — 삭법으로 추산하면 14일과 22분이 남으며, 지법으로 추산하면 42일이 남고 남는 분수는 없음 — 태시(太始) 원년 임술(壬戌)년.

본년 12개월 — 삭법으로 추산하면 37일과 869분이 남으며, 지법으로 추산하면 47일과 8분이 남음 — 태시(太始) 2년 계해(癸亥)년.

본년 윤년 13개월 — 삭법으로 추산하면 32일과 277분이 남으며, 지법으로 추산하면 52일과 16분이 남음 — 태시(太始) 3년 갑자(甲子)년.

본년 12개월 — 삭법으로 추산하면 56일과 184분이 남으며, 지법으로 추산하면 57일과 24분이 남음 — 태시(太始) 4년 을축(乙丑)년.

본년 12개월 — 삭법으로 추산하면 50일과 532분이 남으며, 지법으로 추산하면 3일이 남고 남는 분수는 없음 — 정화(征和) 원년 병인(丙寅)년.

본년 12개월 — 삭법으로 추산하면 44일과 880분이 남으며, 지법으로 추산하면 8일과 8분이 남음 — 정화(征和) 2년 정묘(丁卯)년.

본년 12개월 — 삭법으로 추산하면 8일과 787분이 남으며, 지법으로 추산하면 13일과 16분이 남음 — 정화(征和) 3년 무진(戊辰)년.

본년 12개월 — 삭법으로 추산하면 3일과 195분이 남으며, 지법으로 추산하면 18일과 24분이 남음 — 정화(征和) 4년 기사(己巳)년.

본년 윤년 13개월 — 삭법으로 추산하면 57일과 543분이 남으며, 지법으로 추산하면 24일이 남고 남는 분수는 없음 — 후원(后元) 원년 경오(庚午)년.

본년 12개월 — 삭법으로 추산하면 21일과 450분이 남으며, 지법으로 추산하면 29일과 8분이 남음 — 후원(后元) 2년 신미(辛未)년.

본년 윤년 13개월 — 삭법으로 추산하면 15일과 798분이 남으며, 지법으로 추산하면 34일과 16분이 남음 — 시원(始元) 원년 임신(壬申)년.

제2장(章)의 수(首 : 동지가 酉에 올 때)

본년 12개월 ─ 삭법으로 추산하면 39일과 705분이 남으며, 지법으로 추산하면 39일과 24분이 남음 ─ 시원 2년 계유년.

본년 12개월 ─ 삭법으로 추산하면 34일과 113분이 남으며, 지법으로 추산하면 45일이 남고 남는 분수는 없음 ─ 시원 3년 갑술년.

본년 윤년 13개월 ─ 삭법으로 추산하면 28일과 461분이 남으며, 지법으로 추산하면 50일과 8분이 남음 ─ 시원 4년 을해년.

본년 12개월 ─ 삭법으로 추산하면 52일과 368분이 남으며, 지법으로 추산하면 55일과 16분이 남음 ─ 시원 5년 병자년.

본년 12개월 ─ 삭법으로 추산하면 46일과 716분이 남으며, 지법으로 추산하면 남는 일수는 없고 24분이 남음 ─ 시원 6년 정축년.

본년 윤년 13개월 ─ 삭법으로 추산하면 41일과 124분이 남으며, 지법으로 추산하면 6일이 남고 남는 분수는 없음 ─ 원봉(元鳳) 원년 무인년.

본년 12개월 ─ 삭법으로 추산하면 5일과 31분이 남으며, 지법으로 추산하면 11일과 8분이 남음 ─ 원봉 2년 기묘년.

본년 12개월 ─ 삭법으로 추산하면 59일과 379분이 남으며, 지법으로 추산하면 16일과 16분이 남음 ─ 원봉 3년 경진년.

본년 윤년 13개월 ─ 삭법으로 추산하면 53일과 727분이 남으며, 지법으로 추산하면 21일과 24분이 남음 ─ 원봉 4년 신사년.

본년 12개월 ─ 삭법으로 추산하면 17일과 634분이 남으며, 지법으로 추산하면 27일이 남고 남는 분수는 없음 ─ 원봉 5년 임오년.

본년 윤년 13개월 ─ 삭법으로 추산하면 12일과 42분이 남으며, 지법으로 추산하면 32일과 8분이 남음 ─ 원봉 6년 계미년.

본년 12개월 ─ 삭법으로 추산하면 35일과 889분이 남으며, 지법으로 추산하면 37일과 16분이 남음 ─ 원평(元平) 3년 갑신(甲申)년.

본년 12개월 — 삭법으로 추산하면 30일과 297분이 남으며, 지법으로 추산하면 42일과 24분이 남음 — 본시(本始) 원년 을유년.

본년 윤년 13개월 — 삭법으로 추산하면 24일과 645분이 남으며, 지법으로 추산하면 48일이 남고 남는 분수는 없음 — 본시 2년 병술년.

본년 12개월 — 삭법으로 추산하면 48일과 552분이 남으며, 지법으로 추산하면 53일과 8분이 남음 — 본시 3년 정해년.

본년 12개월 — 삭법으로 추산하면 42일과 900분이 남으며, 지법으로 추산하면 58일과 16분이 남음 — 본시 4년 무자년.

본년 윤년 13개월 — 삭법으로 추산하면 37일과 308분이 남으며, 지법으로 추산하면 3일과 24분이 남음 — 지절(地節) 원년 기축년.

본년 12개월 — 삭법으로 추산하면 1일과 215분이 남으며, 지법으로 추산하면 9일이 남고 남는 분수는 없음 — 지절 2년 경인년.

본년 윤년 13개월 — 삭법으로 추산하면 55일과 563분이 남으며, 지법으로 추산하면 14일과 8분이 남음 — 지절 3년 신묘년.

제3장(章)의 수(首 : 冬至가 午에 올 때)

본년 12개월 — 삭법으로 추산하면 19일과 470분이 남으며, 지법으로 추산하면 19일과 16분이 남음 — 지절 4년 임진년.

본년 12개월 — 삭법으로 추산하면 13일과 818분이 남으며, 지법으로 추산하면 24일과 24분이 남음 — 원강(元康) 원년 계사년.

본년 윤년 13개월 — 삭법으로 추산하면 8일과 226분이 남으며, 지법으로 추산하면 31일이 남고 남는 분수는 없음 — 원강 2년 갑오년.

본년 12개월 — 삭법으로 추산하면 32일과 133분이 남으며, 지법으로 추산하면 35일과 8분이 남음 — 원강 3년 을미년.

본년 12개월 — 삭법으로 추산하면 26일과 481분이 남으며, 지법으로 추산하면 40일과 16분이 남음 — 원강 4년 병신년.

본년 윤년 13개월 — 삭법으로 추산하면 20일과 829분이 남으며, 지법으로 추산하면 45일과 24분이 남음 — 신작(神雀) 원년 정유년.

본년 12개월 — 삭법으로 추산하면 44일과 736분이 남으며, 지법으로 추산하면 51일이 남고 남는 분수는 없음 — 신작 2년 무술년.

본년 12개월 — 삭법으로 추산하면 39일과 144분이 남으며, 지법으로 추산하면 56일과 8분이 남음 — 신작 3년 기해년.

본년 윤년 12개월 — 삭법으로 추산하면 33일과 492분이 남으며, 지법으로 추산하면 1일과 16분이 남음 — 신작 4년 경자년.

본년 12개월 — 삭법으로 추산하면 57일과 399분이 남으며, 지법으로 추산하면 6일과 24분이 남음 — 오봉(五鳳) 원년 신축년.

본년 윤년 13개월 — 삭법으로 추산하면 51일과 747분이 남으며, 지법으로 추산하면 12일이 남고 남는 분수는 없음 — 오봉 2년 임인년.

본년 12개월 — 삭법으로 추산하면 15일과 654분이 남으며, 지법으로 추산하면 17일과 8분이 남음 — 오봉 3년 계묘년.

본년 12개월 — 삭법으로 추산하면 10일과 62분이 남으며, 지법으로 추산하면 22일과 16분이 남음 — 오봉 4년 갑진년.

본년 윤년 13개월 — 삭법으로 추산하면 4일과 410분이 남으며, 지법으로 추산하면 27일과 24분이 남음 — 감로(甘露) 원년 을사년.

본년 12개월 — 삭법으로 추산하면 28일과 317분이 남으며, 지법으로 추산하면 33일이 남고 남는 분수는 없음 — 감로 2년 병오년.

본년 12개월 — 삭법으로 추산하면 22일과 665분이 남으며, 지법으로 추산하면 38일과 8분이 남음 — 감로 3년 정미년.

본년 윤년 13개월 — 삭법으로 추산하면 17일과 73분이 남으며, 지법으로 추산하면 43일과 16분이 남음 — 감로 4년 무신년.

본년 12개월 — 삭법으로 추산하면 40일과 920분이 남으며, 지법으로 추산하면 48일과 24분이 남음 — 황룡(黃龍) 원년 기유년.

본년 윤년 13개월 — 삭법으로 추산하면 35일과 328분이 남으며, 지법으로 추산하면 54일이 남고 남는 분수는 없음 — 초원(初元) 원년 경술년.

제4장(章)의 수(首 : 동지가 卯에 올 때)

본년 12개월 — 삭법으로 추산하면 59일과 235분이 남으며, 지법으로 추산하면 59일과 8분이 남음 — 초원 2년 신해년.

본년 12개월 — 삭법으로 추산하면 53일과 583분이 남으며, 지법으로 추산하면 4일과 16분이 남음 — 초원 3년 임자년.

본년 12개월 — 삭법으로 추산하면 47일과 931분이 남으며, 지법으로 추산하면 9일과 24분이 남음 — 초원 4년 계축년.

본년 12개월 — 삭법으로 추산하면 11일과 838분이 남으며, 지법으로 추산하면 15일이 남고 남는 분수는 없음 — 초원 53년 갑인년.

본년 12개월 — 삭법으로 추산하면 6일과 246분이 남으며, 지법으로 추산하면 20일과 8분이 남음 — 영광(永光) 원년 을묘년.

본년 윤년 13개월 — 삭법으로 추산하면 남는 일수는 없고 594분이 남으며, 지법으로 추산하면 25일과 16분이 남음 — 영광 2년 병진년.

본년 12개월 — 삭법으로 추산하면 24일과 501분이 남으며, 지법으로 추산하면 30일과 24분이 남음 — 영광 3년 정사년.

본년 윤년 13개월 — 삭법으로 추산하면 18일과 849분이 남으며, 지법으로 추산하면 36일이 남고 남는 분수는 없음 — 영광 4년 무오년.

본년 윤년 13개월 — 삭법으로 추산하면 13일과 257분이 남으며, 지법으로 추산하면 41일과 8분이 남음 — 영광 5년 기미년.

본년 12개월 — 삭법으로 추산하면 37일과 164분이 남으며, 지법으로 추산하면 46일과 16분이 남음 — 건소(建昭) 원년 경신년.

본년 12개월 — 삭법으로 추산하면 31일과 512분이 남으며, 지법으로 추산하면 51일과 24분이 남음 — 건소 2년 신유년.

본년 12개월 — 삭법으로 추산하면 55일과 419분이 남으며, 지법으로 추산하면 57일이 남고 남는 분수는 없음 — 건소 3년 임술년.

본년 12개월 — 삭법으로 추산하면 49일과 767분이 남으며, 지법으로 추산하면 2일과 8분이 남음 — 건소 4년 계해년.

본년 윤년 13개월 — 삭법으로 추산하면 44일과 175분이 남으며, 지법으로 추산하면 7일과 16분이 남음 — 건소 5년 갑자년.

본년 12개월 — 삭법으로 추산하면 8일과 82분이 남으며, 지법으로 추산하면 12일과 24분이 남음 — 경녕(竟寧) 원년 을축년.

본년 12개월 — 삭법으로 추산하면 2일과 430분이 남으며, 지법으로 추산하면 18일이 남고 남는 분수는 없음 — 건시(建始) 원년 병인년.

본년 윤년 13개월 — 삭법으로 추산하면 56일과 778분이 남으며, 지법으로 추산하면 23일과 8분이 남음 — 건시 2년 정묘년.

본년 12개월 — 삭법으로 추산하면 20일과 685분이 남으며, 지법으로 추산하면 28일과 16분이 남음 — 건시 3년 무진년.

본년 윤년 13개월 — 삭법으로 추산하면 15일과 93분이 남으며, 지법으로 추산하면 33일과 24분이 남음 — 건시 4년 기사년.

이상은 역서(曆書)다. 큰 나머지[大餘]는 일(日)이고 작은 나머지[小餘]는 분(分)이다. 단몽(端蒙)은 해(年) 이름이다. 지지(地支)는 세음(歲陰)에 상당한다. 축(畜)은 적분약(赤奮若)이라 이르며, 인(寅)은 섭제격(攝提格)이라 이른다. 천간(天干)은 세양(歲陽)에 상당한다. 병(丙)은 유조

(游兆)라 이른다. 부수(蔀首), 즉 제1장의 수(首)는 동지가 자(子)에 있을 때이며, 제2장의 수(首)는 동지가 유(酉)에 있을 때이며, 제3장의 수는 동지가 오(午)에 있을 때이며, 제4장의 수는 동지가 묘(卯)에 있을 때이다.

제5 천관서(天官書)[1]

천구(天區) 중앙[2]에는 북극성이 있고 그중 유난히 밝은 별이 하나 있는
데 그곳에 천제(天帝) 태일(太一)[3]이 항상 거주하고 있다. 그 옆의 세 개
의 별은 태일의 세 대신(大臣)[4]인데 어떤 사람들은 그 세 별을 천제 태일
의 태자와 서자(庶子)라고도 한다. 그 뒤에 갈고리처럼 굽은 네 개의 별
이 있는데 그중 끝에 있는 큰 별은 황후이고 나머지 세 개의 별은 후궁들
이다. 그 주위를 울타리처럼 빙 에워싼 열두 개의 별들은 제왕(帝王)을
보위하는 대신들[藩臣]이다. 위에 기술한 별들을 통틀어 자미원(紫微垣)
이라 한다.

북두성(北斗星) 입구에 늘어서 있는 앞의 세 개의 별은 북쪽을 향하여
아래로 드리워져 있고 앞의 끄트머리가 뾰족하고 날카로우며, 보였다 안
보였다 하는데 그것들은 음덕좌(陰德座) 또는 천일좌(天一座)라 이른다.
자미원(紫微垣)의 왼편에 있는 세 개의 별은 천창좌(天槍座)라 이르고,
그 오른편에 있는 다섯 개의 별은 천봉좌(天棒座)라 이르며, 그 뒤에 있
는 여섯 개의 별은 은하(銀河)를 가로질러 영실(營室)[5]에 다다르는데 이

---

1) 고대의 천문학에 관하여 기술한 부분인데, 그중에는 점성(占星)·망기(望氣) 등 점복술(占卜
術)에 관한 부분이 상당히 많다. 고대의 천문가들은 하늘의 별들을 크게 다섯 구역으로 구분하
고 다시 3원(垣) 이십팔수(宿)로 나누어 존비(尊卑) 및 예속(隷屬) 관계를 표시하여 마치 인간
세계의 관직(官職)처럼 구별하였다. 그래서 '천관서(天官書)'라 칭하게 되었다.
2) 고대에는 북극성이 소재한 곳을 하늘의 정중앙으로 간주하여 중관(中官)으로 여기게 되었다.
3) 가장 존귀한 최고의 천신(天臣).
4) 인간 세계의 삼공(三公)을 상징한다. 주대(周代)의 삼공은 태사(太師)·태부(太傅)·태보(太保)
이며 서한(西漢) 시대의 삼공은 승상·어사대부·태위이다.
5) 성관(星官) 이름. 실수(室宿). 이십팔수(宿)의 하나로, 북방 7수(宿) 중 여섯째 별자리고 2개의
별로 이루어져 있으며 오늘날 페가수스자리(Pegasus)에 속한다.

별들을 각도좌(閣道座)라 이른다.

북두좌(北斗座)에는 일곱 개의 별이 있는데 소위 선기(璇璣)와 옥형(玉衡)은 7정(政)[6]을 상징하고 있다. 자루 쪽 세 개의 별들은 용각(龍角)[7]과 이어져 있으며, 북두의 중앙[衡]은 남두(南斗)[8]와 마주 대하고 있으며, 북두성의 첫째 별[魁]은 삼수(參宿)[9]의 머리 부분과 접하고 있다. 황혼에 대지를 가리키는 것은 자루 쪽 세 개의 별인 두병(斗柄)이며, 두병이 가리키는 곳은 화산(華山) 서남쪽 지구이다.

야반(夜半)에 대지를 가리키는 것은 두형(斗衡)[10]이며, 두형이 가리키는 곳은 중원의 황하와 제수(濟水) 사이 지구이다. 평단(平旦)[11]에 대지를 가리키는 것은 두괴(斗魁)[12]이며, 두괴가 가리키는 곳은 동해(東海)[13]와 태산(泰山) 사이 지구이다.

북두성은 천제(天帝)가 타는 수레[輦車]인데 하늘 정중앙에서 운행하며 사방을 통제한다. 밤낮을 구분하고 사계절을 결정하고 오행(五行)을 조절하고 절기를 바꾸고 천문 역법을 확정하는 것은 모두 북두좌(北斗座)에 의존한다.

북두성의 첫째 별[斗魁]이 머리에 이고 있는 듯한 광주리[筐] 모양의 여섯 개 별은 문창좌(文昌座)라 이르는데 첫째 별은 상장(上將), 둘째 별은 차장(次將), 셋째 별은 귀상(貴相), 넷째 별은 사명(司命), 다섯째 별은 사

---

6) 해와 달과 5대 행성들(금성·목성·수성·화성·토성).

7) 성관(星官) 이름, 즉 각수(角宿).

8) 성관(星官) 이름, 즉 두수(斗宿). 이십팔수의 하나로, 북방 7수 중 첫째 별자리이며 6개의 별로 이루어져 있고 서양의 사수자리(the Archer)에 속한다.

9) 성관(星官) 이름으로 이십팔수의 하나. 서방 7수 중 일곱째 별자리이며 7개의 별로 이루어져 있고 서양의 오리온자리(Orion)에 속한다.

10) 북두성의 다섯째 별.

11) 인시(寅時). 오늘날 3시에서 5시 사이의 시간.

12) 북두성의 첫째 별.

13) 오늘날의 발해(渤海).

중(司中), 여섯째 별은 사록(司祿)이라 한다.

북두성의 첫째 별[斗魁] 머리 한가운데는 귀인의 감옥이다. 북두성의 첫째 별 아래에 있는 여섯 별들은 둘씩 나란히 늘어서 있는데 이를 삼태성(三台星)이라 이른다. 삼태성의 빛깔이 화평하면 군주와 신하가 화목함을 나타내며, 빛깔이 화평하지 못하면 군주와 신하가 반목 불화함을 나타낸다.

보성(輔星)[14]의 밝기가 북두성의 여섯째 별[開陽]에 접근하면 보좌하는 신하가 친근하여 국력이 강성해짐을 상징하며, 보성이 북두성의 여섯째 별로부터 멀어지고 밝기가 어두워지면 보좌하는 신하가 소원해져 국력이 쇠약해짐을 상징한다.

북두성의 자루 쪽 세 개의 별들[斗柄]의 앞 끄트머리에는 두 개의 별이 있는데 그중 가까이 있는 것을 천모성(天矛星) 또는 초요성(招搖星)이라 하며, 멀리 떨어져 있는 것을 천순성(天盾星) 또는 천봉성(天鋒星)이라 한다. 고리 모양의 열다섯 개 별이 북두성의 자루 쪽 세 개의 별들[斗柄]에게 접근하면 미천한 사람이 감옥에 들어가는 것을 상징한다. 마치 감옥처럼 생긴 이곳이 별들로 가득 차면 수감되는 죄인들이 많음을 나타내고, 그 안에 별들이 적으면 죄수들이 석방됨을 상징한다.

천일좌(天一座)·천창좌(天槍座)·천봉좌(天棒座)·천모성(天矛星)·천순성(天盾星)이 요동하여 빛줄기가 굵직해지면 전쟁이 발발할 조짐을 나타내는 것이다.

동궁(東宮) 창제(蒼帝)의 정령은 용(龍)의 형상이며 방수(房宿)[15]와 심

---

14) 북두성의 여섯째 별[開陽] 곁에 있는 반성(伴星).

15) 성관(星官) 이름으로 천사(天駟)라고도 한다. 이십팔수의 하나로, 동방 7수 중 넷째 별자리며 4개의 별로 이루어져 있고 서양의 전갈자리(the Scorpion)에 속한다.

수(心宿)[16]를 이루고 있다. 심수는 명당(明堂)[17]이고 그중 큰 별은 천왕(天王)이며 그 앞과 뒤의 별은 태자와 서자(庶子)이다. 그 별들은 일직선을 이룰 수 없는데 만일 일직선을 이루게 되면 적자와 서자를 분별하지 않아 천왕(天王)이 일을 그르칠 조짐을 나타내는 것이다.

방수(房宿)는 천제(天帝)가 머무는 곳[天府]이며, 또 천제의 수레[天駟]이기도 하다. 그 북쪽에 있는 별은 좌참성(左驂星)과 우참성(右驂星)이다. 그 곁에 있는 두 별 이름은 구성(鉤星)과 검성(鈐星)이며 그 북단에 있는 별은 할성(轄星)이다.

동북쪽에는 열두 개의 별이 굽어져 있는데 이 별들의 이름은 천기좌(天旗座)이다. 천기좌의 중앙에 있는 네 개의 별은 천시원(天市垣)이고, 여섯 개의 별은 시루좌(市樓座)이다. 천시원의 중앙에 별들이 많아지면 경제가 번영하고, 그곳에 별들이 드물어지면 경제가 궁핍해진다. 방수(房宿)의 남쪽에는 많은 별들이 있는데 이 별들을 기관좌(騎官座)라 이른다.

각수(角宿)[18]의 좌측에 있는 별은 법관(法官)이며, 각수의 우측에 있는 별은 장군이다. 대각성(大角星)은 천왕(天王)의 조정(朝廷)이다. 그 양측에는 세 개의 별이 마치 세 발 달린 솥[鼎]의 발처럼 갈고리 모양으로 굽어져 있는데 이 별들을 섭제좌(攝提座)라 한다. 섭제좌는 북두성의 자루쪽 세 별들[斗柄]이 가리키는 방향으로 향하고 있기 때문에 사계절의 절기를 지명한다. 그래서 '섭제좌는 계절의 시작을 나타낸다.' 고 한다.

---

16) 성관(星官) 이름으로 상성(商星)이라고도 한다. 이십팔수의 하나로, 동방 7수 중 다섯째 성수이고 3개의 별로 이루어져 있으며 서양의 전갈자리(the Scorpion)에 속한다.

17) 고대의 제왕이 정교(政敎)를 베풀던 곳.

18) 이십팔수의 하나. 동방 7수 중 첫째 별자리이고 2개의 별로 이루어져 있으며 서양의 처녀자리(the Virgin)에 속한다.

항수(亢宿)[19]는 외조(外朝)[20]로 질병을 관장한다. 그 남쪽과 북쪽에는 두 개의 큰 별이 있는데 이 별들을 남문좌(南門座)라 한다. 저수(氐宿)[21]는 각수와 항수의 근본이며 전염병을 관장한다.

미수(尾宿)[22]에게는 아홉 개의 아들 별[子星]이 있는데 이는 군주와 신하를 상징하며 거리가 멀어지면 군주와 신하가 반목 불화함을 나타낸다. 기수(箕宿)[23]는 말썽을 일으키는 세객(說客)인데 다툼을 상징한다.

화성(火星)이 각수(角宿)의 위치를 침범하여 점령하면 전쟁이 발발할 조짐이다. 화성이 방수(房宿)와 심수(心宿)의 위치를 점령하면 제왕(帝王)은 이러한 현상을 심히 꺼린다.

남궁(南宮) 적제(赤帝)의 정령은 새의 형상이며 권성좌(權星座)[24]와 형성좌(衡星座)로 이루어져 있다. 형성좌는 태미원(太微垣)이라고도 하며 해와 달과 5대 행성의 궁정이다. 시중을 들며 보좌하는 책임을 담당하는 열두 개의 별은 제왕(帝王)을 보위하는 대신(大臣)이다.

서쪽은 장군이고 동쪽은 재상이며 남쪽의 네 별들은 법을 집행하는 법관이다. 그 중간은 정문(正門)이고 정문의 좌측과 우측은 측문(側門)이며 정문 안에 있는 네 별들은 제후들이다. 그 안에 있는 다섯 별들은 오제좌(五帝座)이다. 그 뒤에는 열다섯 개의 별들이 촘촘히 모여 있는데 이 별들은 낭위좌(郎位座)이고 그 곁에 있는 큰 별은 장위성(將位星)이다.

---

19) 이십팔수의 하나. 동방 7수 중 둘째 별자리이고 4개의 별로 이루어져 있으며 서양의 처녀자리(The Virgin)에 속한다.

20) 천제(天帝)가 정사(政事)를 처리하던 곳.

21) 이십팔수의 하나. 동방 7수 중 셋째 별자리이고 4개의 별로 이루어져 있으며 서양의 천칭자리(the Scale)에 속한다.

22) 이십팔수의 하나. 동방 7수 중 여섯째 별자리이고 9개의 별로 이루어져 있으며 서양의 전갈자리(the Scorpion)에 속한다.

23) 이십팔수의 하나. 동방 7수 중 마지막 일곱째 별자리이고 4개의 별로 이루어져 있으며 서양의 사수자리(the Archer)에 속한다.

24) 헌원(軒轅)이라고도 하며 17개의 별들로 이루어져 있다.

달과 다섯 행성이 서쪽에서 태미원(太微垣)으로 진입하여 정상적인 궤도를 따라 운행할 때 태미원을 거쳐 동쪽으로 운행하는 것을 관찰해 본 결과, 만일 어떤 별을 침범하여 점령하면 그 별은 대관원(大官員)을 상징하는 것이며 이는 곧 천자가 징벌할 대상인 것이다. 또 동쪽에서 태미원으로 진입하거나 정상적인 궤도를 따라 운행하지 못하여 침범한 별은 천자가 대관원에게 죄를 언도하는 것을 상징하는 것이다.

또 오제좌(五帝座)와 충돌하여 재화(災禍)가 이미 극명하게 드러나면 그것은 군신백관(群臣百官)이 공모하여 반란을 꾀하는 것을 나타낸다. 금성(金星)과 화성(火星)이 오제좌(五帝座)를 침범하면 그 재화(災禍)가 특히 극심하다. 태미원에 부속되어 늘어서 있는 별들의 서쪽에 아래로 드리워져 있는 다섯 별들은 소미좌(小微座)라 하는데 사대부(士大夫)를 상징한다.

권성좌(權星座)는 헌원좌(軒轅座)라고도 한다. 헌원좌는 마치 황룡(黃龍)의 형상과 흡사하다. 그 앞의 큰 별은 황후를 상징하고, 그 옆의 작은 별들은 비빈(妃嬪)과 희첩(姬妾)을 상징한다. 달과 다섯 행성이 권성좌(權星座)와 충돌하면 형성좌(衡星座)와 충돌하는 조짐과 동일하다.

정수(井宿)[25]는 법령 제도의 준칙을 관장하고 있다. 서쪽에는 곡선을 이루는 별 하나가 있는데 월성(鉞星)이라 한다. 월성의 북쪽에는 북하좌(北河座)가 있고 그 남쪽에는 남하좌(南河座)가 있다. 북하좌, 남하좌와 천궐좌(天闕座) 사이는 교통의 요충지이다.

귀수(鬼宿)[26]는 제사를 관장하고 있다. 그 중앙에 백색의 빛을 발하는

---

25) 이십팔수의 하나. 남방 7수 중 첫째 별자리이고 8개의 별들로 이루어져 있으며 서양의 쌍둥이자리(the Twins)에 속한다.
26) 이십팔수의 하나. 남방 7수 중 둘째 별자리이고 4개의 별들로 이루어져 있으며 서양의 게자리(the Crab)에 속한다.

것은 귀성단(鬼星團)이다. 화성이 남하좌와 북하좌를 침범하면 전쟁이 발발하고 곡물이 자라지 않는다. 그러므로 제왕(帝王)이 덕의 정치를 베풀면 태미원(太微垣)에 그 조짐이 나타나고, 제왕이 밖으로 놀러 가면 천황좌(天潢座)에 그 조짐이 나타나고, 제왕이 나쁜 짓을 일삼으면 월성(鉞星)에 그 조짐이 나타나고, 제왕에게 재화(災禍)가 있으면 정수(井宿)에 그 조짐이 나타나고, 제왕이 주살(誅殺)을 행하면 귀성단(鬼星團)에 그 조짐이 나타난다.

유수(柳宿)[27]는 주작(朱雀)의 입이며 초목(草木)을 관장한다. 칠성(七星)[28]은 주작의 목[頸]이자 목구멍이며 긴급한 일을 관장한다. 장수(張宿)[29]는 주작의 위(胃)이자 주방이며 빈객을 접대하는 일을 관장한다. 익수(翼宿)[30]는 주작의 날개이며 외국 손님의 접대를 관장한다.

진수(軫宿)[31]는 수레이며 바람을 관장한다. 그 곁에는 장사성(長沙星)이라 하는 상당히 작은 별이 하나 있는데 이 별은 밝아서는 안 된다. 만일 장사성의 밝기가 진수(軫宿) 네 개의 별과 같아지거나 다섯 행성이 진수의 중앙을 침범하면 전쟁이 발발한다.

진수의 남쪽에는 수많은 별들이 있는데 이 별들은 천고좌(天庫座)와 천루좌(天樓座)이다. 천고좌에는 오거성(五車星)이 있다. 오거성에서 빛을 발하거나 별들이 많아지거나 또는 숨어 나타나지 않으면 거마(車馬)

---

27) 이십팔수의 하나. 남방 7수 중 셋째 별자리이고 8개의 별로 이루어져 있으며 서양의 바다뱀자리(the Sea Serpent)에 속한다.
28) 이십팔수의 하나. 남방 7수 중 넷째 별자리이고 7개의 별들로 이루어져 있으며 서양의 바다뱀자리(the Sea Serpent)에 속한다.
29) 이십팔수의 하나. 남방 7수 중 다섯째 별자리이고 6개의 별들로 이루어져 있으며 서양의 바다뱀자리(the Sea Serpent)에 속한다.
30) 이십팔수의 하나. 남방 7수 중 여섯째 별자리이고 이십이 개의 별들로 이루어져 있으며 서양의 컵자리(the Goblet)와 바다뱀자리(the Sea Serpent)에 속한다.
31) 이십팔수의 하나. 남방 7수 중 마지막 일곱째 별자리이고 4개의 별들로 이루어져 있으며 서양의 까마귀자리(the Crow)에 속한다.

를 안배할 방도가 없게 된다.

서방의 천구(天區)에는 함지좌(咸池座)가 있다. ……³²⁾은 천오황좌(天五潢座)라고 한다. 오황좌(五潢座)는 오방(五方) 천제(天帝)의 수레이자 거소(居所)이다. 화성이 오황좌를 침범하면 가뭄이 발생하고, 금성이 침범하면 천하에 대란(大亂)이 일어나며, 삼주좌(三柱座)가 숨어 나타나지 않으면 전쟁이 발발한다.

규수(奎宿)³³⁾는 또 봉시좌(封豕座)라고도 하는데 하수도를 관장한다. 누수(婁宿)³⁴⁾는 군사를 일으키고 군중을 모으는 일을 관장한다. 그리고 위수(胃宿)³⁵⁾는 천제(天帝)의 곡물 창고를 관장한다. 그 남쪽에는 수많은 별들이 있는데 이 별들은 괴적좌(廥積座)라 한다.

묘수(昴宿)³⁶⁾는 모두좌(髦頭座)라고도 하는데 오랑캐를 상징하는 별이며 상사(喪事)를 관장한다. 필수(畢宿)³⁷⁾는 한거좌(罕車座)라고도 하며 변방군(邊防軍)을 상징하고 사냥을 관장한다. 그 큰 별[大星] 곁의 작은 별[小星]은 부이성(附耳星)이다. 부이성이 요동하면 옳고 그름을 뒤바꾸고 교란을 일으키는 간신이 제왕(帝王) 곁에 있게 된다. 묘수와 필수의 중간은 천가좌(天街座)이다. 천가좌의 북쪽은 암흑의 국가[陰國]이고 그 남쪽은 광명의 국가[陽國]이다.

---

32) 문맥상 빠진 글이 있는 것 같다.
33) 이십팔수의 하나. 서방 7수 중 첫째 별자리이고 6개의 별들로 이루어져 있으며 서방의 안드로메다자리(Andromeda)와 물고기자리(the Fishes)에 속한다.
34) 이십팔수의 하나. 서방 7수 중 둘째 별자리이고 3개의 별들로 이루어져 있으며 서양의 양자리(the Ram)에 속한다.
35) 이십팔수의 하나. 서방 7수 중 셋째 별자리이고 3개의 별들로 이루어져 있으며 서양의 양자리(the Ram)에 속한다.
36) 이십팔수의 하나. 서방 7수 중 넷째 별자리이고 하나의 성단(星團)이며 7개의 밝은 별들이 있고 서양의 황소자리(the Bull)에 속한다.
37) 이십팔수의 하나. 서방 7수 중 다섯째 별자리이고 8개의 별들로 이루어져 있으며 서양의 황소자리(the Bull)에 속한다.

삼수(參宿)[38]는 백호(白虎)의 형상이다. 일직선상으로 세 개의 별들이 늘어서 있는데 이 별들은 대저울이다. 그 아래에는 세 개의 별들이 있다. 상단이 뾰족하고 예리한 별을 벌성좌(罰星座)라 하며 참살(斬殺) 사건을 관장한다.

삼수 밖에는 네 별들이 있는데 이는 백호(白虎)의 왼쪽 어깨[左肩]·오른쪽 어깨[右肩]·왼쪽 넓적다리[左股]·오른쪽 넓적다리[右股]이다. 세 개의 별이 구석에 늘어서 있는데 이는 자수(觜宿)[39]라 이른다. 백호의 머리이며 군수품의 운송을 관장한다.

삼수의 남쪽에는 네 개의 별들이 있는데 이는 천측좌(天厠座)라 이른다. 천측좌 아래에 있는 별은 천시성(天屎星)이라 한다. 천시성이 황색을 띠면 길하고 청색·백색·흑색을 띠면 불길하다. 삼수의 서쪽에는 9개의 별이 굽은 모양으로 셋씩 늘어서 있다. 그중 첫째 조(組)는 천기좌(天旗座)이고 둘째 조는 천원좌(天宛座)이며 셋째 조는 구류좌(九旒座)이다. 삼수의 동쪽에는 큰 별이 있는데 이는 천랑성(天狼星)[40]이다. 천랑성의 빛깔이 변하면 도적이 많아진다.

그 아래에는 네 개의 별이 있는데 호성좌(孤星座)라 하며 천랑성(天狼星)을 향하고 있다. 그 근처에 큰 별이 하나 있는데 남극노인(南極老人)[41]이다. 남극성이 나타나면 평안 무사하고, 남극성이 출현하지 않으면 전쟁이 발생한다. 추분(秋分) 때면 언제나 남쪽 교외에서 이를 관측할 수

---

38) 이십팔수의 하나. 서방 7수 중 마지막 일곱째 별자리이고 7개의 별들로 이루어져 있으며 서양의 오리온자리(Orion)에 속한다.
39) 이십팔수의 하나. 서방 7수 중 여섯째 별자리이고 3개의 별들로 이루어져 있으며 서양의 오리온자리(Orion)에 속한다.
40) 하늘에서 가장 밝은 항성으로, 서양의 큰개자리(the Greater Dog)에 속한다.
41) 남극성(南極星)의 별칭이며 수성(壽星)이라고도 한다. 하늘에서 두 번째 밝은 항성이다.
42) 남극성은 남반구 하늘의 지평선 부근에 출현하기 때문에 실제로 중국에서는 관측할 수 없다.

있다.[42]

부이성(附耳星)이 필수(畢宿)의 중앙을 침입하면 전쟁이 발발한다.

북궁(北宮) 흑제(黑帝)의 정령은 용사(龍蛇)의 형상인데 허수(虛宿)[43]와 위수(危宿)[44]로 이루어져 있다. 위수는 궁실(宮室)의 영조(營造)를 관장하고, 허수는 곡읍(哭泣)의 일을 관장한다. 그 남쪽에는 많은 별들이 있는데 우림천군좌(羽林天軍座)라 한다. 천군좌의 서편은 누성좌(壘星座)이며 월성좌(鉞星座)라고도 한다.

그 곁의 큰 별 하나는 북락성(北落星)이다. 만일 북락성이 숨어 출현하지 않으며 천군좌가 요동하고 빛이 더욱 옅어지거나, 또 다섯 행성이 북락성을 침범하고 천군좌를 침입하면 전쟁이 일어난다. 특히 화성, 금성, 수성이 침입하면 전쟁이 더욱 극심해진다. 화성이 침입하면 군사가 우려스럽고, 수성이 침입하면 홍수의 피해가 있고, 목성과 토성이 침입하면 군사가 길하다.

위수의 동편에 있는 여섯 개의 별들은 둘씩 늘어서 있는데 이 별들은 사공좌(司空座)이다.

실수(室宿)는 제왕(帝王)의 종묘[淸廟][45]이며, 이궁각도(離宮閣道)[46]라고도 한다. 은하(銀河) 안 네 개의 별은 천사좌(天駟座)라 한다. 그 곁의 큰 별 하나는 왕량성(王良星)이다. 만일 왕량이 말을 모는 듯한 성한 기세로 책성(策星)[47]이 이동하면 하늘 아래 온 들판에 말과 수레가 가득 차

---

43) 이십팔수의 하나. 북방 7수 중 넷째 별자리이고 2개의 별들로 이루어져 있으며 서양의 물병자리(the Water-Bearer)와 조랑말자리(the Colt)에 속한다.

44) 이십팔수의 하나. 북방 7수 중 다섯째 별자리이고 3개의 별들로 이루어져 있으며 서양의 물병자리(the Water-Bearer)와 페가수스자리(the Flying Horse)에 속한다.

45) 제왕과 제후가 조종(祖宗)을 제사하는 사묘(祠廟).

46) 이궁(離宮) : 제왕이 임시 거처하는 궁실. 각도(閣道) : 구름다리(天橋).

47) 왕량성의 앞에 있고 천자의 수레를 모는 말몰이꾼을 관장한다.

고 전쟁이 발발한다.

그 곁에 8개의 별이 은하를 가로질러 늘어서 있는데 이 별들은 천황좌(天潢座)이다. 천황좌의 옆은 천강좌(天江座)이다. 천강좌가 요동하면 사람들이 물을 건너려 한다.

저구좌(杵臼座)의 네 별은 위수(危宿) 남쪽에 있다. 호과좌(瓠瓜座)는 허수(虛宿) 북쪽에 있는데 만일 청흑성(青黑星)이 그 위치를 점령하게 되면 어염(魚鹽) 등 생필품의 값이 앙등한다.

남두(南斗)[48]는 조당(朝堂)이며 그 북쪽은 건성좌(建星座)이다. 건성좌는 천기(天旗)이다. 견우(牽牛)[49]는 제사에 쓰는 희생(犧牲)을 관장한다. 그 북쪽은 하고좌(河鼓座)[50]이다. 하고좌의 큰 별은 상장(上將)이고 왼편의 별은 좌장(左將)이고 오른편 별은 우장(右將)이다. 무녀좌(婺女座)[51]의 북쪽은 직녀좌(織女座)[52]이다. 직녀좌는 천제(天帝)의 손녀들이다.

태양과 달의 운행을 관찰하여 세성(歲星)[53]의 순행(順行)과 역행(逆行)[54]을 측도한다. 세성은 오방(五方) 중 동방(東方)에, 5행(五行) 중 목

---

48) 즉 두수(斗宿). 이십팔수의 하나. 북방 7수 중 첫째 별자리고 6개의 별들로 이루어져 있으며 서양의 사수자리(the Archer)에 속한다.

49) 즉 우수(牛宿). 이십팔수의 하나. 북방 7수 중 둘째 별자리고 6개의 별들로 이루어져 있으며 서양의 염소자리(the Goat)에 속한다.

50) 별자리 이름. 3개의 별들로 이루어져 있으며 서양의 독수리자리(the Eagle)에 속한다. 고대 천문 서적 대부분이 우수(牛宿)를 견우성(牽牛星)이라고 칭하였으며 시문(詩文) 중에서는 종 종 하고성(河鼓星)을 견우성(牽牛星)이라 칭하였고 일반인들은 우랑성(牛郎星)이라 불렀다.

51) 여수(女宿)의 별칭. 이십팔수(宿)의 하나. 북방 7수 중 셋째 별자리고 4개의 별로 구성되어 있으며 서양의 물병자리(the Water-Bearer)에 속한다.

52) 별자리 이름. 3개의 별들로 이루어져 있으며 서양의 거문고자리(the Harp)에 속한다.

53) 즉 목성(木星 : Jupiter).

54) 5대 행성(行星)이 태양의 주위를 공전하는 궤도는 타원으로, 황도(黃道)와 비스듬히 만난다. 관측자가 궤도의 중심에 있지 않고 지구상에 있기 때문에 이로 인하여 시차(視差)가 생긴다. 통상 관측자를 기준으로 서에서 동으로 운행하면 순행(順行)이라 하고 이와 반대로 동에서 서로 운행하면 역행(逆行)이라 한다. 순행(順行)하는 시간은 길고 역행(逆行)하는 시간은 짧은데 옛날 사람들은 이러한 현상을 이변(異變)이라 여겨 재앙의 조짐으로 여겼다.

(木)에, 5시(五時) 중 봄(春)에,[55] 십간(十干) 중 갑을(甲乙)[56]에 속한다.

군주가 정의(正義)[57]를 잃으면 세성(歲星)을 통하여 경계(警戒)를 나타낸다. 세성이 일찍 출현하느냐 늦게 출현하느냐는 세성이 위치하고 있는 천구(天區)에 따라 그 영역을 확정한다. 세성이 소재하고 있는 나라는 징벌할 수 없으나 그 나라가 다른 나라를 징벌할 수는 있다.

세성이 정상적으로 도달해야 할 천구를 통과하여 앞으로 나아가는 것을 영(贏)이라 하고, 정상적으로 도달해야 할 천구에서 낙후되는 것을 축(縮)이라 한다. 세성이 빠르게 도달하면 그 나라에서는 전쟁이 발발하고 다시는 부흥할 수 없으며, 세성이 늦게 도달하면 그 나라에서는 우환이 있게 되며 대장(大將)이 죽고 나라가 망하게 된다. 그리고 다섯 행성들이 세성을 따라 모두 한곳에 모이면 그 아래에 있는 나라가 정의에 따라 천하를 통일할 수 있다.

인년(寅年)에 태음(太陰)[58]이 동에서 서로 운행하여 인(寅)의 위치에

---

55) 오행에 근거하여 목(木)이 봄을, 화(火)가 여름을, 금(金)이 가을을, 수(水)가 겨울을 주재한다고 보았다. 그리고 오행 중 나머지 토(土)는 1년의 중간인 계하(季夏)를 주재하는 것으로 짝지었다.

56) 오행설에 의거하여 십간(十干) 중 甲乙은 木에 속하고 丙丁은 火에 속하고 戊己는 土에 속하고 庚辛은 金에 속하고 壬癸는 水에 속한다고 보았음. 이를 일목요연하게 표로 정리하면 다음과 같다.

五行 五方 五時 十干	木 東 立春 甲乙	火 南 立夏 丙丁	土 中 立署 戊己	金 西 立秋 庚辛	水 北 立冬 壬癸

57) 오행설에 근거하여 木은 義를, 火는 禮를, 土는 德을, 金은 殺을, 水는 刑을 각각 주재한다고 보았음.

58) 고대 천문학에서 가설(假設)한 천체의 명칭으로, 태세(太歲) 또는 태음(太陰)이라 했다. 동에서 서로 황도(黃道: 태양이 공전하는 천구상의 궤도)를 따라 매년 삼십 도씩 운행하여 십이 년에 일주하는 것으로 가설(假設)하고 황도를 십이 등분하여 등분된 구역을 각기 십이지지(地支)로 명명하였다.

도달하면 세성은 서에서 동으로 운행하여 축(丑)의 위치에 도달한다. 정월에 세성이 두수(斗宿), 우수(牛宿)와 함께 새벽에 동쪽에 출현하는데 이를 감덕(監德)이라 하며, 색깔이 짙은 청색이고 빛이 찬란하다. 세성이 성차(星次)[59]에 어긋나면 묘수(卯宿) 자리에 조짐이 드러난다. 세성이 일찍 출현하면 수재(水災)가 나고 세성이 늦게 출현하면 한재(旱災)가 난다.

세성이 출현하여 서에서 동으로 십이 도를 운행하는데 이렇게 백 일 동안 계속 운행하고 정지한 다음 회전하여 동에서 서로 8도를 운행하며, 백 일 동안 계속 운행한 다음 다시 서에서 동으로 운행한다. 매년 $30\frac{7}{16}$ 도를 운행하는데 대체로 매일 $\frac{1}{12}$도를 운행하여 십이 년에 하늘을 한 바퀴 돈다.[60] 항상 새벽에 동쪽 하늘에 출현하여 저녁에 서쪽 하늘로 은몰(隱沒)한다.

묘년(卯年) : 태음(太陰)이 묘(卯) 위치에 도달하면 세성(歲星)은 자(子) 위치에 도달한다. 2월에는 여수(女宿) · 허수(虛宿) · 위수(危宿)와 함께 새벽에 출현하는데 이를 강입(降入)이라 한다. 형체가 크고 빛이 찬란하다. 세성이 성차(星次)를 어기면 장수(張宿)의 영역에 드는 나라에서는 큰 수재(水災)가 발생한다.

진년(辰年) : 태음(太陰)이 진(辰) 위치에 도달하면 세성은 해(亥) 위치에 도달한다. 3월에 실수(室宿) 벽수(壁宿)와 함께 새벽에 출현하는데 이를 청장(青章)이라 한다. 선명한 청색을 발한다. 세성이 성차(星次)를 어기면 진수(軫宿)의 영역에 드는 나라에서는 재해가 발생하는데 세성이 일찍 출현하면 한재(旱災)가 발생하고, 세성이 늦게 출현하면 수재(水

---

59) 고대 해와 달 및 5대 행성의 위치 및 운행을 관측하기 위해 황도대(黃道帶)를 십이 등분하였는데 이를 십이 성차(星次) 또는 십이 차(次)라 칭하였다.

60) 오늘날 실측에 의하면 세성(歲星), 즉 목성의 주기는 정확히 11.86년이다.

災)가 일어난다.

　사년(巳年) : 태음(太陰)이 사(巳) 위치에 도달하면 세성은 술(戌) 위치에 도달한다. 4월에 규수(奎宿), 누수(婁宿)와 함께 새벽에 출현하는데 이를 변종(跰踵)이라 한다. 화염이 이글거리는 듯한 왕성한 붉은색이 나고 빛이 찬란하다. 세성이 성차(星次)를 어기면 방수(房宿)의 영역에 드는 나라에 조짐이 나타난다.

　오년(午年) : 태음이 오(午) 위치에 도달하면 세성은 유(酉) 위치에 도달한다. 5월에 위수(胃宿) · 묘수(昴宿) · 필수(畢宿)와 함께 새벽에 출현하는데 이를 개명(開明)이라 한다. 강렬한 빛이 난다. 군사 행동을 중지해야 하며, 제왕과 제후가 오직 서민을 위한 정책을 펴야만 하고, 군사를 일으켜 작전을 펴는 것은 이롭지 못하다. 세성이 성차(星次)를 어기면 방수(房宿)의 영역에 드는 나라에 그 조짐이 일어나는데 세성이 일찍 출현하면 한재(旱災)가 발생하고, 세성이 늦게 출현하면 수재(水災)가 일어난다.

　미년(未年) : 태음이 미(未) 위치에 도달하면 세성은 신(申) 위치에 도달한다. 6월에 자수(觜宿), 삼수(參宿)와 함께 새벽에 출현하는데 이를 장렬(長列)이라 한다. 밝은 빛이 난다. 용병(用兵)에 이롭다. 세성이 성차(星次)를 어기면 기수(箕宿)의 영역에 드는 나라에 조짐이 나타난다.

　신년(申年) : 태음이 신(申) 위치에 도달하면 세성은 미(未) 위치에 도달한다. 7월에 정수(井宿) 귀수(鬼宿)와 함께 새벽에 출현하는데 이를 대음(大音)이라 한다. 흰빛이 밝게 빛난다. 세성이 성차(星次)를 어기면 견우(牽牛 : 牛宿)에 조짐이 나타난다.

　유년(酉年) : 태음이 유(酉) 위치에 도달하면 세성은 오(午) 위치에 도달한다. 8월에 묘수(昴宿), 성수(星宿), 장수(張宿)와 함께 새벽에 출현하는데 이를 장왕(長王)이라 한다. 빛이 사방으로 복사하듯 밝게 빛난다.

나라가 장차 흥성하고 곡물이 성숙한다. 세성이 성차를 어기면 위수(危宿)의 영역에 드는 나라에서는 극심한 가뭄이 들고 군주는 후비(后妃)를 잃게 되며 백성들은 질병에 시달리게 된다.

술년(戌年) : 태음이 술(戌) 위치에 도달하면 세성은 사(巳) 위치에 도달한다. 9월에 기수(冀宿), 진수(軫宿)와 함께 새벽에 출현하는데 이를 천휴(天睢)라 한다. 백광(白光)이 매우 밝게 빛난다. 세성이 성차를 어기면 벽수(壁宿)의 영역에 드는 나라에서는 수재(水災)가 일어나고 후비(后妃)가 세상을 떠난다.

해년(亥年) : 태음이 해(亥) 위치에 도달하면 세성은 진(辰) 위치에 도달한다. 10월에 각수(角宿), 항수(亢宿)와 함께 새벽에 출현하는데 이를 대장(大章)이라 한다. 새파란 성체(星體)가 마치 약동하는 듯이 새벽녘에 희미하게 떠오르는데 이를 '정평(正平)'이라 한다. 군대를 동원하면 장수(將帥)가 용감하며 그 나라가 덕의 정치를 베풀면 장차 천하를 얻을 수 있다. 세성이 성차(星次)를 어기면 누수(婁宿)의 영역에 드는 나라에 이 조짐이 나타난다.

자년(子年) : 태음이 자(子) 위치에 도달하면 세성은 묘(卯) 위치에 도달한다. 11월에 저수(氐宿), 방수(房宿), 심수(心宿)와 함께 새벽에 출현하는데 이를 천천(天泉)이라 한다. 감청색이 감돌고 매우 밝게 빛난다. 강과 못은 번창하지만 군사를 일으켜 군사 행동을 하는 것은 이롭지 못하다. 세성이 성차(星次)를 어기면 묘수(昴宿)의 영역에 드는 나라에 이 조짐이 나타난다.

축년(丑年) : 태음이 축(丑) 위치에 도달하면 세성은 인(寅) 위치에 도달한다. 12월에 미수(尾宿), 기수(箕宿)와 함께 새벽에 출현하는데 이를 천호(天晧)라 한다. 천호는 거무스레하며 밝게 빛난다. 세성이 성차(星次)를 어기면 삼수(參宿)의 영역에 드는 나라에 이 조짐이 나타난다.

마땅히 머물러야 함에도 머물지 않거나 머무를 때 좌우로 요동하거나 응당 떠나지 않아야 할 때 떠나 다른 별과 만나게 되면 그 나라는 운세가 흉(凶)하다. 세성이 오랫동안 머무르면 그 영역에 드는 나라는 덕이 두텁다. 세성의 빛이 요동치거나 번쩍이며 작아졌다 커졌다 하거나 또는 세성의 색깔이 자주 변하면 그 나라의 군주에게 우환이 있다.

세성이 성차(星次)와 수사(宿舍)[61]를 어기고 나아가 동북쪽에 도달하여 3개월이 경과하면 천봉성(天棓星)[62]을 산생(産生)하는데 길이가 4장(丈)이고 끝이 예리하다. 동남쪽으로 들어가 3개월이 경과하면 혜성[63]을 산생하는데 길이가 2장(丈)이고 대비[竹彗]처럼 생겼다. 서북쪽으로 물러나 3개월이 경과하면 천참성(天欃星)을 산생하는데 길이가 4장(丈)이고 끝이 예리하다. 물러나 서남쪽에 도달하여 3개월이 경과하면 천창성(天槍星)을 산생하는데 길이가 수 장(丈)이고 양 끝이 예리하다.

그들이 출현하는 나라를 세밀히 관찰하되 나라의 큰일을 도모하기 위해 군사를 일으켜서는 안 된다. 그것이 출현하여 마치 떠오르는 듯하다가 가라앉는 듯하면 그 나라에 큰 공사가 벌어지고 있는 것이며, 가라앉는 듯하다가 떠오르는 듯하면 그 나라는 멸망하게 된다. 그 색깔이 화염처럼 붉고 빛이 사방을 비추면서 머무르는 나라는 흥성한다.

세성(歲星)이 밝게 비추는 쪽을 마주 대하고 전쟁하는 나라는 승전할 수 없다. 별빛이 등황색으로 빛나고 아래로 가라앉으며 머무는 나라에서는 풍작을 이룬다. 색깔이 담청색과 적회색으로 빛나며 머무는 나라에는 우환이 있다. 세성이 달의 뒤를 경과하면 그 나라의 재상이 쫓겨난다. 세

---

61) 행성이 운행할 때 일정한 시기에 머무르는 이십팔사(舍), 즉 이십팔수(宿)의 위치를 말한다.

62) 혜성과 유사한 천체.

63) 태양을 초점으로 긴 꼬리를 끌고 타원 또는 포물선 등의 궤도를 그리며 운행하는 천체를 말한다. 옛날 과학적 지식이 발달하지 않았을 때에는 혜성의 출현을 재앙의 조짐으로 여겼다.

성이 태백성(太白星)[64]의 빛과 접촉하면 그 영역에 드는 나라는 패군(敗軍)하게 된다.

세성은 또한 섭제성(攝提星)·중화성(重華星)·응성(應星)·기성(紀星)이라고도 한다. 영실(營室)은 제왕의 종묘이며 세성의 궁전이다.

강렬한 운기(雲氣)를 관찰하면 형혹성(熒惑星)[65]의 위치를 판단할 수 있다. 형혹성은 오방(五方) 중 남방(南方)에, 오행(五行) 중 화(火)에, 오시(五時) 중 하(夏)에, 십간(十干) 중 병정(丙丁)에 속한다. 군주가 예(禮)를 버리면 그 징벌의 조짐을 보이는데 형옥성이 상궤(常軌)를 이탈하여 운행함이 바로 그것이다.

형혹성이 출현하면 전쟁이 발발하고, 사라지면 전쟁이 종식된다. 형혹성이 있는 성수(星宿)의 영역에 드는 나라에 여러 가지 조짐을 보인다. 형혹성은 미혹(迷惑)되고 혼란한 현상을 통해 흉살(凶殺)·폭란(暴亂)·질병·사상(死喪)·기황(饑荒)·전화(戰禍)의 조짐을 보인다.

형혹성이 역행(逆行)하여 두 별(宿) 이상의 천구에서 머무는 기간이 3개월이면 재앙이 들고, 5개월이면 전화(戰禍)를 입고, 7개월이면 영토의 절반을 상실하고, 9개월이면 영토의 대부분을 상실하고, 9개월 이후에도 계속 그곳에 머물면서 출몰(出沒)을 거듭하면 국가의 명맥이 단절된다.

형혹성이 머물고 있는 영역에 드는 나라에서 즉시 재화(災禍)가 발생하면 본시 큰 화(禍)가 작은 화(禍)로 변할 수 있으나 오랜 시간이 지나서야 재앙이 발생하면 작은 화가 도리어 큰 화로 변할 수 있다. 형혹성이 머무는 영역에 드는 나라의 남쪽에서는 남자가 화를 입고, 그 북쪽에서는 여자가 화를 입는다.

---

64) 지구의 바로 안쪽에서 태양의 주위를 공전하는 금성(金星)을 말하며 시간에 따라 여러 가지 이름으로 불림.
65) 화성(火星)을 말함.

만일 형혹성의 빛이 번쩍거리고, 앞에 나타났다 뒤에 나타났다 하거나, 왼쪽에 나타났다 오른쪽에 나타났다 하면 재앙이 더욱 커진다. 다른 행성의 빛이 접근하여 형혹성의 빛과 접촉하면 해롭고, 접촉하지 않으면 해롭지 않다. 다섯 행성들이 연이어 천구상에 늘어서면 그 아래의 영역에 드는 나라는 예(禮)로써 천하를 통일할 수 있다.

형혹성의 운행 주기는 출현하여 서에서 동으로 십육 수(宿) 천구를 운행하다 머물고, 다시 동에서 서로 2수(宿)의 천구를 운행하고 육십 일이 지나면 다시 서에서 동으로 운행하여 수십 수(宿)의 천구에 머문 뒤 십 개월이 지나면 서쪽에서 사라진다. 5개월 동안 보이지 않는 가운데 운행하다가 동쪽에 출현하여 동쪽으로 운행한다.

형혹성이 서쪽에 출현하는 것을 반명(反明)이라 하는데 통치자는 이러한 현상을 꺼린다. 동(東)으로 운행할 때에는 하루에 $1\frac{1}{2}$도를 운행할 정도로 빠르다. 형혹성이 동방·서방·남방·북방에서 운행할 때 빠르게 운행한다.

군사를 동원하여 형혹성의 아래에 두고 형혹성이 운행하는 방향에 따라 진격하는 작전을 펴면 승리를 거둘 수 있고, 운행하는 방향과 거스르는 작전을 펴면 패전한다. 형혹성이 태백성(太白星)을 뒤따라가면 군대에 우환이 있고, 떠나가면 군대가 퇴각한다. 형혹성이 금성의 북쪽을 지나면 군대가 기습을 받는다. 형혹성이 금성의 남쪽을 지나면 정규 전투가 있게 된다. 운행하는 중에 금성이 형혹성을 앞지르면 패군하고 장군이 죽게 된다.

형혹성이 태미원(太微垣)·헌원좌(軒轅座)·영실(營室)을 침범하여 점령하면 그 영역권에 드는 나라의 군주는 그러한 현상을 꺼린다. 심수(心宿)는 천자의 명당(明堂)이자 형혹성의 궁전이다. 그러므로 형혹성의 변화를 보고 점후(占候)하여 길흉을 예측한다.

두수(斗宿)와의 회합(會合)을 추적 관측하여 진성(塡星=土星)[66]의 위치를 판정한다. 토성은 오방(五方) 중 중앙에, 오행(五行) 중 토(土)에, 오시(五時) 중 계하(季夏)에, 십간(十干) 중 무기(戊己)에 속하며 중앙은 황제(黃帝)이다. 토성은 덕을 관장하며 왕후(王后)의 성상(星象)이다.

매년 1수(宿)의 천구를 통과하는데 토성이 머무는 나라는 길(吉)하다. 마땅히 머물지 않아야 하는데 머물거나 이미 지났는데 다시 역행(逆行)하여 되돌아와 머물면 그 나라는 영토를 얻는다. 그렇지 않으면 부녀(婦女)를 얻는다. 만일 마땅히 머물러야 하는데 머물지 않거나 이미 머물렀는데 다시 서방이나 동방으로 가면 그 나라는 영토를 잃는다. 그렇지 않으면 부녀(婦女)를 잃게 되며, 그런 나라에서는 큰일을 벌이거나 군사를 동원해서는 안 된다. 토성이 오랫동안 머물면 그 나라는 복이 많고, 잠시 머물면 그 나라는 박복(薄福)하다.

토성은 다른 이름으로 지후(地侯)라고도 하며 한 해의 수확을 주관한다. 매년 $13\frac{5}{112}$도를 운행하고 매일 1/28도를 운행하며, 이십팔 년[67] 만에 하늘을 일주한다. 토성이 머무는 천구상에 다섯 행성들이 모두 늘어서면 그 영역 하에 있는 나라는 두터운 위엄의 덕으로써 천하를 통일할 수 있다. 예(禮)·덕(德)·의(義)·살(殺)·형(刑) 등 사회를 유지하는 모든 이법(理法)이 상실되면 토성이 요동친다.

토성이 응당 운행해야 할 수(宿)를 넘어 빠르게 운행하면 그 나라의 군주가 안녕하지 못하고, 응당 운행해야 할 수(宿)에 늦게 도달하면 출정한 군대가 돌아오지 못한다. 토성의 색깔이 황색이고 아홉 줄기의 빛이 뻗치면 음(音)은 황종률(黃鍾律)[68]과 궁성(宮聲)에 맞춘다.

---

66) 토성(土星)의 별칭.
67) 오늘날의 실측에 의하면 토성의 공전 주기는 29.46년이라고 한다.
68) 십이 율 중 첫째 율(律).

토성이 성차(星次)를 어겨 2, 3수(宿)를 초과하면 이를 영(嬴)이라 하며 군주의 명령이 집행되지 않는다. 그렇지 않으면 홍수가 난다. 성차를 어겨 2, 3수(宿) 뒤지면 이를 축(縮)이라 하는데 이러한 현상이 일어나면 왕후에게 근심이 있으며 그해의 음양(陰陽)이 조화롭지 못하다. 그렇지 않으면 하늘이 갈라지거나 지진이 발생한다.

두수(斗宿)는 문채(文彩)가 나는 태실(太室)[69]이자 토성의 궁전이며, 토성은 천자의 별을 상징한다.

목성과 토성이 만나면 내란이 일어나고 기황(饑荒)이 들며, 특히 군사를 동원하여 전쟁을 일으켜서는 안 되고 전쟁을 하면 패하게 된다. 목성과 수성이 만나면 계획을 바꾸고 공사를 변경하게 된다. 목성과 화성이 만나면 가뭄이 든다. 목성과 금성이 만나면 상사(喪事) 또는 수재(水災)가 난다. 금성이 목성의 남쪽에 있는 것을 빈모(牝牡)[70]라고 하는데 그해에는 풍년이 들며, 만일 금성이 목성의 북쪽에 있게 되면 그해에 흉년이 든다.

화성과 수성이 만나는 것을 쉬(焠)라 하고, 화성과 금성이 만나는 것을 연(鍊)이라고 하는데 모두 상재(喪災)를 주관한다. 이때 거사(擧事)해서는 안 되며 군사를 일으키면 패한다. 화성과 토성이 만나면 우환이 생기고, 서자(庶子) 출신이 대신(大臣)의 자리에 앉게 되며, 그해에 큰 기근이 들고, 출전한 군대가 패배하여 뿔뿔이 흩어지거나 출전한 군대가 포위당하여 곤혹을 치루며, 큰일을 도모하면 실패하게 된다.

토성과 수성이 만나면 풍년이 들기는 하지만 잘 유통되지 않고, 군대

---

69) 제왕(帝王) 종묘의 중실(中室).

70) 금성이 남쪽에 있고 목성이 북쪽에 있는 경우의 위치를 말하는데 목성은 양(陽)을 상징하고 금성은 음(陰)을 상징한다. 따라서 음과 양이 화합하는 것을 말한다. 빈(牝) : 암컷(雌性), 즉 음(陰). 모(牡) : 수컷(雄性), 즉 양(陽).

가 전멸하고, 그 영역 하에 있는 나라에서는 큰일을 도모해서는 안 되며, 출병하면 반드시 영토를 잃고, 군대를 회군하면 영토를 얻게 된다.

토성·수성·금성의 세 행성이 함께 만나면 그 영역에 드는 나라는 안으로는 재앙에 시달리고 밖으로는 전쟁에 시달리게 되며 군주를 갈아세우게 된다. 화성·토성·수성·금성의 네 행성이 만나면 전쟁과 재앙이 한꺼번에 발생하고, 귀족들이 수심에 싸이고, 백성들이 유랑한다.

금성·목성·수성·화성·토성의 다섯 행성이 모두 만나면 오행(五行)을 바꾸고, 덕이 있는 자는 복을 누리고, 군주를 바꾸어 세우게 되며, 천하를 차지하고, 자손이 번성하게 된다. 그러나 부덕(不德)한 자는 재앙을 만나 멸망하게 된다. 다섯 행성이 만났을 때 그것들이 매우 밝게 빛나고 크면 바뀌는 일도 대규모이고, 다섯 행성이 작으면 그 일도 소규모이다.

다섯 행성이 만난 후 일찍 출현하여 돌진하면 영(贏)이라 하는데 이는 객성(客星)이며, 늦게 출현하여 뒤지면 축(縮)이라 하는데 이는 주성(主星)이다. 일찍 출현한 것이든 늦게 출현한 것이든 반드시 천상(天象)의 조짐을 보이는데 그 조짐은 두병(斗柄)[71]이 가리키는 성수(星宿)에 나타난다. 두 개 이상의 행성이 동시에 한 수(宿)의 천구상에 있는 것을 합(合)이라 하고, 서로 빛을 비추는 것을 투(鬪)라 하며, 관측자가 볼 때 서로 싸우는 두 행성 사이의 거리가 7촌(寸) 이내이면 반드시 재앙이 발생한다.

다섯 행성들의 빛이 희고 둥글면 상사(喪事)와 한재(旱災)가 발생하고 붉고 둥글면 나라 안이 안녕하지 못하고 전화(戰禍)가 발생하며, 푸르고 둥글면 우환과 수재(水災)가 나고, 검고 둥글면 질병이 나고 사망자가 많

---

71) 북두칠성의 자루 쪽 세 별(玉衡, 開陽, 搖光).

다. 황색이고 둥글면 길하고, 붉은빛을 내뿜으면 침략이 있고, 황색을 내뿜으면 영토 분쟁이 발생한다. 흰빛을 내뿜으면 곡읍(哭泣)할 일이 발생하고, 푸른빛을 내뿜으면 전쟁의 위기가 있다. 검은빛을 내뿜으면 수재(水災)가 난다.

다섯 행성이 한 가지 색으로 빛나면 천하가 전쟁을 종식하고 백성들은 행복을 구가하게 된다. 봄에는 바람이 불고, 가을에는 비가 내리며, 겨울에는 춥고, 여름에는 덥다. 動搖常以此.[72]

토성은 백이십 일 동안 출현했다가 서쪽으로 역행(逆行)하고, 백이십 일 동안 서쪽으로 역행하고 나서 다시 동쪽으로 운행한다. 삼백삼십 일 동안 출현했다가 나타나지 않고, 나타나지 않은 지 삼십 일이 지나면 다시 동방에 출현한다. 태음(太陰)이 갑인(甲寅) 위치에 있을 때 토성은 벽수(壁宿)의 천구상에 있으며, 본래는 영실(營室)의 천구상에 있다.

태양의 운행을 관찰하면 태백(太白=金星)의 위치를 판단할 수 있다. 금성은 오방(五方) 중 서방에, 오행(五行)중 금(金)에, 오시(五時) 중 추(秋)에, 십간(十干) 중 경신(庚辛)에 속하며, 정벌(征伐)을 주재한다. 정벌을 그르치면 금성을 통해 경계의 조짐을 보인다. 금성이 운행의 상궤(常軌)를 벗어나면 금성이 자리한 천구에 따라 그 범위를 정한다.

금성은 출현하여 이십팔수(宿)의 천구를 운행하고 이백사십 일이 경과하면 은몰(隱沒)한다. 동방으로 은몰하여 십일 수(宿)의 천구를 백삼십 일 동안 잠복 운행한다. 서방으로 은몰하여 3수(宿)의 천구를 운행하고 십육 일이 경과하면 출현한다. 마땅히 출현해야 하는데도 출현하지 않거

---

72) 이 문장은 참으로 난해하기 짝이 없다. 역자가 입수한 참고 서적 그 어디에도 참고할 만한 주(註)가 없고 중국학자들도 다만 탈루된 문장이 있을 것이라고만 지적해 놓았을 뿐이다. 문맥상 번역하기가 난해하여 그냥 원문만 적어 둔다.

나 마땅히 은몰해야 하는데도 은몰하지 않으면 이를 일컬어 실사(失舍)라고 하는데 이런 현상이 발생하면 군대가 패하거나 군주가 정권을 탈취당하게 된다.

상원력(上元曆)[73]에 근거하여 금성의 운행을 추산하면 태음(太陰)이 인(寅)의 위치에 있는 해에 금성은 실수(室宿)와 함께 새벽에 동방에 출현하여 각수(角宿)의 천구상으로 은몰하며, 실수와 함께 저녁에 서쪽에 출현하여 각수(角宿)의 천구상으로 은몰하며, 각수와 함께 새벽에 출현하여 필수(畢宿)의 천구상으로 은몰하며, 각수와 함께 저녁에 출현하여 필수의 천구상으로 은몰하며, 필수와 함께 새벽에 출현하여 기수(箕宿)의 천구상으로 은몰하며, 필수와 함께 저녁에 출현하여 기수의 천구상으로 은몰하며, 기수와 함께 새벽에 출현하여 유수(柳宿)의 천구상으로 은몰하며, 기수와 함께 저녁에 출현하여 유수의 천구상으로 은몰하며, 유수와 함께 새벽에 출현하여 실수(室宿)의 천구상으로 은몰하며, 유수와 함께 저녁에 출현하여 실수의 천구상으로 은몰한다. 도합 출현과 은몰이 동방 또는 서방에서 각기 다섯 차례씩 하며, 8년 이백이십 일이 경과하면 실수와 함께 동방에 출현한다.

금성은 대체로 매년 하늘을 일주한다.[74] 금성이 동방에 출현하여 운행하기 시작하면 느리게 운행하여 대체로 매일 1/2도씩 운행하고, 일백이십 일이 지나면 반드시 서쪽으로 1, 2수(宿)씩 운행하며, 최고의 극점에 다다르면 회전하여 다시 동쪽으로 운행하는데 매일 1/2도씩 운행하고, 일백이십 일이 경과하면 은몰한다.

금성이 가장 낮은 위치에 도달하여 태양에 접근하면 이를 명성(明星)

---

73) 옛 주(周)의 역법(曆法) 이름.
74) 오늘날 실측에 의하면 금성의 공전 주기는 이백이십오 일이다.

이라 하는데 빛이 부드럽고, 가장 높은 위치에 도달하여 태양으로부터 멀어지면 이를 대효(大囂)라 하는데 빛이 강하다.

금성이 서방에 출현하여 운행하기 시작하면 운행 속도가 빨라 대체로 매일 $1\frac{1}{2}$도를 운행하는데 일백이십 일이 경과하여 최고의 극점에 다다르면 운행 속도가 다시 느려져 매일 1/2도씩 운행하며, 일백이십 일이 경과하면 새벽녘에 은몰하고, 반드시 서쪽으로 1, 2수(宿)씩 운행하고 나서야 은몰한다.

금성이 궤도의 최저점에 도달하여 태양에 접근하면 이를 대백(大白)이라고 하는데 빛이 부드럽고, 금성이 궤도의 정점에 도달하여 태양으로부터 멀어지면 이를 대상(大相)이라고 하는데 빛이 강하다. 진시(辰時)와 술시(戌時)에 출현하여 축시(丑時)와 미시(未時)에 은몰한다.

응당 출현해야 하는데 출현하지 않거나 응당 은몰하지 않아야 하는데 은몰하면 천하가 전쟁을 중지해야 하며, 군대가 원정을 나가 있으면 철수해야 한다. 마땅히 출현하지 않아야 하는데 출현하거나 마땅히 은몰해야 하는데 은몰하지 않으면 천하에 전쟁이 일어나고 나라가 무너진다. 금성이 제때에 출현하면 그 나라는 흥성한다.

금성이 동방에 출현하면 동방에 조짐을 보이고, 동방으로 은몰하면 북방에 조짐을 보이며, 서방에 출현하면 서방에 조짐을 보이고, 서방으로 은몰하면 남방에 조짐을 보인다. 금성이 오래 머물면 그 지방은 길하고, 잠시 머물면 흉(凶)하다.

금성이 서방에 출현하여 동방으로 운행하면 정서방(正西方)에 있는 나라가 길하며, 동방에 출현하여 서방으로 운행하면 정동방(正東方)에 있는 나라가 길하다. 금성이 대낮에 출현하지 않아야 하는데 대낮에 출현하면 천하가 정권을 교체한다.

금성의 형체가 작고 빛이 요동하면 전쟁이 발발한다. 출현할 때에는 컸다가 나중에 작아지면 군대가 허약하고, 출현할 때 작았다가 나중에 커지면 군대가 강하다. 금성이 궤도의 정점에 달했을 때 군사를 동원하여 주도면밀하게 깊숙이 들어가면 길하고, 경솔하게 진입하면 흉(凶)하다. 금성이 궤도의 최저점에 다다랐을 때 가볍게 진입하면 길하고, 주도면밀하게 진입하면 흉하다.

태양이 남쪽을 향해 이동할 때 금성이 태양의 남쪽에 있거나, 태양이 북쪽을 향해 이동할 때 금성이 그 북쪽에 있을 때 이를 영(贏)이라 하는데 이때 군주가 안녕하지 못하고, 군사를 동원하여 공격하면 길하나 철수하면 흉하다. 태양이 남쪽을 향해 이동할 때 금성이 그 북쪽에 위치하거나, 태양이 북쪽을 향해 이동할 때 금성이 그 북쪽에 있으면 이를 축(縮)이라 하는데 이때에는 군주에게 우환이 있고, 군사를 동원하여 작전할 때 철수하면 길하고 공격하면 흉하다.

군사를 동원하여 작전을 할 때는 금성을 본받아 금성이 빠르게 운행하면 빠른 속도로, 금성이 느리게 운행하면 느리게 행군해야 한다. 빛을 환하게 방사하면 용감히 전투한다. 금성의 빛이 빠르게 요동하면 기습 작전을 감행한다. 금성이 둥글고 안정되어 있으면 용병에 돌다리를 두드리고 건너듯 신중을 기해야 한다. 금성의 빛이 가리키는 방향에 따라 용병하면 길하고, 이에 거슬러 용병하면 흉하다. 금성이 출현하면 출병하고 은몰하면 군사를 거두어들인다.

금성의 빛이 붉게 빛나면 전쟁이 발발하고, 희게 빛나면 사상(死喪)이 있다. 검고 둥글게 빛나면 우환이 있고 치수(治水)할 일이 생기며, 푸르고 둥글게 가는 빛이 있으면 우환이 있고 벌목(伐木)할 일이 생기며, 노랗고 둥글게 빛나면 공사가 있고 풍년이 든다.

금성이 출현했다가 사흘 동안 점점 은몰하기 시작하여 은몰한 지 사흘 후에 갑자기 출현하면 이를 연(奰)이라고 하는데 그 아래에 있는 나라에서는 군대가 궤멸하고 장수가 패망한다. 금성이 사흘 동안 은몰하였다가 다시 조금씩 보이면서 사흘 동안 출현하였다가 갑자기 은몰하면 그 나라에는 우환이 있고, 군대에는 양식과 무기가 있지만 다른 장병들로 대체하여야 하며, 병사들의 수가 많아도 장차 포로가 될 수 있다.

금성이 서방에 출현하여 상궤(常軌)를 벗어나 운행하면 외국이 패하고, 동방에 출현하여 상궤를 벗어나 운행하면 중국(中國)이 패한다. 금성이 크고 둥글며 색깔이 황색으로 윤택하면 평화적인 외교를 펼칠 수 있다. 둥글고 크며 빛이 불처럼 붉으면 설사 군대가 강성하다 할지라도 전쟁을 일으켜서는 안 된다.

금성의 색깔은 여러 가지로 변하는데 백색을 드러내면 천랑성(天狼星)과 유사하고, 홍색을 띠면 심수(心宿)의 주성(主星)과 유사하고, 황색을 띠면 삼수(參宿)의 좌견(左肩)과 유사하고, 청색을 띠면 삼수(參宿)의 우견(右肩)과 유사하고, 흑색을 띠면 규수(奎宿)의 대성(大星)과 유사하다.

금성이 다른 네 행성과 한 천구상에서 만나면 그 아래에 있는 나라는 무력으로 천하를 제압할 수 있다. 금성이 궤도를 따라 정상적인 천구상에 출현하면 그 영역 하에 드는 나라에서는 얻는 것이 있고, 비정상적으로 다른 천구상에 출현하면 그 영역 하에 드는 나라에서는 얻는 것이 없다.

운행[行] 궤도가 색깔[色]75)보다 우위에 있고, 색깔은 천구상의 위치[位]보다 우위에 있으며, 정상적인 성차(星次)는 성차를 어긴 것보다 우위에 있고, 정상적인 색깔은 비정상적인 색깔보다 우위에 있으며, 운행 궤도·색깔·성차, 이 세 가지 중 운행 궤도를 으뜸으로 친다.76)

---

75) 계절에 따른 금성의 색깔 변화 : 春(蒼), 夏(赤), 季夏(黃), 秋(白), 冬(黑).
76) 금성을 관측하여 점을 칠 때의 원칙을 밝힌 것이라고 볼 수 있다. 운행 궤도·색깔·위치 순으로 고려함을 밝히고 있다.

금성이 뽕나무와 느릅나무 위에 출현하면[77] 그 나라는 이롭지 못하다. 금성이 너무 빠르게 떠올라 하루에 하늘의 $\frac{1}{3}$ 을 경과하면 마주 대하고 있는 나라는 이롭지 못하다. 금성이 상승하였다 하강하고 하강하였다 상승하면 그 나라에는 모반하는 장수가 있다. 금성이 달의 뒤를 경과하면 대장이 피살된다. 금성이 수성[78]을 만나 수성의 빛이 가려지지 않고 빛나면 그 나라는 적대국과 대치 상태에 머물며 교전하지 않는다. 그러나 금성이 수성을 만나 수성의 빛을 차폐(遮蔽)하면 그 나라의 군대는 패하게 된다.

서방에 해가 질 무렵 태양의 북쪽에 금성이 출현하면 북쪽 나라의 군대가 강성하며, 해질 무렵[酉時]에 출현하면 조금 약하고, 한밤중[子時]에 출현하면 더욱 약하고, 첫닭이 울 무렵[丑時]에 출현하면 가장 약한데 이를 일컬어 '음(陰)이 양(陽) 속에 빠졌다'고 한다. 금성이 동방에 여명(黎明)의 빛을 받아 밝게 출현하면 남쪽 나라 군사가 강성하며, 첫닭이 울 무렵[丑時]에 출현하면 조금 어둡고, 한밤중에 출현하면 더욱 어둡고, 황혼 무렵에 출현하면 가장 약한데 이를 일컬어 '양(陽)이 음(陰) 속에 빠졌다'고 한다.

금성이 은몰하여 지평선 아래에 있을 때 군대를 동원하여 출병하면 군대에 재앙이 있다. 금성이 남쪽으로 치우쳐 동쪽에 출현하면 남방이 북방을 이기고, 북쪽으로 치우쳐 서쪽에 출현하면 북방이 남방을 이기고, 남쪽으로 치우쳐 서쪽에 출현하면 남방이 북방을 이기고, 정서(正西 :

---

77) 금성은 해질녘에 지평선상에 출현해야 정상인데 뽕나무와 느릅나무 위에 머무르면 너무 일찍 출현한 것이다.

78) 원문에는 '木星'으로 나타나 있으나 이는 '水星'으로 보아야 한다는 ≪史記志疑≫의 설을 따라 '수성'으로 번역하였음을 밝혀 둔다. 〈천관서〉의 어느 부분을 보아도 목성은 '歲星'으로 나타냈지 '木星'으로 나타내지 않은 점을 보아도 '水星'으로 바로 잡는 것이 적절한 것 같다.

酉)⁷⁹⁾에 출현하면 서방의 국가가 승리한다.

금성이 항성(恒星)을 침범하면 소규모 전쟁이 발발하고, 다른 네 행성과 서로 침범하면 대규모 전쟁이 발생한다. 다섯 행성들이 서로 침범하고 금성이 다른 행성의 남쪽을 통과하면 남쪽 나라가 패하고, 다른 행성의 북쪽을 통과하면 북쪽 나라가 패한다. 빠르게 운행하면 무력을 사용해야 하며, 운행하지 않고 정지하면 문덕(文德)을 닦아야 한다. 백색을 띠고 다섯 줄기의 빛을 내며 일찍 출현하면 월식(月食)이 일어나고, 늦게 출현하고 요성(妖星)⁸⁰⁾과 혜성이 나타나면 그 나라는 장차 패망한다.

금성이 동방에 있으면 덕을 주재하고, 거사를 할 때 금성을 왼쪽에 두고 마주 대하면 그 나라는 길하다. 금성이 서방에 있으면 형살(刑殺)을 주재하고, 거사를 할 때 금성을 오른쪽에 두고 등지게 되면 그 나라는 길하다. 이와 반대로 하면 모두 불길하다.

금성에서 발하는 빛으로 인하여 지상에 그림자가 나타나면 전쟁에서 승리한다. 대낮에 금성이 출현하여 하늘을 운행하면 강국은 약해지고 소국은 강성해지며 왕후(王后)는 권력을 얻게 된다.

항수(亢宿)는 천제(天帝)의 외묘(外廟)이자 태백(太白=金星)의 궁전이다. 대신(大臣)인 태백의 위호(位號)는 상공(上公)⁸¹⁾이다. 태백의 다른 명칭은 은성(殷星)·태정성(太正星)·영성(營星)·관성(觀星)·궁성(宮星)·명성(明星)·대쇠성(大衰星)·대택성(大澤星)·종성(終星)·대상

---

79) 옛날에는 십이 지지(地支)로 방위를 나타냈는데 자(子)는 정북, 오(午)는 정남, 묘(卯)는 정동, 유(酉)는 정서를 표시하였다.

80) 옛날 사람들은 규칙적으로 출현하지 않는 천체(예컨대 혜성 등)를 통틀어 '요성(妖星)'이라 하였다.

81) 주대(周代)의 관제(官制)에 의하면 3공(三公 : 太師·太傅·太保) 중 특별한 공덕을 세운 자를 상공(上公)이라 칭하였다. 한대(漢代)에는 태부(太傅)를 상공(上公)이라 칭하여 3공(三公)보다 우위에 두었다.

성(大相星)·천호성(天浩星)·서성(序星)·월위성(月緯星)이다. 대사마(大司馬) 관직은 태백의 상황을 보고 신중히 점후(占候)해야 한다.

태양과 진성(辰星)의 회합을 관측하여 수성의 위치를 정한다. 수성은 오방 중 북방에 속하고, 오행 중 수(水)에 속하며, 태음(太陰)의 정령(精靈)이고, 겨울을 주재하며, 십간 중 임계(壬癸)에 속한다. 형벌이 그릇되면 수성을 통해 경고하고, 수성이 머무는 천구상에 그 영역을 나타낸다.

수성의 위치에 의거하여 사계절을 바로잡는다. 2월(仲春) 춘분(春分) 때 수성은 저녁에 규수(奎宿)와 누수(婁宿)와 위수(胃宿)의 천구상에 출현하여 동으로 5수(宿)의 천구를 운행하는데 그 영역은 제(齊)나라이다.

5월(仲夏) 하지(夏至) 때 수성은 저녁에 정수(井宿)와 귀수(鬼宿)와 유수(柳宿)의 천구상에 출현하여 동으로 7수(宿)의 천구를 운행하는데 그 영역은 초나라이다.

8월(仲秋) 추분(秋分) 때 수성은 저녁에 각수(角宿)와 항수(亢宿)와 저수(氐宿)와 방수(房宿)의 천구상에 출현하여 동으로 4수(宿)의 천구를 운행하는데 그 영역은 한(漢) 왕조의 경기(京畿) 지역이다.

11월(仲冬) 동지(冬至) 때 수성은 새벽에 동방에 출현하여 미수(尾宿)·기수(箕宿)·두수(斗宿)·우수(牛宿)와 함께 서쪽으로 운행하는데 그 영역은 중원 지구이다. 수성의 출현과 은몰은 항상 진시(辰時)·술시(戌時)·축시(丑時)·미시(未時)에 있다.

수성이 일찍 출현하면 월식(月食)이 일어나고, 수성이 늦게 출현하면 혜성과 요성(妖星)이 나타난다. 수성이 응당 출현해야 하는데 출현하지 않아 상궤(常軌)를 벗어나면 이때 밖에 추격 부대가 있으므로 교전하지 말아야 한다. 사계절 중 어느 한 계절에 수성이 출현하지 아니하면 그 계절이 조화롭지 못하고, 사계절 내내 출현하지 아니하면 천하에 큰 기근이 든다.

응당 출현해야 할 때 출현하여 백색을 띠면 한재(旱災)가 발생하고, 황색을 띠면 주요 곡물이 성숙하고, 홍색을 띠면 전화(戰禍)가 발생하고, 흑색을 띠면 수재(水災)가 발생한다. 수성이 동방에 출현하여 형체(形體)가 크고 백색을 띠면 밖에 있는 군대는 철수해야 한다.

수성이 항상 동방에 출현하여 붉은색을 띠면 중국이 승리하고, 항상 서방에 출현하여 홍색을 띠면 외국이 승리한다. 밖에 군대가 없는데 수성이 붉은색을 띠면 전쟁이 발생한다. 수성이 금성과 함께 동방에 출현하여 모두 붉은색을 띠고 빛나면 외국이 패하고 중국이 승리하며, 수성이 금성과 함께 서방에 출현하여 모두 붉은색을 띠고 빛나면 외국이 승리한다.

다섯 행성이 하늘의 절반을 점유하여 동방에 모두 모여 있으면 중국이 승리하고, 서방에 모여 있으면 전쟁을 벌이고 있는 외국이 승리한다. 다른 네 행성이 수성과 한 천구상에서 만나면 그 영역 하에 있는 나라는 법(法)으로 천하를 통일할 수 있다.

수성이 출현하지 않으면 금성이 객성(客星)이고 수성이 출현하면 금성이 주성(主星)이다. 수성이 출현하여 금성과 함께 서로 따라가지 않으면 그 나라는 군대를 동원하더라도 교전해서는 안 된다. 수성이 동방에 출현하고 금성이 서방에 출현하거나 수성이 서방에 출현하고 금성이 동방에 출현하면 이를 '격(格)'이라 하는데 그 나라는 군대를 동원하더라도 교전해서는 안 된다.

수성이 출현해야 할 시기와 어긋나게 출현하면 응당 한랭해야 하는데 도리어 온난하고, 응당 온난해야 하는데 도리어 한랭한 현상이 일어난다. 수성이 출현해야 하는데 출현하지 않으면 이를 '격졸(擊卒)'이라 하는데 이때 전쟁이 발발한다.

수성이 금성의 뒤를 지나 위에서 출현하면 군대가 크게 격파당하고 장군이 전사하며 적군이 승리한다. 그 아래에 출현하면 적군이 영토를 잃는다. 수성이 금성에 접근할 때 금성이 떠나가지 않으면 장군이 죽는다. 바로 그 위에 출현하면 군대가 격파당하고 장군이 전사하며 적군이 승리한다. 그 아래에 출현하면 적군이 영토를 잃는다. 그것이 가리키는 방향을 보면 패하는 군대를 단정할 수 있다. 수성이 금성의 둘레를 돌거나 금성의 빛과 서로 맞닿으면 큰 전쟁이 발발하며 객군(客軍)이 승리한다.

토성(兎星 : 즉 수성)이 금성을 지날 때 그 틈이 칼 한 자루만큼이면 소규모의 전쟁이 발발하고 객군(客軍)이 승리한다. 수성이 금성 앞에 머무르면 군대가 퇴각을 중지해야 하며, 금성의 왼쪽을 통과하면 소규모의 전쟁이 발생하고, 금성에 바싹 접근하면 수만 명이 교전하고 주군(主軍)의 장교가 전사하며, 금성의 왼쪽을 통과하여 그 사이가 3척(尺) 정도 떨어져 있으면 주군(主軍)이 신속히 출격하여 도전해야 한다. 수성이 청색으로 빛나면 전쟁의 위험이 있고 흑색으로 빛나면 수재(水災)가 난다.

수성은 토성(兎星) 이외에도 7개의 다른 명칭이 있는데 소정성(小正星)·진성(辰星)·천참(天欃)·안주성(安周星)·세상(細爽)·능성(能星)·구성(鉤星)이 그것이다. 수성의 색깔이 황색을 띠고 형체의 크기가 작고, 출현하여 마땅히 있어야 할 위치를 바꾸면 천하의 제도가 변하여 점점 어지러워진다.

수성은 다섯 가지 색깔을 띤다. 청색이고 둥글면 우환이 있고, 백색이고 둥글면 사상(死喪)이 있고, 홍색이고 둥글면 내부가 평안하지 못하고, 흑색이고 둥글면 길하다. 또 홍색의 빛을 방사하면 아국(我國)을 침범하는 자가 있고, 황색의 빛을 방사하면 영토 분쟁이 있고, 백색의 빛을 방사하면 곡읍(哭泣)하는 소리가 있다.

수성이 동방에 출현하여 4수(宿)의 천구상을 운행하는 데 사십팔 일이 소요되며, 대체로 이십팔 일 만에 회전하여 동방으로 은몰한다. 또 서방에 출현하여 4수(宿)의 천구상을 운행하는 데 사십팔 일이 걸리며, 대체로 이십 일 만에 회전하여 서방으로 은몰한다. 이러한 현상 외에 실수(室宿)・각수(角宿)・필수(畢宿)・기수(箕宿)・유수(柳宿)의 천구상에서 수성을 관측할 수 있다. 수성이 방수(房宿)와 심수(心宿) 사이에 출현하면 지진이 발생한다.

수성의 색깔이 봄에는 청황(靑黃)색, 여름에는 홍백(紅白)색, 가을에는 청백(靑白)색을 띠면 농작물의 작황이 좋고, 겨울에는 어두운 황색을 띤다. 만일 수성의 색깔이 변하면 그 계절은 좋지 못하다. 봄에 출현하지 않으면 큰 바람이 불고 가을에 곡물이 여물지 않는다. 여름에 출현하지 않으면 육십 일 동안 가뭄이 들고 월식이 일어난다. 가을에 출현하지 않으면 전화(戰禍)가 있고 봄 작물이 성장하지 않는다. 겨울에 출현하지 않으면 육십 일 동안 궂은 가운데 비가 내리고 성읍이 유실(流失)되며, 이듬해 여름 작물이 성장하지 않는다.

각수(角宿)・항수(亢宿)・저수(氐宿)의 영역에 드는 지방은 연주(兗州)이며, 방수(房宿)와 심수(心宿)의 영역은 예주(豫州)이며, 미수(尾宿)와 기수(箕宿)의 영역은 유주(幽州)이며, 두수(斗宿)의 영역은 장강(長江)과 태호(太湖) 지구이며, 우수(牛宿)와 여수(女宿)의 영역은 양주(揚州)이다. 또 허수(虛宿)와 위수(危宿)의 영역은 청주(靑州)이며, 실수(室宿)와 벽수(壁宿)의 영역은 병주(幷州)이며, 규수(奎宿)・누수(婁宿)・위수(胃宿)의 영역은 서주(徐州)이며, 묘수(昴宿)와 필수(畢宿)의 영역은 기주(冀州)이다. 자수(觜宿)와 삼수(參宿)의 영역은 익주(益州)이다. 정수(井宿)와 귀수(鬼宿)의 영역은 옹주(雍州)이다. 유수(柳宿)・성수(星宿)・장수(張宿)의 영역은 삼하(三河) 지방이다. 익수(翼宿)와 진수(軫宿)의 영역은 형주(荊州)이다.

북두칠성은 관원으로서 진성(辰星)의 묘에 해당하며 만이(蠻夷)를 지배하는 별이다.

양편의 군사가 서로 대치하면 햇무리[日暈]가 생기고, 햇무리가 고르면 쌍방의 세력이 대등하다. 햇무리가 두텁고 길고 크면 전쟁에 승산이 있으며, 햇무리가 얇고 짧고 작으면 전쟁에 이길 수 없다. 햇무리가 해를 겹겹이 에워싸면 크게 패한다. 햇무리가 안으로 향하는 것은 강화(講和)를 상징하고, 햇무리의 빛이 밖으로 향하는 것은 불화(不和)하여 관계를 끊고 이탈하는 것을 상징한다. 햇무리가 곧은 것은 적대 세력이 독립하여 따로 군주를 세우려 하며 아군이 패하고 장수가 전사함을 상징한다.

태양이 햇무리를 등지거나 머리에 이고 있으면 경사가 있다. 햇무리가 밖을 향해 빛을 방사하면 포위당한 안쪽 군대가 승리하고, 햇무리가 안으로 빛을 방사하면 포위한 바깥쪽 군대가 승리한다. 햇무리의 바깥쪽이 청색을 띠고 그 안쪽이 홍색을 띠면 양편 군대가 서로 강화하고 물러가며, 이와 반대로 햇무리의 바깥쪽이 홍색을 띠고 그 안쪽이 청색을 띠면 양편의 군대가 서로 원한을 품고 물러간다.

햇무리의 광채가 먼저 출현하였다가 나중에 사라지면 수군(守軍)이 승리하고, 햇무리의 광채가 먼저 출현하였다가 먼저 사라지면 전반기에는 유리하나 후반기에는 불리하고, 햇무리의 광채가 나중에 출현하였다가 나중에 사라지면 전반기에는 불리하나 후반기에는 유리하며, 나중에 출현하였다가 먼저 사라지면 전반기와 후반기 모두 불리하여 수군은 승리할 수 없다.

햇무리가 출현하자마자 이내 사라져 그 발생 과정이 짧으면 작은 승리는 얻을 수 있으나 큰 승리는 거둘 수 없다. 햇무리가 한나절 이상 출현하면 전공이 크다. 햇무리가 흰 무지개[白虹]처럼 굽어 있고 그 길이가 짧으며 위아래 양 끝이 예리하면 이러한 현상이 일어나는 영역 하에 있는 나라에서는 대혈전의 전쟁이 발생한다. 햇무리는 전쟁의 승패에 대한 조짐을 예시하는데 짧게는 삼십 일, 길게는 육십 일이다.

일식 현상이 일어나기 시작할 때 그 영역 하에 있는 나라는 불길하고, 다시 생광(生光)하기 시작하면 그 영역 하에 있는 나라는 길하며, 개기 일식 현상이 일어나면 군주에게 재앙이 있다. 일식이 일어나는 부위(部位), 태양이 위치하고 있는 천구 및 일식 현상이 일어나는 간지(干支)를 종합해 보면 그 영역에 드는 국가의 길흉을 점칠 수 있다.

달이 중도(中道)를 운행하면 천하가 화평하다. 달이 음간(陰間)[82]을 지나면 비가 많이 내리고 변란이 발생한다. 방수(房宿)의 최북단에 있는 별의 북방에서 3척(尺) 정도 되는 곳이 음성(陰星)인데 달이 이곳을 지나면 많은 분쟁이 일어난다. 다시 북쪽으로 3척(尺) 되는 곳이 태음(太陰)인데 달이 이곳을 지나면 홍수가 나고 전쟁이 발발한다.

달이 양간(陽間)[83]을 지나면 군주가 교만하고 방종해진다. 달이 양성(陽星)을 지나면 흉포한 형벌이 수없이 자행된다. 양성(陽星)의 남쪽 3척 되는 곳이 태양도(太陽道)인데 달이 이곳을 지나면 큰 가뭄이 들고 상사(喪事)가 발생한다.

달이 각수(角宿)의 두 별 중간인 천문(天門)을 지나는 일이 있는데 10월에 이러한 일이 있으면 이듬해 4월에, 11월에 이러한 일이 있으면 이듬해 5월에, 12월에 이러한 일이 있으면 이듬해 6월에 홍수가 나며 가까운 곳은 깊이가 3척, 먼 곳은 깊이가 5척이다.

달이 방수(房宿)의 4성(星)을 침범하면 대신(大臣)이 피살된다. 달이 남하성(南河星)의 남쪽을 지나면 가뭄이 들고 전화(戰禍)가 발생하며,

---

82) 달이 천구상에서 지나는 노선, 즉 방수(房宿)의 북쪽 두 별의 중간을 가리킨다.
83) 방수(房宿)의 남쪽 두 별의 중간.

북하성(北河星)의 북쪽을 지나면 수재(水災)가 나고 상사(喪事)가 발생한다.

달이 목성(木星)을 가리면 그 영역에 드는 나라는 기근이 들어 굶주리고 백성들이 유랑하게 된다. 달이 화성(火星)을 가리면 분쟁이 발생하고, 토성을 가리면 아랫사람이 윗사람을 업신여기고, 금성을 가리면 강국이 패하고, 수성을 가리면 후비(后妃)가 화란(禍亂)을 일으킨다. 달이 대각성(大角星)을 가리면 통치자가 이를 꺼리며, 달이 심수(心宿)를 가리면 조정 내부에 변란에 일어나고, 달이 뭇 항성들을 가리면 그 영역의 나라에는 우환이 있다.

월식은 일어난 날로부터 5개월마다 연속해서 여섯 차례 일어나고, 6개월마다 연속해서 다섯 차례 일어나며, 다시 5개월마다 연속해서 여섯 차례 일어나고, 다시 6개월 후에 한 차례씩 일어나며, 또 5개월마다 연속해서 다섯 차례 일어나 도합 113개월[84]마다 순환 반복된다. 그러므로 월식 현상은 규칙적으로 일어나지만 일식 현상은 불규칙적으로 일어난다.[85]

십간 중 갑(甲)과 을(乙)의 날에는 중국의 밖에 그 조짐을 보이기 때문에 중국에서는 일식과 월식을 가지고 점칠 수 없다. 병(丙)과 정(丁)의 날

---

84) 위에 나타난 것을 근거로 맨 처음 월식이 일어난 날로부터 월식의 주기를 계산해 보면 5개월 간격으로 6번이므로 삼십 개월, 6개월 간격으로 5번이니 삼십 개월, 다시 5개월 간격으로 6번이니 삼십 개월, 그로부터 6개월 후에 한 차례이니 6개월, 다시 5개월 간격으로 5번이니 이십오 개월이므로 도합 일백이십일 개월이 되는 셈이다. 따라서 이는 일백일십삼 개월이 아니라 일백이십일 개월로 바로잡아야 옳다. 오늘날 과학적으로 실측한 것에 의하면 일식과 월식의 주기는 십팔 년에 십일(또는 십)일이고 1주기 내 평균적으로 일식이 사십삼 차례, 월식이 이십팔 차례 일어난다고 한다. 이를 사마천이 추산한 것과 오늘날의 실측과 비교하기 위해 편의상 일백 년 단위로 계산해 보면 일백이십일 개월에 이십삼 차례이므로 일백 년마다 일어나는 월식은 243.2번 일어난다고 볼 수 있다. 그리고 오늘날 실측한 것에 의해 계산하면 일백 년마다 234.6번 일어나는 것으로 추산해 볼 수 있다. 이 둘을 비교해 볼 때 오차는 8.4번에 지나지 않는다. 옛날 사람들이 얼마나 정확하게 관측하였나 가히 짐작하고도 남음이 있다.

에는 장강(長江)의 하류와 회하(淮河) 유역 및 동해(東海)와 태산(泰山) 사이의 지역에 그 조짐을 보인다. 무(戊)와 기(己)의 날에는 중원 지구, 황하의 중류와 하류 및 제수(濟水) 유역에 그 조짐을 보인다. 경(庚)과 신(申)의 날에는 화산(華山) 서쪽 지구에 일식이나 월식의 조짐을 보인다. 임(壬)과 계(癸)의 날에는 항산(恒山) 북쪽 지구에 그 조짐을 보인다. 일식 현상은 군주에게 과오가 있을 때 일어나고 월식 현상은 장상(將相)에게 과오가 있을 때 일어난다.

국황성(國皇星)은 크고 붉으며 형상이 남극성(南極星)과 유사하다. 국황성이 출현하는 천구 아래에 있는 나라에서는 전쟁이 발생하며 군대가 강대하고, 그 맞은편 성수(星宿) 아래에 있는 나라는 불길하다.

소명성(昭明星)은 크고 백색이며 빛나지 않고 때로는 위에 있다가 때로는 아래에 있다. 소명성이 출현하는 나라에서는 전쟁이 발생하고 정세가 매우 불안정하다.

오잔성(五殘星)은 정동방(正東方)에 출현한다. 이 별의 형상은 수성과 유사하고 지면에서 약 6장(丈) 떨어져 있다.

대적성(大賊星)은 정남방(正南方)에 출현한다. 이 별은 지면에서 약 6장(丈) 떨어져 있고, 크고 붉으며 자주 요동하고 광채가 난다.

사위성(司危星)은 정서방(正西方)에 출현한다. 이 별은 지면에서 약 6장(丈) 떨어져 있고, 크고 희며 금성과 유사하다.

옥한성(獄漢星)은 정북방(正北方)에 출현한다. 이 별은 지면에서 약 6

85) 일식 현상은 지상의 한 지역에 국한하여 볼 수 있는 현상이지만 월식 현상은 지구의 반구(半球) 전체에서 관측할 수 있다. 지구 전체를 놓고 말하면 앞의 주에서 본 바와 같이 일식 현상이 월식 현상보다 많다. 그러나 어느 한 지역에 국한하여 말한다면 월식 현상이 일식 현상보다 많다. 게다가 옛날 사람들은 중국, 심지어 중원(中原) 지구에 국한하여 관찰 기록한 것이기 때문에 월식 현상은 자주 볼 수 있는 현상이지만 일식 현상은 보기 드문 현상일 수밖에 없다. 또 옛날 사람들은 월식을 불길한 조짐으로 여겼으며 일식을 더욱 불길한 조짐으로 여겼다.

장(丈) 떨어져 있고, 크고 붉으며 자주 요동하고 자세히 관찰하면 은은한 청색을 띠고 있다. 이 네 방위의 별들이 본래 출현하는 천구상에 출현하지 않으면 그 아래에 있는 나라에서는 전쟁이 발생하고, 그 맞은편 성수(星宿) 아래에 있는 나라는 불길하다.

사진성(四鎭星)이 출현하는 천구는 네 모퉁이이고 지면에서 약 4장(丈) 떨어져 있다.

지유성(地維星)은 빛을 감추고 천구의 네 모퉁이에 출현하는데 지면에서 약 3장(丈) 떨어져 있으며 달이 처음 출현하는 것과 같다. 이 별이 출현하는 천구 아래에 있는 나라에서 분쟁이 있으면 멸망하고 덕이 있으면 흥성한다.

촉성(燭星)은 형상이 금성과 비슷하고, 출현은 하나 운행하지는 않으며 출현하자 곧 사라진다. 이 별이 비추는 나라나 지역은 분쟁이 있다.

별과 유사하나 별이 아니고, 구름과 유사하나 구름이 아닌 것을 일컬어 귀사성(歸邪星)이라 한다. 귀사성이 출현하면 반드시 본국으로 귀국하는 사람이 있다.

별은 금속의 산기(散氣)[86]로 이루어져 있으며 그 본질은 불(火)이다. 별이 많으면 나라가 길하고, 별이 적으면 불길하다.

은하(銀河)도 역시 금속의 산기(散氣)이나 그 본질은 물(水)이다. 은하에 별이 많으면 비가 많이 내리고 은하에 별이 적으면 가뭄이 드는데 이것은 상규(常規)이다.

천고성(天鼓星)은 소리를 내는데 뇌성(雷聲)과 유사하나 뇌성은 아니며, 그 소리는 하늘 위에서 지면까지 전해진다. 이 별이 향하는 천구 아

---

86) 별은 금속의 액체 또는 기체 상태이며 그것의 본질은 열에너지라고 여겼다. 이로 미루어 천체에 대한 옛 사람들의 초보적 과학을 엿볼 수 있다.

래에 있는 나라에서는 전쟁이 발생한다.

천구성(天狗星)은 형상이 큰 유성과 유사하고, 소리를 내는데 그것이 지면에 떨어져야 소리가 멈추며 개 짖는 소리와 유사하다. 그것이 떨어진 지방은 멀리서 보면 마치 불빛이 하늘 높이 솟구치는 듯하다. 그 아래 주위는 마치 수 경(頃)의 밭처럼 생겼으며 위의 예리한 곳에 황색을 띠게 된다. 그러면 천 리 밖의 군대가 패하고 장수가 피살된다.

격택성(格澤星)은 마치 타오르는 화염의 형상으로 황백색을 띠며 지면에서 솟구치는데 아랫부분은 크고 윗부분은 뾰족하다. 이 별이 출현하면 파종하지 않아도 수확할 수 있고 토목 공사를 하지 않아도 반드시 국빈(國賓)이 찾아온다.

치우지기성(蚩尤之旗星)[87]은 빗자루와 유사하고, 뒷부분이 굽어 마치 깃발처럼 생겼다. 이 별이 출현하면 제왕(帝王)이 사방을 정벌한다.

순시성(旬始星)은 북두좌(北斗座)의 옆에 출현하는데 그 형상은 마치 수탉과 유사하다. 이 별이 빛을 방사하면 청흑색(靑黑色)을 띠는데 마치 엎드려 있는 자라와 흡사하다.

왕시성(枉矢星)은 큰 유성(流星)과 유사하고, 구불구불 기어가는 듯하며 청흑색을 띠는데 이를 들여다보면 깃털이 있는 것 같다.

장경성(長庚星)은 마치 한 필의 베를 하늘에 걸쳐 놓은 듯하다. 이 별이 출현하면 전쟁이 발생한다.

성체(星體)가 지면 위에 떨어지면 곧 돌이 된다. 황하와 위수 사이의 지역에는 때때로 성체가 지면에 떨어진다.

---

87) 치우(蚩尤) : 옛날 구려족(九旅族)의 두령(頭領)으로 신통력이 많았으며 여러 가지 무기들을 제조했던 전설상의 인물. 나중에 황제(黃帝)에게 반란을 일으켰다가 피살당하였음. 자세한 것은 ≪중국 고대 신화≫ 및 〈오제본기〉를 참조하기 바람.

날씨가 맑으면 경성(景星)[88]이 출현한다. 경성은 덕성(德星)이다. 경성의 형상은 일정하지 않으며 정치가 맑고 바른 나라에 출현한다.

대체로 운기(雲氣)를 관찰할 때 고개를 뒤로 젖힌 채 올려다보면 시야가 삼사백 리에 미칠 수 있고, 뽕나무나 느릅나무처럼 높은 곳에 시선을 두고 바라보면 시야가 일천여 리에 미칠 수 있고, 높은 곳에 올라가 바라보면 시야가 삼천여 리까지 미칠 수 있다. 운기가 금수의 형상처럼 위에 웅크리고 있으면 이쪽에서 승리한다.

화산(華山) 이남의 운기(雲氣)는 아랫부분이 검고 윗부분이 붉은색이며, 숭산(崇山)과 삼하(三河) 지구 들판의 운기는 순홍색(純紅色)이다. 항산(恒山) 이북의 운기는 아랫부분은 흑색이고 윗부분은 청색이다. 발해(渤海)와 갈석(碣石)·동해(東海)·태산(泰山) 일대의 운기는 모두 흑색이며, 장강(長江)과 회하(淮河) 일대의 운기는 모두 백색이다.

전쟁 준비를 하는 조짐을 보이는 운기는 백색이며, 적을 방어하기 위한 토목 공사의 조짐을 보이는 운기는 황색이다. 병거를 동원한 전쟁의 조짐을 보이는 운기는 때로는 높아졌다가 때로는 내려갔다 하고 왕왕 한자리에 모인다. 기병(騎兵)을 동원한 전쟁의 조짐을 보이는 운기는 낮게 퍼져 있다. 보병을 동원한 전쟁의 조짐을 보이는 운기는 한자리에 모여 있다.

운기의 앞부분이 낮고 뒷부분이 높으면 진군하는 속도가 빠르고, 앞부분이 평평하고 뒷부분이 높으면 병력이 정예의 군사이고, 뒷부분이 뾰족하고 낮으면 군대가 퇴각한다. 운기가 평평하면 진군하는 속도가 느리다. 운기의 앞부분이 높고 뒷부분이 낮으면 군대가 주둔하지 않고 이내

---

88) 서성(瑞星) 또는 덕성(德星)이라고도 하며 옛 사람들은 이를 견강부회하여 상서로운 조짐으로 여겼다.

방향을 바꾼다.

두 운기가 서로 만나면 낮은 운기 밑에 있는 나라가 높은 운기 밑에 있는 나라를 이기며, 뾰족하고 날카로운 운기 밑에 있는 나라가 네모난 운기 밑에 있는 나라를 이긴다.

운기가 낮게 수레바퀴 자국을 따라 흐르면 사나흘 이내에 5, 6리 밖에 조짐을 나타낸다. 운기가 7, 8척 높이에 머무르면 5, 6일이 채 지나지 않아 십여 리 떨어진 곳에 조짐을 보이는 사건이 일어난다. 운기의 높이가 1장(丈) 2척(尺)이면 삼사십 일이 채 지나지 않아 운기로부터 오륙십 리 떨어진 곳에서 조짐을 보이는 사건이 일어난다.

가볍게 날리는 운기가 순백색을 띠면 장수는 용감하나 사병들은 겁약(怯弱)하다. 운기의 기부(基部)가 크고 앞부분이 멀리까지 뻗쳐 있으면 쌍방의 전세(戰勢)가 대등하다. 운기가 청백색을 띠고 앞부분이 낮으면 전쟁에서 승리하고, 운기가 홍색을 띠고 치켜 올라가면 전쟁에서 패한다.

진운(陣雲)[89]은 마치 우뚝 치솟은 성벽과 흡사하며, 저운(杼雲)은 베틀의 북[杼]과 유사하다. 축운(軸雲)은 한자리에 모여 있는데 양 끝이 뾰족하다. 작운(杓雲)은 밧줄과 흡사한데 앞부분은 하늘을 가로지르고 절반은 반공(半空)에 걸쳐 길게 이어져 있다. 예운(翳雲)은 깃발과 유사하다. 구운(鉤雲)은 굽은 모양이다.

대체로 이러한 운기들이 출현하면 오색(五色)에 근거하여 점을 친다[占候]. 만일 윤택이 나며 한자리에 모여 있고 조밀하면 그 운기의 출현은 사람들의 주의를 끌게 되고 비로소 점후(占候)할 만한 가치가 있게 되며 반드시 군사 행동이 발생하고 그곳에서 교전이 이루어진다.

---

89) 군대의 전투 진영(陣營)처럼 생긴 운기를 말한다.

왕삭(王朔)[90]은 점후(占候)할 때 태양 주위의 운기를 관측하여 결정하였다. 태양 주위의 운기는 제왕(帝王)의 상징이다. 그래서 모두 태양 주위의 운기에 의거하여 점후하였다.

그러므로 북방 이민족 지역의 기상(氣象)은 가축과 천막이고, 남방 이민족 지역의 기상은 배와 돛이다. 홍수가 난 지방, 군대가 패한 전쟁터, 망국의 폐허, 지하에 돈과 보옥이 매장되어 있는 곳 위에는 모두 특별한 운기가 있는데 이를 자세히 관찰하지 않으면 안 된다. 바닷가의 대합(大蛤)은 기(氣)를 토해내어 누대(樓臺)를 형성하고,[91] 광야(曠野)에서 토해내는 기(氣)는 궁궐을 형성한다. 운기는 그 지방 산천의 형세와 주민의 기질을 닮는다.

그러므로 사회적 동태를 점후하려면 한 나라 또는 한 지역으로 들어가 봉지의 관리와 전지(田地)의 경작 상황, 성곽·가옥·문호(門戶)의 밝고 깨끗함 및 거마(車馬)·복식의 화려함과 가축의 살진 정도까지 관찰해야 한다. 관찰한 결과 충실하고 번영하면 길하고, 허하고 쇠잔하면 흉하다.

연기와 유사한데 연기가 아니고, 구름과 흡사한데 구름이 아니고, 매우 화려하며 가물가물 휘날리듯 서서히 흩어지면 이를 일컬어 경운(卿雲)이라 한다. 경운은 희기(喜氣)이다. 안개와 유사하면서 안개가 아니며 의관(衣冠)을 적시지 않는 것이 있는데 이것이 출현하면 그 지역은 전쟁으로 멸망하게 된다.

천둥과 번개·무지개·벼락·야명(夜明)[92] 등은 양기(陽氣)가 발동하

---

90) 한(漢) 무제(武帝) 때 성상(星象)을 점후(占候)하는 데 뛰어났던 사람.
91) 신기루(蜃氣樓 : Mirage)는 빛이 밀도가 다른 공기층을 투과할 때 이상 굴절로 말미암아 멀리 있는 물체의 상이 생기는 기이한 현상으로, 흔히 사막 지방이나 바닷가에서 일어난다. 그런데 옛날 사람들은 이러한 자연 현상을 대합(蜃)이 기(氣)를 토해내어 형성된 것으로 여겼다.

는 것인데 봄, 여름 두 철에 발생하고 가을과 겨울에는 자취를 감춘다. 그래서 점후하는 사람들은 반드시 이것을 관찰해야 한다.

하늘은 갈라져 만물을 현시하고, 땅은 움직여 경계를 이루고 균열한다. 산이 무너져 옮겨가고 강과 내의 흐름이 막힌다. 흐르는 물이 소용돌이쳐서 기복이 생기고 지면이 솟아오르며 연못의 물이 마르는 현상을 현시(顯示)한다. 성곽 안의 마을이 때로는 윤택하고 때로는 말라 시든다. 궁전과 관사(館舍) 및 주민들의 주택도 이와 마찬가지이다.

주민들의 음식·복식·거마(車馬)와 풍속 습관을 관찰하라. 농작물과 초목을 심은 지방을 관찰하라. 곡창(穀倉)·전부(錢府)·마구간·무기고 및 교통의 요로를 관찰하라. 6축(畜)과 금수가 생장하고 방목하는 곳을 관찰하고, 물고기·자라·새·쥐가 왕래하고 서식하는 곳을 관찰하라. 귀신이 울부짖는 것을 들었다고 생각되면 그 사람은 귀신을 만났다고 말한다. 그리고 그 요언(妖言)이 세상에 널리 퍼지면 사실화된다.

무릇 한 해의 길흉을 점후할 때는 삼가 그해의 세시(歲始)에 점후한다. 한 해의 시작은 동지날(冬至日)인데 이때 생기(生氣)가 발생하기 시작한다. 납평제(臘平祭)[93]를 거행한 이튿날[臘明日]에 사람들은 묵은해를 보내고 모두 한 자리에 모여 음식을 나누어 먹는데 이때 양기(陽氣)가 활동을 개시한다. 그래서 이를 한 해의 시작[初歲]이라 한다. 정월 초하루[正月旦]는 제왕(帝王)이 제정한 한 해의 시작[歲首]이다. 입춘날은 사철의 시작이다. 이 네 개의 시작[四始][94]은 점후하는 날이다.

한대(漢代)의 위선(魏鮮)[95]은 납평제와 정월 초하루에 팔방의 바람[八

---

92) 대기 성분이 태양의 빛을 받아 희미한 빛을 발하는 현상.
93) 진대(秦代)·한대(漢代) 때 연말에 뭇 신들에게 지내던 제사의 일종.
94) 동지날(冬至日)·납명일(臘明日)·정월 초하루(正月旦)·입춘날(立春日).
95) 한(漢)나라 때 성상(星象)을 점후하는 데에 뛰어났던 사람.

風]이 달려 있다고 귀납하였다. 바람이 남방에서 불어오면 큰 가뭄이 들고, 서남에서 불어오면 소규모의 가뭄이 들고, 서방에서 불어오면 전화(戰禍)가 발생하고, 서북에서 불어오면 콩(大豆)이 성숙하고 비가 적게 내려 전쟁의 발발을 촉진하며, 북방에서 불어오면 평년작을 이루고, 동북에서 불어오면 풍작을 이루고, 동방에서 불어오면 큰 수재(水災)가 나고, 동남에서 불어오면 주민들이 전염병에 걸리고 흉년이 든다.

팔방의 바람은 각각 그 상대의 바람에 의해 상쇄되고 비교적 많은 쪽이 우월하게 된다. 많은 것이 적은 것보다 우월하고, 오래 지속되는 것이 짧은 것보다 우월하고, 빠른 것이 느린 것보다 우월하다. 인시(寅時)부터 진시(辰時)까지는 보리를 관장하고, 진시부터 미시(未時)까지는 메기장[稷]을 관장하고, 미시(未時)부터 신시(申時)까지는 기장[黍]을 관장하고, 신시에서 5각(刻)이 지난 시각[下舖]⁹⁶)까지는 콩[菽]을 관장하고, 그 이후부터 유시(酉時)까지는 삼[麻]을 관장한다.

온종일 구름과 바람과 태양이 모두 그 작물의 해당 시간에 있으면 모종의 뿌리가 깊고 낟알이 많다. 구름과 바람은 해당 시간에 있으나 태양이 비추지 않으면 모종의 뿌리는 깊으나 낟알은 적다. 태양은 비추나 구름이 없고 바람이 불지 않으면 그 해당 시간의 작물의 작황이 나쁘다. 그 시간이 밥 먹을 틈만큼의 짧은 정도면 흉작이 되나, 닷 말의 쌀을 익힐 만큼 긴 시간이면 큰 흉작이 된다.

바람이 다시 불어오고 구름이 있으면 작물은 소생한다. 각각의 농작물에 해당되는 시간에 근거하여 운색(雲色)을 관찰하면 연중 풍작을 이룰 작물을 점후할 수 있다. 만일 비가 내리거나 눈이 내리거나 한랭하면 작황이 나쁘다.

---

96) 오늘날 십팔 시가 지난 시각을 가리킴.

만일 이날[97] 날씨가 맑으면 다른 방법으로 점후할 수 있는데 그것은 도(都)와 읍 사람들의 노랫소리(歌聲)를 듣는 방법이다. 만일 궁성(宮聲)의 노래가 들리면 그해에는 풍작을 이루고 길하다. 상성(商聲)의 노랫소리가 들리면 전화(戰禍)가 발생한다. 치성(徵聲)이 들리면 가뭄이 들고, 우성(羽聲)이 들리면 수재(水災)가 나고, 각성(角聲)이 들리면 작황이 나쁘다.

또 다른 점후 방법이 있는데 정월 초하루부터 연이어 비가 내리는 날의 수를 계산하는 방법이다. 하루 비가 내리면 한 됫박의 수확이 있고, 최고 일곱 됫박의 수확이 있다. 일곱 됫박을 초과하면 점후할 수 없다. 초하루부터 비가 내린 날의 수가 십이 일에 달하면 하루하루를 열두 개월에 할당하여 그달에 홍수가 날지 가뭄이 들지 점칠 수 있다. 이 방법으로 주위 천 리 범위 안을 점후할 수 있고 천하를 점후하려면 정월 전체를 점후해야 한다.

달이 하늘을 일주할 때 이십팔수(宿)를 지나는데 달이 정월의 성차(星次)에 있을 때 그날의 태양과 구름과 바람이 그 영역에 드는 나라를 점후한다. 태세(太歲)가 소재하고 있는 방위를 반드시 관찰해야 하는데 만일 서방에 있으면 풍작을 이루고, 북방에 있으면 흉작을 이루고, 동방에 있으면 기근을 이루고, 남방에 있으면 가뭄이 든다. 이것이 대략적인 원칙(常規)이다.

정월 상순 갑날(甲日), 바람이 동방에서 불어오면 그해는 양잠에 적합하고, 바람이 서방에서 불어오거나 새벽에 황운(黃雲)이 있으면 작황이 나쁘다.

동짓날 낮의 길이가 가장 짧은데 평형기(平衡器)의 양 끝에 흙(土)과

---

97) 정월 초하루.

탄(炭)을 매달아 탄(炭) 쪽이 아래로 기울기 시작하면[98] 수사슴의 뿔이 빠지고,[99] 난(蘭)의 뿌리에서 움이 돋아나고, 샘물이 솟아나는데 이로써 태양이 이미 남쪽 끝[極南] 지방을 운행하고 있다는 것을 알 수 있으며 이는 일규(日規)[100]상에 나타난 해의 그림자로 정확히 측정할 수 있다.

목성이 소재하고 있는 영역은 대풍작을 이룬다. 그 상대적인 위치는 '충(冲)'이라고 하는데 작황에 재앙이 있다.

태사공은 말한다.

처음 인류가 출현한 이래 군주가 어찌 일찍이 태양과 달과 별을 관찰하지 않았겠는가? 오제(五帝) 삼대(三代)에 이르러 그것들을 계승하고 연구하여 화하족(華夏族)을 가까이하고 외족(外族)을 멀리하였으며, 중국을 열두 주(州)로 나누어 위로는 천상(天象)을 관측하고 아래로는 지상의 각종 현상을 살폈다.

하늘에는 태양과 달이 있고 지상에는 음과 양이 있으며, 하늘에는 5대 행성[五星]이 있고 지상에는 5행(五行)이 있다. 하늘에는 천구(天區)가 있고 지상에는 주(州)의 경계가 있다. 태양과 달과 별은 음과 양의 정기(精氣)이고 이러한 정기의 근본은 땅에 있으며 성인은 이를 통하여 조양(調養)한다.

주(周)의 유왕(幽王)·여왕(厲王) 이래로 아득히 오래되었다. 출현한 천상(天象)의 이변은 각 나라마다 상이한 유적(遺迹)이 있고, 각 가(家)마다 괴이한 사물을 점후하여 당시의 응험(應驗)에 부합하였으나 그들

---

98) 평형기의 양 끝에 토(土)와 탄(炭)이 매달려 평형을 이루고 있는데 동지(冬至) 이후 태양이 회귀하면 공기 중의 습도가 증가하여 습기를 흡수한 탄(炭) 쪽으로 기울어지고 하지(夏至) 이후에는 이와 정반대의 현상이 일어남.
99) 수사슴의 뿔은 매년 이른 봄(初春)에 빠지고 늦봄에 재생한다.
100) 해의 그림자로 시각을 측정하는 기구.

의 문자와 도화(圖畵)로 쓰인 서적이 해설한 길흉화복의 조짐은 법칙으로 삼기에는 부족하다.

그래서 공자(孔子)는 육경(六經)을 평론하여 괴이한 사실에 대하여 기재하되 그에 대한 해설은 기술하지 않았다. 천도(天道)와 천명에 관해서도 전수하지 않았다. 그것을 이해하는 사람이라면 자연히 알게 되는 것이며, 이해하지 못할 사람이라면 설명해도 이해하지 못할 것이기 때문이다.

옛날 천문 역법(曆法)을 전수한 사람으로 고신씨(高辛氏) 이전에는 중(重)과 여(黎)[101]가 있었고, 당(唐)·우(虞)의 시대에는 희씨(羲氏)와 화씨(和氏)가 있었고, 하대(夏代)에는 곤오(昆吾)가 있었고, 상대(商代)에는 무함(武咸)이 있었고, 주대(周代)에는 사일(史佚)과 장홍(萇弘)이 있었고, 송(宋)나라에는 자위(子韋)가 있었고, 정(鄭)나라에는 비조(裨竈)가 있었고, 제(齊)나라에는 감공(甘公)이 있었고, 초(楚)나라에는 당매(唐昧)가 있었고, 조(趙)나라에는 윤고(尹皐)가 있었고, 위(魏)나라에는 석신(石申)이 있었다.

무릇 천운(天運)은 삼십 년이 지나면 소변(小變)이고, 일백 년이 지나면 중변(中變)이며, 오백 년이 지나면 대변(大變)이고, 대변이 세 차례 지나면 1기(紀)[102]이고, 3기(紀)가 지나면 일체의 변화를 겪게 되는데 이것이 곧 천운(天運)의 주기(週期)이다. 국정을 주관하는 위정자들은 반드시 이러한 변화의 주기를 중시해야 하는데 상하 각 천 년 이후에 천도(天道)와 인사(人事)의 상호 관계가 상하로 계승하고 전후로 꿰뚫어야만 비

---

101) 중(重) : 사람 이름. 전욱 임금 때 남정(南正)의 직책을 맡아 천문과 제사를 관장. 여(黎) : 전욱 임금 때 화정(火正)에 임명되어 지리와 민정(民政)을 관장한 사람의 이름.
102) 중국의 고대 역법(曆法)에 의하면 십구 년을 1장(章), 4장을 1부(蔀), 이십 부(蔀)를 1기(紀), 3기(紀)를 1원(元)으로 하였다.

로소 완비되었다고 할 수 있다.

태사공(太史公)이 고대 천상(天象)의 변이(變異)를 추산해 보았는데 오늘날 검증할 수 없는 것도 있다. 대체로 춘추시대 이백사십이 년 동안에 일식 현상이 삼십육 차례 출현하였고, 송(宋)의 양공(襄公) 때 성체(星體)가 비 오듯 쏟아져 내렸다. 천자가 미약해지자 제후들이 무력으로 정벌에 나섰고, 오패(五覇)가 출현하여 번갈아가며 패주가 되었다. 그 이후부터 다수가 소수를 업신여기고, 대국이 소국을 병탄하였다.

진(秦)·초(楚)·오(吳)·월(越)은 모두 이적인데 강성한 패주가 되었다. 전씨(田氏)는 제(齊)의 정권을 탈취하였고, 3가(三家)가 진(晉)을 셋으로 분할하여 차지하니 마침내 각 제후들이 다투는 전국시대가 되었다. 성을 공격하고 땅을 빼앗는 전쟁이 끊임없이 발생하여 성읍 주민들이 살육당하기 일쑤였고 그로 인하여 기근과 전염병의 고통에 시달리게 되자 신하와 군주가 이를 우려한 나머지 길흉의 조짐을 살피고 성상(星象)과 운기(雲氣)를 점후하는 것이 무엇보다 절박하였다.

근세에 열두 제후와 7국이 서로 패권을 차지하여 칭왕(稱王)하였고, 합종책과 연횡책을 논하는 자들이 잇따라 일어섰다. 그래서 윤고(尹皐)·당매(唐昧)·감공(甘公)·석신(石申) 등이 당시의 시대적 형세에 대하여 자신들의 문서(文書)와 전적(典籍)을 통해 논하여 그들의 점후(占候)와 응험(應驗)이 무질서하고 잡다하게 펼쳐지게 되었다.

이십팔수(宿)는 열두 주(州)를 주재하고 북두좌(北斗座)가 그들을 통관(統管)한다는 설법이 전해진 지 오래되었다. 진(秦)나라의 강역(疆域)은 금성을 점후하고 천랑성(天狼星)과 천호좌(天孤座)의 영역에 있다. 오(吳)와 초(楚)의 강역은 화성을 점후하고 유수(柳宿)와 태미원(太微垣)의 영역에 있다. 연(燕)과 제(齊)의 강역은 수성을 점후하고 허수(虛宿)와 위수(危宿)의 영역에 있다. 송(宋)과 정(鄭)의 강역은 목성을 점후하고 방수(房宿)와 심수(心宿)의 영역에 있다. 진(晉)의 강역도 수성을 점후하고 삼수(參宿)와 벌성좌(罰星座)의 영역에 있다.

진(秦)나라가 3진(三晉)과 연(燕) 및 대(代)를 병탄함으로써 황하와 진령(秦嶺)으로부터 태행산(太行山) 이남 지구가 중국(中國)[103]으로 되었다. 중국은 사해(四海) 안에 있고 동남방에 위치하고 있으며 양성(陽性)에 속하고, 양성의 천체(天體)는 태양·목성·화성·토성이며 천가좌(天街座) 이남에서 점후하고 필수(畢宿)가 이를 주재한다.

그 서북쪽은 호인(胡人)·맥인(貉人)·월지(月支) 등의 종족이 털가죽을 걸치고 사냥을 업으로 삼는데 그들은 음성(陰性)에 속하며, 음성의 천체는 달과 수성, 금성이고 천가좌 이북에서 점후하며 묘수(昴宿)가 그들을 주재한다. 중국의 산맥과 하천은 동북쪽으로 향해 있고 그들의 체계와 두부(頭部)는 농(隴)·촉(蜀) 지구에 있으며 그들의 미부(尾部)는 발해(渤海)와 갈석산(碣石山)으로 내리뻗어 있다.

이 때문에 진(晉)과 진(秦)은 전쟁을 좋아하였으며 금성을 점후하였고 중국을 주재하였다. 또 그래서 호인(胡人)과 맥인(貉人)이 늘 침범하였고 오로지 수성을 점후하였으며, 수성의 출현과 은몰이 조급하고 신속한 것은 통상 외족(外族)을 주재한 때문이니 이는 상규(常規)이다. 이 두 별들은 번갈아가며 객성(客星)과 주성(主星) 역할을 하였다.

화성이 출현하여 그 빛이 사방으로 쏠듯이 비추는 현상은 밖으로 군사를 다스리고 안으로 정치를 펴는 것이다. 그러므로 '오직 영명(英明)한 황제라야만 반드시 화성의 동태를 관찰한다.'고 말하는 것이다. 제후가 번갈아가며 영웅으로 자처하니 당시의 재이(災異)에 관해 각기 상이한 기록이 있지만 이는 기록할 만한 가치가 없다.

---

103) 중원(中原).

진시황 때 무려 십오 년에 걸쳐 네 차례 혜성이 출현하였는데 오랫동안 지속된 것은 무려 팔십 일 동안 계속되었고, 기다란 것은 하늘 전체를 가로질렀다. 그 후 진(秦)은 무력으로 6국을 멸하여 중국을 통일하였고 밖으로 사방의 외족(外族)을 물리치니 죽은 자가 엉클어진 삼처럼 즐비하였다. 그로 말미암아 진섭(陣涉) 등이 일제히 봉기하여 삼십 년간 사병들이 서로 유린하니 희생자를 이루 다 헤아릴 수조차 없다. 치우(蚩尤)의 난 이래 일찍이 이와 같은 일은 없었다.

　　항우가 거록(巨鹿)을 구원하자 왕시성(枉矢星)이 서쪽으로 치달려 산동 지구 각국이 연합하였고, 서쪽으로 진격하여 투항한 진(秦)의 사병들을 생매장하였으며 함양의 관리와 백성을 살육하였다.

　　한(漢) 왕조가 흥기할 때는 다섯 행성들이 정수(井宿)의 천구상에 집결하는 현상이 일어났고, 평성(平城)이 포위당했을 때는 일곱 겹의 달무리가 삼수(參宿)와 필수(畢宿)의 천구상에 출현하였으며, 여씨(呂氏) 일가가 반란을 일으키자 일식이 출현하여 대낮인데도 밤처럼 어두웠다.

　　또 오(吳)·초(楚) 등 7국이 반란을 일으켰을 때는 혜성이 출현하여 수장(丈)이나 뻗치고 천구성(天狗星)이 양국(梁國)을 통과하였으며 전쟁이 발발하자 이 성상(星象) 아래에서 피를 흘리고 죽은 자가 즐비하였다. 그리고 원광(元光)과 원수(元狩) 연간에 치우지기성(蚩尤之旗星)이 두 차례나 출현하여 반공(半空)에 걸쳐 길게 뻗쳤다.

　　그 후 조정의 군대가 네 번 출병하여 외족(外族)을 정벌하는 전쟁이 십년 동안 계속되었는데, 특히 흉노를 공격하여 극심한 타격을 입혔다. 남월(南越)이 멸망하자 화성이 두수(斗宿)를 침범하였다. 조선(朝鮮)을 정벌할 때는 남하성(南河星)과 북하성(北河星)의 위수(衛戍)에서 불성(芾星)[104]이 쓸 듯이 밝게 빛났다. 대원(大苑)을 정벌했을 때도 초요(招搖)에 불성이 빛났다.

이는 천상(天象)의 아주 명백한 큰 변이(變異)이다. 희미하고 곡절(曲折) 있는 작은 이변들까지 열거하자면 이루 다 말할 수 없다. 이로 미루어 보건대 천상(天象)의 변이(變異)가 출현하지 않았는데 먼저 인간 세상에 재앙이 발생한 적은 없었다.

무릇 한조(漢朝) 이래 천문 역법을 연구한 사람들을 들면 성상(星象)의 점후(占候)에 당도(唐都), 운기(雲氣)의 점후에 왕삭(王朔), 작황(作況)의 점후에 위선(魏鮮)이 있다. 감공(甘公)과 석신(石申)의 역법(曆法) 중 5대 행성의 운행 법칙에 있어서는 오직 화성이 서쪽으로 운행하다 침범하고, 기타 행성이 역행하고, 태양과 달이 가려지거나 식(蝕)의 현상이 일어났는데 이 모든 것을 점후 대상으로 삼았다.

내가 사서(史書)를 읽고 지난 일을 고찰하였는데 근 일백 년 동안 5대 행성이 출현하지 않고 전환하여 서쪽으로 운행하지 않다가 반전하여 서쪽으로 운행하였고, 때로는 강렬한 빛을 발하고 색깔이 변하였다. 또 태양과 달이 가려지는 식(蝕)의 현상이 일어났으며, 황도(黃道)의 남과 북을 운행하여 일정한 계절이 있었다. 이는 그것들의 일반적인 규율이다.

그러므로 자미원(紫微垣), 방수(房宿)와 심수(心宿), 권성좌(權星座)와 태미원(太微垣), 함지좌(咸池座), 허수(虛宿)와 위수(危宿)는 별들이 총총한 하늘을 일정한 구역으로 나누어 뭇 별들을 관할하였으니 이것이 하늘의 5관(五官) 자리이며, 항성(恒星)은 이동하지 않고 대소의 등급이 있으며 항성 사이의 거리도 일정하다. 수성·화성·금성·목성·토성, 이 다섯 별(五星)은 하늘의 보좌신(輔佐臣)이자 행성이며 출현과 은몰에는 일정한 계절이 있고 그것들이 통과하는 천구상의 영축(贏縮)에는 규율이 있다.

---

104) 혜성과 유사한 천체.

태양이 변이(變異)하면 마땅히 덕행을 닦아야 하고, 달이 변이하면 마땅히 형벌을 감해야 하며, 별들이 변이하면 마땅히 단결하고 화목해야 한다. 무릇 천상(天象)의 변이가 지나치면 점후하기를, 인군이 강대(疆大)하고 덕이 있으면 창성(昌盛)하고, 인군이 약소하고 허위에 차 있고 백성을 기만하면 멸망한다. 최상의 것은 덕을 수양하는 것이며, 그 다음은 구제책을 취하는 것이며, 그 다음은 귀신에게 제사하여 재앙을 물리치는 것이며, 최하의 것은 이를 무시하는 것이다.

무릇 항성의 변이는 아주 드물게 출현하는데 해와 달과 다섯 행성들의 점후는 자주 사용할 수 있다. 해무리 · 달무리 · 일식 · 월식 · 바람 · 구름은 우연히 출현한 하늘의 영기(靈氣)이며 그들의 출현도 천운(天運)이다. 그것들은 정치의 잘잘못에 따라 길흉을 나타내며 천도(天道)와 인사(人事)의 부합에 가장 접근한다. 이 다섯 가지의 현상은 하늘의 감동이다.

천문 역법을 연구하는 사람은 반드시 천운의 변화 주기에 통달해야 하며, 고대와 현대를 꿰뚫고 시세(時勢)의 변화를 깊이 관찰하고 그것의 본질과 현상을 이해해야만 비로소 천문학의 이론적 체계가 완비되었다고 할 수 있다.

창제(蒼帝)가 덕을 행하면 천문(天門)이 열리고, 적제(赤帝)가 덕을 행하면 천뢰(天牢)[105]가 비게 되며, 황제(黃帝)가 덕을 행하면 하늘의 재앙이 사라진다. 바람이 서북에서 불면 반드시 고침으로써 새로워진다. 한 해 가을에 다섯 차례 이 바람이 불면 대사면(大赦免)이 있고, 세 차례 불면 소사(小赦)가 있다. 백제(白帝)는 정월 이십 일과 이십일 일에 덕을 행하는데 달무리가 둥글게 에워싸면 반드시 대사면이 있다. 이것을 일러 태양(太陽)이라 한다. 백제의 덕행에는 두 가지가 있다. 첫째, 백제가 덕을 행하여 달무리가 사흘 밤 동안 필수(畢宿)와 묘수(昴宿)를 에워싸면 덕이 성취된다. 그러나 사흘 밤을 못 넘기거나 완전히 에워싸지 못하면 덕이 성취되지 않는다. 둘째, 달무리가 진성(辰星)을 에워싸면 열흘이 못 되어도 덕이 성취된다. 흑제(黑帝)가 덕을 행하면 천관(天關 : 하늘의 관문)이 움직인다.

하늘이 덕을 행하면 천자는 연호를 바꾸어야 한다. 덕이 행해지지 않으면 풍우(風雨)가 돌을 캘 만큼 심하다. 삼태(三台)와 삼형(三衡)은 하늘의 궁정이다. 객성(客星)이 궁정에 출현하면 기이한 법령이 나온다.

---

105) 하늘의 감옥.

제6 봉선서(封禪書)

예로부터 천명을 받은 제왕이라면 어찌 태산(泰山)에 올라 봉선(封禪)[1] 의식을 거행하지 않았으랴! 다만 하늘이 서상(瑞祥)을 현시하지도 않았는데 태산에 올라 그 의식을 거행한 제왕도 있었고, 하늘이 내린 서상(瑞祥)을 보지 못하여 봉선 의식을 거행하지 못한 제왕도 있었다.

그런데 후대에는 천명을 받기는 했지만 공업이 불충분하거나, 공업은 충분하지만 은덕은 두루 미치지 못하거나, 은덕은 두루 미치었지만 정사에 쫓겨 이를 행할 겨를이 없어 봉선 의식이 거행되는 일이 거의 없었다.

≪논어(論語)≫에 '3년간 예를 행하지 아니하면 예는 반드시 폐기되고, 3년간 악(樂)을 흥성시키지 아니하면 악은 반드시 무너진다.'[2]고 하였다. 그래서 성세(盛世)를 만날 때마다 제왕은 태산에 올라 봉선 의식을 올려 하늘과 땅의 공(功)에 보답하였지만 쇠퇴한 시기에 이르면 이러한 의식이 중단되었다. 이런 상황이 길게는 일천여 년 동안, 짧게는 수백 년 동안이나 계속되었기 때문에 봉선 대전(大典)의 의례(儀禮)가 인멸되어 그에 관한 상세한 정황을 세상에 전할 방도가 없게 되었다.

≪상서(尙書)≫에는 이렇게 씌어 있다.

우순(虞舜)은 아름다운 옥으로 만든 혼천의[璇璣玉衡]로 천문을 관측하여 해와 달과 5성(五星)의 운행이 정상적인지 아닌지를 살펴서 자신의 집정(執政)에 대한 득실을 검증하였다. 이어 섭위(攝位)의 대사를 놓

---

1) 고대 제왕(帝王)이 즉위한 후 태산(泰山)에 올라 제단을 쌓고 하늘에 올리는 제사를 봉(封)이라 하고 태산 아래 작은 양보산(梁父山)에서 땅에 지내는 제사를 선(禪)이라 함.
2) ≪論語≫의 「陽貨篇」에 보인다.

고 상제에게 류(類)를 올리고, 여섯 신령들[六宗]³⁾에게 인(禋)⁴⁾을 지내고, 명산대천(名山大川)에 망(望)⁵⁾을 올리고, 여러 신령들에게 두루 제사하였다.

그리고 다섯 등급의 제후들을 감찰하기 위한 서옥(瑞玉)을 거두어들인 후 길한 날을 택하여 사악(四岳)⁶⁾들과 각 주(州)의 주목(州牧)들을 소집하여 다시 그 서옥(瑞玉)을 되돌려 주었다.

그해 2월, 순(舜)은 동후(東后)들을 감찰하기 위해 순시(巡視)에 나서 대종(岱宗)에 이르렀다. 대종은 곧 태산(泰山)이다. 이곳에서 하늘에 올리는 시제(柴祭)를 거행하고 순서에 따라 명산대천에 망제(望祭)를 올린 후 동후(東后)들을 접견하였다. 동후(東后)란 동방의 제후를 말한다.

순(舜)은 사철의 달 수[月數]와 날 이름[日名]을 조정하였으며, 음률과 도량형을 통일하였으며, 다섯 가지의 예의[五禮]를 정비하였다. 또 다섯 등급에 따라 각기 다른 서옥(瑞玉)과 조현할 때 바치는 예물을 정했는데 삼공(三公)은 세 가지 빛깔의 비단[帛]을, 경대부는 살아 있는 양과 오리[二牲]를, 선비[士人]는 죽은 꿩으로 하였다.

5월에는 남악(南岳)까지 순시하였는데 남악이란 형산(衡山)을 말한다. 8월에는 서악(西岳)까지 순시하였는데 서악은 곧 화산(華山)을 말한다. 11월에는 북악(北岳)까지 순시하였는데 북악은 곧 항산(恒山)을 말한다. 중악(中岳)은 곧 숭산(崇山)을 말하며 이렇게 순시하는 곳마다 태산에서 행한 것과 똑같은 의식을 치렀다. 순(舜)은 5년마다 한 차례씩 순

---

3) 이에 대한 설이 분분하다. ①사시(四時)・한서(寒暑)・수한(水旱)・일(日)・월(月)・성(星)이라는 설. ② 수(水)・화(火)・뇌(雷)・풍(風)・산(山)・택(澤). ③ 하늘의 해・달・별과 지상의 하(河)・해(海)・대(岱). ④ 하늘・땅・봄・여름・가을・겨울이라는 설 등.
4) 섶을 태워 그 연기가 하늘의 신령에게 도달하도록 올리는 제사의 일종.
5) 멀리서 바라보며 올리는 제사의 일종.
6) 네 계절과 사방을 나누어 관장하는 방백(方伯).

시하였다.

하나라 우(禹)는 우(虞)나라 순(舜)의 제도를 따랐다. 그런데 제14대 공
갑 임금(帝孔甲)은 음란하여 귀신 섬기기를 좋아하였다. 신령은 이렇게
태만한 것을 노여워하였으며 하늘이 내린 두 마리 용들이 날아가 버렸
다. 그로부터 3대가 지난 후 하(夏)의 제위는 걸(桀)에게 전해지게 되었
는데 상(商)의 탕(湯)이 그를 정벌하고 말았다. 상탕은 하사(夏社)[7]를 옮
기는 것이 부당하다고 여겨 '하사(夏社)'[8]를 지었다.

그 후 8대가 지난 후 왕업은 태무 임금(帝太戊)에게 전해졌는데 어느
날 조당(朝堂)에 뽕나무와 닥나무가 함께 돋아나 하룻밤 사이에 그 굵기
가 한 아름이나 자라는 놀라운 재변(災變)이 일어났다. 태무가 이를 두려
워하자 이척(伊陟)[9]이 말했다.

"요이(妖異)가 덕을 이기지는 못합니다."

태무가 덕을 닦자 과연 얼마 되지 않아 뽕나무와 닥나무가 말라 죽었
다. 이척이 무함(巫咸)을 천거한 이후부터 무당(巫師)들이 성행하였다.

그 후 십사 대가 지나 무정 임금(帝武丁)이 부열(傅說)을 얻어 재상으
로 삼은 뒤부터 은(殷) 왕조의 세력은 다시 중흥을 보게 되었다. 그래서
그는 고종(高宗)이라는 시호를 얻게 되었다.

어느 날 꿩 한 마리가 날아와 정(鼎) 귀에 올라앉아 울었다. 무정이 이
를 두려워하자 조기(祖己)가 말하였다.

"덕을 닦기 바랍니다."

무정은 그의 말을 따랐기에 오래도록 제위의 안녕을 누릴 수 있었다. 5
대가 지난 후 무을 임금(帝武乙)이 신령을 업신여기다가 벼락을 맞아 죽

---

7) 하(夏) 왕조의 토지신을 모신 사당.
8) 《尙書》의 편명. 일실되어 전해오지 않음.
9) 태무 임금의 신하. 이윤(伊尹)의 아들.

었다. 그로부터 3대가 지나서 주 임금(帝紂)이 황음무도하게 굴자 주(周)의 무왕(武王)이 그를 토벌하였다. 이로 미루어 보건대 창업한 군주는 엄숙하고 경건하지 않은 자가 없었지만 말대(末代)에 이르러 점차 해이하고 방탕해지기 시작했던 것이다.

≪주례(周禮)≫에는 다음과 같이 씌어 있다.

'동짓날이 되면 천자는 남교(南郊)에 나아가 천신(天臣)에게 제사를 지내 해가 길어지는 것을 맞이하고, 하짓날이 되면 지신(地神)에게 제사를 올린다. 양자 모두 음악과 무도(舞蹈)를 채용하는데 이렇게 해야만 비로소 신령이 흠향하기 때문이다. 천자는 천하의 명산대천(名山大川)에 제사지내는데 오악(五岳)¹⁰⁾을 제사할 때에는 삼공(三公)¹¹⁾에 준하는 제물을, 사독(四瀆)을 제사할 때에는 제후에 준하는 제물을 바친다. 사독(四瀆)이란 장강(長江)·회하(淮河)·황하·제수(濟水)를 말하는데 제후는 자신의 봉국 안에 있는 명산대천에 제사지낸다. 천자가 제사를 거행하고 조회하는 건물은 명당(明堂) 또는 벽옹(辟雍)이라 불리며, 제후가 거행하는 건물은 반궁(泮宮)이라 불린다.'

주공(周公)¹²⁾이 주 성왕(周成王)¹³⁾을 보좌하여 후직(后稷)에게 교사(郊祀)를 거행하여 하늘에 배향(配享)하였고, 명당(明堂)에서 주 문왕(周文王)¹⁴⁾에게 종사(宗祀)를 올려 상제에 배향하였다. 하(夏)의 우(禹)가 물과 땅을 다스리는 데 공을 세우고 나서 토지신에게 제사지내고, 후직이 곡

---

10) 동악(東岳) 태산(泰山), 남악(南岳) 형산(衡山), 북악(北岳) 항산(恒山), 서악(西岳) 화산(華山), 중악(中岳) 숭산(崇山).
11) 주대(周代)의 태사(太師)·태부(太傅)·태보(太保).
12) 서주(西周) 초기의 정치가. 성은 희(姬) 이름은 단(旦). 무왕(武王)이 세상을 떠난 후 아들 희송(姬誦)이 어린 나이에 즉위하자 주공이 섭정하였다.
13) 무왕(武王)의 아들 희송(姬誦).
14) 무왕(武王)의 부친 희창(姬昌).

식을 파종하여 가꾸는 데 공을 세우고 나서 화곡신(禾穀神)에게 제사를 올렸으니 하늘과 땅에 제사를 지낸 유래는 깊다고 할 수 있다.

주(周)가 은(殷) 왕조를 정복한 이후 십사 대가 지나자 나라의 세력이 점차 쇠미해지기 시작하였다. 뿐만 아니라 예악이 문란해지고 제후들은 제멋대로 횡포한 짓을 일삼았으며, 주 유왕(周幽王)은 견융(犬戎)¹⁵⁾에게 패하여 주(周) 왕조는 하는 수 없이 동쪽 낙읍(洛邑)으로 천도하였다.

진 양공(秦襄公)은 견융을 공격하여 주(周) 왕조를 구하는 데 공을 세워 비로소 제후에 봉해지게 되었다. 진 양공은 서쪽 변경에 살게 되었기 때문에 마땅히 소호(少昊)¹⁶⁾의 신령을 받들어 제사지내야 한다고 생각했다. 그래서 서치(西畤)를 건립하고 백제(白帝)¹⁷⁾를 제사하였는데 희생물로는 검은 갈기의 붉은 말과 황소와 수양 한 마리씩을 바쳤다.

그로부터 십육 년이 지나 진 문공(秦文公)이 동쪽 견수(汧水)와 위수 사이로 사냥을 나가 도읍을 정하는 일로 점쳤는데 길하다는 점괘가 나왔다. 또 진 문공은 꿈에 하늘에서 내려온 누런 뱀(黃蛇)이 몸뚱이는 지면에 붙어 있고 입은 부현(鄜縣) 산비탈에 멈추어 있는 것을 보았다.

문공이 사돈(史敦)¹⁸⁾에게 묻자 사돈이 대답했다.

"이는 상제께서 내리신 조짐이오니 군왕께서는 서둘러 제사를 지내시기 바랍니다."

그래서 부치(鄜畤)를 건립하고 3생(三牲)¹⁹⁾을 바쳐 백제(白帝)에게 교제(郊祭)를 올렸다.

---

15) 옛날 서융(西戎)의 종족.
16) 고대 신화 전설상의 동이족(東夷族) 두령. 이름은 지(摯), 국호(國號)는 금천씨(金天氏).
17) 서방을 다스린다는 신화 전설상의 천제(天帝).
18) 진(秦)의 태사(太史).
19) 소·양·돼지.

부치를 건립하기 이전에 옹읍(雍邑)²⁰⁾ 부근에는 본래 오양(吳陽)²¹⁾의 무치(武畤)²²⁾와 옹읍 동쪽의 호치(好畤)²³⁾가 있었는데 이미 황폐되어 제사 지내는 사람이 없었다. 어떤 사람이 말하였다.

"예로부터 옹주(雍州)의 지세가 높고 험준하여 신명(神明)이 깃들기에 적합한 처소인지라 제단(壇址)을 세워 상제에게 제사를 올렸기 때문에 뭇 신들의 묘(廟)가 이곳에 집결해 있다고 합니다. 예전에 황제(黃帝) 시대에도 이곳에서 제사를 거행하였으며 주(周)나라 말기에도 역시 이곳에서 제사를 거행하였습니다."

그렇지만 이러한 말들이 경전(經傳)에 나타나 있지 않기 때문에 사대부들조차도 이를 언급하려 하지 않는다.

부치를 세운 지 9년 후 진 문공은 꿩처럼 생긴 옥석(玉石)을 획득하였다. 그래서 진창산(陳倉山) 북쪽 언덕에 성을 쌓고 이를 제사하였다. 그런데 그 신은 오랫동안 한 번도 나타나지 않는가 하면 1년에 여러 차례 나타날 때도 있었다. 출현할 때는 언제나 밤에 유성처럼 빛을 발하며 나타나는데 동남방에서 날아와 신성(神城) 안으로 들어가 머문다. 마치 수탉과 같은 모습으로 은은한 울음소리를 내면 꿩들도 따라 울었다. 매번 제사를 지낼 때마다 소·양·돼지 한 마리씩을 희생으로 바치고 제사하였는데 이 신을 일컬어 진보신(陳寶神)이라 하였다.

부치를 건립한 지 칠십팔 년이 지나 진 덕공(秦德公)이 즉위하여 옹(雍)에 정주(定住)하는 문제에 대하여 점쳤는데 '후대의 자손들은 말에게 황하의 물을 먹일 수 있다.'는 복사(卜辭)가 나와 마침내 옹(雍)을 도

---

20) 진 덕공(秦德公)이 이곳에 도읍을 세웠음.
21) 옹읍 부근에 있는 지명.
22) 진(秦)나라 때 지신(地神)에게 제사를 올리던 곳.
23) 하늘에 제사를 올리던 곳.

읍으로 정하였다. 옹(雍)의 수많은 사묘(祠廟)는 이로부터 비롯된 것이다. 덕공은 부치에 털빛이 흰 희생 세 마리를 바쳤으며, 복날(伏日)을 제사하는 사묘(祠廟)를 건립하고 개(犬)의 사지(四肢)를 분해하여 성읍의 4문(門)에 매달아 악귀의 재앙을 막고자 하였다.

덕공은 재위 2년 만에 세상을 떠났다. 그로부터 4년 후, 진 선공(秦宣公)은 위수 남쪽에 밀치(密畤)를 건립하고 청제(青帝)[24]에게 제사하였다.

십사 년 후, 진 목공(秦繆公)이 즉위하였다. 그는 병상에 닷새 동안 혼수 상태로 있다가 깨어났는데 꿈에 상제가 나타나 진(晋)의 내란을 평정하라는 명을 내렸다고 말하였다. 사관이 이를 기록하여 비부(秘府)[25]에 보관해 두었는데 후세 사람들은 모두 입을 모아 목공이 하늘나라에 올라갔다 왔다고 말한다.

진 목공이 즉위한 9년 후 제 환공(齊桓公)[26]이 패자가 되어 규구(葵丘)[27]에서 제후들과 회맹하여 봉선(封禪) 의식을 거행하려고 하였다. 그러자 관중(管仲)[28]이 말하였다.

"옛날 태산(泰山)에 제단을 쌓고 봉(封) 의식을 거행하고 양보산(梁父山)에서 선(禪) 의식을 거행한 제왕(帝王)이 일흔두 명이었다고 하나 제

---

24) 신화 전설상의 동방 천제(天帝). 일설에는 태호씨(太昊氏)라고 전해짐.

25) 궁중에서 중요한 문서나 물건을 보관하는 장소.

26) 춘추시대 제(齊) 군주인 강소백(姜小白). B.C. 685~643 재위. 관중(管仲)을 상(相)으로 임명하여 개혁을 단행하였으며 '존왕양이(尊王攘夷 : 왕을 존숭하고 오랑캐를 물리친다)' 란 슬로건을 내세워 융적(戎狄)이 중원(中原)을 공격해 오는 것을 막고 동주(東周) 왕실의 내란을 평정하였으며 여러 차례 제후들과 회맹을 가진 결과 맹약을 체결하여 춘추시대 최초의 패주(覇主)가 되었다. 「齊太公世家」에 자세한 내용이 보인다.

27) 읍 이름(邑名). 제 환공이 이곳에서 노(魯) · 송(宋) · 위(衛) · 정(鄭) · 허(許) · 조(曹) 등의 제후들과 회맹하여 패주의 지위를 굳혔음.

28) 이름은 이오(夷吾), 자는 중(仲). 춘추시대 초기의 뛰어난 정치가. 포숙아(鮑叔牙)의 천거로 제 환공은 그를 경(卿)에 임명하였는데 정치 · 군사 · 경제 및 인재 선발에 탁월한 재능을 보이고 큰 개혁을 단행하였으며, 제(齊)를 부강하게 만드는 데 혁혁한 공을 세워 제 환공이 최초의 패주가 되도록 보좌하였음.

가 기억하기로는 열두 명에 지나지 않습니다.

옛날 무회씨(無懷氏)[29]는 태산에서 봉(封) 의식을 행하고 운운산(云云山)에서 선(禪) 의식을 거행하였으며, 복희씨(伏義氏)[30]는 태산에서 봉 의식을, 운운산에서 선 의식을 거행하였으며, 신농씨(神農氏)[31]는 태산에서 봉 의식을, 운운산에서 선 의식을 거행하였으며, 염제(炎帝)[32]는 태산에서 봉 의식을, 운운산에서 선 의식을 거행하였으며, 황제(黃帝)는 태산에서 봉 의식을, 정정산(亭亭山)에서 선 의식을 거행하였으며, 전욱(顓頊)은 태산에서 봉 의식을, 운운산에서 선 의식을 거행하였으며, 제곡(帝嚳)은 태산에서 봉 의식을, 운운산에서 선 의식을 거행하였으며, 당(唐)의 요(堯)는 태산에서 봉 의식을, 운운산에서 선 의식을 거행하였으며, 우(虞)의 순(舜)은 태산에서 봉 의식을, 운운산에서 선 의식을 거행하였으며, 하(夏)의 우(禹)는 태산에서 봉 의식을, 회계산(會稽山)에서 선 의식을 거행하였으며, 상(商)의 탕(湯)은 태산에서 봉 의식을, 운운산에서 선 의식을 거행하였으며, 주(周)의 성왕(成王)은 태산에서 봉 의식을, 사수산(社首山)에서 선 의식을 거행하였는데 그들은 모두 천명을 받은 후에야 비로소 봉선(封禪)의 대전(大典)을 거행하였습니다."

환공이 말했다.

"과인은 북으로 산융(山戎)[33]을 정벌하고 고죽(孤竹)을 지났으며, 서로

---

29) 복희씨(伏義氏) 이전 신화 전설상의 제왕.
30) 인류의 시조로 받들어지는 신화 전설상의 인물. 여동생 여와(女媧)와 결혼하여 인류를 재창조했다고 전해지며 고기 잡는 그물을 발명하여 사람들에게 이를 가르쳐 주었으며 팔괘(八卦)를 만들었다고도 전해짐.
31) 아득한 옛날 처음으로 농업과 의약을 발명하였다는 신화 전설상의 인물. 강수(姜水)에서 태어났기 때문에 성을 강(姜)씨로 삼았으며 화덕(火德)의 왕이므로 염제(炎帝)라고도 불렸음.
32) 신농씨(神農氏)의 별칭이나 여기서는 신농씨의 후손을 가리킴.
33) 북적(北狄), 즉 선비족(鮮卑族)을 말함. 춘추시대 제(齊)·정(鄭)·연(燕)의 화근이 되었던 이 민족.

는 대하(大夏)를 토벌하고 유사(流沙)를 건너갔으며 말을 수레에 매달듯이 묶어 비이산(卑耳山)에 올랐다. 또 남으로는 초(楚)를 토벌하여 소릉(召陵)에 이르렀고 웅이산(熊耳山)에 올라 멀리 장강(長江)과 한수(漢水)를 바라보았다. 군사적 회맹을 세 차례, 평화적 회맹을 여섯 차례, 도합 아홉 차례에 걸쳐 제후들과 회맹을 가져 천하를 구하였다. 각 제후들은 나의 명령을 어기려 하지 않았으니 이를 하(夏)·은(殷)·주(周) 3대(三代)와 견주어 다를 바가 무엇인가?"

그러자 관중은 말로는 제 환공을 설득할 수 없다고 여겨, 그로 하여금 이치에 닿지 않는다는 것을 깨닫게 하기 위해 구체적인 사례를 인용하여 다음과 같이 간하였다.

"옛날 제왕들은 태산에 올라 봉선(封禪) 의식을 거행할 때 효상(歔上)[34]에서 나는 기장과 북리(北里)에서 나는 곡물을 제물로 바쳤으며, 또 장강(長江)과 회하(淮河) 유역에서 나는 한 줄기에 가지가 셋 달린 영모(靈茅)를 신령의 깔개로 삼았습니다. 이밖에 동해에서는 비목어(比目魚)를, 서해에서는 비익조(比翼鳥)를 구해왔습니다. 부르지 않아도 저절로 찾아오는 진기한 서물(瑞物)들이 열다섯 종이나 되었습니다. 지금은 봉황과 기린도 나타나지 않고 좋은 곡식[嘉穀]도 소출되지 않을 뿐만 아니라 쑥·명아주·가라지 등 잡초들만 무성하게 자라고 올빼미 같은 흉조(凶鳥)들만 자주 나타나는데 이런 상황에서 봉선(封禪)의 대전(大典)을 거행하는 것이 옳겠습니까?'

그제야 환공은 비로소 봉선(封禪)의 대전(大典)을 단념하였다. 그해에 진 목공(秦繆公)은 진(晉) 군주 이오(夷吾)[35]를 돌려보낸 후 세 차례에 걸

---

34) 산 이름.
35) 진(晉) 혜공(惠公).

쳐 군주를 세워 진(晉)의 내란을 평정하였다. 목공은 즉위 삼십구 년 만에 세상을 떠났다.

그 후 백여 년 뒤 공자(孔子)는 육예(六藝)³⁶⁾를 논술하면서, 역성(易姓) 혁명을 일으켜 왕이 되어 태산에서 봉(封) 의식을 거행하고 양보산(梁父山)에서 선(禪) 의식을 거행한 역대 칠십여 제왕들에 대하여 전(傳) 안에서 간략하게 언급하였다. 그렇지만 제기와 제물(祭物) 등 제도에 관해서는 분명하게 논술하지 않았는데 그 이유는 확실히 알 수 없다.

어떤 사람이 체제(禘祭)의 도리에 대하여 묻자 공자가 대답했다.

"모른다. 만일 체제(禘祭)의 도리에 대하여 아는 자가 있다면 그는 마치 손바닥 안의 물건을 보듯 천하를 쉽게 다스릴 수 있을 것이다."

주 문왕(周文王)은 은주(殷紂)의 재위 때 천명을 받았으나 그의 정권은 태산(泰山)까지 미치지는 못하였다. 주(周) 무왕(武王)은 은(殷)의 주(紂)를 정복한 지 2년 후 천하가 아직 안정을 되찾지 못한 상황에서 세상을 떠났다. 그리하여 주(周) 왕조의 덕정(德政)이 널리 미치게 된 것은 성왕(成王)에 이르러서의 일이라는 옛 시(古詩)의 기록을 볼 때 성왕 시대에 봉선(封禪)의 대전(大典)을 거행한 것은 도리에 합당한 것이었다.

그 후 노(魯)나라의 대부 계손씨(季孫氏)가 정권을 장악한 후 신분에 걸맞지 않게 태산(泰山)에서 여제(旅祭)를 거행하니 공자는 이를 비난하였다.

그 당시 장홍(萇弘)³⁷⁾은 방술(方術)로써 주 영왕(周靈王)을 섬기고 있었는데 제후들은 주나라 왕(周王)을 조현하러 오지 않았으며 주(周) 왕조의 세력은 쇠미해졌다. 이에 장홍은 귀신을 부리겠다고 떠벌이며 제후들

---

36) 유가(儒家)의 여섯 경전, 즉 6경(六經)으로 ≪詩≫, ≪書≫, ≪禮≫, ≪樂≫, ≪易≫, ≪春秋≫.
37) 춘추 시대 동주(東周)의 대부(大夫).

이 조회할 때 살쾡이의 머리(狸首)를 세워놓고 활로 쏘았다. 살쾡이의 머리는 바로 조현하러 오지 않는 제후들을 상징한 것이었다. 이처럼 주술(呪術)을 빌어 제후들로 하여금 조현하러 오도록 했지만 그래도 제후들은 따르지 않았다. 나중에 진(晉)나라 사람이 장홍을 잡아 죽였다. 주(周)나라 사람이 방술(方術)과 괴이(怪異)에 대하여 논하게 된 것은 장홍으로부터 비롯되었다.

그 후 백여 년이 지나 진 영공(秦靈公)은 오양(吳陽)에 상치(上畤)를 건립하고 황제(黃帝)를 제사하였으며, 또 하치(下畤)를 세우고 염제(炎帝)를 제사하였다.

그로부터 사십팔 년이 지난 후 주(周) 왕조의 태사(太史) 담(儋)은 진 헌공(秦獻公)을 뵙고 말하였다.

"본시 하나였던 진(秦)과 주(周)는 분리되었지만 오백 년이 지나면 반드시 다시 합쳐질 것이며, 그 후 십칠 년이 지나면 장차 진(秦)에 패왕(霸王)이 출현할 것입니다."

역양(櫟陽)[38]에서 금비(金雨)가 쏟아져 내렸는데 진 헌공은 이를 상서로운 조짐이라고 보고 역양에 휴치(畦畤)를 세우고 백제(白帝)를 제사하였다.

그로부터 일백이십 년 후, 진(秦)은 주(周) 왕조를 멸하였다. 그래서 주 왕조의 9정(九鼎)[39]은 진(秦) 왕조에 귀속되었다. 어떤 사람의 말에 의하면 송(宋) 태구(太丘)의 사단(社壇)이 수몰될 때 그 정(鼎)이 팽성(彭城) 아래 사수(泗水) 속에 가라앉았다고 한다.

그 후 일백십오 년이 지나 진(秦)이 천하를 통일하였다.

진시황이 이미 천하를 통일하고 칭제(稱帝)하자 어떤 사람이 의견을

---

38) 지명. 진 헌공은 이곳에 도읍을 세웠음.

말하였다.

"황제(黃帝)는 토덕(土德)을 얻었기 때문에 황룡(黃龍)과 커다란 지렁이가 출현하였고, 하(夏) 왕조는 목덕(木德)을 얻었기 때문에 청룡(靑龍)이 교외에 머물고 초목이 무성하게 우거졌으며, 은(殷) 왕조는 금덕(金德)을 얻었기 때문에 산에서 은(銀)이 넘쳐흘렀습니다. 또 주(周) 왕조는 화덕(火德)을 얻었기 때문에 하늘에서 불이 떨어져 적조(赤鳥) 형상을 이루는 서상(瑞祥)[40]이 있었습니다. 지금 진(秦)이 주(周) 왕조를 대체하였으니 수덕(水德)이 흥성할 시기입니다. 일찍이 문공(文公)이 사냥을 나가 흑룡(黑龍)을 얻으셨으니 이는 진(秦) 왕조가 오늘날 수덕(水德)을 얻게 된 것에 대한 상서로운 조짐이었습니다."

그래서 진(秦) 왕조에서는 황하를 '덕수(德水)'라 개칭하고 동계(冬季) 10월을 한 해의 처음[歲首]으로 삼았으며, 흑색을 숭상하고 길이의 단위를 6으로 하였으며, 음악은 대려율(大呂律)을 숭상하고 모든 정사에는 법을 으뜸으로 여기게 되었다.

진시황은 제위에 오른 지 3년 만에 동방의 각 군현을 시찰하고 추현(騶縣)의 역산(嶧山)에서 제사지냈으며, 진(秦) 왕조의 공업을 칭송하는 비석을 세웠다. 그리고 제(齊)와 노(魯) 지방의 유생과 박사 칠십 명을 소집하여 그들과 함께 태산(泰山) 아래에 도착하였다. 한 유생이 건의하였다.

"고대 제왕들이 봉선(封禪)의 대전(大典)을 거행할 때 수레바퀴를 부

---

39) 하나라 우(夏禹)가 9주(九州)의 금속을 모아 주조했다는 9개의 솥(鼎)을 말하는데 그 후 전국(傳國)의 보기(寶器)로 삼게 되었다. 하(夏)·은(殷)·주(周) 세 왕조에 걸쳐 면면히 전해지다가 진(秦)이 주(周) 왕조를 멸하여 이 9정을 차지하게 되었는데 그중 하나는 사수(泗水)에 빠졌다고 하나 나머지는 어떻게 되었는지 알 길이 없다.

40) 전설에 따르면 주 무왕(周武王) 때 하늘에서 불이 내려와 적조(赤鳥) 형상을 이루었다고 한다.

들[蒲草]로 싼 것은 산 위의 흙과 돌, 그리고 초목을 상하지 않게 하기 위함이었으며, 제사를 지낼 때 지면을 깨끗이 쓸고 껍질을 벗겨낸 짚으로 만든 돗자리를 사용한 것은 의례(儀禮)를 지키기 쉽게 하기 위해서였습니다."

진시황은 이러한 의론들을 들어 보았으나 의견이 엇갈릴 뿐만 아니라 시행하기도 어려운지라 유생들을 물리쳤다. 그리고는 영을 내려 수레가 다닐 수 있는 도로를 닦게 한 뒤 태산 남쪽에서 산 정상에 올라 자신의 공덕을 칭송하는 비석을 세우고 태산에서 봉(封) 의식을 거행할 것을 표명하였다. 그러고 나서 태산의 북쪽 산길로 하산하여 양보산(梁父山)에서 선(禪) 의식을 거행하였다. 이때 태축(太祝)[41]은 옹현(雍縣)에서 상제를 제사할 때 사용하는 의례들을 많이 채용하였다. 그런데 그 의례에 관해서는 절대 비밀에 부쳤기 때문에 세상 사람들은 이를 기록할 수 없었다.

진시황이 태산에 오를 때 중도에서 폭풍우를 만나 하는 수 없이 큰 나무 아래에서 휴식을 취하게 되었다. 시황의 눈 밖에 난 유생들이 봉선(封禪)의 대전(大典)에도 참석하지 못하고 있던 터에 진시황이 폭풍우를 만났다는 소식을 듣고 모두 그를 비웃었다.

그 후 진시황은 다시 동해안 지방을 유람하며 명산대천과 8신(八神)에게 예를 갖추어 제사하고 선문(羨門)[42] 같은 신선을 만나려고 하였다. 8신은 예로부터 있었는데 제(齊)의 강태공(姜太公)[43]이래 흥기하였다고

---

41) 제사를 지낼 때 축문과 기도를 관장하는 관직.
42) 옛 선인(仙人).
43) 태공망(太公望). 성은 강(姜) 이름은 상(尙). 주 문왕(周文王)이 그를 존숭하여 태공망(太公望)이라 불렀으며 주 무왕(周武王)을 보좌하여 은(殷) 왕조를 멸하는 데 혁혁한 공을 세웠고 그 공로로 나중에 제(齊)에 봉해져 제(齊)의 시조가 되었다 자세한 내용은 「齊太公世家」에 나타나 있다.

말하는 사람도 있다. '제(齊)'라고 칭해지게 된 까닭은 제(齊)나라가 하늘의 배꼽[天齊]에 위치하고 있기 때문이다. 그런데 그 제사는 예전에 단절되었기 때문에 언제부터 시작되었는지는 알 길이 없다.

8신(神)의 명칭을 들면 첫 번째 신은 천주(天主)인데 그에게는 천제(天齊)에서 제사를 거행한다. 천제(天齊)의 연수(淵水)는 임치성(臨淄城)[44] 남쪽 교외의 산 아래다.

두 번째 신은 지주(地主)인데 그에게는 태산(泰山) 아래에 있는 양보산(梁父山)에서 제사한다. 본시 천신은 음기(陰氣)를 좋아하기 때문에 천신을 제사할 때는 반드시 높은 산 아래나 작은 산 위에서 지내야 하는데 그 제단을 일컬어 '치(畤)'라 한다. 지신(地神)은 양기(陽氣)를 존중하기 때문에 지신을 제사할 때는 반드시 못 가운데에 있는 원구(圓丘) 위에서 지내야 한다.

세 번째 신은 병주(兵主)인데 치우(蚩尤)의 분묘에서 제사한다. 치우의 분묘는 동평륙(東平陸)의 감향(監鄕)에 있는데 그곳은 제(齊)의 서쪽 변경이다.

네 번째 신은 음주(陰主)인데 삼산(三山)에서 제사한다. 다섯 번째 신은 양주(陽主)인데 지부산(之罘山)에서 제사한다. 여섯 번째 신은 월주(月主)인데 내산(萊山)에서 제사한다. 이 지방들은 모두 제(齊)의 북쪽 발해(渤海) 연안에 있다.

일곱 번째 신은 일주(日主)인데 성산(成山)에서 제사한다. 성산은 가파르고 바다를 향해 깊숙이 돌출되어 있는데 제(齊)의 동북쪽 극단에 위치하고 있기 때문에 해돋이를 맞이할 수 있다. 여덟 번째 신은 시주(時主)인데 낭야산(琅邪山)에서 제사한다. 낭야산은 제(齊)의 동쪽 지방에 있

---

44) 제(齊)의 도읍지.

는데 이곳에서 1년의 시작을 기도할 수 있다.

　이상 여덟 신을 제사할 때는 각기 소·양·돼지 한 마리씩을 희생으로
바치고 제사하지만 무축(巫祝)⁴⁵⁾은 옥과 비단 등을 증감할 수 있다.

　제 위왕(齊威王)과 제 선왕(齊宣王) 이래 추연(騶衍)⁴⁶⁾ 등이 종시오덕
(終始五德)⁴⁷⁾ 운행의 순환 변화에 따른 왕조의 흥망 원인을 설명하는 책
을 저술하였다. 진(秦) 왕조가 칭제(稱帝)한 후 제(齊)나라 사람들이 이
이론을 상주(上奏)하였기 때문에 진시황은 이를 채용하였다.

　송무기(宋毋忌)·정백교(正伯僑)·충상(充尙)·선문고(羨門高)·최
후(最後)⁴⁸⁾는 모두 연(燕)나라 사람들인데 그들은 신선술을 배우고 익혀
육체가 해탈되고 난 뒤 혼백이 승천하여 귀신에 기탁할 수 있기를 기구
(祈求)하였다. 추연은 음양(陰陽) 학설에 의지하여 제후들 사이에 이름
을 떨쳤으나 연(燕)과 제(齊)나라 해안 지방의 방사(方士)들은 그의 학설
의 실질을 제대로 이해하지 못하였다. 그래서 실제에서 크게 벗어나 고
상하고 오묘한 듯하지만 괴이하기 짝이 없는 장광설로 군주에게 영합하
여 사리사욕을 채우기 위해 갖은 아첨을 늘어놓는 무리들이 이때부터 흥
기하여 이루 헤아릴 수 없이 많았다.

　제 위왕(齊威王)·제 선왕(齊宣王)·연 소왕(燕昭王) 때부터 사람을
바다로 보내 봉래(蓬萊)·방장(方丈)·영주(瀛州)를 찾게 하였다. 전설
에 의하면 이 세 신산(神山)은 발해(渤海) 안에 있다고 하며, 인간 세상으
로부터 그다지 멀리 떨어져 있지는 않으나 배가 닿을 듯하면 바람에 밀
려 그곳으로부터 멀어지는 것이 우려되었다고 한다.

---

45) 사묘(祠廟)에서 제례(祭禮)를 관장하는 사람.
46) 전국시대의 대표적인 음양오행가(陰陽五行家).
47) 만물을 구성하는 다섯 가지 물질, 즉 오행(水火木金土)의 덕성(德性)이 상생(相生)·상극(相
　　克)하며 번갈아 순환한다는 원리로 왕조의 흥망 원인을 설명하는 학설.
48) 선인(仙人)들의 이름.

일찌기 어떤 사람이 그곳에 도착한 적이 있다고 하는데 뭇 선인(仙人)들과 장생불사약이 있었다고 한다. 또 그곳에 있는 새와 짐승들은 모두 흰색이고 궁전은 황금과 은으로 지은 것이라고 한다. 그곳에 도착하기 전에 멀리서 바라보면 세 신산(神山)이 마치 구름처럼 생겼으나 가까이 가 보면 삼신산(三神山)은 물 밑에 있으며, 배가 가까이 다가가면 바람에 밀려나 끝내 그곳에 도달할 수 없다고 한다.

세상의 제왕(帝王)치고 그곳에 가고 싶어 하지 않는 사람이 없었다. 진시황이 천하를 통일한 후 해안 지방에 도착했을 때 수많은 방사(方士)들이 입을 모아 신선에 관한 전설에 대하여 상주하였다.

진시황은 자신이 직접 바다에 가도 그곳에 도달하지 못할까 두려운 나머지 사람을 시켜 동남동녀(童男童女)들을 데리고 바다로 나아가 그 신산(神山)들을 찾아보게 하였다. 그들은 배를 타고 해상에 나갔다가 곧 돌아와서는 책임을 회피하기 위해 말을 맞추기로 하여 바람 때문에 신산에 도달할 수는 없었지만 멀리서 바라볼 수 있었다고 보고하였다.

이듬해, 진시황은 다시 동해안 순시에 나서 낭야산(琅邪山)까지 갔으며 항산(恒山)을 지나 상당(上黨)을 거쳐 귀경하였다. 그로부터 3년 후, 진시황은 갈석(碣石)을 순유(巡遊)하며 신선을 찾으러 바다로 나갔던 방사(方士)들을 조사 심문하고 상군(上郡)을 경유하여 귀경하였다.

5년 후, 진시황은 남으로 순시에 나서 상산(湘山)에 도착하였으며, 이어 회계산(會稽山)에 오른 뒤 해안을 따라 북상하면서 삼신산(三神山)의 장생불사약을 구할 수 있기를 바랐다. 그렇지만 그것을 구하지 못한 채 귀경하는 도중 사구(沙丘)에서 세상을 뜨고 말았다.

진(秦) 2세 원년, 동으로 순유(巡遊)에 나서 갈석산(碣石山)에 들러 해안을 따라 남하하여 태산(泰山)을 거쳐 회계산에 들르는 동안 차례대로 모두 예를 갖추어 제사하였다. 아울러 시황제가 새긴 비문 곁에 글을 새

겨 넣어 시황제의 공덕을 칭송하였다. 그해 가을 제후들이 진(秦) 왕조에
등을 돌려 반란을 일으켰다. 2세 3년, 진(秦) 2세는 시해되었다.

진시황이 봉선(封禪)의 대전(大典)을 거행한 지 십이 년 만에 진(秦) 왕
조는 멸망했다. 그 당시 유생들은 진시황이 《시(詩)》, 《서(書)》를 불
태우고 학자들을 살육한 것에 대해 증오심을 품게 되었으며, 백성들은
가혹한 법에 대한 원한으로 가득 차 있었기 때문에 천하가 일제히 반기
를 들었다. 또한 모두들 입을 모아 '진시황은 태산에 올랐지만 폭풍우
때문에 봉선(封禪)의 대전(大典)을 거행하지 못하였다.'는 헛소문을 퍼
뜨렸다. 이것이 바로 덕을 갖추지 못했음에도 불구하고 억지로 봉선(封
禪) 의식을 거행한 제왕을 두고 한 말이 아니겠는가?

옛날 하(夏)·상(商)·주(周) 삼대(三代)의 도읍은 모두 황하와 낙하
(洛河) 사이에 있었기 때문에 숭고(崇高)를 중악(中岳)으로 하고 나머지
사악(四岳)은 그 방위(方位)에 따라 정하였으며 사독(四瀆)은 모두 산동
지방에 있었다. 그런데 진시황은 칭제(稱帝)한 이후에도 계속 함양을 도
읍으로 삼았기 때문에 오악(五岳)과 사독(四瀆)이 모두 도읍의 동쪽에
있게 되었다.

오제(五帝) 이래 진(秦) 왕조에 이르기까지 각 왕조의 흥망성쇠가 서로
교체되었기 때문에 명산대천이 때로는 제후국 경계 안에 들어가기도 하
고 때로는 천자가 다스리는 관할 지역 안에 들어가기도 하였다. 그래서
제사를 지내는 의례도 왕조가 바뀜에 따라 증감되고 각기 달라졌기 때문
에 이를 일일이 기록할 수는 없다.

그렇지만 진(秦)이 천하를 통일한 이후 사관(祠官)에게 명하여 하늘과
땅(天地), 이름난 산(名山)과 큰 하천(大川)의 귀신에게 정기적으로 제사
하도록 했기 때문에 순서에 따라 논술할 수 있는 것이다.

그 당시 효산(崤山) 동쪽에 명산(名山) 다섯 개와 큰 하천(大川) 두 개

가 있었다. 다섯 개의 명산(名山)은 태실산(太室山, 崇山)·항산(恒山)·
태산(泰山)·회계산(會稽山)·상산(湘山)이다. 두 개의 큰 하천(大川)은
제수(濟水)와 회하(淮河)이다.

말린 고기와 술을 갖추어 봄에는 1년 농사의 풍년과 아울러 하천이 해
빙(解氷)되기를 기원하는 제사, 가을에는 다시 결빙(結氷)되기를 기원하
는 제사, 겨울에는 신의 공에 감사드리고 복을 비는 제사를 드렸다. 제단
에 바치는 희생(犧牲)은 송아지 한 마리이지만 각 제사마다 제기에 담는
옥과 비단 등의 제물은 서로 차이가 있었다.

화산(華山) 서쪽에는 이름난 산이 일곱 개, 이름난 하천이 네 개 있다.
일곱 개의 명산은 화산(華山)·박산(薄山), 즉 쇠산(衰山)·악산(岳山)·
기산(岐山)·오악(吳岳)·홍총(鴻冢)·독산(瀆山)이다. 독산은 촉군(蜀
郡)에 있는 문산(汶山)을 말한다. 네 개의 큰 하천은 황하·면수(沔水)·
추연(湫淵)·강수(江水)인데 황하는 임진(臨晋)에서 제사하였으며, 면수
는 한중(漢中)에서 제사하였으며, 추연은 조나(朝那)에서 제사하였으며,
강수는 촉군(蜀郡)에서 제사하였다.

동방의 명산대천(名山大川)에 대한 제사와 마찬가지로 봄과 가을에는
해빙제(解氷祭)와 결빙제(結氷祭)를 지내고, 겨울에는 복을 구하고 신의
공에 감사하는 제사를 드렸다. 제단에 바치는 희생은 송아지 한 마리이
지만 각 제사마다 제기에 담는 옥과 비단 등의 제물은 서로 차이가 있었
다. 또 네 개의 높고 큰 산인 홍총(鴻冢)·기산(岐山)·오악(吳岳)·악산
(岳山)에서는 모두 햇곡식을 바치고 제사하였다.

진보신(陳寶神)에게도 계절에 따라 제사를 흠향하였다. 황하를 제사할
때는 추가로 탁주(濁酒)를 바쳤다. 이상의 산과 하천은 모두 옹주(雍州)
지역 안에 있고 천자의 도성과 가깝기 때문에 제사할 때 수레 한 대와 흑
색 갈기의 건장한 적마(赤馬) 네 필을 추가로 바쳤다.

파수(灞水)·산수(產水)·장수(長水)·예수(澧水)·노수(澇水)·경수(涇水)·위수는 모두 큰 하천은 아니지만 함양에서 가깝기 때문에 제사할 때 명산대천(名山大川)에 준하는 제물을 바쳤으며 특별히 추가하지는 않았다. 또 견수(汧水)와 낙수(洛水)·명택(鳴澤)·포산(蒲山)·악서산(岳胥山) 등은 모두 작은 산과 하천이지만 역시 매년 해빙제(解氷祭)와 결빙제(結氷祭) 및 복을 구하고 신의 공에 감사하는 감사제를 드렸는데 그 의식이 반드시 동일하지는 않았다.

옹현(雍縣)에는 일신(日神)·월신(月神)·삼수(參宿)·심수(心宿)·남북두(南北斗)·화성(火星)·금성(金星)·목성(木星)·토성(土星)·수성(水星)·이십팔수(二十八宿)·풍백(風伯)[49]·우사(雨師)[50]·사해(四海)[51]·구신(九臣)·십사신(十四臣)·제포(諸布)·제엄(諸嚴)·제체(諸逮) 등의 신령들을 제사하는 사묘(祠廟)가 백여 개나 있었다. 서현(西縣)에도 수십여 개의 사묘(祠廟)가 있었다.

호현(湖縣)에는 주(周)의 천자(天子)를 제사하는 사(祠)가 있었으며, 하규(下邽)에는 천신(天臣)을 제사하는 사(祠)가 있었으며, 예수(澧水)와 호수(滈水)에는 문왕(文王)을 제사하는 사(祠)와 천자의 벽옹(辟雍)이 있었으며, 두현(杜縣)의 박정(亳亭)에는 세 개의 두주사(杜主祠)와 수성사(壽星祠)가 있었다.

이밖에 옹현(雍縣)의 관묘(菅廟)에도 두주(杜主)를 제사하는 사(祠)가 있었다. 두주(杜主)는 본시 주(周) 왕조의 우장군(右將軍)이었는데 진중(秦中) 지방에서는 가장 작은 귀신이었지만 영험이 있었다. 이상의 성수(星宿)와 신령들을 해마다 때에 맞추어 각각 제사하였다.

---

49) 신화상의 풍신(風臣).
50) 신화상의 우선(雨禪).
51) 고대 중국인들은 사방이 바다로 둘러싸여 있다고 여겼다. 여기에서는 해신(海神)을 가리킨다.

옹현(雍縣)에는 4치(四畤)가 있었는데 제사를 받는 상제가 가장 존귀하였지만 진보신(陳寶神) 제사만큼 사람들에게 감동을 주는 광경은 없었다. 옹현의 사치(四畤)에서 봄에는 1년 농사가 풍년이 들기를 기원하는 제사와 아울러 해빙제(解氷祭)를 거행하였으며 가을에는 결빙제(結氷祭)를, 겨울에는 신의 공에 감사하는 제사를 올렸다. 5월에는 건강한 말을 희생으로 바치고 사계절의 중간 달에는 월제(月祭)를 거행하였으며 진보신(陳寶神)이 도래하는 계절에 맞추어 한 차례씩 제사를 올렸다. 봄과 여름에는 붉은 말을, 가을과 겨울에는 흑색 갈기의 붉은 말을 제물로 바쳤다.

각 치(畤)의 제사마다 건장한 말 네 필과 나무로 조각한 용[木偶龍]이 끄는 방울 달린 수레 한 대 및 목마(木馬)가 끄는 수레 한 대를 제물로 바치되 제물 색깔은 각 방위 천제(天帝)의 색깔에 따라 맞추었다. 누런 송아지와 새끼 양은 각각 네 마리, 옥과 비단은 일정 수량을 바쳤으며, 살아 있는 희생은 모두 매장하였고 제기는 사용하지 않았다.

3년마다 한 차례씩 교사(郊祀)를 거행하였는데 진(秦) 왕조에서는 겨울 10월을 1년의 첫 달로 삼았기 때문에 천자는 언제나 10월에 재계(齋戒)하고 교외에 나가 제사 의식을 거행하였다. 이때 4치(四畤)에 이르기까지 횃불을 밝히고 함양 부근에서 망사(望祀)의 예배 의식을 거행하였으며, 흰 옷을 숭상한다거나 사용한 제물은 다른 제사와 동일하였다. 서치(西畤)와 휴치(畦畤)의 제사는 예전처럼 지냈으나 천자가 직접 참석하지는 않았다. 이상의 모든 제사들은 항상 태축(太祝)이 주관하여 매년 때에 맞추어 올렸다.

그 밖에 명산대천(名山大川)의 뭇 신령들 및 8신(八神) 등의 제사는 천자가 그곳을 지날 때에만 지내고 천자가 떠나면 그만두었다. 도읍으로부터 멀리 떨어진 군현의 신사(神祠)는 그 지역에 살고 있는 백성들이 제사를 받들었으며 천자의 축관(祝官)은 이에 관여하지 않았다. 축관(祝官) 중에 비축(秘祝)이 있었는데 사직(社稷)에 재앙이 떨어질 불길한 조짐이 나타나면 신하와 백성들을 위해 기도와 제사를 올렸다.

한(漢) 왕조가 이제 막 흥기하여 한 고조(漢高祖)[52]가 아직 미천할 때 커다란 뱀을 죽인 일이 있었다. 그때 귀신이 나타나 말했다.

"그 뱀은 백제(白帝)의 아들이며 그 뱀을 죽인 자는 적제(赤帝)[53]의 아들이다."

고조가 처음 군사를 일으켰을 때 풍읍(豊邑)의 분유사(枌榆祠)에서 기도하였다. 그 후 패현(沛縣)을 점령하여 패공(沛公)이 되자 치우(蚩尤)를 제사하고 제물로 바친 희생 동물의 피를 북과 기에 발랐다. 뒤이어 10월에는 파상(灞上)에 이르러 제후들과 함께 함양을 평정하고 한왕(漢王)이 되었다. 그래서 10월을 1년의 첫 달[歲首]로 삼고 적색을 숭상하게 되었다.

한 고제(漢高帝) 2년(B.C. 205), 고조는 동쪽으로 진격하여 항적(項籍)[54]을 공격한 후 다시 관중(關中)으로 돌아와 신하들에게 물었다.

"과거 진(秦) 왕조에서 제사한 상제는 어떤 천제(天帝)인가?"

신하들이 대답하였다.

"백제(白帝)·청제(靑帝)·황제(黃帝)·적제(赤帝), 이렇게 사제(四帝)를 제사하였습니다."

---

52) 고조(高祖), 유방(劉邦)의 시호(諡號).
53) 남방을 다스린다는 신화 속의 천제(天帝).
54) 항우(項羽). 이름은 적(籍), 자(字)는 우(羽). 진(秦) 왕조 말기에 군사를 일으켜 진(秦) 왕조를 쓰러뜨리고 유방과 패권을 다투다 패하여 자살하였다. 이에 대한 자세한 내용은 「項羽本紀」를 참고하기 바람.

고조가 말했다.

"내가 듣기로 하늘에는 오제(五帝)가 있다고 하는데 사제(四帝)만 제사한 까닭은 무엇인가?"

그 이유를 아는 사람이 아무도 없었다. 이에 고조가 말했다.

"그 까닭을 알겠다. 나를 기다려 오제(五帝)의 사묘(祠廟)를 갖추도록 한 것일 게다."

하고 고조는 흑제(黑帝)의 사(祠)를 건립하고 북치(北畤)라 명명하였다. 그런데 이 제사는 관계 관원이 주재하고 천자는 직접 참석하지 않았다. 고조는 옛 진(秦) 왕조의 축관(祝官)을 모두 불러 태축(太祝)과 태재(太宰)의 관직을 다시 설치하고 예전과 똑같은 의례(儀禮)에 따라 제사하도록 하였으며, 아울러 각 현(縣)에 관부의 사단(社壇)을 세울 것을 명하고 다음과 같은 조서를 내렸다.

'나는 신사(神祠)와 제사를 매우 중시하는 사람이다. 이제 상제의 제사와 산천(山川)의 뭇 신령 중 마땅히 제사해야 할 곳은 각기 규정된 때에 맞게 예전 의례에 따라 제사를 올리도록 하라.'

그로부터 4년 후, 천하가 안정되자 어사(御史)에게 영을 내려 풍현(豊縣)의 분유사(枌楡社)를 잘 관리하고 계절마다 제사하되 봄에는 소와 양을 제물로 바치도록 하였다. 또 축관(祝官)에게 명하여 장안에 치우사(蚩尤祠)를 건립하도록 하였다. 장안에는 사관(祠官) · 축관(祝官) · 여무(女巫)를 두었다.

그중 양(梁) 지방의 무(巫)는 하늘(天) · 땅(地) · 천사(天社) · 천수(天水) · 방중(房中) · 당상(堂上) 등의 신령들을 제사하는 책임을 맡았으며, 진(晋) 지방의 무(巫)는 오제(五帝) · 동군(東君) · 운중군(雲中君) · 사명(司命) · 무사(巫社) · 무사(巫祠) · 족인(族人) · 선취(先炊) 등의 신령들을 제사하는 책임을 맡았다. 또 진(秦) 지방의 무(巫)는 두주(杜主) · 무보(巫保)·족루(族累) 등의 신령들을 제사하는 책임을 맡았으며, 형(荊) 지방의 무(巫)는 당하(堂下)·무선(巫先)·사명(司命)·시미(施糜) 등의 신령들을 제사하는 책임을 맡았으며, 구천무(九天巫)는 구천(九天)을 제사하는 책임을 맡았다. 이들은 매년 규정된 때에 맞추어 궁중에서 제사하였다.

그중 하무(河巫)는 임진(臨晋)에서 하신(河臣)을 제사하였고, 남산무(南山巫)는 남산(南山)에서 진중(秦中)을 제사하였다. 진중(秦中)이란 진 2세(秦二世) 황제를 가리킨다. 이상의 각 제사는 규정된 날짜가 있었다.

2년 후, 어떤 사람이 말했다.

"주(周) 왕조가 흥성할 때 태(邰)에 성읍을 건립하고 후직(后稷)의 사묘(祠廟)를 세웠는데 지금까지도 사람들은 그 제사를 받들고 있습니다."

이에 고조(高祖)는 어사(御史)에게 조서를 내렸다.

'각 군(郡)·국(國)·현(縣)에서는 영성사(靈星祠)를 세우고 매년 정해진 때에 맞춰 소를 제물로 바치고 제사하라.'

한 고조 10년 봄, 관계 관원이 아뢰어 매년 3월과 12월에 각 현(縣)에서 양과 돼지를 바쳐 토지신[社]과 곡신[稷]에게 제사할 것과 민간 토지신은 그 고을에 사는 백성들이 재물을 염출하여 제사할 것을 청하자 천자가 재가하였다.

십팔 년 후에 효문제(孝文帝)가 즉위하였다. 즉위 13년, 다음과 같은 조서를 내렸다.

'지금 비축(秘祝)은 신하와 백성들에게 재앙을 전가하고 있는데 짐은 이를 결코 용납할 수 없다. 앞으로는 이러한 일이 없도록 하라.'

제후국 안에 있는 명산대천(名山大川)은 본시 제후국 축관(祝官)이 제사를 받들었으며 천자의 축관은 이에 관여하지 않았다. 그런데 제국(齊國)과 회남국(淮南國)이 폐봉(廢封)된 후 천자는 태축(太祝)에게 명하여 과거 진(秦) 왕조 때와 동일한 의례로 매년 때에 맞춰 제사를 받들도록 하였다.

그해에 문제는 다음과 같은 칙령을 내렸다.

'짐이 즉위한 지 이제 십삼 년, 선조 신령들의 가호와 사직(社稷)의 축복으로 나라 안이 태평무사하고 백성들은 고통에서 해방되었으며 근래 수년 동안 계속 풍년이 들었다. 부덕한 짐이 누구 덕분에 이러한 복락을 누리는 것인가? 이 모든 것은 상제와 신령들이 베푸신 은혜이다. 옛날 제왕(帝王)들은 신령의 은덕을 입으면 반드시 그 은덕에 보답하였다고 한다. 그래서 짐은 신령들에 대한 제사를 보다 성대히 받들고자 한다.

관계 관원은 이를 의논하여 옹현(雍縣)의 오치(五畤)를 제사할 때 수레 한 대와 그에 딸린 마구(馬具)들을 추가로 바치고, 서치(西畤)와 휴치(畦畤)에는 나무로 만든 모형 수레[木偶車] 한 대와 네 필의 모형 말[木偶馬] 및 그에 딸린 마구(馬具)를 추가로 바치도록 하라. 또 황하·추수(湫水)·한수(漢水)의 제사에는 옥벽(玉璧) 2매(枚)씩을 추가하라. 또 그 밖의 여러 사묘(祠廟)에도 등급에 따라 제터[祀場]를 확장하고 옥과 비단과 희생을 늘리도록 하라.

축복관(祝福官)은 짐에게 모든 축복을 돌리고 백성들을 그 안에 포함시키지 않고 있는데 이제부터 축수(祝壽)는 성심성의를 다하여 정성껏 하되 짐 한 사람을 위해서만 축수하지 말라.'

노(魯) 지방 출신 공손신(公孫臣)은 다음과 같은 상서를 올렸다.

'본시 진(秦) 왕조는 수덕(水德)을 얻었으며 이제 한 왕조가 진(秦)을 계승하였습니다. 오덕종시설(五德終始說)에 의하면 한(漢) 왕조는 토덕(土德)이 성할 차례이니 토덕의 서응(瑞應)으로 황룡이 출현할 것입니다. 따라서 마땅히 1년의 첫 달[歲首]을 바꾸고 수레·말·복식의 색깔을 바꿔 황색을 숭상해야 합니다.'

그런데 당시의 승상 장창(張蒼)은 음률과 역법(曆法)을 애호하였는데 한(漢) 왕조는 수덕(水德)이 홍성한다고 하였다. 그는 황하의 금제(金堤)가 무너진 사실을 들어 이것이야말로 수덕의 서응(瑞應) 증거라고 보았다. 그래서 1년의 첫 달을 겨울 10월로 삼아야 하고, 10월의 양기(陽氣)가 밖에 있고 10월의 음기(陰氣)가 안에 있기 때문에 백초(百草)의 색깔이 겉은 검고 속은 붉어야 수덕(水德)에 부합된다고 주장하며 공손신의 주장을 반박하였다. 그리하여 공손신의 주장은 채택되지 않았다.

그런데 3년 후 성기(成紀)에 황룡이 출현하였다. 이에 한 문제(漢文帝)는 공손신을 박사(博士)에 임명하고 여러 학자들과 함께 역법과 복색(服色)을 바꾸는 일에 대하여 입안해 보도록 하였다. 그해 여름, 문제는 다음과 같은 조서를 내렸다.

'기이한 신물(神物)이 성기현(成紀縣)에 출현하였는데 백성들에게는 아무런 해가 없고 풍년이 들 것 같다. 짐은 상제와 뭇 신(神)을 제사하고자 하니 예관(禮官)은 이 방안에 대하여 심의하되 짐이 수고로울까 걱정하지 말라.'

관계 관원들이 말하였다.

"옛날에 천자는 여름에 직접 교외(郊)에 나아가 상제를 제사하였으며 그 제사를 일컬어 교사(郊祀)라 하였습니다."

그해 여름 4월, 문제는 처음으로 옹현(雍縣)의 오치(五畤)에서 교제(郊祭)를 거행하고 상제에게 참배하였으며 복식은 모두 적색을 숭상하였다.

그 이듬해, 조(趙) 지방 출신 신원평(新垣平)은 자신이 관찰한 운기(雲氣)를 보고하기 위해 황상을 뵙고 이렇게 주장하였다.

"장안의 동북쪽에 신이(神異)로운 오색 구름이 나타났는데 마치 사람이 면류관을 쓰고 있는 형상을 이루었습니다. 어떤 사람의 말에 의하면 동북방은 신명(神明)의 거처이고 서방은 신명의 묘(墓)라고 합니다. 하늘의 서상(瑞祥)이 강림하였으니 마땅히 사묘(祠廟)를 세우고 상제를 제사하여 이 상서로운 조짐에 응하셔야 합니다."

이에 문제는 위양(渭陽)에 오제(五帝)의 묘(廟)를 세워 한 지붕 밑에 천제(天帝)를 제사하는 전당(殿堂)을 짓고, 각 천제(天帝)의 방위(方位)에 따라 전당으로 통하는 다섯 개의 문에는 그 천제(天帝)의 고유 색깔을 칠하였으며, 제사할 때 바치는 희생과 의례는 옹현(雍縣) 오치(五畤)의 형식과 같게 하였다.

그해 여름 4월, 문제(文帝)는 파수(灞水)와 위수가 합류되는 곳에 나아가 위양(渭陽)의 오제(五帝)를 참배하였다. 오제(五帝)의 묘(廟)는 남으로 위수에 접해 있고 북으로는 운하를 뚫어 끌어들인 위수가 포지(蒲池)로 흘러들었다. 제사를 올릴 때 횃불을 밝히자 그 휘황한 빛이 하늘에 가득 차는 것 같았다. 문제는 신원평(新垣平)에게 상대부(上大夫)의 높은 지위를 내리고 수천 금(金)을 하사하였다. 또 박사(博士)와 학자들에게 육경(六經) 중에 관련 있는 내용을 뽑아 옥제(玉制)를 편찬케 하였으며, 아울러 순수(巡狩)와 봉선(封禪)에 관한 일을 의논케 하였다.

문제가 장문정(長門亭)을 나서다 문득 북쪽 큰길가에 다섯 사람이 서 있는 듯한 것을 본 후 그곳에 오제(五帝)의 제단(祭壇)을 건립하고 소와 양과 돼지를 다섯 마리씩 바치고 제사하였다.

그 이듬해 신원평은 사람을 시켜 옥배(玉杯)를 들고 궁문 앞에 나아가 상서를 올리며 이를 바치게 하였다. 그전에 신원평은 황상에게 말하였다.

"궁문 앞에 보옥의 기(氣)가 내림(來臨)하고 있습니다."

얼마 후 과연 어떤 사람이 찾아와 옥배(玉杯)를 바쳤는데 그 위에는 '인주연수(人主延壽)'라는 글자가 새겨져 있었다. 신원평은 또 다음과 같은 말을 하였다.

"제가 태양을 관측해 본즉 다시 중천(中天)으로 돌아올 것 같습니다."

얼마 후 과연 태양이 서쪽으로 치우쳤다가 다시 중천으로 되돌아오는 현상이 일어났다. 그리하여 문제는 즉위 십칠 년 되던 해를 다시 원년으로 바꾸고 천하에 큰 잔치를 베풀라는 영을 내렸다.

신원평이 말하였다.

"주(周) 왕조의 보정(寶鼎)이 사수(泗水)에 침몰되었는데 지금 황하가 범람하여 사수(泗水)로 흘러들고 있습니다. 제가 동북방 분음(汾陰) 지방을 관찰하던 중 하늘에 금보(金寶)의 기(氣)가 보였습니다. 아마도 주(周) 왕조의 보정이 출현할 것 같습니다. 조짐이 나타나는데도 그것을 영접하지 않으면 보정이 도래하지 않을 것입니다."

이에 문제(文帝)는 사자를 파견하여 황하에 인접한 분음(汾陰) 남쪽에 사묘(祠廟)를 세우고 제사를 지내며 주(周) 왕조의 보정이 나타나기를 기다렸다. 그때 어떤 사람이 황상에게 신원평이 말한 운기(雲氣)와 신령에 관한 일은 모두 속임수라고 고발하는 상서를 올렸다. 이에 황상이 옥리(獄吏)를 시켜 신원평을 심문케 한 뒤 신원평의 일가족을 모두 처형하였다.

그 후 문제는 역법(曆法)과 복색(服色)을 바꾸고 신령을 제사하는 일에 흥미를 잃었으며, 사관(祠官)을 보내 위양(渭陽) 오제묘(五帝廟)와 장문(長門) 오제단(五帝壇)을 관리하고 때에 맞춰 제사하게 하되 직접 참석하지는 않았다.

이듬해 흉노가 여러 차례 침범해 오자 군대를 동원하여 이를 방어케 하였다. 그 후 또 다시 흉년이 들기도 하였다.

몇 년 후 경제(景帝)가 즉위하였다. 재위 십육 년 동안 사관(祠官)은 매년 때에 맞춰 예전과 동일하게 제사를 올렸지만 새로이 사묘(祠廟)를 건립하지 않은 채 현재의 황상[55]에 이르렀다. 천자는 즉위 초에 특히 귀신을 숭배하고 제사를 중시하였다.

원년(B.C 140), 한(漢) 왕조가 흥기한 지 이미 육십여 년이 지나 천하가 태평무사해지자 조정의 관원들은 천자가 천지 신령에게 올리는 제사[封禪]를 드리고 역법 및 복색(服色) 등을 바꾸기를 청원하였다.

황상도 유가(儒家)의 학설을 숭상하였으며 재능과 덕망을 갖춘 인재(賢良之士)를 초치하여 조관(趙綰)·왕장(王臧) 등 문장과 학문에 뛰어난 인사들을 공경대신(公卿大臣)으로 임명하였다. 그들은 옛날처럼 성남(城南)에 명당(明堂)[56]을 건립하고 제후들이 그곳으로 조현하러 올 수 있도록 천자에게 건의하였다. 그런데 천자의 제후 시찰(巡狩)과 봉선(封禪) 의식의 거행, 역법 및 복색(服色)을 바꾸는 등 여러 가지 방안을 입안하여 채 성공을 거두기도 전에 두태후(竇太后)[57]의 황노(黃老) 학설[58] 신봉에 부닥쳤다.

두태후는 유가(儒家)의 학설을 좋아하지 않았을 뿐만 아니라 사람을 시켜 조관(趙綰) 등이 부정한 수단으로 사사로운 이익을 꾀한 사실을 은밀히 조사한 후 마침내 영을 내려 조관·왕장 등을 심문케 하였다. 조관과 왕장 등은 자살하게 되었으며 그들이 추진하려던 사업은 폐기되고 말았다.

6년 후(B.C 135), 두태후가 세상을 떠났다.

그 이듬해 황상은 공손홍(公孫弘) 등 인재를 등용하였다. 이듬해, 황상은 처음으로 옹현(雍縣)에 나아가 오치(五時)에서 교제(郊祭)를 올렸다.

---

55) 무제(武帝).
56) 옛날 천자가 정교(政敎)를 펴던 궁전으로 조회(朝會)·제사(祭祀)·선사(選士) 등의 대전(大典)을 이곳에서 거행하였음.
57) 한 문제(漢文帝)의 황후. 경제(景帝)가 문제의 뒤를 이어 즉위한 후 황태후(皇太后)로 존숭되었음.
58) 전설상의 황제(黃帝)와 노자(老子)를 도가(道家)의 창시자로 받드는 학설.

그 후 통상 3년마다 한 차례씩 제사를 지냈다.[59] 이때 황상은 한 신군(神君)을 간구하게 되었는데 그 신령을 상림원(上林苑) 제씨관(蹏氏觀)에 모셔 두었다. 이른바 신군(神君)이란 장릉(長陵)의 한 여자이다.

그녀는 자신이 낳은 아이가 요절하자 이를 너무나 비통해 하다가 죽었는데 그 후 그녀의 동서(同壻)인 완약(宛若)의 몸에 형상을 드러내었다. 완약은 그녀를 자기의 방으로 공손히 모셔 두었는데 많은 사람들이 와서 그녀에게 제사를 지냈다. 평원군(平原君)이 그녀에게 제사를 지냈는데 이로 말미암아 평원군의 후손들은 모두 현귀해지게 되었다. 현재의 황상이 즉위할 때도 궁궐 안에서 풍성한 제물을 준비하여 그녀에게 성대한 제사를 올렸다. 그때 그녀의 모습은 보이지 않은 채 말소리만 들려 왔다.

이때 이소군(李少君)도 황상에게 부엌귀신(竈神)에 제사를 지내고 벽곡(辟穀)을 통해 노쇠함을 막고 수명을 연장할 수 있는 방술(方術)을 제시하자 황상이 그를 매우 중히 여기었다. 소군(少君)은 전(前) 심택후(深澤侯)의 가신이었으며 방술과 의약을 관장하였다.

그는 나이와 고향 및 경력 등을 속이고 항상 나이가 칠십 세라고 자칭하며, 자기는 귀신을 몰아낼 수 있을 뿐만 아니라 노쇠함을 방지하고 수명을 연장할 수 있는 방술이 있다고 자처하였다. 그는 아내와 자식도 없이 이러한 방술에 의지하여 각 제후국을 널리 주유하였다.

사람들은 그가 귀신을 몰아낼 수 있는 능력이 있을 뿐만 아니라 불노장생할 수 있는 방술(方術)이 있다는 소문을 듣고 다투어 재물과 예물을 그에게 바치는 것이었다. 그래서 엄청난 돈과 비단 및 의식(衣食) 용품을 축재할 수 있었다. 그가 생업에 종사하지 않으면서도 매우 부유한 생활

---

59) 3년 중 첫해에는 하늘에 제사하고 둘째 해에는 땅에 제사하고 셋째 해에는 오치(五畤)에 제사함으로써 3년에 한 차례씩 돌아가며 제사함.

을 누릴 뿐만 아니라 그가 어느 지방 출신인지도 모르기 때문에 사람들은 서로 다투어 그를 믿고 신봉하게 되었다.

이소군은 천성적으로 방술을 애호하였을 뿐만 아니라 교묘한 언사로 알아맞히는 데 뛰어났다. 그가 예전에 무안후(武安侯)를 모시고 주연에 참석한 적이 있었는데 좌중에는 구십여 살 된 노인이 있었다. 그가 어렸을 때 할아버지와 함께 사냥을 나갔던 곳에 대하여 이야기를 하게 되었는데 마침 그때 이소군이 함께 동행한 적이 있어 그곳을 잘 안다고 말하자 좌중에 있던 사람들이 모두 소스라치게 놀랐다.

이소군이 황상을 알현할 때 황상이 오래된 동기(銅器)를 가지고 있었는데 그에게 이것이 무엇인지 알겠느냐고 물었다. 그러자 소군이 대답하였다.

"그 동기(銅器)는 제 환공(齊桓公) 10년, 백침(柏寢)⁶⁰)에 진열해 둔 것입니다."

황상은 즉시 사람을 시켜 그 동기(銅器)에 새겨진 명문(銘文)을 검증해 보도록 하였는데 과연 제 환공 때의 동기였다. 이 일로 말미암아 궁중에 있던 사람들은 모두 놀랐으며, 소군을 일백 세가 넘은 나이의 신선(神仙)이라고 생각하게 되었다. 이소군은 황상에게 말했다.

"부엌귀신(竈神)을 제사하면 귀신을 부릴 수 있고, 귀신을 부리면 단사(丹沙)⁶¹)를 황금으로 정제(精製)할 수 있으며, 황금이 만들어진 후 그것을 가지고 음식 그릇을 만들어 사용하면 사람의 수명을 연장할 수 있고, 수명이 연장되면 바다 가운데 봉래(蓬萊) 섬에 살고 있는 신선을 만날 수

---

60) 춘추시대 제(齊)나라의 대(臺) 이름. ≪晏子春秋≫에 의하면 이 대(臺)는 제 경공(齊景公) 때 건립된 것이라고 함.
61) 이것으로 장생 불사약 또는 황금을 만들 수 있다고 방사(方士)들이 주장하는 물질.

있습니다. 신선을 만나고 나서 봉선(封禪) 의식을 거행하면 장생불사할 수 있는데 황제(黃帝)가 바로 그러한 분입니다.

제가 예전에 바다에서 유람하던 중 안기생(安期生)[62]을 만나게 되었습니다. 그분은 대추(棗)를 먹고 사는데 그 크기가 박(瓜)만하였습니다. 선인(仙人)인 안기생은 봉래의 선경(仙境)을 자유로이 왕래할 수 있습니다. 만일 폐하께서 뜻을 같이하신다면 그분을 만나실 수 있으나 뜻을 같이하실 수 없으면 그분은 은거(隱去)해 버리고 맙니다."

그리하여 천자가 처음으로 부엌귀신을 제사하기 시작하였으며, 방사(方士)를 바다에 보내 안기생과 같은 선인(仙人)들을 찾아보게 하는 한편 단사(丹沙) 등 각종 약물을 가지고 황금을 정제(精製)하는 일에 착수하였다.

오랜 시간이 지난 후, 이소군은 병으로 죽었으나 천자는 이소군이 죽지 않고 승천한 것으로 여겨 즉시 황현(黃縣)과 추현(錘縣) 일대의 문서관(文書官)인 관서(寬舒)에게 명하여 이소군의 방술(方術)을 계승하도록 하였으며, 봉래(蓬萊)에 산다는 선인(仙人) 안기생을 계속 찾아보도록 하였지만 허사였다. 그 이후 바다와 인접해 있는 연(燕)과 제(齊) 등에서는 황당무계한 방사들이 수없이 많이 쏟아져 나와 신선에 관한 일을 말하였다.

박현(亳縣) 사람 박유기(薄誘忌)가 태일신(泰一神)[63]에게 제사 드리는 예의를 상소하였다. 박유기가 말했다.

"천신들 가운데 가장 존귀한 신은 태일신(泰一神)이며, 태일신을 보좌하는 신이 오제(五帝)입니다. 고대에 천자께서 매년 봄, 가을 두 철에 경

---

62) 선진(先秦) 때의 방사(方士). 후대의 전설에서는 도가(道家)의 선인(仙人)으로 전해짐.
63) 최고의 천신(天神).

성(京城) 동남쪽 교외로 행차하여 교사(郊祀)를 거행할 때 소·양·돼지[三牲]를 제물로 차려 놓고 이레 동안 제사를 지냈으며, 아울러 제단(祭壇) 위에 팔방으로 통하는 층계를 만들어 두어 귀신이 통행하는 통로로 삼으셨습니다."

이에 천자는 태축(太祝)에게 명하여 장안 동남쪽 교외에 태일신(泰一神)의 사당(祠廟)을 건립하고 박유기가 말한 방식대로 제사를 지내도록 하였다. 나중에 어떤 사람이 상소하였다.

"옛적에 천자께서는 3년에 한 차례씩 소·양·돼지를 산 제물로 바치고 삼신(三神), 즉 천일신(天一神)·지일신(地一神)·태일신(泰一神)에게 제사를 지냈습니다."

이에 천자가 상소를 윤허하고 즉시 태축(太祝)에게 명하여 박유기가 예전에 건의한 태일신(泰一神)의 제단에서 이 신들의 제사를 모시게 함으로써 이 사람이 상소한 방식대로 진행하도록 하였다. 그 후 또 어떤 사람이 상소하였다.

"고대에 천자께서는 봄, 가을 두 철에 재앙을 없애고 복을 구하기 위한 제사를 지냈는데 황제(黃帝)의 제사에는 효조(梟鳥)[64]와 장수(獐獸)[65] 한 마리씩을, 명양신(冥羊神)의 제사에는 양(羊)을, 마행신(馬行神)의 제사에는 청공마(靑公馬)를, 태일신(泰一神)과 택산군지장(澤山君地長)의 제사에는 소를, 무이군(武夷君)[66]의 제사에는 말린 물고기(乾魚)를, 음양사자(陰陽使者)[67]의 제사에는 소를 각각 제물로 바쳤습니다."

이에 천자는 사관(祠官)에게 명하여 그가 말한 방식대로 전에 박유기

---

64) 제 어미를 잡아먹는다는 전설상의 새.
65) 호랑이와 비슷하나 크기는 작으며 제 아비를 잡아먹는다는 전설상의 동물.
66) 무이산의 산신(山神).
67) 음양을 주재하는 신.

가 건의한 태일신의 제단 곁에서 뭇 신들에게 제사를 올리도록 하였다.

　그 후 천자의 상림원(上林苑)에 흰 사슴이 있었는데 그 사슴의 가죽으로 화폐를 만들어 천자의 어진 정치가 하늘에 감응되어 나타난 길한 조짐[瑞應]을 선양하였으며, 은과 주석을 합금하여 금속 화폐를 주조하였다.

　이듬해 천자는 옹현(雍縣)에 나아가 교제(郊祭)를 거행하고 외뿔 달린 들짐승을 포획하였는데 그 생김새는 노루와 비슷했다. 주관하는 관원이 말했다.

　"폐하께서 하늘과 땅에 경건하게 제사를 드려 상제께서 이를 흠향하시고 이 외뿔 달린 짐승을 내리셨으니 아마도 기린(麒麟)[68]인 듯합니다."

　그리하여 오제(五帝)를 제사하는 오치(五畤)에 각각 소 한 마리씩을 제물로 더 바치고 불을 피워 하늘에 제사[燎祭]를 지냈다. 천자는 제후들에게 은으로 주조한 금속 화폐를 상으로 하사하고, 하늘에 감응되어 나타난 상서로운 조짐은 하늘의 뜻에 부합된 것이라고 말하였다.

　이때 제북왕(齊北王)[69]은 천자가 장차 봉선(封禪)의 대전(大典)을 거행해야 한다고 여겨 태산(泰山)과 그 주위의 봉지를 바치겠다는 글을 올렸다. 천자는 이를 받아들이고 다른 현(縣)과 읍을 그에게 하사하여 이를 보상해 주었다. 상산왕(常山王)[70]이 죄를 지어 유배당하자 그의 동생을 진정(眞定)에 봉하여 선왕의 종묘를 받들게 하고, 상산국(常山國)을 군(郡)으로 바꾸었다. 그 이후 오악(五岳) 지구는 천자가 직접 통치하는 관할 구역 안에 있게 되었다.

---

68) 생김새가 사슴과 비슷하나 뿔이 하나밖에 나 있지 않고 몸뚱이가 비늘로 덮여 있다는 전설상의 동물. 태평한 시절에 출현한다고 함.
69) 고조(高祖)의 증손자 유호(劉胡).
70) 경제(景帝)의 손자 유발(劉勃).

그 이듬해 제(齊) 출신의 방사(方士) 소옹(少翁)은 귀신을 불러들일 수
있다는 방술(方術)을 빙자하여 천자를 알현하였다. 마침 황상이 총애하
는 왕부인(王夫人)[71]이 세상을 떠났다. 그러자 소옹이 방술을 써서 왕부
인과 부엌귀신의 형상을 밤에 불러들였는데 천자가 장막(帳幕) 곁에서
이를 보게 되었다. 이에 황상은 즉시 그를 문성장군(文成將軍)에 봉함은
물론 많은 재물을 상으로 하사하였으며, 빈객의 예를 갖추어 그를 대접
하였다. 문성장군이 말했다.

"황상께서는 신선과 만나기를 원하는데 궁실 · 피복(被服) 등 신선이
쓰는 것과 비슷한 것을 사용하지 않으시면 신선은 도래하지 않을 것입
니다."

천자는 즉시 여러 빛깔의 구름을 그린 수레[神車]를 만들도록 하고 오
행(五行)이 상극(相剋)하는 이치에 입각하여 간지(干支)에 따라 길(吉)한
색깔의 수레를 몰게 함으로써 악귀를 몰아내고자 하였다. 또 감천궁(甘
泉宮)을 짓고 궁중에 대실(臺室)을 세워 실내에 천신 · 지신(地神) · 태일
신(泰一神) 등 뭇 신들의 형상을 그려 놓았다. 뿐만 아니라 천신을 부르
기 위해 제기를 차려 놓았다.

1년이 지나자 문성장군의 방술은 날이 갈수록 영험함을 잃어갔고, 신
선도 오지 않았다. 그는 비단에 글자를 써서 소에게 먹이고는 무슨 일이
일어날 것처럼 거짓으로 꾸며대며 소의 뱃속에 기이한 물건이 있다고 말
하였다. 천자가 사람을 시켜 그 소를 잡아 살펴본즉 글씨가 쓰인 비단을
얻었다. 비단에 쓰인 말이 괴이하기 짝이 없자 천자는 의심하게 되었다.
어떤 사람이 비단에 씌어 있는 필적을 알아보고 누구의 필적인지 물은

---

71) 무제가 총애하던 여자. ≪漢書 · 郊祀志≫와 ≪外戚傳≫에는 '李夫人'으로 나타나 있다.

결과 과연 날조된 것임이 밝혀졌다. 그리하여 문성장군을 죽이고 그 일을 비밀에 부쳤다.

그 후 다시 백량대(柏梁臺)와 구리 기둥[銅柱]을 세우고 그 위에 선인(仙人)의 손을 만들어 이슬[72]을 받았다.

문성장군이 죽은 이듬해, 천자가 병에 걸려 병세가 매우 위중하자 무의(巫醫)들이 각종 처방과 약을 써 보았지만 아무런 차도가 없었다. 유수발근(遊水發根)[73]이 말했다.

"상군(上郡)에 어떤 무당(巫師)이 있는데 그가 병에 걸렸을 때 귀신이 내려와 그의 몸에 붙었다고 합니다."

천자는 그를 불러 감천궁에 머물게 하고 제사를 지내도록 하였다. 천자가 병이 났을 때 사자를 보내 그 무당을 통하여 신군(神君)에게 물어 보도록 하였다. 신군이 말하였다.

"천자는 병을 걱정할 필요가 없다. 병이 좀 낫거든 무리하여 부축하고 나오면 감천궁에서 나를 만나리라."

그 후 천자의 병세가 호전되어 마침내 자신이 직접 감천궁에 나아가니 병든 몸은 완전히 회복되었다. 천자는 즉시 천하에 대사면령을 내리고 수궁(壽宮)을 지어 신군(神君)을 받들었다. 신군 중 가장 존귀한 신은 태일신(泰一神)이며, 그 신을 보좌하는 대금(大禁)과 사명(司命) 등의 신선들은 모두 태일신을 존숭하였다.

뭇 신선들의 모습은 눈으로 볼 수 없고 다만 음성만이 들리는데 사람

---

72) 무제는 신선(神仙)을 숭배하여, 건장궁 신명대(神明臺)에 구리 기둥을 세우고 그 위에 감로(甘露)를 받기 위해 신선의 손을 만들어 놓았는데 이 옥로(玉露)를 마시면 장생불사할 수 있다고 믿었다.
73) 성(姓)이 유수(遊水)이고 이름이 발근(發根)이라는 설과 유수는 지명이고 발근은 인명(人名)이라는 설이 있다.

의 목소리와 똑같았다. 뭇 신들은 실내의 장막 속에 기거했으며 낮에 말하는 경우도 있지만 대체로 밤에 말하였다. 그들은 이따금 왔다가 가곤 하였는데 그들이 올 때에는 솨솨 바람소리가 났다.

천자는 재액(災厄)을 없애고 복을 구하는 제사(祓)를 드린 후에야 비로소 수궁(壽宮)에 들어갔다. 그리고 무당(巫師)을 주인으로 삼아 차린 음식을 받았으며, 뭇 신들이 하고 싶은 말은 무당을 통하여 전달하였다. 천자는 또 다시 수궁과 북궁(北宮)을 세우고 깃털로 장식한 깃발을 세웠을 뿐만 아니라 제사에 소용되는 각종 제기를 차려놓고 신군(神君)에게 삼가 경의를 표하였다.

신군이 한 말을 시켜 기록하게 하였는데 이를 일컬어 '화법(畫法)'이라 하였다. 이러한 말들은 일반 세상 사람들도 모두 이해할 수 있는 것으로서 특별히 심오한 점도 없었다. 그렇지만 천자는 혼자 마음속으로 즐거워할 뿐 그 내용을 철저히 비밀에 부쳤기 때문에 일반 사람들은 알 수 없었다.

그로부터 3년 후, 관계 관원이 천자에게 진언하였다.

"기원(紀元)은 하늘이 내린 상서로운 조짐[瑞應]에 의거하여 명명(命名)해야 하며, 단순히 1, 2와 같은 숫자로 헤아려서는 안 됩니다. 맨 처음의 연호(年號)는 '건원(建元)'으로, 두 번째 연호는 장성(長星)이 출현한 상서로운 조짐에 따라 '원광(元光)'으로, 세 번째 연호는 교사(郊祀)를 지낼 때 외뿔 달린 들짐승을 포획한 조짐에 의거하여 '원수(元狩)'로 정해야 합니다."

그 이듬해 겨울, 천자는 옹현(雍縣)에서 교사(郊祀)를 거행하고 신하들과 의논하였다.

"지금 상제께 제사를 올렸으나 후토(后土)께는 제사를 드리지 못하였는데 이는 예법에 어긋난 처사가 아닌가?"

관계 관원은 태사공(太史公)⁷⁴⁾ 및 사관(祠官) 관서(寬舒) 등과 더불어 의논하였다.

"하늘과 땅에 바치는 희생(犧牲)은 그 뿔이 누에고치나 밤 크기만한 것을 사용하였습니다. 이제 폐하께서 친히 후토(后土)에게 제사를 지내시려면 연못 한가운데 동산 위에 다섯 개의 원형 제단(祭壇)을 세우고, 각 제단마다 누런 송아지 한 마리씩을 제물로 바치되 제사가 끝난 후 그 희생물을 모두 땅에 매장해야 하며, 제사에 참여하는 사람들은 모두 황색 의상을 입어야 합니다."

그리하여 천자는 동쪽으로 행차하여 분음현(汾陰縣) 동산 위에 처음으로 후토의 사묘(祠廟)를 세우고 관서(寬舒) 등이 말한 의견에 따라 제사를 지내게 되었다. 황상은 상제에게 제사 드리는 예법에 따라 멀리 바라보며 지신(地神)에게 제사를 올렸다. 제례(祭禮)를 마치고 천자는 형양(滎陽)을 거쳐 귀경(歸京)길에 올랐는데 낙양을 지날 때 다음과 같은 조서를 내렸다.

'하(夏)·은(殷)·주(周) 삼대(三代)는 아득히 먼 옛날인지라 제사를 받드는 그들의 후손을 모두 보존하기는 어려운 일이다. 이제 사방 삼십 리의 땅을 주(周) 왕조의 후예에게 하사하여 자남군(子南君)으로 봉하노니 그곳에서 자신들의 조상에게 제사를 지내고 받들게 하라.'

그해 천자는 처음으로 각 군현을 순수(巡狩)하다가 태산(泰山)에 이르렀다.

그해 봄, 낙성후(樂成侯)⁷⁵⁾는 난대(欒大)를 소개하는 글을 올렸다. 난대는 교동국(膠東國)⁷⁶⁾ 궁인(宮人)으로서 예전에 문성 장군과 같은 스승 밑

---

74) 사마천의 부친 사마담.
75) 서한(西漢) 초 고조(高祖)의 공신(功臣) 정의(丁義).
76) 경제(景帝)의 아들 유기(劉寄)를 제후왕으로 봉한 서한(西漢) 초 봉국(封國) 이름.

에서 배운 사람인데 얼마 후에 교동왕(膠東王)의 약제사[尙方] 노릇을 하였다.

낙성후의 손윗누이는 교동국 강왕(康王)의 왕후인데 그녀에게는 아들이 없었다. 강왕이 세상을 떠나자 다른 희첩(姬妾)의 아들이 뒤이어 교동왕의 자리에 올랐다. 강왕의 왕후는 행실이 음란하여 새로 등극한 왕과사이가 나빴다. 그리하여 서로 법률적 수단을 강구하여 해치려 하였다. 강왕의 왕후는 문성장군이 죽었다는 소식을 듣고 황상의 환심을 사기 위해 난대를 보내 낙성후를 통하여 천자를 알현하도록 해 천자에게 방술(方術)에 대하여 강론할 수 있도록 하였다.

천자는 문성장군을 너무 일찍 죽인 것을 후회하였으며 그에게서 방술을 모두 전수받지 못한 것을 못내 애석하게 여기고 있었다. 그러던 차에 난대를 만나자 황상은 크게 기뻐하였다. 난대는 키가 크고 잘생겼을 뿐만 아니라 많은 책략을 말하며 큰소리를 치면서도 태연자약하였다. 그는 황상에게 허풍을 떨었다.

"신(臣)은 전에 바다를 왕래하던 중에 안기생(安期生)·선문고(羨門高)등과 같은 선인(仙人)들을 만났습니다. 그런데 그들은 신(臣)의 신분이 미천하다 하여 신을 신임하지 않았습니다. 또 강왕(康王)은 일개 제후에 지나지 않았기 때문에 그에게 방술을 전할 수 없다고 생각했습니다. 신이 여러 차례 강왕에게 이를 진언했지만 강왕 또한 신을 신용하지 않았습니다. 신의 스승은 '황금을 만들 수 있고, 황하의 제방이 무너지는 것을 막을 수 있으며, 불사약을 구할 수 있고, 신선도 불러들일 수 있다.'고 말씀하셨습니다. 그렇지만 신은 문성장군의 전철을 밟게 되지 않을까 두렵습니다. 방사들이 모두 입을 다물고 있는데 신이 어찌 감히 방술에 대한 말을 꺼낼 수 있겠습니까?'

황상이 말했다.

"문성장군이 죽은 것은 말의 간[77]을 먹었기 때문이다. 그대가 진실로 그의 방술을 연구하여 정리할 수만 있다면 내가 무엇을 아끼겠는가!"

난대가 말했다.

"신의 스승은 결코 남을 찾아가 부탁하는 법이 없으며, 오로지 다른 사람이 그분을 찾아가 부탁할 뿐입니다. 폐하께서 신선을 초치하시기를 바라신다면 그에게 파견하는 사자의 신분을 높이서서 친척처럼 대하되 빈객의 예를 갖추어 대우하셔야지 결코 소홀히 대하시면 안 됩니다. 사자에게 인신(印信)을 차고 다니도록 하셔야만 비로소 신선과 대화를 나눌 수 있습니다. 그래도 신선이 만나 줄지 않을지 단언할 수 없습니다. 사자를 특별히 존중해 주셔야 신선을 초치할 수 있습니다."

황상은 우선 난대의 능력을 시험해 보기 위해 작은 방술을 시켜보았다.

난대는 장기짝끼리 서로 싸우게 하였는데 장기짝을 장기판에 놓자마자 저희들끼리 저절로 서로 밀치며 싸웠다.[78]

황상은 황하의 제방이 무너져 내릴까 두려워하고 있을 뿐만 아니라 황금도 만들지 못하고 있던 터라 난대를 오리(五利)장군에 봉하였다. 1개월 후 난대는 다시 네 개의 금인(金印)을 얻어, 몸에 천사(天士)장군, 지사(地士)장군, 대통(大通)장군 및 천도(天道)장군의 인신(印信)을 차고 다니게 되었다.

황상은 다시 어사(御史)에게 다음과 같은 조서를 내렸다.

'옛날에 하우(夏禹)는 아홉 개 하천(九河)을 소통시키고 네 개의 큰 강[四瀆][79]의 물길을 뚫었다. 근래에 황하가 범람하여 강가 일대의 높은 지

---

77) 말의 간에는 독이 있어 사람이 이를 먹으면 목숨을 잃는다고 전해짐.
78) 방사(方士)들이 자력(磁力)을 이용하여 장기판에서 장기짝이 서로 부딪치게 해 사람을 교묘히 속인 것.
79) 장강(長江) · 황하(黃河) · 회하(淮河) · 제수(濟水)를 가리킨다.

대까지 물에 잠겨 제방을 쌓느라 요역[堤傜]이 그칠 날이 없었다. 짐이 천하를 다스린 지 이십팔 년이 되었는데 하늘이 짐에게 방사(方士) 한 사람을 보냈으니 하늘의 뜻을 잘 알겠도다. ≪주역(周易)≫의 건괘(乾卦)에 '나는 용이 하늘에 있다.(飛龍在天)' 라는 말이 있고 또 점괘(漸卦)에는 '기러기가 물가의 높은 언덕으로 서서히 날아간다.(鴻漸于般)' 라는 말이 있는데 이는 난대와 짐이 만나는 상황과 비슷한 말인 듯하구나! 이천호(戶)를 지사(地士)장군에게 하사하고 그를 낙통후(樂通侯)에 봉하라.'

이십 등급의 열후 중 최고의 작위와 노복 일천 명을 하사하고, 아울러 황상이 사용하지 않는 수레와 궁중의 장막 등 각종 기물을 난대에게 주어 그의 집 안을 가득 채우게 했다. 또 위황후(衛皇后) 소생의 장공주(長公主)를 그에게 출가시키고 황금 일만 근을 주었으며, 그녀의 봉호(封號)를 당리공주(當利公主)로 바꾸었다.

천자는 친히 오리장군(五利將軍)의 관저(官邸)를 방문하였다. 난대의 안부를 묻고 그에게 필요한 물건을 공급하는 사자들의 발길이 끊임없이 계속되었다. 그러자 황상의 고모인 대장공주(大長公主)[80]부터 조정의 장상(將相)에 이르기까지 모두가 성대한 술과 음식을 마련하여 그의 집에 정성스레 바쳤다.

그 후 천자는 '천도장군(天道將軍)' 이라는 옥인(玉印)을 새겨 새 깃털로 만든 옷을 입힌 사자를 통해 난대에게 보냈다. 사자가 밤에 백모(白茅)[81] 위에 서서 옥인(玉印)을 바치자 오리장군도 새 깃털로 만든 옷을 걸치고 백모 위에 서서 옥인을 받았는데 이는 옥인을 받는 자는 천자의 신하가 아님을 나타내는 것이었다. 그리고 그가 허리에 찬 옥인을 '천도

---

80) 두태후(竇太后)의 딸.
81) 옛날 제사지낼 때 제물을 싸는 여러해살이 풀.

(天道)'라 일컫게 된 것은 천자를 위해 천신이 왕림하도록 인도한다는 뜻에서였다.

그때부터 오리장군은 매일 밤마다 뭇 신들에게 제사를 지내며 신령이 강림하기를 간구하였으나 신령은 나타나지 않고 온갖 잡귀들만 모여들었다. 그런데 그는 잡귀들을 잘 부렸다. 그 후 난대는 행장을 꾸려 동해 바다로 나아가 그의 스승[仙師]을 찾겠다고 하였다.

난대는 천자를 알현한 지 수 개월 만에 인수(印綬) 여섯 개를 몸에 차고 다니게 되었을 뿐만 아니라 부귀와 명성이 온 천하를 진동하였다. 이로 말미암아 연(燕)과 제(齊) 바닷가에 사는 방사(方士)치고 자기도 신선을 부를 수 있는 비술(秘術)이 있다고 팔을 휘두르며 장담하지 않는 자가 없게 되었다.

그해 여름 6월, 분음(汾陰)의 무당(巫師) 금(錦)이 위수(魏脽)에 있는 후토(后土)의 사당 곁에서 사람들을 위해 제사를 지내려고 하는데 땅이 갈고리 모양으로 솟구쳐 올랐다. 그곳을 파 보니 솥[鼎]이 나왔는데 그 것은 보통 솥과 크기가 다를 뿐만 아니라 그 위에 문양이 새겨져 있었다. 다만 문자는 새겨져 있지 않았다.

이를 괴이하게 여긴 무당은 그 지방 관리에게 이를 보고하였다. 그 지방 관리(縣吏)는 하동(河東)의 태수(太守) 승(勝)에게 이를 보고하였고, 승(勝)은 다시 조정에 이 일을 보고하였다. 천자가 사자를 파견하여 무당 금(錦)이 솥[鼎]을 얻게 된 경위를 자세히 조사해 본 결과, 허위로 꾸며댄 것이 아님을 알게 되었다. 그리하여 하늘과 땅에 예의를 갖추어 제사를 올린 후 그 솥을 감천궁(甘泉宮)으로 모셔오게 하였다.

천자는 만조백관들을 거느리고 친히 제사를 올리고 난 뒤 그 솥을 맞이하러 나섰다. 일행이 중산(中山)에 다다랐을 때 날씨는 쾌청하고 따뜻한데 공중에는 황색 구름이 그들 머리 위를 뒤덮고 있었다. 때마침 노루

한 마리가 지나가자 황상은 활을 쏘아 잡은 후 이를 제물로 바치고 제사
를 올렸다.

일행이 장안에 도착하자 공경대부들이 모두 입을 모아 그 보정(寶鼎)
을 경건하게 받들자는 의견을 황상에게 아뢰었다. 천자가 말했다.

"근래에 황하가 범람하고 여러 해 동안 계속해서 흉년이 들었기 때문
에 짐은 순행(巡行)에 올라 지신(地神) 후토(后土)에게 제사를 드리며 백
성들을 위해 곡식들이 잘 자라게 해 달라고 간구(懇求)하였다. 금년에 풍
년이 들었는데도 이제껏 감사제를 드리지 못했는데 이 솥이 나온 것은
무엇 때문인가?"

관계 관원들이 일제히 말했다.

"옛날 태호(太昊) 복희(伏羲) 대제(大帝)께서 보정을 하나 만드셨다고
하는데 이는 통일(統一)의 뜻으로써 천지 만물이 하나로 귀결된다는 것
을 뜻하는 것이라고 합니다. 황제(黃帝)께서는 보정 세 개를 주조하셨는
데 이는 각각 하늘(天)·땅(地)·사람(人)을 상징한 것입니다. 하우(夏
禹)는 전국 아홉 주(九州)의 금속을 모아 아홉 개의 커다란 보정을 만드
셨는데 이는 상제와 귀신들의 제사에 쓸 희생(犧牲)을 삶는 데 사용하기
위함이었습니다.

그 후로 어진 성군(聖君)을 만나면 이 보정들이 나타나 이렇게 하(夏)
왕조에서 상(商) 왕조로 전해지게 되었습니다. 그런데 주(周) 왕조의 덕
이 쇠미해지고 토지신에게 제사를 드리는 송(宋)의 사당이 파괴되면서
이 보정들이 물속에 빠져 그 모습을 감추게 되었던 것입니다. 《시경》
의 「주송(周頌)」에 다음과 같은 시가 있습니다.

당(堂)에서 문에 이르기까지 제기를 살펴보고
소에서 양에 이르기까지 모든 희생을 둘러보네.

크고 작은 솥[鼎]들이 정갈하구나.
정숙을 유지하며 아주 엄숙하고 경건하게
장수와 번영을 기구하네.

지금 감천궁에 보정(寶鼎)이 도착하여 겉면이 찬란하게 빛을 발하는
것으로 보아 이는 마치 하늘을 나는 용(飛龍)이 변화무쌍하게 신묘함을
부리는 듯하니 상서로운 길조(吉兆)가 다함이 없습니다. 중산(中山)에서
황백색의 구름이 나타나 뒤덮었는데 황색 구름은 마치 짐승의 형상을 이
루었으니 이는 실로 그지없이 상서로운 조짐이 아닐 수 없습니다.

게다가 폐하께서 커다란 활과 화살 넉 대로 노루를 잡아 제단에 바치
고 하늘과 땅의 귀신에게 감사의 제사를 성대하게 올리셨습니다. 오직
하늘의 명을 받아 천자가 된 사람만이 하늘의 뜻을 헤아려 천제(天帝)의
덕에 합치되는 일을 할 수 있는 법입니다.

이 보정을 선조의 묘당(祖廟)에 보인 후 감천궁 내에 있는 천제(天帝)
의 전정(殿廷)에 보관하여 하늘이 내리신 신령스러운 길조(吉兆)에 부응
하시기 바랍니다."

천자는 이 주청을 재가하였다.

한편 봉래(蓬萊)의 선도(仙島)를 찾아 바다로 갔던 사람들이 돌아와 말
했다.

"봉래 선도가 멀리 있지 않은데도 그곳에 갈 수 없는 까닭은 아마도 하
늘에서 내리는 상서로운 기[瑞氣]가 없기 때문인 듯합니다."

그러자 황상은 즉시 구름의 기운을 살피는 데 뛰어난 관원 망기좌(望
氣佐)를 파견하여 상서로운 기를 살피도록 하였다.

그해 가을, 황상은 옹현(雍縣)으로 행차하여 교사(郊祀) 올릴 채비를
하였다. 그때 한 사람이 말했다.

"오제(五帝)는 태일신(泰一神)의 보좌에 지나지 않습니다. 마땅히 태일신을 모시는 사당을 세우고 나서 황상께서 친히 교사(郊祀)를 지내셔야 합니다."

이에 황상은 확신이 없어 결정을 내리지 못하였다. 그러자 제(齊) 지방 출신 공손경(公孫卿)[82]이 말했다.

"폐하께서는 금년에 보정(寶鼎)을 얻으셨는데 금년 겨울에는 신사날(辛巳日)이 초하루로 동지(冬至) 절기입니다. 이는 황제(黃帝)께서 보정을 만드신 절기와 일치합니다. 신(臣)이 가지고 있는 목간(木簡)에는 이렇게 씌어 있습니다.

'황제께서 완구(宛朐)에서 보정을 얻으신 후 이일에 대하여 신하인 귀유구(鬼臾區)에게 물어 보니 이렇게 대답했다. '황제께서 보정과 신책(神策)을 얻으셨는데 금년은 기유날(己酉日) 초하루가 동지(冬至)입니다. 이는 천도(天道)의 계통과 합당하니 이러한 순환 반복은 끝이 나면 다시 시작됩니다.' 그래서 황제께서 해와 달에 비추어 역법(曆法)을 추산해 보셨는데 그 후 대체로 이십 년마다 초하루가 동지가 되었으며 모두 이십 차례 반복된 도합 삼백팔십 년 만에 황제는 신선이 되어 하늘에 오르시게 되었다.'

라고 말입니다. 신(臣) 공손경은 소충(所忠)[83]을 통하여 이것을 보고하려고 하였습니다. 그러나 소충은 목간(木簡)에 씌어 있는 내용이 불합리하고 허튼 소리에 지나지 않는다고 의심한 나머지 '보정 문제는 이미 끝났는데 또 다시 그것에 대해 말할 필요가 있겠는가?' 하며 이를 거절하였습니다. 그래서 신 공손경은 폐하께서 신임하시는 사람을 통해 이를

---

82) 서한(西漢) 때 방사(方士).
83) 무제의 측근 신하.

보고한 것입니다."

황상은 크게 기뻐하며 공손경을 불러 물었다. 공손경이 대답했다.

"신(臣)은 신공(申功)으로부터 이 목간(木簡)을 받았습니다만 신공은 이미 죽었습니다."

황상이 물었다.

"신공은 어떤 사람인가?"

공손경이 대답했다.

"제(齊) 지방 사람인 신공은 선인(仙人) 안기생(安期生)과 서로 왕래하며 친교를 맺고 황제(黃帝)의 말을 전수받았는데 다른 책은 남기지 않고 오직 솥(鼎)에 관한 이 책만 남겼습니다.

이 책에는 '한(漢) 왕조의 흥성은 황제(黃帝)가 보정을 얻었던 시기와 서로 일치한다. 한(漢) 왕조의 성인은 고조(高祖)의 손자 혹은 고조의 증손자 대에 나올 것이다. 보정의 출현은 신(神)의 뜻과 상통한 것이며 마땅히 봉선(封禪) 의식을 거행해야만 한다. 예로부터 지금까지 봉선 의식을 거행한 제왕(帝王)은 모두 일흔두 명에 달하지만 오직 황제만이 태산(泰山)에 올라 하늘에 제사(封)를 지낼 수 있다.'고 씌어 있습니다.

신공은 저에게 '한(漢) 왕조의 군주도 마땅히 태산(泰山)에 올라 하늘에 제사(封)를 지낼 수 있고, 그러면 선인(仙人)이 되어 하늘에 오를 수 있다.'고 말했습니다. 황제의 시대에는 제후국이 일만 개에 달했고, 명산대천(名山大川)에 제사를 지내는 봉국 수가 칠천에 이르렀습니다.

천하의 이름난 산은 모두 여덟 개인데 그중 세 개는 만이(蠻夷) 지대에 있었으며 나머지 다섯 개는 중원 지구에 있었습니다. 중원 지구에는 화산(華山)·수산(首山)·태실산(太室山)·태산(泰山) 및 동래산(東萊山)이 있었는데 이 이름난 다섯 산들은 황제가 항상 유람하며 신선과 만나던 곳입니다.

황제(黃帝)는 전쟁을 하면서도 한편으로 신선술(神仙術)을 배웠는데 그가 배우는 선도(仙道)를 백성들이 비난하지는 않을까 두려워 귀신을 비난하는 자들을 모두 처형하였습니다. 이렇게 일백여 년을 한 후에야 비로소 신선과 상통할 수 있었습니다.

황제(黃帝)는 상제에게 교사(郊祀)를 지낼 때면 3개월 동안이나 옹(雍)에 머물렀습니다. 귀유구(鬼臾區)의 별호(別號)는 대홍(大鴻)인데 그가 죽자 옹(雍)에 장사지냈습니다. 홍총(鴻冢)이란 바로 그의 무덤을 말합니다. 그 후 황제(黃帝)는 명정(明廷)에서 수많은 신선들을 접견하였는데 이른바 명정이란 바로 감천궁(甘泉宮)을 말하며, 소위 한문(寒門)이란 지금의 곡구(谷口)를 말합니다.

황제(黃帝)는 수산(首山)의 구리를 캐서 형산(荊山) 아래에서 정(鼎)을 주조하였습니다. 정(鼎)이 완성되자 기다란 수염을 늘어뜨린 용이 하늘에서 내려와 황제를 맞이하였습니다. 황제가 용의 등에 올라타고 군신(群臣)들과 후궁들 칠십여 명이 따라 올라타니 용은 하늘로 올라가 버렸습니다. 그때 용의 등에 올라타지 못한 나머지 신하들이 용의 수염을 붙잡는 바람에 용의 수염이 뽑히면서 땅에 떨어지고 말았는데 그때 황제의 활도 땅에 떨어졌습니다. 백성들은 황제가 하늘로 올라가는 것을 바라보며 활과 용의 수염을 부둥켜안고 목 놓아 울었습니다. 이로 인하여 훗날 그 지방을 '정호(鼎湖)'라 하였고 그 활을 '오호(烏號)'라고 부르게 된 것입니다."

그러자 천자가 탄식했다.

"아, 내가 정말 황제(黃帝)처럼 될 수만 있다면 신발을 벗어 내던지듯 처자를 버릴 수 있을 텐데."

천자는 공손경을 낭관(郎官)에 임명하고 그를 동쪽 태실산(太室山)에 파견하여 신선을 기다리게 하였다.

황상은 옹현(雍縣)에서 교사(郊祀)를 올린 후 농서군(隴西郡)으로 가서 그 서쪽에 있는 공동산(崆峒山)에 오른 후 감천궁(甘泉宮)으로 되돌아왔다. 황상은 사관(祠官) 관서(寬舒) 등에게 명하여 태일신(太一神)의 제단을 세우도록 하였다. 제단은 예전에 박유기(薄誘忌)가 말한 양식대로 3층으로 나누었다. 오제(五帝)의 제단은 태일신 제단 아래를 빙 둘러싸게 배치하여 각기 고유의 방향에 맞추었다. 황제(黃帝)의 제단은 서남쪽에 두었으며, 귀신들이 왕래하는 여덟 개의 통로를 만들었다.

태일신에게 바치는 제물은 옹현(雍縣) 각 치(畤)의 제물과 같았으나 이 외에 단술(醴)·대추(棗)·말린 고기(脯) 등을 추가하고 검정소[犛牛] 한 마리를 잡아 적대(俎豆)에 올렸다. 그리고 오제(五帝)에게는 희생(犧牲)과 단술(醴)만을 바쳤다. 또 제단 아래의 사방에는 오제를 보좌하는 뭇 신들과 북두성의 신주(神主)를 모셔놓고 일일이 제사를 지냈다. 제사가 끝나면 귀신들이 흠향한 제물들을 모두 거두어 불태웠다.

희생으로 바친 제물 중 소는 하얀 색깔의 것을 썼는데 사슴고기는 쇠고기 안에 넣어서, 또 돼지고기는 사슴고기 안에 넣은 뒤 물에 담갔다. 태양의 신[日神]에게는 소를 바치고 달의 신[月神]에게는 양 또는 돼지를 바쳤다.

태일신의 제사를 관장하는 제관(祝宰)은 수를 놓은 보라색 옷을 입었으며, 오제(五帝)의 제사를 맡아보는 제관은 오제의 각기 다른 고유 색깔에 맞추어 입었다. 또 태양신[日神]의 제사를 맡아보는 제관은 붉은색의 옷을 걸쳤으며, 월신(月神)의 제사를 관장하는 제관은 흰 옷을 입었다.

그해 11월 신사날(辛巳日) 아침이 동지였는데 날이 밝기 전에 천자는 처음으로 교외에서 태일신에게 제사지냈다. 그날 아침에는 태양에게, 저녁에는 달에게 제사지냈는데 천자는 읍례(揖禮)만 표하였다. 태일신의 제사는 옹현(雍縣)에서 교사(郊祀)를 지내는 방식과 동일한 의식(儀式)

을 갖추어 지냈는데 그 축문(祝文)은 다음과 같다.

'하늘은 처음으로 보정(寶鼎)과 신책(神策)을 황제(皇帝)에게 내려, 초하루가 지나면 다시 초하루를 맞이하여 순환 반복을 거듭하고 끝나면 다시 시작된다는 것을 알게 하셨습니다. 이에 황제는 이곳에서 삼가 공손히 경배(敬拜)하나이다.'

이때 의식의 복식은 황색 일색이었고 의식이 거행되는 동안 제단 위는 횃불로 가득 차 있었으며 제단 주변에는 희생(犧牲)을 삶는 기구가 즐비하게 늘어서 있었다. 이때 제사를 맡아보는 관원이 말했다.

"제단 위에서 광채가 나고 있습니다."

공경대신(公卿大臣)들이 말했다.

"황상께서 처음으로 운양궁(雲陽宮)에서 태일신에게 교사(郊祀)를 거행하실 때 제사를 맡아보는 관원들이 커다란 옥(璧)과 훌륭한 희생(犧牲)을 삼가 공손히 받들어 뭇 신들께 바쳤는데 그날 밤 아름다운 광채가 나타났으며 그 이튿날 낮에는 황색의 운기(雲氣)가 하늘 높이 뻗쳤습니다."

태사공(太史公)[84]과 사관(祠官) 관서(寬舒) 등이 말했다.

"신령이 현시(顯示)한 좋은 기상(氣象)이 복록(福祿)을 보우한다는 상서로운 조짐이니 천자께서는 마땅히 광채가 나타난 지역에 태치단(泰畤壇)을 건립하시어 하늘의 상서로운 조짐(瑞祥)이 현시하였음을 밝히셔야 합니다. 태축(太祝)에게 명하셔서 이를 관장케 하시고 가을과 겨울 두 계절에 제사를 받들도록 하시기 바랍니다. 그리고 3년마다 황상께서 직접 교사(郊祀)를 거행하시기 바랍니다."

그해 가을, 남월(南越)을 정벌하기 위해 태일신에게 기도하였다. 그리

---

84) 사마천의 부친 사마담.

고 모형(牡荊)[85]으로 깃대를 만들고, 깃발에 해·달·북두성 및 하늘을 나는 용(飛龍)을 그려 넣어 태일성(太一星) 세 개의 별을 대표하고, 태일신(太一神)에게 제사지내기 위한 최전방의 깃발로 삼아 그 깃발을 '영기(靈旗)'라 명명하였다. 군사들을 위해 기도할 때 태사(太史)는 영기(靈旗)를 받들고 정벌하려는 나라의 방향을 가리켰다.

한편 신선을 찾으라는 명을 받고 떠났던 오리장군(五利將軍)은 감히 바다에 들어갈 엄두를 내지 못하고 제사를 지내기 위해 태산(泰山)으로 갔다. 황상은 몰래 사람을 시켜 그를 미행한 결과 사실 그는 어떤 신선도 만나지 못하였다. 그런데도 오리장군은 거짓으로 자신의 스승[仙師]을 만났다고 하였다. 뿐만 아니라 그의 방술(方術)은 이미 신통력이 다하여 거의 이렇다 할 아무런 효험이 없었다. 그래서 황상은 오리장군을 처형하였다.

그해 겨울, 하남(河南)에서 신선이 나타나기를 기다리던 공손경(公孫卿)은 구씨성(緱氏城) 위에서 선인(仙人)의 자취를 발견하게 되었는데 꿩처럼 생긴 신물(神物)이 성 위를 왔다 갔다 한다고 천자에게 보고하였다. 천자는 직접 구씨성에 행차하여 그 자취를 살펴본 뒤 공손경에게 말했다.

"너는 문성장군이나 오리장군처럼 짐을 속이려는 것은 아니렷다!"

공손경이 대답했다.

"신선이 군주를 찾아오는 것이 아니라 오직 군주가 신선을 찾아가는 법입니다. 뿐만 아니라 신선을 찾는 방법에 있어 참을성 있게 조용히 기다리시지 않으면 신선은 오지 않습니다. 신선을 찾는 일은 현실에 맞지 않고 터무니없는 일 같지만 해와 달을 거듭하여 오랜 세월 동안 정성을

---

85) 관목(灌木) 이름.

들여야만 비로소 신선을 불러들일 수 있습니다."

그리하여 각 군국에서는 일제히 도로를 정비한 후 말끔히 청소하고, 궁전의 누대(樓臺)와 이름난 산의 신묘(神廟)를 수리한 후 천자가 왕림하기를 기다렸다.

그해 남월(南越)을 정벌한 후 황상의 총애를 한 몸에 받고 있던 총신(寵臣) 이연년(李延年)이 아름다운 음악을 가지고 와서 천자를 알현하였다. 황상은 그의 뛰어난 음악에 대하여 입에 침이 마르도록 칭찬하고, 공경(公卿)들에게 하교(下敎)를 내려 이 일에 대하여 논의해 보도록 하였다.

"민간에서 제사를 지낼 때도 고무(鼓舞)의 음악이 있는데 지금 조정의 교사(郊祀)에는 음악이 없으니 이것이 어찌 걸맞은 일이라고 할 수 있겠는가?"

공경(公卿)들이 대답했다.

"옛날 하늘과 땅에 제사지낼 때는 반드시 음악이 곁들여졌는데 그래야만 비로소 신령들이 제사를 흠향하였습니다."

어떤 사람이 말했다.

"태제(泰帝)께서 소녀(素女)[86]에게 명하여 오십 현(弦)의 거문고(瑟)를 타게 하셨는데 그 음조(音調)가 구슬퍼 태제께서는 차마 감정을 억누를 수 없었기에 그녀의 거문고(瑟)를 이십오 현(弦)으로 바꾸시게 되었다고 합니다."

그래서 남월(南越)을 평정하고 태일신(泰一神)과 후토신(后土神)에게 감사드리는 제사를 올릴 때 처음으로 음악과 춤을 사용하였으며 노래하는 가동(歌童)들의 수를 늘렸다. 또 이십오 현(弦)의 거문고(瑟)와 공후

---

86) 음악에 뛰어난 전설상의 여신(女神).

(箜篌)를 만들어 쓰게 되었는데 이 악기들이 성행하게 된 것은 이때부터이다.

그 이듬해 겨울, 황상은 제의하였다.

"고대의 제왕(帝王)들은 맨 먼저 무기를 거두어들이고 군대를 해산한 후에 비로소 봉선(封禪) 의식을 거행하였다."

그리하여 천자는 북으로 삭방군(朔方郡)을 순시하여 병력 십만여 명을 이끌고 돌아오는 길에 교산(橋山)에 있는 황제(黃帝)의 능에 제사를 지낸 뒤 수여(須如)에서 그 군대를 해산하였다.

황상이 물었다.

"내가 듣기로 황제는 죽지 않았다고 하는데 지금 여기에 무덤이 있으니 어찌된 일인가?"

어떤 사람이 대답했다.

"황제께서 신선이 되어 하늘에 오르신 후 군신(群臣)들이 그의 의관(衣冠)을 거두어 여기에 묻은 것입니다."

감천궁(甘泉宮)으로 돌아온 후 황상은 장차 태산(泰山)에서 봉선 의식을 거행하기 위해 먼저 태일신(泰一神)에게 제사를 올렸다.

보정(寶鼎)을 얻은 이후 황상은 공경대신(公卿大臣)들 및 유생들과 함께 봉선 의식을 거행하는 문제에 대하여 의논하였다. 그렇지만 아득히 오래 전에 봉선 의식을 거행한 이후 지금껏 거의 거행한 적이 없었기 때문에 그 의례(儀禮)에 대하여 아는 사람이 없었다.

유생들은 ≪상서(尙書)≫, ≪주관(周官)≫[87] 및 ≪예기(禮記)≫의 「왕제편(王制篇)」 등에 나타난 망사(望祀) 및 사우(射牛) 등에 관한 기록을 채용하여 봉선의 제전(祭典)을 거행할 것을 주장하였다. 그때 구십 세가

87) ≪周禮≫.

넘은 제(齊) 지방 출신의 정공(丁公)이라는 사람이 말하였다.

"봉선이라는 것은 곧 불사(不死)입니다. 진시황도 태산에 올라 봉선의 제전을 거행하려다 비를 만나는 바람에 끝내 거행하지 못하고 말았습니다. 폐하께서 꼭 태산에 올라 봉선의 제전을 거행하시고 싶다면 조금만 오르신 다음 비바람이 없으면 마침내 태산 정상에 올라 봉제(封祭)를 거행하실 수 있을 것입니다."

이에 황상은 유생들에게 명하여 사우(射牛) 의식을 연습하도록 하고 봉선의 의례(儀禮)를 제정하도록 하였다. 수년 동안 만반의 준비를 갖추어 바야흐로 봉선의 제전을 거행하기 위해 태산으로 떠나려 하였다. 황상은 공손경(公孫卿)과 방사(方士)들로부터, '황제(黃帝)와 그 이전에 봉선의 제전을 거행한 제왕(帝王)들은 모두 기이한 신물(神物)을 불러들여 신선을 만났다' 는 말을 들은 적이 있었다.

그래서 황상은 황제(黃帝)와 그 이전의 제왕들처럼 봉선의 제전을 거행할 때 신선과 봉래(蓬萊)의 방사(方士)들을 초치함으로써 자신의 덕행이 세속을 초월하여 황제 이전의 아홉 제왕(九皇)에 비견할 만하다는 것을 과시하기 위해 유가(儒家)의 학술을 광범위하게 채용하여 꾸미려 하였다. 그렇지만 유생들은 봉선의 제전에 관하여 명확하게 규명하지도 못했을 뿐만 아니라 《시경》과 《서경(書經)》 등 옛 전적(典籍)에 구애되어 감히 자신의 견해를 밝히지 못하였다.

황상이 봉선의 제전에 쓸 예기(禮器)를 유생들에게 보여주면 '고대의 것과 다릅니다.' 라고 말하는 사람이 있는가 하면, 또 서언(徐偃)은 '태상(太常)⁸⁸⁾과 사관(祠官)들의 의식 거행은 고대 노(魯)나라만 못합니다.' 라

---

88) 종묘(宗廟)와 사직(社稷)의 제사를 관장하는 관직으로, 구경(九卿)의 하나.
89) 서한(西漢) 때 유생(儒生).

고 말하였고 또 주패(周覇)⁸⁹⁾는 유생들을 모아 봉선(封禪) 의식을 도모하였다. 이에 황상은 서언과 주패를 물리쳤을 뿐만 아니라 유생들을 모조리 파면하고 임용하지 않았다.

3월, 황상은 동쪽으로 순행하여 구씨현(緱氏縣)을 방문하였으며, 중악(中岳)과 태실산(太室山)에 올라 제사를 거행하였다. 이때 산 아래에서 기다리고 있던 시종관(侍從官)들에게는 '만세!' 소리가 들리는 것 같았다. 그래서 천자와 함께 산 위에 올라간 사람에게 물어보았지만 만세를 외쳤다고 하지 않았다. 산 아래에서 기다리고 있던 사람들에게도 물어보았지만 역시 만세를 외치지 않았다고 했다. 천자는 삼백 호(戶)를 태실산의 봉읍으로 삼아 제사를 받들게 하고 숭고읍(崇高邑)이라 명명하였다.

천자는 계속 동쪽으로 나아가 태산(泰山) 위에 올랐다. 그런데 산 위의 초목에 잎이 아직 돋지 않았기 때문에 석비(石碑)를 산 위로 운반해 태산의 정상에 세웠다. 황상은 이어 동쪽으로 나아가 해안 지대를 계속 순행하며 팔신(八神)⁹⁰⁾에게 제사를 올렸다.

그때 제(齊) 지방 사람들이 글을 올리기를, 신괴한 방술(方術)을 담론하는 자가 일만 명을 헤아리나 영험함을 입증한 사람은 단 한 사람도 없다고 아뢰었다. 그래도 천자는 더 많은 배를 증파하여 바다에 신령스러운 산(神山)이 있다고 말하는 사람들 수천 명에게 봉래(蓬萊)의 선인(仙人)을 찾도록 명하였다.

공손경은 부절(符節)을 들고 항상 앞장서서 이름난 산(名山)의 신선을 모시러 갔다. 천자가 동래(東萊)에 도착하자 공손경이 보고하였다.

---

90) 천주(天主)·지주(地主)·병주(兵主)·음주(陰主)·양주(陽主)·월주(主)·일주(日主)·사시주(四時主)를 말한다.

"밤에 키가 수 장(丈)에 이르는 사람을 보았는데 가까이 다가가니 홀연히 사라졌습니다. 다만 커다란 발자국만 남겼는데 금수 발자국과 흡사하였습니다."

또 군신(群臣)들 가운데 한 사람이 보고했다.

"개를 끌고 가던 노인이 '천자를 만나고 싶다'는 말을 남기고 홀연히 사라졌습니다."

황상이 큰 발자국을 보고도 그것을 믿지 않았지만 군신들 가운데 한 사람이 노인에 대한 보고를 하자 황상은 그 노인이 바로 선인(仙人)임에 틀림없다고 굳게 믿었다. 그래서 천자는 해상(海上)에 머물며 방사(方士)들에게 역참(驛站)의 전용 수레(傳車)를 내어 주고 수천 명을 파견하여 신선을 찾게 하였다.

4월, 천자는 봉고현(奉高縣)으로 돌아왔다. 봉선(封禪) 의례에 관한 유생들과 방사들의 의견이 서로 다를 뿐만 아니라 납득할 만한 근거가 부족한 것을 알고 천자는 봉선을 시행하기 어렵겠다고 생각하였다. 천자는 양보산(梁父山)에 도착하여 지신(地神)에게 예를 갖추어 제사지냈다.

을묘날(乙卯日), 시중(侍中)에 임명된 유생들에게 사슴 가죽으로 만든 관(冠)과 홀(笏)을 꽂은 붉은 관복(官服)을 걸치게 하고, 천자가 친히 사우(射牛) 행사를 치렀다. 천자는 태산 아래 동쪽에 제단(祭壇)을 쌓고 태일신(泰一神)을 교사(郊祀)하는 의례에 따라 봉제(封祭)를 거행하였다.

제단의 폭은 1장(丈) 2척(尺), 제단의 높이는 9척(尺)이었으며, 제단 아래에는 천자가 하늘에 고하는 제문(祭文)이 씌어 있는 옥첩서(玉牒書)[91]를 두었는데 그 제문의 내용은 절대 비밀에 부쳤다. 제사를 마치고 천자

---

91) 제왕(帝王)이 봉선(封禪) 의식을 거행할 때 쓰는 문서로 죽간(竹簡) 위에 쓰고 옥으로 장식하였다.

는 시중(侍中)과 봉거도위(奉車都尉) 곽자후(霍子侯)만 데리고 태산(泰山)에 올라 제단을 쌓고 다시 봉제(封祭)를 올렸는데 그 내용도 일체 비밀에 부쳤다. 이튿날, 천자는 산의 북쪽 길을 택하여 하산하였다.

병진날(丙辰日), 태산의 동북쪽 기슭에 있는 숙연산(肅然山)에서 후토신(后土神)과 같은 의례를 갖추어 지신(地神)에게 선제(禪祭)를 거행하였다. 봉선 의식을 거행할 때 천자는 황색의 제복(祭服)을 입고 친히 배례(拜禮)하였으며, 의식이 거행되는 동안 음악이 연주되었다. 또 강회(江淮) 일대에서 산출되는 한 대궁에서 세 줄기가 나는 띠[茅草]로 신령의 깔개를 만들었으며 오색의 흙으로 제단(祭壇)을 메웠다. 그리고 먼 지방에서 나는 진기한 야생 동물, 날짐승, 흰 깃털의 꿩(白雉) 등을 풀어 주고 성대히 의례(儀禮)를 갖추었다. 외뿔소(兕)·모우(牦牛)·이우(犛牛)·코뿔소(犀牛)·코끼리 등은 사용하지 않았다.

천자와 그 일행은 다시 태산으로 돌아온 후 떠났다. 하늘과 땅에 지내는 봉선 의식을 거행할 때 밤에는 하늘에 광채가 언뜻 나타났으며 낮에는 제단(祭壇) 위에서 흰 구름이 솟구쳐 올랐다.

천자가 태산(泰山)에서 봉선 의식을 거행하고 돌아와 명당(明堂)에 좌정하자 군신(群臣)들이 모두 나아가 축수를 기원하였다. 이때 천자는 어사(御史)에게 다음과 같은 조서를 내렸다.

'짐은 보잘것없는 몸으로 지고무상(至高無上)한 권위를 계승한 이래 맡은 소임을 감당하지 못할까 늘 전전긍긍하며 두려웠다. 덕이 보잘 것 없고 예악(禮樂) 제도에도 밝지 못하다. 그런데 태일신(泰一神)을 제사 지낼 때 하늘에 상서로운 광채가 끊임없이 나타났다. 짐은 기이한 현상에 그만 압도당하여 몸이 떨렸고, 중도에 그만두고 싶었지만 감히 멈추지 못하고 마침내 태산(泰山)에 올라 봉제를 올렸으며 양보(梁父)에 가서 숙연산(肅然山)에서 선제(禪祭)를 거행하였다.

이제 짐은 새롭게 태어나 덕을 쌓고 사대부(士大夫)들과 다시 새로이 시작하게 되기를 희망하노라. 백성들에게 일백 호(戶)당 소 한 마리와 술 열 석(石)씩 하사하고, 팔십 세 이상 노인과 고아 및 과부에게 포백(布帛) 두 필을 하사토록 하라. 또 박(博)·봉고(奉高)·사구(蛇丘)·역성(歷城) 의 백성들에게는 금년에 내야 할 조세를 면제해 주도록 하라. 을묘년(乙 卯年)의 사면과 동일한 대사면을 단행하도록 하라. 짐이 순행한 지방에 서는 죄인에게 부과하는 노역의 집행을 하지 말며 2년 전에 범한 죄에 대해서는 일체 불문에 부치도록 하라.'

　천자는 또 다음과 같은 조서도 내렸다.

　'고대에 천자는 5년마다 한 차례씩 순수(巡狩)하면서 태산에 이르면 제사를 올렸기 때문에 제후들은 천자를 뵙기 위해 머무는 곳이 있었다. 특별히 명하노니 제후들은 태산 아래에 머무를 수 있는 관사(官舍)를 짓 도록 하라.'

　천자가 태산(泰山)에서 봉선 의식을 거행한 후로는 비바람의 재해가 발생하지 않았다. 방사(方士)들이 또 다시 봉래산(蓬萊山) 등 여러 신산 (神山)들을 금세라도 찾을 수 있듯이 말하자 황상은 크게 기뻐하며 그 신 산(神山)들을 볼 수 있을지도 모른다는 희망에 부풀게 되었다. 천자는 다 시 동쪽으로 순행을 떠나 바닷가에 도착하여 멀리 바다를 바라보며 봉래 (蓬萊)의 선도(仙島)를 볼 수 있기를 희구하였다.

　그런데 봉거도위(奉車都尉) 곽자후(霍子侯)가 느닷없이 급병(急病)이 나 그날 죽어 버리자 황상은 그제야 그곳을 떠나 해안을 따라 북쪽으로 올라가 갈석(碣石)에 다다랐다. 다시 요서(遼西) 일대를 순행하고 북방 의 변경을 거쳐 구원현(九原縣)에 이르렀다.

　5월, 천자는 다시 감천궁(甘泉宮)으로 돌아왔다. 이때 관계 관원이 천 자에게 의견을 말하였다.

"보정(寶鼎)이 출현한 그해의 연호(年號)를 원정(元鼎)으로 하고, 폐하께서 태산에 올라 봉제(封祭)를 거행하신 금년을 원봉(元封) 원년으로 하시는 것이 마땅합니다."

그해 가을, 동정(東井)에 혜성이 출현하였다. 그로부터 십여 일 후, 다시 삼태(三台)에 혜성이 나타났다. 망기좌(望氣佐)[92] 왕삭(王朔)이 보고하였다.

"신(臣)이 천문을 관측하고 있는데 토성(土星)이 조롱박만하게 나타났다가 잠시 후에 사라졌습니다."

관계 관원이 말했다.

"한 왕조가 세워진 이래 폐하께서 처음으로 봉선 의식을 거행하셨기 때문에 하늘이 토성(土星)으로 보답하신 것 같습니다."

이듬해 겨울, 천자는 옹현(雍縣)에서 오제(五帝)에게 교사(郊祀)를 올리고 돌아온 후 경하(慶賀)의 예를 갖추어 태일신(泰一神)을 제사지내면서 다음과 같은 축문을 읽었다.

'덕성(德星)이 사방에 빛을 발하니 이는 상서로운 조짐입니다. 수성(壽星)이 뒤이어 나타나 멀리 빛나고 신성(信星)이 끝없이 빛나니 황제는 태축(太祝)이 제사하는 각 신령들을 삼가 경배하나이다.'

그해 봄, 동래산(東萊山)에서 신선을 만났다는 공손경이 '신선이 천자를 만나고 싶어한다.'는 보고를 올렸다. 천자는 구씨성(緱氏城)으로 행차하여 공손경을 중대부(中大夫)에 임명하였다. 천자는 곧 동래산(東萊山)으로 가서 며칠 동안 머물렀지만 아무것도 보지 못하고 다만 거인의 발자국만 보았을 뿐이다. 천자는 또 다시 방사(方士) 천여 명을 파견하여 신선과 영약을 찾아오게 하였다.

---

92) 구름을 보고 운세를 점치는 하급 관리.

그해에 가뭄이 들었다. 천자는 순행(巡行)할 정당한 명분이 없던 차에 이를 구실 삼아 만리사(萬里沙)에 가서 기우제(祈雨祭)를 올린 뒤 태산(泰山)에 이르러 재차 제사를 올렸다. 돌아오는 길에 호자(瓠子)에 들러 황하의 터진 곳을 메우는 공사 현장을 방문하여 둘러보고 그곳에 이틀간 머물며 하신(河神)에게 제물을 바치고 제사한 후에야 그곳을 떠났다.

천자는 이름난 두 장군[93]을 파견하여 병사들로 하여금 황하의 터진 곳을 막게 하였다. 그 결과 두 지류(支流)로 나뉘어 흐르던 황하의 물줄기를 옮겨 놓음으로써 하(夏) 시대에 우(禹)가 치수했던 당시의 모습을 되찾게 되었다.

그 당시 남월(南越)은 이미 정복된 상태였다. 용지(勇之)라는 월(越) 지방 사람이 진언하였다.

"월(越) 지방 사람들은 귀신을 숭상하는 습속이 있습니다. 그래서 그들이 제사를 지낼 때에는 언제나 귀신이 나타나고 효험이 있기도 하였습니다. 옛날 동구왕(東甌王)은 귀신을 숭경(崇敬)하여 천수를 백육십 세까지 누렸습니다. 그러나 후대로 내려오면서 귀신을 소홀히 여겼기 때문에 쇠미해지고 말았습니다."

천자는 월(越) 지방 무당(巫師)에게 명하여 월(越) 방식대로 사묘(祠廟)를 세우게 하였다. 제대(祭臺)는 있으나 제단(祭壇)이 없는 이 사묘(祠廟)에서도 천신 상제와 뭇 귀신들(百鬼)들을 제사지냈으며, 아울러 닭의 뼈(鷄骨)를 이용하여 점을 치는 방법을 채용하였다. 황상은 이것을 믿었으며 월(越) 지방 방식의 사묘(祠廟)와 닭 뼈를 이용한 점술(占術)이 유행하게 된 것은 이때부터이다.

공손경이 말했다.

---

93) 급인(汲仁)과 곽창(郭昌)을 이름.

"선인(仙人)은 만나실 수 있습니다. 그런데 폐하께서 선인을 만나러 가셨을 때 언제나 조급하게 떠나시어 만나실 수 없었던 것입니다. 그들은 높은 누각에 있기를 좋아합니다. 폐하께서 구씨성(緱氏城)에 세우신 것과 똑같은 묘당(廟堂)을 경성(京城)에 건립하시고 포(脯)와 대추 등의 제물을 차려 놓으신다면 반드시 신선을 초치하실 수 있습니다."

이에 황상은 영을 내려 장안에는 비렴관(蜚廉觀)과 계관(桂觀)을, 감천(甘泉)에는 익수관(益壽觀)과 연수관(延壽觀)을 건립하도록 하는 한편 부절(符節)을 받든 공손경을 보내 제물을 바치고 신선이 오기를 기다리도록 명하였다. 또 통천대(通天臺)를 짓고 대(臺) 아래에 제물을 차려 놓아 신선의 무리들을 초치하려 하였다. 감천궁(甘泉宮)에 전전(前殿)을 짓고 각 궁실을 확장하기 시작하였다.

그해 여름, 궁전의 방 안에서 영지초(靈芝草)가 돋아났다. 천자는 그것을 보고는 황하의 제방이 터진 곳을 막은 기념으로 통천대(通天臺)를 건립한 후 하늘에 감응된 길한 조짐[瑞應]이 나타난 것으로 여겨 다음과 같은 조서를 내렸다.

'감천궁의 방 안에서 아홉 줄기의 영지(靈芝)가 돋았다. 천하에 대사면령을 내려 감옥 밖에서 강제 노역을 치루는 죄수들을 사면해 주도록 하라.'

이듬해에 조선(朝鮮)을 정벌하였다. 여름에 가뭄이 들었다. 공손경이 말했다.

"황제(黃帝) 때 매번 봉제(封祭)를 거행하였는데도 가뭄이 들곤 하였습니다. 이렇게 3년 동안 가뭄이 계속되는 것은 봉단(封壇) 속의 흙을 마르게 하기 위함입니다."

이에 황상은 다음과 같은 조서를 내렸다.

'천하에 가뭄이 든 까닭은 봉토(封土)를 마르게 함인 듯하니 천하에

영을 내려 영성(靈星)을 높이 받들어 제사하도록 하라!'

그 이듬해, 황상은 옹현(雍縣)에서 교사(郊祀)를 거행하고 나서 회중도(回中道)를 거쳐 순행에 나섰다. 봄에 명택(嗚澤)을 방문한 뒤 서하(西河)를 거쳐 귀경길에 올랐다.

그 이듬해 겨울, 황상은 남군(南郡)을 순행하고 강릉(江陵)에 다다라 방향을 바꾸어 동쪽으로 발길을 돌렸다. 첨현(灊縣)의 천주산(天柱山)에 올라 제사를 지내고 이 산을 남악(南岳)이라 칭하였다. 이어 배를 타고 장강(長江)을 따라 아래로 내려가 심양현(尋陽縣)에서 종양현(樅陽縣)으로 갔고, 도중에 팽려택(彭蠡澤)을 거쳐 이름난 산(名山)과 큰 하천(大川)에 제사를 지냈다. 그런 다음 북쪽으로 발길을 돌려 낭야군(琅邪郡)에 도착하여 다시 해안을 따라 북쪽으로 올라갔다. 4월, 천자는 봉고현(奉高縣)에 다다라 봉제(封祭)를 거행하였다.

처음 천자가 태산(泰山)에서 봉제를 거행할 때 태산의 동북쪽 기슭에는 옛날에 건립한 명당(明堂)이 있었는데 지세(地勢)가 험준하고 탁 트이지가 않았다. 이에 황상은 봉고(奉高) 부근에 별도로 명당을 세우려 하였으나 그 형식이나 규모를 어떻게 정해야 할지 알지 못하였다.

그때 제남(濟南) 지방 출신 공숙대(公玉帶)가 황제(黃帝) 시대의 명당도(明堂圖)를 바쳤다. 그 명당도를 보면 가운데에 전당(殿堂)이 한 채 있는데 사방에 벽이 없고 지붕은 띠(茅草)로 덮여 있으며, 전당의 사면에는 물이 흐르고 담으로 둘러져 있으며 복도(復道)가 만들어져 있었다. 그 위에는 통로가 있는데 서남쪽에서 전당으로 뻗어 있었다. 이 통로를 일컬어 곤륜도(昆侖道)라 한다. 천자는 이 통로를 통하여 전당에 들어가 상제에게 배제(拜祭)한다.

이에 황상은 공숙대가 바친 명당도(明堂圖)대로 봉고현(奉高縣) 문수(汶水)가에 명당(明堂)을 세우도록 명하였다. 그로부터 5년 후 황상은 봉제(封祭)를 거행할 때 명당의 상좌(上座)에서 태일신(泰一神)과 오제(五帝)에게 제사를 올리고 고황제(高皇帝)[94]의 위패(位牌)는 그 맞은편에 두도록 명하였다. 그리고 그 아랫방에서는 태뢰(太牢)[95] 이십 두를 제물로 바치고 후토신(后土神)에게 제사하였다.

천자는 곤륜도(昆侖道)를 통해 들어가 처음으로 제사지내는 예의를 갖추어 명당에서 배제(拜祭)하였다. 제례(祭禮)를 마치고 나서 명당 아래에서 섶나무를 태워 하늘에 고(告)하는 요제(燎祭)를 올렸다. 그리고 나서 황상은 다시 태산에 올라 정상에서 비밀에 싸인 제사 의식을 거행하였다.

태산 아래에서 오제에게 제사지낼 때 각기 배정된 방위에 따라 제사를 거행하였는데 다만 황제(黃帝)와 적제(赤帝)만은 한 자리에 모셔 놓고 지냈으며, 이를 주관하는 관계 관원이 각기 제사를 받들어 거행했다. 제사를 지낼 때 태산 위에서 불을 들면 산 아래에서도 모두 불을 들어 그에 응하였다.

2년 후, 11월 갑자날(甲子日) 초하루가 동지(冬至)가 되자 역법(曆法)을 추산하여 이를 기점(起点)으로 삼았다. 천자는 그날 친히 태산(泰山)으로 가서 명당(明堂)에서 상제에게 제사를 지냈다. 그런데 봉선 의식은 거행하지 않고 다음과 같은 축문(祝文)을 읽었다.

'하늘이 황제(皇帝)에게 태원(太元)[96]의 신책(神策)을 추가로 내리시니, 일주하면 다시 시작합니다(周而復始). 황제는 태일신(泰一神)을 경배하나이다.'

이어 천자는 동쪽의 바닷가에 이르러 신선을 찾기 위해 바다로 나간

---

94) 한 고조(漢高祖).
95) 소 · 양 · 돼지 세 가지의 희생을 갖춘 제수(祭需).
96) 하늘(天)의 별칭. 「孝武本紀」에는 '泰元'으로 기록되어 있다.

사람들과 방사(方士)들을 살펴보았지만 이렇다 할 아무런 성과가 없었다. 그런데도 천자는 신선을 만날 수 있다는 희망을 버리지 못하고 더욱 많은 사람들을 파견하였다.

11월 을유날(乙酉日), 백량대(柏梁臺)에 화재가 발생하였다. 12월 오삭날(午朔日), 황상은 친히 고리산(高里山)으로 행차하여 선제(禪祭)를 거행하고 후토신(后土神)에게 제사지냈다. 그러고 나서 천자는 다시 발해(渤海)로 가서 봉래산(蓬萊山)의 뭇 신들에게 망사(望祀)를 올리고, 신선들이 살고 있는 지역[殊庭]에 갈 수 있기를 희구하였다.

백량대(柏榮臺)의 화재로 인하여 귀경한 황상은 감천궁(甘泉宮)에서 각 군(郡)과 국(國)의 연례 보고서를 접수하고 보고를 들었다. 공손경(公孫卿)이 말했다.

"황제(黃帝)께서 청령대(靑靈臺)를 건립하신 지 십이 년이 지나 화재가 발생하자 황제께서는 다시 명정(明庭)을 세우셨습니다. 소위 '명정(明庭)'이란 바로 감천궁(甘泉宮)을 이르는 것입니다."

방사(方士)들 중에도 고대 제왕(帝王)들 중 감천궁에 도읍을 정한 일이 있다고 주장하는 사람들이 많았다. 그 후 천자는 감천궁에서 제후들의 조현을 받았기 때문에 감천(甘泉)에 제후들이 머무는 관사(官舍)가 세워졌다. 용지(勇之)가 말했다.

"월(越) 지방 풍속에 따르면 화재가 발생한 자리에 다시 집을 지을 때는 반드시 본래보다 더 크게 지어 재앙을 제압하였습니다."

그래서 건장궁(建章宮)을 영조하였는데 예전의 것에 비하여 그 규모가 훨씬 더 장엄하고 출입하는 문이 더 많았다. 또 전전(前殿)은 미앙궁(未央宮)의 전전보다 더 높았다. 뿐만 아니라 궁의 동쪽에는 높이가 이십여 장(丈)에 달하는 봉궐(鳳闕)이 있었고 궁의 서쪽에는 당중지(堂中池)가 있었으며 둘레가 수십 리(里)나 되는 호권(虎圈)[97]도 있었다.

또 북쪽에는 커다란 연못을 만들어 태액지(太液池)라 명명하였으며 그 연못의 가운데 세워진 점대(漸臺)의 높이는 이십여 장(丈)에 달하였다. 그리고 그곳에 바다에 있다는 바다거북(海龜)과 바다고기(海魚)들을 본떠 봉래(蓬萊)·방장(方丈)·영주(瀛州)·호량(壺梁) 등 전설상의 네 신산(神山)을 만들었다.

또한 남쪽에는 옥당(玉堂)을 세웠는데 푸른 옥으로 문을 장식하고 신령스러운 새[神鳥]를 새긴 상(像) 등을 만들었다. 또 신명대(神明臺)와 정간루(井干樓)를 세웠는데 그 높이가 오십여 장(丈)에 이르렀으며, 누대(樓臺)와 누대 사이에는 황제의 전용 수레가 통행할 수 있는 고가도로가 거미줄처럼 연결되어 있었다.

그해 여름, 한(漢) 왕조는 다시 역법(曆法)을 개정하여 정월(正月)을 한 해의 시작[歲首]으로 바꾸었으며, 수레와 복식의 색깔로는 황색을 받들었으며, 관직명과 인장의 글자 수를 다섯 자로 바꾸었으며, 그해를 태초(太初) 원년으로 정하였다.

그해에 서역(西域)에 있는 대완국(大宛國)을 정벌하였다. 누리(蝗蟲)[98]가 극성을 부렸다. 조정인(丁夫人)[99]과 낙양 사람 우초(虞初) 등이 방술(方術)을 이용하여 흉노와 대완(大宛)에게 재앙이 내리도록 귀신에게 기원하였다.

이듬해, 관계 관원들은 옹현(雍縣) 오치(五畤)의 제사를 지낼 향기가 나는 희생 제물(祭物)을 준비하지 못했다고 보고하였다. 이에 천자는 즉시 제사를 받드는 사관(祠官)에게 명하여 희생 송아지를 삶아 각 치(畤)

---

97) 호랑이를 기르는 곳.
98) 황충이. 풀무치와 비슷한 메뚜기과의 곤충으로 떼를 지어 날아다니면서 농작물에 큰 해를 끼침.
99) 방사(方士). 성은 정(丁), 이름은 부인(夫人).

에 바치도록 하였으며 희생 송아지의 털빛은 오행(五行)이 상극(相剋)하는 원리에 따라 각 방향 고유의 천제(天帝)가 이기는 색깔에 맞추도록 하였다.

또 제사에 바치는 건강한 희생 말(駒)은 목마(木馬)로 대체하고 오제(五帝)에게 제사지낼 때와 천자가 친히 교사(郊祀)를 거행할 때에만 건강한 말을 바치도록 명하였다. 또 여러 명산대천의 제사에는 건강한 말(駒) 대신 목마(木馬)로 대체하도록 하였다. 다만 황제가 순행하는 곳에서는 훌륭한 말을 희생으로 바쳐 제사하도록 하였으며 나머지 의례(儀禮)는 종전대로 시행하도록 하였다.

그 이듬해, 천자는 동해안 순행에 나서 신선을 찾으러 간 사람들을 조사해 보았지만 아무런 효험도 나타나지 않았다. 그때 어떤 방사가 말했다.

"황제(黃帝) 시대에는 5성과 십이 루(樓)를 지어 놓고 집기(執期) 지방에서 신선을 맞이하였는데 이를 일컬어 영년사(迎年祠)라 합니다."

황상은 이에 동의하여 그가 말한 대로 누대(樓臺)를 짓도록 하고 이를 명년사(明年祠)라 명명하였다. 황상은 황색의 복식을 갖추어 입고 친히 그곳에 나아가 상제에게 제사지냈다.

공숙대(公玉帶)가 말했다.

"황제(黃帝) 때 태산(泰山)에 제단을 쌓고 봉제(封祭)를 거행했지만 풍후(風后)·봉거(封巨)·기백(岐伯)은 황제에게 동태산(東泰山)에서 봉제(封祭)를 올리고 범산(凡山)에서 선제(禪祭)를 거행하도록 요구하였습니다. 그래서 이 두 산에서 지낸 제사가 서로 부합(符合)된 연후에야 비로소 황제는 장생불사(長生不死)하실 수 있었습니다."

그러자 천자는 즉시 제사를 올릴 만반의 준비를 갖추도록 명한 뒤 동태산(東泰山)으로 갔다. 그런데 명성과는 달리 동태산이 왜소하기 짝이 없자 제사를 받드는 사관(祠官)에게 명하여 제사를 대신 올리도록 하고 봉선(封禪)의 대전(大典)은 거행하지 않았다. 그러고 나서 공숙대에게 명하여 그곳에 남아 제사를 받들고 신인(神人)을 기다리도록 하였다.

그해 여름, 천자는 다시 태산(泰山)으로 돌아와 관례대로 5년마다 한 차례씩 거행하는 봉선(封禪) 의식을 올리고 또 석려(石閭)에서 추가로 선제(禪祭)를 거행하였다. 이른바 석려란 태산 남쪽 기슭에 위치한 곳인데 방사(方士)들이 입을 모아 바로 그곳이 신선들이 사는 곳이라고 말했기 때문에 황상이 직접 그곳에서 선제를 올린 것이다. 5년 후, 천자는 다시 태산에 가서 봉제를 거행하고 돌아오는 길에 상산(常山)에 제사지냈다.

현재의 황상이 건립한 신사(神祠)인 태일사(泰一祠)와 후토사(后土祠)는 3년에 한 차례씩 천자가 직접 교외에 나가 제사(郊祀)를 올렸다. 금상(今上)이 처음으로 창건한 한(漢) 왕조의 봉선(封禪) 의식은 5년에 한 차례씩 거행하였다.

박기(薄忌)의 건의로 건립된 태일사(泰一祠)와 삼일(三一)·명양(冥羊)·마행(馬行)·적성(未星)의 다섯 신사(神祠)는 관서(寬舒)가 영도하는 사관(祠官)이 매년 계절마다 제사를 올렸는데 여기에다 후토사(后土祠)를 포함한 여섯 신사(神祠)는 모두 태축(太祝)이 주관하였다. 그리고 팔신(八神)의 각 신사(神祠)와 명년사(明年祠) 및 범산(凡山) 등 기타 저명한 신사(神祠)에는 천자가 순행에 나서 지나갈 때에만 제사를 거행하고 천자가 떠난 후에는 이를 중단하였다.

방사(方士)들이 건의하여 세운 신사(神祠)는 주창자(主唱者)가 각기 제주(祭主)가 되어 제사를 주관하였으나 본인이 죽은 후에는 제사가 단절되었으며, 사관(祠官)이 제주(祭主)가 되어 제사를 주관하는 일은 없었다. 그 밖의 제사는 모두 예전대로 시행되었다.

금상(今上)이 봉선 의식을 거행한 이래 십이 년 동안 오악(五岳)과 사독(四瀆)의 신령들에게 두루 제사를 올렸다. 그런데 방사(方士)들이 신선을 맞이하기 위해 제사를 올리고 봉래(蓬萊)의 선도(仙島)를 찾아 바다로 나섰지만 끝내 아무런 결실을 거두지 못하였다. 신이 나타나기를 기다리던 공손경(公孫卿)도 결국 거인의 발자국을 가지고 떠들어댔을 뿐 이렇다 할 아무런 성과도 거두지 못하였다.

이렇게 되자 천자는 방사(方士)들의 허무맹랑한 말에 점점 염증을 느끼게 되었다. 하지만 끝내 그들의 농락에서 헤어나지를 못하여 그들과의 관계를 청산하지 못하고 정말로 신선을 만날 수 있다는 희망을 버리지 않았다. 그 이후에도 신에게 제사를 올리는 방사들의 수는 점점 많아졌지만 이렇다 할 효험은 없었다.

태사공은 말한다.

나는 황상의 순행을 따라 하늘과 땅(天地)의 뭇 신들과 명산대천에 올리는 제사나 봉선(封禪)의 대전(大典)에도 참여하였으며, 수궁(壽宮)에 들어가 신에게 제사지내며 올리는 축사(祝詞)를 곁에서 들으면서 방사(方士)들과 사관(祠官)들의 뜻을 세심히 살펴볼 수 있었다. 그래서 예로부터 귀신에게 지내던 제사를 순서대로 정리하고 그 안팎의 사정을 모두 소상히 밝히노니, 후세의 군자들이 이를 살펴볼 수 있게 하기 위함이다. 제사를 지낼 때 쓰이는 조두(俎豆)와 옥백(玉帛)의 세세한 규정 및 신령에게 제사를 올리는 예의(禮儀)와 격식 등은 관계 관원들이 이를 모두 기록하여 보존해 두었다.(그래서 여기에서는 언급하지 않겠다.)

제7 하거서(河渠書)¹⁾

≪서경(書經)≫의 「하서(夏書)」²⁾에는 다음과 같이 씌어 있다.

'우(禹)는 홍수를 다스리느라 십삼 년 동안 집 앞을 지나더라도 집 안에 들어가지 않았다. 육로에서는 수레를 타고 물길에서는 배를 타고 진흙길에서는 키[橇]를 타고 산길에서는 가마[橋]를 타고 다녔다. 천하를 9주³⁾로 나누어 산세(山勢)에 따라 물길을 내고 토지의 비옥하고 척박한 정도에 따라 공물을 정하였다. 9주의 도로를 뚫고, 9주의 호수에 제방을 쌓고, 9주의 산세(山勢)를 측량하였다.

그런데 황하의 잦은 범람은 중국(中國)에 막심한 피해를 가져다주었다. 우(禹)는 황하를 다스리는 것을 가장 시급한 일로 보았다. 그래서 적석산(積石山)에서 황하를 끌어 용문(龍門)을 거쳐 남으로 화산(華山) 북쪽까지 이르렀으며 거기에서 다시 동으로 지주산(砥柱山) 아래를 따라 맹진(孟津)과 낙구(洛口)를 지나 다시 동북쪽으로 방향을 바꾸어 대비산(大邳山)에 이르렀다.

그 당시 우(禹)는 황하가 지세가 높은 곳에서 흘러내려 물살이 거세기 때문에 평지를 흐를 때 재해가 빈번하게 발생하는 것이라고 여겼다. 그

---

1) 하(夏)의 우(禹)에서부터 한(漢)의 무제(武帝)까지 수리(水利) 사업 발전의 역사에 관하여 서술한 것이다. 주로 황하의 범람과 치수 및 관개 사업의 발전에 관하여 중점적으로 서술하였기 때문에 '하거서(河渠書)'라 칭하였다.

2) 하(夏) 왕조에 관한 사서(史書), 즉 ≪今文尚書≫ 중 ≪禹貢≫, ≪甘誓≫ 등의 편(篇)을 말한다. 여기에는 하(夏) 왕조의 역사에 관한 내용이 실려 있으며 특히 우(禹)가 치수한 사적에 관하여 자세히 나타나 있다. 그러나 이하에 인용한 내용은 「夏書」의 내용과 완전히 일치하지는 않는다.

3) 우(禹)가 치수한 후 천하를 9주(州)로 나누었는데 ≪尚書≫의 「禹貢」에 의하면 9주는 기주(冀州)·연주(兗州)·청주(靑州)·서주(徐州)·양주(揚州)·형주(荊州)·예주(豫州)·양주(梁州)·옹주(雍州)이다.

래서 대비산 일대에서 황하의 물줄기를 둘로 나누어 물살을 약화시켰다. 이어 황하의 물줄기를 북쪽 고지대로 돌려 강수(降水)를 거쳐 대륙택(大陸澤)에 이르렀다. 물살을 약화시키기 위해 우(禹)는 황하를 아홉 지류(支流)로 나누고, 최후에는 다시 합류시켜 역하(逆河)를 만들어 발해(渤海)로 흘러들게 하였다.

9주의 하천이 모두 막힘없이 소통되고 9주의 호수 제방이 모두 축조되자 중국(中國) 백성들은 평안히 살면서 즐겁게 일할 수 있게 되었으며, 우(禹)의 공덕은 하·은·주 삼대(三代)에까지 이어졌다.'

우(禹)가 치수한 이후, 형양(滎陽)에서 황하의 물을 동남쪽으로 끌어들여 홍구(鴻溝)⁴⁾를 건설하여 송국(宋國)·정국(鄭國)·진국(陳國)·채국(蔡國)·조국(曹國) 및 위국(魏國)을 소통케 하고, 제수(濟水)·여수(汝水)·회하(淮河) 및 사수(泗水)와 연결하였다.

초(楚)에서는 서쪽의 한수(漢水)와 운몽(雲夢)의 평야 사이를 연결하는 운하를 건설하였으며, 동쪽으로는 장강(長江)과 회하(淮河) 사이를 연결하는 한구(邗溝)를 건설하였다. 또 오(吳)에서는 삼강(三江)⁵⁾과 오호(五湖)⁶⁾를 연결하는 운하를 건설하였고, 제(齊)에서는 치수(淄水)와 제수(濟水) 사이를 연결하는 운하를 건설하였으며, 촉(蜀)에서는 촉군(蜀郡)의 태수(太守) 이빙(李氷)⁷⁾이 이퇴(離堆)를 뚫어 말수(沫水)의 수해를 없앴다. 뿐만 아니라 두 강을 뚫어 성도(成都)의 중앙을 관통하게 하였다.

이 수로들은 배가 다닐 수 있었고 수량(水量)의 여유가 있으면 관개에도 이용되었기 때문에 백성들은 그 혜택을 얻을 수 있었다. 이러한 수로

---

4) 옛 운하 이름.
5) 이에 대한 설이 분분하나 오늘날 대부분의 학자들은 장강(長江) 하류의 여러 수로를 총칭한 것으로 보고 있다.
6) 태호(太湖) 유역 일대의 뭇 호수들을 총칭한 것.
7) 전국시대의 수리(水利) 전문가.

들이 지나는 지방에서는 사람들이 수로의 물을 끌어 관개용의 작은 농수로를 만드는 일이 늘어나 그 수는 이루 헤아릴 수 없었다. 서문표(西門豹)[8]는 장하(漳河)의 물을 끌어 업(鄴) 지방의 농경지에 관개함으로써 위국(魏國) 하내(河內) 지역을 풍요롭게 하였다.

한(韓)에서는 진(秦)이 각종 사업을 일으키기를 좋아한다는 것을 듣고 진(秦)을 피폐시켜 한(韓)을 공격할 수 없도록 하기 위해 수리 기술자 정국(鄭國)[9]을 파견하여 진(秦)을 설득케 하였다. 정국은 진(秦)으로 하여금 중산(中山)을 뚫어 경수(涇水) 서쪽에서 호구(瓠口)에 이르는 운하를 만들어 관중(關中)의 평원과 북방 여러 산을 따라 낙하(洛河)로 흘러드는 삼백여 리의 운하를 건설하여 경지에 관개할 것을 설득하였다. 그러나 공사 도중 진(秦)에 의하여 그 음모가 발각되고 말았다. 진왕(秦王)이 정국을 처형하려고 하자 그가 말하였다.

"애초에 제가 첩자로 파견되어 수로 건설을 건의한 것은 사실입니다. 하지만 정작 수로가 완성되면 진(秦)나라에 유익할 것입니다."

진왕은 그의 말을 옳다고 여겨 마침내 그로 하여금 수로를 완공케 하였다. 이 수로가 완성된 후 충적된 진흙을 함유한 경수(涇水)를 끌어들여 염분이 많은 관중의 토지 사만여 경(頃)에 관개하여 1무(畝)당 1종(鍾)[10]을 수확하였다. 이리하여 관중 평원은 기름진 옥토로 변하고 더 이상 흉년이 없게 되었다. 이 때문에 진(秦)은 부강해지고 마침내 각 제후국을 겸병할 수 있게 되었다. 그래서 이 수로를 '정국거(鄭國渠)'라 명명하였다.

한(漢) 왕조가 건국된 지 삼십구 년이 되는 효문제(孝文帝) 때, 산조현

---

8) 전국시대 위(魏) 문후(文侯) 때 업(鄴)의 현령.
9) 전국시대 말기의 수리(水利) 전문가.
10) 1종(鍾)은 6석(石) 4두(斗).

(酸棗縣)에서 황하의 제방이 터지고 백마현(白馬縣)에서도 금제(金堤)가 터지자 동군(東郡)에서는 대대적으로 백성들을 징발하여 제방을 막았다.

그 후 사십여 년이 지난 금상(今上)[11] 원광(元光)[12] 연간에 호자(瓠子)에서 황하의 제방이 터져 동남쪽 거야택(鉅野澤)으로 해서 회하(淮河)와 사수(泗水)로 흘러들었다. 천자는 급암(汲黯)[13]과 정당시(鄭當時)[14]를 파견, 민부(民夫)들을 동원하여 무너진 제방을 막았지만 다시 무너져 내리고 말았다.

그 당시 승상은 무안후(武安侯) 전분(田蚡)[15]이었는데 황하 북쪽 유현(鄃縣)에 그의 식읍이 있었다. 황하가 남으로 범람하니 유현은 오히려 수재(水災)가 없어져 그의 식읍은 해마다 풍작을 이루었다. 전분은 황상에게 말했다.

"하천의 제방이 무너지는 것은 모두 하늘의 뜻입니다. 따라서 인력을 동원하여 이를 막기란 쉽지 않을 뿐만 아니라 하늘의 뜻에도 반드시 합치되는 것은 아닙니다."

운기(雲氣)로 길흉을 점치는 방사(方士)와 술사(術士) 등이 모두 입을 모아 이러한 논리의 의견을 개진하자 천자는 무너진 제방을 막는 공사를 오래도록 중단하였다. 그 당시[16] 대농령(大農令)[17] 정당시(鄭當時)는 황

---

11) 한(漢) 무제(武帝 : 劉徹).

12) 한(漢) 무제(武帝) 연호(B.C.134~129)

13) 서한(西漢) 복양(濮陽) 출신으로 무제(武帝) 때 동해군(東海郡) 태수(太守)를 역임하였고 나중에 도위(都尉)의 지위에 오름.

14) 서한(西漢) 때 진(陳) 출신으로 무제(武帝) 때 9경(卿)을 역임. 자세한 것은 「급정열전」을 참조.

15) 서한(西漢) 장릉(長陵) 출신으로 경제(景帝)의 왕후(王后) 동복(同腹) 아우. 자세한 것은 「위기무안후열전」을 참조.

16) 무제 원광 6년, 즉 기원전 129년.

17) 9경(卿)의 하나. 조세와 염철(鹽鐵) 등을 관장. 무제 태초(太初) 원년(B.C.104)에 대사농(大司農)으로 이름을 바꾸었다.

상에게 다음과 같이 건의하였다.

"지금껏 관동(關東) 곡식의 조운(漕運)은 위하(渭河)를 따라 운송되어 6개월이나 걸렸습니다. 조운(漕運)하는 수로의 거리가 구백여 리나 되고 험난하여 운항하기 어려운 곳도 있기 때문입니다. 그런데 위하(渭河)의 물을 끌어 장안에서 남산(南山) 동쪽을 따라 내려가며 황하에 이르는 운하를 만든다면 거리도 삼백여 리로 단축되어 조운하는 데 편리할 뿐만 아니라 걸리는 시간도 3개월밖에 걸리지 않을 것입니다. 또 운하 주변의 민전(民田) 일만여 경(頃)에도 관개(灌漑)할 수 있을 것입니다. 그렇게만 되면 조운하는 데 소요되는 시간과 인력을 절약할 수 있고, 관중(關中)의 토지를 비옥하게 하여 곡식을 많이 생산할 수 있습니다."

천자는 이 건의를 옳다고 보고 즉시 제(齊) 지방 출신 수리 기술자 서백(徐伯)에게 명하여 수로 낼 곳을 조사하고 측량하게 한 후, 수만 명의 인력을 동원하여 운하를 파게 하여 3년 여의 공사 끝에 이를 완성하였다. 그러자 조운에 크게 편리해졌고 조운하는 양도 점점 증가하게 되었으며, 운하 주변의 백성들도 이를 관개에 이용할 수 있게 되었다.

그 후 하동(河東) 태수(太守) 번계(番系)가 건의하였다.

"산동 지방에서 서쪽 수도(京師)로 조운해 오는 곡식이 매년 백여만 석(石)인데 험준한 지주산(砥柱山) 아래를 통과하기 때문에 손실이 매우 클 뿐만 아니라 비용도 많이 듭니다. 그러니 운하를 파서 분수(汾水)의 물을 끌어 피씨(皮氏)[18]와 분음(汾陰) 일대에 관개하고, 황하의 물을 끌어 분음(汾陰)과 포판(蒲坂) 일대에 관개한다면 오천 경(頃)의 농경지를 얻을 수 있습니다.

그 오천 경(頃)의 땅은 모두 황하 연변에 버려진 황무지로 백성들이

---

18) 현(縣) 이름.

목축이나 하던 곳이었습니다. 그곳을 관개하여 농사를 지으면 이백만 석(石) 이상의 곡식을 얻을 수 있을 것입니다. 그 곡식이 위하(渭河)를 따라 수도로 조운된다면 그 노정(路程)이 관중(關中) 각지에서 조운되는 것과 같습니다. 그렇게 되면 지주산 동쪽의 곡식을 조운해 올 필요가 없습니다."

천자는 그의 의견에 찬성하고 민부(民夫) 수만 명을 동원하여 운하를 건설하고 농경지를 만들었다. 그러나 수년 후 황하의 물길(水路)이 바뀌는 바람에 운하는 더 이상 제 구실을 하지 못하게 되었고, 경작하는 사람들은 뿌린 종자조차 건지지 못하는 실정이 되고 말았다. 결국 하동(河東)의 운하와 경작지는 황폐화되고 말았으며, 소부(少府)[19]로 하여금 그곳으로 이주한 월(越) 지방 사람들에게 약간의 조세를 거두어 소소한 수입으로 삼게 하였다.

그 후 어떤 사람이 포사도(褒斜道)[20]와 아울러 포수(褒水)와 사수(斜水)를 연결하는 운하를 만들자는 상서를 올렸다. 천자는 이 일을 어사대부[21] 장탕(張湯)에게 넘겨 입안하도록 하였다. 장탕은 천자의 환심을 사기 위해 다음과 같이 건의하였다.

"촉군(蜀郡)에는 옛 길을 이용하여 가기 마련이지만 그 길은 가파를 뿐만 아니라 멉니다. 이제 포사도(褒斜道)를 뚫으면 경사도 적고 거리도 사백 리나 가까워지게 됩니다. 뿐만 아니라 포수(褒水)는 면수(沔水)와 연결되고 사수(斜水)와 위수가 연결되기 때문에 배를 이용하여 조운(漕運)할 수 있습니다.

남양군(南陽郡)에서 출발하여 면수(沔水)로 거슬러 올라가 포수로 들

---

19) 9경(卿)의 하나. 각지 산해지택(山海池澤)의 세금 및 황실의 경비를 관장.
20) 옛 도로(道路) 이름.
21) 진(秦)·한(漢) 때 승상 다음가는 조정의 최고 장관.

어가고, 포수의 발원지(發源地)에서 사수(斜水)까지 일백여 리의 거리는
수레를 이용하여 운반한 후그곳에서 사수를 통해 위수에 들어가면 한중
(漢中) 지구의 곡식을 수도까지 직접 운송할 수 있습니다. 산동 지구에서
도 면수를 이용하면 아무런 장애 없이 운송할 수 있기 때문에 험준한 지
주(砥柱)를 경유하여 조운하는 것보다 편리합니다. 뿐만 아니라 포수와
사수 유역에서 산출되는 목재와 죽전(竹箭)도 촉(蜀) 지방에 손색이 없
을 정도로 매우 풍부합니다."

천자는 그 의견에 찬성하여 장탕의 아들 장앙(張卬)을 한중(漢中) 태수
(太守)에 임명하고 그로 하여금 수만 명을 동원하여 포사도 오백 리를 닦
게 하였다. 이 도로의 개통으로 편리하고 가까워졌지만 물이 바위 주위
에서 소용돌이치는 곳이 많아 조운에 이용할 수는 없었다.

그 후에 장웅비(莊熊羆)가 건의하였다.

"임진(臨晋) 백성들은 낙수(洛水)의 물을 끌어 중천(重泉) 동쪽의 일만
여 경(頃)에 달하는 땅에 관개하기를 바라고 있습니다. 관개할 수 있는
물만 얻을 수 있다면 염분이 많은 이 땅은 무(畝)당 열 석(石)의 수확을
올릴 수 있습니다."

천자는 민부(民夫) 일만여 명을 동원하여 징현(徵縣)에서 낙수(洛水)
를 끌어 상안산(商顏山) 아래에 이르는 운하를 팠다. 그런데 상안산 아래
의 토질이 푸석푸석하여 운하의 양쪽 벽이 자주 붕괴되었기 때문에 사십
여 장(丈)에 달하는 깊이의 우물을 도처에 파서 하나하나 지하로 연결하
여 물을 끌었다. 이 지하수는 상안산 아래를 관통하여 산 동쪽까지 십여
리에 걸쳐 흘렀다. 이러한 정거(井渠)[22]가 생기게 된 것은 이때부터였는
데 이곳에서 용골(龍骨)이 나왔기 때문에 이 수로(水路)를 '용수거(龍首

---

22) 우물을 파고 이를 지하로 연결하여 물을 흐르게 하는 수로(水路).

渠)’ 라 명명하였다. 공사를 시작한 지 십여 년 끝에 수로가 개통되었지만 여전히 관개의 이점은 얻지 못하였다.

호자(瓠子)에서 황하가 무너진 지 이십여 년이 지나도록 복구가 되지 않아 해마다 흉년이 들었는데 특히 양(梁)과 초(楚) 지방의 피해가 극심하였다. 천자는 태산(泰山)과 양보산(梁父山)에 올라 봉선(封禪) 의식을 거행하고 각지를 순행하며 명산대천(名山大川)에 제사를 지냈다. 그 이듬해는 가뭄이 들어 봉선(封禪)을 행할 수 없을 정도로 비가 내리지 않았다.

천자는 급인(汲人)[23]과 곽창(郭昌)에게 명하여 민부(民夫) 수만 명을 동원하여 호자(瓠子)의 터진 제방을 막게 하였다. 당시 천자는 만리사(萬里沙)의 신사(神社)에 제사를 올린 후 귀경하는 길이었는데 제방이 터진 현장에 들러 백마(白馬)와 옥벽(玉璧)을 황하에 바치고 하신(河神)에게 제사하였다.

그리고 장군 이하 군신(群臣)들과 수행원들에게 명하여 나무를 날라 터진 제방을 메우도록 하였다. 그 당시 동군(東郡) 사람들이 나무와 풀을 베어다 땔감으로 썼기 때문에 나무가 적었다. 그래서 기위(淇園)의 대나무를 가져와 터진 곳에 말뚝을 박았다.

천자는 황하의 제방이 무너진 현장을 직접 방문하여 둘러보았는데 제방 복구공사가 쉽사리 진척되지 않자 다음과 같은 노래를 읊었다.

| 호자(瓠子)의 둑이 터졌으니[24] 어찌하면 좋을꼬? | 瓠子決兮將奈何 |

---

23) 급암(汲黯)의 아우.
24) 호자가(瓠子歌).
25) 황하의 수신(水神).

마을이 사라지고 망망대해가 되었구나!   皓皓旰旰兮閭殫爲河

  온통 바다를 이루어 편안한 땅이 없으니,   殫爲河兮地不得寧

  기약 없는 공사에 오산(吾山)이   功無已時兮吾山平
평지가 되었도다.

  오산이 평지가 되었어도 거야택(鉅野澤)은   吾山平兮鉅野溢
범람하니,

  겨울이 닥쳤는데도 물고기떼가 솟구치는구나.   魚弗鬱兮拍冬日

  물길이 허물어져 제 흐름을 벗어나   延道弛兮離常流

  교룡(蛟龍)은 멀리까지 내달리는구나.   蛟龍騁兮方遠遊

  물길을 예전처럼 되돌려 놓기를   歸舊川兮神哉沛
신께 비노니,

  봉선(封禪)을 행하지 않았던들 내 어찌   不封禪兮安知外
바깥세상을 알겠는가!

  나 대신 하백(河伯)[25]에게 물어 다오,   爲我謂河伯兮何不仁

  어찌 이다지도 불인(不仁)하여 범람을   泛濫不止兮愁吾人
막지 않고 우리 백성들을 괴롭히느냐고.

  설상정(齧桑亭)은 이미 물 위에 떴고   齧桑浮兮淮泗滿
회수・사수도 넘쳤는데

  이다지도 오래 되돌려지지 않으니   久不反兮水維緩
끈이 느슨해진 것인가.

또 다음과 같은 노래도 지었다.

황하는 세차게 흐르다 졸졸 흐르다 하는데   河湯湯兮激潺湲

북쪽 강에 괸 물은 깊이 흐르기 어렵구나.   北渡污兮浚流難

긴 풀을 뽑아 둑을 막고	搴長茭兮沈美玉
옥을 바쳐 하신(河神)께 비니	
하신께서는 섶나무로 막을 수 있게 허락하셨으나	河伯許兮薪不屬
섶나무마저 모자라는 건 위인(衛人)들의 죄이로다.	薪不屬兮衛人罪
쑥의 잔가지까지 불을 때 버렸으니 무엇으로 물길을 막을 것인가 !	燒蕭條兮噫乎何以禦水
대나무로 말뚝 박고 돌로 방죽을 쌓아	頹林竹兮楗石菑
호자(瓠子)의 물길을 막으면 만복이 오리라.	宣房塞兮萬福來

마침내 호자(瓠子)의 터진 제방을 막고 그 위쪽에 궁실을 지어 '선방궁(宣房宮)'이라 명명하였다. 황하를 북으로 이끌어 2거(渠)로 흐르게 하여 우(禹)가 치수한 옛 수로를 되찾게 되었으며, 양(梁)과 초(楚) 지방은 수재가 없어지고 안정을 되찾게 되었다.

그 후 관리들은 다투어 수리 사업을 벌일 것을 진언하였다. 삭방(朔方)·서하(西河)·하서(河西)·주천(酒泉)에서는 황하 또는 다른 하천의 물을 끌어 농경지에 관개하였으며, 관중(關中)에서는 보거(輔渠)·영지(靈軹) 등의 운하를 만들어 여러 하천의 물을 끌었다. 또 여남군(汝南郡)과 구강군(九江郡)에서는 회수를, 동해군(東海郡)에서는 거정택(鉅定澤)을, 태산군(泰山郡)에서는 문수(汶水)의 물을 각각 끌어 농경지에 관개하였는데 그 면적은 각기 일만여 경(頃)에 달하였다.

이밖에도 소규모의 운하 또는 산을 개척하여 연못을 만들고 물을 끌어들인 수로(水路)는 이루 헤아릴 수 없이 많다. 그중에서도 가장 유명한 것은 역시 선방(宣房)의 공사였다.

태사공은 말한다.

나는 예전에 남쪽을 여행할 때 여산(廬山)에 올라가 우(禹)가 소통시킨 9개의 하천을 보았으며, 또 회계산(會稽山)의 태황(太湟)에 이르러 고소산(姑蘇山)에 올라 오호(五湖)를 바라보았다. 또한 동으로는 낙구(洛口)·대비산(大邳山)·역하(逆河)를 방문하였고 회수·사수(泗水)·제수(濟水)·탑수(漯水) 및 낙수(洛水)를 둘러보았다. 서쪽으로는 촉(蜀)지방의 민산(岷山)과 이퇴(離堆)를 가보았으며, 북쪽으로는 용문(龍門)에서 삭방군(朔房郡)까지 여행하였다.

아아, 물이란 얼마나 큰 이익을 가져다주며 또 얼마나 커다란 재앙을 내릴 수 있는가를 나는 깊이 체득할 수 있었다. 나는 천자를 따라 풀과 나무를 등에 지고 선방(宣房)의 터진 제방을 막기도 했지만 천자가 지은 ≪호자시(瓠子詩)≫에 감동하였다. 그래서 「하거서(河渠書)」를 짓는다.

제8 평준서(平準書)[1]

　진(秦) 왕조 사회의 피폐한 국면을 이어받은 한(漢) 왕조 건국 초기에는 장년(壯年) 남자들은 군대에 나가 전쟁을 하고 노약자들은 군량을 운반하느라 생산이 거의 정지된 상태에 이르러 물자가 매우 모자랐다. 천자가 타는 수레조차도 네 필의 말(駟)을 같은 색깔에 맞추어 구비하지 못할 지경에 이르렀으며, 공경대신과 장군들 중에도 우거(牛車)를 타고 다니는 사람이 있을 정도였으니 일반 백성에게 비축된 물자라고는 조금도 없었다.

　그 당시 진(秦) 왕조의 화폐는 너무 무거워 사용하기에 불편하였다. 그래서 백성들에게 영을 내려 가벼운 화폐(輕錢)를 주조하게 하였으며 황금 한 근을 1금(金)으로 규정하였다.[2] 또 법령을 간소화하고 금령(禁令)을 대폭 줄였더니 상도(常道)를 벗어나 이익만을 추구하는 거상(巨商)들이 나타났다. 그들이 풍부한 돈과 재물로 시장의 물건을 매점(買占)하는 바람에 물가가 크게 앙등하여 쌀 1석(石)당 일만 전(錢), 말 한 필에 일백만 금(金)을 호가하였다.

　천하가 평정된 후에 고조(高祖)는 영을 내려 상인들이 비단옷을 입거나 수레를 타는 것을 금하여 그들을 차별하고 비하하였으며 아울러 조세를 무겁게 매기도록 하였다. 효혜(孝惠)와 고후(高后) 시대는 천하가 안정되어 상인을 규제하는 금령을 다시 완화하였다. 하지만 상인의 자손은

---

1) 본편은 서한(西漢) 초부터 무제(武帝)까지 약 백여 년 간의 재정(財政) 정책 및 경제 발전 과정을 서술한 것인데 중국 역사상 가장 오래된 경제 전문 저작으로 주로 재정 경제의 변동 및 득실(得失)에 관하여 기술하였다. 화폐 제도의 변동, 상품 유통의 억제, 균수(均輸)와 평준(平準)의 국영사업을 설명하였기 때문에 '평준서(平準書)' 라 칭하였다.
2) 진(秦)은 통일 후 반량전(半兩錢)으로 화폐를 통일하였다.

여전히 관리가 될 수 없었다.

조정에서는 관리의 봉록과 경비의 수요에 근거하여 백성들에게 조세를 부과하였다. 그런데 산천(山川)과 원지(園池)의 수입 및 시정(市井)의 조세는 천자의 직할 군현으로부터 봉군(封君)³⁾의 탕목읍(湯沐邑)⁴⁾에 이르기까지 모두 개인 생활비로 충당시켰으며 국가의 경비로 돌리지 않았다. 또 수로(水路)를 통해 산동 지구의 곡식을 각 관부에 조운(漕運)했지만 그 양은 1년에 수십만 석(石)에 지나지 않았다.

효문제(孝文帝) 때 무게가 가벼운 협전(莢錢)⁵⁾의 양이 점점 많아지게 되자 표면에 '반량(半兩)'이라고 새긴 사수전(四銖錢)을 주조하였으며, 백성들도 마음대로 주조하게 하였다. 그 결과 오(吳)의 왕(王) 유비(劉濞)⁶⁾는 제후의 신분에 지나지 않았으나 구리가 산출되는 산을 개발하여 화폐를 주조함으로써 천자에 필적하는 막대한 부를 축적하였으며 이를 기반으로 나중에 반란을 일으켰다.

등통(鄧通)⁷⁾은 대부의 신분에 지나지 않았으나 화폐를 주조하여 재산이 군왕을 능가하였다. 당시 오(吳)와 등씨(鄧氏)가 주조한 화폐가 천하에 유포되자 경제(景帝)는 민간인이 화폐를 주조하는 일을 금하게 되었는데 그 원인이 바로 여기에 있었다.

흉노가 북부의 변경을 자주 침략하여 노략질을 일삼자 변경 수비대의

---

3) 천자로부터 봉읍(封邑)을 하사받은 공주(公主)와 열후(列侯) 등을 일컫는 말.

4) 공주(公主)와 열후(列侯)의 봉읍(封邑). 본래는 봉군(封君)이 천자를 알현할 때 목욕재계의 비용으로 충당하도록 하사한 읍을 의미한다.

5) 윗글에 나타난 바와 같이 고조(高祖) 때 영을 내려 민간인이 사사로이 가벼운 화폐(輕錢)를 주조할 수 있도록 하였는데 느릅나무 열매의 꼬투리(楡莢)처럼 얇고 작았다. 그래서 '협전(莢錢)'이라고 불리게 되었다.

6) 유방(劉邦)의 조카. 경제(景帝) 3년(기원전 154년) 제후왕의 봉지(封地)를 삭탈하는 중앙 정부의 정책에 반발하여 초(楚)·조(趙) 등 6국과 연합하여 반란을 일으켰다. 역사에서는 이를 일컬어 '오초칠국의 난'이라고 한다.

7) 서한(西漢)의 촉군(蜀郡) 남안(南安) 출신으로 문제(文帝) 때 상대부(上大夫)의 지위에 오름.

인원이 크게 증가되었다. 그런데 변경에서 생산되는 곡식만으로는 병사들에게 공급하기에 턱없이 모자랐다. 그래서 작위를 수여하는 조건으로 나라에 곡식을 바치게 하고 이를 변경으로 운송할 백성들을 모집하였다. 수여하는 작위는 대서장(大庶長)⁸⁾까지만 허용하였다.

효경제(孝景帝) 때 상군(上郡) 서쪽 지역에 가뭄이 들자 작위의 가격을 낮추어 매각하라는 영을 내려 백성들을 모집하였으며, 도복작(徒復作)⁹⁾에 처해진 자라도 조정에 곡식을 바치면 사면해 주었다. 말을 사육할 목장을 많이 만들어 군용(軍用)에 충당하였으며 궁실·누대(樓臺)·거마(車馬) 등이 점차 증가되었다.

금상(今上)¹⁰⁾이 즉위한 지 수년이 되었을 때는 한(漢) 왕조가 흥기한 지 칠십여 년이 되는 시기였다. 그 사이에 이렇다 할 큰 사건이 없었기 때문에 수재나 한발이 없으면 백성들은 모두 자급자족의 생활을 누렸다. 각 군현의 곡식 창고는 가득 찼으며 조정의 창고에도 재물이 가득 차 있었다. 도읍의 창고에는 일억의 화폐가 쌓였으며 돈을 묶는 끈이 썩을 정도로 그 수를 헤아릴 수 없었다. 태창(太倉)¹¹⁾에는 묵은 곡식 위에 다시 묵은 곡식이 층층이 쌓이고도 넘쳐 나머지는 바깥 노천에 쌓아 두었는데 나중에는 썩어서 먹을 수 없었다.

일반 백성들이 사는 거리에도 말이 있어서 떼를 지어 경작지를 왕래하였으나 암말을 탄 사람들은 배척되어 행렬에 끼일 수 없었다. 마을 입구 문[閭門]을 지키는 사람도 좋은 곡식과 고기를 먹었으며, 관리들은 한 자

---

8) 한대(漢代)에 작위는 20등급이 있었는데 대서장(大庶長)은 제18등급에 속하였다.
9) 형벌 이름. 형(刑)을 선고받은 죄인에 대하여 죄를 사면해 주는 대신 관부(官府)에서 형기(刑期)를 마칠 때까지 강제 노역에 종사시키는 것을 말한다.
10) 한(漢) 무제(武帝).
11) 한대(漢代) 도읍(京城)에서 곡식을 저장하던 커다란 창고.

리에 오래 머물러 자손들을 키우며 관명(官名)을 자신의 성으로 삼았다. 사람들은 자중 자애하여 좀처럼 법을 어기지 않고 의로운 일 행하는 것을 중시하였으며 수치스러운 일은 꺼리고 경멸하였다.

그 당시 백성들은 풍족하였으나 법망은 허술하였다. 재력(財力)에 의지하여 분수에 넘치는 생활을 일삼는 사람도 있었고, 향리(鄉里)에서는 겸병하여 토지를 강탈하다시피 하는 호족의 무리가 횡행하기도 하였다. 황실(皇室)의 귀족·열후·봉군(封君)·공경(公卿)·대부 이하 관리들은 사치를 일삼아 주택·거마(車馬)·관복(官服) 등이 본분에 벗어났다. 본시 사물이 성(盛)하여 극에 치달으면 쇠하는 것이 변화의 철칙이다.

그 후 엄조(嚴助)와 주매신(朱買臣) 등이 동구(東甌)를 불러들이고 남월(南越)과 민월(閩越)을 평정하면서부터 장강(長江)과 회수 사이의 지역은 안정이 깨지고 군비 조달에 시달리게 되었다.[12] 또 당몽(唐蒙)과 사마상여(司馬相如)가 산을 뚫어 서남이(西南夷)로 통하는 도로 일천여 리를 건설하는 바람에 파(巴)와 촉(蜀) 지방 백성들은 이루 말할 수 없이 피폐해지고 말았다. 팽오(彭吳)는 예맥(濊貊)이나 조선(朝鮮)과 교류하기 위해 창해군(滄海郡)을 설치하였으나 연(燕)과 제(齊) 지방 백성들의 민심이 크게 동요하였다.

왕회(王恢)가 마읍(馬邑)에 복병(伏兵)을 숨기는 계략을 쓰게 된 후 흉

---

12) 서한(西漢) 초, 한(漢) 남쪽에는 3개의 월족(越族)이 세운 국가, 즉 동구(東甌)·민월(閩越)·남월(南越)이 있었다. 동구는 월족(越族)의 한 갈래로, 진대(秦代), 한대(漢代)에 절강성(浙江省) 남부의 구강(甌江)과 영강(靈江) 유역에 거주하고 있었다. 동구의 수령(首領) 요(搖)는 혜제(惠帝) 때 동해왕(東海王)으로 수봉(受封)되어 동구에 도읍을 두었다. 그래서 속칭 동구왕이라 불렀다. 무제 건원(建元) 3년(기원전 138년) 민월(閩越)이 군사를 일으켜 동구를 포위하자 한조(漢朝)에 위급함을 고하였다. 이에 무제는 엄조로 하여금 회계군(會稽郡)의 군사를 동원하여 원조케 하였는데 민월은 한군(漢軍)이 도착하기 전에 퇴각하였다. 동구가 한(漢)의 내지(內地)로 이주하기를 청하자 한(漢)에서는 이들을 장강(長江)과 회수(淮水) 사이에 옮겨 살게 하였다.

노는 화친(和親)을 깨고 북방의 변방을 침략하여 소란을 피웠기 때문에 전쟁은 끊일 날이 없었고, 백성들은 무겁고 힘든 노역에 시달리게 되었다. 게다가 날이 갈수록 전쟁은 더욱 심해져 갔다.

출정(出征)한 사람들은 의복과 식량을 가지고 전쟁터로 떠나고 출정하지 않은 사람들은 군수(軍需)를 수송하는 등, 중앙과 지방 안팎이 전쟁 물자 공급에 매달리게 되었다. 일반 백성들은 지치고 피폐해질 대로 피폐해져 법령을 교묘하게 피할 궁리만 일삼게 되었으며 조정의 재정은 고갈되고 물자가 부족해지게 되었다.

조정에 재물을 바치기만 하면 관리에 임명될 수도 있고 죄를 사면 받게 되니 관리 선발 제도는 파괴되고 사람들은 염치를 아는 자가 드물게 되었다. 또 법령은 날이 갈수록 엄격해졌지만 무력만 있으면 등용될 수 있어 이때부터 이익만을 꾀하는 신하들이 등장하게 되었다.

한(漢) 왕조의 장군들은 해마다 수만의 기병을 거느리고 흉노를 공격하였는데 거기장군(車騎將軍) 위청(衛靑)은 흉노의 하남(河南) 지방을 탈취하고 그곳에 삭방성(朔方城)을 축조하였다.

그 당시 한(漢) 왕조에서는 서남이(西南夷)로 통하는 도로를 건설하는데 수만 명을 동원하였다. 그들의 식량을 공급하기 위해 천 리 밖으로부터 등짐을 져서 운반하였으나 십여 종(鍾)의 비용을 들여 겨우 1석(石)을 운반하는 실정이었다. 또 공인(邛人)과 북인(僰人)에게 재물을 나눠 주며 그들을 안정시켰으나 수년이 지나도 도로는 완성되지 않았다.

그 사이에 서남이(西南夷)는 수차례에 걸쳐 한(漢) 왕조에서 파견한 관리들을 공격했다. 한(漢) 왕조는 군대를 파견하여 그들을 토벌케 하였지만 파(巴)와 촉(蜀) 지방의 세금을 쏟아 부어도 그 비용을 감당할 수 없었다. 그래서 남이(南夷)에서 경작할 호부(豪富)들을 모집하여 그곳에서 생산된 곡식은 파(巴)와 촉(蜀) 지방에 납입하고 그 대금은 도읍 장안의 국고에서 수령토록 하였다.

　동쪽 창해군(滄海郡)으로 가는 도로를 건설하는 인력과 비용도 남이 (南夷)의 경우와 비슷했다. 또 삭방성(朔方城)을 축조하고 수비하기 위해 인력 십만여 명을 동원하였는데 수륙(水陸) 수송로가 매우 멀어 산동지방 백성들이 고통에 시달렸고, 그 비용도 수십억 내지 백억이 들어 조정의 창고는 날이 갈수록 비게 되었다. 그리하여 조정에 노비를 바치면 종신토록 요역을 면제해 주었고 납입자가 낭관(郎官)인 경우에는 그의 품급(品級)을 올려 주었다. 조정에 양(羊)을 바치고 낭관(郎官)이 되는 선례가 이때부터 비롯되었다.

　그로부터 4년 후, 한(漢) 왕조에서는 대장군(大將軍) 위청(衛靑)의 지휘 하에 장군 여섯 명과 병력 십만여 명을 거느리고 흉노의 우현왕(右賢王)을 공격하여 수급 및 포로 일만 오천을 획득하였다. 그 이듬해 대장군 (大將軍)은 또 다시 장군 여섯 명을 거느리고 흉노를 공격하여 수급 및 포로 일만 구천을 획득하였다. 적병을 참수하거나 생포한 장병들은 이십만여 근에 달하는 황금을 상으로 받고 생포된 흉노인 수만 명도 후한 상을 받았다. 또한 흉노인들에게 의식(衣食)을 제공해 주었다.

　이때 한군(漢軍)이 잃은 병사와 전마(戰馬)의 수는 십만 여에 이르렀으며 소모된 무기와 군수품을 운반하는 데 든 비용은 여기에 포함되지 않았다. 그 당시 대사농(大司農)은 국고에 보관해 둔 돈을 다 소비하였을 뿐만 아니라 새로이 들어온 세금도 바닥이 나 더 이상 전비(戰費)를 조달할 능력이 없었다. 관계 관원이 대농(大農)에게 보고했다.

　"천자께서는 다음과 같은 조서를 내리셨습니다.

　'짐(朕)이 듣건대 오제(五帝)의 교화는 서로 달랐지만 모두 나라를 잘 다스렸으며, 하우(夏禹)와 상탕(商湯)의 법령은 서로 달랐지만 모두 왕이 되었다. 그들이 다스린 방법은 서로 달라도 덕업(德業)을 세운 점은 동일하였다. 지금 북쪽 변방이 불안정하니 짐은 심히 근심스럽다. 일전에 대장군이 흉노를 공격하여 수급 및 포로 일만 구천을 획득하였으나 상급(賞給)이 지연되어 지금까지 아무것도 수여하지 못했다. 백성들에게 작위를 팔거나 금고(禁錮)의 형을 받은 죄인들로 하여금 재물을 바치게 하여 사면 또는 감형 받을 수 있는 방법을 의논해 보도록 하라.'

이에 대신들은 '무공작(武功爵)'이라는 상관(賞官)을 설치할 것을 건의하였습니다. 급(級)당 십칠만 전(錢)을 받고 팔아 모두 삼십만여 금(金)을 거두어들이는데 무공작(武功爵) 중 관수(官首)를 매입하면 시보리(試補吏)로 채용하여 우선적으로 임용하고, 천부(千夫)를 매입하면 오대부(五大夫)와 동등한 대우를 해 주고, 작위를 매입한 자가 죄를 지으면 2등급 강등시키되 무공작(武功爵) 매입은 악경(樂卿)까지만 허용하여 군공(軍功)을 장려토록 하시기 바랍니다."

그 당시 군공(軍功)을 세운 사람들이 너무 많았기 때문에 대부분 진급방식을 채용하여 큰 공을 수립한 사람은 열후에 봉하거나 경대부에 임명하였으며, 작은 공을 세운 사람은 낭리(郎吏)[13]에 임명하였다. 이 때문에 관리가 되는 길은 복잡다단해지고 관리의 직무가 문란해졌다.

공손홍(公孫弘)은 ≪춘추(春秋)≫의 도리로써 신하를 규정(糾正)한 공으로 한(漢) 왕조의 승상이 되었고, 장탕(張湯)은 준엄한 법령으로 소송을 심리한 덕에 정위(廷尉)가 되었다. 이후로 '견지지법(見知之法)'이 생겨나고 '폐격(廢格)'과 '저비(沮誹)' 등 죄상을 철저히 추구하는 옥사(獄事)가 많아졌다.

그 이듬해(元符 원년 : B.C. 122), 회남왕(淮南王)·형산왕(衡山王)·강도왕(江都王)의 모반 음모가 발각되어 공경(公卿)들이 단서를 찾아 관

---

13) 낭(郎) : 황제 시종관의 총칭. 이(吏) : 직위가 낮은 관원(官員).

련자들을 색출하니 그 사건에 연루되어 처형당한 자가 수만 명에 달하였다. 그 후 장리(長吏)들은 더욱 가혹하게 법령을 집행하였고 법령 조문도 더욱 엄격해졌다.

그 당시 조정에서 방정(方正) 현량(賢良)한 문학(文學)의 사(士)를 초빙하여 공경대부가 된 자들도 있었다. 공손홍(公孫弘)은 한(漢) 왕조의 승상이 된 이후에도 줄곧 포의(布衣)를 입고 한 가지 음식만을 먹는 등 만백성의 모범을 보였다. 그러나 그것도 당시의 풍속을 바로잡는 데에 아무런 도움을 주지 못하였으며 사람들마다 영달과 이익을 추구하는 풍조가 만연하였다.

이듬해(元符 2년 : B.C. 121), 표기장군(驃騎將軍) 곽거병(霍去病)은 두 차례나 흉노를 공격하여 수급 사만을 획득하였다. 그해 가을, 흉노의 혼야왕(渾邪王)이 부하 사만 명을 거느리고 투항해 오자 한(漢) 왕조에서는 전거(戰車) 이만 대를 동원하여 그들을 맞이하러 나갔다. 그들이 장안에 도착한 후 상을 내리고 아울러 공을 세운 곽거병의 부하들에게도 상을 내렸는데 그렇게 지출한 비용이 모두 백억 전(錢)에 이르렀다.

이보다 십여 년 전, 황하의 제방이 터져 양(梁)과 초(楚) 지방 일대는 해마다 수재(水災)를 입었다. 그래서 황하 연변의 각 군(郡)에서는 무너진 제방을 쌓아 황하의 범람을 막았지만 다시 무너지기 일쑤여서 거기에 든 비용은 이루 다 헤아릴 수 없을 정도였다.

그 후 번계(番系)가 험한 지주산(砥柱山) 아래 거친 물길을 거쳐 곡식을 운송하는 막대한 비용을 절약하고 농경지에 관개하는 효과를 올리기 위하여 하동(河東) 지방의 분수(汾水)와 황하를 연결하는 운하를 만드는 데 수만 명의 인력을 동원하였다.

또 정당시(鄭當時)는 위수를 경유하여 조운(漕運)하는 수로가 구불구불하고 너무 멀기 때문에 장안에서 화음(華陰)으로 직통하는 운하를 건설하였는데 거기에도 수만 명의 인력이 동원되었다. 또 삭방군(朔方郡)에 운하를 건설하는 데에도 인력 수만이 동원되었다. 그렇지만 2, 3년이 지나도록 공사는 끝나지 않고 비용만 각각 수십억씩 지출되었다.

천자는 흉노를 공격하기 위해 말을 대량으로 사육하였는데 장안에서 사육한 말이 수만 필에 이르렀다. 관중(關中) 지방의 인력만으로는 그 많은 말을 사육할 수 없었기 때문에 인근 각 군(郡)에서 인력을 징발하였다. 또 투항해 온 흉노인들에게 조정에서 의식(衣食)을 지급해 주기로 하였지만 재정이 부족하였다. 그래서 천자는 식비(食費)를 줄이고 사두(四頭) 마차를 타지 않는 등 내탕금을 절약하여 그 부족분을 충당하였다.

이듬해(元狩 3년 : B.C. 120), 산동 지구에 수재(水災)가 나서 많은 백성들이 굶주렸다. 천자는 각 군국에 사자를 파견하여 곡식 창고를 열어 빈민을 구제하였다. 그래도 부족해 부호들에게 양식을 빌려주도록 하였지만 모든 빈민을 구제하기에는 충분하지 못하였다. 그래서 빈민을 함곡관 서쪽 지방 및 삭방성(朔方城) 이남의 신진(新秦) 지구로 이주시켰는데 그 수가 칠십만여 명에 이르렀다. 조정에서는 수년 동안 그들에게 생활 정착금을 빌려 주고 사자(使者)를 파견하여 관리하도록 하였다. 사자들은 끊임없이 왕래하였고, 이주민들에게 드는 비용은 억 단위로 이루 헤아릴 수 없이 많이 들어 조정의 재정은 완전히 바닥나고 말았다.

그런데 부상대고(富商大賈)들은 재물을 운송하는 수레를 수백 대씩 가지고 다니며 값이 폭락한 물건을 마구 사들여 저장해 두었다가 비싸게 되팔아 재물을 축적하였다. 봉읍을 가진 열후들조차도 그들에게 돈을 빌리기 위해 머리를 숙였다. 그들은 제철업과 제염업에도 손을 대 수만 금(金)의 재산을 축적했지만 나라의 위급함을 돌보지 않아 백성들의 곤궁은 가중될 뿐이었다.

이에 천자는 공경(公卿)들과 의논하여 새로운 화폐를 주조하여 부족한 재정을 확보하고 아울러 불법적으로 재산을 축적하고 토지를 겸병한 부상대고(富商大賈)들을 억압하기 위한 정책을 폈다.

그 당시 금원(禁苑)에는 백록(白鹿)이 있고 소부(少府)에는 은(銀)이 대단히 많았다. 효문제(孝文帝) 때부터 사수전(四銖錢)을 주조한 이후 이해까지 사십여 년이 되었다.[14] 건원(建元) 이래 조정에서는 재정이 부족하면 왕왕 동(銅)이 많이 나는 산을 개발하여 화폐를 주조하였다. 뿐만 아니라 권세가들도 몰래 화폐를 주조하였기 때문에 화폐는 이루 헤아릴 수 없이 많았다. 화폐 주조의 남발로 화폐 가치는 떨어지고 물가는 앙등하였다. 그러자 관계 관원이 건의하였다.

"옛날 제후들은 가죽 화폐(皮幣)로 빙향(聘享)의 예를 표하였습니다. 금에는 3등급이 있었는데 황금은 상급, 백금은 중급, 적금(赤金)은 하급입니다. 지금 중량이 4수(銖)인 화폐를 '반량전(半兩錢)'으로 표기하여 사용하는 것을 기화로 간악한 무리들이 동전의 뒷면을 깎아내어 그것으로 화폐를 주조하기 때문에 동전은 점점 얇아지고 물가는 앙등하게 되었습니다. 이 때문에 변방에서는 돈을 사용하는 것이 번거롭기만 하고 비용만 더 듭니다."

이에 사방 1척(尺) 되는 백록피(白鹿皮)의 가장자리에 수를 놓은 것을 가죽 화폐(皮幣)로 삼아 매 장(丈)당 사십만 전(錢)의 명목 가치를 부여하고, 제후왕과 열후 및 황실 귀족이 조근(朝覲)과 빙향(聘享)의 예를 표할 때 반드시 이 가죽 화폐에 옥[璧]을 받쳐 올려 예를 표하도록 규정하였다.

또 은과 주석을 합금하여 백금(白金) 화폐를 주조하였다. 하늘에서는

---

14) 효문제 5년(B.C. 175)에서 이해(元狩 3년 : B.C. 120)까지는 오십오 년간이므로 '사십여 년' 은 '오십여 년'으로 고쳐야 옳다.

용보다 더 잘 나는 것이 없고, 지상에서는 말보다 더 잘 달리는 것이 없으며, 인간 세상에서는 거북이보다 더 보귀(寶貴)한 것이 없다고 하여 다음과 같이 3등급의 백금 화폐를 주조하였다.

제1등급은 중량 8량(兩)의 원형에 용의 문양을 새긴 '백선(白選)'이라는 화폐로서 명목 가치는 삼천 전(錢)이었다. 제2등급은 중량이 비교적 가벼운 방형(方形)에 말의 문양을 새긴 것으로 명목 가치는 오백 전(錢)이었다. 제3등급은 중량이 더 가벼운 타원형에 거북의 문양을 새긴 것으로 명목 가치는 삼백 전(錢)이었다.

각 지방 조정에 영을 내려 반량전(半兩錢)을 녹여 삼수전(三銖錢)을 주조케 하였는데 그 표면에 실제 무게를 표시하도록 하였다. 또 각종 백금 화폐 및 삼수전(三狩錢)을 몰래 도주(盜鑄)하는 자는 사형에 처하도록 규정하였다. 그런데도 백금 화폐를 도주하는 관리와 백성들은 이루 헤아릴 수 없이 많았다.

당시 동곽함양(東郭咸陽)과 공근(孔僅)은 대농승(大農丞)이 되어 염철(鹽鐵)의 일을 관장하고 있었다. 상홍양(桑弘羊)은 시중(侍中)에 발탁되어 권력을 장악하였다. 동곽함양은 제(齊) 지방의 대염상(大鹽商)이고 공근은 남양(南陽)의 대철상(大鐵商)으로서 모두 천금(千金)의 재산을 축재한 사람들이기 때문에 정당시(鄭當時)는 그들을 황제에게 천거하였던 것이다. 상홍양이라는 자는 낙양 출신 상인(商人)의 아들인데 암산(暗算)에 뛰어나 십삼 세의 나이에 시중(侍中)이 되었다. 이 세 사람이 득을 논하면 가을날의 가는 새털만큼 세밀하게 계산하였다고 한다.

법령이 더욱 엄격해지자 파면당하는 관리들이 많아졌다. 또 전쟁이 잦아지니 백성들은 요역을 면제받기 위해 오대부(五大夫)까지의 작위를 매입하는 사람이 증가하여 날이 갈수록 징발 대상이 줄어들었다. 그래서 천부(千夫)와 오대부(五大夫)를 강제로 관리에 임명하였으며, 임명을 원하지 않는 자는 말 한 필을 바치게 하였다. 또 죄를 지어 파면당한 관리들은 상림원(上林苑)에 보내 가시나무를 베게 하거나 곤명지(昆明池)를 건설하는 데 동원하였다.

이듬해(元狩 4년 : B.C. 119), 대장군(大將軍) 위청(衛靑)과 표기장군(驃騎將軍) 곽거병(霍去病)이 대대적으로 흉노를 공격하여 수급 및 포로 팔구만 명을 획득하였다. 이에 오십만 금(金)을 상으로 내렸다. 그런데 이 전쟁에서 잃은 한(漢) 왕조의 군마(軍馬)는 십만여 필에 이르렀으며 여기에는 전쟁 물자의 수송비와 전거(戰車) 및 무기 비용은 포함되지 않았다. 당시에는 재정이 극도로 궁핍했기 때문에 전사들은 봉록을 받지 못하는 경우도 많았다.

관계 관원이 삼수전(三銖錢)의 중량이 지나치게 가벼워 위조하기 쉬우니 각 군국에서는 오수전(五銖錢)을 주조하되 그 뒷면에 윤곽을 씌워 동(銅) 가루를 갈아낼 수 없도록 하자고 건의하였다. 대농령(大農令)은 염철승(鹽鐵丞) 공근(孔僅)과 동곽함양(東郭咸陽)의 건의를 천자에게 주청하였다.

"산과 바다는 천지(天地)의 보고(寶庫)로서 마땅히 소부(少府)에 속해야 합니다. 그런데 폐하께서는 그것을 사사로이 비용에 충당하시지 않고 이를 대농(大農)에게 귀속시켜 국가의 부세에 충당하셨습니다. 조정에서 자기 자본이 충분한 사람을 선발하여 제염에 종사케 하되 필요한 기구를 관가에서 주시기 바랍니다.

지금 농업에 종사하지 않는 부상대고(富商大賈)와 상리(常理)에 어긋난 무리들이 염철(鹽鐵)을 멋대로 독점하여 치부(致富)하고 빈민들을 부리고 있습니다. 그들이 염철(鹽鐵)의 관영화(官營化)에 반대하는 의론은 이루 다 들을 수 없을 지경입니다.

금후 사사로이 철기(鐵器)를 주조하거나 자염(煮鹽)하는 자는 왼쪽 발에 족쇄를 채우는 형벌에 처하고 그 기물을 몰수하시기 바랍니다. 그리고 철이 나지 않는 군(郡)에는 소철관(小鐵官)을 설치하여 각 현(縣)에 소재하는 철기를 관할하도록 하시기 바랍니다."

이에 천자는 공근과 동곽함양을 파견하여 역참(驛站)의 전거(傳車)를 타고 천하를 순행하면서 염철(鹽鐵)의 관영화(官營化)를 추진케 하였으며, 염철(鹽鐵)을 관장하는 관부를 설치하고 과거에 염철업(鹽鐵業)으로 축재한 부상(富商)들을 관리로 임명하였다. 그렇게 하니 관리의 선발 방법은 더욱 어지러워져 정상적인 관리 선발법은 시행되지 않고 상인 출신의 관리들만 많아졌다. 상인들은 화폐 개혁의 기회를 이용하여 물건을 매점매석하여 많은 이익을 추구하였다.

당시 공경대신(公卿大臣)들은 천자에게 진언하였다.

"지난해 산동의 군국이 막심한 재해를 입었을 때 나라에서는 생업이 곤란한 빈민들을 모아 광활하고 풍요로운 지방으로 이주시켰습니다. 이를 위해 폐하께서는 생활비를 절약하시고 내탕금을 풀어 백성들을 구제하셨으며, 관가에서 빌려 준 돈의 상환 기한을 늦추고 부세를 경감해 주셨습니다. 그렇지만 백성들은 여전히 농사에 힘쓰지 않고 상인들의 수만 더욱 증가하게 되었으며 재물을 축적하지 못한 곤궁한 사람들은 조정의 도움만 바라고 있습니다.

지난날 초거세(軺車稅)와 상인들의 민전세(緡錢稅)는 등급을 매겨 징수하였는데 그 제도를 부활하여 예전처럼 징수하시기 바랍니다.

각종 상인들과 상공업에 종사하는 자, 즉 고리대금업자(高利貸金業者), 물자를 헐값에 사들여 비싼 값에 파는 자, 성시(城市)에 거주하며 물건을 매점매석하는 자 및 기타 상업에 종사하며 이를 취하는 자들은 비록 시적(市籍)에 등록되지 않은 자들이라 할지라도 그들이 소유한 물자의 총액을 자진 신고토록 하여 일률적으로 민전(緡錢) 이천 당 1산(算)의 세금을 부과하고, 각종 수공업자와 철물 주조업자들에게는 일률적으로 민전(緡錢) 사천 당 1산(算)의 세금을 부과하십시오.

또 관리에 준하는 대우를 받는 자와 삼로(三老) 및 북부 변방의 기사(騎士)가 아닌 자의 초거(軺車)에 대해서는 한 대당 1산(算)씩 세금을 부과하고, 상인들의 초거에 대해서는 대당 2산(算)씩 세금을 부과하며, 5장(丈) 이상의 배[船]에는 1산(算)의 세금을 부과하시기 바랍니다.

만약 소유 자산을 은닉하고 자진 신고하지 않는 자나 줄여서 신고하는 자는 벌로 1년 동안 변방의 수자리에 보내고, 신고하지 않은 민전(緡錢)과 고의로 탈루(脫漏)한 민전은 모두 몰수하십시오. 또 이러한 사실을 고발하는 자에게는 몰수한 민전의 절반을 상으로 주시기 바랍니다.

시적(市籍)에 등록된 상인 및 그 가족이 농민을 이롭게 한다는 구실 하에 전지(田地)를 소유하는 일이 없도록 하고 감히 이러한 법령을 어기는 자가 있으면 그 전지와 노예를 몰수하시기 바랍니다."

천자는 복식(卜式)의 진언을 기억하여 그를 불러 중랑(中郞) 관직에 임명하고 좌서장(左庶長) 작위와 전지(田地) 십 경(頃)을 하사하였으며, 이 사실을 천하에 포고하여 널리 알렸다.

본시 하남(河南) 출신인 복식은 농업과 목축을 생업으로 삼는 사람이었는데 그의 부친이 사망하였을 때 나이 어린 동생이 있었다. 그 동생이 장성하자 복식은 논밭과 집 등은 동생에게 주고 기르던 양 백여 마리만 갖고 집을 나왔다. 복식은 산에 들어가 십여 년 동안 목축에 힘써 양을 일천여 마리로 늘리고 전택(田宅)도 사들였다. 그런데 동생은 수차 파산하였고 그때마다 복식은 자신의 재산을 동생에게 나누어 주었다.

그 당시 한(漢) 왕조에서는 여러 차례 장군을 파견하여 흉노를 공격하곤 했는데 복식은 자신의 가산 절반을 변방에 소요되는 경비로 바치겠다는 상서를 올렸다. 천자는 사자를 보내 복식에게 물었다.

"관직을 원하는가?"

복식이 대답했다.

"저는 어려서부터 목축에나 종사했을 뿐 관리의 일을 배운 적이 없습니다. 관직은 원하지 않습니다."

사자가 물었다.

"그렇다면 집안에 무슨 억울한 일이라도 있어 호소하려고 하는가?"

복식이 대답했다.

"저는 평생 다른 사람과 다툰 적이 없습니다. 제가 살고 있는 읍에 가난한 사람이 있으면 그를 구제해 주고 품행이 불량한 자가 있으면 올바른 길로 인도하였기 때문에 주민들 모두 저를 따르고 있으니 제가 무엇 때문에 억울한 일을 당하겠습니까? 저는 호소할 일이 없습니다."

사자가 말했다.

"그렇다면 도대체 무슨 이유로 가산의 절반을 조정에 바치려 하는가?"

복식이 대답했다.

"천자께서 흉노를 토벌하시는데 현자(賢者)는 마땅히 절의(節義)를 다하여 목숨을 바쳐야 하고 재산이 있는 사람은 마땅히 축재한 재물을 헌납하는 것이 도리라고 생각하였을 따름입니다. 이렇게 해야 흉노를 격멸할 수 있을 것입니다."

사자는 그의 말을 빠짐없이 기록한 뒤 궁중으로 돌아가 이를 천자에게 보고하였다. 천자는 복식의 말을 승상 공손홍(公孫弘)에게 전하며 의논하였다. 그러자 공손홍이 말했다.

"이것은 상정(常情)에 합치되지 않습니다. 자신의 본분을 지킬 줄 모르는 사람은 백성들을 교화하는 모범이 될 수 없으며 오히려 정상적인 법규를 문란케 할 뿐입니다. 바라건대 폐하께서는 그의 청을 들어 주지 마십시오."

이에 천자는 복식의 상서에 회답하지 않고 오랫동안 방치해 두었다가 수년이 지난 후에야 그 청원을 기각하고 복식에게 퇴거령을 내렸다. 복식은 다시 향리로 돌아가 예전처럼 농사와 목축에 종사하였다.

그 후 1년여 만에 조정에서 수차례에 걸쳐 출병한 끝에 흉노의 혼야왕(渾邪王) 등이 투항하는 바람에 막대한 경비를 지출하게 되어 조정의 창고는 고갈되었다. 그 이듬해, 빈민들을 대대적으로 이주시키면서 그 의식(衣食)을 지출해 주기로 했지만 조정에는 그만한 재원(財源)을 조달할 수 없었다.

이때 복식이 이주민의 비용에 충당할 수 있도록 하남(河南) 태수(太守)에게 이십만 전(錢)을 헌납하였다. 하남 태수는 빈민을 도운 부자들의 명단을 조정에 올렸는데 그 안에 복식의 이름이 들어 있는 것을 천자가 보고는 이렇게 말했다.

"이 사람은 전에 가산 절반을 헌납하며 변방의 비용에 보조하겠다고 나섰던 자가 아닌가."

이에 천자는 복식에게 사백 명의 '과경(過更)'을 상으로 하사하였지만 복식은 이를 다시 조정에 헌납하였다. 그 당시 부호들은 다투어 재산을 은닉하였지만 오직 복식만이 재산을 헌납하여 조정의 재정을 보조하려고 하였다. 이에 천자는 복식을 진정으로 덕망 있는 사람이라고 판단하였기에 그의 지위를 높이고 그의 행동을 현창(顯彰)하여 백성들이 본받도록 교화하였다. 복식이 처음에 낭관(郞官)이 되기를 원하지 않자 천자가 말했다.

"상림원(桑林苑) 안에 있는 양들은 그대가 사육해 주었으면 좋겠네."

그제야 복식은 낭관(郞官)의 관직을 받아들이고 포의(布衣)에 짚신을 신고 양을 치러 갔다. 그가 양을 사육한 지 1년여 만에 양들이 살이 찌고 번식하였다. 천자는 상림원에 들러 복식이 사육한 양들을 보고 크게 칭찬하였다. 그러자 복식이 말했다.

"양을 사육하는 것만이 아니라 백성들을 다스리는 것도 이와 마찬가지입니다. 때에 맞추어 일어나게 하고 때에 맞추어 쉬게 하면서 불량한 것은 즉시 없애 다른 무리를 해치는 일이 없도록 해야 합니다."

천자는 복식을 예사 인물이 아니라고 보고 그를 구씨현(緱氏縣) 현령(縣令)에 배수하여 그의 능력을 시험해 보았다. 구씨 백성들은 그의 행정을 옳게 여겨 잘 따랐으며, 성고(成皐)의 현령으로 자리를 옮긴 뒤에는 조운(漕運)을 관장하게 되었는데 그가 최고의 성적을 올렸다. 천자는 복식의 충성되고 성실한 면을 인정하여 제왕(齊王)의 태부(太傅)로 임명하였다.

공근(公僅)은 천하를 순행하며 철기 주조의 관영화를 추진한 공으로 3년 만에 대농령(大農令)으로 승진하여 9경(卿)의 반열에 올랐다. 상홍양(桑弘羊)은 대농승(大農丞)이 되어 일체의 회계를 관장하였으며, 이때부터 점차 균수관(均輸官)을 설치하여 각지의 재화(財貨)가 원활히 유통될 수 있었다. 관리들이 조정에 곡식을 헌납하여 승진할 수 있는 규정이 생긴 것도 이때부터 비롯되었는데 육백 석(石)의 관계(官階)까지 승진할 수 있었다.

백금(白金) 화폐와 오수전(五銖錢)을 주조하게 된 지 5년 만에 불법으로 이 화폐를 주조한 죄로 사형을 판결 받은 관리와 백성들을 사면한 수가 수십만에 이르렀다. 화폐를 도주(盜鑄)한 죄가 입증되지도 않은 채 관부의 고문에 못 이겨 죽은 자들도 이루 헤아릴 수 없었다. 또 사면령이 내려지자 자수한 수도 백만여 명에 달하였으나 그 수는 실제 범법자들의 절반도 못 되었다. 천하의 모든 사람들이 너나 할 것 없이 백금 화폐와 오수전을 도주했다고 해도 지나친 말은 아닐 것이다. 이렇게 범법자들이 많으니 관리들도 이들을 모두 체포하여 처형할 도리가 없었다.

그래서 조정에서는 박사(博士) 저대(楮大)와 서언(徐偃) 등을 각 군국에 파견하여 토지를 겸병(兼倂)하는 부상대고(富商大賈)나 사리(私利)를 꾀하며 부정한 짓을 저지르는 군수(郡守)와 국상(國相)을 검거토록 하였다.

그 당시 어사대부 장탕(張湯)은 조정의 권력을 휘두르고 있었고 감선(減宣)과 두주(杜周) 등은 중승(中丞)이 되었으며, 의종(義縱)·윤제(尹齊)·왕온서(王溫舒) 등은 법령을 가혹하게 운용한 덕에 9경(卿)의 높은 지위에 올랐다. 수의직지(繡衣直指) 및 하란(夏蘭) 등의 무리가 출현하게 된 것도 이때부터이다.

대농령(大農令) 안이(顔異)가 주살되었다. 본래 제남(濟南) 정장(亭長)인 안이는 청렴 강직함을 인정받아 점차 승진하여 9경(卿)의 지위에 오른 사람이었다. 천자가 장탕(張湯)과 의논하여 백록(白鹿) 가죽 화폐(皮幣)를 만들었는데 그것에 대해 안이의 의견을 물었을 때 안이가 대답했다.

"지금 제후왕과 열후들이 조하(朝賀)할 때 푸른 옥을 헌상하는데 그 가치는 수천 전(錢)에 지나지 않습니다. 그런데 그 옥을 싸는 가죽은 사십만 전이나 되니 이는 본말이 전도된 셈입니다."

천자는 이 말을 듣고 몹시 불쾌하였다. 또 장탕은 평소에 안이와 사이가 좋지 못하였다. 조정을 비난했다는 죄목으로 안이가 고발 당하자 그 사건을 장탕에게 넘겨 심리하도록 하였다. 조사 결과, 안이가 객(客)과 대화를 나누던 중 새로운 조령(詔令)이 반포되면 객(客)이 불편할 것이라고 말하자 안이는 응답하지 않고 다만 입술만 실룩거렸다는 것이었다.

장탕은 안이가 9경(卿)의 신분으로 조정의 조령(詔令)이 부당하다고 판단하면 입조하여 진언해야 함에도 불구하고 마음속으로 불만을 품고 있었으니 사형에 처해야 마땅하다고 천자에게 상주하였다. 그 이후부터 '천자의 명령에 불만을 품은 자를 처벌하는 법(腹誹之法)'이 생겨나게 되었고, 이 때문에 공경대부들이 다투어 천자에게 아첨하여 총애를 받으려고 하였다.

천자가 민전령(緡錢令)을 반포하고 백성들에게는 복식(卜式)을 치켜세웠다. 그런데도 백성들이 재산을 헌납하여 조정의 재정을 보조하려 하지 않았기 때문에 민전(緡錢)을 불성실하게 납부하는 상인을 고발토록 하였다.

군국에서 불법적으로 화폐를 도주(盜鑄)하는 행위가 성행하여 화폐의 중량이 더욱 가벼워지자 공경(公卿)들은 도읍의 종관(鍾官)에게 명하여 종관적측전(鍾官赤側錢)을 주조하게 했으며, 종관적측전 한 개를 5전(錢)으로 통용시키되 부세 및 관용(官用) 경비로는 적측전만 사용할 것을 천자에게 주청하였다.

백금(白金) 화폐의 가치도 점차 하락함에 따라 백성들은 이를 사용하기를 꺼렸다. 법령으로 이러한 행위를 금하려고 했지만 아무런 효과도 없었고 1년 만에 백금(白金) 화폐는 폐기되고 통용되지 않았다.

그해(元鼎 2년 : B.C. 115), 장탕(張湯)이 죽었으나 이를 슬퍼하는 백성들은 없었다.

2년 후(元鼎 4년 : B.C. 113), 적측전의 가치가 하락하자 백성들은 교묘히 통용 규정을 어겨 악용하였는데 조정에서는 또 다시 이 화폐를 폐기시키고 통용하지 않았다. 이에 조정에서는 군국에서 화폐 주조하는 것을 금하고 오로지 상림삼관(桑林三官)에서만 화폐를 주조하도록 하였다. 주조한 돈이 많아지자 천하에 영을 내려 3관(三官)에서 주조하지 않은 화폐는 통용을 금했으며 예전에 각 군국에서 주조한 화폐는 모두 폐기하고 그것을 녹인 구리(銅)는 3관(三官)으로 보내도록 하였다.

이 정책으로 백성들이 화폐를 도주(盜鑄)하는 일이 점점 줄어들게 되었는데 그 까닭은 도주하는 비용이 화폐의 명목 가치보다 더 들 뿐만 아니라 고도의 주조 기술을 가진 자 아니면 불법 화폐를 주조할 수 없었기 때문이었다.

복식(卜式)이 제(齊)의 상(相)이 되고, 양가(楊可)가 고민령(告緡令)을 주관하여 천하에 널리 시행하니 중산층 이상의 상인들이 대부분 고발되었다. 두주(杜周)가 이 사건의 심리를 맡아 치죄하였는데 중벌을 받지 않고 판결이 번복된 자는 극히 드물었다.

동시에 어사(御史)·정위정(廷尉正)·정위감(廷尉監)을 지역별로 나누어 파견하여 각 군국에서 고민전(告緡錢)의 사건을 판결하였다. 그 결과 몰수한 백성들의 재산이 억(億) 단위로 계산해야 할 정도로 많았으며, 몰수한 노비들도 일천만 명에 이르렀으며, 몰수된 토지도 큰 현의 경우에는 수백 경(頃)에 이르렀고 작은 현은 일백여 경(頃)에 달했으며 몰수된 주택도 상당히 많았다.

그리하여 당시 중산층 이상의 상인들은 대부분 파산하였고, 백성들은 맛있는 음식과 좋은 옷을 입기 위해 재산을 축적하거나 생업에 힘쓰는 자가 없게 되었다. 반면에 조정은 염철(鹽鐵)의 관영화와 고민전(告緡錢)으로 인하여 재정이 풍족해졌다. 관중(關中)의 영지(領地)를 더욱 확대하고 좌우보(左右輔)를 설치하였다.

애초에 대농령(大農令)이 각처에 염철관(鹽鐵官)을 두어 염철의 전매를 관장하였으나 그 양이 방대해지자 수형도위(水衡都尉)를 설치하여 염철의 전매를 관장시키려고 하였다. 그런데 양가(楊可)가 고민전을 관장하면서부터 몰수된 재물이 상림원(桑林苑)에 쌓이게 되자 수형도위(水衡都尉)에게 명하여 상림원을 관장하도록 하였다. 상림원의 창고가 이미 가득 차 더 이상 재물을 저장할 수 없게 되자 상림원의 경내를 더욱 확장하였다.

이때 남월(南越)이 한(漢) 왕조와 수전(水戰)을 벌이려 하자 곤명지(昆明池)를 대대적으로 개수(改修)하고 그 주위에 누(樓)와 관(館)을 지었다. 뿐만 아니라 누선(樓船)을 건조하였는데 높이가 십여 장(丈)에 이르렀으며 그 위에는 기치(旗幟)를 꽂아 그야말로 장관을 이루었다. 당시 천자는 이에 감명을 받아 백량대(柏梁臺)를 지었는데 높이가 수십 장(丈)이나 되었다. 이를 계기로 궁실은 날로 장려해졌다.

몰수하여 거두어들인 재물을 각 관부에 나누어 주었으며, 수형(水衡)·소부(少府)·대농(大農)·태복(太僕)에 각각 농관(農官)을 설치하여 각 군현에서 전토(田土)를 몰수할 때마다 그 전토의 경작을 감독하게 하였다. 또 몰수한 노비들은 각 원(苑)에 분급하여 개와 말 등 짐승을 사육시켰으며, 일부분은 관부에 분급하여 노역에 종사토록 하였다.

여러 관청이 잡다하게 설치되어 관원 수가 증가하고 노역에 종사하는 노비들이 불어나게 되자 해마다 황하 하류에서 사백만 석(石) 이상의 곡식을 조운(漕運)해 오는데도 조정에서 식량을 사들여야만 비로소 급식이 가능해졌다.

소충(所忠)[15]이 천자에게 진언하였다.

"명문가의 자제나 부유한 사람들 중에 닭싸움, 개나 말의 경주, 사냥, 도박 등 각종 유희를 일삼으면서 일반 백성들의 풍속을 어지럽히는 자들이 있습니다."

'주송도(株送徒)'라 하는 이들을 법령을 어긴 죄로 징벌하게 되었는데 서로 연루시켜 검거한 자가 수천 명에 이르렀다.

---

15) 무제(武帝)의 측근 신하.

이때 조정에 재물을 헌납하는 자는 낭관(郞官)에 임명하였기 때문에 낭관 선발 제도가 다시 문란해졌다.

당시 산동 지역은 황하의 범람으로 인해 수해를 입은 데다가 수년간 흉년이 들어 사람을 잡아먹는 끔찍한 사태가 사방 일이천 리에 번졌다. 천자는 재해(災害) 지구의 백성들을 불쌍히 여겨 다음과 같은 조서를 내렸다.

'강남(江南) 지방은 화경누수(火耕耨水)의 방법으로 경작하니 굶주린 백성들이 강회(江淮) 지역으로 가서 식량을 얻는 것을 허락한다. 아울러 그곳에 살기를 원하는 자는 머물러 정착할 수 있도록 하라.'

이에 조정에서는 사자를 연이어 파견하여 이주민들을 보호하였으며 파(巴)와 촉(蜀) 지방의 곡식을 운송해 와 굶주리는 백성들을 구제하였다.

그 이듬해(元鼎 4년 : B.C. 113), 천자는 처음으로 군국을 순행하였다. 동으로 황하를 건너 순행 길에 나섰는데 천자의 예기치 못한 방문에 제대로 영접하지 못했다 하여 하동군(河東郡) 태수(太守)가 자살하고 말았다. 서쪽으로 농산(隴山)을 넘어 행차했을 때 농서 태수도 갑작스러운 천자의 방문에 수행 관원들에게 충분한 음식조차 대접하지 못하자 역시 자살하고 말았다.

이어 천자는 북으로 소관(蕭關)을 넘어 기병(騎兵) 수만을 거느리고 신진(新秦) 지구에서 위렵(圍獵)을 하며 변방의 군대를 점검한 후 도읍으로 돌아왔다. 신진(新秦) 지구 천 리에 걸쳐 봉화정(烽火亭)과 관새(關塞)가 없는 것을 발견한 천자는 북지(北地) 태수(太守) 이하의 관원들을 처형하였다. 이후 백성들에게 명하여 변방의 각 현(縣)에서 목축하는 것을 허락하고, 관부에서 종마(種馬)를 빌려 주되 3년 후 1/10의 이자를 붙여 갚도록 하였다. 또 이 지구에 고민령(告緡令)을 해제하여 이주민에게 특혜 조건을 부여함으로써 신진 지구의 충실을 기하였다.

이미 보정(寶鼎)을 얻은 천자는 후토사(后土祠)와 태일사(太一祠)를 건립하였다. 공경대신(公卿大臣)들이 봉선(封禪) 의식을 거행할 것을 건의하자 각 군국에서는 미리 도로를 닦고 다리를 정비하였으며, 옛 궁(舊宮)을 수리하고 천자의 수레 전용 도로[馳道]에 인접한 각 현(縣)에서는 관물(官物)을 정리하여 천자와 그 수행원이 쓸 식기와 주기(酒器) 등 각종 기물을 갖춰 만반의 준비를 하고 천자의 행차를 기다렸다.

그 이듬해(元鼎 5년 : B.C. 112), 남월(南越)이 한(漢) 왕조를 배반하였고, 서강(西羌)이 변방을 침략하여 약탈과 살육을 자행하였다. 게다가 산동 지구에 기근이 들자 천자는 천하에 대사면령을 단행하여 그들을 종군(從軍)케 함과 아울러 남방(南方)의 누선졸(樓船卒) 이십만여 명을 동원하여 남월(南越)을 공격하는 한편, 삼하(三河) 서쪽의 기병(騎兵)을 동원하여 서강(西羌)을 공격케 하였으며 수만 명을 징발하여 황하 건너 영거성(令居城)을 축조하게 하였다.

처음으로 장액군(長掖郡)과 주천군(酒泉郡)을 설치하고, 상군(上郡)·삭방(朔方)·서하(西河)·하서(河西)에 개전관(開田官)을 설치하였으며 척새졸(斥塞卒) 육십만 명을 배치하여 변경 수비와 둔전(屯田)에 종사토록 하였다. 국가에서는 도로를 닦고 식량을 운송하였는데 노역부들은 멀리 삼천 리, 가까이는 천여 리에서 동원되었으며 그 비용은 모두 대농(大農)에서 지출하였다.

변방의 무기가 부족하면 무고(武庫) 및 공관(工官)의 병기(兵器)를 풀어 보충하였다. 조정에 돈이 부족하여 전마(戰馬)를 구입하기가 어려워지자 즉시 법령을 제정하여 열후와 봉군(封君) 이하 삼백 석(石) 이상의 관리들에게 등급에 따라 암말을 공출하게 하고 각 정(亭)에서 암말을 기르게 하되 조정에서는 매년 일정 수량의 말을 이식(利殖)으로 징수하였다.

제(齊)의 상(相) 복식(卜式)이 천자에게 다음과 같은 상서를 올렸다.

'신(臣)이 들건대 군주에게 근심이 있으면 신하의 수치라고 합니다. 지금 남월(南越)이 배반하였으니 신(臣) 부자는 배를 모는 일에 익숙한 제(齊) 지방 사람들과 함께 죽음을 각오하고 종군하겠습니다.'

이에 천자는 다음과 같은 조서를 내렸다.

'복식은 몸소 농사와 목축에 종사하였으나 그 수익을 꾀하지 않고 여분이 있을 때마다 조정의 비용을 도왔다. 지금 천하에 위급한 일이 생기니 복식은 자식과 함께 떨쳐 일어나 죽음을 무릅쓰고 종군하고자 한다. 아직 전투에 참가하지는 않았지만 사군보국(謝君報國)의 충정으로 가득 차 있다. 그에게 관내후(關內侯) 작위와 황금 육십 근(斤), 전(田) 십 경(頃)을 하사하라.'

천하에 복식의 모범을 널리 포고하였으나 아무도 호응하지 않았다. 당시 열후 수가 일백 명에 이르렀으나 서강(西羌)과 남월(南越)의 공격에 종군하러 나서는 자가 없었다. 그런데 종묘에 주제(酎祭)를 올릴 때 열후들은 등급에 따라 황금을 바쳤는데 소부(少府)에서 그 품질을 조사한 결과 주금(酎金)의 규정을 어겨 후위(侯位)를 상실한 열후가 일백여 명에 이르렀다.

이때 복식은 어사대부에 임명되었다. 복식은 각 군국 대부분이 조정에서 추진하고 있는 염철(鹽鐵)의 관영(官營)에 불편을 느끼고 있으며, 제조한 철기(鐵器)의 질이 조악할 뿐만 아니라 일반 백성들에게 비싼 값으로 강매되고 있다는 사실을 알게 되었다. 또 배에 산세(算稅)를 부과하기 때문에 상인이 감소하고 물가가 앙등하게 되었다는 것을 알게 되었다. 이에 공근(公僅)을 통해 배에 과세하는 문제점을 천자에게 진언하였다. 천자는 이때부터 복식을 좋아하지 않게 되었다.

한(漢) 왕조는 3년간 계속 정벌에 나서 서강(西羌)을 평정하고 남월(南越)을 멸하여, 반우(番禺) 서쪽에서 촉군(蜀郡) 남부 지역에 걸쳐 십칠 개 군(郡)을 신설하였다. 그 지역에 대해서는 옛 풍속을 존중하는 통치를 폈으며 부세도 거두어들이지 않았다.

남양(南陽)과 한중(漢中) 이남에 인접한 기존 각 군(郡)에서 새로 설치한 군(郡)의 관리와 함께 사병의 봉록·식량·물자 그리고 전거(傳車)·전마(傳馬) 및 마구(馬具)를 공급하였다. 그런데도 새로 설치한 군(郡)에서는 소규모의 반란을 자주 일으켰으며 한(漢) 왕조의 관리를 살해하였다.

이에 한 왕조에서는 남방의 관병(官兵)을 동원하여 이를 토벌하였다. 이 작전에 격년(隔年)마다 일만여 명을 동원하였는데 그 비용은 모두 대농(大農)에서 지급하였다. 대농(大農)에서는 균수법(均輸法)으로 염철(鹽鐵)의 공급을 조정하여 수익을 얻었기 때문에 그 경비를 지출할 수 있었다. 군대가 지나는 각 현(縣)에서는 그들에게 부족함이 없도록 물자를 공급하는 데 전력을 다할 뿐, 감히 천부법(擅賦法)을 들먹이며 거절하지 못하였다.

그 이듬해 원봉(元封) 원년(B.C. 109), 복식은 태자의 태부(太傅)로 좌천되었다. 상홍양(桑弘羊)은 치속도위(治粟都尉)가 되어 대농(大農) 직무까지 겸하니 공근(公僅)을 대신하여 염철 업무를 관장하게 되었다. 상홍양은 각 관부에서 염철을 서로 경쟁적으로 매매하기 때문에 물가가 앙등할 뿐만 아니라 각지에서 부세로 납부하는 물품을 도읍(京師)까지 운송해 오기 때문에 운임에도 미치지 못하는 경우가 있다고 판단하여 다음과 같이 진언하였다.

"대농부승(大農部丞) 수십 명을 임명하여 각 군국의 균수(均輸)와 염철(鹽鐵)을 나누어 관장하게 하시고 각 군현마다 균수관(均輸官)과 염관

(鹽官) 및 철관(鐵官)을 설치하시기 바랍니다.

　먼 지방에서 부세로 납부하는 물품의 값이 가장 오를 때 상인이 전매한 값을 부세로 거두고, 균수관이 구입과 판매를 통일하여 각지의 재화(財貨)가 원활히 유통될 수 있도록 하시기 바랍니다. 또 도읍에 평준관(平準官)을 설치하여 각 군국에서 운송해 오는 물자를 받아들이십시오. 또한 공관(工官)을 소집하여 수레와 각종 기기(機器)를 제조케 하되 그 비용은 대농(大農)에서 공급하게 하십시오.

　대농(大農)의 각 관(官)들로 하여금 천하의 물자를 모두 장악하여 가격이 오르면 내다 팔고 가격이 떨어지면 사들이게 하십시오. 그렇게 하면 부상대고(富商大賈)들이 폭리(暴利)를 취할 수 없게 되어 본업으로 되돌아가 농사에 힘쓰게 될 것이며 이후 물가는 오르지 않을 것입니다. 이렇게 천하의 물가를 억제하는 것을 '평준(平準)' 이라고 합니다."

　천자는 상홍양의 의견에 찬동하여 그 시행을 허락하였다. 그해에 천자는 북으로 삭방(朔方)에 이르렀고, 동으로는 태산(泰山)을 방문하고 해안 지역을 순행한 후 다시 북방의 변경을 따라 귀경하였다. 천자는 지나는 곳마다 크게 상을 베풀어 백여만 필의 비단과 일억 전(錢)에 달하는 비용을 썼는데 모두 대농(大農)에서 충분히 감당할 수 있었다.

　상홍양은 또 관리가 조정에 곡식을 헌납하면 그 관직을 올리고, 죄인이 곡식을 바치면 속죄할 수 있으며, 감천창(甘泉倉)에 곡식을 헌납하는 백성은 종신토록 요역을 면제해 주고 고민(告緡)의 적용에서 제외해 줄 것을 건의하였다. 기타 먼 지방에서는 물자가 긴급히 필요한 지역으로 운반하도록 하고, 각 농관(農官)은 거두어들인 곡식을 조정으로 운송하니 산동 지구에서 조운(漕運)해 온 곡식이 매년 백만 석(石)이나 증가하였다.

　그 결과 1년 만에 태창(太倉)과 감천창(甘泉倉)이 곡식으로 가득 차고 변경에서도 곡식이 남아돌게 되었다. 각지의 물자를 균수법(均輸法)으로 운송 판매하니 그 수익이 비단 오백만 필에 달했다. 그래서 백성들에게 부세를 늘리지 않아도 국가의 재정이 풍족하게 되었다. 이에 천자는 상홍양에게 좌서장(左庶長)의 작위를 내리고 황금 일백 근을 두 차례나 하사하였다.

그해에 가뭄이 다소 지속되자 천자는 관리들에게 기우제를 지내라고 명하였다. 그러자 복식이 다음과 같이 건의하였다.

"조정의 비용은 정상적인 조세에 의존하여 의식을 해결해야 마땅한데 지금 상홍양은 관리들을 시장의 점포에 앉혀 장사를 시켜 이득을 올리게 하고 있습니다. 상홍양을 삶아 죽이면 하늘이 비를 내릴 것입니다."

태사공은 말한다.

농업·공업·상업 간의 교역이 이루어지면서부터 귀각(龜殼)·패각(貝殼)·금속화폐·도폐(刀幣)·포폐(布幣) 등의 화폐가 홍기하였지만 그 기원은 멀리 거슬러 올라간다. 고신씨(高辛氏) 이전은 아득한 옛날이라 기술할 수 없다. 그래서 ≪상서(尙書)≫에서는 요순(堯舜) 시대를 언급하고 ≪시경≫에서는 상주(商周) 시대를 언급한 것이다.

천하가 태평하면 교육을 숭상하고 예의로써 탐리(貪利)를 방지하며 농업이 중시되고 상업이 억제되었다. 그러나 변란이 일어나 사회가 어지러워지면 그와 정반대의 현상이 빚어진다. 어떤 사물도 홍성의 극에 달하면 쇠미해지게 마련이니 시대도 극한에 다다르면 반전되어, 질박(質朴)을 숭상하는 시대와 문채(文彩)를 숭상하는 시대가 번갈아 나타나게 마련이니 이는 '사물이 끝에 이르면 다시 시작되는(終始)' 변화의 이치라 할 것이다.

≪시경≫의 「우공편(禹貢篇)」을 보면 9주(州)는 각 지역 토양별로 농

작물 재배에 적합한 정도와 인구의 다소를 고려하여 조정에 바치는 공물을 부과하였다. 상탕(商湯)과 주 무왕(周武王)은 시대의 병폐를 거울 삼아 이를 개변(改變)하여 백성들이 게으름을 피우지 않도록 보살피며 나라를 다스리는 데에 힘썼다. 그러다 후대로 내려오면서 기강이 점점 해이해지고 쇠미해지고 말았다.

제 환공(齊桓公)은 관중(管仲)의 계책을 채택하여 물가를 안정시키고 염철(鹽鐵) 사업을 경영하여, 보잘것없이 작은 제(齊)나라로 하여금 패업(覇業)을 이뤄 제후들의 조근(朝覲)을 받고 혁혁한 명성을 얻었다. 위 문후(魏文侯)는 이극(李克)을 등용하여 농업 생산을 발전시켜 강국(強國)의 군주가 되었다.

그 후 천하의 제후들이 무력을 남용하여 전쟁을 일삼는 전국시대에 이르러 속임수와 무력을 중시하고 인의를 천시하였으며, 부(富)를 으뜸으로 여기고 겸양을 경시하게 되었다. 그로 인하여 백성들 중에는 일억에 달하는 돈을 축적한 부호도 나타났지만 지게미와 쌀겨(糟糠)조차도 배불리 먹지 못하는 가난한 사람들도 있었다. 강국의 군주 중에는 약소국들을 겸병하여 제후를 복속시키는 자도 있었지만 약소국 중에는 종묘의 제사가 끊기고 멸망하는 군주들도 있었다.

진(秦) 왕조에 이르러 마침내 천하를 통일하였다. 우(虞)와 하(夏) 시대에는 황금 · 백은(白銀) · 적동(赤銅) 세 종류의 금속 화폐가 있었고, 원전(圓錢) · 포폐(布幣) · 도폐(刀幣) · 귀각(龜殼) 및 패각(貝殼)의 화폐가 있었다. 진(秦) 왕조에 이르러 전국의 화폐를 2등급으로 나누어 '일(鎰)'을 단위로 하는 황금을 상폐(上幣)로, '반량(半兩)'으로 표기한 동전을 하폐(下幣)로 정했다.

주옥(珠玉) · 귀폐(龜貝) · 은석(銀錫) 등은 귀한 기물이나 장식품 및 재보로 삼았지만 화폐로는 사용하지 않았다. 그런데 시대에 따라 화폐의